*Jerusalém,
Jerusalém*

James Carroll

Autor de *A Espada de Constantino*

Jerusalém, Jerusalém

Como a História da Antiga Cidade Sagrada para Três Grandes Religiões deu Início ao Mundo Moderno

Tradução
EUCLIDES LUIZ CALLONI
CLEUSA MARGÔ WOSGRAU

Editora
Cultrix
SÃO PAULO

Título original: *Jerusalem, Jerusalem – How the Ancient City Ignited Our Modern World.*

Copyright © 2011 James Carroll.
Publicado mediante acordo com Houghton Mifflin Harcourt Publishing Company.
Copyright da edição brasileira © 2013 Editora Pensamento-Cultrix Ltda.

Texto de acordo com as novas regras ortográficas da língua portuguesa.

1ª edição 2013.

Todos os direitos reservados. Nenhuma parte desta obra pode ser reproduzida ou usada de qualquer forma ou por qualquer meio, eletrônico ou mecânico, inclusive fotocópias, gravações ou sistema de armazenamento em banco de dados, sem permissão por escrito, exceto nos casos de trechos curtos citados em resenhas críticas ou artigos de revistas.

A Editora Cultrix não se responsabiliza por eventuais mudanças ocorridas nos endereços convencionais ou eletrônicos citados neste livro.

Editor: Adilson Silva Ramachandra
Coordenação editorial: Denise de C. Rocha Delela e Roseli de S. Ferraz
Produção editorial: Indiara Faria Kayo
Assistente de produção editorial: Estela A. Minas
Preparação de originais: Roseli de S. Ferraz
Revisão técnica: Adilson Silva Ramachandra
Revisores: Claudete Agua de Melo e Yociko Oikawa
Editoração Eletrônica: Join Bureau

O autor agradece pelo uso de materiais dos seguintes livros:
Judaism: Practice and Belief, 63 a.C-66 d.C de E. P. Sanders. Copyright © 1992 E. P. Sanders. Reproduzido com permissão do editor, Continuum International Publishing Group.
Violence and the Sacred de René Girard, traduzido por Patrick Gregory (pp. 46, 221). Copyright © 1977 The Johns Hopkins University Press. Reproduzido com permissão da The Johns Hopkins University Press. *The Iron Cage* de Rashid Khalidi. Copyright © 2006 Rashid Khalidi. Reproduzido com permissão da Beacon Press, Boston.

Dados Internacionais de Catalogação na Publicação (CIP)
(Câmara Brasileira do Livro, SP, Brasil)

Carroll, James
   Jerusalém, Jerusalém : como a história da antiga cidade sagrada para três grandes religiões deu início ao mundo moderno / James Carroll ; tradução Euclides Luiz Calloni, Cleusa Margô Wosgrau. – São Paulo: Cultrix, 2013.

   Título original: Jerusalem, Jerusalem : How the ancient city ignited our modern world.
   Bibliografia.
   ISBN 978-85-316-1216-9

   1. Jerusalém – Descrição 2. Jerusalém – História 3. Jerusalém – Relações étnicas 4. Jerusalém – Religião I. Título.

12-15518   CDD-956.9442

Índices para catálogo sistemático:
1. Jerusalém : História   956.9442

Direitos de tradução para o Brasil adquiridos com exclusividade pela
EDITORA PENSAMENTO-CULTRIX LTDA que se reserva a
propriedade literária desta tradução.
Rua Dr. Mário Vicente, 368 – 04270-000 – São Paulo – SP
Fone: (11) 2066-9000 – Fax: (11) 2066-9008
E-mail: atendimento@editoracultrix.com.br
http://www.editoracultrix.com.br
Foi feito o depósito legal.

*Para o Deão James Parks Morton
e o Rabino David Hartman
e em memória do
Bispo Krister Stendahl*

Ó, cidade maravilhosa,
    Doze portões para a cidade, aleluia.
                        – Spiritual afro-americano

SUMÁRIO

CAPÍTULO 1: INTRODUÇÃO: DUAS JERUSALÉNS • 15

    1. Ardor • 15
    2. Jerusalém Hoje • 19
    3. *Hic* • 28
    4. Nota Pessoal • 33

CAPÍTULO 2: VIOLÊNCIA ENTRANHADA • 41

    1. O Relógio do Passado • 41
    2. Fazedores de Marcas • 45
    3. Jerusalém Entra em Cena • 49
    4. Sacrifício • 55

CAPÍTULO 3: A BÍBLIA RESISTE • 64

    1. Literatura de Tempos de Guerra • 64
    2. Guerras Que Não Aconteceram • 66
    3. Ambivalência de Deus • 71
    4. Concebida *em* Jerusalém, Nascida no Exílio *de* Jerusalém • 77
    5. O Templo Vazio • 87
    6. O Sacrifício de Abraão • 92
    7. Apocalipse Então • 95

CAPÍTULO 4: A CRUZ CONTRA SI MESMA • 101

    1. Jesus em Jerusalém • 101

2. A Guerra de Roma e Suas Consequências • 106
3. O Novo Templo • 115
4. O Mecanismo do Bode Expiatório • 121
5. A Violência dos Cristãos • 126
6. Apocalipse Agora • 133

CAPÍTULO 5:   A ROCHA DO ISLÃ • 141

1. Não Há Outro deus Senão Deus • 141
2. Al Quds • 151
3. A Relíquia Suprema • 155
4. Jerusalém Combativa • 163
5. 1099 • 167
6. Os Cavaleiros Templários • 171
7. Cristóvão, Portador de Cristo • 184

CAPÍTULO 6:   CIDADE NO ALTO DA COLINA • 188

1. Guerras da Reforma • 188
2. Separatistas • 201
3. O Deus da Paz • 208
4. Retorno a Jerusalém • 217
5. Raízes do Templo • 221
6. Marcha para Jerusalém • 225

CAPÍTULO 7:   NAÇÃO MESSIÂNICA • 231

1. Jerusalém e Exílio • 231
2. A Prensa Tipográfica e a Jerusalém Otomana • 236
3. A Cruzada Pacífica • 243
4. Restauracionismo • 247
5. O Altar de Abraão • 250
6. O Braço Direito de Deus • 261
7. Sucessão Apostólica • 266

CAPÍTULO 8:   JERUSALÉM ERGUIDA AQUI   •   272

    1. O Último Cruzado   •   272
    2. O Fim da Diáspora   •   283
    3. Prontos para Batizá-los   •   286
    4. O Grão-Mufti   •   291
    5. Eichmann em Jerusalém   •   299
    6. *Nakba*   •   307
    7. Sabão   •   312
    8. Gêmeos no Trauma   •   321

CAPÍTULO 9:   MILÊNIO   •   325

    1. As Armas do Templo   •   325
    2. Operadores de Sacrifício   •   334
    3. Cruzada   •   341

CAPÍTULO 10:   CONCLUSÃO: BOA RELIGIÃO   •   345

    1. Nem Profano Nem Sagrado   •   345
    2. Não o Modo de Deus, Mas do Homem   •   350
    3. Aprendendo com a História   •   356

Notas   •   369

Bibliografia   •   447

Agradecimentos   •   461

Jerusalém, Jerusalém

CAPÍTULO I

Introdução: Duas Jerusaléns

1. Ardor

Este livro gira em torno do ciclo de realimentação letal entre a cidade de Jerusalém real e a fantasia apocalíptica que ela inspira. Assim, este é um livro sobre duas Jerusaléns: a Jerusalém terrestre e a Jerusalém celeste, a concreta e a imaginada. Essa duplicidade se manifesta na tensão existente entre a Jerusalém cristã e a Jerusalém judaica, entre a Jerusalém europeia e a Jerusalém islâmica, entre a Jerusalém israelense e a Jerusalém palestina, e entre a Cidade no Alto da Colina e a Nação do Messias que, desde John Winthrop, compreende a si mesma ao seu modo peculiar. Mas todos os conflitos reconhecidamente contemporâneos têm suas bases enterradas no passado remoto, sendo o propósito deste livro escavá-las. A história sempre reverterá ao lugar real: a história de como seres humanos vivendo na crista da cadeia de montanhas a cerca de um terço do caminho entre o Mar Morto e o Mediterrâneo foram constantemente afetados pelos sonhos mirabolantes de peregrinos que, século após século, chegam às lendárias portas com amor no coração, com o fim do mundo na mente e com armas na mão.

É como se as duas Jerusaléns se atritassem uma contra a outra, como roldana contra pedra, produzindo a faísca que acende o fogo. Há o fogo literal de guerras entre povos e nações, consideradas santas porque foram travadas na cidade santa, e esse será o nosso assunto. Há o fogo de Deus, que apareceu pela primeira vez como sarça ardente,[1] e depois como chamas pairando sobre a cabeça dos escolhidos.[2] Esse Deus será o nosso tema. Mas Jerusalém também produz ardor no peito humano, uma febre viral de fanatismo e crença autêntica que se alojou no DNA da civilização ocidental. Essa febre vive – uma infecção, mas também, como acontece com a mente inflamada, uma inspiração. E como todas as boas metáforas, a febre contém em si implicações do seu próprio contrário, pois a preocupação com Jerusalém tem sido também um benefício religioso e cultural. "A salvação vem de Jerusalém",[3] diz o Salmo, mas o primeiro sentido da palavra "salvação" é saúde. A imagem da febre, sugerindo êxtase, transcendência e arrebatamento, também se aplica à nossa reflexão. Diz o Senhor ao profeta Zacarias, "Eis que faço de Jerusalém uma taça de vertigem para todos os povos em redor".[4]

A febre de Jerusalém consiste na convicção de que a realização da história depende da transformação inevitável da Jerusalém terrestre numa tela sobre a qual podem projetar-se fantasias milenares intensas. Esse fim da história é concebido de diversas formas: como a chegada do Messias, ou seu retorno; como a batalha derradeira em Armagedon, com as hostes angelicais derrotando as forças de Satã (para os cristãos, normalmente representadas pelos judeus, muçulmanos e outros "infiéis"). Mais adiante, o fim da história lança sua religiosidade, mas Jerusalém continua sendo, pelo menos implicitamente, o pano de fundo sobre o qual imagens milenares são projetadas por utopias sociais, sejam elas criadas por peregrinos no Novo Mundo, por comunalistas na Europa ou por comunistas em geral. Finalmente, nos séculos XX e XXI, uma guerra contínua contra o mal tem como centro, surpreendentemente, Jerusalém, ponto fulcral tanto da Guerra Fria como da Guerra ao Terror. Depois de começar como a antiga cidade do Apocalipse, ela se tornou o polo magnético da história ocidental, contribuindo mais do que qualquer outra cidade para a criação do mundo moderno. Somente Jerusalém – não Atenas, Roma ou Paris; nem Moscou ou Londres; nem Istambul, Damasco ou Cairo; nem a mítica El Dorado ou a Nova York dos sonhos dos imigrantes – somente Jerusalém ocupa um lugar tão transcendente na imaginação. Ela é o reflexo terrestre do céu – o céu, porém, projeta uma sombra.

Assim, através dos séculos, a cidade imaginária cria a cidade real, e vice-versa. "Quanto mais elevado o estado metafórico de Jerusalém", escreve Sidra DeKoven Ezrahi, erudito especializado em Jerusalém, "mais acanhadas suas dimensões geopolíticas; quanto mais amplos os limites da Cidade Santa, menos negociáveis suas fronteiras municipais."[5] Portanto, guerra. Nos últimos dois milênios, o sistema administrativo de Jerusalém foi derrubado onze vezes, em geral com o uso da violência e da força bruta, e sempre em nome da religião.[6] Este livro irá contar a história dessas guerras – como a geografia sagrada cria campos de batalha. Mesmo quando as guerras não tinham literalmente nada a ver com Jerusalém, a cidade as inspirou com a promessa da "glória da vinda do Senhor... com sua espada ágil e terrível", segundo um canto de guerra de uma terra distante. Limites metafóricos obscurecem fronteiras municipais, com disputas sobre estas produzindo expansões daqueles, inclusive nos confins da Terra.

A febre de Jerusalém contagia grupos religiosos, seguramente os três monoteísmos que reivindicam a cidade para si. Embora seja uma epopeia principalmente cristã, seus versos rimam com o que os judeus fizeram outrora, com o que os muçulmanos adotaram, com o que uma cultura secular persegue sem saber e com o que os grupos envolvidos nos conflitos contemporâneos representam. Entretanto, se Jerusalém é o nicho escolhido da febre, ela é também seu antipirético. Do mesmo modo, a religião é tanto uma fonte de problemas como um modo de resolvê-los. A religião, como só vemos em Jerusalém e em nenhum outro lugar, é tanto a lâmina que corta a artéria quanto a força que detém seu movimento. Cada tradição aviva o paradoxo de modo peculiar, e, isso também é história.

Para os judeus, depois da destruição do Templo pelos babilônios e em seguida pelos romanos, Jerusalém significa que a ausência é o modo da presença de Deus. Primeiro, no Templo dos tempos bíblicos reconstruído, o Santo dos Santos foi mantido vazio deliberadamente – o próprio vazio mitologizado. Mais tarde, depois da destruição romana, não sendo o Templo restaurado, o local sagrado foi imaginado no estudo da Torá e na observância da Lei, com o retorno a Jerusalém sempre aguardado para o "próximo ano". Através de séculos de diáspora, a fantasia judaica de Jerusalém manteve a coesão comunitária intacta, possibilitou a sobrevivência ao exílio e à opressão e, por fim, gerou o sionismo.

Para os cristãos, o fato mais decisivo da fé é que Jesus desapareceu, presente apenas através das projeções do sacramentalismo. Mas, nos êxtases do fervor evangélico, ainda é possível ver Jesus ajoelhado no jardim de Getsêmani, suando sangue por "ti". Por isso, Jerusalém vive como local de piedade, porque "tu" também podes te ajoelhar lá. A visão cristã suprema do futuro – o Livro do Apocalipse – está radicada na cidade do sofrimento do Senhor, mas agora esse sofrimento redime o próprio cosmos. Mesmo no ato da salvação, o retorno de Jesus a Jerusalém é catastrófico.

Os muçulmanos ocuparam Jerusalém em 637, apenas cinco anos após a morte de Maomé. Essa rapidez é compreensível. Os exércitos do Profeta, avançando e devastando desde a Arábia, numa manifestação inicial da coesão gerada por uma percepção islâmica da Unicidade de Deus, estavam também em uma busca ardente por Jerusalém. Ardor do deserto agora. A apreensão muçulmana visceral do significado transcendente da cidade definiu seu primeiro anseio – e sua primeira campanha efetivamente militar. O Islã reconhece a proximidade de Deus apenas na recitação, com sons entoados do Alcorão, primorosos tanto em sua elusividade quanto em sua alusividade. No entanto, o Profeta deixou uma pegada na pedra de Jerusalém que pode ser tocada até hoje – um sacramento próximo e singular. Para os muçulmanos, Jerusalém é simplesmente Al Quds, "a Santa".

Os três monoteísmos de Jerusalém estão assim aninhados num presente perene, uma zona temporal em que o passado nunca é bem o passado e o futuro está sempre ameaçando irromper. A ordem linear do tempo continua extraviando-se em Jerusalém, do mesmo modo que o espaço territorial, sendo espiritualizado, continua evaporando-se – menos para os que lá residem realmente. Para a cultura mais ampla, tempo interrompido significa que tanto as feridas psicológicas como as percepções teológicas são transmitidas aqui menos por tradição do que por uma espécie de repetição compulsiva. Essas manifestações transcendentes de dor, suspeita e hostilidade – e basicamente fanatismo – só podem ser dominadas compreendendo-se suas origens humanas. Mas um cortejo de vinhetas históricas, começando aqui e encaixando-se como peças de um quebra-cabeça, também pode deixar claro que Jerusalém é o domicílio de um amplo cosmopolitismo religioso que nenhuma distorção consegue destruir. Em sua história mundana e em seu pairar simbólico, Jerusalém impele a uma abordagem corajosa tanto da religião quanto da política – como elas operam, como podem errar, como podem ser abrandadas e acalmadas.

Os cultos de Jerusalém deixam claro que todas as tradições do Livro dependem de uma revelação por *vias indiretas*, de um saber do que é incognoscível, e por isso cada uma delas pode distanciar-se da verdade ou alcançá-la, promovendo tanto a intolerância quanto as boas relações, tanto a discórdia quanto a paz. Este livro é uma peregrinação pelos caminhos da violência sagrada, a maioria dos quais, no Ocidente, tanto leva para essa mesma cidade quanto dela afasta. Nos mapas medievais, a cidade circunscreve a interseção da Europa, da Ásia e da África. Exércitos partiram como enxames dos três continentes para se encontrar aqui – e hoje, no século XXI, eles chegam também de um quarto continente. Mas as implicações geopolíticas de Jerusalém, embora inflamadas pela religião, têm sido igualmente transformadoras de forças seculares, para o bem ou para o mal. Guerras podem ser santas sem invocar o nome de Deus. Isso também alimenta o nosso tema. A questão aqui é que para a Europa, e para o seu legado cultural nos Estados Unidos, o vírus da febre encontrou uma série de hospedeiros nos antigos ataques romanos, nas Cruzadas medievais, nas guerras da Reforma, no colonialismo europeu, nas aventuras no Novo Mundo, e nas guerras totais da modernidade – todos fixados, mesmo que de modo variado, em Jerusalém. O local e a ideia do local se misturam como combustíveis para se tornar uma terra muito mais santa, uma combinação explosiva de loucura e santidade, violência e paz, da vontade de Deus e da vontade de poder, inflamando o conflito até os dias atuais.

Combustível, realmente. A Terra Santa chegou a sobrepor-se à geologia mais disputada do planeta: os campos de petróleo do Oriente Médio. Atualmente, o petróleo supera qualquer interesse estratégico das grandes potências. Sua concentração ali – o Crescente líquido estendendo-se do Irã e do Iraque até a Península Arábica – significa que a óbvia obsessão pela Jerusalém central não é meramente mística. E também a ameaça não é meramente mística. Pela primeira vez na história humana, a fantasia apocalíptica do Armagedon pode se tornar real, inflamada no lugar mesmo em que o Armagedon começou.[7]

2. Jerusalém Hoje

As portas ainda estão lá, pontuando o muro medieval que, como tudo, é feito da pedra de Jerusalém que brilha ao sol. O sol do deserto. O costume antigo e a lei moderna exigem que todas as edificações sejam construídas uniformemente com o calcário branco-sujo, com realces róseos, extraído nas regiões montanhosas da Judeia desde os tempos de Salomão. "Jerusalém toda de ouro", entoa um salmo moderno, "Jerusalém de bronze e de luz. Em meu coração guardarei a tua canção e a tua visão."[8] Místicos descreveram a própria luz do ar que envolve Jerusalém como "a vestimenta externa de Deus".[9]

À aproximação, de praticamente todas as direções, a cidade amuralhada assoma majestosa na colina que lhe serve de pedestal, acima de vales gêmeos que se abrem para o sul como a lâmina angular de um arado, cavando fundo. Uma das encostas desses vales, logo além do muro medieval e como seu prolongamento, está ocupada por casas de famílias árabes – o bairro de Silwan, de onde os árabes estão sendo hoje corriqueiramente despejados pelas autoridades municipais de Jerusalém.[10] A encosta de uma colina mais distante, em direção ao Monte das Oliveiras, está repleta de lápides tumulares judaicas que, embora atualmente reorganizadas, foram profanadas dois mil anos atrás por romanos e árabes jordanianos. Cidade sagrada, cidade de despejo, cidade de profanação, essa é a história que "as colinas pedregosas relembram".

Se Jerusalém é o texto, o estado de Israel é o contexto. Israel é um país do tamanho de Massachusetts, com uma população de aproximadamente sete milhões de habitantes. Ele tem a sua Nova York, a litorânea, aprazível e agitada Tel Aviv. Jerusalém está para Tel Aviv como Delfos está para Atenas ou como Quioto está para Tóquio – ou ainda Dresden está para Berlim. Sim, a desconstrução é essencial para a história, assim como o é a sua extraordinária multiplicidade. Um milhão de israelenses fala árabe como primeira língua, e outro milhão fala russo. Mas a capital da República Hebraica[11] é Jerusalém. Oitocentos metros acima do nível do Mar Mediterrâneo, situado a quase sessenta quilômetros a oeste, e bem acima do ponto mais baixo da terra, o Mar Morto, que está abaixo do nível do mar e em torno de trinta quilômetros a leste, dizem que a colina de Jerusalém preservou a cidade durante o grande dilúvio de Noé – como se ela já existisse na época, como se o dilúvio fosse real. Mesmo no século XXI, em cima de estratos geológicos e civilizacionais dos tempos, camada sobre camada de xisto, de cinzas e do entulho acumulado durante cinquenta séculos, a jornada até Jerusalém é uma escalada, uma *aliyah* em hebraico. "Dias virão em que o monte da casa do Senhor será estabelecido no mais alto das montanhas e se alçará acima de todos os outeiros."[12] A "subida" a Jerusalém transformou-a na original e quintessencial Cidade no Alto da Colina, que seria o ponto de referência mítico para os Estados

Unidos – Jerusalém como ideia e também como lugar. Mas desde os tempos antigos a subida fez de *aliyah* a palavra denotativa da aproximação de todo judeu da Jerusalém real, seja na primeira vez ou no retorno. Os corações judeus precisavam antes elevar-se, e ainda se elevam.

Hoje a cidade é bem conhecida por suas disputas, com seu dourado definido em primeiro lugar pelo ouro do Domo da Rocha, o santuário muçulmano que substituiu o Santo dos Santos do Templo judaico, destruído pelos romanos poucas décadas depois da morte de Jesus. O monumento islâmico do século VII tem a magnificência da Basílica de São Pedro, em Roma, construída no século XVI, com sua arquitetura, na opinião de alguns, inspirada no Domo. Este se localiza no Haram al-Sharif, ou Nobre Santuário, uma esplanada de 35 acres, com árvores em linha compondo jardins, pórticos, fontes e santuários, uma área do tamanho de um terço, digamos, da Cidade do Vaticano. O Domo da Rocha foi erigido com precisão geométrica como centro organizador da área, sustentado por oito arcadas independentes que o circundam, uma articulação magistral de um espaço sagrado. No lado sul da plataforma, corresponde-lhe a sólida Mesquita Al Aqsa, uma verdadeira cronista arquitetônica da sua própria história, desde os fundamentos herodianos até os arcos góticos construídos pelos cruzados, as colunas internas rotundas doadas por Mussolini e um "teto *kitsch* encomendado por um dos grandes reis *kitsch* da nossa época, Farouk I do Egito".[13] Mas toda a esplanada é considerada uma mesquita a céu aberto, onde a entrada de não muçulmanos é rigidamente controlada.

O Nobre Santuário, localizado no Bairro Muçulmano (uma denominação que os próprios muçulmanos evitam, pois para eles toda a cidade é muçulmana), assoma no Muro Ocidental, a gigantesca barreira de contenção construída com pedras maciças talhadas, único remanescente do Templo de Herodes. Na verdade, os judeus se referem ao Haram como Monte do Templo, embora raramente subam até ele. Em vez disso, muitos deles, com mechas ou cachos de cabelo junto às orelhas e longas barbas, recitam orações à sombra do Muro Ocidental, ou *Kotel,* que é ao mesmo tempo a fronteira e o centro do Bairro Judaico. Os ortodoxos acreditam que o muro, como remanescente do Templo destruído, nunca foi abandonado pela Shekhinah, a presença de Deus. Foi Davi, ou talvez Abraão, há três mil anos, quem teve pela primeira vez a percepção dessa presença habitando esse lugar. Podem-se ver a qualquer hora devotos judeus oferecendo orações no *Kotel*, alguns com chapéu de pele, outros de calças jeans e camiseta. Juntos, o Domo da Rocha e o Muro Ocidental ofuscam a cúpula cinzenta, mas ainda impressionante, da milenar Igreja do Santo Sepulcro, algumas centenas de metros a oeste. Chega-se ali percorrendo as tortuosas vielas da Via Dolorosa, que enumera e relembra os quatorze traumas da tortura de Cristo. Sob a cúpula do Santo Sepulcro estão os locais da prisão de Cristo, o pilar onde ele foi açoitado, a colina do Calvário, a pedra sobre a qual seu corpo foi ungido, o túmulo onde foi sepultado, e o lugar onde, depois de ressuscitado, encontrou Maria Madalena. No interior do Santo Sepulcro estão também o centro da terra e o túmulo de Adão.

Outros locais sagrados pontuam o enclave populoso da Cidade Velha: o Mosteiro Etíope, o Patriarcado Ortodoxo Grego e o Patriarcado Latino, no Bairro Cristão; a Catedral de São Tiago, o Cenáculo (lembrado como o lugar onde Jesus celebrou a Última Ceia) e o Túmulo do rei Davi, no Bairro Armênio. A existência de distritos tão rigidamente delimitados conta a história – Jerusalém como centro de conflito não só entre grupos religiosos, mas também no seio deles. A cidade abriga trinta denominações religiosas e quinze grupos linguísticos que adotam sete alfabetos diferentes. Nos últimos cem anos, mais de sessenta soluções políticas para os conflitos da cidade foram propostos por vários organismos nacionais e internacionais, e apesar disso persistem.[14] Ainda assim, Jerusalém vive. O equilíbrio é delicado, e por isso, apesar da sua surpreendente sobrevivência, a cidade parece eternamente vulnerável. "Jerusalém é uma bacia dourada", escreveu um geógrafo islâmico do século X, e logo acrescentou, "cheia de escorpiões."[15]

A Jerusalém atual tem ainda outros traços peculiares. A Cidade Velha, com seu muro e seus bairros, é uma diminuta ilha cercada de um primeiro anel de comunidades do século XIX e inícios do século XX, menos congestionadas, mas ainda assim densamente habitadas. Mea Shearim, por exemplo, datando dos anos 1870 e apenas o segundo núcleo a se estabelecer fora dos muros da Cidade Velha, é sede dos Haredim, o ramo do judaísmo ortodoxo mais conservador em termos teológicos. O distrito, contando com cinquenta sinagogas, e mais uma centena delas não muito distantes, extrai sua peculiaridade das mulheres de saias longas e cabeças cobertas e dos homens de ternos pretos, muitos dos quais usam mantos acetinados, calças compridas e justas e chapéus de pele da aristocracia polonesa do século XVIII que caracterizaram as origens do movimento. A estranha vestimenta dos ultraortodoxos foi adotada pelos judeus de Jerusalém como desafio e em reação à imposição dos governantes otomanos que obrigavam as minorias religiosas a vestir trajes de fácil e imediata identificação. Esse espírito de agressão indumentária continua. Os primeiros sionistas eram principalmente socialistas e seculares, agricultores não afeitos às cidades de Israel, incluindo Jerusalém, mas isso mudou. Os judeus seculares podem ter desdenhado abertamente no passado a religiosidade pré-moderna de Mea Shearim, mas como observou o escritor israelense Amós Oz em 1982, "Por causa de Hitler, não se tem o direito de brigar com esse tipo de judaísmo".[16] Atualmente, o judaísmo ultraortodoxo é um fenômeno que abrange a cidade inteira, com os rabinos dominando recentemente o governo municipal. Como a maioria dos homens ultraortodoxos passa o tempo estudando a Torá, eles não têm emprego. Da sua religiosidade advém a pobreza.

Três quilômetros a sudoeste, embora a um mundo de distância, está a Colônia Germânica, onde a elite intelectual judaica ainda se reúne em bares da rua Emek Refaim, como se estivesse no Boul' Mich' – ou, melhor, no Kudamm. A região foi inicialmente colonizada no século XIX por protestantes alemães que emigraram para converter os judeus de Jerusalém, como forma de preparação para a volta do Messias. Por volta de 1941, os alemães lá residentes simpatizavam abertamente com Hitler, e por isso foram deportados em massa pelos britânicos que controlavam a cidade. O distrito conserva sua atmosfera europeia. Os frequentadores israelitas desses bares são principalmente os filhos e netos seculares, ou de uma religiosidade apenas superficial, dos fundadores socialistas do estado. À entrada dos bares postam-se guardas de segurança etíopes ou iemenitas, de pele escura, que se tornaram onipresentes durante as intifadas, ou revoltas palestinas, nos anos 1990 e início dos anos 2000, e cuja função principal não era tanto revistar sacolas à procura de bombas terroristas, mas sim receber o impacto das explosões quando as bombas detonavam. (Durante a segunda revolta, sacrilegamente denominada Intifada de Al Aqsa, por causa da mesquita, mais de 830 israelenses foram mortos e mais de 4.600 foram feridos por terroristas suicidas.[17] Naqueles dias, os carros mantinham uma distância aproximada de cem metros à frente e atrás dos ônibus de transporte municipais, pois muitos destes eram atacados e explodidos.) Esse medo desmedido da violência passou, mas judeus menos religiosos se sentem cada vez menos à vontade em Jerusalém, pois o município, em sua administração e em sua cultura, se aliou mais estreitamente aos partidos ultraortodoxos.[18]

De modo geral, os israelenses contemporâneos se dividem em dois partidos: na formulação do escritor Bernard Avishai, um voltado para o "frio de Tel Aviv" (empresários da alta tecnologia, engenheiros de software, intelectuais de orientação europeia), e o outro para o "fogo de Jerusalém" (assentamentos em territórios disputados, direitos outorgados por Deus ao Grande Israel, religiosidade antimoderna).[19] Essa divisão ficou evidente na década passada na silenciosa migração de muitos judeus, especialmente jovens, que saíram de Jerusalém em busca de cidades litorâneas mais cosmopolitas. Os bares da Colônia Germânica não pulsam mais como era habitual. Assim, apesar da elevada taxa de natalidade entre os ultraortodoxos, a população judaica de Jerusalém vem tendo uma redução média de seis mil habitantes por ano.

Fundamentalmente, essa é a consequência de um debate entre os judeus sobre o que é ser judeu. Esses debates judaicos sobre o significado do judaísmo eram uma característica dos tempos de Jesus, com consequências históricas. *Jerusalém é definida por suas polêmicas.* Cada uma das suas subculturas tem seu valor nuclear e sua capacidade de levar esse valor a um extremo destrutivo.[20] Forâneos percebem vagamente essa disputa intrajudaica, pois uma das características remanescentes do pensamento antissemita é a tendência a definir "os judeus" univocamente, como se esse grupo fosse uma coisa só. Assim, as críticas contemporâneas a Israel, por exemplo, são habitualmente produzidas fora de Israel com pouca atenção às vozes expressamente judaicas *dentro* de Israel que constantemente levantam problemas relacionados, digamos, com as desapropriações palestinas. A incapacidade de muitos críticos de Israel, especialmente europeus, de abster-se de críticas contundentes "aos judeus" repete o erro original cristão – percebendo "os judeus" com tamanha negatividade oniabrangente a ponto de Jesus não ser mais reconhecido como integrante desse grupo. Muitos israelenses, por outro lado, depois dos traumas das intifadas, podem pensar exatamente do mesmo modo unívoco sobre "os palestinos", como se todos fossem terroristas. Generalizar é humano.

A despeito das polêmicas e da emigração, os visitantes da Jerusalém atual veem um núcleo florescente. Bairros centrais próximos da Porta de

Jafa, no canto noroeste do muro medieval, foram restaurados na primeira década do novo milênio pelo arquiteto canadense Moshe Safdie, cujo projeto urbano peculiar arranja mercados e apartamentos numa espécie de anfiteatro em declive diante do qual a Cidade Velha parece estar recebendo uma ovação teatral. O verdadeiro palco, porém, é o King David Hotel, quase réplica de um templo, na colina oposta à Porta de Jafa, uma estrutura de 1931 construída com calcário rosa para se parecer a um palácio semítico. O King David ficou famoso quando, em 1946, por ser usado como quartel-general pelas forças do Mandato Britânico, foi explodido por uma organização judaica clandestina, matando 91 pessoas. No outro lado da rua King David está o igualmente monumental YMCA, que também data dos anos 1930. Ele foi construído com dinheiro dos Rockefellers, fato que demonstra muito bem. Flanqueado por colunatas e jardins, o prédio passa uma sensação familiar porque sua torre *art déco* em três níveis ecoa outra agulha, e assim remete à identidade do seu arquiteto – um americano chamado Harmon, cuja firma projetou o Empire State Building em Nova York, onde a mesma torre, elevando-se a trezentos metros acima da Fifth Avenue, foi projetada para servir também como torre de amarração para dirigíveis.

O YMCA é a perfeita instituição de Jerusalém para o século XXI – uma organização cristã dirigida por um presidente judeu e um CEO muçulmano.[21] Em sua entrada elegante, em terraço, uma placa define, "um lugar onde desconfianças políticas e religiosas podem ser esquecidas e a unidade internacional promovida e desenvolvida", mas o sentimento é extraído do discurso inaugural de Lord Allenby, que, como conquistador de Jerusalém na Primeira Guerra Mundial e criador do Mandato Britânico em 1917, talvez tenha feito mais do que qualquer outra pessoa para espalhar as sementes do conflito local.

Não muito distante dali, a alameda Ben Yehuda para pedestres, localizada no coração de Jerusalém Ocidental, fervilha com jovens israelenses, especialmente aos sábados à noite depois do Sabbath. Vestindo camisetas e calças jeans, exibindo os finos cabos brancos dos fones de ouvido dos seus iPods como joias, eles se espalham nas calçadas das pizzarias e dos bares, uma multidão alegre, cidadãos da Nação da Juventude. Nos sábados à noite, jovens podem chegar de Tel Aviv para sentir o calor de Jerusalém.

A partir da Ben Yehuda, um segundo anel de bairros, ou meio anel, estende-se através de modernos complexos de apartamentos – todos construídos com a onipresente pedra branca – até as colinas mais distantes da Jerusalém Ocidental. O Knesset, ou parlamento, o Museu de Israel, incluindo o Santuário do Livro onde estão guardados os Manuscritos do Mar Morto, e, nas colinas mais distantes do Monte Herzl, Yad Vashem, o memorial aos Seis Milhões, em parte projetado por Safdie, ocupam o que se tornaram principalmente áreas residenciais. Cerca de meio milhão de judeus vivem em Jerusalém, desde os prósperos asquenazes que residem em Baka, sul da Colônia Germânica, até os relativamente recentes imigrantes russos que ocupam anéis adjacentes como Gilo e Har Homa, situados em terras sob disputa no outro lado da linha verde que antigamente separava Israel da Jordânia.

Na Jerusalém Oriental, o anel interior correspondente é composto por árabes israelenses (ou, como eles preferem, palestinos com passaportes israelenses), vivendo em bairros muito populosos, mais pobres, mas ainda assim orgulhosos. Em Sheikh Jarrah, por exemplo, colonizadores judeus extremistas – o que um ex-presidente do Knesset chama de "lunáticos da 'síndrome de Jerusalém'"[22] – tentaram expulsar famílias palestinas das casas onde moravam havia décadas. No passado, o bairro fora um centro senhorial da vida árabe aristocrata, residência de famílias nobres de Jerusalém, como a de Sari Nusseibeh, cujo pai foi governador de Jerusalém no período jordaniano e ele próprio é presidente da Universidade Al-Quds.[23] Sheikh Jarrah hoje é contestada, mas os árabes têm resistido às pressões dos colonizadores judeus, e outros israelenses têm se aliado aos árabes, protestando contra algumas expulsões e impedindo muitas outras.[24] Cerca de 250 mil árabes vivem na cidade. Mas a metade da população é formada por ultraortodoxos e palestinos, sendo ambos os grupos extremamente pobres e com muitos filhos. A pobreza e a alienação fundamentalista são notas definidoras do futuro de Jerusalém.[25] A alienação palestina pode ser, se isso é possível, mais intensa em Jerusalém do que na Margem Ocidental ou em Gaza, porque é impossível não perceber o privilégio relativo até dos judeus mais pobres. No momento, uma "antipatia recíproca"[26] divide a cidade entre grupos de extremistas nos dois lados da disputa.

Duas estruturas relativamente novas e bem concretas assinalam toda a profunda história de Jerusalém com um drama recente, sinalizadoras para árabes e judeus igualmente, para o bem ou para o mal. Como San

Francisco com sua Golden Gate, o amplo panorama da cidade tem pelo menos um ícone moderno para competir com todos os antigos: uma porta de entrada elevada em forma de ponte, projetada por Santiago Calatrava, no acesso à cidade usado com mais frequência, na Estrada de Jafa, para onde convergem todos os que chegam do litoral. Embora nova (construída como parte de um sistema de metrôs leves para o século XXI), e apesar de se estender sobre o tráfego e não sobre a água, a ponte pênsil assume o caráter de um arco do triunfo com suas dezenas de cabos de aço brancos amarrados a um mastro angular de 120 metros. A superestrutura tem uma semelhança mística com uma lira celestial ("Louvai-o com cítara e harpa!"[27]). As linhas quebradas do mastro da ponte também evocam um raio, os cabos parecendo pulsos elétricos fulgurantes, teofania.

Mas igualmente definidor da topografia da cidade, não longe da Estrada de Jafa, é o muro de concreto de nove metros de altura que serpenteia entre as áreas judaica e árabe, parte de uma "barreira de segurança" de 640 quilômetros na Margem Ocidental que começou a ser construída em 2006 para pôr um fim aos ataques dos homens-bomba palestinos. De fato, os homens-bomba cessaram suas ações, por isso o muro pode ser considerado um sucesso. Mas ele também transforma a cidade num labirinto étnico. Ele separa a maior parte dos setores palestinos da Jerusalém Oriental, como Abu Dis, sede da Universidade Al-Quds, com os seus mais de seis mil estudantes palestinos para os quais o acesso à Jerusalém propriamente dita está fechado. Quaisquer que sejam suas justificativas de segurança, o muro agrega faixas inteiras de terra a Israel, penetrando em territórios ocupados que foram conquistados na Guerra dos Seis Dias de 1967. O muro previne negociações.

Se Jerusalém é um texto árabe, *seu* contexto são os refugiados – os cinco milhões de sobreviventes e descendentes de 750 mil árabes que foram desalojados pela guerra de 1948 e dos 500 mil que foram expatriados pela guerra de 1967. Espalhados pela Margem Ocidental e Gaza, e exilados na Jordânia, na Síria e no Líbano, eles olham confiantes para Jerusalém, como fizeram seus ancestrais desde o século VII, mas o que veem é desalentador. Dos 250 mil árabes da grande Jerusalém, 60 mil estão totalmente separados pelo muro de segurança e seus postos de controle. Não sendo cidadãos da Autoridade Palestina, suposta detentora da soberania sobre a Margem Ocidental, esses árabes, em termos práticos, não têm pátria – nem cidade. O bairro muçulmano da Cidade Velha tem espaço para menos de 20 mil pessoas, mas o dobro desse número ali se aglomera, porque os árabes de Jerusalém temem ser exilados permanentemente caso atravessem a barreira de segurança.[28] Até recentemente, acreditava-se que Jerusalém Oriental um dia se tornaria capital do Estado Palestino, mas o ameaçador bloqueio insinua-se nessa perspectiva menos como um ponto de interrogação do que como um golpe.

Mas antigos hábitos da mente ocidental também se imiscuem nessa cidade. Os palestinos são reduzidos à mera condição de vítimas, considerada própria dos "orientais", como se seus representantes não contassem para nada – tanto ao permitir que niilistas violentos falem por eles, quanto ao criar condições que impedem a reconciliação entre eles mesmos, quanto mais com os israelenses. Ao mesmo tempo, críticos ocidentais de Israel, interpretando erroneamente o significado de Jerusalém, muitas vezes consideram o estado um ideal de direitos humanos de que os palestinos não participam – ou os americanos, nesse aspecto.[29]

Isso acontece em decorrência do que se poderia chamar de celebração do "judeu ideal", a qual realiza uma depreciação concomitante a uma exaltação. Judeus como tais são comparados com judeus tais como *deveriam* ser, e assim sempre lhes falta algo. Esse velho hábito mental pode implicar um pressuposto do Novo Testamento segundo o qual o povo eleito de Deus deveria ter aceito Jesus como Messias; pode envolver a raiva de um cristão medieval contra o Talmude como forma de negar que o Antigo Testamento seja suficiente para os judeus; ou um ressentimento iluminista contra o "sistema de clãs" dos judeus que dificulta a formação de uma cidadania judaica; ou ainda o contraste contemporâneo entre o idealismo socialista dos kibutzes e a *realpolitik* contemporizadora do estado de Israel pós-1948. Em cada caso, o judeu imaginado serve para justificar o desdém pelo judeu real – muito à semelhança do modo como a Jerusalém imaginada ("Jerusalém celeste") é usada para criticar a Jerusalém concreta. O imaginado em oposição ao real: essa é a dinâmica que define este livro.

3. Hic

Na vizinha Belém, a gruta da Natividade, preservada na cripta da basílica bizantina, está identificada com um sinete brônzeo no piso em que se leem as palavras latinas *Hic Incarnatus Est*. *Hic* significa aqui. O Verbo se fez carne *aqui*: dizem os cristãos. Maomé subiu ao céu *daqui*: dizem os muçulmanos, pensando na rocha do Haram onde se encontram as pegadas do Profeta. Deus habita na cidade *aqui*: dizem os judeus, curvando-se diante da Shekhinah, que se recusou a abandonar o Muro Ocidental mesmo depois da destruição do Templo. Nesse momento pelo menos, as abstrações da crença, as limitações da capacidade humana de conferir linguagem ao indizível ou de aplicar categorias de conhecimento ao incognoscível – tudo isso é transformado pela experiência coletiva, vivida de formas diferentes por judeus, cristãos e muçulmanos, de que o Sagrado tocou a terra *aqui*.

O chifre do carneiro, os sinos tangentes e o chamado altissonante do muezim à oração – esses são os sons do que, não fossem eles, seria silêncio permanente. Sim, sim, eles formam uma cacofonia. Divisão e confronto, rivalidade e tribalismo, disputas territoriais e impropérios enfurecidos: judeus ultraortodoxos contra os filhos seculares de Ben-Gurion; judeus asquenazes europeus contra judeus sefarditas do Oriente Médio; judeus russos imigrantes contra sabras nativos; católicos latinos contra ortodoxos gregos; turcos contra armênios; etíopes de pele escura contra elites raciais de várias tradições; franciscanos, pregando o amor, contra dominicanos, engrandecendo a mente; modernidade contra tradição; doutrina contra misticismo; e avultando-se a tudo isso, palestinos contra israelenses;[30] judeus contra árabes; sionistas religiosos armados contra judeus ateístas; e, dentro do mundo árabe, muçulmanos contra cristãos, jihadistas do Hamas contra burocratas do Fatah – tudo se condensando numa luta da vida contra a morte. Em cada caso, a controvérsia é sobre *hic*.

Na Igreja do Santo Sepulcro, os monges ortodoxos orientais e os frades latinos ficaram famosos por atracar-se em luta corporal no local da morte e ressurreição de Jesus, seja por causa da escala das cerimônias, do arranjo de velas, ou do direito a entoar louvores ao Senhor. Os protestantes do século XIX ficaram tão escandalizados com o espírito alucinado de beligerância no decrépito Santo Sepulcro – os católicos e os ortodoxos não se entendiam sequer sobre as responsabilidades para sua conservação, o santuário estava imundo, a integridade da estrutura ameaçada – que "descobriram" outro lugar, e melhor, para cultuar a memória da ressurreição de Jesus. Um evento tão sublime simplesmente não poderia ter ocorrido num lugar de tanta e tão degradante discórdia. Esse novo lugar santo era o Jardim do Túmulo, a poucas centenas de metros fora dos muros da Cidade Velha, um conjunto de colinas suaves e grutas de pedra calcária que, atestaram os arqueólogos, servira realmente como cemitério antigo. Uma alameda de cedros percorrida por caminhos bem cuidados tornava o espaço encantador e a reserva localizava-se a uma distância conveniente do alvoroço da cidade conflagrada – duas circunstâncias que apenas confirmavam a sensação de que esse devia ter sido o local da ressurreição de Jesus. A verdade estética do Jardim do Túmulo impunha-se a todos os arrazoados tradicionais, até mesmo os da crítica histórica. Podia-se quase ver a lacrimosa Maria Madalena correndo até o estranho, perguntando para onde havia sido levado o corpo do seu Senhor. Na quietude de brisas suaves perpassando pelas folhas espiraladas acima, podia-se quase ouvir a voz do mestre: "Maria." O pleito a favor da autenticidade do Jardim do Sepulcro, substituindo antigas suposições datadas pelo menos do século IV, é um argumento de conveniência e suficientemente bom para justificar um século de peregrinações realizadas por pessoas de mente arejada. Deus frequenta lugares belos, e quem encontra Deus nesses lugares torna-se uma pessoa bela.

Mas isso não é Jerusalém. Como este livro irá mostrar, intuições vagas em torno do caráter numinoso desse lugar – especificamente, em torno da rocha sobre a qual ergue-se atualmente o domo islâmico – evoluíram dos cultos aos deuses da fertilidade dos tempos pré-históricos para o encarnacionismo de fato, uma ideia, mais ampla do que o cristianismo, de que o sagrado se revela não "perto daqui" ou "no ar" ou "talvez" ou "na ideia" do lugar, mas *hic*. Aqui e agora. Neste lugar e não em outro.

Os primeiros a ter essa intuição foram "primitivos" que fundaram Jerusalém quando escolheram um lugar alto como local de sacrifício. Com toda probabilidade, sacrifício humano. O Gênesis narra a história em que Abraão, por ordem de Deus, leva seu filho único, Isaac, para uma montanha, até um altar de sacrifício, para oferecê-lo em holocausto. Isaac carrega a lenha para o fogo, mas pergunta onde está a oferenda. Abraão responde que Deus providenciará, e assim Deus o faz, poupando Isaac e substituindo-o por um cordeiro.[31] O detalhe da história é que na montanha sagrada Deus interveio para pôr fim ao sacrifício humano – e a montanha, assim reza a tradição, é essa *aqui*. A rocha do sacrifício é *esta* rocha.

Essa história remonta a quatro mil anos atrás, talvez, mas mesmo assim já muito tempo depois que os povos da Idade da Pedra, com toda probabilidade, haviam designado esse local como sagrado. Na história de Abraão, seu nome é Monte Moriá, embora acabe sendo confundido com o Monte Sião, o cume sobre o qual Davi construiu sua casa. Com Davi e seu filho Salomão – meros três mil anos atrás – o local de sacrifício passou a ser preservado no Santo dos Santos do Templo, cuja sacralidade radioativa pode ser sentida no Haram al-Sharif até os dias de hoje. Como um relicário, o Domo da Rocha acolhe *essa* rocha. Para judeus, muçulmanos e cristãos, esse pedaço de terra – "terra santa" – é um ímã que atrai para si, e assim organiza, a limalha de incontáveis impressões de transcendência.

Os primeiros a formalizar sua compreensão religiosa em torno desse *hic* foram os hebreus, os quais, há 2.600 anos, foram expatriados para a Babilônia. Naquela terra estrangeira, olhando para trás, só reconheceram a santidade de Jerusalém depois de tê-la perdido. Esse reconhecimento os levou à invenção de uma Jerusalém mística ("Às margens dos rios de Babilônia assentamo-nos a chorar, com saudades de Sião"[32]) e os motivou a voltar. No retorno, incentivou-os a reconstruir o Templo. Quando o Templo foi novamente destruído, agora pelos romanos, há nem bem dois mil anos, os seguidores de Jesus localizaram o *hic* místico n'*Ele*, mas Jerusalém voltou a destacar-se três séculos mais tarde, quando a "Cruz Verdadeira" foi descoberta em grutas sob a metrópole pagã – Aelia Capitolina – que os romanos haviam sobreposto a Jerusalém. Agora o império não era mais pagão, sendo governado pelo imperador convertido Constantino, cuja mãe, Helena, fez a descoberta. O que a ressurreição foi para a história de Jesus, a descoberta da Cruz Verdadeira – e, portanto, a revalorização cristã de Jerusalém – o foi para a coesão da até então desorganizada Igreja. Assim como Jesus ressuscitara dos mortos, do mesmo modo a cidade santa ressurgiu quando os crentes a transformaram num refúgio de singularidade entre as abstrações impossíveis da universalidade. O desejo do transcendente está entranhado na condição humana, e assim Jerusalém, como sede desse desejo, não é excepcional, mas incidental, no sentido de que o incidente ocorre aqui. Seja com sua santidade ou com sua violência, Jerusalém é uma destilação da condição humana, uma purificação e intensificação do que significa estar vivo na terra.

E por que não deveriam também os muçulmanos sentir essa atração? O que sugere que eles também a sentiram é o fato já observado de que o primeiro impulso de cobiça dos exércitos de Maomé foi, mesmo sem ele – ou, melhor, especialmente sem ele – tomar Jerusalém. Por quê? Porque eles também estavam vivos para aquele *hic*. Os cristãos, por sua vez, tão inflamados estavam com relação à cidade santa que, numa versão própria do que os hebreus haviam feito na Babilônia, ao perderem o lugar real para o muçulmano infiel naquela conquista do século VII, inventaram uma *ideia* de Jerusalém – "descendo do céu, de junto de Deus" (Ap 21,2) – em torno da qual organizar a própria civilização, a cristandade, que então mal começava a existir.

A cidade perdida reavivou a febre de uma cidade imaginada, febre que se exacerbou quatro séculos mais tarde nas Cruzadas, a violência totalmente sancionada pela Igreja pela primeira vez, pois seu objetivo era resgatar a cativa Sião.[33] E com a permissão de Deus, os demônios foram soltos. Mas a Europa cristã foi ignominiosamente repelida de Jerusalém, que novamente nada deixou, a não ser lembrança e saudade, ambas por fim sendo direcionadas para os Estados Unidos, cujo olhar persistia voltado para o outro lado do mar. A ideia de Jerusalém trazia consolo e trazia a guerra. A ideia de Jerusalém trazia esperança e trazia arrogância. Através dos tempos e de diferentes pontos de partida, os humanos pareciam entender que se era possível encontrar os desafios da discórdia e da alienação nativas em Jerusalém, era possível encontrá-los em qualquer lugar.

Nada mais explica por que tantas e tão diferentes pessoas, através de tantos obstáculos intransponíveis e de tantos desdobramentos do tempo, continuaram encontrando maneiras de voltar a esse lugar. Elas beijaram suas pedras, encostaram a testa nos seus muros, arrastaram-se de joelhos por suas ruelas, molharam o rosto em suas piscinas, esmagaram os dedos entre suas gretas, jogaram-se em sua imundície. E para quê? Essa crença verdadeira raramente orientou para a verdade. Jerusalém é a sede da discórdia, o santuário da violência sagrada. A desilusão paira sobre Jerusalém, mas a ilusão sempre se recusa a morrer. A esperança decepcionada define Jerusalém mais do que a realização, mas a própria decepção confirma a permanência do desejo. Assim, por todas as suas promessas quebradas, Jerusalém é a matriz da autossuperação. Ela é a escola que ensina o conhecimento a conhecer a si mesmo. Sua complexidade – não, sua impossibilidade – é o que a torna santa. E assim tem sido sempre. Até que finalmente, no alvorecer da modernidade, os cristãos ocidentais retomaram a cidade real – uma cidade judaica, uma cidade muçulmana – reconquistada no auge da Primeira Guerra Mundial. Com essa inversão da derrota dos cruzados mais de setecentos anos antes, os cristãos ocidentais, sem saber, por meio da violência e da esperança, definiram o restante do século XX. Jerusalém!

4. Nota Pessoal

Precisamos de uma nova narrativa que explique a violência sagrada. As antigas narrativas estão exauridas. Tucídides disse que "sendo a natureza humana o que é", a violência é inevitável.[34] A guerra é um fato consumado da condição humana. Mas é verdade? Entre as pessoas, mesmo a agressividade masculina abranda com o tempo. Os meninos crescem. Vendo que uma pedra lançada com um estilingue pode ferir a testa de um amigo, param de atirar. Por analogia, a raça humana pode amadurecer? A narrativa tradicional sugere que a solução para a violência é mais violência. Não apenas isso; a violência é origem de sentido e de valor. Pode-se santificar a violência como sacrifício e expiação, como a vontade de Deus. Mas *isso* é verdade?

É comum falarmos da violência e da religião como se ocupassem campos separados, até opostos, da condição humana. Não penso assim. Eu também fui um garoto com estilingue. Mas alguma coisa mudou. A perspectiva de uma guerra nuclear, sentida como real e iminente enquanto eu amadurecia no início dos anos 1960, foi o que me abriu à convicção religiosa que ainda me define. A transitoriedade radical "desta vida" apontada além de si mesma para a "outra vida".[35] Escolhi ser servo dessa outra vida e me tornei sacerdote católico.

Na época em que fui ordenado padre, em 1969, no auge da Guerra do Vietnã, pela qual meu pai, da Força Aérea, tinha responsabilidades, os polos da minha imaginação congênita oscilavam. Esta vida contra a outra vida? O Mundo Livre contra a Cortina de Ferro? O bem contra o mal? Os salvos contra os condenados? A terra contra o céu? O tempo contra a eternidade? O transitório contra o permanente? Eu mantinha essas tensões em equilíbrio, estabilizado no fulcro do conflito interno. Embora tenha refletido sobre essas questões antes, só agora compreendo todo o alcance da sua cronologia. Eu nasci no ano em que os laboratórios de Los Alamos foram inaugurados, ano em que a palavra "genocídio" foi criada. Fiz 20 anos quando John F. Kennedy foi assassinado, ano em que começou a Guerra do Vietnã. Fiz 25 anos no ano em que Martin Luther King Jr. e Bobby Kennedy foram assassinados, ano em que Lyndon Johnson reconheceu a derrota na guerra, ano em que Richard Nixon a retomou. Fiz 30 anos quando acabou a fase americana da Guerra do Vietnã.

Os anos de sacerdócio produziram o efeito surpreendente de desenraizar-me radicalmente, para usar uma imagem contraditória. Sem uma guerra à qual me opor ou uma figura de autoridade a quem obedecer, eu sabia que chegara o momento de encontrar um lugar onde lançar as minhas raízes novamente e, por estranho que pareça, nenhum lugar natural se apresentava como possibilidade. Eu estava perdendo meu vínculo com o sacerdócio. Para onde iria? Voltar para Washington, D.C., nem pensar, pois eu já não a considerava minha cidade natal. Grato por ser irlandês, e começando a imaginar-me escritor, eu poderia ter ido, digamos, para uma cabana na costa oeste da Irlanda e me dedicado à poesia. Católico de coração, apesar da minha implicância com a hierarquia, eu poderia ter ido para Roma, talvez para resgatar meu sacerdócio estudando no Pontifício Colégio Norte-americano. Tomei um avião até Gana para uma entrevista de emprego como capelão em uma universidade em Cape Coast, e visitei Gallup, no Novo México, onde um bispo me convidou para trabalhar entre os navajos. Mas nenhum desses lugares me atraiu.

Em vez disso, uma torrente de angústia e esperança que eu sem saber partilhava com minha cultura nativa me empurrou para onde nunca estivera – um lugar que até então eu pensava existir apenas no passado. Jerusalém. Como se o palimpsesto da minha mente fosse aquele mapa medieval mostrando-a como ponto de convergência de três continentes, a cidade santa, ocupando o centro de um mundo de sonhos, enraizou a minha imaginação tanto quanto a de qualquer outra pessoa. Eu jamais imaginara que Jerusalém tivesse tanto a ver comigo, mas enquanto perscrutava o meu inconsciente, remontando talvez às primeiras imagens das histórias bíblicas da infância, descobri a cidade como uma geografia pessoal.

Mil novecentos e setenta e três. Mais um verão dourado, o último da complacência de Israel pós-1967, porque no outubro seguinte, no Yom Kippur, inimigos árabes quase derrotariam o estado judaico. Isso aconteceu um mês depois que saí de Jerusalém, de volta para os Estados Unidos. Enquanto permaneci na Terra Santa, as minhas preocupações não eram com a política, mas com a fé. Passando por uma crise de fé, mais do que nunca eu precisava pensar que política e fé eram diferentes. Logo que me estabeleci em Jerusalém no início daquele verão, comecei a visitar os lugares sagrados, iniciando – por que não? – por Belém, o lugar para onde José e Maria se dirigiram em peregrinação e onde, segundo a história, Jesus começou a sua. Foi em Belém, nas entranhas da Igreja da Natividade, que li aquela placa definidora no chão de pedra: *Hic Incarnatus Est*. A despeito do que essa asserção tenha vindo a significar para mim, o meu primeiro contato com ela me deixou paralisado. Pelo que vi, o local do nascimento de Jesus era uma armadilha para turistas. E, como descobri durante a minha própria peregrinação – "*Aqui* Jesus chorou sobre Jerusalém... *Aqui* Jesus curou o leproso... *Aqui* Jesus misturou saliva e barro" – assim o era todo lugar santo. As afirmações feitas nos lugares santos me pareciam superficiais e inacreditáveis.

Para ver abaixo da superfície, talvez eu precisasse de orientação. Consegui um guia confiável, um padre dominicano francês idoso, biblista renomado e arqueólogo.[36] Eu esperava que ele resgatasse a minha devoção, mas para minha surpresa ele se mostrava evasivo a respeito de cada lugar sagrado a que me levava – Monte das Oliveiras, piscina de Betesda, jardim do Getsêmani, Via Dolorosa. Em cada lugar, a mesma demitologização lacônica: "Dizem... quem sabe... a lenda é que...." Para ele, não havia certezas na tradição, e o que me levara para lá fora exatamente a busca de certezas. As saídas em peregrinação com o padre-pesquisador acabaram sendo profundamente decepcionantes.

Percebi que a segurança da fé pela qual eu ansiava era o que ele desdenhava. Fiquei sabendo que as estações originais da via-sacra, bem como as reproduções que os católicos viam nas naves laterais de todas as igrejas, foram inventadas por franciscanos no final da Idade Média para competir com o monopólio turístico dos ortodoxos gregos no Santo Sepulcro. O véu de Verônica, as três quedas, as mulheres chorosas – tudo mito. Quando fomos ao Santo Sepulcro, o dominicano me levou até a entrada do santuário, bem parecido com uma choupana, no interior da grande basílica, uma lembrança do túmulo de Jesus. Ali, eu não podia esperar outra coisa senão viver uma experiência mística, mas quando entrei agachado no espaço exíguo, ele não estava vazio. Um monge grego desdentado esperava por mim. Ele aproximou uma vela apagada do meu rosto, resmungando "Um dólar!"

Meu guia dominicano e eu fugimos do local – o lugar mais sagrado do mundo cristão. Só então ele mudou de atitude, gesticulando para segui-lo, como se a minha demonstração de descrença tivesse me qualificado para a confiança dele. Numa casa particular, ele bateu na porta. Uma freira atendeu e reconheceu meu guia. Passamos por ela e demos num corredor escuro, descemos uma escada em espiral e chegamos a uma escavação que estava sendo feita debaixo da casa. O local estava bem iluminado. Com um gesto, o padre francês pediu que me aproximasse, e então disse, "Aqui... *aqui!*" Seus braços abriram-se para o cenário, veja! Pedras grandes e irregulares de uma antiga muralha elevavam-se à nossa direita e à nossa esquerda, mas foi para o espaço entre as pedras que ele me levou. Ele apontou para o chão, para uma grande laje de pedra com cerca de dois metros e meio de comprimento por um metro de largura. Percebi uma mudança no padre enquanto ele fitava o monolito incrustado. Ele disse, "Essa era a soleira da porta da cidade no tempo de Herodes... Aqui você vê o muro da cidade...." A imensa muralha estivera coberta por montes de entulhos, apenas recentemente desobstruída. Então continuou, "É certo que Jesus de Nazaré pisou nesta pedra, provavelmente descalço, quando saiu da cidade para morrer".[37]

Reagi àquela soleira de pedra como se finalmente tivesse sido levado à presença de algo que perduraria. A pedra ficara enterrada quando os romanos destruíram o Templo, e enterrada ainda mais profundamente quando destruíram a cidade inteira, gerações depois de Jesus. Durante todos esses séculos essa pedra estivera perdida. Agora estava sendo posta a descoberto, como se fosse para mim. O dominicano, que demonstrara tanto cinismo diante dos santuários devocionais, das capelas e das estações da via-sacra, estava agora visivelmente emocionado na presença desse pedaço de granito rústico sobre o qual Jesus quase certamente pisara. A pedra me comoveu, mas também o padre. Eu me inclinei, ajoelhei e beijei a pedra, tocando com meus lábios o que a pele de Jesus havia tocado.

Esse ato foi o mais próximo de tocar Deus a que eu chegara. O fato de ser um ato ímpio, sem tradição e profano me permitiu admitir conscientemente pela primeira vez que eu devia abandonar o sacerdócio. A pedra da soleira assumiu significado como o meu limiar, uma passagem para o resto da minha vida. Significou mais do que consegui expressar no momento em que encontrei essa permissão em Jerusalém, como se fosse um trunfo de Roma.

Só hoje compreendo claramente que beijei aquela pedra devido à importância da sua presença, não do seu futuro ou do seu passado. O Reino de Deus está *aqui*, repetira Jesus inúmeras vezes. Foi por *este* mundo que ele se entregou, não por algum outro mundo. *Este* tempo, *este* lugar. Se o medo da guerra se instalara em mim, era porque eu entendia o sentido da guerra como a destruição da única coisa que importa: cada pessoa morta é o mundo todo morto. Cada morte tem um sentido absoluto. Se a promessa do céu atenua esse sentido, então ela é uma mentira. A soleira, quando a beijei, era o único céu que eu queria ou de que precisava.

Deixei Jerusalém, e Israel, no final daquele verão. Voltei para casa e, nos meses seguintes, escrevi uma carta aos meus superiores religiosos, comunicando a minha decisão de deixar o sacerdócio e pedindo a devida dispensa dos votos. Não que eu tivesse perdido a minha fé católica. De modo nenhum. Eu acredito na presença de Deus nesta vida, o que Jesus chamou de reino de Deus. Ser esta vida a única vida é que a torna vida de Deus. Aquela pedra sobre a qual Jesus pisou foi a razão que dei a mim mesmo, se não para os outros, da minha decisão, não obstante, de não abandonar a Igreja. Somente sua linguagem me dá uma medida do sentido de Deus.

Precisei de todos esses anos para haver-me com o fato óbvio de que aquela soleira, que vem desde os tempos de Herodes e, portanto, de Jesus, não é uma "coisa que perdura" mais do que a explosão de ar comprimido pela língua de uma palavra enunciada. Vejo também que o dominicano e eu tivemos uma espécie de condescendência elitista em relação à fé comum da imensa maioria de crentes. O primeiro sintoma da febre de Jerusalém é o desdém por aqueles que sentem o ardor da fé de modo diferente. Aquela pedra bruta da soleira, preciosa para mim por sua rusticidade, era a minha versão do Jardim do Túmulo embelezado – num distanciamento dos locais de conflito da religiosidade humana normal. Mais do que isso, vejo hoje que o *hic* que torna Jerusalém sagrada não vem do toque de Deus, como se Deus estivesse lá com um dedo pronto para injetar santidade numa pedra, como uma infusão de sangue ou uma corrente elétrica. Não, ao longo dos séculos, é incalculável o número de seres humanos que, por imposição de sua crença, voltada para *hic*, tornaram esse local sagrado.

O fato é que Jerusalém é considerada santa há milênios. Os homens criam a santidade. Agora sou um dos que fizeram isso, apesar da minha condescendência. Se Deus é a origem do sagrado, assim é simplesmente porque Deus santifica a criação *por meio* da criação. Nesse caso, por nosso intermédio. Pelas nossas boas intenções, sim, mas também pelas nossas atitudes conflitantes e comportamento falível. Na verdade, os homens que acreditam que Deus intervém diretamente para lhes dar a Terra Santa, sejam judeus, cristãos ou muçulmanos, profanaram essa terra, semeando-a com minas.

A minha falibilidade estará à mostra ao longo de todo este livro. Como admito desde logo que a minha primeira experiência de Jerusalém reforçou a vaidade das minhas pretensões de superioridade com relação aos que eu considerava crédulos, alerto também que pode haver uma vaidade em retrospecto. Ao expor uma história de violência sagrada absolutamente definida por erros e crimes, não estou tão seguro de que, se eu soubesse e acreditasse apenas no que os atores desse drama sabiam e acreditavam naquele tempo, eu teria agido de forma diferente. Há também a vaidade do pensamento evolutivo, como se formas de crença e de cultura que surgem mais tarde são necessariamente melhorias com relação às que as precederam. Essa é a armadilha do supersessionismo, e pessoas religiosas, especialmente cristãs, caem nela regularmente. Nela também caem pensadores que têm como certo que a história do mundo esteve se construindo em direção ao secularismo doutrinário pós-moderno.

Ao examinar as fontes e textos para este estudo, fiquei limitado por meu conhecimento e formação – não sei hebraico nem árabe. Escrevo como católico, sendo meu objetivo contar uma história interfé completa, esperando que judeus, protestantes, cristãos ortodoxos e muçulmanos, bem como israelenses e palestinos, se sintam honestamente representados aqui. Se tenho uma especialidade, é a de ter feito parte de um estudo de texto realizado em Jerusalém em conjunto com estudiosos judeus, cristãos e muçulmanos quase anualmente durante mais de doze anos.[38] O que sei disso é tudo que não sei. Entretanto, reconheço a realidade ineludível de que, por ser a história de Jerusalém contada de modo diferente pelas várias tradições (por exemplo, os judeus podem atribuir sua origem a Davi, há três mil anos; os árabes podem remontar sua origem aos jebuseus e seus antecessores, cinco mil anos atrás), ou mesmo dentro das tradições (Será mito a expulsão dos cananeus imposta por hebreus invasores? Eram os hebreus realmente cananeus que precisavam de um mito diferente para suas origens?), qualquer obra de história é inevitavelmente problemática. Quem consegue contar a história do Templo? Do Domo da Rocha? Das Cruzadas? Da guerra de 1948? Esses assuntos são inevitavelmente polêmicos. Nunca há uma explicação única ou uma causa única. Pessoas de todas as procedências (jerosolimitas, peregrinos, sionistas, beduínos, palestinos, armênios, crentes de todos os matizes) sentem-se intimamente vinculados a esse lugar. Esse apego apaixonado se faz acompanhar da convicção de que conhecem a verdade desse lugar. No entanto, talvez muito poucos saibam muito do que é real. Convicção inamovível baseada no que é profundamente questionável é um sintoma da febre e fonte de discórdia interminável. Este livro tem como objetivo um pouco menos de certeza, com a esperança de abrandar a discórdia.

Por escrever como cristão católico, americano de língua inglesa, filho de um soldado obcecado pela guerra e forasteiro cujo amor pela cidade pode tanto dificultar como ajudar, eu reivindico uma identidade que me limita. No entanto, me propicia também um lugar onde ficar. O que mais valorizo atualmente a respeito do momento transformador diante da soleira da antiga porta da cidade é o quanto ela me aproximou da violência infligida a Jesus e seu povo, pois aquele bloco de pedra no meio do entulho me levou sem que eu soubesse para o epicentro da guerra selvagem dos romanos contra os judeus.

Quase desconhecida na história cristã, essa guerra definiu a forma que o movimento de Jesus assumiu, para o bem e muito mais para o mal. Por exemplo, ela influenciou os textos cristãos na sua valorização dos romanos (Pôncio Pilatos como um homem de consciência sensível) e na demonização dos "judeus", que os romanos queriam matar. Mas só um entendimento pleno dessa guerra possibilita o reconhecimento mais importante a que um cristão contemporâneo pode chegar – que Jesus morreu por causa dos seus atos de resistência a Roma, e que assim agiu como judeu. Jesus não era cristão. Como judeu, ele amava Jerusalém. E, agindo desde o interior de sua amada herança judaica, Jesus rejeitava a violência. Por isso, o império o matou. Os impérios ainda reagem desse modo.[39]

Quando fui a Jerusalém pela primeira vez, eu não sabia que estava abrasado pela febre de Jerusalém. Da minha perspectiva, eu simplesmente estava em busca das coisas que perduram. Quais são elas? Seguramente a violência e a religião, para começar. A violência e a religião duram há tempo suficiente para suscitar esta meditação sobre a dura revelação da maturidade religiosa – o conhecimento de que nada dura para sempre. Longe de ser opostas, como eu as imaginava no passado, a violência e a religião são metades do átomo que estamos tentando evitar que se desintegre aqui, lados da moeda que este livro pretende jogar no ar, colchetes dentro dos quais se desdobrará esta história de morte sagrada, da pré-história até a era nuclear. Dos antigos altares de sacrifício ao sacrifício "colateral" de crianças nos dias de hoje. Dos animistas aos monoteístas bíblicos e aos ateístas modernos. Do Pai Abraão a Abraão [Abraham] Lincoln e aos pais que perenemente enviam filhos para a guerra. Dos versos líricos do "Hino de Batalha da República", ao qual legiões de soldados da União morreram na Guerra Civil à "Jerusalém" de William Blake, cujos versos majestosos tiraram milhões de soldados britânicos das trincheiras e os impeliram a atacar durante a Primeira Guerra Mundial. Em todos esses casos, a religião sacrifical foi usada para manter o massacre em andamento. E a religião sacrifical atualmente favorece a dança da morte, enquanto a guerra ameaça consequências jamais vistas pelos seres humanos, mesmo que essa dança esteja acontecendo onde o rei Davi dançou quando esta história estava mais perto do seu início do que do seu fim.

CAPÍTULO 2

Violência Entranhada

1. O Relógio do Passado

De onde veio Jerusalém e tudo o que ela implica? Para apreender o significado pleno da cidade santa e dos rituais que a santificam até os dias de hoje, como também dos conflitos que a profanam, precisamos recuar no tempo e reformular a pergunta: De onde veio a religião? Como ela apadrinhou a violência? Quem foram os nossos ancestrais? Eles prepararam o caminho para nós? Por coincidência, Jerusalém ficava perto do centro da região onde nós, humanos, como nos conhecemos hoje, começamos a existir. O fator que faz de Jerusalém um centro gerador de ardor é anterior a Jerusalém na linha do tempo, por isso precisamos começar a nossa reflexão com uma espécie de volta no tempo para entender em maior profundidade como a nossa cidade veio a ser o que é e onde está.

Todo ato humano tem seu início nos atos daqueles que nos precederam no passado remoto. Essa verdade se aplica à guerra. E se aplica à religião. Podemos identificar a hora no relógio do nosso distante passado? No princípio, a violência estava lá? Quando começou o culto do sacrifício? Quando os seres humanos se tornaram criaturas tão contrárias à violência que cometerão violência para acabar com ela? Quem é o Deus que exige tal culto? Em outras palavras, procuremos imaginar a mistura de sangue derramado e ritual sagrado nos estágios iniciais da existência humana.[1]

De acordo com a hipótese, treze bilhões de anos atrás toda a massa estava concentrada num único ponto, muito menor do que o ponto no final desta frase. Nada mais existia além desse átomo primordial. Então ele explodiu, a criação da matéria e da energia, do calor e da radiação negra afastando-se do que era simultaneamente um centro – uma expansão do universo que continua até hoje, com tudo o que existe ainda distanciando--se a enormes velocidades do vazio alfa em direção ao vazio ômega, que podem equivaler à mesma coisa. Assim começou o que imaginamos ser tempo e espaço.

Treze bilhões de anos atrás é uma marca no calendário humano. Mas o número nos engana. Segundo cientistas do Smithsonian Institute, um ser humano comum precisaria de quase 400 anos para realizar a simples tarefa de contar, em inglês, até 13 bilhões.[2] Treze bilhões de anos de buracos negros, antimatéria, luz, velocidade, campos de força, líquidos, gases, partículas, gravidade, hidrogênio, oxigênio, carbono, supernovas, nebulosas, galáxias, estrelas e planetas. Quatro bilhões de anos atrás (seriam necessários 120 anos para contar), esse processo, como um oleiro moldando a argila, formou o planeta Terra que, por sua vez, formou a terra, o ar, o fogo, a água, o gelo, a pedra, o solo, a vegetação, os peixes, os animais – e a consciência.

Entre cinco e seis milhões de anos atrás (seriam necessários apenas dois meses para contar), quando a estiagem substituiu a chuva onde hoje é a África Oriental, os lagos secaram, as florestas cederam espaço para as savanas e os progenitores dos atuais humanos começaram a existir. Eles aprenderam a andar eretos, a usar o polegar. Através de gerações, perderam grande parte do pelo do corpo, facilitando a saída do calor pelos poros da pele, o que os deixou preparados para explosões súbitas de energia e esforço, para fugir ou para perseguir outras criaturas. Como perdiam calor liberando água do corpo, precisavam beber mais do que outros animais. Os oásis se tornaram centros. Eles aprenderam que melões armazenam água. Eles aproveitavam todas as oportunidades para colher e comer bagas, nozes e frutas. Em pouco tempo sabiam voltar a fontes abundantes de recursos. Como todos os animais que são vegetarianos oportunistas (por exemplo, os chimpanzés), eles eram competitivos, não dividiam seus espólios.

Então começaram a procurar sistematicamente esses alimentos, e de buscadores se tornaram coletores. Em vez de comer imediatamente e sozinhos, levavam os melões, as bagas, as nozes e as frutas aos acampamentos em recipientes feitos de, digamos, folhas entrelaçadas. De vez em quando, comiam com outros que colhiam bagas e nozes. Quando encontravam carcaças de animais frescas, festejavam. Tudo o que sabiam era que a carne satisfazia-lhes o apetite. Ingerindo essa proteína concentrada, podiam consumir menos e ficar alimentados, o que significava, enfim, que podiam gastar menos tempo em busca de alimento. Em vez de esperar até encontrar uma carcaça, começaram a perseguir animais vivos e a matá-los. Por causa do seu tamanho relativamente inferior e da velocidade menor em comparação com a presa, essas perseguições e ataques precisavam de cooperação. Eles desenvolveram velocidade e força. Correndo, o corpo foi assumindo a postura ereta. Os progenitores se tornaram ancestrais.

Segundo especulam alguns antropólogos, os integrantes do grupo de caçadores, por terem colaborado, comemoravam o alívio, o êxtase, proporcionado pela matança. A solidariedade entre eles podia ser tão forte a ponto de assumir um significado próprio – uma presença invisível e maior. O clã se tornou totêmico e as práticas de caçar, abater e comer se fixaram. Começou assim o que chamamos de tradição. A presa vencida transmitia a impressão de que possuíra poderes mágicos, poderes esses (e isso também é especulação) que podiam ser absorvidos devorando-a. Os caçadores passavam a carne um ao outro numa refeição que fortalecia suas relações. Pedaços de carne assumiram valor, uma primeira moeda corrente. Desse modo, os ancestrais desenvolveram habilidades de colaboração, planejamento e comunicação. Eles criaram o hábito de partilhar. Aprenderam a controlar o desejo, a adiar sua satisfação. Desenvolveram a paciência. Assim começou o que chamamos de cultura. Eles passaram de necrófagos a caçadores.

Quase três milhões de anos atrás (poder-se-ia contar até esse número em apenas um mês), onde hoje é o Quênia, um dos ancestrais afiou uma pedra e a transformou em ferramenta que usou para cavar raízes ou separar a carne dos ossos dos animais. O paleoantropólogo Louis Leakey encontrou esse tipo de pedra afiada no Olduvai Gorge em meados do século XX. Durante um milhão de anos (onze dias para contar), assim dizem os registros arqueológicos, essas ferramentas praticamente não foram aperfeiçoadas. Os ancestrais se tornaram competentes em matar animais, inclusive mamutes. No entanto, em dimensões mais amplas, sua vida de coletores e caçadores mudou muito pouco durante um longo período – apesar de enormes mudanças em seu espaço de buscas. Dependentes de carne, eles precisavam se mudar quando as manadas de animais migratórios procuravam outros lugares. Os ancestrais se espalharam a partir da África, atravessando a ponte de terra da Península Arábica e entrando na Ásia e na

Europa. Para comer, eles precisavam viajar. Se não viajassem, morriam de fome. Finalmente, a espécie atravessou geleiras, rios, mares, montanhas e desertos, chegando a todas as regiões do planeta. Eles matavam e comiam gazelas, antílopes, mamutes, javalis, focas, peixes, aves e ursos. Nos lugares e períodos frios, vestiam as peles dos animais. Onde não havia cavernas, construíam abrigos com peles, folhas, árvores e até gelo.

Quando o clima esfriava, de fundamental importância era o fogo. Eles conheceram o fogo por intermédio da natureza, vendo o raio atingir o capim seco, acendendo-o. E então, no início, apenas levando um tição em brasa para o acampamento, começaram a controlar o fogo. Em regiões e épocas mais frias, usavam o fogo para se aquecer. Alimento cozido exigia dentes e mandíbulas menores, e depois de muitas gerações, seus rostos mudaram. Por fim, o fogo passou a ser a ferramenta com que extraíam metais de minérios, chegando ao cobre, ao bronze e, bem mais tarde, ao aço – cada metal oferecendo uma lâmina cada vez mais afiada. Uma arma melhor. De maneira muito mais imediata, porém, o fogo transformou a experiência. É fácil imaginar como, em lareiras construídas e em cavernas, o fogo, à noite, lhes dava vida. Não apenas luz e calor, mas um modo de espantar os predadores. A habilidade de comunicação durante a caçada, com sinais de mão e sons variados, transformou-se na capacidade de usar gestos e a linguagem. As imagens que guardavam na mente os levou a tentar expressar-se, representando aquelas imagens interiores com as mãos, com o rosto e com sons emitidos do fundo da garganta. Sentados perto do calor e da segurança do fogo, eles falavam. Falavam sobre o que a caçada os fizera sentir.

Nós, modernos, precisamos cuidar para não projetar percepções contemporâneas na mente dos primitivos, que praticamente desconhecemos. No entanto, em algum momento eles já não eram tão primitivos a ponto de ser indiferentes às consequências emocionais da morte causada a outras criaturas vivas. Compreendendo a si mesmos como observadores da morte, como perpetradores da morte e como vítimas inevitáveis da morte, eles se perceberam envolvidos pela morte. Essa foi uma experiência transformadora da espécie, uma experiência que nunca nos abandonou. Depois de aprender a carregar água, alimento e fogo, nossos antepassados também encontraram uma maneira, por meio do veículo da linguagem, de levar essa experiência, toda experiência, que pertence à esfera da interioridade.

Partilhando o alimento, podiam agora partilhar a consciência – tanto memória como preocupação.

A diferenciação por sexo se estabeleceu. O trabalho das fêmeas era parir filhos e cuidar deles perto do lugar do fogo. O trabalho dos machos era perseguir, espreitar, preparar armadilhas e atacar animais com suas lâminas de pedra, lançar neles varas pontiagudas e pedras aguçadas, levar carne para o acampamento. Evidências arqueológicas sugerem que os primeiros caçadores se deslocavam em bandos de apenas duas ou três dezenas de pessoas – muito pequenos para manter o equilíbrio adequado entre o número de machos e de fêmeas. Pelas leis da estatística, são necessárias várias centenas de membros vivendo em grupo para que o equilíbrio se estabeleça. Grupos sem esse equilíbrio podem ter adotado a eliminação deliberada de crianças para manter essa proporção crucial entre gêneros. Nesse caso, desdobramentos dessa necessidade podem, inconscientemente ou não, ter levado pequenos bandos de caçadores a se juntar a outros bandos, alcançando aquela massa crítica centuplicada que possibilitou um equilíbrio natural entre a prole masculina e feminina. Aqui teve início a tribo. Essa adaptação à multiplicidade de unidades sociais – o que chamamos hoje de redes – distinguiria para sempre os seres humanos de outras criaturas.

Sobejam evidências de que a morte de membros do bando e de parentes tribais não era vista com indiferença. Quando um membro do grupo parava de respirar, os companheiros cobriam o seu corpo com pedras para que as hienas não o devorassem. Eles imaginavam seu próprio corpo lá deitado, o que lhes dava a impressão de que os mortos ainda tinham poder. A colocação das pedras se tornou importante, e através das gerações eles descobriram determinadas maneiras de fazer isso. Grandes montes de pedras assumiram sentido, e então pedras monolíticas revestiram-se de majestade, talvez por parecerem imutáveis, invulneráveis à mudança horripilante provocada pela morte. Diante dessas pedras, com movimento e som, eles realizavam o que podemos chamar de rituais.

2. Fazedores de Marcas

Os seres humanos de 60 mil anos atrás eram aproximadamente o que somos hoje, física e mentalmente. Estamos tão próximos deles no tempo que poderíamos contar até 60 mil em meio dia. Mesmo esse impulso – marcar o tempo com números, começando com os dedos das duas mãos – é uma característica definidora. O *Homo erectus* se tornara *Homo sapiens*. Mas mais do que isso. O *Homo sapiens,* sabendo que sabe, se tornara *Homo sapiens sapiens*. A consciência do passado, do presente e do futuro define a consciência do eu imutável que tem, através do tempo, consciência da própria consciência. "A capacidade de ocupar-se com o futuro", escreveu Søren Kierkegaard, "é um sinal da nobreza dos seres humanos; a luta com o futuro é a mais enobrecedora."[3]

Mas lutar com o futuro é lutar com o eu, que, embora de certo modo imutável, reassume a existência continuamente. Porque, à diferença da pedra monolítica aparentemente imutável, o eu é sempre inacabado, está sempre por acabar, e o homem consciente está sobrecarregado, não de um simples medo, como insiste Kierkegaard, mas do que ele denominou *angst*, angústia. Medo é o temor de uma ameaça conhecida. Angústia é o temor do eterno desconhecido, que é essencial para o vir-a-ser. O futuro não *contém* perigo; o futuro *é* perigo. Como os homens, em sua própria autoconsciência no tempo – a fonte da nobreza humana – são sempre incapazes de ficar em paz consigo mesmos, eles não conseguem ficar em paz uns com os outros. Talvez esteja aqui a origem da vergonha humana.[4]

Os animais vivem no eterno presente. Os homens vivem no eterno vir-a-ser. Essa é a diferença que importa, a origem da inquietude humana. Angústia, não medo. A pergunta é permanente: Isso é tudo que existe? Mas a pergunta é sua própria resposta. Não é uma pergunta baseada apenas em impulsos voltados à aquisição, como se a consciência humana pudesse ser reduzida a mero consumo. Ao contrário, é uma pergunta enraizada na inevitável incompletude da experiência, um ser que está sempre em transformação. O intelecto, como o chamamos, é compelido a registrar essa incompletude nas suas duas dimensões, tempo e espaço. O tempo é medido em comparação com o passado e com o futuro – memória e antecipação. O espaço é medido em contraste com o horizonte circundante, seja fechado, como numa sala, seja aberto, como no mar. Assim, compulsoriamente, o intelecto registra o tempo, nem que seja apenas riscando um calendário na casca de uma árvore ou na parede de uma caverna – ou nas páginas que você está lendo, pois é isso que venho fazendo. E ele registra o espaço criando representações – imagens, obra da imaginação – do que o espaço contém.

Se tudo isso vale para nós, valia igualmente para os nossos ancestrais de determinado ponto em diante. Fazer marcas em superfícies – expressão – era uma forma de interpretar o que estava acontecendo com eles e de dar sentido à experiência por meio da representação abstrata. A interpretação era reinterpretada indefinidamente. Essa busca de sentido se tornou o modo humano de fazer a paz – a paz, acima de tudo, no interior do eu e, em segundo lugar, a paz entre o grupo. O fato de os humanos nunca conseguirem alcançar inteiramente essa paz significa que nunca paramos de tentar, razão pela qual as nossas marcas, uma vez que tenhamos aprendido a fazê-las, nos definirão para sempre.

Em sua maioria, as marcas feitas pelos ancestrais – em árvores, por exemplo, ou em superfícies rochosas de penhascos – ficaram expostas aos elementos e se perderam, mas as marcas feitas em paredes protegidas de cavernas sobreviveram; nós as chamamos de pinturas rupestres primitivas. Criadas à luz de tochas, ou talvez de lumes feitos de gordura animal, as marcas nas paredes das cavernas eram feitas com pigmentos derivados, digamos, de argila ou de bagas, e esfregadas na superfície da pedra com tufos de musgo. Eram usados também pedaços de carvão e ainda tinturas que eram delicadamente sopradas através de tubos feitos de ossos ocos. As pinturas rupestres mais famosas foram encontradas numa rede de cavernas subterrâneas em Lascaux, França, em 1940. Outras foram descobertas em vários lugares da Europa, e também na África, na Austrália e no sudeste asiático. A datação pelo carbono 14 surgiu em 1949, propiciando um melhor entendimento dos lugares que os pintores rupestres ocuparam no passado. O mais antigo, em Chauvet, França, descoberto em 1994, data de aproximadamente 32 mil anos AEC [Antes da Era Comum; EC = Era Comum], antes do fim da Idade do Gelo, quando as cavernas serviam de abrigo contra o frio.

De modo geral, as pinturas nas cavernas mostram reproduções realistas de grandes animais – touros, cavalos, veados, leões, rinocerontes. Os artistas eram tecnicamente habilidosos, capazes de expressar profundidade e perspectiva, e deixaram para trás centenas do que sabemos chamar-se obras de arte. Picasso, contemplando as pinturas em Lascaux e falando da sua própria tradição artística, disse, "Não descobrimos nada".

Os exemplos mais antigos de pinturas rupestres, como aquelas em Lascaux e Chauvet, são notáveis por representar somente animais. Plantas não são reproduzidas e figuras humanas são raras. Os temas quase exclusivos dos pintores eram os objetos que eles e seus companheiros caçavam. Até então, os humanos haviam se desenvolvido universalmente para viver cometendo atos sistemáticos de violência contra criaturas que reconheciam – respirando, sangrando e lutando pela sobrevivência – como de certa forma aparentadas. Ninguém sabe dizer o que povoava a mente dos pintores rupestres, mas as evidências de suas primorosas marcas sugerem uma luta interior com a própria ideia da caça. Cada animal reproduzido em cada parede de cada caverna descoberta era uma vítima – uma criatura que, no final da caçada, sangrava como os caçadores, respirava como os caçadores, até cessar de sangrar e de respirar. Sim, esses caçadores eram predadores. Mas eram mais do que isso.

Pintar era, no mínimo, respeitar o que era pintado. Essas figuras afetuosamente representadas – talvez não seja demais deduzir – exprimem a complexa emoção do pesar diante do que a vida de caçador exigia. Veremos por que talvez seja inadequado considerar as pinturas rupestres como religiosas, mas elas seguramente eram espirituais – isto é, relacionadas com uma realidade tão certa quanto invisível. Afinal, toda pintura procura representar visualmente o que é eternamente invisível. Após o confronto mortal com a caça, talvez as imagens de animais vivos – e são estes que quase exclusivamente compõem as pinturas rupestres – significassem a devolução das criaturas à vida, ou no mínimo, à vida da memória. A vida, não a morte, era a preocupação dessas imagens. A lembrança, os humanos já haviam aprendido, é o caminho para o que chamaríamos redenção.

Ou a questão era o futuro? Talvez pintando touros, ursos e cavalos, os artistas das cavernas procurassem exercer controle sobre eles, um esforço mágico para vencer a presa antecipadamente. As cavernas podem ter sido postos de observações que chamaríamos ritualísticas, se não religiosas. Talvez os pintores fossem xamãs, cuja tarefa teria sido praticar ações que poderiam influenciar a natureza, influenciar antecipadamente o resultado da caçada futura. Menos misticamente, talvez os artistas, ao criar imagens realistas do inimigo ameaçador, estivessem dispondo aos membros do bando uma forma de vencer o seu próprio inevitável terror proporcionando aos caçadores um vislumbre da luta mortal iminente. Ou as cavernas podem ter sido centros de iniciação, onde os jovens eram introduzidos no clã da agressividade. Nesse caso, o que o artista representava era o futuro perigoso em si para estimular os que ainda deviam enfrentar as provações da caçada ou para revigorar os que já a haviam enfrentado. Mediante essa "imaginação projetada à frente... o pintor congelava o momento do medo, e o caçador entrava nele através da pintura, como se fosse através de uma câmara de compressão", escreveu o matemático e naturalista Jacob Bronowski. As pinturas rupestres eram "um olho mágico para espreitar o futuro".[5]

Não devemos imaginar que essas criações fossem meramente utilitárias, como se os pintores rupestres também não se envolvessem (*Homo ludens*) com a arte pela própria arte. Mas o que quer que essa atividade significasse para eles, observando sua obra ficamos sabendo que eles encontravam imagens na própria mente, revolviam-nas desse e daquele modo, e por meio da sua arte projetavam-nas no âmbito comum, onde outros podiam associá-las com imagens extraídas da própria interioridade pessoal. O que os pintores rupestres faziam é o exato equivalente do que todo artista sério – do romancista ao diretor de cinema – faz atualmente. E pelo mesmo conjunto de razões.

Os cientistas que trabalham com datação de carbono, repetindo, concluem que algumas dessas pinturas em Chauvet têm 32 mil anos de idade, enquanto outras da mesma região são alguns milhares de anos mais jovens – e todavia as pinturas rupestres mais recentes são mais ou menos iguais às mais antigas. Essa é uma revelação "de artistas do Paleolítico transmitindo suas técnicas de geração a geração durante 25 milênios sem praticamente nenhuma inovação ou rebeldia".[6] Essa descoberta levou alguns cientistas a concluir que a cultura desse período era profundamente conservadora e, talvez por essa razão, atendesse às necessidades. Pouca mudança no decorrer de um período tão extenso (por comparação, imagine quanto mudaram as técnicas da arte apenas no último milênio e como essas mudanças refletiram inúmeras revoluções culturais) sugere uma espécie de paraíso de satisfação com o modo como as coisas eram. Seria esse o paraíso que perdemos?

3. Jerusalém Entra em Cena

Já examinamos o período mais longo de tempo – milhares de anos – durante o qual a cultura do homem coletor-caçador, antecessora da cultura das pinturas rupestres, foi relativamente estática, apesar das migrações por vastas extensões territoriais. À vida nômade faltava o principal motor da mudança social, um método de aprendizado transgeracional mais sofisticado do que se pode descrever, a tradição oral. Alguns tipos de saber memorizado teriam sido postos em prática, assim como certos rituais primitivos. As pinturas rupestres constituíram a principal forma de transmissão intelectual e imaginativa através do tempo. No entanto, terem os artistas rupestres alcançado certa habilidade técnica, e ali permanecido por longos períodos, também parece representar um momento estático, principalmente em comparação com o ritmo espantosamente acelerado da mutação cultural que começou logo depois, com o fim da Era do Gelo, que havia transformado as cavernas dos pintores em refúgio. Com a mudança do clima, o amadurecimento ecológico passou a corresponder à aptidão cultural dos humanos, resultando daí um salto evolucionário.

Em algumas regiões, a terra mais quente favoreceu o desenvolvimento de uma vegetação abundante: plantas floresceram, produziram frutos e sementes em profusão e alimentaram a vida animal, também exuberante. Uma dessas regiões é lembrada como o Crescente Fértil, uma área onde a combinação de água com "ervas que dão semente" (Gn 1,29) – nogueiras, amendoeiras, pistacheiros, árvores frutíferas, grãos silvestres, flores poliníferas – estimularam nos humanos o impulso especial a juntar-se ali. A terra e o clima por si sós foram o fator de atração.

O Crescente Fértil se estende desde a planície de Gizé, no Egito, acompanhando a costa mediterrânea sudeste, até as montanhas da Turquia atual; daí segue em curva para sudeste, em direção à faixa de terra delimitada pelos rios Tigre e Eufrates, e além. Esse território se chamaria Mesopotâmia, do grego "entre dois rios". Ao que tudo indica, foi ali que os humanos observaram pela primeira vez que grãos silvestres, ao serem apanhados para comer e casualmente caírem, germinavam no solo rico em nutrientes. Essa observação levou um ou vários indivíduos mais perspicazes – provavelmente mulheres[7] – a deixar cair grãos de propósito. Assim, os humanos deixaram de ser simples coletores de grãos de trigo ou de cevada silvestre para alimento e passaram a plantar esses grãos como sementes. Em outras palavras, passaram da mera manutenção da vegetação silvestre ao cultivo de culturas semeadas.

As sementes podem ter sido a pista, pois a partir do momento em que a imaginação humana despertou para elas, outras percepções ocorreram. O mais notável, conforme especulam os antropólogos atualmente, é que os nossos ancestrais podem ter percebido aproximadamente na mesma época que a colheita de bebês também resultava do plantio.[8] Machos e fêmeas se deram conta da relação entre o intercurso sexual, a gravidez, e, depois de um determinado período de gestação, o nascimento do bebê. Os machos, cientes de que eram os progenitores, descobriram sua relação com sua prole. Essa apreensão do significado biológico da sexualidade levou à consciência do seu significado moral, com machos e fêmeas despertados para a paternidade e a maternidade. A compreensão mútua de si mesmos como companheiros, responsáveis conjuntamente pelo bem-estar dos filhos, levou à revolução social da família.

Talvez em torno da mesma época, nossos ancestrais, sempre mais inventivos, chegaram à criação de animais, aprendendo a domesticar o cachorro, que se tornou muito útil para a domesticação de ovelhas e cabras. A simbiose entre animais e humanos, favorecida talvez por caninos servindo-se de restos junto às fogueiras e achando nisso motivo para ajudar a proteger o acampamento contra outros animais, pode ter definido essa domesticação. De novo, como eram as mulheres que cuidavam da alimentação, provavelmente foram elas que iniciaram esse processo de domesticação. Subitamente,[9] os humanos não dependiam mais do movimento dos migradores. Bestas se tornaram animais úteis na agricultura. Essas duas inovações associadas a vegetais e a animais, alcançadas numa espécie de sincronia no período entre dez mil e seis mil anos AEC, e sintetizadas na palavra "agricultura", equivaleram a uma mutação no significado da condição humana. As mudanças introduzidas foram imediatas e de grandes proporções – na avaliação de Richard Leakey, "o acontecimento mais importante na história da humanidade".[10]

Agora estávamos realmente preparados para começar. Nômades tornaram-se sedentários. Mais do que isso: os humanos tornaram-se senhores do mundo vivente. Em vez de sair à procura de vegetação comestível, eles a cultivavam. Em vez de seguir as manadas, eles as conduziam. Depois de passar um milhão de anos vagando de uma área de caça a outra, e às vezes voltando, a espécie humana, conduzida pelos pioneiros do Crescente Fértil, decidiu parar de perambular e se fixou.[11] Os eternos migrantes se tornaram urbanos. Por terem feito isso, o que começara como cultura primitiva – com consciência, cooperação, ritual e linguagem – tornou-se civilização, com ainda mais.

O esquecimento ingênito da vida itinerante se tornou a memória social da linguagem escrita. O hábito rústico da subsistência se transformou na apropriação fácil da abundância de alimento, embora baseada em um número muito menor de espécies de plantas e animais[12] e no trabalho manual organizado. Pela primeira vez, o excedente exigiu sistemas de armazenamento. O excedente armazenado levou a uma nova modalidade de troca, pois os que tinham grãos em excesso, digamos, ofereciam o produto em troca de carne. Símbolos – pequenas contas, depois moedas[13] – surgiram como formas de moeda corrente (como fora a carne nos tempos primitivos), e com essa evolução para a moeda corrente simbólica chegou a riqueza.

A concentração de agricultores em aldeias levou à invenção da cidade, onde formas anteriores de divisão do trabalho, de cooperação e de participação foram aperfeiçoadas e sistematizadas. Não é casual nessa evolução que o exemplo mais antigo subsistente de linguagem escrita, com mais de cinco mil anos, seja uma lista em pictogramas abstratos em forma de cunha, desenhados em pequenos blocos de argila, sobre a quantidade de cabeças de gado e do estoque de grãos pertencentes a agricultores. Estes eram sumérios, povo que migrara para o centro do Crescente Fértil, na região onde o Tigre e o Eufrates, descendo das montanhas da atual Turquia, confluem antes de desembocar no Golfo Pérsico. Os sumérios foram os predecessores e os antepassados míticos de babilônios, assírios, persas e semitas. O importante é que a escrita mais antiga que conhecemos, o sumério cuneiforme,[14] representa um inventário. Com o registro gravado das posses de agricultores sumérios iniciou o que chamamos história, pois a escrita é o veículo em que o conhecimento é transportado através do tempo. A história, como fundamento do aprendizado transgeracional, com seu infindável acréscimo de detalhes e classificando o que é aprendido, é o mecanismo de uma mudança cultural sempre mais rápida.

A mística da caça – silêncio, espreita, argúcia, adrenalina da perseguição, alegria ao matar, algo como remorso diante da morte, perigo sem fim – deu lugar a um modo de ser sedentário, oferecendo a segurança de necessidades satisfeitas, e expandiu as redes sociais, envolvendo grupos bem maiores. A população humana agora aumentaria rapidamente.[15] E também novas formas de conhecimento. Os agricultores desenvolveram sistemas para controlar as enchentes dos rios e para direcionar a água para a terra árida. A capacidade de medir o ciclo das estações assumiu importância para o plantio e a colheita das culturas e para o pastoreio dos animais. Essa necessidade de um calendário levou à consciência dos movimentos dos corpos celestes, que se tornaram um guia confiável tanto para padrões mensais – a relação da lua com a menstruação, por exemplo – como para as variações anuais de calor, chuva, vento, luz, inundações fluviais e migrações de animais. Eis o início da astronomia, o nascimento da matemática, a arrancada da ciência.

A agricultura também trouxe consigo a noção de territorialidade. Plantar no solo presumia controlar o solo. Colher após meses de planejamento e de muito esforço presumia controlar o que era colhido. Aqui surgiu a ideia de posse. Posse exclusiva. Isso implicou – e na época só poderia ter parecido inevitável – um novo desejo de acumular, e de medir o acúmulo comparando com o de outros. O impulso para controlar as posses pessoais rapidamente levou à necessidade de controlar os que poderiam ambicioná-la. Logo que se estabeleceu o poder sobre outros seres vivos, também pareceram necessários sistemas de poder sobre os semelhantes humanos.

A agricultura exigia uma rotina incessante de trabalho físico repetitivo e entediante, e aqueles que podiam eximir-se dele assim o faziam. As divisões do trabalho se tornaram hierárquicas. Como o trabalho agrícola se mostrou cíclico, com períodos de relativa inatividade após a colheita, os humanos tinham tempo para se dedicar a competições, dentro e fora das comunidades, que esse novo desejo de poder parecia exigir. Essas mutações na ordem social se refletiram – e ampliaram – nas histórias narradas para explicá-las, os mitos que vinculavam sistemas de realeza às ações de deuses, que podiam ser tão caprichosos e brutais como a vida que as pessoas se percebiam viver.

Não é por acaso que a cidade mais antiga da terra ininterruptamente ocupada ergue-se como sentinela no extremo sudeste do Crescente Fértil. É Jericó, no vale do Rio Jordão, datada de cerca de nove mil AEC. Acredita-se que o nome derive de uma palavra semítica primitiva para lua, sugerindo que os deuses lunares eram cultuados ali. Além dos remanescentes de cerâmica, de cobre trabalhado e de bronze moldado, que mostram como os residentes prosperaram em Jericó durante mais de vinte diferentes períodos, os arqueólogos detectaram evidências das muralhas e torres mais antigas da cidade, as quais eram em si mesmas monumentos da nova condição.

Jericó, longamente celebrada como cidade das palmeiras, foi o primeiro lugarejo que os povos nômades avistaram quando saíram do Deserto da Arábia, em busca do reino abundante da agricultura. De fato, bandos errantes de pastores, em busca incessante de pastagens para seus rebanhos, começaram a invadir áreas colonizadas, perturbando a vida de agricultores e habitantes das cidades.[16] Alguns queriam adotar o novo modo de vida fixo, enquanto outros queriam simplesmente apossar-se do que ela produzia – a pilhagem dos frutos do trabalho agrícola. Começou assim o roubo em escala organizada.

As muralhas de Jericó foram proteção suficiente durante muito tempo, mas então ocorreu outro salto cultural, quando os humanos, depois de domesticar o cavalo selvagem e transformá-lo em animal de tração, montaram no seu lombo e submeteram o poderoso animal à sua vontade. Cavalo e cavaleiro, em comunicação um com o outro, eram como uma nova criatura. Logo os cavalos foram amarrados a plataformas com rodas, e a carruagem foi inventada. Finalmente o ser humano dispunha de um modo de dominação física proporcional ao desejo humano. Agora o impulso para o poder tinha seu instrumento. Quando o roubo sistemático e a tecnologia para praticá-lo se somaram, algo novo na condição humana teve início. Isso aconteceu nas planícies em torno de Jericó, quando as muralhas de argila e as torres não eram mais suficientes para resistir aos ataques das hordas de bandidos nômades montados e dos cocheiros que investiam contra a cidade.

Esses ataques marcaram o início, cerca de cinco milênios atrás, do que chamamos guerra.[17] Suas tensões se refletiram – e foram celebradas – nos mitos de sumérios, babilônios e, por fim, dos povos semitas, cujas sagas estavam repletas de derrotas e conquistas. Relatos da criação do mundo, por exemplo, narravam conflitos mortais entre deuses, de cujos corpos trucidados foram feitos o céu e a terra.[18] A violência entre espécies se tornou tão determinante de tudo, que se acreditava que fosse cósmica e primordial.

Jericó era um povoado situado no vale em uma passagem leste-oeste ao norte do corpo de água que chamamos hoje de Mar Morto. A vulnerabilidade da cidade aos sistemáticos ataques levou os moradores a valorizar as vantagens naturais das encostas. Do alto, inimigos que se aproximavam podiam ser vistos, preparativos para detê-los podiam ser iniciados e, no conflito, o assalto podia ser repelido. Começou assim a mudança para o alto das colinas, a posição que os humanos ainda preferem. Um dos pontos altos não muito distante de Jericó era uma cadeia especialmente favorável, protegida por vales a leste e a oeste que se estendiam juntos como as lâminas de um arado, numa imagem que vimos antes para o mesmo lugar, ao sul. Os arqueólogos datam o primeiro povoamento dessa cidade-estado fortificada por volta de três mil AEC, mais ou menos na época dos primeiros cavalos montados. Na verdade, mais ou menos em torno da época daqueles blocos de inventários sumérios que assinalam o início da história. Ao longo dos séculos a cidade seria conhecida como Salém, Jebus, Moriá, Ariel e, finalmente, Jerusalém.

4. Sacrifício

Jerusalém está construída em torno de uma rocha. Em Jerusalém, a construção que mais se destaca é o Domo da Rocha. Como vimos, a rocha é lembrada como o lugar de onde Maomé subiu ao céu. Mais importante, porém, ela corresponde ao local onde se erguia o altar do sacrifício do Santo dos Santos no Templo de Herodes, desaparecido há mais de dois mil anos, o templo cuidadosamente construído sobre a mesma rocha do Santo dos Santos que servira de fundamento para o Templo de Salomão mil anos antes. Os períodos de tempo são reais, mesmo que as tradições relacionadas com a rocha concreta sob a cúpula sejam míticas – ninguém sabe exatamente onde ficava o Santo dos Santos.

O monte sagrado onde a cidade começou tornou-se santo por ser um lugar de sacrifício, e os arqueólogos concordam que, antes de os hebreus erigirem ali seu altar – o Gênesis o chama de Monte Moriá – o topo da colina serviu como lugar de sacrifício dos cananeus. Na verdade, as evidências retrocedem a sua existência à Idade do Bronze, sugerindo que sobre uma pedra ou outra – e por que não esta? – ancestrais anônimos sacrificavam oferendas em homenagem às suas divindades, hoje esquecidas. Essas oferendas incluíam humanos, fato que se reflete na tradição que imagina a presteza de Abraão para sacrificar Isaac, o que teria ocorrido nessa rocha. *Hic*.

Para nós, o que interessa é a rocha. Mitologizada como umbigo do universo e como berço de Adão, ela entrou na história respingada com o sangue das vítimas. Como tal, a rocha vincula Jerusalém ao passado remoto do sacrifício religioso. A pedra do altar pode ter evoluído do monólito do santuário sagrado, o qual pode ter dado origem às pedras protetoras do sepulcro, elas próprias transformadas em memoriais. Parece claro que o sacrifício começou como uma forma de lidar com a morte que, por sua vez, remetia para a transcendência. Mas especulações e abstrações se tornam específicas e reais quando a atenção se concentra no lugar onde todas elas tocavam o chão. O distante passado dessa meditação entrou no mundo como o conhecemos *aqui*, nesta colina. O sacrifício religioso – isso não é especulação – foi a pedra angular de Jerusalém, e é por isso que, para conhecer essa cidade, precisamos conhecer o impulso sacrifical que define sua origem.

A celebração de rituais é comum a humanos e a animais, mas de maneira diferente, pois os rituais humanos levam a ideias. Atos junto à sepultura podem ter começado para proteger o morto, para prantear uma pessoa em particular, na verdade uma afirmação da singularidade da pessoa. Mas, sempre generalizados, esses atos evoluíram para tentativas de manter uma ordem moral por meio do respeito aos ancestrais mortos. Os mortos se tornaram os Mortos.[19] E os Mortos, na sua ausência, eram de algum modo sentidos como ainda presentes. Sua ausência era em si uma presença, basicamente definida na linguagem de espíritos ou fantasmas. A presença desses espíritos veio a ser entendida como Espírito; os ancestrais a ser entendidos como deuses; deuses, finalmente, entendidos como Deus. Quer dizer, as pedras da sepultura se tornaram as pedras de altares e, por fim, de templos. Foram os rituais que levaram às crenças, não o inverso.[20]

O sacrifício é o ritual por excelência, o ato de tornar algo santo matando-o. O sacrifício começou como um ato de assassínio ritualístico, ligado a um ato de assassínio primordial que o precedeu. Freud, por exemplo, postulou um assassinato pré-consciente do líder do grupo, uma figura paterna, como o patricídio originário do qual a sociedade extraiu suas normas. O antropólogo Walter Burkert enfatizou a caçada, afirmando que o matar-para-viver pré-histórico foi crucial para a evolução do ser humano.[21] Emile Durkheim acreditava que a intenção do sacrifício era reproduzir a "efervescência coletiva" da catarse diante da morte da caça.[22] As teorias são muitas. Vimos acima que o assassínio primitivo de crianças pode ter servido ao equilíbrio dos gêneros em clãs muito pequenos para manter a necessária proporção numérica de modo natural. É provável que esses assassínios tenham sido ritualizados, o que equivaleria a uma forma primitiva de sacrifício, um modo de extrair significado de um ato que, de outra maneira, seria ignóbil. De tudo o que arqueólogos e antropólogos afirmam, a religião (um modo de significado) nasceu do sacrifício, não o contrário. Ou seja, a religião começou na aura perturbadora da violência – a violência que a vida inevitavelmente exigia, e na avaliação intelectual e moral que a violência requeria.

A relação entre religião e violência, inserida em rituais que têm sua origem no sacrifício sangrento, tão somente expõe o fato fundamental da condição humana, qual seja, que as pessoas vivem porque matam. Religião é o modo que as pessoas encontram para entender essa violência necessária, mesmo com o risco de exacerbá-la. Religião é o modo como, de fato, as pessoas procuram restringir a violência apenas ao necessário, mesmo que às vezes produza o oposto. Sacrifício é a invenção que tem por objetivo dar sentido à violência, e restringi-la.

Não podemos saber precisamente como ou quando os humanos chegaram ao ritual de sacrifício. Há teorias sociológicas sobre o sacrifício que enfatizam os benefícios comunitários desses rituais; teorias psicológicas que encontram fontes de ritual e religião no inconsciente humano; teorias teológicas que veem o sacrifício como manifestação do reconhecimento devido ao divino ou como modo de buscar a aprovação divina;[23] teorias antropológicas para as quais o ritual sacrifical tem suas raízes na sublimação da violência; e teorias genéticas que veem o comportamento de caçador inscrito no DNA.[24] Tanto humanos quanto animais têm sido vítimas do sacrifício sangrento, e as religiões têm desenvolvido rituais simbólicos de sacrifício sem sangue, como a missa católica.

Voltemos à ideia da caça. Pode ser que reapresentações sistemáticas do assassínio tenham sido feitas por humanos no Paleolítico, depois da nossa fase de coletores-caçadores – o ritual como um modo de encarar o que as pessoas faziam e suportavam na época. A morte real ocorreria no ambiente natural do animal, e depois haveria uma repetição cerimonial dessa morte. Conforme sugere a maioria dos teóricos, porém, foi somente com a invenção da agricultura, aproximadamente dez mil anos atrás – apenas ontem – que surgiu o impulso de levar para o futuro o ato primordial de matar, transformando-o, livre das exigências mundanas e obsoletas da caça, no ritual de sacrifício.

As evidências sugerem que aquilo que chamamos de sacrifício religioso começou depois que os animais foram domesticados, e somente animais domesticados eram postos sobre o altar e mortos ritualmente. Sustenta a teoria que só depois de conseguirem viver sem a matança foi que os humanos tiveram o impulso de representá-la simbolicamente, seja como modo de lidar com o derramamento de sangue desnecessário ou como forma de manter a aura transcendente da matança – a solidariedade social, a "efervescência coletiva", a comunhão com "algo maior".[25] "Repetindo a caçada, muito embora em formas religiosas cada vez mais complexas e/ou abstratas", explica o estudioso da religião Jeffrey Carter, "as sociedades definem e mantêm um senso de ordem, estabilidade e continuidade."[26] Os agricultores ritualizavam artificialmente o que os caçadores faziam naturalmente.

Ironicamente, como vimos, no início da era da produção agrícola, quando se poderia esperar que a violência diminuísse (pois não era mais necessário derramar sangue para comer), parece que ela aumentou. Como o roubo sistemático, e a própria guerra, se tornaram marcas da condição humana, parece que a violência passou a ser dirigida, agora mais do que nunca, por humanos contra outros humanos. Não por acaso, com a explosão do crescimento populacional deflagrada pela agricultura, a violência entre espécies foi uma forma de excesso a que esse reservatório genético particular podia agora sobreviver. Talvez por essa razão, os mecanismos de mitigação titubearam. A violência desenvolveu-se não apenas entre grupos, mas dentro deles. Essa escalada se refletiu no deprimente desenvolvimento do sacrifício humano – uma reificação daqueles assassínios primordiais, mas necessários, de crianças? – com a religião definindo-se em torno de altares sobre os quais os humanos eram mortos ritualmente.

Exemplos de sacrifício humano encontram-se em muitas culturas, mesmo naquelas que consideramos mais recentes.[27] Seja o que for que explique isso, tratava-se seguramente de dar expressão pré-racional ao impulso recentemente adquirido de matar aqueles cujas posses eram invejadas ou aqueles que invejavam. Aquele inventário sumério teria sido calculado em contraste com os que não poderiam ter a esperança de igualá-lo. Entram em cena a inveja, o ciúme, a cobiça. O desejo se tornou perigoso.

O entendimento contemporâneo mais influente, e controverso, das origens e do significado do sacrifício parece feito sob medida para esse fenômeno – o sacrifício humano como antídoto para uma terrível escalada da violência baseada na rivalidade e no roubo. René Girard é um antropólogo e crítico literário cuja obra concentrou-se de tal modo nas origens da religião, a ponto de atualmente ser lido também como teólogo. Ele nasceu na França, mas seguiu sua carreira acadêmica nos Estados Unidos, alcançando notoriedade na Stanford University, onde se aposentou em 1995. Seu livro mais importante é *A Violência e o Sagrado*, publicado em 1972. Nele, Girard afirma que a religião surgiu inicialmente através de impulsos sacrificais. Relacionando a sanguinolência do assassínio ritual com o despertar humano original para o divino, Girard explica o inegável, porém misterioso, vínculo entre religião e violência que subjaz ao tema deste livro. Ele se aprofunda sobre a realidade que já informou as nossas observações a respeito do modo como as sociedades humanas primitivas trabalharam instintivamente para limitar a violência, mesmo enquanto ela aumentava.

Os humanos são mais violentos do que outros animais. Em um combate mortal no reino animal, por exemplo, quando o antagonista mais fraco, temendo a morte, subitamente vacila, o animal vitorioso normalmente se afasta. Não é isso o que acontece com os humanos, onde as paixões da luta em geral impelem a matar. Embora sempre se ofereçam motivos para o uso da violência, os oponentes de uma disputa, todos eles, replicam com razões próprias – "o que significa dizer", comenta Girard, "que a violência opera sem razão".[28] Apesar de não ser racional, a violência é racionalizada, e como parte dessa mistificação, é espiritualizada.[29] Isso ocorre, desde tempos primitivos, no sacrifício, que envolve projetar em uma vítima individual um espírito de violência generalizado que ameaça destruir a comunidade. Um membro da comunidade em particular é definido, primeiro, como fonte do espírito de violência, e segundo, depois de vitimado e assassinado, como antídoto a ela. A vítima começa como perpetrador culpado e termina como fonte de salvação. O sacrifício transforma a vítima de bode expiatório em deus.

Girard observa que uma vulnerabilidade primal à escalada da violência ameaça todas as sociedades. Ele oferece uma análise desse fenômeno, aplicando-o a "toda cultura humana".[30] Não se precisa aceitar a universalização de Girard para reconhecer que seu pensamento tem a qualidade de verdade deprimente. Deixando de lado distinções entre coletores-caçadores e agricultores sedentários, ele pressupõe uma espécie de violência originária, como se a condição humana fosse definida pela destruição desde o princípio. Ele identifica o problema fundamental do que chama "rivalidade mimética", uma tendência inata dos humanos a querer o que outros humanos querem.

Somos criaturas que adquirem consciência, e autoconsciência, imitando uns aos outros. A palavra grega *mimesis* significa "imitar". Aprendemos o que é amar sendo amados. O bebê aprende a sorrir oferecendo uma imagem refletida do sorriso da mãe. Adquirimos a linguagem reproduzindo os sons que ouvimos. O freguês descobre o que tem mais valor no balcão observando outros compradores adquirindo o produto. Quando vemos o que os outros querem, nós também queremos. A indústria da publicidade se baseia nisso, assim como a economia varejista. Queremos não aquilo de que precisamos, mas o que é desejado.[31] A inquietação inata da incompletude humana é canalizada para o desejo de consumir e de adquirir, alimentado pela ilusão de que essa agitação pode ser aquietada pela satisfação do desejo seguinte. O problema se agrava quando a pessoa que deseja desse modo está rodeada de centenas de pessoas que só querem o que é desejado por todos. A rivalidade e a competição se tornam definitivas.

Tenha ou não essa dinâmica social se originado na remota pré-história dos coletores-caçadores, ela foi exacerbada pela revolução agrícola, que criou o excedente, a riqueza e a cultura da possessividade. O que Girard chama de rivalidade mimética explica muito bem o novo fenômeno do roubo sistemático, como aqueles nômades a cavalo assolaram Jericó e outros povoados do Crescente Fértil para apossar-se dos cereais estocados e dos animais encurralados. Isso explica a guerra, porque a única resposta concebível para a violência do rival é reagir com violência. Não apenas a pilhagem de cereais, mas o estupro de mulheres, o rapto de crianças, o fogo e a destruição além das fronteiras e dentro delas. Um crescente selvagem de ciúme, vingança, hostilidade, retaliação. Cada ação num ciclo assim torna a espiral de violência ainda mais ameaçadora à destruição irreversível da sociedade, quando cada um dos seus membros antagoniza com cada um dos demais.[32]

A sociedade não pode permitir esse pandemônio (palavra grega para "todos os demônios soltos"). Aqui o instinto de sobrevivência comunitário entra em cena. Por fim, até os nossos dias, a estrutura da lei[33] será erigida para lidar com esse conflito humano, mas antes da lei há um impulso grupal inconsciente que tem sua própria eficácia, quando a violência geral é controlada sendo canalizada. Os impulsos violentos do grupo chegam ao auge – o que Girard chama de "crise sacrifical" – e são projetados num único membro, que é acusado de ser o único responsável por iniciar a discórdia. Tipicamente, a vítima designada é uma figura marginal, alguém cujos laços com o grupo são fracos o bastante para que este não se penalize com sua indicação. "Todos" os demônios convergem para "este único" pelo consentimento espontâneo e unânime da comunidade demonizadora.

Aquele assim escolhido é eliminado, sendo morto ou banido – bode expiatório, uma expressão que vem do bode que é solto no deserto para morrer, levando consigo as transgressões e os pecados dos filhos de Israel.[34] A vítima, ao ser agressivamente rejeitada por todos os outros, une esses outros na "efervescência coletiva" de sua rejeição comum. Estamos falando aqui de um fenômeno da pré-história, mas essa é a essência do linchamento, que ainda ocorre. O abrandamento dos impulsos violentos da multidão – o sacrifício "funciona" – é considerado prova *ex post facto* de que a vítima é culpada. Como muitas outras formas de arroubo grupal, ele surge com aparente espontaneidade, um apoderar-se irracional cujas origens permanecem obscuras. Para Girard, é essencial que os membros do grupo continuem ignorando o modo de operação da dinâmica. Na verdade, eles não devem saber que *é* uma dinâmica, mantendo a crença de que o acusado é realmente culpado da acusação.

Por meio da violência da acusação e da vitimação, a ameaça da violência é removida. "Que alívio deve ter sido para os povos antigos descobrir que um deus poderoso estava agora no controle da violência que, como eles bem sabiam, de outro modo poderia descontrolar-se a qualquer momento", observa o historiador Gil Bailie. "A violência calculada e ritualizada tem um horror especial, que é a fonte do seu poder catártico, mas ele frequentemente repelia a violência numa escala muito maior."[35] É um erro, portanto, pensar em "religião sacrifical primitiva" como um mero culto à violência, como se a sanguinolência fosse uma fonte de prazer. Pelo contrário, o propósito e o efeito do sacrifício violento é a não violência, a paz. E essa paz deve ser tão valorizada que se possa encontrar um modo de prolongá-la, contra todas as pressões de novos conflitos. Girard sugere que o mecanismo para prolongar a paz produzida pelo sacrifício fundamental é a repetição do sacrifício ritual.

"Sacrifício" deriva do latim e significa "tornar santo", e nada menos do que santidade é o que se sente depois de restabelecida a paz social. Como o condenado é a fonte dessa comunhão resgatadora, a vítima, subitamente, é "algo maior". A libertação da violência homicida geral é sentida como extraordinária, o que poderíamos chamar de milagroso. Não há outra forma de explicá-la senão por apelos a outro mundo, a um poder superior. Um estalar de dedos ocorre, e o culpado é considerado imediatamente – um segundo *ex post facto* – inocente. Mais do que isso. A vítima, antes desprezada, percebe-se agora, era divina. Ou melhor, é divina agora. O reino invisível se torna presente. O sacrifício sangrento estabeleceu a ordem sagrada. Realizou-se o movimento do ritual que visava manipular o divino para o ritual destinado a reverenciar ou a expressar o divino; ou seja, realizou-se a passagem da magia para a crença.

Esse efeito positivo do sacrifício é o fundamento racional para a sanção universal em que ações "sacrificais" são realizadas – o danoso entregando algo valioso movido pelo impulso de fazer o bem para os outros. No decorrer dos milênios, ideias de sacrifício evoluíram e se tornaram cada mais complexas, e cada vez mais eticamente adaptadas: atos de homenagem, oferecimento de presentes, abnegação, reparação. Houve progresso, como veremos, do sacrifício humano ao sacrifício animal, e deste ao sacrifício simbólico. As pessoas modernas vivem com a impressão de que o sacrifício sangrento é obsoleto. Porém, enganamos a nós mesmos se pensamos que esses impulsos se limitam a povos remotos e distantes. Tanto a antropologia como a arqueologia sugerem que a religião sacrifical está presente onde quer que humanos se reúnam – presente como geradora de uma dinâmica positiva.[36] Estamos definindo no seu nível mais fundamental a estrutura interna da cultura, da civilização, da religião – e também da secularidade pós-religiosa. Quer dizer, o sacrifício define o humano.

Evidentemente, o seu efeito só é positivo na medida em que se mantém a perspectiva da comunidade patrocinadora do sacrifício; essa dinâmica, vista do outro lado, da perspectiva das vítimas, é profundamente violenta, até mesmo cruel. Mas no mundo antigo a perspectiva da vítima manteve-se tão confiantemente obscura quanto o subjacente "mecanismo do bode expiatório"[37] de todo o processo sacrifical. A experiência da vítima manteve-se obscura, ou seja, até que um povo nômade forçou sua entrada no Crescente Fértil e adotou a vida sedentária, cultuando um deus que exigia que eles, e seus descendentes, invertessem as lentes através das quais tudo isso é visto. Eles fizeram isso na nossa Jerusalém.

CAPÍTULO 3

A Bíblia Resiste

1. Literatura de Tempos de Guerra

A Espécie Humana sobrevive porque, por meio da violência, encontrou um óbice à violência. Do contrário, o frenesi homicida teria definido o suicídio grupal. Explique-se em termos de rivalidade mimética, de lei da selva, de instintos vestigiais do caçador, da angústia da contingência ou da mera avidez por vingança, o *Homo sapiens sapiens,* muito tempo depois de viver somente da caça, ainda se viu à mercê do impulso para matar. Canalizando e ritualizando esse impulso, os humanos o dominaram, e sentiram esse domínio como uma dádiva de outro mundo – mesmo que o canal tivesse margens de dominação e injustiça social. A violência geral era prevenida pela violência particular do sacrifício do bode expiatório.

O significado de sacrifício é controverso: alguns enfatizam sua violência substitutiva, outros o veem como uma simples oferenda ao divino, em que a destruição da oferenda é menos importante do que o ato de oferecer propriamente dito ou do que o consumo da vítima como alimento.[1] Conquanto todos saibam muito bem que a aliança que o Senhor fez com Abraão foi selada com a dádiva sagrada da terra, o aspecto a enfatizar no momento, em geral menos observado, é que a aliança, conforme descreve o Deuteronômio, foi celebrada com o sacrifício de cinco animais tenros, cuja imolação assinala o verdadeiro início da história da salvação.[2]

O paradoxo da violência-em-nome-da-cessação-da-violência continua a caracterizar a condição humana até os dias de hoje, apesar de ritos seculares terem encoberto sua origem religiosa. No entanto, desde os tempos mais remotos, a contradição da violência como modo de deter a violência vem desafiando a consciência humana. Do ponto de vista do que se chama civilização ocidental, esse desafio à consciência tomou forma nos conflitos da Bíblia.

Essa afirmação pode parecer estranha – a Bíblia como produto da consciência sensível – dado o modo como mesmo hoje os temas bíblicos continuam subscrevendo a violência, desde o morticínio daquelas rolas e pombos no Gênesis até o assassinato em Tel Aviv, em 1995, digamos, do primeiro-ministro Yitzhak Rabin por ele pretender entregar aos palestinos o território dado pelo Senhor a Abraão. É fato notório que o Deus da Bíblia é violento, ávido por mortes sangrentas, não só de animais indefesos, mas também de inimigos, de pecadores – e de crianças inocentes.

Os fatos do texto parecem definitivos: o Antigo Testamento contém seiscentas passagens que falam de verdadeiras carnificinas, praticadas por personagens os mais diversos, desde reis até impérios. É a guerra que ocupa o centro da vida bíblica – não o sexo, o amor, a fé, a bondade ou o culto. E por que não? O Israel bíblico é um povo guerreiro porque o Deus de Israel é um Deus guerreiro. "Aproximadamente mil passagens falam da ira inflamada de Yahweh, de seus castigos por morte e destruição e de como, à semelhança de um fogo consumidor, ele julga, vinga-se e ameaça aniquilar... Nenhum outro tema é mencionado com tanta frequência como os atos sangrentos de Deus."[3]

Há uma percepção generalizada (e veladamente antissemita) de que o chamado Antigo Testamento é muito mais violento do que o Novo Testamento – o Deus de Israel obcecado por vingança e punição, o Deus de Jesus todo-amoroso e misericordioso. A expressão "olho por olho" é vista como uma fórmula implacável do Antigo Testamento, uma justificativa para a vingança violenta, mas na verdade era um óbice à vingança *excessiva*, proibindo o assassinato daquele que tirou o teu olho. Se alguém tira o teu olho, podes *apenas* tirar o olho dele. Abstraindo por um momento o fato de que, através da história, os cristãos usaram muito mais do que os judeus as justificativas do chamado Antigo Testamento para a violência, as próprias escrituras cristãs também estão repletas de sangue. Ao mesmo tempo em que retrata um Jesus não violento, o chamado Novo Testamento, em suas interpretações predominantes, revela um Deus violento, punidor – violento o suficiente para exigir a morte do seu filho primogênito na cruz. Além disso, em nenhuma passagem da Bíblia inteira a violência de

Deus, e a violência do próprio Cristo, é exposta com mais veemência do que no desfecho do Novo Testamento, o Livro da Revelação, também (e mais sugestivamente) conhecido como Apocalipse.[4]

A própria estrutura da entrada de Israel em sua glória como povo eleito de Deus é conflituosa, sendo a primeira consequência dessa eleição, segundo a história, o desaparecimento do povo que precede os israelitas na Terra Prometida: Josué "não deixou ali resto nenhum, mas matou tudo que tinha fôlego".[5] E por que esse conflito em torno de terras não deveria continuar até os nossos dias? Localização, localização, localização – esse é o primeiro princípio de uma área territorial e a origem primordial do caráter do povo bíblico, que – desde Josué até Jesus – se viu vivendo no que John Dominic Crossan chama de "arena do império".[6] Às vezes descreve-se o Apocalipse como "literatura de tempos de guerra", com a violência brutal da guerra de Roma contra os judeus intensificando-se, ao mesmo tempo em que nascia o movimento cristão, inserido em seus versículos. No entanto, é possível ler a Bíblia inteira como literatura de tempos de guerra, abrangendo um período de mil anos de conflito brutal e envolvendo todas as grandes potências, do Egito à Anatólia, de Creta à Babilônia, da Pérsia à Grécia e Roma. As linhas de todas essas civilizações guerreiras se cruzaram inúmeras vezes nas colinas acima do Rio Jordão, e de certo ponto em diante, o centro do alvo desse mundo foi a cidade santa de Jerusalém.

Ou seja, a violência da Bíblia procede do mundo em que viviam as pessoas que a escreveram. O que se poderia chamar de violência normal da condição humana, no caso delas, foi levada ao extremo. Por que nós? perguntavam-se elas repetidamente. E qual pode ser o sentido de toda essa grande desordem e confusão, geração após geração? Violência pura era o seu único absoluto. Era condição de sobrevivência mental e comunitária encontrar um modo de compreender o sentido de uma experiência assim; e o modo que encontraram foi Deus.

2. Guerras Que Não Aconteceram

O que é a Bíblia? E de onde ela vem? Podemos responder às duas perguntas numa única frase: a Bíblia é o texto original, seminal de Jerusalém. A cidade não só é expressa, de fato, em palavras; a cidade foi o contexto do qual surgiu o texto. Quando pensamos nas escrituras, normalmente as datamos do alvorecer da história, e seus figurantes podem parecer tão distantes a ponto de ter muito pouco em comum conosco. Os patriarcas viviam centenas de anos. Os hebreus constituíam uma multidão nômade. Os reis de Israel eram chefes tribais, leis para si mesmos. Os sumos sacerdotes eram guardiões dos limites da pureza. Os profetas eram denunciantes inflamados. As escrituras cristãs, apesar de assinalarem a aurora da Era Comum, também não parecem menos distantes. Patriarcas, sacerdotes do Templo, profetas, salmistas, fariseus, saduceus, discípulos, apóstolos – tudo exótico, tudo situado em tempos sobre os quais não sabemos quase nada. Mas observe mais atentamente, e reverta as lentes do tempo através das quais percebemos esses acontecimentos e o seu significado. Na escala da história que estivemos seguindo neste livro – recuando aos primeiros plantadores de sementes, aos pintores de cavernas em Lascaux, aos caçadores organizados, aos fazedores de ferramentas, aos que caminhavam eretos, ao início da vida humana – os israelitas entraram em Canaã apenas alguns momentos atrás; Jesus morreu assim que este parágrafo começou. Se seriam necessários quatrocentos anos para contar – um a um – os anos que se passaram desde o *Big-Bang*, e um mês para contar os anos até o primeiro ferramenteiro no que hoje é o Quênia, a contagem dos anos que nos separam do tempo de Abraão, que os estudiosos estimam em quase quatro mil anos, levaria uma hora.

Mencionamos a domesticação de cavalos como ponto de referência cronológico, o início das turbulências realizadas a cavalo e das guerras travadas com carros de combate. Isso aconteceu aproximadamente cinco mil anos atrás. Naquele tempo, os agricultores que trabalhavam nas colinas e planícies em torno de Jericó cultivavam oliveiras e tamareiras, e os animais domesticados forneciam-lhes produtos derivados do leite. O comércio de caravanas contornava o vale do Rio Jordão e seguia a rota entre os centros urbanos da Mesopotâmia ao norte, incluindo a Babilônia, e do Egito ao sul, com contatos comerciais estabelecidos mesmo além-mar, com a ilha de Creta.

Os povos que viviam no território dos atuais Líbano, Jordânia e Israel eram chamados cananeus, uma palavra de origem obscura. Textos egípcios do segundo milênio AEC referem-se a Canaã como uma das províncias do faraó. *Can* é palavra hebraica para "baixo", e pode se referir às terras baixas, uma designação relativa de planícies em contraste com as montanhas que demarcavam o extremo norte do Crescente Fértil. Mas *canaan* aparece em plaquetas de argila egípcias do terceiro milênio com referência a um pigmento de cor púrpura, muito apreciado, produzido a partir da vegetação nativa da região em questão e bem lucrativo no comércio. O que sugere ser o pigmento a origem etimológica da palavra é que o nome grego para o território de Canaã é Fenícia, que significa púrpura. A etimologia da Bíblia é mais direta: Canaã é filho de Cam e neto de Noé. Começar a história do povo de Deus com conflitos com os cananeus é evidência não da violência de Deus, mas do fato de que esse povo se depara desde o início com a violência como elemento constitutivo da condição humana. Rivalidade mimética? Coloquemos deste modo: os cananeus são o povo que possui o que você quer. Nesse caso, terra fértil.

Os israelitas eram apenas os últimos nômades que, depois de sobreviver às privações do deserto do Sinai e das penínsulas arábicas, quiseram entrar no Crescente Fértil, que eles chamavam de "terra onde corre o leite e o mel", sinônimo de vida sedentária de pastores e cultivadores. Essas tentativas haviam acontecido em outros lugares, quando bandos errantes oriundos de periferias áridas atacavam povos estabelecidos. Os invasores buscavam pastagens e alimentos armazenados – arianos na Índia, luvitas na Anatólia, dórios na Grécia. Segundo relatos bíblicos, os nômades semitas simplesmente fizeram o que outros haviam feito antes deles, como os hititas e os mitanis,[7] que foi invadir esse território ambicionado, a começar com o assédio à cidade-sentinela, Jericó. Para os invasores, a cidade teria sido uma maravilha, com seus viadutos e sistemas de drenagem, canais de irrigação e estradas pavimentadas, mudanças na natureza que os nômades pouco conheciam.

Na memória hebraica, o cerco de Jericó foi comandado por Josué. Mas estudiosos dizem hoje que os hebreus talvez não tenham sido originalmente uma força invasora externa à terra de Canaã, pois eles próprios teriam sido cananeus.[8] Ou seja, podem ter sido povos tribais nativos que chegaram a uma consciência distinta de si mesmos como povo escolhido do Deus Único, oriundos da cultura multifacetada presente na região de encruzilhadas em torno do Rio Jordão. E assim a beligerância básica da Bíblia – hebreus invasores contra cananeus nativos, um conflito que muitos hoje consideram análogo ao dos sionistas contra os palestinos – pode ser principalmente ou inteiramente mítica. Ela poderia ser um mito com origem bem posterior à data da invasão, criado por pessoas que haviam formado uma consciência de si mesmas como sendo diferentes dos cananeus – como hebreus. A questão da precisão histórica do ataque brutal aos cananeus chega ao cerne do tema da violência favorecida pela Bíblia.

Segundo essa teoria, a história que israelitas de gerações posteriores contavam a respeito de suas origens estrangeiras – uma migração em massa do Egito, uma conquista militar abrupta – provavelmente tinha o objetivo de incluir uma diferença étnica que pudesse dar sustentação a uma diferença religiosa, pois as exigências específicas do culto de fé em seu Senhor distinguiam os hebreus dos seus vizinhos adoradores de ídolos. Quer dizer, os hebreus podiam bem ter sido um clã cananeu (não uma tribo propriamente dita), com a história de sua brutal conquista como narrativa a serviço da diferença religiosa. Um grupo muito pequeno de hebreus pode ter conseguido fugir da escravidão no Egito e chegado a Canaã. Esse grupo poderia ter tido sua própria memória do êxodo, da travessia do Mar Vermelho, da parada no Sinai, da caminhada através do deserto, da fixação nas estepes de Moab, da travessia do Jordão – uma jornada traumática que assumiu significado por ser repetida durante as refeições litúrgicas que vieram a se tornar a celebração e a festa de Páscoa. Com o passar das gerações, outros cananeus teriam se associado à história dessa libertação do Egito, uma história que teria servido ao propósito de separar os seguidores do Deus Único de seus vizinhos que adoravam uma infinidade de deuses.

Todo esse desdobramento não difere do modo como o sentido de si mesma da nação americana deriva de mitos ligados ao pequeno grupo de puritanos que se estabeleceu em Plymouth Plantation. O acontecimento fundador ocorreu em 1621, quando puritanos sobreviventes celebraram uma festa da colheita, que serviu como ritual inaugural – Ação de Graças. A tradição da colheita se difundiu à medida que emigrantes da Nova Inglaterra seguiram para o oeste. Abraham Lincoln adotou a lenda como base da unidade nacional durante a Guerra Civil. Com a proclamação do Dia de Ação de Graças por Franklin Roosevelt, em 1939, aqueles Peregrinos com chapéus esquisitos receberam a designação oficial de antepassados universais.

O período decorrido entre o acontecimento fundador hebraico, datado do século XII AEC, e a última reiteração da lenda da "invasão", datada do período de criação da Bíblia no século IX AEC, quando as tradições hebraicas foram registradas por escrito, é comparável aos mais de trezentos anos necessários para que o acontecimento fundador puritano se fixasse na consciência americana como origem da identidade nacional comum a todos. Nessa construção do mito, uma realidade original pode ser subvertida – como, por exemplo, por aquela transformação de sectários ingleses extremamente intolerantes em profetas do pluralismo: "eles vieram por liberdade religiosa." No caso hebreu, um grande grupo de pessoas de tribos cananeias totalmente assimiladas se transformou, por uma associação inventada com um pequeno grupo de imigrantes impotentes que provavelmente se misturaram a elas de forma despercebida, em estrangeiros invasores brutais.[9] A questão não era a brutalidade; a questão era a diferença.

O que quer que explique a narrativa do ataque de Josué a Jericó, a invasão hebreia de Canaã, ser esse ato de violência tão fundamental para uma autocompreensão bíblica continua sendo um desafio para qualquer consciência inclinada a ver a história através dos olhos de suas vítimas. A violência de Deus é uma coisa, mas o que dizer da violência do povo de Deus? Se ela foi ordenada no passado, por que não no presente? Mas a saga da selvageria dos hebreus contra os cananeus não se assemelha a outras histórias de guerra triunfais. Os hebreus, seja na história ou no mito, depois do fato, não fizeram valer seus direitos à terra pela força apenas. Eles apelaram a um direito anterior, insistindo que seu ancestral Abraão estivera ali antes e que seu herdeiro e neto José fora vendido como escravo para o Egito – pois essa era a terra *prometida*. A Promessa levou à Eleição, que levou à Aliança, que levou à Terra, que exigia observância da Lei. Com esses diferentes fios teceu-se uma linha narrativa de ótima qualidade: Israel. Qualquer que seja a atitude adotada diante da promessa abraâmica hoje – dizendo, por exemplo, que ela simplesmente justifica uma invasão rapace – o fato é que *esse era um povo que precisava de justificação*. Esse entendimento – a necessidade de algo mais do que poder para fazer o certo – por si só indica uma sensibilidade moral além do que a força das armas possibilita. O povo de Israel seria julgado por seus fracassos regulares, e violentos, em viver de acordo com essa sensibilidade – mas julgado por princípios de sua própria narrativa.

Acredita-se que Josué comandou seu exército contra Jericó – se foi isso que aconteceu – em torno de 1200 AEC, mas entendia-se que o chamado de Deus a Abraão, com a terra como sinal do seu pacto, havia ocorrido antes disso. (Estudos atuais, como vimos, atribuem-lhe a data de em torno de 1800 AEC.) A violência perpetrada em nome da chegada dos hebreus foi justificada não por um poder superior, mas pela promessa anterior de Deus. Israel começa com violência, sim, mas os israelitas já se sentem incomodados com ela, e é por isso que a promessa é importante. É o desconforto de Israel com a violência que dá origem não só à Bíblia, mas também à compreensão de Deus dinâmica e sempre em expansão por parte de Israel. Essa é a razão por que a violência se destaca tanto na Bíblia: a violência é o problema que a Bíblia aborda. Ao longo de milhares de anos, a consciência humana começou a rejeitar o que a vida humana sempre havia aparentemente exigido, e o registro dessa rejeição é a Bíblia.

3. Ambivalência de Deus

A violência é o problema que a Bíblia aborda. Vimos que desde os tempos pré-históricos os humanos eram predadores com um problema, e o problema deles era a consciência do que o ato de matar exigia. Isto é, os humanos eram predadores que sentiam e pensavam. A incapacidade de ficar em paz com o eu, porque o eu estava para sempre no estado inacabado do vir-a-ser, estava ligada à incapacidade de ficar em paz com os outros. Mas também, como os humanos são eternamente incompletos e têm consciência disso, eles queriam transcender a si mesmos. Se matar provocava no peito humano um desconforto inamovível, a liberação se apresentava naquilo que os humanos já desejavam. Fazer mais. Ser mais. Saber mais. Generalizar sobre sua própria tendência a generalizar. Ao longo de tudo isso, como vimos, o *Homo sapiens* havia se tornado *Homo sapiens sapiens*, a criatura que sabe que sabe.

Num determinado mas indefinível ponto, esse anseio pela autotranscendência mediante o autoconhecimento levou naturalmente ao que chamamos de percepção moral. À faculdade desse conhecer polivalente damos o nome de consciência, palavra derivada do latim e que significa "saber com". Saber um com o outro, e com a dupla percepção do autoconhecimento. A consciência era a sede do arrependimento do predador.[10] Os humanos, como todas as criaturas, sofriam de coisas que não podiam controlar, mas eles *podiam* controlar sua atitude com relação ao que sofriam, e a consciência perturbada era uma abertura para essa capacidade. Em outras palavras, os humanos podiam encontrar sentido tanto no que faziam quanto no que sentiam com a ação praticada.

Sentido é a descoberta da relação entre escolha e consequência. É o elo entre causa e efeito. A busca incessante da causa primordial é o que Paul Tillich entendia por "preocupação suprema", que era como ele definia religião.[11] A religião começa com a intuição de que a melhor palavra para o *que* está além é *quem*. Isso aconteceu de acordo com a dinâmica que levara o *Homo sapiens* ao *Homo sapiens sapiens*, porque do mesmo modo como a criatura *que sabia* se tornou a criatura *que sabia que sabia*, assim essa forma dupla de saber de algum modo levou a criatura a perceber a si mesma como *conhecida*. Ou seja, consciência e autoconsciência voltadas para a Consciência em Si enquanto capaz de estabelecer relação. O *Homo sapiens sapiens* se tornou, de fato, *Homo sapiens sapiens sapiens*,[12] também conhecido como *Homo religiosus*.

A Bíblia é um registro focalizado desse processo. Dizemos que Deus é revelado, mas a revelação era uma questão mais de inferência do que de epifania fulgurante, uma reflexão complexa sobre a reflexão; interpretação do que já fora interpretado – tudo realizado mediante vários modos de expressão definindo eles mesmos a complexidade. E não acidentalmente, o Deus da Bíblia é representado como passando por uma evolução que segue essa evolução da consciência humana. Assim, o próprio retrato de Deus na Bíblia não é nem de longe tão claramente traçado como demos a entender até agora. Especialmente no que diz respeito à questão geradora de violência.

Uma vez unidas as tribos de Israel em torno da compreensão do seu líder unificador como Senhor Deus, foi a coisa mais natural do mundo para elas conceber a liderança de Deus em termos militares, porque esse era o modo como uma liderança de cabine se definia. O que os líderes faziam pelas tribos era prepará-las para a guerra feroz e ajudá-las a sobreviver. Os líderes sabiam como cercar o inimigo e destruí-lo.[13] Deus como guerreiro era a solução para a desordem social intolerável que caracterizava a vida no campo de batalha em que exércitos de moabitas e hititas, midianitas e egípcios se defrontavam incessantemente. Tornando-se um povo vassalo, vinculado por um pacto mútuo a essa nova divindade e com o juramento de observar seus mandamentos, as tribos de Israel começaram a juntar-se, unidas sob a realeza de um Deus cuja exclusividade era uma forma de dominação marcial.

Finalmente, as tribos da região montanhosa de Canaã deram expressão a essa realeza transcendente, imitando-a. O maior líder de Israel, um "guerrilheiro implacável",[14] foi Davi. Consta que ele viveu alguns séculos depois de Josué (cerca de 1000 AEC). Nessa época, os hebreus que "conquistaram" Canaã já teriam dividido o território entre doze tribos, cada uma estabelecida em sua própria região. Davi as reuniu numa nova e poderosa federação e se tornou o governante depois que seu antecessor, Saul, se recusou a cumprir a ordem impiedosa de Deus, transmitida pelo profeta Samuel, de destruir o inimigo amalecita.[15] Davi não era dado a esses escrúpulos. Os Salmos, a ele atribuídos, são cânticos queixosos, perpassados de imagens bucólicas e nostalgia elegíaca, todavia ressoam com brados de vingança, com o baque de crânios infantis sendo esmagados em nome do Senhor, com gritos de guerra e maldições. O punho de Davi era cerrado.

Depois de unir as tribos de Israel sob seu férreo comando, Davi apoderou-se de um povoado praticamente ignorado situado nas colinas acima do deserto da Judeia, derrotando os jebuseus que ali viviam. Davi transformou a cidade em sua capital. Novamente, a violência está no início, com uma saga de conquista definindo a origem de Jerusalém,[16] que se tornou uma cidade santa, uma cidade do templo, quando um Davi dançarino levou até ela a Arca de Deus, um relicário que guardava as tábuas onde estavam gravados os mandamentos entregues a Moisés, e talvez outras relíquias. Outra descrição da Arca é a de liteira de Deus.[17] O que quer que a Arca representasse, parece que ela ocupava na antiga imaginação dos hebreus um lugar que pode ser comparado – se não igualado, talvez – ao lugar reservado aos ídolos na imaginação pagã. Quer dizer, a Arca evocava a presença da divindade de Israel, e à semelhança dos ídolos das tribos e dos clãs vizinhos, devia ser guardada em local sagrado. O Templo de Jerusalém seria como os templos existentes em toda parte no antigo Oriente Médio, mas o seu Santo dos Santos abrigaria a Arca.

Agora a ser construído. Mas com todo esse sangue nas mãos, surpreendentemente, Davi é desqualificado para a nova e sempre mais sagrada tarefa de construir um Templo para a Arca – que passa a ser atribuição do seu filho Salomão. Como Saul fora desqualificado por sua recusa a praticar um ato de suma violência, Davi o foi por exercê-la. O Deus desse povo é um deus guerreiro, mas também um deus marcado pela ambivalência com relação à violência. Essa não é uma inconsistência narrativa, mas uma luta conscienciosa. Na verdade, é uma objeção conscienciosa.

A Bíblia não é senão o registro de derrotas e vitórias, sendo a força bruta a nota definidora de um mundo embebido de sangue e da surpreendente sobrevivência de Israel dentro dele. Por isso, a violência de Deus, entendida como fiadora dessa sobrevivência, é um tema essencial. O desejo liberal moderno de um Deus diferente, o modo como críticos da religião bíblica se escandalizam com a violência sagrada (ou o modo como antissemitas querem atribuir toda a culpa pelas origens da guerra santa[18] ao Deus judaico), não tem nada a ver com a realidade da vida como ela é vivida em meio à guerra. E a guerra não apenas incute horror no coração humano, mas também, como geradora absoluta da "efervescência coletiva", estimula o prazer. Tucídides, ao escrever sobre a Guerra do Peloponeso, como observamos, faz uso recorrente da expressão "Sendo a natureza humana o que é", para chegar ao pequeno segredo sórdido da humanidade, qual seja, que os humanos, especialmente os homens, tanto adoram fazer guerra quanto lhe têm horror.[19] A ambivalência define a experiência.

Mesmo a vitória ocasional do inimigo sobre o povo de Deus é considerada pela Bíblia como ação purificadora de Deus, equivalente a um sinal, na economia divina, da fidelidade de Deus, do mesmo modo que o são as próprias vitórias de Israel. Quer dizer, Deus é visto como mestre da guerra, seja ele o vencedor ou o derrotado. Se a Bíblia pode ser entendida como resposta à pergunta primordial sobre a origem da violência, a resposta do profeta é clara: Deus é sua origem! Não porque Deus seja ávido de sangue, mas porque Deus, como a guerra de Tucídides, é um professor severo. O efeito da violência, compreendida assim como sagrada, é incutir no povo de Deus não o desejo vingativo de mais violência, mas a autocrítica, o arrependimento e a volta aos caminhos de Deus. Os caminhos de Deus não são os caminhos da violência, mas também não são estranhos a ela.

Os textos que mostram isso, como escreveu Gil Bailie, "são textos obviamente inquietos, mas o que os inquieta é a verdade. Mitos existem para poupar-nos inquietações. A grandeza das Escrituras Hebraicas está na franqueza com que documentam um sistema de poder e violência sacralizados". Os humanos que viveram três ou quatro milênios atrás talvez não tenham procurado essas representações de uma divindade ávida de sangue mais do que as procura o homem moderno, mas essa mesma inibição pode ser o que torna a Bíblia única. Para os crentes, o livro é inspirado por Deus, mas o que define essa inspiração dos textos senão a revelação do "que nem seus autores nem seus leitores gostariam de ter revelado?"[20]

No entanto, o que talvez seja mais extraordinário a respeito da Bíblia é o modo como ela denuncia a sua própria lógica interna ao abrigar essa terrível ambivalência sobre a violência que a vida como povo de Deus parecia exigir. De fato, não é demais dizer que o tema da Bíblia é essa ambivalência. Muito antes dos melindres do pós-Iluminismo com a violência do Deus bíblico, a própria Bíblia já se sensibilizara. Contra o Deus violento, a Bíblia propõe uma contravisão de Deus, uma divindade cuja promessa de fidelidade mais solene não é ao perpetrador da violência, mas à vítima dessa violência. *Deus não favorece a violência, mas resgata da violência.* Logo no início do Gênesis, Caim põe todo o processo em movimento assassinando seu irmão, sim, mas o crime atrai imediatamente a atenção e o castigo de Deus: ratifica-se a ordem moral. O que Caim põe em movimento, Deus detém. Um Deus colérico, "arrependendo-se" de ter criado o homem, pune a humanidade violenta – e todos os filhos inocentes – com a violência do dilúvio, sim. Mas a promessa que Deus faz a Noé quando as águas baixam é que essa destruição divina não tornará a acontecer – a origem do imperativo moral atemporal "Nunca mais!" Moisés começa matando um egípcio, sim. Mas o êxodo que ele comanda é o de um povo banido com violência, e a história é narrada do ponto de vista dos banidos. Do ponto de vista dos "exterminados", literalmente – palavra que significa ser levado para além da fronteira. O "bode expiatório" é bem-sucedido, se não no tribunal, na luz.

Às potências violentas do mundo, o Deus da Bíblia contrapõe os povos vítimas do mundo. Tanto assim que se pode inclusive dizer que esse Deus, como revela a história de Jonas, se arrepende de retaliações do passado.[21] O Deus que se arrependeu da criação é substituído pelo Deus que se arrepende por tê-la destruído. *O Deus guerreiro se arrepende da violência.* Essa é uma visão de Deus a que Israel chegou gradativamente – uma visão que só foi reconhecida, talvez sem grandes surpresas, depois de Israel ter sofrido a primeira de suas duas maiores derrotas.

Na cronologia habitual que estivemos seguindo, o ponto de partida da Bíblia é a vocação de Abraão (por volta de 1800 AEC), seguida pelo êxodo e a chegada à Terra Prometida (cerca de 1200 AEC) e depois pela fundação de Jerusalém por Davi (cerca de 1000 AEC). A própria Bíblia, como registro desses acontecimentos de salvação, diz aos leitores que seu primeiro autor (ou o autor dos seus cinco primeiros livros) é Moisés, mas contradições e incongruências nos próprios textos sugeriram aos pesquisadores modernos que os textos têm origem em diversas fontes com inúmeros "autores", se essa é a palavra. De fato, os compositores da escritura formavam uma comunidade de pessoas. Não é demais dizer que constituíam *o* povo. Alguém contava uma história, outro a repetia e um terceiro a elaborava. Um intérprete mais antigo leu a história como uma modulação de uma nota só sobre o Senhor; depois, um intérprete mais recente encontrou nela uma segunda e uma terceira notas. Harmonias, melodias – uma sinfonia. Assim, mitos, leis, cânticos, provérbios, hinos fúnebres, tradições orais, histórias contadas ao redor de fogueiras, versos com rimas e ritmos, lendas heroicas em que os mais jovens eram iniciados geração após geração – tudo isso se tornou escritura. Um conjunto complexo e multifacetado de narrativas que começaram a se cristalizar como uma série de textos inter-relacionados por volta da época de Davi, ou do ano 1000.[22]

As fontes incluem narrativas transmitidas oralmente, poemas históricos memorizados e por fim textos escritos, todos extraídos da ampla cultura em que os hebreus estavam inseridos. A apresentação de mitos sumérios (ou ugaríticos, assírios, aramaicos), digamos, para a primitiva transição da cultura coletor-caçador para a cultura agrícola (Adão e Eva sendo expulsos do Paraíso e condenados ao trabalho pesado do cultivo da terra), o relato de conflitos germinais entre agricultores e pastores (Caim, que oferece produtos do solo, contra Abel, cuja oferenda é um carneiro) ou a lembrança de acontecimentos naturais épicos (o Dilúvio), tudo tinha o que se poderia chamar de sentido normal para os primitivos hebreus e formou as bases de uma tradição cada vez mais coesa. Mas o aglutinante da coesão, o que começou a separar os hebreus dos povos vizinhos que poderiam ter tido esses mitos e lembranças em comum, foi uma ideia progressivamente convergente de Deus – aquele a quem os hebreus chamavam Senhor.

O Senhor está conosco. O Senhor é a nosso favor. O Senhor é diferente dos deuses dos outros. Simples lendas folclóricas daquelas que animam todas as pessoas inflamaram a imaginação desse povo, mas eram recrutadas para o serviço como elaborações do significado da presença do Senhor. Assim, a história da mulher de Ló convertida em estátua de sal, por exemplo, provavelmente começou como uma lenda para explicar uma formação geológica de contorno feminino com que os primeiros ouvintes da história estariam familiarizados.[23] Mas agora essa lenda foi posta a serviço de algo mais além de explicar meras formações rochosas no deserto: ela estava dizendo alguma coisa sobre a seriedade dos mandamentos do Senhor. Ou seja, as histórias bíblicas começaram como uma coisa e, como uma iluminação de algum aspecto do sentido do Senhor, se tornaram outra coisa. E essa transformação foi obra de editores, redatores e intérpretes anônimos. Vamos chamá-los de doutores fiandeiros, e o que eles fiavam era revelação. Eram pessoas cuja brilhante intuição – inspiração – era a de que os relatos mais comuns da experiência humana podem servir como sinalizadores que apontam para o Senhor.

Em tudo isso, os hebreus, à medida que tateavam em busca de uma compreensão do seu deus, separavam-se dos seus vizinhos cujos deuses eram cada vez mais diferentes. Mas no projeto mais amplo, os hebreus eram exatamente iguais aos seus vizinhos, iguais a todos os humanos, sempre perguntando, Como chegamos aqui? Qual o significado do fato de estarmos aqui? Quem nos colocou aqui? E como o passado revela o sentido do presente? Durante centenas de anos, o processo autogerador da transmissão narrativa (oral ou textualmente), da interpretação e reinterpretação, como se desenvolveu entre os hebreus, foi casual.

Mas então algo grande aconteceu, um ato de violência traumático em que a religião dos judeus, a religião do Senhor, poderia ter sido destruída, mas, bem pelo contrário, nasceu. Nasceu como a religião do Livro. E começou e terminou com Jerusalém.

4. Concebida *em* Jerusalém, Nascida no Exílio *de* Jerusalém

No início do século VI AEC, os hebreus que viviam na cidade do rei Davi, situada no alto da colina, foram atacados por exércitos procedentes do noroeste – os babilônios, sob o comando do rei Nabucodonosor. Uma antiga plaqueta de argila, conservada no Museu Britânico, contém os seguintes dados em caracteres cuneiformes, "No 37º ano de Nabucodonosor, rei do país da Babilônia, ele foi ao Egito para fazer guerra". Nabucodonosor (630-562 AEC) governou uma das grandes potências imperiais da história, e embora a Babilônia, com sua torre,[24] sobreviva na memória cultural como uma imagem de infâmia, seu rei era herdeiro de um dos legados mais humanos do mundo antigo. Hamurábi precedeu Nabucodonosor em mil anos como rei da Babilônia, e seu código de leis (c. 1760 AEC), antecipando as leis de Moisés, possibilitou uma primeira centralização da autoridade do estado – incluindo uma fiscalização dessa autoridade, com a lei prevalecendo sobre os investidos de poder. Esse código assinalou uma guinada na direção do que chamamos civilização.

A cidade da Babilônia situava-se às margens do Rio Eufrates, aproximadamente 80 quilômetros ao sul da atual Bagdá. Nada restou dela, a não ser um *tell*, isto é, uma colina compacta de escombros, e as lendas ligadas aos Jardins Suspensos, que todo garoto em idade escolar da minha geração sabia identificar como uma das Sete Maravilhas do Mundo Antigo – sem fazer a mínima ideia do que se tratava. Na época de Nabucodonosor, porém, a Babilônia era um centro urbano fervilhante, provavelmente a maior cidade do mundo, como o fora mesmo no tempo de Hamurábi. Ela possuía ruas pavimentadas, sistemas de abastecimento de água, mercados públicos, grandes palácios e moradias asseadas. No século VI AEC, contava com uma população de pelo menos 200 mil habitantes.[25]

Mas quando atacou o Egito, o poderoso Nabucodonosor encontrou resistência. A plaqueta no Museu Britânico continua, "Amasis, Rei do Egito, reuniu seu exército, marchou e dispersou". A invasão babilônia ocorreu em 601. A "dispersão" retaliativa do Egito pôs Nabucodonosor na defensiva, levando alguns dos seus estados vassalos no Crescente Fértil a considerá-lo vulnerável. E se rebelaram. Um desses estados foi a Judeia. Grande erro. Os exércitos de Nabucodonosor voltaram aos territórios mais próximos da Babilônia, esmagando as resistências locais. Em 597, os babilônios ocuparam a rebelde Jerusalém.

O terceiro capítulo do livro hebraico de Daniel (escrito bem mais tarde) narra o que aconteceu depois. Nabucodonosor ordenou que "todos os povos" se prostrassem diante de um ídolo, "uma estátua de ouro com 30 metros de altura por três de largura". Todos os povos, nações e línguas "prostraram-se, adorando a estátua de ouro levantada pelo rei Nabucodonosor". Todos, menos três judeus. Mais conhecidos, talvez, por meio dos antigos hinos religiosos cantados pelos negros do sul dos Estados Unidos [*negro spirituals*] do que pela leitura da Bíblia, os três se chamavam Sidrac, Misac e Abdênago. "Esses homens não tomaram conhecimento do teu decreto, ó Rei", denunciaram os babilônios. "Não servem a teu deus e não adoram a estátua de ouro que levantaste."[26] Então, tomado de cólera, o rei mandou precipitar os três na fornalha ardente – um ato de violência antijudaica que alcançaria seu grau de malignidade máxima no século XX. Diferentemente do que aconteceu nos crematórios dos campos de concentração da Alemanha nazista, um anjo do Senhor protegeu os judeus das chamas, e os três foram poupados. O Livro de Daniel diz que Nabucodonosor ficou profundamente impressionado com o Deus dos judeus, mas a resistência judaica à sua autoridade continuou, e finalmente, em 587, o rei a quem o Livro de Jeremias chama de "destruidor de nações"[27] voltou sua cólera contra a própria Jerusalém.

O último capítulo de Jeremias (em versículos escritos não muito depois dos acontecimentos) narra a história hedionda do que poderia ter sido o fim dos hebreus de uma vez por todas. "No quinto mês, no décimo dia do mês – era o décimo nono ano do reinado de Nabucodonosor, rei da Babilônia – Nebuzardã, chefe da guarda, funcionário do rei da Babilônia, veio a Jerusalém. Ele incendiou a casa do Senhor, a casa do rei e todas as casas de Jerusalém."[28] A violência da Bíblia chegara a um clímax na arena do império, embora não um clímax que o povo de Deus pudesse ter imaginado. A cidade foi destruída, e com ela a casa do seu Senhor, o Templo, que o filho de Davi, Salomão, construíra como santuário para a Arca da Aliança e como a casa em que o Senhor fixara residência entre o povo eleito. Mas se eles eram eleitos, como podiam estar agora tão derrotados?

E não apenas derrotados, mas deportados. Milhares de judeus – efetivamente, a elite – foram "levados cativos" de Jerusalém para a Babilônia. "Que solitária está a Cidade populosa", começam as Lamentações de Jeremias. "Tornou-se viúva a primeira entre as nações... Passa a noite chorando." A retirada do povo judeu do seu centro de culto e de cultura não foi um ato de capricho tirânico, mas uma tentativa deliberada de erradicar sua identidade nacional.[30] Na Babilônia, uma cidade definida por altares e santuários a dezenas de deuses, a vida pautava suas ações diárias por gestos de piedade que constituíam uma verdadeira segunda natureza. Atividades mundanas, de comer a copular e a se banhar, envolviam rituais de veneração às divindades. Nesse cenário, era impensável a ideia de que um povo cativo pudesse recusar-se a observar essas práticas cultuais, e ao assim fazê-lo conseguisse não apenas manter, mas ainda fortalecer sua identidade peculiar. Mas foi isso o que aconteceu.

Na Babilônia, os judeus se viram imersos na terrível circunstância de constatar como haviam se tornado diferentes de outros povos. Eles não haviam começado daquele modo. A semelhança entre a religião hebraica e as religiões de outros povos semitas reflete-se no fato de que o Templo de Jerusalém e seus rituais, ambos da época de Salomão e descritos no Livro de Reis, eram praticamente idênticos aos templos e rituais que os arqueólogos descobriram em outros lugares do Oriente Médio.[31] Do mesmo modo que os pesquisadores compreendem hoje, como vimos, que o Israel tribal surgiu de dentro das tribos de Canaã (e não como uma força invasora externa), assim a religião dos hebreus começou como uma religião típica da cultura cananeia mais ampla. Mas a religião hebraica evoluíra para algo novo. O Deus de Israel era novo.

No início os hebreus eram monolátricos – adoravam somente o seu deus, sem necessariamente negar a existência de outros deuses. Mas com o passar do tempo, a natureza desse deus fora se insinuando de modos que punham em dúvida não tanto a existência de outros deuses, mas a ideia mesma de divindades tribais locais, limitadas, pouco compreendidas. Ou seja, o deus deles se tornara Deus. Na Babilônia, constrangidos à presença de objetos associados a outras divindades, os judeus cativos perceberam como a sua própria noção de divindade se tornara diferente. Sua recusa visceral até a reconhecer os deuses pagãos, quanto mais a prostrar-se diante deles, foi uma primeira e clara demonstração de que haviam se tornado monoteístas – acreditando não apenas que só o Deus deles devia ser adorado, mas também que só o Deus deles era verdadeiro.[32] Seu próprio comportamento revelava-lhes essa fé. A fidelidade de Israel ao seu Deus, que se tornou palpável no exílio e personificada no *Shemá*, que afirma a Unicidade de Deus, define Israel até hoje.

A recusa dos hebreus a adorar a miríade de deuses que os babilônios veneravam combinou-se com uma fixação imprevisível e indissolúvel à ideia de Jerusalém e do seu Templo. Em vez de esquecer o lugar de onde tinham saído, como povos deportados tipicamente faziam nas zonas de guerra da Mesopotâmia, esse povo persistia nas suas lembranças. Os instrumentos da memória eram os textos, canções, tradições e histórias que as pessoas haviam levado consigo para o exílio. Na verdade, essas coisas eram tudo o que elas tinham, e é por isso que eram entendidas de uma forma nova. Se os Salmos, por exemplo, haviam começado como versos a ser recitados durante as cerimônias no Templo de Jerusalém, agora eram recitados isoladamente, separados do ritual, com as palavras em si entendidas como culto. As leis de purificação que haviam sido observadas por ocasião do culto sacrifical do Templo podiam agora ser obedecidas por elas mesmas, isoladas do Templo; as próprias leis se tornaram o sacrifício. Era possível aproximar-se de Deus sem o Templo, por meio da história e da lei – por meio da Torá, palavra hebraica que significa ensinamento ou instrução.

Como estivemos fazendo neste livro, o impulso era encontrar sentido no presente retornando ao passado, inclusive o passado remoto das origens. Quer dizer, ao definir a natureza do seu novo Deus, os hebreus localizaram a presença de Deus na sua própria história, começando, como diziam, com o *princípio*, também conhecido como Gênesis. O primeiro aspecto a observar com relação ao Gênesis é entender o que ele diz sobre si mesmo – que este mito da criação é diferente de outros mitos da criação do mundo antigo, no sentido de que ele descreve a criação não da tribo ou do reino, mas do próprio cosmos. De tudo o que existe. Não de um mero "deus", pois o Gênesis fala de "Deus".

Não surpreendendemente, dada a tumultuada história recente dos hebreus como povo brutalizado, os vários fios do passado hebraico foram agora entrelaçados para mostrar um gradual afastamento da violência, por parte de Deus, e por consequência, dos próprios judeus. *A preocupação foi sempre a violência*. Assim o autor do Gênesis – e por autor entendo os redatores e editores finais que reuniram os vários fios – desafiou o hábito mental predominante de rejeitar firmemente o Deus combativo, de situar as origens não num campo de batalha, mas num jardim. Em contraste, digamos, com a mitologia de Roma, que exatamente na época celebrava suas origens no fratricídio sagrado cometido por Rômulo contra Remo, filhos gêmeos de Marte, o deus da guerra, o fratricídio cometido por Caim contra Abel narrado no Gênesis não foi apenas não fundador, mas explicitamente condenado por Deus. ("Ouço o sangue de teu irmão, do solo, clamar para mim", disse Deus a Caim.[33]) Quando o Deus de benevolência, farto da violência humana, tornou-se ele mesmo violento para destruir o mundo com o dilúvio, ele se arrependeu imediatamente, como vimos, prometendo a Noé que jamais faria aquilo novamente. ("Eu não amaldiçoarei nunca mais a terra por causa do homem, porque os desígnios do coração do homem são maus desde a sua infância; nunca mais destruirei todos os viventes, como fiz."[34]) Tal foi a ênfase nas narrativas que foram reunidas para se tornar definidoras. Tradições orais, as obras de inúmeros autores, fábulas morais, as memórias de diferentes tribos e famílias, códigos de leis, poemas, rituais, narrativas etiológicas – tudo isso combinado em uma nova interpretação definida pela experiência do exílio e oferecendo uma nova maneira de compreender a Deus e uma nova maneira de estar no mundo. No exílio, o povo se tornou o Povo do Livro, e o livro, incluindo os relatos de brutalidade, passou a emergir como argumento contra a brutalidade em que nasceu.

Entre as dezenas ou centenas de ídolos que os judeus enfrentaram na Babilônia, o autor exílico inseriu firmemente o único Senhor monoteísta. "Assim diz o Senhor, rei de Israel: 'Eu sou o primeiro e o último; fora de mim não há Deus... Eu sou o Senhor; não há nenhum outro.'"[35]

Ironicamente, muitas pessoas atualmente consideram essa evolução para o monoteísmo como a origem fundamental da violência sagrada, quando o que aconteceu foi de fato o contrário.[36] A intolerância do monoteísmo a "outros deuses" é considerada uma espécie de exclusivismo triunfalista, uma pretensão à posse da verdade absoluta em oposição a outros que possuem apenas ilusões. O meu Deus é verdadeiro, o teu é falso! Essa forma de supremacia é entendida em contraste com a tolerância benévola do paganismo, seja ele sumério, cananeu ou o politeísmo olimpiano da Grécia, onde vários deuses eram cultuados para encarnar e representar os valores transcendentais da vida humana – Zeus o poder, Marte a guerra, Poseidon o mar, Deméter a fertilidade, Apolo a razão, Dionísio o êxtase e Afrodite o amor carnal. Em oposição a essa margem de tolerância existencial, os hebreus se apresentavam com sua rejeição radical: Não! Não a todas essas divindades imaginadas, em nome do Deus Único de Abraão.

Estarão as guerras religiosas embutidas na estrutura das religiões que lhes dá origem? Essa é a principal denúncia feita contra as três vertentes abraâmicas pelo menos desde o Iluminismo. Ironicamente, porém, essa noção divisiva de monoteísmo é, como sugere o sufixo "ismo", uma ideia totalmente moderna. A palavra "monoteísmo" só foi criada no século XVII.[37] Os cristãos têm o Credo, os judeus o *Shemá*, os muçulmanos a *Shahada* – todos afirmando que existe um único Deus.[38] Mas o que "um único" significa? Numa era científica, ele representa um número. Deus é considerado uma entidade solitária, mantendo-se à parte de todas as outras e, portanto, *contra* todas as outras. Se esse é o significado de monoteísmo, então sim, essa crença é inerentemente uma fonte de conflito, não de paz.

Judeus, muçulmanos e cristãos contemporâneos podem ter sido influenciados pelo pensamento unívoco do iluminista, mas realmente suas tradições afirmam a Unicidade de Deus, não científica ou filosoficamente, mas religiosamente, o que é uma questão totalmente diferente. Assim Moisés Maimônides, o sábio judeu do século XII, rejeitou a ideia de que a "Unicidade" de Deus seja uma categoria de quantidade. Nesse sentido, escreveu Maimônides, "o termo 'um' é tão inaplicável a Deus quanto o termo 'muitos'".[39] Em vez de "um", a "Unicidade" de Deus afirma uma unidade. Unicidade nesse sentido significa não o ser que está à parte, radicalmente diferente e superior, mas o ser que está presente como a reconciliação de todas as oposições. Deus ser Um significa, como via Isaías, que o Deus desse povo é o Deus de todos os povos.[40] Monoteísmo nesse sentido não é a fonte do conflito, mas a fonte da solução do conflito.

É essa compreensão do significado de Deus que os autores da Bíblia atribuíram a Moisés, que é lembrado relatando, depois do seu encontro com o Senhor na sarça ardente, que o nome do novo Deus de Israel é "EU SOU QUEM FAZ SER". Lembre que Moisés acabou de receber a incumbência de liderar os oprimidos hebreus em sua rebelião contra o Faraó; é como se Moisés se queixasse, "Os judeus vão querer saber quem diz isso". A resposta de Deus é ela própria a libertação. O sentido preciso do hebraico que nos dá a frase "Eu sou quem faz ser" é discutível,[41] mas parece claro que esse Deus, embora atento às atribuições dos filhos e filhas de Israel, é associado não a um clã ou a uma tribo, ou mesmo a uma rede de tribos, mas a *tudo o que é*. A Unicidade desse Deus não é um número, mas uma relação com o que existe. (Mais tarde, os seguidores de Jesus reconheceriam a mesma qualidade na sua intimidade com aquele que ele chamava de Pai, como em "O Pai e eu somos um".[42] Jesus encarnava a Unicidade de Deus, e era essa encarnação que os seus discípulos reconheciam como sua divindade. Ainda mais tarde, um mercador do deserto na Arábia, influenciado por judeus e cristãos, chegaria a uma apreensão intuitiva da Unicidade de Deus, vendo nela um antídoto à violência do sistema tribal. Uma sensibilidade voltada à Unicidade de Deus, e não à jihad violenta, como veremos, promoveu a rápida propagação da religião de Maomé.)

Este Deus está à parte de outros deuses, não apenas em oposição a eles, mas em uma categoria de conhecimento totalmente distinta. Para elaborar uma questão já levantada, aqui está o que significa sugerir que, tendo evoluído do *Homo erectus* para o *Homo sapiens* e para o *Homo sapiens sapiens*, a espécie humana chegara agora a ser *Homo sapiens sapiens sapiens*. Do "Eu sei" a "Eu sei que sei" a "Sabendo que eu sei significa que eu sou conhecido". O *ser conhecido* definiu a Unicidade. Da consciência para a autoconsciência para a autotranscendência. Deus está presente no mundo como o sentido está presente no conhecimento. O conhecimento em si é revelador. Afirmar a Unicidade de Deus, numa formulação de Santo Agostinho, é afirmar um Deus que está mais próximo de nós do que nós estamos de nós mesmos, mais próximo de nós do que está nossa consciência. Essa é a Unicidade que conta, e o monoteísmo nesse sentido, identificando a consciência em si com o fundamento sagrado do ser, equivale a uma magnífica evolução da imaginação religiosa.

Essa evolução desenvolveu-se com o passar do tempo entre aquele obscuro povo semita, chegando à clareza durante e depois do exílio babilônio no século VI AEC, quando os escritores e editores bíblicos organizaram e reorganizaram as narrativas hebraicas, retrocedendo a Abraão e a Moisés (como se eles tivessem sido mono*teístas* e não mono*látricos*) para enfatizar esse aspecto recentemente compreendido do Deus de Israel. Isto é, eles entenderam a Unicidade de Deus por meio de um ato de lembrança do que Deus havia significado para seus ancestrais, uma lembrança que assumiu a forma das palavras e escritos organizados e editados da tradição hebraica. Mais do que simplesmente lembrar, porém, isso era interpretar. Ou, melhor, cada ato de lembrança é um ato de interpretação, e essa dinâmica define a longa e lenta evolução do amálgama textual que só agora assume estrutura como "a Bíblia". Depois do reconhecimento inovador do exílio, os hebreus, reportando-se às narrativas, poemas e mitos que já eram essenciais às suas tradições, lembraram como os ancestrais ouviram Deus definir a si mesmo em relatos fundadores que conhecemos como Êxodo e Deuteronômio, como "ciumento" do amor de Israel, exatamente como uma divindade tribal.[43] Um Deus que não podia tolerar a competição com estátuas veneradas, mágicos e adivinhos de outras tribos, e que, ao estabelecer seu vínculo com os hebreus, posicionou-se contra os deuses concorrentes do Egito e os sobrepujou.

Mas agora o Deus de Israel era percebido como um ser de uma ordem totalmente diferente, uma ordem em que a competição ou a comparação com outras divindades era simplesmente inconcebível. Não havia forma de esse Deus ser ameaçado ou, bem..., ciumento. Esse reconhecimento, digno de sua designação como revelação, deixa seu significado claro no arranjo editorial de textos que ocorre agora, com o Êxodo e o Deuteronômio precedidos pelo Gênesis, onde Deus se identifica como Deus, não da tribo, mas do cosmos – de toda a criação. Esse Deus, se ciumento, é ciumento do amor de *todos*, e se oferece, com base na promessa feita a Abraão, de estabelecer Israel não para um único povo, mas para "uma multidão de nações".[44] Quer dizer, com a experiência da Babilônia, os judeus chegaram a uma nova compreensão tanto do que a saga de sua história havia significado antes quanto do que ela significava agora, e é por isso que, no exílio, eles reconheceram o caráter permanentemente sagrado dessa saga.

Alfred North Whitehead descreveu esse desdobramento da consciência religiosa do seguinte modo:

> A religião surgiu na experiência humana misturada com os devaneios mais toscos da imaginação inculta. Gradual, lenta e continuamente a visão recorre na história sob uma forma mais nobre e com expressão mais clara. Ela é o único elemento na experiência humana que mostra persistentemente uma tendência para o alto. Ela se desvanece e então retorna. Mas quando renova sua força, ela volta com uma riqueza e pureza de conteúdo aumentadas. O fato da visão religiosa, e da sua história de expansão incessante, é a nossa única base para o otimismo. Fora dela, a vida humana é um lampejo de alegrias ocasionais iluminando uma massa de sofrimento e miséria, uma insignificância de experiência passageira.[45]

A Unicidade de Deus é o cerne da visão religiosa da Bíblia, e como tal ela equivale a um repúdio da ambivalência de Deus com relação à violência. Deus é o oposto da violência. Aqui tem início a ideia de que Deus é amor compassivo.

Em nada diminui a genialidade – ou "inspiração" – dos autores bíblicos, cuja consciência chegou a essa culminância durante e depois do exílio na Babilônia, observar que os humanos em outras partes do planeta estavam nessa mesma época debatendo-se com temas semelhantes, procurando compreender o grande mistério da vida na Terra e considerando os modos como ela era ameaçada pela violência. Nas mais diferentes regiões da terra, as religiões começavam a se congregar em torno da ideia do amor compassivo, da ideia de que Deus está tão próximo quanto o vizinho e de que o respeito ao próximo é o sinal mais inequívoco da presença de Deus. O período a que Karl Jaspers chamou de Era Axial, aproximadamente de 900 AEC a 200 AEC, foi marcado por revoluções na consciência religiosa: Confucionismo e Taoismo na China, Budismo na Índia, racionalismo filosófico na Grécia.[46] De fato, dois anos após o fim do exílio na Babilônia, enquanto a arrasada Jerusalém estava sendo reconstruída e resgatada como o novo centro do povo do Deus Uno, nasceu o homem que seria considerado o pai da filosofia grega.

Seu nome era Heráclito (535-475 AEC). A análise do pensamento a que Heráclito se dedicou levou-o a apresentar a surpreendente ideia de que a realidade é ela mesma pensamento de Deus. Por Deus ele entendia "a coisa que surge de todas as coisas e da qual todas as coisas surgem".[47] O que Heráclito chamava de Logos – em geral traduzido como "palavra" ou "verbo", mas que talvez se traduza melhor como "significado" – era a ordem subjacente de tudo o que existe, o princípio de unidade em que todos os opostos se harmonizam. O fundamento da existência não é o conflito e a violência, mas a comunhão. Unicidade nesse sentido não é uma oposição numérica – um contra dois – mas uma fonte de unidade na diversidade, como em E pluribus unum. Esse modo de pensar decididamente grego chegaria à maturidade através dos séculos com Sócrates, Platão e Aristóteles. Ele influenciaria a fé bíblica, chegando ao auge na obra de Fílon de Alexandria (20 AEC-50 EC), cuja apropriação para o judaísmo da noção do Logos como ordem subjacente da existência moldaria atitudes cristãs. Podemos ver isso especialmente no autor do Evangelho de João (c. 100 EC), para quem o Logos era uma imagem de Jesus.[48] *Deus está presente no mundo como o significado está presente na palavra.*

5. O Templo Vazio

Por mais vago que tenha sido no passado o comprometimento de Israel com o Deus Único, depois do exílio na Babilônia esse pacto se tornou tão firme quanto a rocha diante da qual os hebreus cativos haviam se recusado a curvar-se. Não apenas o mundo de Israel, mas o mundo inteiro, o próprio cosmos, foi criado em seis dias por esse Deus, que viu essa criação como "boa... muito boa". A primeira geração da humanidade era amante da paz e dócil. Quando os humanos desafiaram a Deus, Ele encontrou formas de poupá-los. Quando os ancestrais foram levados como escravos para o Egito, Deus se pôs ao lado deles e ajudou-os a fugir. No Sinai, Deus fez um pacto com esse povo, cuja resposta seria definida pela observância das leis divinas. Durante quarenta anos esse povo vagou pelo deserto, mas por fim chegou à terra onde corriam o leite e o mel, o cumprimento da promessa de Deus. Assim prosseguia o relato que as pessoas contavam agora, reconhecendo essa história como a própria história da salvação, uma revelação especial de Deus.

Somente agora, no exílio, a cidade de onde haviam sido brutalmente levados surgiu claramente na imaginação dos judeus como um lugar de significado transcendente. Aqui nasceu a ideia de Jerusalém como cidade santa. Sendo fiéis a Deus, eles estavam sendo fiéis à cidade onde haviam vivido com Deus. E não era que Deus os tivesse abandonado – aqui estava a façanha religiosa de interpretação que se realizou durante o cativeiro – mas sim que os acompanhara ao exílio. A condição do exílio foi presente de Deus ao povo, e a obrigação era aprender com ele. Assim, o exílio era um lugar de purificação. A santidade era agora dever do povo – santidade que consistia em fazer o que era certo, conforme definido pelos mandamentos de Deus.

Os pensadores religiosos que ajudaram os judeus[49] a chegar a esse entendimento, como vimos, eram os profetas. Alguns deles haviam falado nos séculos anteriores ao exílio, outros falavam agora, especialmente o gênio anônimo conhecido como "Segundo Isaías".[50] A mensagem dos profetas era ouvida como sendo a mensagem de Deus, nada menos. Seus temas preparavam os judeus no exílio para se adaptarem àquilo em que acreditavam. O mesmo acontecia com a sua própria angústia, quando liam, por exemplo, sobre a identificação do Segundo Isaías com o sofrimento como sinal do favor de Deus (um tema que influenciaria profundamente a compreensão dos seguidores de Jesus com relação ao destino dele).[51] Conforme haviam dito os profetas, a solidariedade do Deus de Israel estava com as vítimas, não com os algozes – como essa visão podia não repercutir entre um povo cativo e não alterar substancialmente sua concepção de Deus?

Desde os tempos de Davi, Israel tivera seus reis, ou chefes, conhecidos como juízes. Como povo multitribal disperso em povoados no alto de colinas, eles desconfiavam da realeza, e os profetas refletiam essa desconfiança, criticando sistematicamente os que estavam no poder. Mas os profetas sempre aprimoravam as ideias de Israel sobre Deus, separando gradualmente as crenças desse povo das religiões rústicas e politeístas das tribos vizinhas. Profetas como Miqueias e Amós haviam criticado os rituais de sacrifício do Templo, e figuras como Oseias e Jeremias haviam reiterado que Deus não queria cerimônias cultuais, mas compaixão e obediência.[52] Às vezes os profetas são vistos em oposição aos sacerdotes, no entanto as críticas proféticas referiam-se sempre à observação da pureza do Templo – o culto sempre vinculado à benevolência, mas sempre culto. Profetas e sacerdotes, relacionando compaixão e ritual, eram parceiros na afirmação da presença de Deus no Templo de Jerusalém.

Os judeus foram mantidos na Babilônia durante quase cinquenta anos, até 539, quando outra onda de violência selvagem mudou a história. Os persas, sob o comando de Ciro, o Grande, varreram as planícies entre o Tigre e o Eufrates, derrotando os babilônios, até então invencíveis. (Pense nas guerras desumanas envolvendo o Irã, o Iraque e os Estados Unidos, nos anos 1980, 1990 e 2000, quando milhões de pessoas morreram na mesma região e no mesmo solo.) Diferentemente dos babilônios, os persas governavam por meio de estados vassalos locais e permitiam que os povos subjugados mantivessem suas identidades e cultos. Assim Ciro demonstrou sua autoridade sobre os derrotados babilônios libertando os judeus cativos e permitindo-lhes reocupar a Judeia, se assim desejassem. Considerando a grande tristeza e desolação dos judeus pela Jerusalém destruída, não surpreende que a maioria deles decidisse voltar para casa – os historiadores estimam um número em torno de 40 mil.

Na volta a Jerusalém, os judeus estavam imbuídos de uma consciência totalmente nova do significado da sua cidade, realidade que se aplicava de modo especial ao coração vivo de Jerusalém, o Templo. Como lugar onde sacrifícios eram oferecidos a Deus, onde animais eram mortos, o Templo representava a luta consciente e contínua com a ideia mesma de violência. Para começar, a centralização do culto sacrifical em Jerusalém,[53] depois de Salomão, significara que, diferentemente de outros povos, os judeus não tinham uma multiplicidade de templos. Anteriormente, como era costume entre todos os cananeus, os judeus haviam oferecido sacrifícios "em todas as suas cidades... sobre toda colina elevada e debaixo de toda árvore verdejante".[54] Mas não mais. O culto judeu evoluíra de modo que o sacrifício se realizava num único lugar. Isso já significara que a maioria dos judeus, morando a uma distância de um dia ou mais de viagem de um centro de culto, não tinha uma experiência regular desse tipo de adoração. Por toda a santidade proclamada do Templo de Jerusalém, a sua mera exclusividade significara desde muito tempo que a violência sagrada estava efetivamente atenuada na vida da maioria dos judeus. Eles mantinham sua relação com Deus menos pelo sacrifício do que pela observância dos mandamentos divinos. Essa forma de devoção – lei em lugar de sacrifício – adquirira força própria durante o exílio.

De volta a Jerusalém, os judeus puseram-se a reconstruir o Templo – ele seria reconsagrado por volta de 515 AEC – mas dessa vez seria diferente. O que mais se destaca é que a Arca da Aliança desaparecera, perdida no caos catastrófico da conquista babilônia, para nunca mais ser encontrada. Isso significava que o Santo dos Santos do Templo restaurado estaria vazio – uma ausência que, na realidade, simbolizava à perfeição o modo como era entendida agora a presença desse Deus entre o povo. O Templo era a casa de Deus, sim, mas Deus não morava lá realmente. Dizer que Deus estava "no céu"[55] significava simplesmente que o Deus de Israel era de uma ordem totalmente diferente da de outros deuses. A comparação era simplesmente impossível. Deus estava além. Deus era absolutamente outro. O Deus de Israel, diferentemente de outros deuses, não podia ser representado, ponto final.

Aqui estava a grande percepção inserida no que chamamos monoteísmo – a de que *a ideia de Deus não é Deus*. Atribuir divindade a qualquer entendimento específico de Deus é idolatria tanto quanto o é a adoração de estátuas. Isso – o que o próprio vazio do Santo dos Santos mostrava – não era ausência, mas ausência compreendida como a única forma de presença. A única coisa possível de se conhecer a respeito de Deus é que Deus é incognoscível, *e isso é conhecimento*. Insistem nisso o vazio do espaço sagrado (onde outros colocam suas estátuas) e a recusa terminante inclusive a pronunciar o nome de Deus.

Idolatria é muito mais do que adorar uma estátua; é um modo de pensar para o qual todo ser humano tende, só porque os humanos conhecem pela representação. A descoberta judaica equivaleu à intuição, ou revelação, de que o Deus com quem o homem, por meio da criação divina e da história, pode relacionar-se, não pode ser representado. O corolário disso era o reconhecimento de que a razão de ser do Templo, o sacrifício, não era realmente o que Deus queria. A história de Israel, um afastamento progressivo de uma representação de Deus, como a Bíblia reflete, é igualmente um afastamento progressivo da violência de Deus. Isso se revela acima de tudo na compreensão de que o que esse Deus quer decididamente não inclui o sacrifício de seres humanos.

Esse é um ponto delicado. Uma questão abstrata sobre "violência sagrada" torna-se terrivelmente específica quando a ordem de Deus é matar uma pessoa sobre um altar – mesmo uma criança. Como vimos, os antropólogos especulam que toda religião começou como sacrifício e que o sacrifício começou como sacrifício humano. Ele foi disparado pelo mecanismo do bode expiatório, pelo qual os impulsos anárquicos da comunidade exaltada eram canalizados para uma pessoa – um ato de violência direcionado e limitado para poupar a sociedade como um todo de uma violência bem mais nefasta. Contra ideias hoje predominantes, esse não era um mero fenômeno da pré-história primitiva. Um elemento básico à atividade da psique humana está em ação aqui, mesmo que o olhar desvie sem querer. O holocausto de crianças em altares fazia parte da cultura da qual procede a fé de judeus e cristãos contemporâneos, embora se ache quase impossível pensar assim.

A violência da Bíblia é uma coisa, mas violência contra bebês? Os pagãos, talvez. Mas crentes monoteístas? Nossos ancestrais na fé? Desconsiderar esse fato da nossa própria tradição significa não avaliar *o significado presente* dessa tradição, que opera explícita e subliminarmente. "Sem referência aos mitos antigos associados ao sacrifício de crianças", sustenta Jon D. Levenson, professor de Harvard, "não é possível compreender adequadamente certas narrativas bíblicas sobre as origens e a natureza do povo de Israel e da Igreja."[56]

O sacrifício humano era praticado rotineiramente no mundo antigo, estendendo-se até o período que consideramos como os primeiros capítulos da nossa própria civilização, inclusive entre os gregos e romanos humanistas,[57] seguramente entre os vizinhos pagãos de Israel,[58] e entre os próprios hebreus até o período bíblico adentro. Não está claro quando a rejeição moral dessa prática ocorreu, mas está claro a partir das muitas condenações dela na Bíblia que crianças eram imoladas em nome de Deus por vizinhos de Israel e, às vezes, pelos próprios hebreus monoteístas.[59]

No Livro de Miqueias, por exemplo, a questão do sacrifício é apresentada diretamente: "Com que me apresentarei ao Senhor e me inclinarei diante do Deus do céu? Porventura me apresentarei com holocaustos ou com novilhos de um ano?" Mas isso é pouco ou nada, porque o interrogante continua, "Darei eu o meu primogênito pelo meu crime, o fruto de minhas entranhas pelo meu pecado?" E o profeta responde, "Foi-te anunciado, ó homem, o que é bom, e o que o Senhor exige de ti: nada mais do que praticar o direito, gostar do amor e caminhar humildemente com o teu Deus!"[60] Ao ler uma rejeição tão explícita – nada de holocaustos, nada de sacrifícios de crianças – é preciso lembrar que Miqueias não teria condenado o que não estivesse acontecendo. Miqueias viveu nas décadas finais do século VIII AEC, mas Jeremias e Ezequiel, escrevendo duzentos anos mais tarde, no século VI, são igualmente veementes em condenar o sacrifício de crianças. Está claro que a repugnância moral de Israel contra essa prática ainda comum consolidou-se de modo permanente pelo fim do exílio, e uma vez mais, pode ter resultado do contato muito próximo dos hebreus cativos durante aqueles anos com práticas de culto do paganismo politeísta.

A grande parábola da rejeição moral do sacrifício humano é, naturalmente, a história do que os judeus chamam de "Amarração de Isaac", ou *Akedá*, e que os cristãos chamam de "Sacrifício de Isaac" – Abraão ouve a voz de Deus ordenando-lhe que tome seu filho que muito ama e o ofereça em holocausto; no último momento, porém, Deus poupa Isaac e o substitui por um carneiro preso pelos chifres num arbusto.[61] Abraão já entrara na narrativa como uma figura da preferência de Deus pela não violência, uma vez que a história dele é oferecida, de fato, para corrigir a história de Noé que a precede no Gênesis. No caso de Noé, Deus procurava reconstruir um mundo justo e pacífico destruindo-o – o dilúvio. Abraão representa o ajuste do Deus arrependido – a conquista da paz e da justiça não pela destruição, mas pelo surgimento de um novo povo numeroso que se define pela paz e pela justiça. "Em vez de o justo [Noé] ser preservado enquanto todos os outros são destruídos", observa o estudioso John Dominic Crossan, "o justo [Abraão] é escolhido para trazer benefícios para todas as 'famílias da Terra.'" Crossan enfatiza o contraste entre "a história de Noé, em que toda uma população é eliminada para que um homem possa sobreviver e a história de Abraão em que um homem dá origem a um povo inteiro".[62] Abraão representa a reviravolta de Deus para a não violência, fato que se complica porque a Terra Prometida com que Deus selará a aliança abraâmica é centro morto naquela superviolenta e perene "arena do império",[63] a terra que é causa de discórdia até hoje. O povo eleito de Deus não conhecerá a paz. De fato, geração após geração, esse povo estará em guerra. Mas ele sempre medirá sua conduta em comparação com um padrão alternativo. Nem que seja somente pelo relato da história de Abraão, ele resistirá, na palavra de Crossan, à "normalidade" da guerra.

Os judeus começam resistindo à normalidade do sacrifício de crianças. A mensagem da história da "Amarração" é evidente: o deus de Abraão, diferentemente dos deuses dos outros cultos cananeus, não deseja o sangue de crianças humanas.[64] No entanto, o impacto da história, e os vários modos como ela foi e continua sendo lida, envolvem uma complexidade muito maior do que isso. Do mesmo modo como a Terra Prometida, selando uma aliança de justiça e paz, foi distorcida a ponto de se transformar em fonte de conflito, esse repúdio ao sacrifício humano foi desvirtuado para definir a lógica interna da violência sacrifical entre as três tradições religiosas que reverenciam Abraão como patriarca. Toda a saga da violência sagrada se resume no episódio Abraão-Isaac, na forma como os judeus o leram no início e o leram mais tarde, como os cristãos o sacramentalizaram, como os muçulmanos o reescreveram[65] e como ele repercute até os nossos dias.[66]

6. O Sacrifício de Abraão

Lembre que o tempo histórico nesses textos é observado como que através de um telescópio. Como vimos, Abraão, se realmente existiu, viveu por volta do ano 1800 AEC, mas essa história coerente que o associa ao fim do sacrifício humano normalmente se situa em torno do século IX,[67] com sua força revigorada trezentos anos mais tarde ao ser incluída na "escritura" que então estava sendo coligida por editores e redatores em ação no período exílico ou logo depois dele. Em cada um desses momentos, os autores e editores dos textos de Israel achavam necessário contestar a prática do sacrifício de crianças por meio desse relato.

O Deus do Êxodo é lembrado dizendo, "O primogênito de teus filhos, tu mo darás".[68] Mas aqui a ordem que Deus dá a Abraão se aplica a um menino que tem nome: "Deus disse, 'Toma teu filho, teu único, que amas, Isaac, e vai à terra de Moriá, e lá o oferecerás em holocausto sobre uma montanha que eu te indicarei.'"[69] A história de Abraão e Isaac representa a transformação dessa antiga prática sacrifical numa oferenda simbólica envolvendo a substituição do humano pelo animal – uma transformação, nas palavras de Jon D. Levenson, "que metamorfoseou um ritual bárbaro num paradigma sublime da vida religiosa".[70] Ser Abraão exaltado por sua determinação em cumprir essa ordem de Deus sugere que a verdadeira devoção restitui toda a criação a Deus *por pertencer a Deus*. A criatura mais preciosa de todas, o primogênito, é o emblema absoluto dessa piedade, mesmo se Deus, em toda sua misericórdia – e rejeitando a violência – não a exija. A substituição do filho primogênito por um animal equivale ao que Levenson chama de "ritual de sublimação", e o sangue vertido na circuncisão, a sublimação hebraica suprema do sacrifício de crianças, é uma extensão dessa metamorfose.

Como vimos, para sobreviver como povo diferente no exílio, os judeus codificaram suas tradições. Eles observavam o Sabbath, por exemplo, como também as restrições alimentares, com rigor renovado. Mas foi no exílio que a circuncisão masculina foi instituída como ritual definidor da religião hebraica, um avanço que necessariamente ocorreu distante do Templo precisamente porque o corte do prepúcio do macho rememorava a oferenda da criança no altar. No exílio, entre os deuses pagãos, o único sacrifício possível aos judeus era o totalmente simbólico, e entrando nesse terreno, os judeus iniciaram uma nova forma de consciência religiosa. Em tudo isso, os judeus exilados viveram um avanço espiritual. Aproximar-se de Deus agora era uma questão de interioridade, lembrança, palavras, devoção, oração contemplativa – e, cumprindo o já observado mandato do monoteísmo, de compaixão pelo próximo. De fato, não é demais dizer, como faz a historiadora da religião Karen Armstrong, que "A religião que conhecemos como judaísmo nasceu, não na Judeia, mas na Diáspora".[71] No cativeiro.

Longe de Jerusalém, a santidade estabeleceu-se numa Jerusalém *lembrada*. A Torá substituiu o Templo. Assim, quando os judeus, depois de libertados por Ciro, viram-se novamente na Jerusalém real, em condições de retomar um culto sacrifical, ele obrigatoriamente seria diferente. Quando, ao retornar da Babilônia, eles "subiram" para sua antiga cidade situada sobre um monte, essa *aliyah*, ou migração, foi algo novo. O monte ao qual Abraão levou Isaac recebe no Gênesis o nome Moriá, e desde tempos remotos os hebreus haviam identificado esse lugar como a colina no centro de Jerusalém, a área onde o Templo foi construído.[72] O Templo foi reconstruído por aqueles que retornaram a Jerusalém, vindos da Babilônia, mas, agora, com a recuperação da história de Abraão e Isaac no Monte Moriá como fundadora, o culto do Templo era entendido como absolutamente contrário ao sacrifício humano. Quer dizer, o Templo, sendo associado a Moriá, e portanto à Amarração de Isaac, representava uma sublimação da violência anti-humana em não violência. O Templo, tendo sido concebido na cultura religiosa cananeia cinco séculos antes, foi remodelado como repúdio à influência cananeia, um abrandamento decisivo da violência de Deus.

Os arqueólogos sugerem que bem antes de Davi conquistar Jerusalém, sua colina servira como lugar de sacrifício primitivo em data que remontava à Idade do Bronze. O sacrifício humano continuou a ser praticado em seus arredores até o século VII AEC.[73] Mas a piedade judaica pós-exílio, ao destacar a ligação com o Monte Moriá, viu a subida de Abraão como uma espécie de consagração primeva do Templo. Depois da Babilônia, o Templo foi reconstruído com base numa compreensão inteiramente nova. Quer dizer, o Templo imaginado do exílio transformou o Templo real de Jerusalém quando este foi reconstruído.

A Amarração de Isaac é fundamental para a consciência religiosa judaica porque enfatiza duas coisas a um só tempo: a rejeição misericordiosa de Deus do sacrifício humano e a disposição de Abraão de realizar esse sacrifício, mesmo do seu filho, se é isso que Deus quer. A história pode ter se originado como um conto etiológico para explicar o fim do sacrifício de crianças, mas os autores e editores da Bíblia, trabalhando exatamente durante o período do exílio e depois, também a preservaram como modelo de autêntica deferência a Deus. O sacrifício não é de sangue, mas de vontade. A ideia de um pai pronto a sacrificar seu filho centraliza de tal modo a religião judaica que acabará definindo também a fé cristã e, substancialmente, a piedade islâmica.

Mas ao ressaltar mais a disposição de Abraão a sacrificar Isaac em obediência a Deus do que a atitude de Deus em poupar Isaac – Kierkegaard verá essa disposição como o paradigmático "salto de fé"[74] – o poço da devoção fica envenenado. Quer dizer, um ataque à violência sagrada se tornará o fiador de toda uma nova espécie de violência sagrada. "Fato único entre as religiões do mundo", observa o pesquisador Bruce Chilton, "as três que orbitam em torno de Abraão transformaram a disposição em oferecer a vida de crianças – uma ação que todas elas simbolizam com versões da Akedá – numa virtude essencial da fé como um todo. O sacrifício de crianças não é uma mera possibilidade: está incorporado no padrão da fé, não como uma exigência de ritual literal, mas como uma virtude ética que cada crente deve estar preparado a imitar."[75]

7. Apocalipse Então

Foi a violência que fez isso acontecer. Após o retorno da Babilônia para Jerusalém, os judeus, em termos religiosos, congregaram-se em torno da Torá, mantendo ao mesmo tempo a tradição do sacrifício animal no Templo. Politicamente, continuaram sendo um povo subjugado, ao sabor das marés flutuantes de impérios sucessivos – de Ciro, o persa, a Alexandre, o macedônio, aos Ptolomeus do Egito. Sempre, os relativamente impotentes judeus foram autorizados a manter sua independência religiosa, e como compensação eles evitavam rebelar-se contra os poderes dominantes. Mas no início do século II AEC, uma dinastia síria que começara como uma ramificação do regime de Alexandre, fundada pelo general macedônio Seleuco, daí selêucidas, assumiu o controle da Judeia. Sua política de repressão implacável estendeu-se às práticas religiosas dos judeus – proibindo a observância do Sabbath, a circuncisão e a leitura da Torá. O Templo foi profanado. Os judeus resistiram e foram esmagados, com milhares deles mortos. A resistência se transformou em rebelião aberta, liderada por um clã guerreiro conhecido como os Macabeus, cuja história de proezas está registrada nos dois livros que levam o seu nome, datados de aproximadamente 100 AEC.[76]

A resistência dos Macabeus à tirania selêucida culminou na vitória que é celebrada até os dias atuais como festa de Hanukhah. As tensões político-religiosas do conflito definiram a vida judaica por um século, até a chegada dos romanos na Palestina em torno de 65 AEC. Mas naquele período pré-romano, essa, a revolta mais violenta da história judaica até então, levou a revisões fundamentais do significado da religião. Um dualismo cósmico apoderou-se da imaginação hebraica, com forças satânicas do mal opondo-se a forças angélicas do bem. O dever de Israel não era mais o de purificar-se pela autocrítica, pelo arrependimento e por meio de uma obediência ainda mais irrestrita à Lei, mas apenas escolher o lado de Deus na grande batalha final. Aqui tem início a bifurcação do mundo – uma espécie de divisão maniqueísta que é, ironicamente, uma afronta à unicidade cósmica decorrente da Unicidade de Deus. A bifurcação da ordem moral: bem em oposição a mal. A bifurcação da ordem temporal: tempo em oposição a eternidade. A bifurcação do espaço: terra em oposição a céu. A bifurcação do próprio eu: vontade em oposição a fraqueza.

Mais radicalmente, o peso assim se deslocou do pilar mais antigo da religião hebraica, os profetas, para uma nova maneira de entender o mistério da violência e do sofrimento que ela causa. É possível entender a Bíblia inteira, como estivemos fazendo aqui, como registro de um povo em luta corpo-a-corpo com esse mistério – visto que esse povo esteve repetidamente sujeito a investidas horrendas, e às vezes foi culpado por cometê-las. Se o Deus de Israel era onipotente, e Israel era o amado de Deus, como esse Deus podia permitir que Israel sofresse tanto? No século VIII, a brutal invasão dos assírios (por volta de 722 AEC) levantou essa questão, e profetas como Oseias, Isaías e Amós propuseram uma resposta. Os assírios são instrumentos da punição de Deus; o próprio Deus reuniu seus exércitos[77] para punir Israel, porque "não voltastes a mim, diz o Senhor... Por isso, eu vou te tratar assim, Israel! E, porque eu vou te tratar assim, Israel, prepara-te para encontrar o teu Deus".[78]

No século VI, durante e antes do ataque babilônio, que culminou com a destruição de Jerusalém e com o exílio, esse tom de profecia – Deus usando os inimigos de Israel para punir Israel por desobedecer à Lei de Deus – encontrou expressão em figuras como Ezequiel e Jeremias. "Por isso, assim disse o Senhor dos exércitos", proclama Jeremias ao seu povo. "Porque não ouvistes as minhas palavras, mandarei buscar todas as tribos do Norte, diz o Senhor, e também o meu servo Nabucodonosor, rei da Babilônia, para virem contra este país, contra os seus habitantes... Vou condenar todos ao extermínio, vou fazer deles objeto de horror."[79] Deus é o agente da destruição de Israel. A destruição é a ocasião do arrependimento e da volta à Lei de Deus. Segundo os profetas, esse é o significado da violência e do sofrimento que, se não fosse por isso, não teriam sentido e seriam um absurdo. A justiça de Deus se cumpre atestando a culpa de Israel, merecedora de castigo. A lição é esta: eu sofro, portanto sou culpado.

Mas Israel em guerra com os selêucidas no século II, uma guerra travada em defesa da Lei de Deus contra os blasfemadores, em defesa do Templo de Jerusalém contra os idólatras, seguramente estava convicto da própria virtude. Não surgiu nenhum profeta para declarar que os revoltosos Macabeus eram descrentes. Em vez disso, uma espécie diferente de voz emergiu, uma voz que inverteu a noção tradicional. A violência e o sofrimento estavam sendo infligidos aos eleitos de Deus, não porque fossem infiéis, mas porque eram fiéis. Os selêucidas não eram instrumentos da justiça divina, mas agentes do inimigo de Deus. Onde antes o poder de Deus sobre a criação era absoluto, agora um dualismo cósmico significava que Deus estava em luta mortal com uma nêmesis do mal. De fato, os selêucidas eram o menor dos males, porque Deus estava em guerra com Satã. O povo de Israel era refém da violência porque havia escolhido o lado de Deus nesse conflito transcendente. Isso não é profecia, mas uma nova forma de afirmação religiosa judaica – apocalipse.[80]

O Livro de Daniel, composto anonimamente durante o auge da revolta dos Macabeus, é cronologicamente o último livro da Bíblia hebraica (1 e 2 Macabeus estão incluídos no cânone católico romano, mas não no cânone hebraico). Mencionamos Daniel anteriormente em referência à guerra com a Babilônia, e alguns estudiosos sustentam que ele teria sido escrito então, sendo "Daniel" identificado com um dos exilados. As visões de Daniel, descritas principalmente no capítulo 7 do livro, introduzem o novo gênero que divide a criação entre forças do bem e forças do mal, e divide a dimensão do tempo entre a época presente, que é má, e a época que virá, quando Deus triunfará. E essa época deve chegar logo. Com Daniel, a ideia de uma pós-vida cria raízes na imaginação religiosa judaica, um corolário necessário à conclusão de que no tempo presente a justiça de Deus é inevitavelmente obstruída. Para que essa justiça seja vitoriosa – o julgamento de Deus justificado – deve existir vida após a morte. Uma religião de espaço – Terra Santa – começa a se tornar aqui uma religião de tempo – Final dos Tempos. Um tempo de alguma espécie de ressurreição. A esperança de Israel é pela restauração do reino, não aqui e agora, mas numa era messiânica, anunciada por alguém identificado apenas como "Filho de Homem".[81]

Daniel vê quatro monstros subindo do mar – o primeiro é um leão com asas de águia – e esses monstros, dizem os estudiosos, representam as quatro potências imperiais que devastaram Israel e Jerusalém através dos séculos: Babilônia, Média, Pérsia e Grécia. O "Ancião dos Dias", Deus, desce do céu para matar esses animais e queimá-los. Deus comete violência, mas não, para variar, contra o povo de Deus, e sim contra os inimigos de Deus. Todos esses inimigos advogam a causa de alguém que é quase, mas não completamente, igual a Deus. Satã já havia aparecido algumas vezes na Bíblia antes (em Jó, por exemplo, onde ele é pouco mais do que um palpiteiro de Deus), mas nunca dessa forma. "É com os apocaliptistas judeus que Satã assume uma natureza diferente", observa o estudioso Bart D. Ehrman, "e se torna arqui-inimigo de Deus, um anjo caído poderoso que foi expulso do céu e vinga-se aqui na terra opondo-se a Deus e a tudo o que ele representa. Foram os antigos apocaliptistas judeus que inventaram o Demônio judeu-cristão."[82] A violência inventou o diabo.

No Livro de Daniel, a violência de Deus é positivamente boa – uma destruição do mundo em prol da restauração do mundo. Essa violência, apocalíptica no final, resgatará todos aqueles que tomaram o partido do Santo durante essa tormenta. E qual era o sinal mais seguro de ter assumido o lado de Deus? A resposta a essa pergunta representa também algo novo que se apoderou da imaginação religiosa judaica durante a revolta dos Macabeus. A luta não era apenas por Israel, nem meramente por Jerusalém, nem mesmo pela condição de nação judaica. A guerra era por ordem cósmica e por Deus. Numa guerra assim, nenhum preço era alto demais para se pagar, o que levou a uma ênfase nova e sem precedentes atribuída ao martírio, com a expectativa de que uma morte fiel seria recompensada com a ressurreição física.[83] Essa prontidão, impaciência até, de morrer por Deus foi estimulada pela inserção no pensamento judaico de ideias gregas de imortalidade, mas a virtude do sofrimento assumido pela causa maior do bem sobre o mal havia se tornado um absoluto.

A disposição intrépida dos combatentes judeus para sofrer baixas, para morrer eles mesmos e para enviar seus próprios filhos a uma luta aparentemente inútil – "comprazer-se no martírio", como expressa a crítica Judith Shulevitz [84] – era essencial para a vitória dos judeus contra os selêucidas. Esse tipo de verdadeira crença apocalíptica armada, tendo levado à libertação nacional no século II AEC, retornaria com ferocidade um século e meio mais tarde no confronto com Roma – um exemplo cabal da guerra cósmica entre o bem e o mal. Mais uma vez, os resistentes judeus, sustentados pelo que era então totalmente reverenciado como a Bíblia com seu clímax apocalíptico, abraçaram o martírio e o autossacrifício sangrento até o ponto do suicídio mútuo. Infelizmente, os fanáticos judeus aprenderiam, para seu horror, que Roma não era uma mera Síria.

Talvez porque a revolta dos Macabeus tivesse começado com um guerreiro, Matatias, cujos cinco filhos eram seus grandes heróis (incluindo Judá, cujo apelido, HaMakabi, "o Martelo", deu nome ao movimento macabeu), a disposição a sacrificar filhos pela causa se tornou um motivo definidor. A passagem mais comovente em 2 Macabeus é a história de uma mãe que viu seus sete filhos serem torturados até a morte, um a um, por se recusarem a comer carne de porco, ao mesmo tempo em que lhes implorava a "se mostrarem dignos de morrer". A passagem termina, "Por último, depois dos filhos, morreu a mãe".[85] Não surpreende, portanto, que a disposição de Abraão de sacrificar Isaac tenha se tornado ponto de referência escritural para os judeus que sofriam essa perseguição. Nos seus momentos finais, Matatias lembra aos filhos a determinação de Abraão de cumprir a ordem divina de sacrificar o filho, sendo-lhe essa determinação reconhecida como justiça diante de Deus. Como assinala Bruce Chilton, enquanto no Gênesis Abraão é "considerado justo" apenas porque "acreditava em Deus",[86] em 1 Macabeus, a fonte da justiça de Abraão é definida como sua disposição a sacrificar Isaac.[87] O absoluto na santidade é a prontidão – se não para matar um filho, para vê-lo morto.

Essa extensa exposição da interpretação das escrituras judaicas – a Bíblia como literatura de tempos de guerra chegando ao paroxismo do conflito cósmico entre o bem e o mal – foi o contexto em que se entendeu a chegada, apenas décadas mais tarde, de Jesus de Nazaré, que atribui a si mesmo o título usado por Daniel para se referir ao fim dos tempos: "Filho de Homem". Filho, realmente. Jesus foi mais um filho amado, nascido em tempos de guerra e em cujo nome a ambivalência bíblica com relação à violência sagrada daria outra reviravolta mortal.

CAPÍTULO 4

A Cruz Contra Si Mesma

1. Jesus em Jerusalém

A história de Jesus, tão bem conhecida, só parece complexa quando narrada de outra perspectiva que não a do próprio Jesus. Os Evangelhos narram sua vida não como ele a viveu, mas como ela se apresentou aos seus seguidores *depois* que eles passaram a acreditar na condição especial do mestre. Mas como Jesus via a si mesmo no transcorrer dos dias e anos da sua época? Será essa uma pergunta impossível? Na verdade, dadas as descobertas acadêmicas ocorridas nas últimas décadas[1] sabemos quase tanto sobre o contexto em que Jesus viveu quanto aqueles que vieram pouco tempo depois dele – e mais do que aqueles que pertenceram a uma ou duas gerações depois. Os estudiosos começaram a assimilar essas novas informações a respeito de Jesus, mas as pessoas de fé comuns ainda não. Muitos seguidores de Jesus, e a maioria dos que deixaram para trás qualquer percepção do seu significado transcendental, se assemelham no insucesso em apreender o sentido essencial da vida e do testemunho de Jesus. Talvez pareça pretensão dizer isso numa história de violência sagrada, mas violência sagrada é exatamente o problema com que Jesus se defrontou.

Para os nossos propósitos, é suficiente repetir que tentar imaginar o que Jesus pensava de si mesmo não só não é um esforço inútil, mas pode ser também uma tentativa crucialmente elucidativa. Por mais presunçoso que poderia ter sido apenas pouco tempo atrás, podemos dizer com relativa certeza que a imagem que Jesus fazia de si mesmo não correspondia à visão daqueles que o glorificaram depois dos acontecimentos de sua morte e ressurreição, seja o que for que esses acontecimentos misteriosos tenham sido na história. Analisando os fatos relevantes da sua vida como ele os deve ter vivido, a história é simples. Ela tem início, meio e fim. Ela diz respeito à violência. Os relatos concordam que a história decisivamente extrai sua forma da relação de Jesus com seu mentor e amigo João Batista, um zelote judeu cujas ações o levaram a ser uma primeira vítima da violência. E a história conduz inexoravelmente para Jerusalém, que, embora sagrada, mostrava-se a Jesus como local de violência.

A história começa com Jesus como um aldeão galileu insignificante, à mercê do seu próprio senso de fracasso e pecado. Foi por isso que ele procurou João, cuja mensagem era, "Arrependei-vos, arrependei-vos, arrependei-vos". O contexto em que tudo se desdobra – um contexto praticamente esquecido no relato cristão – era a ocupação brutal da Palestina pelos romanos, os quais, ao longo da vida de Jesus, levaram à morte – principalmente por meio da crucificação – milhares de judeus que, de formas as mais diversas, haviam demonstrado desconfiança com relação ao poder do imperador. A pregação do arrependimento feita por João era um desafio revolucionário ao espírito de aquiescência com que os judeus, em sua maioria, aceitavam essa ocupação – um desafio ao imperador distante e a Herodes Antipas, bem próximo, governador fantoche a serviço de Roma. Para ouvidos cristãos posteriores, a mensagem de João pode ter parecido "meramente de caráter espiritual", o que impediu esses cristãos de ver que somente um Israel moralmente purificado seria capaz de livrar-se do detestado jugo imperial. Libertar-se do jugo de Roma: essa era a mensagem. Não havia separação entre religião e política. O programa mais intensamente pessoal de purificação espiritual era, naquele contexto, um ato político provocativo.

Seja o que for que os seus seguidores fariam dele mais tarde, Jesus, para si mesmo, começou como todo ser humano, todos nascidos com uma suspeita secreta de que somos moralmente feios. Tipicamente, lidamos com essa suspeita atribuindo a fealdade a outras pessoas. Quando nos juntamos a outros para fazer isso, escolhendo uma terceira pessoa magicamente designada sobre quem descarregar o peso de toda a nossa fealdade – bem, aplicamos o padrão, agora conhecido, descrito por René Girard. O termo bem mais antigo para essa tendência constitucional congênita é "pecado". O conceito de Girard define a condição humana, apanhada na ideia de "pecado original". Quando, sob o peso de uma consciência inquieta, constatamos que é isso que estivemos fazendo, podemos ter a nossa suspeita de fealdade moral confirmada, mas também procuramos um modo de nos livrar do seu peso. Ou seja, procuramos um modo de nos arrepender.

No tempo de Jesus, era isso que levava multidões ao vale árido cortado pelo rio salobro que corria do Mar da Galileia até o Mar Morto. Nem Shakespeare poderia ter escolhido um cenário mais adequadamente simbólico para o reconhecimento público da necessidade de arrependimento, uma vez que o Mar Morto estende-se sobre as placas tectônicas que unem a Arábia à África. As placas estão em constante movimento, do que resulta que o Mar Morto e seu vale afundam cada vez mais; em média, um metro por ano. Já no tempo de Jesus, esse era o ponto mais baixo do planeta.[2] Na estimativa da própria pessoa, até que ponto ela precisa descer para ir em busca do perdão junto a um homem rústico que veste peles de animais e se alimenta de gafanhotos? O que levou Jesus a procurar João Batista? Não foi o roteiro escrito por Deus, na forma como em geral as pessoas leem os Evangelhos. Em sua compreensão de si mesmo, Jesus deve ter achado que precisava ouvir o que João pregava, que precisava ter o que João oferecia.

Em sua resistência a Roma, a esperança de Israel era o arrependimento. Como apocaliptista judeu, João dizia que o reino de Deus, triunfando sobre Roma, ocorreria quando o povo derrotado e dividido se unisse na volta para o seu Senhor – um triunfo prometido na história, não no misticismo. João dizia que o restabelecimento da autoridade de Deus era uma possibilidade no futuro próximo, e que quanto maior o número dos que acolhessem e compreendessem a sua mensagem, com maior probabilidade ela poderia concretizar-se. João era um homem perigoso.

"Que fostes ver no deserto?" perguntou Jesus aos seus ouvintes a respeito de João. "Um caniço agitado pelo vento? Um homem vestido com vestes finas? Ora, os que usam vestes suntuosas e vivem em delícias estão nos palácios reais. Então, o que fostes ver? Um profeta? Sim, eu vos afirmo que sim, e mais do que um profeta... Digo-vos que dentre os nascidos de mulher não há um maior do que João."[3]

A primeira surpresa da história ocorreu quando Jesus se apresentou a João para o batismo de arrependimento, e supostamente o que aconteceu então surpreendeu tanto a Jesus como a qualquer outro. Os relatos evangélicos dizem que os céus se abriram e nada menos do que a voz de Deus se fez ouvir, declarando que Jesus era o próprio filho amado de Deus. Jesus, depois de assumir sua insignificância, viu sua percepção de si mesmo desfazer-se: ele era aprovado por Deus. Não havia dúvida quanto à necessidade de merecer a aprovação de Deus. Jesus simplesmente a tinha. Essa linguagem de teofania – "Este é o meu filho amado" – e esse simbolismo – a pomba do espírito de Deus descendo – tinham simplesmente o objetivo de transmitir a epifania vivida por Jesus na presença de João, a revelação definidora da vida de Jesus.

Contra toda suspeita humana de insignificância, a sua própria e a dos outros, Jesus é o receptor da consideração positiva incondicional daquele que, desse momento em diante, ele chama de Pai. E, desse momento em diante, Jesus, um galileu não mais insignificante, pregará que *todos* participam dessa consideração positiva incondicional e que *todos* têm o direito de chamar Deus de Pai. Isso subverte totalmente a busca da salvação baseada na religião tradicional. *Vocês não precisam de salvação, pois já estão todos salvos! Basta apenas reconhecer e aceitar isso.* Como outros ouviriam de Jesus essa boa notícia transformadora de vida e da história, Jesus a ouvia de João. Ou seja, o que Jesus se tornaria para os que mais tarde o seguiriam, João Batista era para ele.

É por essa razão que o segundo e o terceiro momentos na história são tão importantes. Primeiro chegou a notícia de que João fora preso por Herodes. Nos Evangelhos, e na memória cristã, a transgressão de João foi ele ter condenado o relacionamento adúltero de Herodes com uma mulher com quem ele estava ilicitamente casado, mas evidentemente a questão era a ameaça política representada pelo movimento popular de João. Num território ocupado, toda aglomeração de pessoas pode se tornar turbulenta e toda afirmação pública sobre o reino de Deus ameaçava o poder de Roma. Quando João foi afastado de cena, Jesus tomou seu lugar. Ele também pregava o arrependimento, mas arrependimento agora significava simplesmente abandonar toda convicção errônea de insignificância. Jesus percorreu toda a Galileia proclamando sua percepção da magnânima misericórdia amorosa de Deus. *É ilusão nossa acreditar que corremos o perigo de ser rejeitados por Deus, e a verdadeira essência do nosso pecado é o medo dessa rejeição.* Cada sermão que Jesus fazia destacava essa realidade: "Bem-aventurados os pobres, os famintos, os que choram... eles herdarão tudo, serão satisfeitos e se regozijarão." Cada parábola que ele repetia enfatizava essa verdade: Deus é um pai que nunca deixa de amar o seu filho, por mais pródigo que este seja em suas tentativas de autodestruir-se e de duvidar de si mesmo.

Todavia, a mensagem de Jesus era também, inevitavelmente, política. Mesmo sua mensagem de amor ao próximo – de amor ao inimigo! – tinha o objetivo de estimular os judeus da sua época a abandonar sua divisão sectária e a voltar à unidade sagrada de povo de Israel eleito de Deus. Não mera mensagem de conteúdo emocional, o amor que Jesus pregava era a solidariedade, e para um império que dependia, como sempre acontece com todos os impérios, de divisões destrutivas do povo ocupado – vizinho contra vizinho – era impensável permitir o desenvolvimento incontrolado dessa solidariedade.

Chegaram então notícias de que João, mentor e inspiração de Jesus, fora executado por ordem de Herodes – decapitado, sendo sua cabeça apresentada numa bandeja durante um banquete no palácio. Foi nessa ocasião que ficou evidente que Jesus pisara na zona de morte do império. Esse ato de sadismo violento, cujo aspecto grotesco perde-se na familiaridade das histórias da Bíblia, definiu o futuro que aguardava Jesus. Herodes estava esperando também Jesus. E Jesus sabia disso, o que se comprova numa frase simples que descreve sua reação: "Ouvindo isso, Jesus partiu dali, de barco, para um lugar deserto onde pudesse ficar sozinho."[4] Desse momento em diante Jesus compreendeu que o caminho em que ele foi posto em seu encontro com João o Batista no Rio Jordão o estava levando diretamente para a morte.

Depois de saber na presença de João que ele era radicalmente aceito por Deus, aquele a quem chamava Pai, com a morte de João Jesus soube que essa aceitação significava que não havia nada a temer na morte, porque a morte não afeta o amor de Deus. Aqui estava o ponto crítico: é a perspectiva da morte que faz os humanos suspeitarem do seu valor moral, razão pela qual eles temem a morte, mas Jesus, com seu valor asseverado pelo Pai, ficou livre desse medo. Foi *isso* que o tornou a figura transcendente em quem as pessoas começaram a reconhecer o Filho de Deus. A libertação do medo da morte tornou-se a sua mensagem, e o modo como ele falava dessa libertação era declarar que o reino de Deus – o Deus que tudo aceita, o Deus misericordioso – já havia começado. *O Reino de Deus está dentro de ti.*

A contradição máxima dessa mensagem era a ocupação blasfema de Israel por Roma, que enfatizava a insignificância do povo subjugado e se aproveitava do seu medo da morte. Era inconcebível que Jesus, digno e livre do medo, *não* desafiasse Roma, o que significava, primeiro, desafiar o fantoche de Roma, o assassino de João, a enfrentá-lo. Quando avisado de que Herodes queria matá-lo, Jesus respondeu, "Ide dizer a essa raposa: Eis que eu expulso demônios".[5] Que demônios? Os demônios que deixavam o povo com medo. O poder de Herodes dependia da aquiescência de um povo preso pelas garras demoníacas do medo. "Não tenhais medo", repetia Jesus incessantemente.[6] E quanto mais ele repetia, mais o povo se aliava a ele. E, à medida que essa solidariedade crescia, mais direto se tornava o seu desafio – não ao governante subalterno, mas à própria Roma. Só havia um lugar onde esse desafio podia receber adesão total e, depois da morte de João, Jesus soube qual era. A arena do império.[7] Ele não tinha outra saída senão entrar nela. Jerusalém. Jesus vai a Jerusalém. O restante da história é consequência, e todos conhecem bem.

2. A guerra de Roma e Suas Consequências

O ataque romano a Jerusalém quarenta anos mais tarde, em 70 EC, culminando com a destruição do Templo, ocorreu exatamente num momento em que os seguidores de Jesus estavam se consolidando como movimento coerente. O fator essencial dessa coerência havia sido o relato da história de Jesus à luz do Livro de Israel – uma narrativa que se tornou conhecida como Evangelho. Até o ano 70, a atividade de pregação do Evangelho por parte de Paulo em várias cidades do Mediterrâneo estava completa, e o próprio apóstolo sofrera o martírio por volta de 64 EC. Nesse ano, Nero havia transformado os "cristãos" em bode expiatório pelo "grande incêndio de Roma", uma conflagração que devastou mais da metade dos bairros da cidade e destruiu templos importantes dedicados a Júpiter, rei dos deuses, e a Vesta, deusa virgem do lar.

Esses templos foram cruciais para o que aconteceu porque os cristãos eram discriminados como grupo já conhecido por aquilo que Tácito chama "abominações", que equivalia à recusa expressa a participar dos principais cultos às divindades. Nero pode ou não ter sido o tirano tresloucado que lhe dá sua reputação, embora pareça que mandou executar seu irmão e sua mãe. Parece claro que foi dele o primeiro ato de crueldade contra os cristãos registrado na história, traumatizando um movimento jovem que ainda era considerado principalmente – e provavelmente compreendia a si mesmo – como uma seita dentro do judaísmo. É impossível dizer quantos cristãos foram mortos, mas o número foi seguramente grande e o método de extermínio foi grotesco o suficiente para aterrorizar a maioria dos que seguiam Jesus. "Uma multidão imensa", relata Tácito, "foi condenada, não tanto pelo incêndio criminoso, mas pelo ódio à raça humana. E na sua morte, foram feitos objeto de diversão, porque eram envolvidos na pele de animais selvagens e estraçalhados por cães, pregados na cruz, jogados em fogueiras ou à noite queimados em postes para servir de iluminação."[8] É possível que o próprio São Paulo tenha sido assassinado durante esse festival de carnificina, e talvez o mesmo se aplique a São Pedro.

A excessiva brutalidade romana normalmente não era mostrada de modo tão cínico como na tática do bode expiatório de Nero; mais tipicamente, era usada como meio de controle, com qualquer manifestação de rebelião por parte do povo subjugado sendo enfrentada com força avassaladora. Nero havia comandado anteriormente uma repressão sangrenta a uma revolta na Bretanha ocupada pelos romanos, por exemplo. O problema é que a indescritível violência romana estava longe de ser a única naquele momento do tempo, e se ela foi exacerbada em resposta ao que poderia ser considerado sacrilégio, então os próprios deuses eram fiadores do impiedoso derramamento de sangue.

Mas, em termos religiosos, todos os lados podiam ressentir-se. A grande revolta judaica contra Roma começou em 66 EC, quando gregos pagãos na cidade de Cesareia, uma grande metrópole helenizada situada na costa da Palestina, realizaram sacrifícios rituais de pássaros nas proximidades de um lugar santo judaico. Os judeus locais protestaram contra o que consideravam profanação e começaram a agir para impedir os sacrifícios. Isso gerou tensão com as autoridades romanas em toda a Judeia ocupada. Em Jerusalém, o filho do sumo sacerdote liderou um ataque bem-sucedido à guarnição do Templo. Zelotes judeus, inspirados nos rebeldes Macabeus de um século e meio antes, ocuparam o Monte do Templo e seus arredores. Boa parte da população se juntou a eles, talvez meio milhão de judeus reunidos em defesa de Jerusalém.[9] Diante disso, os romanos recuaram. Os zelotes mantiveram o controle sobre o Monte do Templo e seus arredores por mais de três anos.

O que levou essa multidão a se aliar em defesa do Templo? Categorias modernas de nacionalismo, de identidade étnica ou de resistência ao imperialismo não conseguem entender o que estava em jogo para o povo judeu quando se tratava do Templo. Este era o lugar onde Deus vivia, mesmo na ausência de Deus. E era o lugar onde as experiências mais sublimes de suas vidas individuais e comunitárias aconteciam. Era no Templo que faziam suas oferendas de agradecimento, cheios de gratidão reverente pelas dádivas do Senhor em filhos, saúde, prosperidade e na Torá. Era no Templo que, depois de dias de purificação, realizava-se o grandioso rito de expiação, quando a culpa ou a impureza era transferida para um pássaro ou um cordeiro sem defeitos, o qual era entregue aos sacerdotes, abençoado, levado ao altar ardente, tinha sua garganta cortada e seu corpo oferecido em oblação. Em seguida, porções da carne da vítima sacrificada eram repartidas com a família e com os amigos numa refeição sagrada e alegre. Esses rituais, ordenados por Deus em cada detalhe, eram uma fonte insuperável de significado, consolo, reverência e santidade. A consciência de cada judeu, inclusive daqueles que moravam muito longe de Jerusalém para ter mais do que raramente a experiência direta do sacrifício, estava voltada para o Templo. Deus estava presente ali, como o significado estava presente em cada palavra e gesto prescritos na Lei.

Quando essa instituição central da religião, da nacionalidade e do próprio significado ficou ameaçada é que foi composto o texto que conhecemos como Evangelho de Marcos, o primeiro dos quatro Evangelhos. Marcos é uma compilação de várias fontes, principalmente a catequética e a oral, feita por um autor-editor que provavelmente estava ligado à comunidade cristã em Roma. A fúria da perseguição de Nero mal teria abrandado entre os seguidores de Jesus na capital imperial, e notícias teriam chegado a eles e a outros judeus do que estava acontecendo em Jerusalém. Nos poucos anos seguintes, quando a composição do Evangelho de Marcos chegou à sua forma final, o destino do Templo de Jerusalém estava selado.

Assim, quando Jesus "profetiza" que o Templo será destruído ("Vês estas grandes construções? Não ficará pedra sobre pedra que não seja demolida"[10]), o autor-editor não está relatando uma visão que Jesus anteviu no ano 30 ou 31, mas está refletindo sobre o destino calamitoso de Jerusalém e de seu Templo que ainda estava em curso ou que acabara de ocorrer quando "Marcos" escreveu. Do mesmo modo, a lamentação que é atribuída a Jesus – "Jerusalém, Jerusalém... quantas vezes quis eu reunir teus filhos como a galinha recolhe seus pintainhos debaixo das asas..."[11]

– reflete tanto a catástrofe que assolou a cidade muito depois de Jesus ter nela morrido quanto o amor pela cidade que definia Jesus e cada judeu.

Depois que os zelotes assumiram o controle do centro da cidade, homens, mulheres e crianças aderiram à causa da luta até a morte. Foi isso que conseguiram. Quando os romanos aprisionavam rebeldes judeus, transformavam cada prisioneiro em mensageiro e advertência executando-o de forma grotesca. Essa demonstração de sadismo romano devia ser contraproducente, porque estimulava os judeus a afastarem qualquer ideia de rendição. Terminado o cerco de Jerusalém e tomada a cidade, corpos em decomposição de centenas de resistentes judeus penderiam de cruzes ao redor do centro da cidade. A crucificação foi geral.[12]

Os romanos estavam ensinando uma lição aos obstinados judeus, uma lição aprendida pelos seguidores de Jesus residentes em Roma, há pouco traumatizados sob Nero, o mesmo Nero que definiu a resposta à tomada do Monte do Templo.[13] Uma guerra brutal entre os judeus e as legiões romanas continuou de forma intermitente durante setenta anos, levando à morte mais de um milhão de judeus.[14] Esse número incluía a maioria dos judeus que acreditavam em Jesus e que estavam preparados para compreender Jesus em um contexto inteiramente judaico – os que se concentravam não na distante Roma, de onde provavelmente veio o Evangelho de Marcos; não em Damasco, de onde provavelmente veio o Evangelho de Mateus; não em Antioquia, de onde provavelmente veio o Evangelho de Lucas; não em Éfeso, de onde provavelmente veio o Evangelho de João; mas em Jerusalém, de onde – somente por causa dessa violência – nenhuma versão final da história de Jesus foi preservada ou canonizada.[15] Com o desaparecimento do povo de Jesus de Jerusalém, o movimento cristão seria rapidamente dominado por cristãos gentios e por cristãos judeus helenizados, que tinham pouca sensibilidade pela natureza judaica de Jesus ou de sua mensagem, uma reviravolta acidental que teve, para dizer o mínimo, consequências tenebrosas.

O aspecto a enfatizar é que a violência romana mais devastadora contra os judeus e sua terra natal – do ponto de vista de Roma, uma violência motivada por questões religiosas – ocorreu durante as décadas em que os textos do Evangelho do movimento cristão estavam tomando forma, quando a compreensão decisiva do movimento de Jesus estava sendo estabelecida. Esse contexto definiu o texto. O próprio Jesus, que ocupa o centro desse texto, opunha-se vigorosamente à violência, uma oposição enraizada não em alguma ética abstrata, mas no seu sentido da Unicidade de Deus, da Unidade de Deus com ele e com cada criatura. ("Desse modo vos tornareis filhos do vosso Pai que está nos céus, porque ele faz nascer o seu sol igualmente sobre maus e bons e cair a chuva sobre justos e injustos."[16]) No entanto, os Evangelhos foram compostos como uma literatura de violência, uma literatura de tempos de guerra. A despeito das prováveis intenções dos seus autores-editores, eles foram compostos de maneira tal, em forma narrativa e em sentido teológico, de modo a servir de nicho hospitaleiro para o vírus autossustentável da guerra – embora não guerra com Roma.

Os seguidores de Jesus em 70 associaram-se aos impulsos violentos dos zelotes judeus revolucionários tanto quanto o próprio Jesus o fizera em sua época, por volta do ano 30. E porquanto seguramente valorizassem o Templo – como Atos deixa claro, os cristãos de Jerusalém continuaram os cultos religiosos no local durante muito tempo depois de Jesus;[17] como Paulo deixa claro, cristãos de cidades distantes, incluindo os gentios, continuavam a enviar a coleta anual do Templo a Jerusalém[18] – eles não consideravam luta deles a ocupação provocadora do Monte do Templo pelos zelotes. Um número bastante grande de cristãos judeus mudou-se de Jerusalém para Pela, no outro lado do Jordão, e outros foram para a Síria (Antioquia), para a Ásia Menor (Éfeso, Esmirna, Pérgamo), Grécia (Tessalônica, Corinto, Filipos) e para o Norte da África (Alexandria, Cirene). Repelindo qualquer ideia de que seu movimento fizesse parte de uma rebelião judaica militarizada, eles escreveram seu Evangelho de modo a distanciar Jesus do antagonismo antirromano da, digamos, figura insurgente de Barrabás, que em Marcos é apresentado pela autoridade romana Pôncio Pilatos em contraste com Jesus.[19] De fato, na história da morte de Jesus conforme narrada em Marcos e nos Evangelhos seguintes, o cruel Pilatos é retratado como benigno, uma deturpação do fato histórico, uma vez que outras fontes (incluindo Tácito, Fílon e Josefo[20]) descrevem um Pilatos cruel até para os padrões romanos. Os textos dos Evangelhos assim procederam, primeiro, pela simples razão de que os vulneráveis cristãos, apenas para sobreviver, precisavam convencer as autoridades de que não eram inimigos de Roma. Do contrário, eram condenados à morte, ponto. Mas isso não era tudo. Para enfatizar a inocência de Jesus, que parecia importante para o que ele significava, era necessário ressaltar a culpa do seu antagonista, que o odeia "sem motivo".[21] Não sendo esse adversário Roma, quem o era, então? Para judeus cristãos e gentios cristãos da segunda e da terceira geração, cuja titularidade à posse de Jesus estava sendo disputada por outros judeus, uma resposta óbvia se apresentava: os judeus que rejeitaram *a eles* entre os anos 70 e 100 foram incluídos na história da Paixão rejeitando também a *Jesus* no ano 30 ou 31. A inocência de Jesus assumiu a culpa dos "judeus".

Lamentavelmente, essa atitude exacerbou imediatamente o conflito com um segundo grupo de judeus que, assim como os cristãos, não apoiavam as ações violentas dos zelotes na ocupação do Templo – isto é, um segundo grupo de judeus que procuravam evitar conflitos sangrentos. Esses judeus não eram favoráveis a César, mas consideravam suicida o confronto direto com as legiões romanas[22] e se recusavam a participar. Eles começaram como uma facção de fariseus que, embora respeitassem o Templo e participassem dos seus cultos, talvez já tendessem menos do que os saduceus, ou da casta sacerdotal, a definir o Templo como centro único e absoluto de Israel. Lembre que alguns judeus, como João Batista, talvez, ou como os sectários de Qumrã, desdenhavam totalmente o Templo de Herodes como blasfêmia helenizada: foram diversas as reações ao Templo como estopim de conflito com Roma. De fato, às vezes essa diversidade produzia confrontos *entre* os judeus.

Os seguidores de Jesus eram de longe os únicos que se recusavam a aderir à causa dos zelotes. No ano 68 ou 69, quando o cerco a Jerusalém se aproximava do seu auge sangrento, essa facção farisaica pediu aos romanos autorização para passar com segurança pelas barreiras montadas à entrada da cidade, e a permissão foi concedida. Para proteger seu líder, Rabino Yohanan ben Zacai, de compatriotas judeus que viam o fato como traição, ele foi levado para fora de Jerusalém escondido num caixão de defunto. Com a permissão dos romanos, os fariseus se estabeleceram em Yavneh, uma cidade próxima à costa do Mediterrâneo, ao norte de Cesareia.

No verão de 70, os romanos derrubaram os muros de Jerusalém e se puseram a saquear a cidade e a massacrar seus defensores. Milhares morreram nesse ataque. Quando tomaram o Monte do Templo – um evento comemorado no calendário hebraico como Tisha b'Av, o nono dia do mês de Av – os romanos incendiaram o Templo. Um dos maiores edifícios do mundo, ficou reduzido a ruínas. A vitória foi tão importante para Roma que o general no comando, Tito, em pouco tempo foi nomeado imperador. Os horrores em torno da destruição de Jerusalém deram-lhe fama, o que se pode ver ainda hoje no seu monumento em Roma, o grande Arco de Tito próximo ao Coliseu, esculpido com cenas de legionários pilhando o Templo. Para Tito, sua vitória significava que os judeus eram "um povo abandonado por seu próprio Deus".[23]

Assim poderia parecer aos judeus. A perda total do Templo e a imediata extinção das tradições e das comunidades religiosas mais ligadas ao Templo produziram uma súbita crise de identidade entre os judeus de todo o mundo. O que é ser judeu sem o Templo? O que é cultuar sem sacrifício? Como Deus se faz presente entre o seu povo se a casa de Deus no meio desse povo não existe mais? A comunidade de fariseus que se refugiara em Yavneh tornou-se o centro de reflexão e adaptação a esse novo estado de coisas. Depois de quase perecer com o Templo, salvando-se por muito pouco, eles se tornaram seus principais pranteadores – e como os judeus haviam feito no passado, transformaram o seu pranto em fundamento para uma nova interpretação e revitalização religiosa. De fato, o grande exílio recomeçara. O que começou na Babilônia quinhentos anos antes terminou em Yavneh.

Os judeus ao redor do Mediterrâneo corriam risco, com os romanos atacando-os impiedosamente no norte da África, em Chipre e na Mesopotâmia. Em toda parte, mais uma vez, o Templo perdido voltou a ser imaginado e uma Jerusalém devastada reviveu na memória. "No próximo ano em Jerusalém", prometiam, como prometeriam incessantemente seus descendentes, mas a cidade era necessariamente espiritualizada, assim como o Templo. De fato, os rabinos conservaram Jerusalém na memória como um fenômeno do tempo presente, um símbolo de todos os modos como Deus chega ao seu povo. Jerusalém, como a cidade de onde foram banidos, tornou-se um emblema vivo do Deus que os acompanhou no exílio. Uma só e a mesma era a proximidade de Deus e a proximidade da cidade imaginada: nos *shtetls* [povoados, pequenas cidades] da Polônia séculos mais tarde, os rabinos ainda entoariam orações pelo clima de Jerusalém. A cidade precisava ser imaginada, realidade essa que definia o senso de perda dos judeus.

Quando a guerra com os romanos terminou em 135 EC, com a destruição total de Jerusalém e o banimento dos judeus para sempre por decreto imperial, essa angústia reanimadora da religião se tornaria um traço permanente da fé judaica. A religião que nascera em torno de um lugar em particular e seu passado muito contestado se transformariam à medida que esse lugar fosse projetado no futuro indefinido, com uma Jerusalém celeste[24] como centro designado de esperança. O Templo seria reconstruído e Jerusalém restaurada – mas somente no final dos tempos, com a volta do Messias de Deus. Enquanto isso, a santidade exigia não a reconquista física da cidade terrestre e sua casa de Deus, mas a contemplação diligente do seu significado passado para o povo de Israel como sinal da aliança permanente de Deus. O Templo não pode, por enquanto, ser recuperado; pode apenas ser lembrado e imaginado. Uma nova experiência de espera do Messias e o anseio pela realização da promessa de Deus transformaram o futuro inconcluso num presente vividamente realizador (mesmo que nunca realizado).

Desse ponto em diante, a oração e a expiação eram feitas por meio do estudo e da obediência à Torá mais do que pelo sacrifício animal, uma vez que o altar do sacrifício e a sua casta sacerdotal não existiam mais. Essa "observância da Lei" ia muito além da mera subserviência a um conjunto de mandamentos, como os cristãos imaginam. A Lei envolvia uma forma de vida, uma estrutura de pensamento, uma fonte de identidade pessoal. De forma imperativa, por exemplo, o Sabbath se tornou, na formulação de Abraham Joshua Heschel, um Templo no tempo.[25] E o estudioso Jon D. Levenson escreveu, "O Templo é para o espaço o que o Sabbath é para o tempo".[26] O Sabbath era um Templo também em casa, com um ritual religioso central revivido semanalmente no seio da família, em torno dos símbolos sabáticos do pão, do vinho, do candelabro e de conversas à mesa – a narrativa das histórias da salvação.

A interpretação de textos antigos à luz da experiência recente deu condições a esses judeus de compreender o trauma pelo qual acabavam de passar: a destruição de Jerusalém e do seu Templo não era traição de Deus, mas purificação do povo eleito promovida por Deus. Essa interpretação era o novo sentido de revelação. Esse foi o início do que veio a ser conhecido como Talmude, concluído pelos primeiros dos que a tradição agora chamaria de rabinos, que substituíram os sacerdotes como líderes dos judeus. Os rabinos "transformaram uma religião baseada no templo, apropriada para um povo pastoril e agrícola, numa religião baseada no ritual, própria para um povo urbano e disperso".[27] Mas a substituição de sacerdotes foi fundamental, pois nessa religião o antigo culto do sacrifício, essencial a toda forma de piedade no mundo antigo, se tornaria espiritualizado, assumindo a forma de estudo da Torá, de realização de *mitzvot*, exigências da Lei, e de ritualização da experiência mundana. "Há preces para despertar, para lavar as mãos, para comer pão ou beber água, para ir ao banheiro... Os rabinos desmistificaram a santidade; eles a democratizaram, tornando-a menos uma função de gênio espiritual do que da autodisciplina pessoal."[28] Mais importante ainda, os líderes rabínicos de um povo traumatizado afirmavam que o próprio sofrimento podia realizar a expiação que antes fora função do sacrifício. O sofrimento foi sacralizado. Os judeus dessa época em diante não participaram mais de rituais de morte e de oferenda de animais à divindade, fato que levou seus vizinhos pagãos a considerá-los ateístas.

Apesar da perda traumática do Templo de Jerusalém, o fato de que a sinagoga – não um lugar de sacrifício ritual, mas de estudo – já existia como instituição judaica em todo o mundo Mediterrâneo significava que a imaginação religiosa dos judeus fora da Palestina já estava preparada para essa espiritualização do Templo. Os judeus palestinos, porém, com acesso regular a Jerusalém e ao Templo, não tinham essa preparação, o que deixou de ter importância quando milhares deles simplesmente foram mortos. O Templo seria glorificado na memória e na esperança, mas, como lugar de sanguinolência literal, ele seria implicitamente desdenhado. A substituição da matança de animais pelo "sacrifício" mais esotérico do pensamento e da oração interior foi considerada pelos rabinos como um aperfeiçoamento – a realização, finalmente, da profecia de Oseias: "Porque é amor que eu quero e não sacrifício; conhecimento de Deus mais do que holocaustos."[29] Como o sacrifício do cordeiro no lugar de Isaac representou um avanço do sacrifício humano ao sacrifício animal, raciocinavam os rabinos, do mesmo modo a mudança de um Templo literal a um Templo imaginado representava o estágio seguinte do progresso. Ele foi simbolizado no mais comum dos modos: "Quando existia o Templo Sagrado, não havia alegria sem carne", diz o Talmude, refletindo a ubiquidade da carne animal no culto do altar. "Agora que o Templo Sagrado não existe mais, não há alegria sem vinho."[30] A taça de vinho e o pão chalá do Sabbath seriam santificados e santificadores como o era no passado a carne assada no Templo (uma transformação que definiria igualmente a sacramentalização cristã do pão e do vinho).

À semelhança da fênix que ressurge, essa reinvenção da fé judaica fortaleceu os sobreviventes que viviam na Palestina, mas transmitiu uma energia profunda aos judeus de língua grega em todo o Mediterrâneo, os quais reconheciam nesse modo centralizado na Torá e biblicamente estruturado de levar adiante a aliança de Israel uma adaptação do que já vinham fazendo em suas sinagogas distantes de Jerusalém. Ou seja, nessa memória, interpretação, imaginação, estudo e observância da Lei, teve início a religião conhecida em todo o mundo a partir de então como Judaísmo.

3. O Novo Templo

Mas era esse novo judaísmo, tão diferente da religião desaparecida dos sumos sacerdotes, o verdadeiro Israel? Muitos outros judeus, leais ao Templo, seguramente teriam respondido que não, mas a maioria deles estava morta, ou logo estaria, à medida que a guerra romana continuava. De que adiantava defender uma religião do Templo literal quando não havia Templo? Entre os que sobreviveram para pleitear seu direito ao legado do verdadeiro Israel estava o grupo de judeus e seus companheiros (do latim, "partir o pão com") gentios que haviam se recusado a aderir à violência da insurreição contra Roma. Para eles, a resposta à pergunta imposta pelos romanos – O que é ser judeu sem o Templo? – era simples. O "novo Templo" era Jesus, e em seu Evangelho eles expressaram essa realidade explicitamente. Com efeito, na destruição do Templo eles reconheciam uma espécie de repetição da crucificação de Jesus.[31]

Como os rabinos em Yavneh, esses judeus cristãos e seus companheiros afirmavam que essa destruição era vontade de Deus, um ato purificador de Deus, uma consequência necessária do fracasso de Israel em observar adequadamente a Lei e em reconhecer as ações salvíficas de Deus.[32] Mas esses judeus foram além, revertendo suas interpretações contra os rabinos, dizendo que foi precisamente a recusa *deles* em reconhecer Jesus que levou Deus a proferir sua sentença sobre Jerusalém.[33] Para os cristãos, a destruição do Templo era prova de que eles eram por direito os herdeiros de Jesus, e ao contar a história dele destacavam o papel do Templo como motivo de conflito entre Jesus e seus contemporâneos. E enfatizavam os fariseus como os principais adversários de Jesus, mais por causa do seu próprio conflito com os fariseus estabelecidos em Yavneh do que por outras razões que se apresentassem na época de Jesus.

Assim, apesar do fato de que sua crucificação – um método de execução reservado aos opositores que subvertiam a ordem – identificasse Jesus como inimigo de Roma, o Evangelho de Marcos, e os Evangelhos seguintes, identificaram "os judeus" como o seu maior inimigo, como se Jesus não fosse judeu. Eis aqui a trágica ironia: os seguidores de Jesus, ao mesmo tempo em que procuravam distanciar-se de uma violência, preparavam o terreno para outra. Na forma como a narrativa da Paixão estava sendo escrita, ou seja, salientando a preferência "dos judeus" pelo violento Barrabás ao Jesus pacífico, contra quem gritavam "crucifica-o", superando os romanos como protagonistas da execução, ninguém poderia prever as consequências que esse relato produziria. Definindo-se como uma religião de amor, em contraste com o judaísmo como religião da Lei, o cristianismo preparava-se para uma traição definitiva do amor. As ficções do Evangelho sobre "os judeus" acabariam redundando no *casus belli* de outra guerra contra o povo judeu, uma guerra que, através dos séculos, se revelaria ainda mais devastadora do que a guerra romana.

São muitos os debates a respeito da distância entre as invenções de motivação teológica dos Evangelhos e as realidades factuais do Jesus histórico, mas uma questão sobressai-se a todas as demais. Os Evangelhos, começando especialmente com Marcos, retratam Jesus em oposição ao Templo, como se ele contestasse por princípio o sacrifício sangrento de pombos e cordeiros; como se rejeitasse a obsessão dos sacerdotes pela pureza; como se, na formulação de Marcos, opusesse o amor ao próximo "aos holocaustos e sacrifícios".[34] A teologia da libertação, um movimento cristão (principalmente católico) do século XX, é indiferente a questões relacionadas aos cultos do Templo, e ainda vê a oposição de Jesus ao Templo como uma instância primordial – e autorizadora – de anti-institucionalismo, como se o sacerdócio do Templo fosse igual a qualquer e toda estrutura de poder. Mas isso tem pouco a ver com o que Jesus era realmente.

Na narrativa dos quatro Evangelhos, o aspecto dramático do conflito de Jesus com "os judeus" é a expulsão dos vendedores do Templo,[35] a "limpeza" que ele promove espantando animais, revirando mesas e espalhando moedas. Essas moedas, especialmente, inflamaram a imaginação antijudaica, e a caracterização dos "cambistas" feita pelo Evangelho acabou sendo interpretada como se a revolta de Jesus fosse contra as taxas de juro usurárias dos judeus.

Essa limpeza do Templo, um ato de força coerciva, sempre perturbou a consciência cristã. "Indignação justa", explicavam-nos as freiras nas aulas de religião, uma justificativa que nunca entendi. A raiva é um mal, a violência é um mal, ensinavam. Mas o que Jesus fez foi uma demonstração de "zelo". Nos Evangelhos, a ação violenta de Jesus de derrubar mesas, expulsar os vendilhões com um chicote e atribuir-se a propriedade do Templo como "a casa do meu Pai", é o acontecimento gerador da raiva homicida dos seus inimigos – os sumos sacerdotes que são responsáveis pelo Templo e que têm razão de levar esse ataque para o lado pessoal. Muito simplesmente, o Templo é o motivo que leva Jesus a acusar o seu povo, e o Templo é o motivo que impele "os judeus" a conspirarem para levá-lo à morte.

Mas esse relato evangélico não corresponde ao homem que Jesus era realmente. Ele foi construído como parte da compreensão dos seguidores de Jesus, duas gerações mais tarde, a respeito da destruição do Templo naquele momento. Fazer Jesus desmerecer os holocaustos e as normas de pureza do culto sacrifical era uma coisa quando essas duas práticas haviam se tornado irrelevantes pela ação romana em 70. Mas teria sido outra coisa quando Jesus estava vivo e era um homem devotado ao culto do Templo; tão devotado que seus seguidores continuaram a praticá-lo zelosamente durante muito tempo depois de sua morte. Se Jesus deu uma demonstração de protesto no Templo, é mais provável que tenha sido um protesto *a favor* das normas de pureza, não contra elas; um protesto em defesa do modo apropriado de sacrificar animais, e contra ações de desleixo que haviam se introduzido nas práticas no Templo durante o projeto de helenização de Herodes; ou um protesto contra os ajustes feitos por uma classe sacerdotal colaboracionista excessivamente subserviente aos invasores romanos.

Assim, apenas para sugerir outra possível leitura do protesto de "limpeza", Jesus, como propõe o estudioso Bruce Chilton, talvez estivesse atacando a venda de pombos e cordeiros antes que fossem oferecidos em sacrifício, porque o sacrifício de Israel devia proceder de dentro de Israel, derivar dos próprios recursos do devoto que oferecia o sacrifício. Talvez fosse conveniente que um vendedor de pombos fornecesse aos peregrinos a oferenda de que eles precisavam para participar do culto sacrifical em troca de um pagamento para cobrir seus custos e auferir um pequeno extra. Mas essa prática violava o preceito segundo o qual o peregrino devia fazer uma oferenda de algo retirado de suas próprias posses, um animal de seu próprio rebanho ou manada, ou frutos do seu próprio trabalho agrícola. Talvez fosse isso que Jesus estivesse defendendo, e nesse caso, essa preocupação mostraria – contrariamente ao entendimento cristão comum baseado no viés do Evangelho – que ele estava profundamente envolvido com a regulamentação estrita do culto, que não era indiferente a ela, e muito menos que lhe era hostil.[36] Repetindo, é mais provável que o Jesus histórico tenha sido um defensor do Templo e do seu culto, e não um crítico dele.

Aqueles que, depois do fato, denigrem os costumes do Templo por considerá-los demasiado sangrentos, demasiado envolvidos com a forma em detrimento da substância, ou demasiado apegados ao dinheiro – sejam os que denigrem cristãos ou descendentes dos rabinos de Yavneh – esses perdem de vista o essencial.[37] O Templo era um centro de justiça, de compromisso com o pobre, de acolhimento de não judeus (o Pátio dos Gentios era a área mais espaçosa do Monte do Templo) e de culto verdadeiro ao Deus de Israel. Os sacerdotes do Templo, tão detestados na memória cristã, conduziram-se como heróis no final, nas garras da violência romana. O historiador Flávio Josefo relata que eles "cumpriam suas obrigações religiosas com denodo, embora rodeados de ameaças. Como se a cidade vivesse dias de profunda paz, os sacrifícios diários, as expiações e todas as cerimônias de culto eram escrupulosamente realizados em louvor a Deus. No momento mesmo em que o Templo era tomado, quando estavam sendo massacrados em torno do altar, eles não deixaram de realizar os ritos religiosos do dia".[38]

A sensibilidade religiosa do século XXI – o que tanto o judaísmo rabínico quanto o cristianismo, com suas noções espiritualizadas de sacrifício, plantaram na imaginação ocidental – escandaliza-se diante das tarefas desses sacerdotes: mantinham-se resistentes em meio a torrentes de sangue, cortavam a garganta de criaturas indefesas, recolhiam as cinzas dos altares e distribuíam os restos dos holocaustos aos penitentes e suplicantes. Tudo isso equivalia a interações com a carne, a atividade mais profana que se possa imaginar transformada em algo sagrado. Os apreciadores de carne do século XXI raramente dão maior atenção aos produtos de carne ou às exigências da carne, mas os rituais religiosos sacrificais de todos os tipos, e certamente os do Templo de Jerusalém, lidavam diretamente com uma realidade fundamental da vida humana – qual seja, que os animais são a fonte primordial da proteína essencial. Eles são os mantenedores da vida. Comer um animal é praticar um ato moral, um ato que deve ser reconhecido como tal.

Animais dos quais os humanos dependem como fonte de alimento são dignificados quando a primeira porção é ritualmente entregue ao Santíssimo que dá origem à vida. Em outras palavras, o Templo era o lugar a que os judeus se dirigiam para que a carne que comeriam fosse abençoada. Um vestígio desse ritual sobrevive nas normas kosher. O problema é que a ação sacrifical, longe de ser primitiva, exigia bom-senso do início ao fim. A preocupação estrita com a pureza do culto, por exemplo, radicava na prática necessária da boa higiene, do mesmo modo que a arte sacerdotal do abate protegia tanto a dignidade do animal abatido, matando-o da forma mais indolor possível, quanto a saúde das pessoas que consumiam o que restava da oferenda. Mesmo atualmente, quando se trata de matar e comer, a pureza é algo belo, e nada é menos puro, pode-se afirmar, do que os métodos de abate industrializados que colocam a carne nas mesas modernas.[39] Imaginar que Jesus – ou Deus – se opusesse à rica cultura do sacrifício, com seu significado religioso e nutricional, é ignorar um fato básico do que a vida na Terra exige desde que o *Homo erectus* aprendeu a caçar.

Mas a interpretação evangélica de Jesus-como-Novo-Templo envolvia um retorno a uma espécie de violência-como-desejada-por-Deus que há muito tempo fora deixada para trás. A ideia do sacrifício animal, que o Templo acolhia de forma tão humanitária, e que se originou nas brumas da pré-história para substituir vítimas humanas por vítimas animais, foi sutilmente revertida quando, conforme a história de Jesus era narrada, um humano foi novamente posto sobre o altar. Seria errôneo ver nessa teologização da crucificação como sacrifício agradável a Deus uma simples inovação "cristã", uma vez que a preocupação judaica com temas do martírio remontava pelo menos aos Macabeus. Como vimos, isso foi quando o sacrifício de Abraão fora reinterpretado para enfatizar a ideia de que a fidelidade a Deus pode exigir uma aceitação da morte do filho amado. E vimos que isso alterou completamente a proposição original da história de Abraão e Isaac, segundo a qual Deus não quer a morte do filho.

Essa inversão foi inserida no modo como a mãe amorosa, no Segundo Livro de Macabeus, alegrou-se ao ver seus filhos sendo mortos – "Provem que vocês são dignos morrendo!" – por se recusarem a comer carne de porco, antes de ela mesma ser assassinada. Quando uma voz divina proclamou repetidamente o Jesus dos Evangelhos referindo-se a ele com as palavras "meu Filho amado",[40] começando com a epifania diante de João no Jordão, poderia parecer um corolário que sua morte foi predeterminada pelo Pai que está no alto. Sua situação de amado o colocava em perigo, porque havia uma única maneira de provar-se digno: o martírio.

A estrutura dramática do Evangelho de Marcos mostra Jesus indo da Galileia para Jerusalém – mas Jerusalém significava morte e, como vimos, o Jesus de Marcos sabe disso. Para provar-se digno, ele precisa morrer. O fato de Jesus, por causa da afirmação do seu Pai, ter vencido seu medo inato não reduz o caráter do Evangelho como jornada aterradora à perdição, da Galileia ao Monte Moriá. No entanto, o que quer que Jerusalém representasse para o Jesus histórico, ela era um emblema de morte e carnificina para Marcos, redator do Evangelho, simplesmente porque Jerusalém era exatamente isso, como Marcos escreveu.

A *interpretação* de Jesus – absolutamente moldada pelos acontecimentos violentos que ocorreram décadas depois da sua morte – não é Jesus, assim como o *texto* sobre sua vida não é a sua vida. Cabe aos cristãos o ônus de sempre voltar ao que se pode conhecer a respeito do homem em si.[41] Jesus era um homem de paz, e sua mensagem era uma mensagem de paz entre Deus e a criação de Deus, um Pai cuja única atitude é o amor. Mas olhamos para Jesus praticamente sem nenhum conhecimento, através das lentes de uma guerra de violência selvagem – decapitações, membros decepados, mulheres de todas as idades estupradas, cadáveres empilhados deixados para apodrecer, doenças galopantes, sangue correndo pelas sarjetas – e, sem surpresas, o que vemos é distorção nascida da violência.

A Paixão e morte de Jesus foi relatada como uma narrativa de total submissão: três Evangelhos lembram Jesus rezando, "Contudo, não a minha vontade, mas a tua seja feita".[42] No nível mais básico, como a história é contada, Jesus se submete não aos romanos, não aos sumos sacerdotes antagonistas, não "aos judeus", mas a um Deus cuja economia de salvação exige a vítima derradeira. Deus quer um sacrifício de tal eficácia – e de tal brutalidade – que ele é oferecido, na expressão decisiva do Livro dos Hebreus, "de uma vez por todas",[43] afastando a necessidade de qualquer outro sacrifício. Isso supõe o desaparecimento do Templo, que já ocorreu quando essa teologia se desenvolve. Além disso, presume que a vítima derradeira passe pelo sofrimento máximo. *Ninguém jamais sofreu como Nosso Senhor sofreu*. Na memória cristã, os milhares de judeus crucificados, cujos corpos penderam durante a guerra romana como ornamentos bárbaros da Jerusalém derrotada, *mesmo quando os Evangelhos tomavam forma*, foram menos esquecidos do que apagados. Somente Jesus, tomando o pecado do mundo sobre si mesmo, sofreu insultos e angústias tão extremos porque somente um sofrimento infinito poderia expiar a ofensa infinita sofrida pelo Deus infinito. Compreendeu-se rapidamente que a economia dessa salvação, para equilibrar tal balança de justiça, exigia que a vítima oferecida devia ser tão divina quanto quem recebia a oferenda. Daí ser a vítima o filho primogênito de Deus. A vítima é o Filho de Deus. A vítima é Deus. Essa progressão teológica tem suas raízes na reviravolta sacrifical primitiva que já observamos.

Na história da Akedá no Gênesis, apareceu um cordeiro para ocupar o lugar do filho; na Paixão, que acontece na festa da Páscoa, ocasião em que cordeiros são sacrificados, um filho amado assume o lugar do cordeiro. Nessa inversão transcendente, Jesus torna-se voluntariamente o Cordeiro de Deus. No Evangelho, João Batista é lembrado dizendo as seguintes palavras, quando Jesus se apresentou a ele, "Eis o Cordeiro de Deus, que tira o pecado do mundo".[44] Mas quem "lembra" essa proclamação é o outro João, o autor do Evangelho, escrito por volta do ano 100, época em que a teologia de Jesus pós-Templo como derradeira oferenda de sacrifício havia se estabelecido. Há implicações consoladoras nessa compreensão – consolações que soltariam a imaginação de milhões de sofredores entre a subclasse do Império Romano, mas existem também implicações perturbadoras. Que Deus é esse que exige a morte na cruz do seu filho amado?

4. O Mecanismo do Bode Expiatório

Humanos ameaçados de violência opõem-se a ela com violência. Essa antiga dinâmica perpassa toda a Bíblia, e podemos vê-la intensamente recapitulada no modo como os seguidores de Jesus entenderam a violência que fora infligida a ele e no modo como compreenderam a violência de Roma contra Jerusalém. Em ambos os casos, ela foi considerada violência de Deus. Onde ficamos, então?

Lembre que o sacrifício em si estava a serviço do abrandamento da violência, uma particularização de forças de destruição, de modo que forças generalizadas que ameaçavam a sobrevivência do grupo podiam ser contidas. A paz da comunidade resulta desse ato de particularização, a escalada da violência é refreada e o aglomerado da negatividade do grupo dirigido para a vítima resolve todos os tipos de desordem social. Como vimos, René Girard dá a esse fenômeno o nome de mecanismo do bode expiatório, vendo nele a origem mesma da religião. Mas essa leitura positiva do sacrifício nunca dissipa inteiramente a perene inquietude humana com ele, como se pode ver na forma como a religião se desenvolveu.

Evolucionistas religiosos tendem a ler a história da salvação, a começar com os patriarcas e profetas e culminando com Jesus, como uma interiorização gradual do sacrifício. Segundo esse esquema, o movimento começa com os sacrifícios de Caim e Abel, quando o sacrifício deste foi preferido em detrimento daquele por causa da atitude censurável de Caim. O texto do Gênesis, do século X AEC, é claro ao afirmar que o ato externo do sacrifício não é suficiente para agradar a Deus; requer-se também uma disposição interior correta. Por volta do século V, depois do exílio na Babilônia, quando o sacrifício no Templo de Jerusalém era impossível, agradar a Deus não era tanto realizar o culto sacrifical, mas principalmente submeter-se à Torá. Torá e sacrifício estavam ligados. O ritual cultual era menos o ato mágico que alterava a disposição de Deus do que o símbolo externo que representava a disposição interior modificada da pessoa que fazia a oferenda. Mas depois da destruição do Templo em 70 EC, para os rabinos, só a obediência à Torá substituía o sacrifício; para os cristãos, a interiorização do sacrifício tinha a ver com o amor ao próximo em nome de Jesus.[45] Tudo isso correspondia a um direcionamento progressivo de um sangramento físico para uma forma espiritual de autonegação, seja para a observância da Torá (que incluía compaixão pelo próximo) ou para a compaixão em si – a espécie de sacrifício, digamos, que os católicos observam durante o período penitencial da Quaresma. (Reza o salmista, "Sacrifício a Deus é um espírito contrito, coração contrito e esmagado, ó Deus, tu não desprezas".[46])

Essa pode ser uma espécie de evolução, mas a mudança do sacrifício do Templo envolve não apenas interiorização, mas uma mudança no conteúdo emocional do sacrifício, passando da celebração essencialmente jubilosa da proximidade com Deus na casa de Deus para o ato austero de aplacar um Deus distante. Isto é, do Templo diante do qual Davi dançou quando introduziu a Arca da Aliança no Santo dos Santos para o Gólgota, a colina onde era impensável dançar na presença do pior sofrimento da história. No comentário do teólogo Robert J. Daly, é por isso que "no mundo eminentemente religioso da antiga civilização ocidental, o termo 'sacrifício' estava associado a uma rica variedade de conotações positivas, ao passo que no mundo ocidental moderno eminentemente secularizado, o termo está saturado de uma grande diversidade de conotações negativas".[47]

Se Jesus representa uma interiorização do sacrifício, é importante saber como os cristãos o entendem: se agindo segundo a tradição judaica ou em oposição a ela. A memória cristã escandaliza-se com o sacrifício judaico, e não consegue imaginar Jesus respeitando-o. Na história de Jesus, os cristãos querem ver uma crítica essencial à violência, inclusive à violência do sacrifício, e é por isso que ela relata o ataque de Jesus ao Templo.[48] Mas os cristãos devem encarar o fato de que a mesma história justifica a violência. O sacrifício é o motivo que possibilita compreender o destino de Jesus. ("Sem derramamento de sangue não existe perdão", diz o Livro de Hebreus.[49]) E o derramamento de sangue, nesse caso, pertence a Deus. Os cristãos, afirmando o amor, imaginam que deixaram todas as afirmações de violência para trás, o que os prepara, quer queiram quer não, para novos atos de violência.

Na revelação cristã construída na história da Paixão, evidencia-se mais uma vez o fato trágico da condição humana – que a tendência humana universal para a violência aparece até mesmo na oposição à violência. Mas isso já aconteceu antes. Concebida no cadinho da violência que define seu tema, a própria Bíblia está infectada com a violência a que resiste. A vida e a mensagem de Jesus, que podemos entender (não apenas por meio das inúmeras referências nos Evangelhos à sua mensagem de paz, mas também por meio da obra dos historiadores de Jesus que o situam no seu ambiente judaico) como tendo sido celebrações essenciais de não violência, passaram a ocupar uma posição secundária numa narrativa particular do desfecho sangrento da morte de Jesus.

Atualmente, os cristãos, em sua maioria, consideram as origens da Igreja totalmente inocentes. Se a violência foi mais tarde defendida ou proposta em nome da Paixão, o fato deve-se a interpretações errôneas e equivocadas da revelação primordial, não à revelação primordial em si. Acreditando, com a tradição cristã ortodoxa, que o "período apostólico" elevou aqueles que conheciam Jesus – ou que conheciam quem conheceu Jesus – acima da condição humana, tanto na maneira como registraram sua experiência na escritura como no modo como eles próprios substituíram a violência pelo amor ("Vede como eles se amam"[50]), esses crentes ingênuos não conseguem entender que a violência define de tal modo a condição humana a ponto de definir também o cristianismo na sua origem.

Como vimos, a Bíblia narra a história de um Deus que se põe ao lado da vítima contra os algozes – primeiro, no êxodo, a vítima hebreus, e finalmente, com Jesus, a vítima Filho de Deus. Na afirmação do estudioso Gil Bailie, "Todas as grandes religiões do mundo estimulam seus seguidores a exercer a compaixão e a misericórdia, como faz a tradição judeu-cristã. Mas a empatia com as vítimas – enquanto vítimas – é especificamente ocidental e quintessencialmente bíblica".[51] Girard diz que o mecanismo sacrifical só pode funcionar quando comunidades que recorrem ao bode expiatório ignoram essa dinâmica, e acrescenta que, com o Novo Testamento, finalmente se revela, e de modo pleno, a estrutura oculta dessa vitimação violenta. Uma vez revelada, ela se torna obsoleta e pode ser abandonada. Para Girard, essa é a Boa-Nova. "Os deuses da violência tiveram seus privilégios cancelados", ele escreveu, "quando o Deus de amor foi revelado. A máquina enguiçou. O mecanismo da violência não funciona mais. Os assassinos de Cristo agiram em vão, ou melhor ainda: o que fizeram foi proveitoso porque ajudaram Cristo a registrar a verdade objetiva da violência nos evangelhos."[52]

Nessa leitura, a história que os Evangelhos contam é de uma simplicidade total e transformadora: a natureza sacrifical da condição humana não foi inventada por Deus; antes, Deus é assassinado por ela. Deus é absolutamente o Deus da vítima, não do algoz.[53] Não só a vítima é inocente; os textos que contam sua história também o são. A cruz é inocente. Todo uso que se faça da cruz para exaltar a violência desejada por Deus é uma deturpação. Essas deturpações são as teologias – desde São Paulo no século I (como ele é costumeiramente entendido), a Santo Anselmo no século XII, a Cotton Mather no século XVIII, a Billy Graham no século XX – que colocam a "expiação substitutiva" no centro da esperança, a ideia de que Jesus, como aquele cordeiro, assume o lugar dos pecadores no altar do sacrifício, apaziguando um Deus raivoso, expiando pecados dos quais o próprio Jesus é totalmente inocente. Essa valorização do sofrimento e a sacralização da retribuição violenta, de acordo com os defensores dos textos, são distorções do Evangelho.

Assim a violência da morte de Jesus, como a violência da escritura em geral, expõe a grande decepção de que Deus de algum modo quer a violência. Com relação à violência, não há ambivalência em Deus. A ambivalência em relação à violência – violência para deter a violência – é inteiramente humana e não divina. Por isso, violência sagrada é uma contradição em seus próprios termos [*contradictio in terminis*]. No povo de Israel, e em Jesus, Deus esteve o tempo todo expondo sua própria rejeição da violência. A violência tem um nome nessa história, e esse nome é Satã.[54]

Infelizmente, essa celebração da inocência de origens cristãs é anulada pelo fato de que os próprios Evangelhos identificam Satã com um povo, não com uma abstração. Hoje podemos ver o significado pleno daquela oposição inicial entre os dois grupos de judeus pós-Templo e ao que ela levou. O fato lamentável é que o conflito definidor dos Evangelhos é o antagonismo bipolar entre Jesus e – não Roma, que matou Jesus – os seus próprios conterrâneos que, nas narrativas da Paixão, aparecem pressionando os relutantes romanos a cometer seu ato criminoso.[55] Mas a mentira antijudaica da Paixão ("O seu sangue caia sobre nós e sobre nossos filhos"[56]) apenas fecha o círculo da mentira antijudaica da história da vida toda ("Ele veio para o que era seu e os seus não o receberam"[57]). Elaine Pagels acompanhou a progressão nos Evangelhos: no primeiro deles, Marcos, o antagonista de Jesus é um Satã encarnado que se apossou de um homem;[58] no Evangelho do meio, Lucas, o antagonista ainda é "o maligno", mas agora identificado com "os chefes dos sacerdotes, os chefes da guarda do Templo e os anciãos";[59] e, finalmente, no último, João, completa-se a identificação de Satã com "os judeus".[60]

A afirmação de que os Evangelhos expõem e, portanto, desarmam o mecanismo do bode expiatório,[61] é atraente, mas parece dissimulada ao extremo, uma vez que a transformação dos judeus em bode expiatório – aos quais os Evangelhos denunciam explicitamente por fazerem de Jesus um bode expiatório ("Não compreendeis que é de vosso interesse que um só homem morra pelo povo e não pereça a nação toda?"[62] teria dito o sumo sacerdote Caifás, pronunciando a sentença de morte) – é essencial à história. "A inovação perversa" do cristianismo antijudaico, segundo o pesquisador Mark Heim, "é condenar o mecanismo do bode expiatório para ele mesmo poder praticá-lo".[63] E assim os Evangelhos, reagindo mais à destruição do Templo do que à crucificação de Jesus, narram a história dessa crucificação para declarar o fim do sacrifício. Mas ao fazer isso – e aqui descobrimos que a história não é a que o próprio Jesus contaria – os Evangelhos sacrificam os judeus. Essa autocontradição no cerne dos textos fundacionais cristãos passou a ser muito observada, especialmente no confronto pós-Holocausto do cristianismo com as origens do antissemitismo.[64] Mas o caráter fatal dessa estrutura – cristianismo nascido da mesma violência associada ao bode expiatório que matou Jesus, bem como alimentado por ela – ainda precisa ser encarado em sua totalidade.

5. A Violência dos Cristãos

Poucas semanas depois dos ataques de 11 de Setembro de 2001 aos Estados Unidos, o primeiro-ministro britânico Tony Blair declarou que os responsáveis pela agressão "não eram mais obedientes aos ensinamentos do Alcorão do que os Cruzados que pilharam e mataram no século XII representavam os ensinamentos do Evangelho".[65] O motivo de Blair aqui – proteger a grande maioria dos muçulmanos das acusações decorrentes daqueles ataques – foi admirável, mas a linha rígida que ele traça entre os fundamentos das religiões e os atos de violência perpetrados por seus ardorosos seguidores pode ser flexibilizada pela análise que estamos desenvolvendo aqui.

Como passamos de Jesus, o "homem para os outros", aos Cruzados que matavam em seu nome? Um resumo temático sugere uma resposta. Os cristãos que haviam se recusado a aderir à violenta resistência judaica contra Roma continuaram a evitar a violência, pelo menos em princípio. Mas o ideal se afirmou por estar fora de alcance. A época, o lugar e o povo estavam todos estremecidos pela rivalidade sectária, consequência da guerra, no meio de zelotes, pietistas e moderados judeus e as autoridades judaicas constituídas, bem como entre eles. Também os seguidores de Jesus estavam à mercê de um clima de guerra generalizado e de guerra civil. Os cristãos sabiam que precisavam ser perdoados por seus atos de violência (Pedro puxando a espada), mas começaram a se considerar mais perdoados do que outros, especialmente do que os judeus que rejeitavam Jesus e que se recusavam a admitir sua necessidade de ser perdoados. Como a rejeição judaica chegava à essência da autocompreensão cristã, a violência contra os judeus podia ser justificada como autodefesa.

Mas, o que dizer da violência entre aqueles que veneravam o Senhor? O livro Atos dos Apóstolos relata as agressões físicas "dos judeus" contra São Paulo e outros seguidores de Jesus, um confronto em geral considerado como sendo entre duas instituições claramente distintas, a "igreja" e a "sinagoga". Entretanto, essa distinção não só era impossível nessa época, como também há motivos para se concluir que "os judeus" ditos antagonistas de Paulo eram na verdade judeus seguidores de Jesus que se opunham à atitude liberal de Paulo com relação à Torá e ao Templo, pelo menos na medida em que essa atitude dizia respeito aos gentios a quem ele pregava o Evangelho.[66] Com efeito, é provável que grande parte da população de judeus, desconhecendo Jesus quando ele estava vivo (Jerusalém durante a Páscoa, quando Jesus morreu, contaria com milhares de residentes e peregrinos), pouco percebeu seu movimento pós-ressurreição, e possivelmente era indiferente à pregação de Paulo. Nesse caso, o próprio Novo Testamento registraria, pelo menos em parte, atos de violência que ocorressem *dentro* do movimento de Jesus – apesar da não violência lembrada de Jesus, que repreendeu Pedro por puxar a espada. Essa memória serviu de modelo ético para o comportamento cristão. Os batizados eram proibidos de servir no exército romano, fato a que os cristãos contrários à guerra dos nossos dias recorrem para justificar sua posição pacifista, mas é provável que essa proibição do serviço militar tivesse mais a ver com a recusa a prestar culto à divindade do imperador, prática rotineira exigida dos soldados, do que com uma rejeição estrita da força armada. Em outras palavras, não havia um pacifismo idílico quacre na igreja pré-constantiniana, mas ainda havia um repúdio geral ao ato de matar em nome de Deus.

Os primeiros Padres da Igreja, de Justino Mártir, no início do século II, até Tertuliano e Orígenes, nos inícios do século III, eram enfáticos em reprovar *qualquer* ato sangrento por parte dos cristãos. Estes eram instruídos (e normalmente estimulados) a não ver no próximo ninguém menos do que Deus. A Unicidade de Deus, intuição decisiva do monoteísmo, era entendida como a união dos humanos com seu Criador – e, portanto, de um com o outro. Nessa unicidade, desferir um golpe contra o próximo era golpear o próprio Deus. O monoteísmo, ligado a um entendimento de que Jesus e seu Pai eram Um, era a inspiração suprema da paz.

Mas quando o imperador Constantino se converteu ao cristianismo em 312 EC, o império que havia crucificado Jesus mudou decisivamente o significado de Jesus. A era constantiniana *foi* diferente. Até então, por exemplo, a dicotomia entre igreja e sinagoga ainda não se tornara rígida, de modo que os cristãos judeus ainda acatavam a Torá e os judeus cristãos, além de observar o Sabbath, ainda celebravam a Eucaristia dominical. As bifurcações Antigo Testamento-Novo Testamento, lei-graça e igreja-sinagoga ainda não haviam sido canonizadas em textos, em doutrinas e credos. Mas agora a bifurcação se consolidou, chegando à própria divisão entre vida e morte. Pela primeira vez, com a "descoberta da Cruz Verdadeira" em Jerusalém pela mãe de Constantino e a construção de uma grande basílica no local da descoberta – o *Martyrium* – o sepulcro de Jesus foi valorizado. A piedade cristã assumiu características dos antigos cultos tumulares pagãos. Isso contradizia diretamente as denúncias do próprio Jesus da prática de celebrar em locais de sepultamento, que ele repudiou como "sepulcros caiados".[67] Karen Armstrong observou, "Trezentos anos antes, Jesus ressurgira daquele túmulo. Agora o próprio sepulcro ressurgira, por assim dizer, de sua própria sepultura prematura, do mesmo modo que os cristãos estavam testemunhando um ressurgimento inesperado de sua fé".[68]

Mas que espécie de fé? A celebração em todo o império do local de sepultamento de Jesus foi uma inversão do etos do "sepulcro vazio" do Evangelho e levou a piedade popular a uma fixação na morte.[69] O Santo dos Santos cristão seria de agora em diante um sepulcro – o Santo Sepulcro. Como o Santo dos Santos do Templo pós-exílico, este também estaria vazio, mas logo o sepulcro pesaria mais na imaginação do que pesou seu vazio. Assim foi plantada a semente do erro permanente do cristianismo: reduzir-se a uma solução para o problema da morte. Jesus foi entendido como tendo vindo não "para trazer a vida, a vida plena", como ele disse, mas para morrer uma morte horrenda pelos pecados do mundo. Somente nesse momento a crucificação de Jesus foi mais enfatizada como fonte de redenção do que o seu ensinamento ou sua ressurreição. A morte de Jesus assumiu proeminência. A cruz, que não aparece em nenhum lugar nas paredes das catacumbas dos séculos II e III, substituiu o que se encontrava lá: representações simbólicas do cálice, do peixe, do pão. Nunca se enfatizará suficientemente que a cruz só se tornou o símbolo cristão fundamental com a conversão do imperador.

Constantino foi saudado como um novo Moisés, conduzindo a Igreja ao triunfo que lhe fora prometido. Mas foi saudado também como um novo Abraão, como se fosse o progenitor de uma nova religião – o que, de certo modo, ele foi.[70] Mas havia uma implicação involuntária na identificação do imperador com o pai de Isaac, pois Constantino achara "apropriado e justo" condenar o seu próprio filho, Crispo, à morte. Crispo foi morto por ordem do seu pai em meio a intrigas palacianas, talvez como um possível usurpador. O aspecto importante, porém, é que o filicídio ocorreu no mesmo ano, 325, em que Constantino, com sua mãe, exaltaram a "Cruz Verdadeira" – e no mesmo ano em que Constantino, um engenhoso criador de mitos, mencionou pela primeira vez que se convertera ainda em 312 como resultado, sim, de uma visão celestial da cruz, que disse ter visto como uma espada.[71]

Era psicologicamente conveniente, e talvez inevitável, que esse pai, carrasco do próprio filho, procurasse enfatizar doutrinariamente a ideia de que Deus Pai, como um soberano celestial que "tanto amava o mundo", tivesse julgado necessário exigir a morte de *seu* filho amado. Ao contrário de Abraão, aqui estava o pai que havia efetivamente matado o filho – e como poderia *não* ter sido vontade de Deus? Na verdade, formou-se então entre os cristãos o mito de que o lugar onde Jesus havia morrido, o Gólgota, fora o lugar onde Abraão quase sacrificara Isaac.[72] A disposição de Abraão de desferir o golpe, caso Deus não o tivesse detido, passou a ser o exemplo supremo da fé cristã. *A volta do sacrifício de crianças.* A morte era essencialmente salvífica. E de agora em diante, a religião católica, em vez de atrair prosélitos entre as massas de nível mais baixo, propagar-se-ia principalmente por meio da conversão das elites, como ocorrera com o próprio imperador, as quais então converteriam seus súditos por coação. A coerção substituiu a persuasão como principal forma de evangelização.[73]

O mesmo aconteceu com o conteúdo da fé. Durante mais de cem anos, os seguidores de Jesus haviam se lembrado dele de diversas maneiras, como sugerem os próprios textos do Novo Testamento. Em 180 EC, Irineu, teólogo e bispo de Lion, escreveu *Contra as Heresias,* uma condenação em cinco volumes de quase uma dezena de grupos heréticos. Seu discípulo Hipólito, em Roma, foi mais longe, censurando cinquenta seitas heréticas – uma proporção surpreendente de heterodoxos numa população que na época não somava mais do que 100 mil cristãos de todas as orientações.[74] Isso sugere como o movimento de Jesus continuou sendo multifacetado no seu aspecto de crença, e provavelmente também de culto. Mas tudo isso mudou. Com a definição do Credo de Niceia em 325, por ordem do imperador, a ortodoxia começou a ser imposta pela força do Estado.

Realmente o Estado, uma soberania vasta e incerta estendendo-se desde as ilhas da Bretanha até o sudeste do Mediterrâneo, dependia dessa ortodoxia como sua única fonte de coesão para todo o império. Em 384, um ibérico chamado Prisciliano, conhecido por pregar um ascetismo rígido, foi condenado à morte por heresia – o primeiro caso registrado em que a Igreja Católica executa formalmente alguém por difundir crenças errôneas. O bode expiatório estava de volta. Morreriam mais cristãos por ordem de imperadores cristãos do que haviam morrido por ordem de imperadores pagãos, mas esses mortos eram "hereges", não "mártires". Em 391, ao mesmo tempo em que executava hereges, o imperador Teodósio I proibiu o sacrifício pagão de animais, por considerá-los cruéis. Templos e altares sacrificais desapareceram, mas não o seu significado cultural.

No mesmo período, a prática cristã de culto transformou-se decisivamente com a Eucaristia, que fora uma refeição festiva realizada em casas-igrejas, transformando-se no "sacrifício da Missa".[75] Um ritual reinventado era agora celebrado nos altares de basílicas enormes que reproduziam os templos da antiguidade e resgatavam sua estética. Essa recuperação cristã do sacrifício e a instituição central do sacerdócio que ela adotou atendiam às necessidades da hierarquia que acabara de se fortalecer. A Missa sacrifical conferiu poder e autoridade ao sacerdote sobre os leigos e contaminou a teologia eucarística com magia, reavivando "muitos excessos característicos do culto sacrifical material".[76]

A violência contra os inimigos da Igreja (o que significava os inimigos do império), fossem judeus ou bárbaros, foi aprovada por figuras do final do século IV, como Santo Ambrósio, bispo de Milão. De fato, com Ambrósio, a história original da Amarração de Isaac sofreu uma mudança radical:

agora, em vez de ameaçar o filho com uma faca de pastor, segundo um sermão que Ambrósio pregou em 390, Abraão empunha uma espada de guerreiro.[77] Mas Ambrósio foi vigorosamente contestado. Seu protegido Santo Agostinho, nos inícios do século V, tentou abrandar a violência do império agora cristão com sua teoria inovadora da guerra justa. Anos mais tarde, a teoria da guerra justa seria usada principalmente para sancionar a violência do estado, mas a proposta de Agostinho era restringi-la. O problema é que a teologia aqui seguia a política. Não teria havido nenhuma dúvida sobre a necessidade de oferecer uma justificativa racional em defesa da violência imperial, mesmo que para limitá-la, se o império ainda fosse pagão. A teoria de Agostinho justificou a violência sancionada pela Igreja que já estava em andamento, muito embora sem o benefício da sustentação ética. O Evangelho estava sendo propagado. Graças a Deus.

Ainda mais importante do que suas abstrações sobre *jus ad bellum* e *jus in bello*, Agostinho saiu francamente em defesa dos judeus. Contra os que, como Ambrósio, queriam eliminar os judeus (uma vez que, afinal, hereges cristãos estavam sendo mortos por negar meros detalhes da ortodoxia, enquanto os judeus a rejeitavam na sua totalidade), Agostinho insistia que se devia permitir que os judeus sobrevivessem *como judeus* dentro do cristianismo. Eles seriam o "povo-testemunho" cuja sobrevivência como errantes empobrecidos sempre levaria à compreensão da verdade dos princípios cristãos. Essa defesa dos judeus, embora ambígua, pode ter impedido a ocorrência de uma "solução final" em pleno no século V.[78] Mas, menos como Agostinho pretendia do que como cristãos que vieram mais tarde o compreenderam, essa defesa teve um preço terrível. Não só os judeus correriam perigo mortal sempre que ultrapassassem a barreira da "sobrevivência" prosperando, como a imaginação ocidental seria permanentemente sustentada pela bifurcação positivo-negativa que infectava os Evangelhos. Uma depreciação religiosa se tornou uma estrutura mental civilizacional, com um "outro" negativo exigido como contraponto de identificação cultural. Os judeus continuariam como o outro quintessencial, mas essa lacuna na consciência polarizada do Ocidente cristão também seria preenchida pela mulher, pelo muçulmano, e finalmente pelo "selvagem" das terras coloniais, pelo comunista da Guerra Fria e pelo "islamofascista" da atual Guerra ao Terror. Na institucionalização pós--constantiniana e pós-agostiniana do antijudaísmo podem-se encontrar as raízes das formas peculiares de racismo, misoginia e ideologia que poluíram a cultura; nas palavras do erudito palestino Edward Said, "a origem da Europa cristã branca".[79]

Depois de Agostinho, quando os cristãos entravam em guerra, esta era sempre "justa" e o que sempre mobilizava os soldados cristãos era a ideia da sua própria virtude. Com todo o entusiasmo, travaram "guerras justas", no Oriente, por exemplo, contra os persas que conquistaram a Palestina no início do século VII. Novamente, em 614, Jerusalém foi arrasada quando os persas tomaram a cidade, matando milhares de defensores cristãos.[80] Dessa vez, essa destruição implacável foi considerada um insulto, especialmente contra o culto ao sepulcro de Jesus. Do mesmo modo que os judeus haviam por duas vezes (depois das devastações dos babilônios e dos romanos) transformado sua tristeza e angústia por uma Jerusalém profanada em um novo apego à cidade – uma cidade imaginária – assim fizeram os cristãos então. Mas o ataque do infiel foi contra o próprio Senhor, transformado mais uma vez em vítima. O roubo da Cruz Verdadeira pelos persas inflamou todos os cristãos que souberam do fato; o mesmo efeito produziu a aliança dos persas com os judeus.

Os romanos baniram os judeus de Jerusalém no século I, um exílio que no século IV recebeu o reforço da teologia da dispersão dos judeus como "povo-testemunho", de inspiração agostiniana. Os cristãos judeus e os judeus cristãos com quem nos deparamos antes nesse momento desapareceram totalmente da história, em consequência da "lei do meio excluído". A judeidade em si era poluição moral – e física. Assim, quando os persas vitoriosos estabeleceram judeus no governo de Jerusalém, tanto um princípio da teologia cristã estabelecida quanto a própria estrutura da mente cristã foram desrespeitados. A dispersão dos judeus a partir de Jerusalém era um corolário de fé.

Os cristãos se aliaram e conseguiram reconquistar Jerusalém em 629, resgatando a Cruz Verdadeira. Jerusalém então consolidou-se como âncora da imaginação religiosa cristã, com seus lugares santos assumidos como sacramentos da presença de Deus – "provas incontestáveis", nas palavras de um papa, de que Deus chegara.[81] Como tal, os lugares santos se tornaram pontos de atração de peregrinações em massa. Quando o mito de Santa Helena e de suas descobertas na Terra Santa assumiu novo vigor, o culto às relíquias, muitas associadas a ela – a coroa de espinhos, a escada que Jesus subiu para ir a julgamento, a veste que ele usava, o sudário com que foi sepultado, os pregos que perfuraram suas mãos – tornou-se um pilar da imaginação europeia. A Cruz Verdadeira se destacava, mas a relíquia suprema entre todas era a própria Palestina. Jerusalém ocuparia o centro dos antigos mapas do mundo que começavam a ser desenhados. De fato, no Ocidente, a cartografia começou a existir em parte para valorizar Jerusalém, e a cidade santa ocupou o centro dos mapas europeus – e a imaginação europeia – durante mais de mil anos.[82]

Mas a Jerusalém desse sonho, a "Nova Jerusalém", por definição e por teologia, não comportava judeus. Por isso, depois de retomar a cidade dos persas, os cristãos, com rapidez e violência, mais uma vez, expulsaram os judeus da cidade, que em sua maioria fugiram para a Arábia. A Jerusalém material, agora exaltada como sacrossanta pelos cristãos, do mesmo modo como estes haviam deplorado quando os judeus assim a consideravam, reassumiu sua condição de destino de peregrinação cristã, embora não por muito tempo.

6. Apocalipse Agora

De certa forma para resolver a grande ambivalência bíblica e evangélica com relação à violência, a última palavra, e o último livro, da Bíblia Cristã é o Livro da Revelação, também conhecido como Apocalipse, palavra grega para "desvelar, revelar". Embora leitura marginal da história cristã (os cristãos ortodoxos e Martinho Lutero não o incluem no cânone), o Apocalipse representa uma das reações mais fortes ao Evangelho e se insere numa corrente apocalíptica bem maior que flui desde antecedentes judaicos como Daniel (como já vimos), continua com o movimento suscitado por João Batista e os primeiros impulsos de São Paulo – até os movimentos milenaristas na Idade Média e o Pentecostalismo nos tempos modernos. A imaginação apocalíptica dá expressão à experiência da crise. Incerteza, medo físico, desordem social, sensação radical de alienação, essas são as sementes do apocalipse, e o exemplo cristão canonizado do gênero é uma obra-prima. Na fé de crentes aterrorizados, o Apocalipse sempre ocupou o primeiro lugar.

Lê-se o Apocalipse como um manual de guerra, ordenando um "paroxismo espasmódico de violência divina deflagrado pelo retorno de Cristo".[83] Fome, terremotos, massacres, rios de sangue, lagos de fogo, um derradeiro confronto cósmico entre os exércitos do bem e as forças do mal – essencialmente, o fim catastrófico do mundo. Em nenhum outro lugar a violência foi retratada de forma mais vívida. Mas tudo isso não foi produto de uma imaginação febril. Visões semelhantes a sonhos, mas não se tratava de sonho. O Apocalipse foi escrito nos anos 90, quase a meio-termo entre a primeira destruição de Jerusalém pelos romanos e sua final e total destruição em 135. Já nos referimos à Bíblia como literatura de tempos de guerra, mas como exemplo desse gênero, esse livro constitui uma classe por si só. Guerra – guerra real, como a vivem mulheres estupradas, crianças órfãs, combatentes mutilados e sobreviventes escravizados – é o seu terreno. Seu significado. Seu alerta.

O Apocalipse parece refletir as preocupações das comunidades de Jesus na Ásia Menor.[84] Escrito por alguém que se identifica como "João" e que reside na ilha grega de Patmos,[85] o texto era endereçado àqueles cristãos como uma promessa e um consolo, uma garantia aos que estavam no lado perdedor de uma luta violenta de que no final venceriam. A vitória decisiva resultaria de uma batalha entre os exércitos de Deus e os de Satanás no Armagedon, nome de uma planície fora de Jerusalém. Na memória cristã, a perseguição romana no fim do século I e início do século II era dirigida em grande parte contra os batizados, especialmente sob o cruel Domiciano, que rivalizava com Nero em violência psicótica. O reinado de terror de Domiciano coincidiu com o período da composição do Apocalipse nos anos 90. De fato, a batalha de Armagedon havia começado – a batalha da vida cristã num império que odiava Cristo. Na verdade, porém, o alvo de Domiciano eram tanto os judeus quanto os cristãos, provavelmente não fazendo muita distinção entre eles. Esse imperador nutria pelos judeus a antipatia que seus predecessores haviam contemporizado numa guerra mais ou menos interminável, que logo chegaria ao seu auge brutal. No decurso da guerra romana contra os judeus (70-135), concentrada na Palestina, comunidades judaicas eram o alvo, como observamos, das legiões romanas em toda a região do Mediterrâneo, desde a Mesopotâmia até o Egito e Chipre. Quanto aos cristãos, o martírio continuou nesse período, sem dúvida, mas essa violência empalidece quando comparada com a campanha permanente do império contra os judeus onde quer que formassem povoados de maior importância.[86] Com o Apocalipse, a guerra romana contra os judeus, espantosamente ausente dos Evangelhos, entra explicitamente na narrativa cristã, mesmo que cristãos de gerações seguintes não o leiam desse modo.

Estudos realizados no século XX enfatizaram principalmente que o próprio Jesus era apocaliptista – o fato de ser identificado, ou de ele mesmo identificar-se, com o "Filho de Homem" do Livro de Daniel.[87] Seguramente a visão de Jesus presumia uma grande batalha entre Deus e os inimigos de Deus, centrada na ocupação imperial blasfema de Israel. Conforme retratado nos Evangelhos, porém, Jesus resistiu ao dualismo bem-contra-mal, subvertendo essas categorias ao criticar os piedosos e prestigiar os desprezíveis. Jesus orientava-se por uma visão histórica, não mística. Retomando o tema do seu mentor João Batista, ele esperava que o reino de Deus transformaria a situação do povo de Deus, não em um futuro distante ou em um céu distante, mas no curto prazo – uma transformação de Israel na terra que significava a derrota real de Roma. *Jesus estava errado,* mas seus primeiros seguidores deram continuidade ao tema, com Paulo especialmente manifestando uma esperança apocalíptica urgente, definida como a expectativa de que Jesus "o Cristo" voltaria logo para estabelecer o reino de Deus. *Paulo estava errado*. A transformação do significado cristão começou com essas decepções.

Os cristãos entendiam que Jesus afirmava o reino de Deus *presente* e que definia como seu objetivo trazer vida, vida plena, aqui e agora. "Cumpriu-se o tempo" era sua senha.[88] "Felizes os vossos olhos, porque veem, e os vossos ouvidos, porque ouvem. Em verdade vos digo que muitos profetas e justos desejaram ver o que vedes e não viram, e ouvir o que ouvis e não ouviram."[89] O que vedes à vossa frente – aqui e agora em sua pessoa e em seu ministério. O termo técnico para o que Jesus pregava é "escatologia realizada", com o Fim dos Tempos irrompendo no tempo presente. Como tal, nas palavras do estudioso James D. G. Dunn, esse ensinamento "cria uma ruptura decisiva com o apocaliptismo do tempo de Jesus"[90] – uma ruptura, provavelmente, inclusive com seu mentor João Batista. O presente é absoluto porque Deus está presente. Jesus não pregou outra coisa senão a proximidade imediata de Deus.

Nessa pregação, portanto, a terra não foi desvalorizada em favor do céu, a vida carnal não foi desvalorizada em favor da vida espiritual, nem "esta" vida foi desvalorizada em favor da pós-vida. Podemos ver isso na única diferença marcante entre Jesus, que gostava de participar de banquetes, e João, que abdicava de iguarias caras preferindo gafanhotos. Mas com o passar dos anos e os inúmeros traumas sofridos pelos seguidores de Jesus – de sua morte brutal até o seu fracasso em retornar depois da ressurreição; da destruição do Templo duas gerações depois de Jesus até a devastação de Jerusalém também duas gerações mais tarde – esses seguidores acharam impossível aderir ao que devia parecer uma crença fácil na proximidade imediata de Deus, nas coisas boas da vida. Realmente, Deus nunca parecera mais ausente, e é por isso que o espírito de um apocaliptismo negador da carne (negador do presente) influenciou sua esperança reformulada. Depois de Jesus, e apesar de sua pregação cuidadosamente registrada do reino presente de Deus, a religião que se formou no nome dele levava em parte as características de uma seita escatológica dentro do judaísmo. Isso se revela em partes da escritura cristã (por exemplo, no modo como a destruição de Jerusalém é "prevista" em Marcos 13, e nas primeiras cartas de Paulo, 1 e 2 Tessalonicenses), mas onde realmente encontra expressão é no Apocalipse.

Como a violência da guerra romana destruiu a comunidade-mãe do movimento cristão em Jerusalém e ameaçou outras comunidades em outros lugares, um apocaliptismo urgente apoderou-se novamente da imaginação religiosa dos cristãos, como havia se apossado da imaginação religiosa dos judeus em crises como essa. (Embora os livros de Daniel e do Apocalipse sejam os dois únicos exemplos claros do gênero apocalíptico na Bíblia canônica, havia dezenas de obras desse gênero circulando entre judeus e cristãos no período bíblico.) E fundamental para essa visão religiosa, nos anos 90, tanto quanto dois séculos e meio antes, o Deus guerreiro estava envolvido numa batalha cósmica dualística, uma batalha final, contra os inimigos de Deus.

É ao problema da guerra que a visão apocalíptica responde, mas o faz como uma justificativa e celebração da guerra como resposta apropriada à guerra. É como se a batalha bíblica de mil anos contra a tragédia e o custo da força coerciva brutal conforme travada na encruzilhada militante de tantos impérios e exércitos tivesse sido destilada numa essência de morticínio. O Apocalipse oferece um resumo formular da condição humana enquanto derrotada na longa batalha contra a violência: a raça humana condenada a um suicídio em massa do qual só pode ser resgatada depois do fato, e magicamente.

A primeira vinda de Jesus foi como Cordeiro, mas, tendo sido abatido, no Apocalipse o Cordeiro vem cheio de ira, um Cordeiro portador da morte.[91] O Cordeiro, assim diz o livro, reúne 144 mil guerreiros armados no Monte Sião, pois ele é o alvo dos exércitos do mal.[92] A visão é notável por combinar o Jesus histórico, o Cristo ungido e o Senhor que voltará novamente em breve – mas essa afirmação complexa é feita principalmente na linguagem dos símbolos. Nada se evidencia mais do que Jesus como Cordeiro. A cena do aparecimento do Cordeiro é expressamente sacrifical: um templo, um altar, a mesa do sacrifício. Este Cordeiro é vitorioso precisamente por ser morto; a vítima é o vencedor. E sua vitória se estende a todos os que se tornaram vítimas. O autor do livro está diante do altar sacrifical e escreve, "Vi sob o altar as vidas dos que tinham sido imolados por causa da Palavra de Deus e do testemunho que dela tinham prestado. E eles clamaram em alta voz: 'Até quando, ó Senhor santo e verdadeiro, tardarás a fazer justiça, vingando nosso sangue contra os habitantes da terra?'"[93] E a promessa está contida na resposta de que o inimigo "seria morto em pouco tempo".

Como vimos no Capítulo 3, a Bíblia começa quando os judeus exilados reinventam sua identidade religiosa na Babilônia, em reação à destruição do primeiro Templo em Jerusalém. Foi então que o monoteísmo se consolidou, com a Unicidade de Deus vivenciada como um princípio de paz unificadora entre todas as nações. Com esse sentido da Unicidade de Deus, os humanos tinham uma divindade com quem pudessem confrontar seus próprios impulsos e assim trabalhar no sentido de transformá-los. A religião hebraica renovou-se como uma religião de compaixão e empatia, com seu deus sendo um Deus a ser cultuado em atos de bondade para com o próximo. Mas essa memória da Babilônia inverte-se no Apocalipse por causa da experiência presente de uma "nova Babilônia" – uma referência a Roma, a destruidora do segundo Templo. Babilônia Um e Babilônia Dois: a Jerusalém duas vezes devastada agrega essa revelação suprema. E, contra a notável intuição da Unicidade de Deus, e portanto da Unicidade de tudo que existe, o primeiro efeito dessa nova revelação é ver o próprio cosmos partido em dois. Com a literatura apocalíptica, o dualismo – a ideia de que a criação é repartida entre forças igualmente poderosas do bem e do mal – toma a imaginação religiosa como refém.

A noção mais benevolente é a de que oposições vivenciadas representam uma autoalienação interior, não a estrutura de uma realidade bipolar. Mas essa autoalienação é uma primeira consequência da ameaça violenta, que chega ao extremo quando uma guerra entra na zona da morte em que um povo luta pela sobrevivência. Na zona da morte, é matar ou ser morto. Naturalmente, numa situação de vida ou morte, o inimigo é visto como o mal, e sem dúvida, nessa situação extrema, a experiência amplia-se do local ao cósmico. Essa ampliação é introduzida no mecanismo de sobrevivência: isso é tudo o que existe, e se Deus está do nosso lado, é inconcebível que possa estar do lado do inimigo. Consequentemente, não há Unicidade. Na essência da existência há um conflito radical. *Este* conflito. Matar!

Os que testemunharam a destruição romana da judeidade na Palestina, concentrada na Jerusalém devastada, naturalmente entendiam o que acontecera como uma realidade envolvendo o mundo inteiro. Para eles, Jerusalém era isso. E viveram essa experiência não apenas os judeus que viviam na Jerusalém sitiada, mas todos os que entendiam a si mesmos em termos de Jerusalém – seguramente incluindo os rabinos pós-Templo e a comunidade de Jesus. Para seus herdeiros, tanto judeus como cristãos, *a destruição de Jerusalém é o que nos dá nossa religião, e a destruição de Jerusalém, a despeito de tudo o mais, define a essência da nossa religião.* No Apocalipse, isso se torna explícito quando o implacável imperador Nero, que iniciou a guerra romana contra os judeus e que primeiro ordenou os ataques aos cristãos em Roma, é especificamente identificado como "a besta cujo número é 666".[94] Mas Nero é mencionado como um daqueles sobre os quais deve recair a vingança. Guerra exige guerra. Aqui está a ironia para os cristãos, porém: essa demonização apocalíptica evidente da besta imperial transformou-se rapidamente numa demonização de outras vítimas da besta, sacrificadas como os cristãos, com outros textos do Novo Testamento recusando-se decididamente a retratar os romanos sob uma luz negativa – mesmo as narrativas da Paixão, onde os romanos aparecem como absolutamente relutantes em executar a Jesus.

Poucos anos depois que o Apocalipse procedeu à divisão antirromana do cosmos entre as forças de Deus e as de Satã, o quarto e último Evangelho, também atribuído a João e composto uma década mais tarde, reproduziu esse dualismo, mas o fez, como vimos, definindo como "filhos do diabo", não os romanos, mas os judeus.[95] O apocaliptismo bem-contra-o-mal foi introduzido no confronto entre judeus que acreditavam em Jesus e judeus que rejeitavam Jesus, razão pela qual o Evangelho de João representa o rebaixamento mais extremo dos "judeus" no Novo Testamento. Novamente, a estrutura bipolar da imaginação cristã, especialmente quando os gentios dominaram a Igreja depois que a guerra romana eliminou a maioria dos cristãos judeus, definiu a batalha cósmica contra os judeus, que foram jogados no papel do outro negativo paradigmático contra quem a Igreja afirmava sua identidade positiva.

No Apocalipse, o próprio Jesus solta os vingadores dos inimigos de Deus, pois, na visão de João, a função do Cordeiro é abrir cada um dos sete selos do livro definidor do destino que Deus segura na mão direita.[96] A abertura de cada selo anuncia um ataque cruel, que culmina com os "quatro cavaleiros" assustadores da conquista, da guerra, da fome e da peste.[97] Mas não é somente contra Roma que se desencadeia essa fúria – "Babilônia, a Grande"[98] – mas contra todo o mundo pecador. O Jesus destruidor do cosmos, pisando as uvas da ira, "o lagar do vinho do furor da ira de Deus, o Todo-poderoso",[99] transforma toda a criação destruindo-a. A redenção chega pela violência e isso, finalmente, é o que torna a violência sagrada.

Cristãos de consciência sensível gostariam de rejeitar o Apocalipse alegando que ele não seria um representante verdadeiro da religião deles.[100] Mas essa santificação inequívoca da violência e da condenação só prova a verdade da inspiração bíblica – inspiração bíblica unida pelo que é verdadeiro – "sendo a natureza humana o que é", em nosso mantra de Tucídides. A visão apocalíptica, com seu dualismo, leva esse pessimismo a um nível totalmente novo, com a divisão do tempo em um presente de maldade e um futuro de glória; e sua divisão do espaço no mundo condenado aqui "embaixo" e na alegria do céu "no alto". O dualismo temporal e o dualismo espacial se combinam para denegrir o aqui e agora, um denegrir que se comprovou a causa mais potente de violência da história contra a Terra e seus habitantes – violência perpetrada neste mundo em nome de outro mundo; a vida atacada em nome da pós-vida. O reino de Deus de justiça, misericórdia e paz só tem validade no futuro. No imediato, portanto, nada acontece.

O Apocalipse torna explícita a distorção que infecta implicitamente os outros textos fundadores da fé cristã, especialmente aqueles que anulam o mecanismo do bode expiatório por meio do acionamento desse mesmo mecanismo. A inclusão do Apocalipse no Novo Testamento desmente as pretensões cristãs a ser somente uma religião de amor, e prevê o caos sangrento que será a marca da influência cristã em quase todo lugar onde ela se faça sentir – certamente incluindo o período dos cruzados, mas também, séculos depois, a república cujo hino de batalha "vinhas da ira" é extraído desse texto.

O Jesus que repreendeu Pedro por puxar a espada[101] agora chega com uma espada saindo de sua boca, e porquanto essa imagem fizesse uma referência simbólica à escritura, que em outro lugar é chamada de "espada de dois gumes" por ser justa e misericordiosa,[102] os leitores cristãos do Apocalipse viam nela uma arma pura e simples, não um símbolo. De fato, o texto apresenta Jesus desistindo do seu papel delicado como Cordeiro para descer do céu num cavalo branco, assumindo o papel de comandante na batalha transcendente do bem contra o mal.[103] E Jesus brande a espada não somente contra Roma, mas contra todo ser vivo. Esse é o apocalipse tomado de fúria frenética. A consumação da história, que em Isaías era para ser o banquete celestial de Deus, "um banquete de carnes gordas, um banquete de vinhos finos, de carnes suculentas, de vinhos depurados",[104] tornou-se, na visão cristã derradeira, uma festa para abutres sobrevoando uma vasta ruína em chamas: "o lago de fogo que arde com enxofre"; uma terra coberta de cadáveres, "e as aves todas se fartaram com suas carnes".[105] E onde acontece essa paródia escatológica senão na cidade dourada que é expressamente definida pela ausência do Templo? "Eu vi a cidade santa... contudo não vi nenhum Templo nela, pois o seu Templo é o Senhor, o Deus todo-poderoso, e o Cordeiro." E qual é esse lugar purificado pelo fogo, varrido pela espada, senão a nossa "Nova Jerusalém"?[106]

CAPÍTULO 5

A Rocha do Islã

1. Não há outro deus senão Deus

Maomé morreu em 632. No ano seguinte, apenas dois anos depois que os cristãos bizantinos haviam reconquistado Jerusalém (e resgatado a Cruz Verdadeira) que estava em poder dos persas, uma força montada de guerreiros beduínos que cultuavam a memória do Profeta invadiu o território da Palestina, então sob domínio bizantino, próximo a Gaza. Os invasores se deslocavam rapidamente em grupos, com os rostos cobertos para se proteger da areia e do sol e suas túnicas brancas esvoaçando ao vento. Os que cavalgavam cavalos formavam a vanguarda, mas o corpo principal montava camelos, normalmente bestas desajeitadas que, ao galopar, tornam-se velozes como gazelas. Os bizantinos bateram em retirada, embora portassem estandartes do Império Romano Oriental, cujo controle da região remontava a seis séculos.

O controle que mantinham sobre o território enfraquecera devido a uma série de guerras encarniçadas, com os exércitos persas vindos do nordeste e com o Império Sassânida, com sede em Bagdá, estendendo-se desde as montanhas do Cáucaso até partes da atual Turquia e prolongando-se, ao longo do antigo crescente, por toda a Ásia central, até o atual Afeganistão. Nas décadas anteriores, em batalhas de Constantinopla até a Antioquia e a Armênia, os bizantinos e os persas haviam se exaurido uns aos outros, tornando-se ambos vulneráveis ao poder militar desencadeado pelos até então despercebidos montadores de camelos procedentes da Península Arábica.

Esses nômades, cuja primeira pretensão à cultura fora definida pela atividade mercantil desenvolvida nos oásis que marcaram o comércio de caravanas do Levante com o Oriente, tinham uma segunda pretensão que dependia da exploração desse comércio, fosse como navegadores contratados do vasto oceano de areia ou como invasores e ladrões. Apenas recentemente os árabes haviam considerado possível deixar de lado suas antigas rivalidades tribais para formar uma frente invasora sem precedentes em sua unidade e no ardor com que efetuavam suas incursões. Anteriormente seus contatos sociais, inclusive os conflitos, haviam sido sobretudo destrutivos para todos os envolvidos, mas com essa união recente, acharam natural formar alianças – e saquear – além do seu território tradicional. Do vazio estéril praticamente desconhecido nos séculos do final da antiguidade, ninguém os percebeu chegando.

Eles se autodenominavam "muçulmanos", uma forma participial derivada do verbo "islã", significando aqueles que se submetem a Deus. Seu Profeta era Muhammad ibn Abdullah, ou Maomé (nascido em 570). Ele começou como pastor e mercador no oásis de Meca, mas na meia-idade (estava com 40 anos quando recebeu a primeira revelação de Deus) foi reconhecido em toda a Arábia como líder místico, filósofo e comandante militar. Os seus seguidores o viam como alguém que viera com a missão de purificar as revelações de Abraão, de Moisés e de Jesus, embora judeus e cristãos o considerassem fundador de uma nova, e falaciosa, religião. Os anciãos tribais da região e proprietários de cultos tradicionais, envolvendo representações de várias divindades – ídolos – também tinham razão para rejeitar os ensinamentos de Maomé, mas milhares de árabes responderam instintivamente à sua pregação fundamental, que girava em torno da imaterialidade de Deus. Paradoxalmente, essa era a precondição para a intimidade com Deus, intimidade que se tornou extensamente sentida e universalmente disponível. Um muçulmano do século XX, o escritor Reza Aslan, observa que Maomé "desencadeou uma revolução em Meca para substituir as restrições arcaicas, rígidas e injustas da sociedade tribal por uma visão radicalmente nova da moralidade divina e da igualdade social". Inicialmente essa inovação "rompeu o tecido da sociedade árabe tradicional", mas com Maomé, a visão da Unicidade de Deus se transformou numa unidade árabe sem precedentes.[1]

De fato, foi uma repetição do fenômeno da união-além-da-uniformidade que havia gerado o judaísmo e inspirado o movimento de Jesus – muito mais, como vimos, do que um monoteísmo concebido em termos meramente numéricos. Para os muçulmanos, submeter-se a Deus e submeter-se à *ummah*, ou comunidade, era a mesma coisa. Parecia claro que Deus recompensava sua submissão considerando-se o fato surpreendente de que de imediato, no período de um ano da morte do profeta, o número de adeptos crescera exponencialmente. Os bandos tribais da Arábia haviam se tornado uma força de combate bem coordenada. Mas a destreza militar se baseava numa revolução social. A passagem da lealdade ao clã para a afinidade de crença criou uma escala de organização sem paralelos, mas o principal fator facilitador foi a natureza da afinidade, não o conteúdo da crença.

O que quer que a Unicidade de Deus significasse abstratamente, ela se concretizou na unidade do empreendimento social lançado em nome daquela Unicidade: "Não há outro deus senão Deus." Agora os muçulmanos investiam contra as fortificações desde o extremo do delta do Nilo até as margens do Eufrates, destruindo o que restava dos grandes impérios da história. Os atingidos foram rápidos em equivocar-se a respeito do que ouviam ser definido como jihad. Para os muçulmanos, *jihad*, palavra árabe para "esforço espiritual", significava menos guerra santa do que aquilo que os cristãos já chamavam de "guerra justa", um conjunto de princípios que racionalizavam a violência e a limitavam, em vez de simplesmente desencadeá-la. A jihad podia envolver ação militar, mas essa seria apenas uma manifestação dela, e não a mais importante. Os muçulmanos fazem distinção entre "pequena *jihad*", que significa guerra defensiva, e "grande *jihad*", ou luta moral consigo mesmo diante de Deus.[2]

O Profeta havia ensinado que jihad exigia, por exemplo, que o castigo fosse proporcional à ofensa. E uma vez aplicada a pena, todo conflito em torno da questão devia cessar. Vendetas eram definidas, de fato, *pelo sangue*, e apenas parentes imediatos tinham permissão para vingar uma injúria. A preocupação em limitar a violência é a origem das proibições muçulmanas bem conhecidas do álcool e do jogo, sendo ambos, na Arábia como em qualquer outro lugar, estimulantes explosivos de desentendimentos. As prevenções do Islã manifestavam assim tentativas de controlar a violência, o que só demonstra que a cultura em que o Islã nasceu era severamente restringida pela violência. E que os pressupostos religiosos da cultura não estavam mais imunes a gerar conflitos do que estavam seus outros aspectos, tanto comerciais como territoriais ou relacionados à honra.[3] Vimos isso antes, como a violência religiosa emerge de um impulso humano para reprimir a violência. Esse arco trágico é que conecta as muitas partes da narrativa humana que estamos recontando, e o Islã revelou-se igual a outras religiões em ser rapidamente introduzido na luta.

Os europeus que, bem mais tarde, procuraram explicar a marcha notavelmente bem-sucedida dos exércitos do Profeta, enfatizaram unicamente a natureza violentamente religiosa e religiosamente violenta do Islã – "...difundindo pela espada a fé que ele pregava"[4] – como se a guerra santa em nome da divindade fosse uma inovação. De fato, a brutalidade grupal explorava regularmente o aspecto religioso no mundo antigo, quer se tratasse de devotos de Vishnu contra os de Shiva na Índia, budistas contra taoistas na China ou cristãos bizantinos contra zoroastristas persas onde fora a Mesopotâmia. Mas de qualquer modo que fossem definidas na época, essas eram guerras por território, por rotas comerciais e pilhagem, mais do que por ambições de conversão religiosa, e assim eram também as campanhas dos batalhões islâmicos.

Na verdade, Maomé prosperou num meio realmente violento. Como todos do seu tempo, confrontos brutais teriam sido acontecimentos normais para ele – massacres em combate e a escravização dos vencidos, inclusive das mulheres. O notável é que a revelação por ele recebida era explícita em proibir a coerção quando se tratava de crença.[5] Esse princípio enraizava-se em um sentido inovador de inviolabilidade radical da vida interior autônoma – que mais tarde se chamaria consciência – até mesmo do mais humilde cameleiro. O analfabeto mais extremo podia entender o caráter sagrado do reino imaterial de sua própria consciência quando o Profeta insistia na imaterialidade singular da divindade. Isto é, a pregação da Unicidade de Deus era tanto uma mensagem sobre a sacralidade da vida interior do indivíduo, vivenciada como santuário, como era sobre Alá. Por essa razão, desde o início, o ato central islâmico, em contraste com os rituais externos da maioria das religiões antigas, tem sido o cultivo da interioridade em oração, expressa numa reverência simples repetida cinco vezes por dia.

"Estou absolutamente convencido de que não foi a espada que conquistou um lugar para o Islã naqueles tempos", escreveu Mahatma Gandhi. Pode parecer estranho oferecer a interpretação de um indiano hinduísta, mas o mundo de Gandhi era tão definido pela hostilidade ao Islã quanto o fora a Europa Medieval. E Gandhi corrige: não foi a espada, e sim "a simplicidade indelével da confiança absoluta de Maomé em Deus e em sua própria missão. Essas, e não a espada, os impeliam a prosseguir e os faziam superar todos os obstáculos".[6] Submissão a Deus, materializada naquela reverência, era a condição da união sentida com Deus, uma participação na própria Unicidade, que então se tornava manifesta no que só podia parecer uma união milagrosa sentida com outros que haviam se submetido. A prática, não a teoria,[7] caracterizou essa religião desde o início – um modo de proceder mais do que um modo de acreditar, cujo efeito principal era dar ao praticante um sinal tangível do que era a Unicidade de Deus. A Unicidade de Deus expandiu-se para a unicidade do Islã. Essa espécie de massa crítica impeliu os exércitos islâmicos imbuídos dessa nova energia para fora da Arábia, e foi a coisa mais natural no mundo que dirigissem suas campanhas ao longo das extensas rotas comerciais que por tanto tempo não haviam encontrado em suas terras desérticas nada além de poços com água e sombra das tendas. Mas o primeiro objetivo da conquista muçulmana não era o mero centro comercial. Na Palestina, saindo de Gaza, eles rapidamente assediaram a cidade fortificada situada sobre um monte inexpugnável – e mítico. Foi o mito que os atraiu. Ao saírem da Arábia, aquela cidade foi a sua primeira ambição, a sua pretensão a ser uma potência e a sua primeira marca como potência mundial que em breve se tornariam. Essa cidade era Jerusalém.

No início, talvez por volta de 610, quando Maomé dirigia suas preces ao Deus Único, Alá, ele se voltava para Jerusalém e instruía seus seguidores a fazerem o mesmo. Ele fazia isso pela mais simples das razões: entendia que sua revelação procedia do Deus que estabelecera sua morada naquela cidade, no Templo. Assim, "o primeiro nome árabe para Jerusalém é Madinat Bayt al-Maqdis... 'cidade do Templo', tomado do hebraico para Templo, *Beit HaMikdash*".[8] Maomé parecia pressentir que a coesão aparentemente milagrosa que já então estava formando um povo a partir de um conjunto desordenado de clãs nômades e de facções invasoras era uma repetição do que havia transformado um grupo disperso de exilados no primeiro Povo do Livro. Consta que Maomé teria sido analfabeto,[9] mas ele era excepcionalmente inteligente e conhecia muito bem a tradição narrativa daquele povo. O sentido de Jerusalém como casa de Deus só se tornou claro quando os hebreus, na Babilônia, um milênio antes, finalmente apreenderam o significado da Unicidade de Deus. E somente em seu retorno a Jerusalém o vazio agora necessário do Santo dos Santos – lembre que eles perderam a Arca da Aliança durante o exílio – representou adequadamente a imaterialidade de Deus. Foi o senso judaico dessa imaterialidade, e o compromisso com ela, que arrebataram o jovem Maomé. O Deus de Israel não podia ser representado porque qualquer imagem insultaria a verdadeira natureza de Deus enquanto transcendência de tudo o que fosse possível imaginar. Somente a história de Deus – o Livro – podia representar Deus, mas essa história era acima de tudo a história de um lugar. Assim como o vazio do Santo dos Santos foi sua revelação, do mesmo modo a perda desse lugar fora a chave para descobrir o seu significado.

A história continuou se repetindo, e Jerusalém emergiu como exemplo clássico do princípio do desejo mimético de René Girard, à medida que cada um dos inúmeros grupos se sentia irresistivelmente atraído a uma cidade que outros possuíam ou então cobiçavam. Como aqueles clientes que vimos anteriormente no balcão da loja: você tem isso, então eu também quero! Alguns dos judeus que haviam sido banidos de Jerusalém e das proximidades pelos romanos nos séculos I e II EC, e cujo exílio fora depois imposto pelos cristãos bizantinos, haviam seguido para a Arábia – mas, como vimos, eles nunca deixaram de suspirar por Jerusalém. No próximo ano em Jerusalém!, eles rezavam, como os judeus de toda parte, com nostalgia e tristeza, esperança e desejo. A cidade inesquecível abrigava-se no círculo mais interior da imaginação judaica. Pode-se presumir que esse anseio, testemunhado por Maomé na Arábia, o tenha imbuído de reverência pelo lugar.

Na Arábia, aos judeus reuniram-se alguns cristãos que, acusados de "crenças errôneas", também haviam sido expulsos da Palestina bizantina ou de lá haviam fugido para salvar a vida. Eles eram "hereges" – no início, os cristãos judeus que eram menosprezados pelos cristãos gentios e cujo compromisso com a Torá continuava a definir sua compreensão do batismo. Como os judeus do passado, a vida religiosa deles voltava-se mais para a prática do que para a teoria – com a observância do Sabbath aos sábados, do Dia do Senhor aos domingos – inclusive quando uma fé cristã cada vez mais helenizada redefiniu a tensão teoria-prática como contradição. Desdenhados por judeus e cristãos igualmente, esses cristãos judeus mantiveram-se separados das comunidades que nas primeiras gerações articularam sua compreensão de Jesus segundo categorias filosóficas gregas, chegando depois às doutrinas da natureza trina de Deus e da personalidade divina de Jesus. Os cristãos judeus, provavelmente mais do que todos os outros cristãos, mantiveram-se leais ao anseio pelo lugar que definia sua fé, aquela Jerusalém que era o lugar do sepulcro de Jesus, da qual nascia toda promessa, mas que primeiro fora santificada por seu Templo, e da qual também eles haviam sido expulsos pelos romanos e proibidos de retornar pelos bizantinos. Os cristãos judeus ocupavam o espaço intermediário proibido entre dois grupos, sendo rejeitados por ambos.

A Arábia serviu de refúgio também para outros "hereges": aqueles cristãos bizantinos que, aceitando a divindade de Jesus, se perderam no grande cipoal de debates teológicos que tentavam explicar como isso poderia ser verdade – especialmente os monofisitas e os nestorianos.[10] No entanto, também para eles, Jerusalém, lugar da morte e ressurreição do seu Senhor – e da Cruz Verdadeira – definia o desejo do seu coração. Entre os árabes pagãos, esses judeus e cristãos renegados podiam acreditar e cultuar como quisessem. De forma ainda pouco esclarecida, Maomé fora influenciado por essas pessoas. Necessariamente atento ao que separava judeus de cristãos, e provavelmente ciente dos enigmáticos debates, divisores da Igreja, em torno das "naturezas" e "pessoas" de Deus e de Jesus, não obstante ele ficou envolvido pelo aspecto fundamental desses grupos: uma consciência particular de Deus que havia sustentado Israel depois do exílio babilônio, uma consciência que percebera Jesus como aquele que manifestara a comunhão de todos n'Aquele a quem ele chamava de Pai.

Muitas outras coisas encantavam esse visionário árabe além da ideologia árida implícita na palavra de origem iluminista "monoteísmo". Afirmar que existe um só Deus, que Deus é Uno ou que só Deus deve ser adorado, é dizer apenas parte do que essa visão significa. Pode ser que Maomé tenha se deparado com um trinitarianismo imaturo professado pelos cristãos da Arábia ou com uma ideia igualmente tosca do que significava acreditar que Jesus era Filho de Deus, mas ambas as afirmações deixaram esse vidente do deserto, e portanto seu movimento, com um desprezo puro e simples pela doutrina cristã fundamental, por considerá-la idolatria. Os teólogos bizantinos haviam passado gerações aperfeiçoando a fé cristã, invocando a linguagem para explicar o impacto extraordinário e a presença contínua sentida de Jesus e possibilitando uma pluralidade de manifestações da presença do Criador na criação, sempre protegendo a intuição fundamental da fé bíblica de que Deus é Uno. Quando surgiram os inúmeros e violentos conflitos entre os próprios cristãos, doutrinas do Deus trino e da Encarnação quadraram esse círculo com imprecisão suficiente para proteger o mistério divino e garantir os equívocos e debates humanos.

Apesar das aparências, porém, Maomé juntou-se aos seus pares monoteístas na percepção da Unicidade de Deus como abertura para uma compreensão do cosmos e como exigência para uma nova relação com tudo o que existe. A Unicidade de Deus exprime tanto a experiência humana quanto a sublimidade divina. Ela é uma solução para a alienação humana, uma postura existencial que requer não apenas a adoração do Criador, mas consideração por toda criatura como rastro do Criador.[11] A unidade da humanidade e a igualdade de cada ser humano com todos os outros seres são corolários da Unicidade de Deus, e é por isso que o extenso legado do monoteísmo é positivo, apesar de realizado de modo imperfeito. Qualquer que tenha sido a revelação de Maomé – e veremos como ela acabou se consubstanciando no Alcorão – ele a entendeu como procedente do Deus a quem os judeus e os cristãos adoravam, mesmo que o fizessem de modo inadequado. Pode bem ser que inicialmente Maomé esperasse que os judeus e os cristãos da Arábia aceitassem o seu programa religioso como uma purificação do programa deles, e com toda probabilidade alguns o aceitaram.

Enquanto isso, as antigas religiões da Arábia caracterizavam-se por uma multiplicidade de divindades, cada tribo ou clã tendo o seu deus, representado por figuras – ídolos – que eram mantidas num santuário sagrado em Meca, o principal aglomerado populacional árabe. O santuário era uma estrutura em forma de cubo feito de madeira e pedra, do tamanho de uma casa. A palavra árabe para cubo é *ka'ba*, que dá nome à estrutura. O principal ritual religioso consistia em dar sete voltas em torno da estrutura, uma reprodução do curso do Sol ao redor da Terra. Nada simbolizou melhor a inovação de Maomé do que a decisão por ele tomada, ao assumir o controle de Meca no final da vida, em 630, de eliminar os ídolos da

Caaba, deixando apenas a pedra negra sagrada. Esta pode ter aparecido como algum tipo de meteorito, mas, segundo a revelação de Maomé, ela fora escolhida pelo criador da Caaba, Abraão, como pedra angular da estrutura.[12] A partir dessa limpeza, o próprio vazio da Caaba, eliminados todos os ídolos, representava a inefabilidade do Deus Uno, do mesmo modo que o vazio do Santo dos Santos no Templo de Jerusalém pós-exílio fora um sinal da ausência que por si só define a presença de Deus. Esse monoteísmo é apofático: um saber que conhece por meio daquilo que não pode conhecer.

No século XXI, o lugar-comum com relação aos terroristas islâmicos põe em sua boca o grito "Deus é grande!" antes de detonarem seus coletes explosivos em mercados aglomerados ou em ônibus lotados. Mas essa expressão em português é uma tradução errônea da afirmação de fé árabe, *Allahu akbar*. Cada uma das cinco chamadas diárias para rezar começa e termina com essa frase, que se traduz de forma mais apropriada como "Deus é maior" – maior do que qualquer concepção de Deus ou de qualquer modo de conhecer a Deus.[13] O ato do terrorista, realizado com uma auto-obsessão exacerbada que por si só trai a exigida humildade, é uma deturpação do verdadeiro sentido da expressão e do que ela requer. "Deus não se parece a nada", escreve Reza Aslan, "nem em essência nem em atributos."[14] Deus é maior do que a grandeza. Foi o gênio de Maomé que apreendeu essa ideia que está além de todas as ideias e a transmitiu de tal modo que mesmo a pessoa mais simples poderia moldar sua vida em torno dela. Por isso, a imaterialidade de Deus foi a revelação mais importante da Unicidade de Deus e, diante dela, tudo que um crente podia esperar era submeter-se.

Invocar um vínculo com Abraão era essencial. Para o Gênesis, ele é o ancestral dos hebreus e dos árabes, sendo o seu filho Isaac, mais conhecido, progenitor de Israel – mas Isaac era o segundo filho. O primeiro filho de Abraão, concebido com a serva egípcia de sua mulher, Agar, é Ismael, que se tornou chefe de tribos que viviam "a leste do Egito".[15] Ou seja, na Arábia. Assim, não só Ismael é pai dos árabes, mas o próprio Abraão, por ter sido o primeiro a se submeter ao Deus Uno, é considerado o primeiro muçulmano. Essa linhagem era fundamental para o tipo de religião que seria o islamismo. Abraão esteve diante de Deus, encontrou Deus, compreendeu Deus como o "outro", e é essa realidade que definiu o islamismo como uma religião de relação *a* Deus, mais do que de união impessoal *com* Deus. O islamismo, semelhante ao judaísmo e ao cristianismo, e diferente das religiões da Índia e da China, não seria uma religião de união mística com o divino, uma união em que o eu faz parte do todo. Antes, como o judaísmo e o cristianismo, o islamismo seria uma religião de amizade amorosa com o divino, em que o eu se realiza no relacionamento. Um corolário desse relacionamento é que essa religião também pressupõe ações de Deus na história, não em algum reino mítico – e místico. Essa religião espera um fim da história, não um eterno retorno. É provável que, em vez de imaginar-se fundador de uma nova religião, Maomé pensasse estar liderando um despertar árabe para o impulso religioso mais antigo da humanidade, sentido que a relação com Abraão teria assumido.

Mas ao invocar uma ligação com Abraão, que conhecia Deus antes que tanto a Torá como o Evangelho existissem, o islamismo arrogava-se também a precedência legitimadora implicada na ordem de nascimento dada no Gênesis. Essa primazia qualificaria o islamismo como concorrente das outras religiões monoteístas. Afinal, Abraão foi escolhido por Deus muito antes que Israel começasse a existir, quanto mais a Igreja. A distinção entre Ismael e Isaac assumiu uma importância crucial – e o antigo tema da rivalidade entre irmãos se reafirmou – quando as principais tribos judaicas na região aliaram-se com adversários de Maomé no primeiro confronto pelo controle de Meca.

Os judeus da Arábia rejeitaram a revelação a Maomé, sustentando que ela não procedia do Deus deles, o que demonstrava – assim concluíram os muçulmanos – que Israel havia traído sua própria revelação. Depois dessa rejeição Maomé mudou a direção a ser adotada para rezar, que passou a ser para a *Caaba* de Abraão em Meca, e não mais para Jerusalém. Até hoje, o nicho de oração [Mihrab] de toda mesquita no mundo está posicionada junto à parede mais próxima de Meca. Mas nesse impulso mais básico, o Islã define sua orientação tanto com relação àquilo de que se afasta quanto com relação àquilo a que se volta. Jerusalém era a primeira cidade de Deus. O desejo mimético de Girard tornou-se absoluto neste ponto: como Deus suspirava por Jerusalém, cada povo que cultuava a Deus também suspirava. Assim, era inevitável que, quando os que haviam se submetido a Deus começassem a cruzar as fronteiras do seu próprio mundo, se dirigissem direta e imediatamente a Jerusalém. E assim o fizeram.

2. Al Quds

O sucessor de Maomé na liderança do movimento muçulmano foi Abu Bakr, seu companheiro mais próximo, que teve um reinado breve.[16] Depois da morte de Abu Bakr, em 634, Umar ibn al-Khattab, também íntimo de Maomé e pai de uma de suas esposas, tornou-se sucessor, ou califa.[17] O primeiro a intitular-se "Comandante dos Fiéis", Umar liderou bandos tribais beduínos como um exército unificado, assumindo rapidamente o controle de terras do Iraque até o Egito. Já em 637, apenas cinco anos após a morte de Maomé, as forças muçulmanas sitiaram Jerusalém, que era governada pelo patriarca ortodoxo Sofrônio; apesar de teólogo influente nos debates bizantinos/helenísticos sobre o significado de Jesus, Sofrônio era árabe. Para ele, como para Umar, Jerusalém era Al Quds, "a santa" ou "o santuário". Ali erguiam-se aproximadamente setenta mosteiros e igrejas. Depois de um cerco prolongado, o patriarca concordou em entregar Jerusalém com a condição de que Umar se apresentasse pessoalmente para negociar os termos. Num gesto de humildade, Umar entrou na cidade a pé, não a cavalo, como era costume dos vencedores. Com exceção de um período relativamente curto no século XII, esse domínio muçulmano sobre Jerusalém duraria 1.300 anos, até 1917, quando o general britânico Sir Edmund Allenby, imitando Umar, desmontou ao entrar na cidade como seu conquistador.

Consta que Umar encontrou-se com Sofrônio na igreja do Santo Sepulcro,[18] e quando o patriarca convidou o califa para rezar no lugar onde Jesus era cultuado, Umar declinou do convite, explicando que se ele fizesse isso, seus seguidores transformariam a igreja em mesquita. Umar pediu que lhe fosse mostrado o local do Templo judaico, que os cristãos (cultuando a Jesus como o Novo Templo e tomando o Templo judaico visivelmente menosprezado como prova da legitimidade de suas prerrogativas cristãs) haviam transformado num depósito de lixo. Essa realidade simbolizava o modo como o cristianismo havia se definido em termos positivos em contraste com os termos negativos do judaísmo – uma bipolaridade que Israel desconhecia totalmente, concebido como um povo *entre* nações, não contra elas. Nesse ponto, também o islamismo acolhia melhor a multiplicidade abraâmica do que a negação maniqueísta. Por isso, sentindo-se ofendido com o que os cristãos haviam feito, Umar mandou limpar o local.[19]

Contra os cristãos, que consideravam o exílio judaico outra prova, Umar convidou os judeus a retornarem ao Monte do Templo. Quando lhe mostraram um afloramento rochoso e lhe disseram que fora um antigo lugar de sacrifício judaico, Umar, em mais uma demonstração de sensibilidade ecumênica, determinou que os muçulmanos construíssem seu lugar de oração a uma distância respeitosa.[20] Essa foi a origem da Mesquita Al Aqsa, no extremo do que para todos os envolvidos ainda era o Monte do Templo. E assim a chegada islâmica a Jerusalém caracterizou-se por uma recusa a ceder ao impulso supersessionista, tanto em relação a judeus quanto a cristãos. Pode ser que Umar estivesse dando expressão simples ao conhecimento de que o culto a Jerusalém, que vinha desde os Salmos, insistia na justiça como precondição da santidade. De fato, Umar talvez soubesse que na primeira menção da Bíblia a Jerusalém, os seguidores de Davi viviam em harmonia com os jebuseus derrotados que os haviam precedido no local.[21] A própria cidade abrandou a impetuosidade de um conquistador normalmente impiedoso.

Lembre que nesses tempos remotos não havia Alcorão escrito. Considera-se que a revelação de Maomé lhe tenha sido ditada (*Qur'an* significa "recitar") pelo anjo Gabriel ao longo de vários anos. Maomé, em sua instrução – seja como for que lhe tenha chegado – estava respondendo aos muitos desafios que se apresentavam aos seus seguidores quando se confrontavam com o sistema social e administrativo de Meca e se debatiam com as implicações das inovações dele. Quando ele relatava essa revelação, seus companheiros letrados registravam suas palavras em pedaços de couro, em ossos, em folhas de palmeira ou em outras superfícies ásperas. As palavras do Profeta, que adquiriram a qualidade de poesia sublime, foram transmitidas entre os muçulmanos da primeira e da segunda gerações como tradição oral, criando uma classe de propagadores do Alcorão, que o recitavam de memória. Pode ser que Umar, na Jerusalém cristã, tivesse tomado consciência da força do venerado texto escrito como fundamento organizacional. Novamente a rivalidade mimética, dessa vez com relação ao Livro. Assim, por volta da época em que conquistou Jerusalém, parece que Umar teria determinado a compilação das palavras do Profeta. Nas décadas seguintes, um conjunto *ad hoc* de auxiliares da memória primitivos foi transformado em um texto sagrado formal. O texto foi organizado em *suratas*, ou capítulos, distribuídas conforme a extensão e não de acordo com a cronologia ou com o tema.

Essa era uma versão islâmica do cotejo e edição que produzira, entre os judeus, a Torá, os profetas e os "escritos" (Salmos, Jó, Cântico dos Cânticos etc.) do século V ao III AEC; e entre os cristãos, os Evangelhos, Atos e as Epístolas, no final do século I EC. As primeiras edições do Alcorão apareceram na segunda metade do século VII, uma geração após a morte de Maomé. "Com seu conteúdo e a beleza de sua linguagem, esse é um milagre sem igual, *o* sinal da revelação de Deus e da credibilidade do Profeta."[22] O centro encarnacional da religião islâmica não é Maomé, mas o texto – a presença mística de Deus. Isto é, o que Jesus representa para os cristãos, o Alcorão representa para os muçulmanos.

No mesmo período, evoluiu também a compreensão da relação dos muçulmanos com Jerusalém, extraída especialmente de uma referência alcorânica enigmática à misteriosa "viagem noturna" de Maomé, uma experiência mística de iniciação tradicionalmente datada do início da revelação do Profeta em 610. Uma breve surata diz que ele foi conduzido em espírito a um lugar identificado apenas como "a mesquita mais distante".[23] No reinado do califa Abd al-Malik nos anos 680, firmava-se a crença de que aquela viagem levara Maomé, na companhia de Gabriel, a Jerusalém, e a mesquita que Umar construíra no Monte do Templo começou a ser identificada com a mítica "mesquita mais distante" – Al Aqsa, como é conhecida até hoje.[24] Enquanto Umar havia reverenciado o lugar por sua associação com o Templo judaico, e por meio da mitologia judaica com Abraão, agora os muçulmanos o reverenciavam por sua associação com Maomé.

Foi o Califa al-Malik que ordenou a construção de um santuário sobre a rocha do sacrifício, aquele afloramento rochoso que Umar reverenciara mantendo-se distante. Logo a rocha seria reverenciada pelos muçulmanos como o ponto de onde Gabriel, ao término da "viagem noturna", elevou Maomé às alturas celestiais. Essa é a origem do magnífico Domo da Rocha, concluído em 691, um símbolo perene da exigência supersessionista imposta pelo islamismo, embora apenas com o passar do tempo, ao lugar santo judaico naquela que se tornara a Terra Santa cristã. A própria rocha foi sonoramente mitologizada: "A Rocha da Fundação: Pedra Preciosa. Rocha de Expiação. Sepulcro de Adão. Umbigo do Universo. Pedra de Tropeço. Rocha do Sacrifício. Rocha de Davi. Rocha Santa. Rocha do Santo dos Santos. Rocha de Sião. Rocha do Calvário. Rocha dos Séculos. Rocha de Jacó. Rocha de Pedro. Rocha da Igreja. Rocha da Salvação. Rocha de Consolo. Rocha do Temor e Tremor. Rocha do Juízo. A Rocha tem muitos nomes."[25] E seu santuário seria merecedor deles. Azulejos esmaltados com tons azuis, ocres e malvas infinitamente sutis foram revestidos com versões caligráficas intrincadas de versículos do Alcorão. O interior era tão perfeitamente proporcional a ponto de elevar o projeto arquitetônico a uma expressão da harmonia divina. Amos Elon observa que "Desde os templos gregos, ninguém infundira tão primorosamente o espaço com espírito".[26] Quanto ao Monte do Templo, onde ele se situava, seu nome seria, para os muçulmanos, Haram al-Sharif, o Nobre Santuário.

Ao patrocinar essa transição do antigo local sagrado judaico para o islâmico, pode ser que o motivo de Al-Malik tivesse menos a ver com a rivalidade com as religiões monoteístas do que com seus confrades muçulmanos. Al-Malik introduziu uma moeda corrente, arte, arquitetura e idioma peculiarmente muçulmanos e, crucialmente, uma ética marcial que transformou facções invasoras *ad hoc* e bandos nômades errantes numa força militar bem organizada. As operações dessa força militar caracterizavam-se pela mobilidade de unidades pequenas e ágeis em suas incursões e pela liderança firme de táticos peritos em improvisar. Ninguém era obrigado a lutar nos exércitos muçulmanos, e os povos conquistados eram convidados a se assimilar aos conquistadores, o que em pouco tempo levou ao desaparecimento das distinções entre manifestações de islamismo árabe e não árabe.

Ou seja, o califa al-Malik estava à frente da mudança de um movimento carismático para uma instituição, do patriarcado do deserto para uma potência imperial. Em 684, ele havia transferido o centro do seu califado da remota e desolada Meca para Damasco, capital digna de um império. Como a cultura tribal cedia rapidamente espaço a uma elite pan-arábica, os limites tradicionais da geografia – e da imaginação – precisavam ser ultrapassados. Enaltecendo o significado religioso de Jerusalém para os muçulmanos, ele podia reduzir o significado religioso do centro sagrado que ele ousara abandonar na Arábia. Especialmente notável é o projeto do interior do Domo de Jerusalém, que comporta o movimento em círculo – Sol ao redor da Terra – que por tanto tempo caracterizara o ritual devocional da Caaba em Meca.

Mesmo quando o Domo da Rocha surgiu como símbolo da divergência religiosa baseada em Jerusalém, a cidade manteve-se fundamentalmente cristã, fato que constitui a prova mais sólida do grande espírito de tolerância com que os conquistadores muçulmanos chegaram. Eles rejeitaram a crença cristã na Trindade – "Não diga 'Três'!" está escrito nos azulejos do Domo[27] – e em Jesus como Filho de Deus, mas também protegeram o espaço onde os cristãos professavam essas crenças. O Alcorão, que então tomava forma, contém um versículo dirigido a judeus e cristãos: "Cheguemos a um acordo sobre as coisas que temos em comum: que não adoramos senão a Deus; que não há outro igual a Ele e que não temos outro Senhor senão Deus."[28] Conquanto os comandantes muçulmanos, a começar com o próprio Maomé nos anos 630, não hesitassem em impor a sujeição cristã e judaica (e beduína) ao domínio militar e político do Islã, uma sujeição que com o tempo se transformou em tributação, eles não deram maior importância à submissão religiosa.[29] Os cristãos, e principalmente os judeus, normalmente não eram forçados a se converter ao islamismo.

Com efeito, pela primeira vez em sua história, Jerusalém começou um período em que adeptos das duas religiões, agora distintas, judaísmo e cristianismo, viviam em paz, enquanto os muçulmanos desenvolviam tradições sobre Jerusalém como centro da crença islâmica. Por exemplo, como a Síria substituiu a Arábia como *locus* do império islâmico, a importância religiosa de Jerusalém ficou ainda mais reforçada por declarações (Hadith) atribuídas ao Profeta. Ele era lembrado dizendo que no Último Dia a Caaba seria levada de Meca para Jerusalém: Jerusalém seria o paraíso. Essa também era uma visão ecumênica, uma colheita do Fim dos Tempos não apenas dos muçulmanos, ou do Povo do Livro, mas de todos os seres humanos.[30]

3. A Relíquia Suprema

Nascia um império mundial. Ocorreu uma grande migração de Damasco para Bagdá, que rapidamente se tornou a maior cidade do mundo, com uma população entre 300 mil e 500 mil habitantes.[31] Até 712, a dominação muçulmana se espalhara a leste até Punjab, atual Paquistão, e a oeste até a Península Ibérica. Um só califa era normalmente acatado como chefe simbólico da *ummah*, a Casa do Islã, embora diferentes regiões fossem administradas por diferentes governantes: Bagdá governava a Pérsia e a Ásia central; o Cairo supervisionava a Arábia, o norte da África e a Síria; Córdoba centralizava a Ibéria Islâmica. Os idiomas locais subsistiram, mas o árabe se tornou língua franca. A propagação do islamismo envolveu uma miscigenação cultural sem precedentes, com elementos clássicos, árabes, persas, helenísticos, bizantinos, latinos e zoroastristas agregando-se para formar uma rica efervescência da qual reverberariam inovações nos campos da ciência, da matemática, da arte, da filosofia e da teologia durante os três séculos seguintes. Onde os cristãos sentiam intimidade com o seu Deus crucificado na experiência do sofrimento e da derrota, os muçulmanos sentiam a proximidade aprovadora de Deus no triunfo – e o triunfo sobejava.

O sucesso entusiasmou o espírito islâmico, no entanto os motivos das forças muçulmanas continuaram sendo definidos pela busca costumeira – e, entre impérios, universal – de despojos e de populações subjugadas a quem impor o pagamento de impostos. Nunca se enfatizará o suficiente que, por mais sustentada que fosse por um senso do favor de Deus, a expansão islâmica não era motivada por uma ambição especialmente religiosa. Entretanto, quando uma força supostamente cristã, liderada por um desconhecido guerreiro franco em 732, repeliu grupos de ataque muçulmanos perto de Poitiers,[32] uma linha decisiva foi traçada – talvez na história real do domínio muçulmano, mas sem dúvida nenhuma na imaginação da Europa. O nome do guerreiro era Charles, e depois dessa batalha, ele ficaria conhecido como Charles, "martel", ou Carlos Martel. Sua vitória foi absolutamente reconhecida como vitória religiosa – do mesmo modo que também o inimigo era considerado em termos exclusivamente religiosos.

Edward Gibbon ofereceu uma interpretação típica da vitória de Martel dizendo que, se ela não tivesse acontecido, o Alcorão, e não o Novo Testamento, seria ensinado aos "circuncidados" em Oxford. Gibbon não imagina que, se a batalha tivesse tomado outro rumo, a própria Oxford, ou uma equivalente, poderia ter sido criada muito antes do que de fato foi.[33] A preeminente universidade britânica remonta suas origens a 1167, mais de um século depois da morte, para citar apenas um gênio muçulmano, de Ibn Sina (Avicena, morto em 1037), cujo *Al-Qanun Fil-Tibb* ou

Cânon de Medicina surgiu como texto médico básico para a Europa medieval. Enquanto Oxford começava a dar os primeiros passos, outro muçulmano, Ibn Rushd (Averróis, morto em 1198), já estava compondo sua maior obra de síntese da metafísica aristotélica e neoplatônica. Uma universidade nascente tomava forma no Cairo já no século XI.[34]

O que quer que tenha sido feito na época, numa região rústica do reino franco, de uma batalha que pode ter sido pouco mais do que uma escaramuça, ela foi logo mitologizada, pelo menos por um dos lados. Carlos Martel, em *chansons de geste,* era visto como o paladino do cristianismo, o herói que derrotou um inimigo infiel firmemente decidido a substituir a fé em Jesus Cristo pela fé "maometana". E quem era Maomé? Uma fonte cristã do século VIII, explicando a importância de Poitiers, retratou o Profeta como ninguém menos do que o Anticristo e discípulo do demônio.[35] O Islã, desrespeitando as fronteiras naturais dos Pirineus, estava com os olhos postos na Europa cristã inteira. É irrelevante que a Europa, qualquer que seja o sentido hoje atribuído a essa palavra, não existisse; nem que, quanto à religião, os francos, visigodos, normandos, celtas e outros povos tribais naquele período anterior a Carlos Magno (neto de Martel, que voltaremos a encontrar mais adiante) dificilmente fossem o que se poderia chamar de cristãos.[36] E é irrelevante que o Islã, estendendo-se dos Pirineus ao Himalaia, provavelmente tivesse chegado, como todo império, aos limites máximos do que suas fontes de suprimento, comunicação e coesão cultural pudessem suportar. Na historiografia islâmica, Carlos Martel mal aparece. Na Europa, ele não é ninguém menos do que o fundador da civilização, o progenitor de uma árvore dinástica de dimensões continentais que ainda honra seus descendentes como realeza. A questão é que a imaginação europeia cristã – enquanto cristã, enquanto europeia e enquanto imaginação – cristalizou-se em torno da ideia, a despeito dos fatos, da quase derrota imposta pelo Islã em Poitiers.

De qualquer modo, a Europa se tornou "Europa" em reação à ameaça sentida de um inimigo externo que, conforme se entendia, negava tudo – não que a Europa já existisse, mas que em breve existiria. E ela moldou a percepção dos 1.300 anos seguintes de que a ameaça era entendida, novamente a despeito dos fatos, como expressamente religiosa. O sucesso militar espantoso do Islã foi grosseiramente mal interpretado como sendo consequência do espírito da guerra santa, da jihad, quando para os muçulmanos, como vimos, o conceito incluía *limites* éticos à prática da guerra. Na mente europeia, porém, a violência sagrada encontrou aqui seu ponto de referência mais básico e permanente.

Impelidos por essa mitologia, os francos, sob a dinastia dos carolíngios, passaram a dominar o centro e o norte da Europa. De fato, não é exagerado dizer, com Hans Küng, em referência ao neto de Carlos Martel, que "Maomé tornou Carlos Magno possível".[37] E o que quer que "guerra santa" significasse para os muçulmanos, ela se tornou um fato determinante da vida entre os francos e os latinos em luta. No Ocidente, a violência em nome de Deus foi levada a um nível febril no final do século VIII pelas guerras de conversão de Carlos Magno contra os saxões pagãos. Sacerdotes acompanhavam seus exércitos para realizar batismos em massa das tribos germânicas conquistadas. Essa foi a evangelização-do-alto de Constantino por excelência (e esse proselitismo pela espada sugere o motivo por que o cristianismo continental nunca se livrou de um substrato de superstição pagã[38]). Contudo, os bispos também protestavam contra as táticas de conversões forçadas de Carlos Magno, e os soldados ainda entendiam o ato de matar nessas batalhas como pecado mortal. Os sacerdotes que acompanhavam os exércitos estavam lá não apenas para batizar os que eram obrigados a se converter, mas também para ouvir as confissões dos soldados cujas mãos sujavam-se de sangue nos próprios atos de conversão imposta.

Mas os papas, competindo com os reis francos e outros, acharam útil enfatizar a natureza religiosa da ameaça "infiel", como se ela exigisse uma resposta religiosa unificada, mantendo Roma em sua posição de liderança. Contra os muçulmanos, os próprios papas se tornaram guerreiros. E por que não? Os muçulmanos, dizia-se, estavam à procura de nada menos do que das almas dos crentes. O poder deslocou-se do Oriente, onde as fronteiras com os reinos muçulmanos traziam insegurança, especialmente depois que os turcos seljúcidas tomaram Bagdá em 1055 e começaram a avançar para o oeste através da Anatólia e dos Bálcãs. Mas como a ameaça islâmica se tornaria palpável à massa de analfabetos e aos aldeões das terras sombrias, empobrecidas, cobertas de florestas e isoladas além dos Alpes, Ródano acima, até o Reno – uma população com pouca ou nenhuma ideia da escala geográfica envolvida na conquista muçulmana e para quem a ameaça onipresente do violento banditismo local fazia parecerem remotos os horrores dos exércitos cobertos de turbantes dos amorenados empunhadores de cimitarras?

A resposta era o território natal profanado de Jesus Cristo. Um intruso blasfemo se apossara ilicitamente da Terra Santa cristã, um legado sagrado que fora deixado por Deus aos seguidores de Jesus, o mesmo Deus que havia banido dos seus limites os judeus que haviam rejeitado Jesus *porque* haviam rejeitado a ele, Deus. O velho inimigo de Deus, os "pérfidos" judeus, tinha um novo aliado, os "infiéis". A relação entre os dois é crucial.

Por centenas de anos, o antijudaísmo religioso insistira no fato de que, por terem matado Cristo, e ao matar Cristo haviam matado o próprio Deus, os judeus foram devidamente punidos com a degradação, o empobrecimento e a prostração. De fato, seu estado lastimável era testemunho da verdade das alegações cristãs, e cada serviçal batizado, por inferior que fosse, podia se sentir superior aos judeus, quer soubesse disso ou não. Mas agora chegavam notícias de infiéis – não judeus exatamente, mas parecidos com eles em sua rejeição de Jesus – que estavam longe de ser fracos e desanimados. A antijudeidade autorizada pelas escrituras e revigorada por Constantino já havia preparado o caminho para a bifurcação da imaginação cristã, mas quando o "outro" foi inesperadamente percebido como poderoso em vez de fraco, a bifurcação, por assim dizer, ficou blindada. Na mente cristã, os judeus eram meras vítimas, mas os sarracenos (do árabe, significando "oriental") eram uma ameaça mortal.

Os muçulmanos eram tão poderosos, de fato, que haviam conseguido arrebatar o controle da área mais sagrada de Deus – não da Igreja de Deus, mas do próprio Deus. Jerusalém pertencia propriamente aos cristãos, como comprovava o exílio dos judeus de Jerusalém imposto por Roma, mas ordenado por Deus, um exílio com peso teológico desde o tempo de Santo Agostinho. À medida que as forças muçulmanas se movimentavam para o oeste e para o norte, a preocupação religiosa com a cidade santa começou a se intensificar. Isto é, somente nos séculos IX e X, a imaginação europeia começou a pensar seriamente na ocupação de Jerusalém por Umar no século VII. O caráter relativamente benigno dessa ocupação e o fato de que, sob um Islã tolerante, Jerusalém continuara sendo uma cidade predominantemente cristã, com seus santuários respeitados, fizeram com que a ocupação fosse esquecida.

Vimos como, a partir dos mitos do século IV associados a Helena, mãe de Constantino e primeira promotora do vínculo cristão com Jerusalém, a piedade cristã se caracterizou por um apego a relíquias, especialmente aquelas relacionadas aos acontecimentos da paixão e morte de Jesus em Jerusalém. Esse apego se transformou em fetichismo no Ocidente latino, quando súditos bárbaros foram forçados a aderir à Igreja depois da conversão dos seus senhores, e isso com pouca ou nenhuma preocupação em substituir superstições pagãs por instruções religiosas autênticas. Entre os francos, visigodos, normandos, germanos e lombardos, antigos cultos de morte misturavam-se com a morbidez que enfatizava os estertores da agonia de Jesus e os tormentos dos "mártires" que o seguiam.[39] A morbidez era a regra; para a massa de fiéis, a racionalidade era irrelevante. Quando duas igrejas francas concorrentes afirmavam ambas possuir a cabeça decapitada de João Batista, por exemplo, os peregrinos podiam visitar felizes os dois santuários, acreditando, como lhes informava um monge, que uma igreja mantinha a custódia da cabeça do santo quando ele era jovem e que a outra a preservava como ela era quando ele envelhecera.[40]

Até que os persas que saquearam Jerusalém a "roubassem" em 614, uma geração inteira antes de Maomé, a relíquia suprema – a maior descoberta de Helena – como vimos, fora a Cruz Verdadeira, esplendorosamente exposta na Igreja do Santo Sepulcro. Depois de sua recuperação por forças bizantinas alguns anos mais tarde, muito alardeada, mas historicamente dúbia, pedaços da Cruz Verdadeira haviam começado a aparecer em igrejas de toda a Europa. Assim ela se tornara efêmera – muito falada e universalmente venerada, ainda que em lascas e cavacos guardados em relicários dourados em igrejas pequenas e grandes.[41] O catolicismo é uma religião sacramental, fundamentada na matéria e na sensação, mas algo perverso ocorreu quando os crentes primitivos voltaram-se para os emblemas da mortalidade de *Deus*. Era impossível saciar sua ânsia por relíquias. Foi então que símbolos da Paixão de todos os tipos se tornaram disponíveis para os fiéis crédulos – aquelas escadas ensanguentadas, vestes, mantos, espinhos, pregos, lanças, qualquer objeto com sangue.

Mas depois que os cristãos se viram diante de uma ameaça infiel iminente, à medida que trovadores e criadores de mitos difundiam lendas ligadas a Carlos Martel em Poitiers, o insulto infiel distante atingiu a consciência nascente da Europa. O símbolo mais sagrado de todos era o próprio lugar onde Jesus havia morrido. E esse lugar estava em poder dos muçulmanos, mesmo que esses cristãos distantes quase não fizessem ideia do que, exatamente, a cidade dominada pelos infiéis significava. Desde a conquista no século VII, califas de várias dinastias, governando do Cairo ou de Damasco, preservaram a santidade de Jerusalém e sua aura sempre fortalecedora.

O destino da cidade real nesse período teve seus altos e baixos, com a população flutuando em torno de 100 mil habitantes. Combinações de fatores, de terremotos a lutas pelo poder, e mesmo loucura, dos califas, criavam distúrbios ocasionais e conflitos. Mas essas pressões negativas eram equilibradas pela afluência constante de peregrinos dos três credos, um fluxo contínuo de renovação – e de receitas financeiras. Entre os cristãos de Jerusalém corria voz que o próprio imperador bizantino fazia visitas secretas ao Santo Sepulcro. Não era preciso idealizar Jerusalém para perceber que, sob os muçulmanos, os judeus e principalmente os cristãos prosperavam, os primeiros tendo mais instrução e os últimos sendo mais ricos.

Mas para a Europa franca e latina, Jerusalém podia muito bem parecer fundida em âmbar, uma cidade onde nada de importante havia acontecido desde a morte de Jesus, redentora do cosmos. Jerusalém se tornara uma relíquia suprema. Em torno de uma cidade imaginada, controlada por um inimigo imaginado, a imaginação do cristianismo tornou-se real. Jerusalém ocupou o centro geográfico e também teológico do mundo.

Tudo isso intensificou-se no milênio, com uma histeria multissintomática que chegou ao auge numa dinâmica "desejo mimético/rivalidade/violência/bode expiatório" definida por René Girard, que forneceu nosso ponto de partida. Aqui vemos como, ao reunir-se no sonho fundador da cultura europeia, uma ansiedade espiritual e material liberada encontrou sua âncora em um lugar. Jerusalém seria o palco onde se reencenaria o drama mais primitivo de todos. Ironicamente, esse drama reverteria a grande intuição espiritual que tocara os humanos naquela mesma Jerusalém um milênio e meio antes – que bodes expiatórios considerados culpados pela violência humana são na verdade suas vítimas. É por essa razão que a narrativa nascida em Jerusalém, a Bíblia, insiste em ver a história a partir do ponto de vista da vítima.[42]

Mas não aqui, não agora. Há pouco consciente de que um "outro" estava de posse exclusiva da cidade, o cristianismo que acabara de se unir queria Jerusalém mais do que nunca, e a violência necessária para obtê-la seria culpa de um terceiro. E assim Jerusalém foi a solução do terrível problema da Europa – um problema de identidade, de caos destrutivo para todos, de descrença, de um centro que não estava se mantendo. O problema seria solucionado quando essas ameaças de colapso social fossem afastadas, visto que um bando primitivo de caçadores havia escolhido uma figura marginal de dentro, ou um inimigo de fora, como origem e, portanto, alvo de toda desordem.

E não chegara a plenitude dos tempos quando esse anseio e fúria podiam ser expressos abertamente? Pessoas comuns quase não faziam ideia do calendário, mas os pregadores, especialmente quando se deparavam com epidemias e outras calamidades, enfatizavam o sentido oculto do ano 1000, como se ele marcasse o alvorecer do Fim dos Tempos. Como já se observou, o Livro do Apocalipse oferecia uma explicação para a peste, a guerra, a fome e a morte, e a sua tabela do horário parecia sugerir que o fim estava próximo.[43] De fato, o Apocalipse agora materializava-se.

Uma espécie de febre milenarista varreu a Europa em ondas durante os séculos X e XI, e como postula a teoria de Girard, a febre se transformou em violência. Cultos penitenciais, na tentativa de evitar a sentença do julgamento implacável de Deus, tomaram a forma de flagelação sadomasoquista, de danças da morte e de outras modalidades de autopunição. A violência foi levada ao altar, onde cavaleiros eram armados e onde uma ética marcial recebia significado litúrgico. O juramento que esses guerreiros faziam era o meio pelo qual o sangue que derramassem – o sangue do próprio corpo ou do corpo do inimigo – unia-se ao sangue derramado do Senhor. A consagração sagrada "Este é o meu sangue" assumia um significado todo novo. Essa histeria santa, por sua vez, favoreceu uma ênfase aos aspectos grotescos do sofrimento de Jesus, a vítima divina como bode expiatório.

Combinações supersticiosas de tempo e espaço criaram uma sensação vívida da brutalidade infligida pelos romanos como se ela estivesse acontecendo naquele momento, o que só reforçou a fixação no local desse sofrimento, Jerusalém. Ela era a cidade do destino do Salvador e da salvação conquistada com o seu sofrimento – a cidade do julgamento de Deus e a cidade celeste. Pelo fim do século XI, sobrepondo-se tanto ao misticismo beatífico quanto ao apocalíptico, Jerusalém se tornara a nova encarnação do Senhor por ser o local de seu cativeiro. Todos os que amavam a

Jesus foram convocados a acorrer em seu resgate, o qual se realizaria pela libertação da sua cidade.

4. Jerusalém Combativa

De fato, Jerusalém estava longe dos reinos da cristandade latina que ficou obcecada por ela. Bem mais próximas estavam as terras abaixo dos Pirineus, também sob controle infiel. No período de duas gerações após a morte de Maomé, árabes e berberes vindos da África haviam cruzado o Estreito de Gibraltar e estabelecido um grande califado em Córdoba, sul da Espanha, já em 756.[44] Córdoba logo se tornou uma cidade de esplendor inigualável, um florescimento impulsionado por seu dinâmico intercâmbio com a próspera capital islâmica de Bagdá, provavelmente a cidade mais desenvolvida do mundo. Nada na Europa se compararia a Córdoba por centenas de anos, e ela promoveria uma rara *convivencia* entre muçulmanos, judeus e cristãos. Estes eram convidados, por exemplo, a realizar suas cerimônias cultuais na Grande Mesquita, convite que aceitavam com frequência. Em Córdoba foi fundada no século X, quase na mesma época de Al Azhar no Cairo e bem antes de Oxford, o que para alguns é a primeira universidade da Europa.[45] Lá, luminares das três tradições estabeleceram colaborações que inflamariam a vida intelectual de todo o continente. Um desses sábios seria Moses ben Maimon, Moisés Maimônides. Este, o mais respeitado de todos os sábios judeus, escreveu principalmente em árabe, não em hebraico.[46]

No entanto, ao norte das montanhas, disseminou-se um desprezo intolerante pelos muçulmanos como o outro odiado. Esse desprezo era totalmente teológico. Contra o banditismo violento, traço da cultura europeia nascente, e também para refrear os conflitos sancionados entre proprietários de terras e senhores feudais, cada lado recebendo o beneplácito de abades e bispos regionais, os papas começaram inconscientemente a representar o drama primordial do bode expiatório, anunciando um ideal de batalha como forma de piedade, desde que conduzida contra o inimigo de Deus – externo. O objetivo era impedir que os príncipes cristãos guerreassem entre si. E exatamente quando os papas e outros governantes precisavam dele, o inimigo de Deus apareceu.

Pelos meados do século XI, quando a consciência europeia com relação ao infiel islâmico chegava ao auge, e quando a força coesiva do cristianismo latino sob um papado vigoroso se fortalecia, apresentou-se o momento de iniciar um movimento militar contra os muçulmanos. O lugar mais evidente por onde começar era a Ibéria próxima, onde os cristãos espanhóis se organizavam para lançar uma *reconquista*. Para sentir a força com que Jerusalém prendia a imaginação da cristandade europeia na era milenária, é interessante ver o que aconteceu em 1063, quando o Papa Alexandre II convocou uma grande Cruzada, com a promessa de recompensa pelas indulgências, contra o inimigo infiel estabelecido ao sul dos Pirineus: príncipes europeus, cavaleiros, pessoas comuns, ninguém prestou atenção. Nada aconteceu. Quando o Papa Gregório VII reiterou a convocação para uma Cruzada ainda na Ibéria em 1073, com o incentivo a mais da autorização papal para apropriar-se de todos os bens e despojos conquistados, também não houve resposta.[47] Essa indiferença europeia geral a uma luta contra o infiel evidencia-se ainda mais pelo fato de que, em 1091, o imperador bizantino, Aleixo Comneno I, pediu ajuda ao papa para defender Constantinopla – e não foi atendido.[48]

Mas apenas quatro anos depois, quando Urbano II anunciou a Cruzada por Jerusalém – "Os turcos degenerados... derramaram um rio de sangue que corre em torno de Jerusalém. A quem cabe a tarefa de vingar esse sangue, de resolver essa situação, senão a vós?"[49] – foi como se uma descarga elétrica percorresse a psique continental. Em números proporcionais à população mundial atual, mais de um milhão de pessoas de todas as classes e ocupações deixaram tudo para trás, tomaram a sua cruz e partiram. Um cronista judeu da época escreveu, "Eles se adornavam vistosamente com seus emblemas, desenhando um símbolo profano – uma linha horizontal sobre uma linha vertical – nas vestes de todo homem e mulher cujo coração desejasse ardentemente percorrer o caminho até o túmulo do seu Messias. Os motivados eram tantos que o número de homens, mulheres e crianças era maior do que uma nuvem de gafanhotos cobrindo a terra".[50]

Por que ninguém para a Ibéria ou Constantinopla, e uma multidão de todas as classes para a Terra Santa? No eterno presente do ciclo litúrgico, Jesus Cristo não estava sendo mantido prisioneiro em Córdoba, não estava morrendo em Toledo, não estava esperando que seus fiéis seguidores o resgatassem em Constantinopla. Ele estava em Jerusalém. E, de acordo com relatos quase contemporâneos, era o próprio Jesus que pedia para ser resgatado.

Alberto de Aachen, escrevendo até quatro décadas após o acontecimento, relata que o influente pregador das Cruzadas conhecido como Pedro, o Peregrino, havia adormecido na Igreja do Santo Sepulcro. Sonhando, ele teve uma visão em que Cristo lhe ordenava "despertar o coração dos fiéis para vir e resgatar os lugares santos de Jerusalém, e restabelecer os rituais sagrados. Por meio de perigos e muitas provações as portas do paraíso se abririam para os que fossem chamados e escolhidos".[51] Investido dessa autoridade, Pedro foi a Roma e, conforme conta Alberto de Aachen, conseguiu despertar o ardor marcial de Urbano II, que concordou em pregar a Cruzada de Pedro a favor do Senhor em Jerusalém. "Por isso", diz Alberto, "o papa atravessou os Alpes" até Clermont, onde "bispos de toda a França, duques, condes e príncipes de toda ordem e posição, depois de ouvir a ordem divina e a convocação papal, concordaram com o pedido de Deus para uma expedição até o sepulcro, às suas próprias custas."[52]

A convocação de Urbano, canalizando a violência universal para um objeto particular, equivale a um bode expiatório clássico. "Guerreiros cristãos", ele dizia, "que incessantemente procurais pretextos vãos para a guerra, alegrai-vos! Pois hoje encontrastes motivos verdadeiros. Vós que tantas vezes fostes o terror dos vossos concidadãos, ide e lutai contra os bárbaros!... Por isso, que o ódio se afaste do meio de vós. Que vossas rixas acabem, que as guerras cessem... Em vez disso, tomai a estrada do Santo Sepulcro; arrebatai aquela terra da raça perversa."[53] Não surpreende que o mecanismo do bode expiatório opere aqui, e de acordo com o padrão primordial. Na fantasia cristã milenária, os judeus estavam firmemente unidos aos muçulmanos como inimigo profanador. "Queremos combater os inimigos de Deus no Oriente", escreveu o cronista cristão Guibert de Nogent, "mas temos sob nossos olhos os judeus, uma raça mais inimiga de Deus do que todas as outras. Estamos fazendo tudo isso na ordem inversa."[54] Hoje vemos por que a primeira violência dos cruzados, mobilizados contra os sarracenos, foi contra os judeus – uma chacina selvagem na Renânia, na primavera de 1096, que resultou na morte de milhares de pessoas.[55] "A besta foi solta", comentou um teólogo sobre esse ataque aos judeus, "e nunca mais voltaria a ser presa totalmente."[56]

A fantasia cristã paranoica dava primazia aos judeus, especialmente quando se tratava do lugar santo, que a imaginação cristã ainda vinculava muito mais fortemente à perfídia judaica do que à muçulmana. Lembre que um princípio central da teologia do "testemunho" judaico de Agostinho, como normalmente se compreende, era a diáspora, a ideia de que os judeus nunca mais retornariam a Jerusalém. O fato de, sob o domínio muçulmano, terem sido autorizados a voltar era essencial para a profanação da Terra Santa pelos muçulmanos. A antijudeidade já estava instalada na imaginação cristã; agora a fiação foi aumentada para incluir os muçulmanos. E o nó que amarrava todos os fios, inflamando nada menos do que a civilização ocidental, era Jerusalém. E esse era apenas o começo.

A Jerusalém material e a Jerusalém espiritual se entrelaçaram confusamente, mas na mente rústica e supersticiosa dos europeus do norte, essa confusão produziu um anseio impetuoso. O fato de que um lugar específico chamado Jerusalém, o lugar mesmo onde Jesus caminhou, pudesse ser alcançado pelo simples ato de caminhar, pôs o objetivo da salvação até aqui inatingível ao alcance de qualquer camponês. As Cruzadas tiveram como base a já estabelecida, e agora irresistível, tradição da peregrinação. Esses viajantes portavam armas, mas antes de ser guerreiros, eram peregrinos. Na verdade, décadas antes de ser chamados *croiserie* ou *crucesignati*, os cruzados eram conhecidos como "peregrinos", peregrinos da cruz.[57]

Ir a Jerusalém na era milenária era uma experiência em nada inferior a ir ao céu, "um lugar de esplendor fulgurante e mágico".[58] Matar por essa Jerusalém não era apenas permitido; era um ato sagrado. Legiões de sacerdotes acompanhavam os cruzados, mas não, como na época de Carlos Magno, para ouvir confissões ou batizar os conquistados (uma vez que poucos infiéis seriam poupados). Não, os sacerdotes estavam lá para abençoar os guerreiros antes da batalha. Pela primeira vez na história cristã, o ato de violência era fonte da salvação. Matar em nome de Jerusalém era justo, como se, essencialmente, fosse Jerusalém que estava sendo morta. Pela primeira vez na história da salvação, Jerusalém, que tantas vezes fora atacada pelos inimigos de Deus, agora era atacada pelos amigos de Deus.

5. 1099

Os cruzados só chegaram a Jerusalém em 1099. Eis um relato de um deles sobre o ataque:

> No amanhecer de sexta-feira, atacamos a cidade por todos os lados, mas não conseguimos nada, por isso ficamos assustados e muito temerosos. No entanto, quando chegou a hora em que nosso Senhor Jesus Cristo se dignou sofrer por nós na cruz, nossos cavaleiros lutavam bravamente na torre sitiada... Naquele momento, um dos nossos cavaleiros, Lethold, conseguiu aproximar-se do muro. Assim que o alcançou, todos os que o defendiam fugiram e entraram na cidade, e nossos homens os perseguiram, matando-os e ferindo-os, até o Templo de Salomão, onde o massacre foi tão grande que os nossos homens andavam com sangue inimigo até o tornozelo... [Os cruzados] percorreram a cidade inteira, apoderando-se de ouro e prata, cavalos e mulas, e invadindo casas repletas de toda sorte de bens; depois, rejubilando-se e chorando pelo excesso de alegria, todos acorreram ao Sepulcro de nosso Salvador Jesus e lá cumpriram a promessa a ele feita.[59]

E este é o relato de um muçulmano sobre o mesmo cerco a Jerusalém em 1099:

> Os francos invadiram a cidade e se apossaram dela. Muitos moradores fugiram para o santuário e centenas foram mortos. Os judeus se reuniram na sinagoga e os francos, incompreensivelmente, atearam fogo. O santuário lhes foi entregue com a condição de que garantissem sua segurança... e eles destruíram os relicários e o túmulo de Abraão.[60]

Antes da chegada dos cruzados, os defensores muçulmanos haviam expulsado quase todos os cristãos da cidade com medo de que pudessem servir como uma terceira força de ataque interno. (Ironicamente, esses cristãos, principalmente gregos, procurando retornar mais tarde, também seriam considerados inimigos pelos latinos.) A população da cidade, contudo, estava inchada com refugiados que haviam se antecipado ao avanço do exército franco, totalizando algo como 60 a 70 mil pessoas, em sua maioria judeus e muçulmanos, dois grupos pelos quais os cruzados não tiveram nenhuma piedade. Dez mil muçulmanos refugiaram-se no Haram al-Sharif, o Nobre Santuário na área do Monte do Templo. Foram todos assassinados.[61] Como sugere a testemunha muçulmana, várias centenas de judeus apinharam-se na sinagoga principal, que foi incendiada. Todos morreram. Os cruzados mataram quase todos os que encontravam, estupraram mulheres e escravizaram os que sobreviveram.

Com essa atitude, os francos, ou "latinos", como também eram conhecidos, repetiram o padrão dos dois ataques anteriores a Jerusalém executados pelos romanos em 70 EC e 135 EC. Por sua vez, os romanos estavam repetindo o padrão estabelecido pelos babilônios em 587 AEC e pelos sírios em 100 AEC. Cada um desses cinco ataques apocalípticos à cidade acarretou enormes consequências para a política, a religião e a cultura. Isto é, os ataques a Jerusalém comprovaram-se repetidas vezes como atos capazes de moldar uma época. Já vimos como o ataque babilônio à cidade judaica e o subsequente sequestro dos seus residentes – o exílio na Babilônia – levou à aglutinação da fé bíblica, centrada numa Jerusalém lembrada e no firme reconhecimento da Unicidade de Deus, que por sua vez serviu como a revelação inovadora da vontade de Deus para a terra – paz e não violência. Depois do exílio, a imaginação religiosa dos hebreus ficou ligada em dois polos: Jerusalém, com o Templo (seu Santo dos Santos vazio) em seu centro, e o Livro, que era o registro vivo da sua luta com o problema da violência.

Mas os humanos têm uma incapacidade constitutiva de aderir à revelação da paz, preferindo a violência. Repetidamente, os humanos veem a origem e a justificativa para sua própria ambivalência com relação à violência – violência como solução para a violência – na ambivalência atribuída a Deus. Quando a *ideia* de Deus é considerada como *sendo* Deus, e ainda mais um Deus guerreiro, cuidado! Quer dizer, repetidamente os humanos se manifestam a respeito do morticínio e do caos como o papa Urbano, "Deus o quer". Ainda assim, algo novo estava acontecendo aqui.

No lado islâmico, apesar do sangue que correu na ocasião e também mais tarde, as Cruzadas equivaleriam a um episódio marginal na periferia menos importante de um vasto império. O controle islâmico de Jerusalém seria restabelecido em questão de décadas, para só ser novamente perdido no século XX. Mas a perda cristã seguinte de Jerusalém, em 1187, apenas redobraria seu significado para a Europa, com sua reconquista emergindo, como veremos, como um ideal fundador. Na verdade, as próprias Cruzadas foram fundadoras para a Europa sob todos os aspectos – cultural, religiosa, financeira, política e miticamente. O que o cerco a Jerusalém em 1099 desencadeou não foi nada menos do que um espírito permanente, mantendo-se não apenas durante os trezentos anos da era das Cruzadas, mas ao longo de toda a história do Ocidente.

A violência da "vitória" dos cruzados em 1099 definiu o propósito central do cristianismo como um ato interminável de "malicídio" – a morte de todos aqueles considerados maus. E quem eram eles? Todos os que se opunham à propagação da fé cristã ordenada por Deus e universal. Nas palavras de Tomaž Mastnak, "A cristandade santa foi criada pela guerra santa".[62] Mas essa formulação simples não aprofunda o suficiente o mistério que estamos considerando aqui. Num nível, a Igreja estava simplesmente tentando lutar contra a maré de violência, procurando substituir o banditismo e o morticínio de um mundo primitivo pela ordem, lei e a própria paz. Mas a Igreja foi tragada por essa maré, com o seu etos penitencial afogado pelo culto da guerra. Infelizmente, havia razões teológicas para que isso acontecesse. De certo modo, todos os temas sobre os quais estivemos refletindo neste livro, desde as representações de animais em paredes iluminadas pelo fogo, esboçadas pelos pintores das cavernas 50 mil anos atrás, congregam-se no que aconteceu nas Cruzadas – de temas antigos de sacrifício à ambivalência bíblica sobre a violência de Deus, à esperança apocalíptica, às noções de expiação, até o modo como os seguidores de Jesus, por razões contingentes, lembravam equivocadamente sua morte. Muitos defensores firmes da revelação cristã foram derrubados de seus altos cavalos morais ao deparar-se com sua perversão na era das Cruzadas. Toda boa intenção do movimento de Jesus foi distorcida pelo quarteto trágico dos impulsos humanos inatos – o movimento do desejo à rivalidade à violência ao bode expiatório, os quais todos, em combinação, chegaram à massa crítica na centrífuga de Jerusalém. Jesus Cristo começou como alguém definido pela aceitação incondicional do Deus a quem ele chamava de Pai; agora, os que levavam o nome de Cristo definiam a si mesmos, e portanto a ele, pela doutrina da ira de Deus.

O próprio René Girard, para quem Jesus Cristo põe fim à dinâmica desejo/rivalidade/violência/bode expiatório, vê como ela se exacerbou em nome dele: "Acredito ser possível demonstrar que o cristianismo histórico assumiu um caráter persecutório em consequência da leitura sacrifical da Paixão e da Redenção. Todas as características da leitura sacrifical são coerentes. O próprio fato de que a divindade [cristã] é reinsuflada com violência tem consequências para o sistema todo... na destruição apocalíptica que leituras tradicionais projetam sobre a divindade."[63] Em outras palavras, leituras teológicas têm consequências, de ideias de sacrifício fundador à purificação do Fim dos Tempos.

Ironicamente, essa mesma reviravolta humana na história cristã pode ser entendida como uma consequência da alienação da Igreja de suas próprias raízes judaicas, pois o que se perdeu não foi nada menos do que o modo bíblico ingênito de autocrítica constante, que era a tradição profética. Como os profetas sempre tornavam a aparecer para exigi-lo, Israel tendia a assumir seus problemas, seja a derrota em batalhas, o fracasso dos líderes ou o exílio de Jerusalém, como ocasião para examinar como o próprio Israel se mostrara um parceiro indigno na aliança com Deus. Embora o Jesus judeu também manifestasse esse modo autocrítico de interpretar a história – vendo a ocupação romana como a condição que pedia arrependimento mais do que revolução – o cristianismo, começando com seus textos relacionados ao bode expiatório judeu, desenvolveu um instinto diferente. Um instinto mais antigo; poder-se-ia dizer um instinto mais humano. Em vez de autocrítica, autojustificação. *Os problemas são causados pelo outro. Por isso, atacar!*

Essa é a medida da adoção do etos da violência por parte da Igreja. Ter-se essa adoção processado lentamente, no decurso de um milênio, culminando numa guerra total empreendida sob o signo da cruz, não muda o fato de que foi uma profunda traição ao verdadeiro significado da cruz. A cruz, não como um símbolo cultual da vilania judaica ou mesmo romana, mas como um lembrete de que todo pecado humano recaiu sobre Jesus, continua sendo a verdadeira fonte da autocrítica cristã. A cruz é o profeta da Igreja, ou pelo menos deveria sê-lo.[64] Jesus foi levado à morte por seus próprios seguidores: o próprio Pedro, imitando Judas, abandonou o seu Senhor em poder dos executores. Mas lembrando equivocadamente o significado da cruz, os seus próprios seguidores imaginam outra coisa.

6. Os Cavaleiros Templários

O etos militar que caracterizou a Igreja latina poderia ter se retraído depois do clímax sangrento do ataque a Jerusalém em 1099; em vez disso, porém, ele se institucionalizou no ideal do monge-guerreiro. Em retrospecto, parece inevitável que essa figura devesse entrar em cena justamente nessa época, dadas as forças teológicas e culturais que haviam sido liberadas pela Cruzada. A saga do soldado consagrado pela Igreja reescreveria o significado do heroísmo, da santidade, do Templo e de Jerusalém.

Tudo começou quando os cavaleiros francos, depois de ocupar o Monte do Templo, transformaram o Domo da Rocha em igreja, encimando-o com uma cruz. Logo que terminaram de retirar da mesquita Al Aqsa, próxima dali, os corpos dilacerados e mutilados na chacina, eles transformaram a mesquita em quartel-general do recém-declarado rei de Jerusalém, Balduíno de Boulogne.[65] Mas Balduíno logo providenciou um castelo próprio, afastado do Monte do Templo, perto da antiga Torre de Davi, e de lá consolidou a posse latina dos territórios que se estendiam de Gaza ao Líbano. A santidade de Jerusalém estava protegida pela recusa latina em permitir o acesso de muçulmanos e judeus à cidade. O banimento judaico, em particular, reassumiu seu lugar como prova da verdade das alegações cristãs, com os cruzados deixando os judeus sossegados nas suas aldeias na Galileia e permitindo que se aproximassem de Jerusalém no máximo até uma colina próxima, onde eles rasgavam suas vestes e rezavam pela "libertação de Sião cativa".[66]

A espaçosa mesquita Al Aqsa passou a ser ocupada por um grupo de cavaleiros que desejavam viver uma vida consagrada, à maneira de religiosos professos sob os votos de pobreza, castidade e obediência. Eles podem ter assumido esse comportamento movidos por uma devoção espontânea, depois de "libertar" o sepulcro de Jesus, diante do qual proferiam os votos. Mas estavam expressando à perfeição as correntes de religiosidade marcial que manavam de forma constante desde Clermont. Seu zelo de cavaleiros intensificava-se pelo significado transcendente do que sua luta havia realizado, com uma modéstia excepcional implícita no nome que adotaram: "Pobres Cavaleiros de Cristo e do Templo de Salomão." Sem o benefício do conhecimento histórico, eles consideravam Al Aqsa remanescente do Templo construído por Salomão (aparentemente, nada sabiam a respeito do Templo de Herodes) e por isso tornaram-se conhecidos como Cavaleiros do Templo, ou Templários. Foram reconhecidos formalmente em 1119.

A bula papal que os confirmou como instituição básica da Igreja comparou-os aos Macabeus, aqueles judeus da resistência de um milênio antes que estavam prontos a defender o Templo até a morte, o que acabou acontecendo. "Os Cavaleiros do Templo de Jerusalém, novos Macabeus no tempo da graça...", escreveu o Papa Celestino II, "tomaram a sua cruz e seguiram a Cristo. São aqueles por meio dos quais Deus liberta a Igreja no Oriente da imundície dos pagãos e ataca os inimigos da fé cristã."[67]

Devotados igualmente à oração e à guerra, eles seguiam uma disciplina monástica, observando as horas e a regra de silêncio mesmo quando vestiam armaduras, afiavam espadas e aprimoravam suas habilidades como lutadores e cavaleiros. Mais de quatrocentos cavaleiros da ordem estariam estacionados só em Jerusalém, cada um deles assistido por muitos "sargentos" e "irmãos" – um conjunto de postos hierárquicos que classificava os cavaleiros como cavalaria pesada, os sargentos como cavalaria ligeira e os irmãos como soldados de infantaria e combatentes de apoio. As cavernas embaixo da Al Aqsa acomodavam 10 mil cavalos, e os monges-guerreiros cuidavam dos animais com uma devoção que mais tarde seria associada ao amor dos franciscanos pelos animais.[68]

A ideia dos Templários ecoou imediatamente no interior do movimento monástico, e eles logo receberam a proteção de uma nova e poderosa fundação religiosa na Europa, os cistercienses reformistas, então dirigidos pelo teólogo mais famoso da época, Bernardo de Claraval. Os Cavaleiros Templários adotaram as vestes brancas da ordem cisterciense de Bernardo; o branco representava um contraste deliberado ao preto da Abadia de Cluny – a capela do claustro era a maior igreja do mundo naquele tempo – e a cuja riqueza e corrupção a ordem de Bernardo reagia. Uma cruz de um vermelho vivo e característico era costurada no hábito dos cavaleiros.[69] Bernardo escreveu um tratado que efetivamente canonizava o movimento templário, "Em Louvor da Nova Milícia", que incluía o panegírico "Se os que morrem no Senhor são bem-aventurados, quanto mais bem-aventurados são os que morrem *pelo* Senhor".[70]

O risco de morrer era bem real. A recuperação da cidade santa suscitou um novo movimento de peregrinações, e a afluência de viajantes devotos da Europa era ameaçada por bandos de "sarracenos" saqueadores.

Os Templários eram protetores autodesignados dos peregrinos. Com efeito, eles se tornaram patrocinadores de um ressurgimento das peregrinações, um anseio de arrebatamento pela Terra Santa que acelerava os corações, mesmo daqueles que nunca poderiam fazer a viagem. A peregrinação se tornou uma disciplina de contemplação, e as novas catedrais que começaram a surgir na Europa representavam padrões labirínticos nos pisos de pedra nas naves, circuitos que os penitentes podiam percorrer de joelhos – por exemplo, o "*chemin de Jerusalem*", como era chamado o labirinto em Chartres.[71]

Os Cavaleiros Templários serviam como guardiões de caravanas que transportavam as pilhagens dos cruzados de volta para a Europa e de carregamentos de dinheiro para financiar novas aventuras dos cruzados. As rotas marítimas logo se tornaram preferidas em detrimento das terrestres, e os Templários desenvolveram grandes frotas, dando início a uma tradição de perícia marítima. Fustigando a consciência europeia, a Palestina era mencionada simplesmente como *Outremer* – "ultramar". Conhecidos por levar seus votos de pobreza e castidade a sério, os cavaleiros religiosos representavam algo inteiramente novo: homens de poder dignos de confiança. Como seus votos eram feitos ao papa, eles não precisavam escolher entre reis e príncipes rivais, que então poderiam todos trabalhar com eles. Sem muita demora, à semelhança de uma Wells Fargo incipiente, sua função de transporte de valores evoluiu para uma espécie de sistema bancário multifuncional, pois a eles eram confiados tesouros no Oriente Médio cujos valores podiam ser resgatados em centros templários em Veneza, Paris e Londres. A realeza começou a depositar sua riqueza com os Templários, e benfeitores deixavam suas propriedades para a ordem.[72] Os papas os eximiam das restrições à usura e da cobrança de taxas, e concediam-lhes o poder de arrecadar impostos nos territórios controlados por eles. Assim, embora os monges-guerreiros fossem pobres individualmente, sua ordem acumulou rapidamente uma riqueza enorme.

Como força de combate, os Templários logo sobrepujaram todas as demais, pois a disciplina monástica criou, de fato, a primeira e verdadeira cadeia de comando militar desde as antigas legiões romanas. Eles operavam como uma espécie de força de combate de elite, o que no século XX se chamaria de tropa de assalto ou tropa de choque. Eles instalaram postos avançados em todo o Reino Latino no Oriente Médio, e sua arquitetura projetava fortalezas em que se combinavam muralhas externas inexpugnáveis com celas e claustros internos que estimulavam a contemplação. Mas a própria Europa se tornou um reino templário, com todo o continente, dos Bálcãs ao Báltico, de Gibraltar ao Tâmisa, dividido em comendadorias, as quais eram controladas por abades-guerreiros que haviam se tornado, depois de afastados dos campos de batalha, monges-banqueiros. A capela templária definia o centro comercial, se não o espiritual, de cidades que começavam a se formar, de Lisboa a Toledo, Veneza, Paris, Viena e Londres.[73] A capela típica era construída em volta de uma rotunda que reproduzia as formas tanto do Santo Sepulcro, onde os monges-guerreiros professavan seus votos, quanto o Domo da Rocha, que mantinham como sua igreja-mãe, acreditando que ela começara como igreja no tempo de Jesus. (Eles deixaram intactas as inscrições alcorânicas do Domo que rejeitavam a Trindade e a divindade de Jesus porque não as entenderam.[74]) O santuário com rotunda seria uma característica das estruturas templárias em toda parte, e os irmãos pedreiros (*frères masons*) que presidiam o que viria a se tornar uma arquitetura de mistificação – espaços sagrados fortificados – seriam membros honorários. Enfatizando a importância de suas ameias inexpugnáveis (e também seus tesouros), o sinete dos Templários combinaria uma espada com uma colher de pedreiro. Outro de seus símbolos, uma estrela de seis pontas, seria adotado séculos depois, como a Estrela de Davi, por judeus que desconheciam esse fato.

Os Templários foram precursores de uma era futura: indivíduos autossuficientes cujo destino era traçado pela vontade (os votos) e não pela sorte; homens "desbravadores" em guerra com selvagens em regiões inóspitas (e a guerra seria genocida); promotores de um colonialismo incipiente, pois seus "peregrinos", viajando para territórios incivilizados e impossibilitados de retornar, fixavam-se onde quer que se encontrassem; portadores do cristianismo aos infiéis, como aventureiros brancos futuros levariam a "civilização" para nativos de pele escura; motivados pelo Evangelho e sua promulgação, e no entanto convivendo, por bem ou por mal, com riquezas imensas, foram os inventores do capitalismo. Talvez não seja exagero afirmar que os Templários inventaram o milênio seguinte.

Se a história dos Templários parece receber ênfase demasiada aqui, é porque por meio do fato e da mitologia dessa instituição peculiar no decorrer dos duzentos anos de sua existência formal, para não mencionar os setecentos anos subsequentes de suas múltiplas influências, a tradição legitimada da violência sagrada introduziu-se no núcleo genético da civilização ocidental, formando uma dupla-hélice metafórica com o que já estava lá, e agora teve sua ênfase multiplicada: a ideia de Jerusalém. Cultura é uma história da mente segundo a qual, ao longo do tempo, os humanos são capazes de compreender as situações por que passam – e o que fazem. Os principais mitos da cultura, que em parte são constituídos pelos fatos da história e em parte pelo modo como esses fatos são continuamente reimaginados, dizem às pessoas como se comportar e como pensar. Sobre si mesmas. E sobre os outros. A imaginação ocidental fincou raízes na antiguidade clássica, em meio a tradições segundo as quais o herói épico – talvez Ulisses acima de todos – é testado por confrontos e jornadas a que sobrevive por suas próprias forças, e somente então se mostra digno da vida comum, seja com a companheira – Penélope – seja com a pólis. A história dos Templários continua essa tradição, embora reverta seus componentes importantes. Não sendo um ser solitário, o monge-guerreiro se compromete com a fraternidade. Heróis individuais não têm utilidade; o que conta é o triunfo do grupo.

O que é verdade no campo de batalha é verdade no quarto de dormir. O amor sexual consumado que, entre os antigos, era sinal da vitória, e sua recompensa, o monge-guerreiro jamais o vive. Em vez de desafiar os deuses e conquistá-los, ele se submete a Deus. Tudo isso equivale a uma *imitatio Christi* decididamente parcial (parcial porque, o que dizer da não violência de Jesus?). Os Cavaleiros Templários eram guerreiros por excelência, no entanto a vitória para eles resultava mais de uma disposição interior do que de uma proeza física, de uma sintonia da própria vontade com a vontade de Deus. Virtude, virilidade, sexualidade refreada, força liberada, coragem e a capacidade de permanecer horas e horas em contemplação – essas eram as qualidades consideradas o epítome do cavaleiro santo. Contra os cavaleiros belicosos e os príncipes beligerantes que haviam provocado devastações na Europa feudal incipiente, Bernardo definiu a ordem militar como "o ideal vivo da cavalaria cristã".[75] Cavalheirismo – uma virtude nova, ligada, como sugere o termo, ao homem montado num cavalo.

O resultado desse etos? A violência não é um simples mal a ser tolerado quando inevitável, um mal do qual arrepender-se quando cometido.

Antes, a violência é essencial para o que se admira ou a que se aspira. Os cavaleiros religiosos aparecem como os ideais galanteadores de epopeias e romanças medievais desde o século XII até o século XVI, período em que a civilização europeia estava se definindo. O amor cortês, com sua fantasia desumanizadora da mulher como objeto de desejo sempre inatingível (um contraponto à vítima violada muito mais comum e nunca decantada), estava diretamente relacionado com a imagem do cavaleiro carregado de erotismo, mas celibatário. Como ironias gêmeas, a desumanização suprema da mulher é sua descorporificação, como quando ela é reduzida, numa espécie de pornografia sagrada, à figura da amante imaginada, porém sempre irreal. Nada mais coerente do que tudo isso estar organicamente vinculado a uma Jerusalém eternamente desejada e erotizada.[76]

Os clássicos definidores da identidade masculina e feminina construída giravam em torno das lendas templárias, de Tristão e Isolda a Persival e Brancaflor, a Lancelot e Guinevere. Como essas referências nos lembram, naturalmente, a castidade dos soldados comprometidos com seu voto é menos uma questão de celibato para toda a vida do que de paixão intensificada saciada indulgentemente no prazer de uma noite. Paixão, uma palavra até então ligada ao sofrimento de Jesus, assumiu um novo sentido aqui, ligado à sexualidade. Daí derivou a permissão para a apreciada promiscuidade do "macho" ocidental: autoindulgência que implica falta de compromisso (o casamento é proibido), falta de prevenção (por exemplo, como evitar a concepção), aversão a assumir consequências (gravidez não é problema do homem) e nenhum constrangimento por quebrar promessas feitas. Pelo contrário, a masculinidade marcial consagrada implicava o abandono da mulher depois da consumação (orgasmo masculino), seja porque havia uma batalha a travar, porque o cavaleiro pertencia a Deus ou ainda porque a mulher desonrada – desonrada pela paixão – era agora indigna da virtude ainda imaculada do cavaleiro. De acordo com o manual do amor cortês, a aflição da mulher caracterizava o que passava por prazer feminino, que era o êxtase do anseio ferido.

Essa era uma caracterização da passividade feminina que conduziria as mulheres ao único espaço de ação possível a elas: o mosteiro, onde também as irmãs podiam ser investidas com uma espécie de dignidade cavalheiresca espiritual.[77] Tudo isso foi marcado a fogo na cultura medieval pelo ferrete dos Templários, em geral implicitamente, mas às vezes bastante explicitamente. Galahad, filho de Lancelot, em toda iteração do mito, era um Cavaleiro do Templo – túnica branca, cruz vermelha. A reunião dos cavaleiros do rei Artur em torno de uma mesa redonda tinha menos a ver com uma nobreza de espírito igualitário do que com a forma circular dos santuários templários – uma referência que, em última análise, remontava ao Domo da Rocha. Camelot era Jerusalém levada para o norte e para o oeste, mas a principal geografia que ela ocupava era a da mente ocidental.[78]

Em 1182, o grão-mestre dos Cavaleiros Templários, Reginald de Chatillon, comandou uma campanha militar de Jerusalém a Meca com o objetivo de capturar a cidade santa muçulmana e roubar o corpo de Maomé – para a imaginação cristã, equivalente ao furto da Cruz Verdadeira. Reginald deslocou-se com exércitos, atacando caravanas árabes, mas também com uma força marítima, enviando uma esquadra templária para o Mar Vermelho. Além de expor as consequências imaginárias do próprio culto necrófilo dos cruzados ao túmulo de Jesus, essa aventura representa a transformação da ação missionária cristã em conquista. Durante a maior parte do século anterior, os califados islâmicos do Oriente Médio haviam mantido um estado de conflito aberto uns com os outros – um divisionismo que os cristãos, à mercê de uma fantasia unívoca sobre o inimigo "infiel", não percebera. Em parte em reação à carnificina jamais esquecida cometida pelos cruzados contra os muçulmanos em Jerusalém e à profanação dos santuários muçulmanos locais, mas com maior urgência ainda em reação à agressão recente ao centro dos territórios árabes, os emirados de Damasco, Alepo, Cairo e Mossul encontraram novas razões para unir-se. O antigo princípio de que a ameaça externa é fator de coesão interna teve aplicação prática. O líder carismático que, por força tanto da sua personalidade como das armas, reuniu os reinos muçulmanos dispersos, foi o intelectual e guerreiro curdo Salah al-Din Yusuf, conhecido no Ocidente como Saladino. Depois de unir os emirados, ele exerceu sua autoridade de sua base no Cairo. Ele se mobilizou contra Reginald de Chatillon, que foi forçado a se retirar da Arábia.

Utilizando uma força marítima própria, Saladino enviou uma esquadra de galeras contra Beirute. Suas forças terrestres sitiaram fortalezas templárias no Vale do Jordão. Na batalha culminante de Hatin, em julho de 1187, perto de Tiberíades, cidade às margens do Mar da Galileia, assim denominada em homenagem ao imperador romano sob o qual Jesus foi executado, as forças de Saladino impuseram uma fragorosa derrota ao exército templário – contendo definitivamente a invasão cruzada. Capturado Reginald, Saladino o decapitou pessoalmente sem demora. Ao ver o pavor estampado no rosto de outro prisioneiro cruzado, Saladino o teria tranquilizado dizendo, "Não é costume reis matarem reis, mas esse homem ultrapassou todos os limites, por isso o tratei assim".[79] Há razões para considerar Saladino como um comandante militar relativamente benigno, mas a brutalidade era uma marca universal das operações militares, e dadas as provocações precedentes, não foi surpresa a extrema violência do vitorioso em Hatin. Os Templários foram simplesmente aniquilados. Os soldados islâmicos nunca foram brandos, mas parece claro que, depois dos sucessivos confrontos com os guerreiros cristãos no século XII, seus métodos haviam endurecido. A motivação expressamente religiosa nunca fora a força motriz das guerras islâmicas, mas os muçulmanos foram levados a compreender que para os seus adversários latinos, a motivação religiosa era suprema.[80] Isso também produziu seu efeito. Em Hatin, mais de duzentos Cavaleiros do Templo capturados tiveram a oportunidade de negar a Cristo. Como se recusaram, foram decapitados.[81]

O exército de Saladino sitiou rapidamente Jerusalém. Em outubro, os defensores da cidade capitularam. Foi uma repetição de Umar. Saladino tomou Jerusalém sem carnificina. "Os cristãos de todos os lugares", disse, "se lembrarão que fomos benignos com eles."[82] De fato, muitos latinos capturados foram resgatados e outros simplesmente foram autorizados a partir. Os que não tinham posição social provavelmente foram escravizados. A cruz foi retirada do Domo da Rocha. Os templários foram expulsos da Mesquita Al Aqsa, que foi reconsagrada com uma grandiosa cerimônia, realçada com recitações do Alcorão, com a instalação de um novo púlpito e com a aspersão de água de rosas. Um dos atos seguintes de Saladino foi convidar os judeus da Galileia a voltar para a cidade. Eles voltaram, estabelecendo uma presença em Jerusalém que nunca mais desapareceria.

O papa convocou imediatamente uma nova Cruzada com o objetivo de reverter esse sacrilégio, determinando o pagamento de um imposto universal de 10% sobre toda receita, o chamado imposto de Saladino. No comando da Terceira Cruzada, prontamente organizada, estava a figura imponente e marcial de Ricardo Coração de Leão, que ocuparia para sempre o centro da mitologia do cruzado inglês. Comovendo os corações – e as crônicas – dos cristãos latinos, Ricardo venceu Saladino em Arsuf, logo ao norte de Jerusalém, em 1191. Mas mesmo depois de muitas batalhas e escaramuças ele não conseguiu retomar a cidade santa.

A lenda de Ricardo beneficiou-se da lenda de Saladino, que, por sua vez, foi realçada pela de Ricardo. Os dois guerreiros foram romantizados por sua galhardia mútua. Quando Ricardo perdeu seu cavalo no meio do combate, Saladino enviou-lhe dois corcéis para substituí-lo. Finalmente, em 1192, Ricardo, com suas forças esgotadas, chegou a um acordo com sua agora admirada nêmesis. No Tratado de Ramla, Ricardo e Saladino concordaram que Jerusalém permaneceria sob controle dos muçulmanos, mas que os cristãos teriam permissão para ir à cidade santa como peregrinos.

Nem mesmo o prestígio de Ricardo tornou esse acordo palatável na Europa, onde o desejo de reconquistar Jerusalém só se intensificou. Como a liderança da iniciativa cruzada passou para a Alemanha, os muçulmanos aos poucos se acalmaram, concentrando-se na única parte de Jerusalém que lhes interessava realmente – o Haram al-Sharif.[83] Com efeito, depois da reconquista em 1187, os muçulmanos demoraram para repovoar Jerusalém, ao passo que os judeus e os cristãos que os latinos haviam expulsado – sírios, gregos e armênios – retornaram em grande número. Assim, uma geração após Ramla, em 1229, o Sacro Imperador Romano (e neto de Frederico Barbaroxa), Frederico II de Hohenstaufen, selou um acordo com o irmão de Saladino segundo o qual os cristãos poderiam retomar o domínio sobre Jerusalém, mas com o Monte do Templo/Nobre Santuário reservado ao controle muçulmano. Os Cavaleiros Templários rejeitaram totalmente esse tratado, pois queriam o seu "Templo" de volta, por isso os muçulmanos mantiveram o controle sobre a cidade inteira.[84]

Nunca mais os Templários conseguiram retomar Jerusalém. Sua cavalaria estava na linha de frente na derrota final do Reino Latino em 1291, um trauma que coroou um século de muita incerteza por parte dos europeus. A perda de Jerusalém foi sentida como causa do próprio deslocamento da cristandade, pois as Cruzadas eram agora lançadas dentro do mundo da Igreja, com uma Quarta Cruzada contra os "cismáticos" em Constantinopla e a Cruzada Albigense contra as "heresias" dos cátaros no sul da França. Como forma de estabelecer a ordem política e social, nenhuma delas deu resultado. Entre 1252 e 1296 houve treze papas, e logo o papado se mudaria (ou seria "exilado") para Avignon, um segundo "cativeiro da Babilônia" que duraria setenta anos e sete papados. Os governantes da Europa cristã atacavam-se com um furor digno dos piores momentos da Idade das Trevas. Esse colapso parecia universal, fato que só serviu para pôr em evidência o sonho universal – e agora inatingível – de Jerusalém. Numa espécie de paródia do amor cortês de uma sociedade inteira, a cidade santa se tornou o objeto de desejo infinitamente inatingível da Europa.

Nesse cenário, por que uma reativação brutal do mecanismo do bode expiatório deveria surpreender, e por que surpreenderia que suas vítimas fossem ninguém menos do que os próprios Cavaleiros Templários? Afinal, eles não haviam fracassado na sua missão divina de proteger Jerusalém? Não haviam sido responsáveis pela derrota definitiva do Reino Latino de 1291, em Acre, quando os sarracenos finalmente os derrotaram como força de combate imbatível? Assim, em poucos anos, os reis da Europa, especialmente Felipe IV da França, se voltaram contra os Cavaleiros Templários, no que foram seguidos pela Inquisição.[85] Sua sede em Paris, o Donjon du Temple, foi tomada e transformada em prisão, sendo os próprios cavaleiros seus primeiros detentos.[86] Os Templários foram acusados das mais diversas heresias e malefícios, e sua imensa riqueza e propriedades rurais foram confiscadas. Para dar um exemplo, seu quartel-general em Londres foi entregue às adjacentes Royal Courts of Westminster para treinamento de advogados. Até hoje, essas duas Inns of Court [colégios, associações de advogados] são citadas como o Inner Temple e o Middle Temple, nomes que remontam à ordem. A circunscrição dos templários em Londres fora uma "liberty" fechada [uma área originalmente pertencente ao rei, mas transferida para particulares], independente da jurisdição real. Para ter acesso a essa área era preciso passar por uma barreira, portão ou cancelo [*bar*] – o Temple Bar. Esse aspecto físico deu origem à expressão "passing the bar" [passar o cancelo], que assumiu o sentido de autorização para advogar, só concedida após o candidato passar no exame da associação de advogados. Esse é um exemplo da enorme influência da herança templária.

O alvo não eram somente as riquezas; os líderes também o eram. Em toda a Europa, de Paris a Veneza e a Viena, os mestres da ordem foram levados a julgamento e muitos condenados individualmente. Dezenas de templários, se não centenas, foram executados como hereges – e isso em retribuição a uma ordem que, quaisquer que tenham sido seus erros, enviara milhares de membros a uma morte heroica em defesa da cristandade. Em 1310, o papa Clemente V suprimiu oficialmente a ordem, e em 1314, seu último grão-mestre, Jacques de Molay, foi queimado na fogueira numa ilha do Sena. Sua última tentativa desesperada para salvar a si mesmo e a ordem incluíra a proposta de uma nova e grande Cruzada contra o Egito – um último ressurgimento do antigo sonho de retomar Jerusalém. Esse sonho não morreu com de Molay, porém. Entremeio a esses transtornos dos séculos XIV e XV, Jerusalém continuou sendo o centro imóvel do espírito impetuosamente rodopiante da Europa, no momento mesmo em que o turco substituiu o sarraceno como inimigo desprezado.

Assim, ao tentar com todo o entusiasmo resolver o cisma de Avignon, Santa Catarina de Siena imitou o papa Urbano II quando este, em 1095, associou a unidade da Igreja ao ideal da cidade cativa. "Que vergonha e infortúnio para os cristãos", escreveu ela em 1376, "permitir que descrentes indignos possuam o que nos pertence por direito. No entanto, agimos como insensatos fazendo guerras e campanhas uns contra os outros... As guerras que os cristãos travam entre si devem ser empreendidas contra... os cães perversos e ímpios que detêm a posse do que é nosso."[87]

Os cães perversos não se intimidaram. Uma década mais tarde, em 1386, os turcos derrotaram um exército de cristãos ortodoxos em Kosovo, a incursão muçulmana mais profunda na Europa desde Poitiers. O trauma de Kosovo ficaria tão arraigado na consciência da Sérvia que Slobodan Milosevic o invocaria com força inflamável em 1989, desencadeando as guerras dos Bálcãs dos anos 1990.

Sigmund Freud elucidaria como uma experiência cruelmente reprimida – sentimento reprimido – pode persistir no inconsciente como um impulso da personalidade de força irresistível. Os Templários incriminados continuaram desse modo no inconsciente do Ocidente, emergindo periodicamente em manifestações cada vez mais bizarras. Depois da Reforma, por exemplo, os protestantes, especialmente na França, não só considerariam a guerra da Inquisição contra os templários como evidência *prima facie* da indignidade católica, como também ressuscitariam aspectos misteriosos da tradição militar da ordem como forma de resistência ao papa. Assim os *frères masons*, os irmãos pedreiros dos Templários, monges arquitetos, reapareceram no período do Iluminismo, em consequência de uma interpretação equivocada da referência linguística original, como pedreiros-livres.[88] Com pouca ou nenhuma compreensão de sua procedência de Jerusalém, os maçons assumiram o Templo como o santuário onipresente dos seus ritos esotéricos – e como uma contraimagem expressa da basílica católica. Na França pós-Revolução, a Igreja Católica identificava rotineiramente seus inimigos com a díade "maçons livres e judeus". Comendadorias relembradas com nostalgia estabeleceriam sociedades secretas que, ostentando a discrição de apertos de mão, rituais de iniciação, senhas, mesas redondas, cultos a sepulturas, mitos de decapitação e exercício de funções, escarneciam dos segredos heréticos dos quais os Cavaleiros Templários haviam sido acusados. Tais reduções excêntricas ao absurdo inspirariam agremiações tão diversas como sociedades secretas acadêmicas (*Skull and Bones*), grupos beneficentes de maçons não sectários (*Shriners Internacional*), organizações de conhecedores de vinho (*La Commanderie de Bordeaux*), e, sempre, elites militares – incluindo algumas violentas na Prússia, que deram aos nazistas a inspiração para sua insígnia cultual.[89]

A Prússia, onde a Ordem dos Cavaleiros Teutônicos floresceria, comprova que a extinção dos Cavaleiros Templários não foi o fim das ordens militares. Monges-guerreiros, soldados sob a disciplina religiosa dos votos, sobreviveram na Europa pelo menos por mais duzentos anos. Depois da extinção formal dos Templários em 1312, eles reapareceram numa forma um tanto diferente em Portugal, a partir de 1318, onde eram conhecidos como a Ordem Militar de Cristo. Na verdade, Portugal, com seus portos oferecendo abrigo seguro para as frotas templárias, fora o primeiro lugar no continente europeu onde os Templários haviam se estabelecido. Os quartéis-generais em Portugal situavam-se na cidade interiorana de Tomar, às margens do Rio Nabão, onde a fortaleza do século XII foi construída em torno de uma igreja octogonal que era réplica do Domo da Rocha. Quando a Inquisição suprimiu os Templários, o rei de Portugal estava em meio a uma batalha para expulsar os mouros. Em vez de dissolver a ordem e confiscar suas propriedades, como acontecia no restante da Europa, ele acolheu os monges-guerreiros e navegadores como suporte de uma nova *reconquista*. Templários fugitivos vindos de outras partes encontraram refúgio e uma nova causa em Portugal. Como membros da reconstituída Ordem Militar de Cristo, eles professavam os tradicionais votos de pobreza e castidade, mas o voto de obediência era ao rei de Portugal, não ao papa.

A realeza portuguesa dominou a ordem de tal modo que em 1417, um dos filhos do rei, o príncipe Henrique, se tornou seu grão-mestre.[90] Com a expulsão dos mouros de Portugal pela Ordem de Cristo no início do século, Henrique levou essa guerra santa para além-mar, capturando Ceuta, uma cidade na costa da África, diante de Gibraltar. Parte autônoma da Espanha até hoje, a colonização portuguesa de Ceuta constituiu o primeiro posto avançado colonial permanente estabelecido por uma potência europeia – o início de uma era. Conhecido na história como Príncipe Henrique, o Navegador, o grão-mestre compreendeu que o mar era a rota para a supremacia portuguesa – e também para a reconquista definitiva de Jerusalém, um entendimento que, fiel às raízes de sua ordem, definiu explicitamente seu propósito.

Henrique fundou a famosa escola de navegação em Sagres, e deu início à grande aventura portuguesa de exploração, com atenção especial voltada para a África. Seus navegadores começaram um movimento regular para o sul, ao longo da costa oeste, as velas brancas de suas caravelas portando a cruz vermelha característica dos templários. Os Açores, o arquipélago da Madeira, as ilhas Canárias. Os monges-marinheiros estavam em busca de fontes de ouro e marfim, e sempre de uma rota marítima para as Índias, em busca de especiarias, e para o Levante, em busca de Cristo. Uma passagem por mar para Jerusalém tornou-se mais urgente do que nunca depois de 1453, quando, realizando-se o que fora "durante seis séculos um sonho árabe vão",[91] a grande cidade-porta de Constantinopla caiu em poder dos turcos.

Quando Henrique morreu, em 1465, os navegadores da Ordem de Cristo haviam mapeado toda a costa ocidental da África. Para citar apenas o exemplo mais famoso do sucesso da ordem, um dos seus cavaleiros religiosos foi Vasco da Gama, o primeiro europeu a dar a volta ao Cabo da Boa Esperança e a completar a viagem marítima até a Índia.

Mas, antes disso, em 1471, em uma das guinadas decisivas na história da ordem, os marinheiros descobriram a que seria chamada Costa do Ouro, atual Gana, no ponto – Cape Coast – onde a massa de terra do continente toma a direção do leste. Em 1482, os portugueses construíram ali um castelo, a primeira de centenas de comendadorias que a ordem estabeleceria na África. O castelo tomou seu nome do que os portugueses já estavam explorando – as abundantes e produtivas minas de ouro da região – Elmina, "a Mina". Daí procedia a maior parte do ouro que chegava à Europa. Elmina foi a primeira colônia permanente criada por europeus no continente africano abaixo do deserto do Saara. A colônia enviou ouro para o norte durante dois séculos, mas antes que o ouro terminasse, ela se tornou o local de uma nova fonte de riquezas. No início do século XVII, os portugueses iniciaram em Elmina o comércio de escravos no Atlântico, e o castelo foi transformado em prisão onde os africanos eram mantidos enquanto esperavam para ser embarcados em navios negreiros. Elmina exerceria essa função até o século XIX.

7. Cristóvão, Portador de Cristo

Entre os marinheiros leigos que desenvolveram suas habilidades nas caravelas da Ordem Militar de Cristo em operação na costa africana encontrava-se um italiano chamado Cristóvão Colombo. Embora ele ocupe um lugar predominante no panteão americano, pouco se sabe sobre os motivos que o impulsionavam ou sobre a sua vida interior, apesar dos inúmeros testemunhos em duas frentes, os seus contemporâneos e os seus próprios escritos. Colombo, como todo aluno do ensino fundamental sabe, estava em busca de ouro, especiarias e rotas comerciais para a Índia, o que quer que isso significasse. Todas essas coisas são verdadeiras, mas nenhuma delas aponta para o que, para o homem Cristóvão, mais importava... Jerusalém.

Numa nação racionalista que se constrange diante de expressões claras de propósito espiritual, o principal responsável pela apreciação estritamente secular de Colombo foi seu biógrafo mais importante do século XX, o almirante Samuel Eliot Morison. "O que mais me interessa é o Colombo da ação, o Descobridor", declarou Morison. "Fico feliz em deixar sua 'psicologia', sua 'motivação' e tudo isso para os outros." Ainda assim, ciente do que Colombo escreveu em seus extensos diários e do que estava escrito sobre ele, especialmente por seu quase contemporâneo Bartolomeu de Las Casas, Morison não teve escolha senão reconhecer, mesmo que de passagem, "tudo isso". Pode-se sentir o tom relutante na condescendência de Morison: "Cristóvão Colombo pertenceu a uma época que fazia parte do passado, no entanto tornou-se sinal e símbolo dessa nova era de esperança, glória e realização. Sua fé medieval o impeliu a uma solução moderna: expansão. Se o turco não podia ser expulso do Santo Sepulcro por meios convencionais, busque a Europa novos meios além-mar; e ele, Cristóvão, o portador de Cristo, seria o humilde, e todavia orgulhoso instrumento da regeneração europeia."[92]

Na Espanha, quando Colombo levantou âncoras, a regeneração parecia estar mais relacionada à expulsão do que à expansão. Em janeiro de 1492, Fernando e Isabel conquistaram Granada, o último enclave muçulmano na Península Ibérica. Finalmente, os mouros foram expulsos da Espanha – e da Europa ocidental. Chegara o tempo para uma purificação total, e em março os governantes emitiram sua ordem infame: "Todos os judeus e judias de qualquer idade que residam em nossos domínios e territórios devem partir com seus filhos e filhas, seus servos e parentes, grandes e pequenos, qualquer que seja a idade, até o final de julho deste ano."[93] O grande êxodo culminou no dia 2 de agosto, com os últimos judeus dos mais de 300 mil expulsos subindo a bordo de embarcações em todos os portos da Espanha. Dado o formato dessa história, pode-se considerar mera coincidência ser aquele dia Tisha b'Av, no calendário judaico o dia do aniversário da destruição do Templo? Uma das testemunhas próximas dessa expulsão lamentável foi Cristóvão Colombo, que – de novo, pode-se considerar isso coincidência? – zarpou para sua importante viagem no dia seguinte, 3 de agosto de 1492.

Coincidência ou não, a justaposição fez sentido para Colombo, que mais tarde, em seu relatório para Fernando e Isabel, escreveu, "E assim, depois de expulsar todos os judeus de todos os vossos reinos e domínios... Suas Altezas ordenaram que me dirigisse às mencionadas regiões da Índia". Colombo se referia à sua viagem exploratória como *Empresa de las Indias*, o Empreendimento das Índias, mas como assinala o erudito Abbas Hamdani, a palavra "Índia" tinha um significado impreciso na Europa, sendo sua principal conotação relacionada aos reinos a leste e além daqueles controlados pelos muçulmanos.[94] O objetivo de Colombo era chegar a esses reinos viajando pelo oeste – e assim libertar-se do controle islâmico. Sim, Colombo queria eludir a obstrução muçulmana ao comércio europeu com o Oriente, cujas glórias haviam sido cantadas por Marco Polo e outros exploradores venezianos. Colombo sustentava a visão comum de que os governantes no Oriente – Cataio [China, especialmente o norte] – eram amistosos com os cristãos e estavam dispostos a compor uma aliança contra os muçulmanos. Essa aliança também fazia parte do seu objetivo.

Em seus diários, o relatório de Colombo aos seus protetores continua:

> E Suas Altezas, como cristãos católicos e príncipes devotados à Santa Fé Cristã e à sua propagação, e inimigos da seita de Maomé e de todas as suas idolatrias e heresias, resolveram enviar a mim, Cristóvão Colombo, às ditas regiões da Índia, para ver os mencionados príncipes, povos, terras e a disposição deles e de todos, e a maneira como pode ser empreendida sua conversão para a nossa Santa Fé, e ordenaram que eu fosse ao Oriente não por terra (o modo habitual), mas pela rota do Ocidente, a qual ninguém até hoje sabe com certeza se já foi percorrida.

Quanto ao ouro que Colombo esperava encontrar para seus patrocinadores, ele sabia que não se destinava apenas para o enriquecimento deles. Ele escreveu, "Afirmei a Suas Altezas que todo o ganho desse meu Empreendimento deve ser gasto na conquista de Jerusalém; Suas Altezas sorriram e disseram que assim era do Seu agrado".[95]

Colombo faz muitas referências semelhantes a Jerusalém e à reconquista do Santo Sepulcro em seus diários, inclusive registros durante a viagem de 1492.[96] Para as velas brancas das suas caravelas, era a coisa mais natural do mundo levar a cruz vermelha da Ordem de Cristo e, para ele, ter como navegadores monges-guerreiros treinados em Sagres que eram também membros da ordem. Por mais que futilidades de sociedades secretas e disfarces de clubes de fraternidade trivializassem o legado templário, esse foi um modo real, inserido na história do mundo, pelo qual sobreviveram os Pobres Cavaleiros de Cristo e do Templo de Salomão.

Morison faz referência ao significado semântico do nome Cristóvão, mas o próprio Colombo enfatizou esse significado assinando as entradas nos diários com "Xpo-ferens" [carregando Cristo]. Colombo "chegara a acreditar que estava levando a cruz do cristianismo através dos mares do mesmo modo que o seu homônimo, São Cristóvão, transportou Cristo através das águas".[97] Para ele, chegar a Jerusalém não era apenas uma questão de libertar o Santo Sepulcro do longo cativeiro muçulmano. Como os milenaristas que o antecederam, tudo indica que ele chegou a acreditar que a recuperação definitiva da Terra Santa para o domínio cristão prenunciaria a era messiânica. "Deus me fez mensageiro do Novo Céu e da Nova Terra", escreveu por volta de 1500, "de que ele falou no Apocalipse de São João... e me mostrou o lugar onde encontrá-los."[98] Um impulso apocalíptico impregnou o projeto do Novo Mundo no seu berço. Um dia antes de sua morte em 1506, Colombo expressou seu último desejo e testamento, incluindo a doação de uma quantia em dinheiro a ser usada na libertação de Jerusalém.[99]

E será uma última coincidência – ou apenas testemunho da profundidade dessas correntes inconscientes – que o "lugar" onde foi dado o passo fundador no desembarque de um navio chamado *Mayflower* para o que seriam os Estados Unidos da América, pouco mais de um século depois, seria comemorado desde então como "a Rocha?"[100]

CAPÍTULO 6

Cidade no Alto da Colina

1. Guerras da Reforma

Nós acreditamos saber o que foi a Reforma. Vemos a Reforma como uma controvérsia teológica, mas ela foi o ápice de uma mutação cultural distintiva de uma época. Em nenhum momento desde a revolução neolítica que, como vimos, se desenvolveu entre 8000 e 2000 AEC, a humanidade passou por uma mudança tão profunda como a que ocorreu na Europa entre 1000 e 1500 EC.[1] O que Martinho Lutero desencadeou ultrapassaria suas intenções virtuosas – a chegada a um clímax das forças de violência santificada que vinham se acumulando durante séculos.

Vimos que no período pré-histórico a invenção da agricultura e a domesticação de animais levaram ao desaparecimento do estilo de vida coletor-caçador. A caça, porém, deixara os humanos com um gosto pela "efervescência coletiva" da matança, à qual resistiam com cultos sacrificais, canalizando a destruição pela sua ritualização. A religião nasceu daí: a religião abrandava uma multiplicidade de anseios, mas começou como uma forma de resistência à violência e de controle da violência. A fixação dos nômades levou às cidades e à civilização – à escrita e à história – mas também ao excedente de alimentos, às distinções de classe, ao roubo e à pilhagem organizada conhecida como guerra. A nutrição pela agricultura sistemática levou a fontes de proteína confiáveis e abundantes, o que promoveu um desenvolvimento humano físico e mental ainda maior. Os ciclos de plantio e de colheita dependiam da observação atenta dos fenômenos naturais, como o fluxo das marés, os padrões climáticos sazonais e as variações de luz e escuridão – observação que levou à ciência. Os mesmos ciclos significavam que períodos de atividade intensa intercalavam-se com períodos de ócio relativo, possibilitando novas formas de atividade intelectual – e de lazer. A sociedade se organizou em torno de divisões do trabalho, com a grande maioria forçada à sujeição servil de cultivar e colher enquanto uma elite minoritária exerce o poder. Categorias de vítimas e algozes foram institucionalizadas. A violência a serviço do controle despótico invocou o patrocínio divino. Isto é, o impulso humano para a violência cooptou o impulso religioso oposto. Podia-se usar a religião para justificar o derramamento de sangue em vez condená-lo. Podia-se imaginar um Deus guerreiro.

Tudo isso aconteceu no Crescente Fértil. Num certo lugar ali, em Jerusalém, o significado transcendente da região para o projeto humano ficou claro.[2] A Bíblia surgiu como um ato de resistência à iniquidade sancionada por Deus – com seu Deus evoluindo de potentado a amigo, leal não a uma única tribo apenas, mas, na Unicidade, a todos os humanos em toda parte. A Bíblia apresentou assim a narrativa social do ponto de vista do menos poderoso, uma narrativa que criou ela mesma um povo e deu a esse povo um princípio de autocrítica – a profecia. A Bíblia admoestava o povo vitimado a respeito da sua própria tentação de vitimar. O Deus da Bíblia, visto como tentado à violência, rejeitava-a. Depois de destruir a terra com um dilúvio, esse Deus jurou, "Nunca mais".

Começando na Idade Média, os que viviam na Europa passaram por outra enorme mudança cultural, econômica e religiosa, só que ao inverso da narrativa do "Nunca mais". Vimos como o cristianismo se definira positivamente contra uma negativa judaica, e então como o Continente se associou como cultura unitária em oposição a um inimigo islâmico externo. Uma vez mais, sendo a natureza humana o que é, uma religião que começou como um movimento de paz – "Amai vossos inimigos" – se tornou promotora da guerra. O fervor milenário lançou muitos movimentos, sendo o das Cruzadas e do seu espírito o mais decisivo. Jerusalém reemergiu como centro de significado, e de discórdia. Como já observamos, os vários confrontos militares entre latinos e árabes, bem como entre latinos e bizantinos, causaram grandes transformações. A Idade Média encaminhou-se para o que chamamos Renascença, uma explosão de gênio.

Mas, em parte, a revolução europeia foi uma simples questão de inovação técnica: o arado com roda possibilitou aos agricultores revirar o solo mais denso do norte dos Alpes e levou à utilização de animais de tração – bois e cavalos de tiro. Cavalos maiores e mais fortes levaram ao domínio militar do cavaleiro montado. Florestas imensas foram derrubadas. Os mosteiros eram centros de estudos e, portanto, de invenção. A rotação de culturas (um campo para cereais de inverno, outro para os de verão e um terceiro em pousio) aumentaram a produção de alimentos, favorecendo o crescimento da população. Aos poucos, máquinas, como rodas d'água e moinhos de vento, substituíram os animais e os humanos como fontes de energia. O moinho de vento possibilitou que grandes extensões de terras úmidas se tornassem cultiváveis, transformando especialmente as terras baixas do norte – as *"nether lands"*. Redes de rios se tornaram um sistema viário, desenvolvendo o comércio. Povoados ribeirinhos se tornaram cidades. Depois que o Grande Cisma de 1054 – a ruptura teológica entre Roma e Constantinopla – selou a divisão Oriente-Ocidente, a Europa encontrou seu ponto de apoio no norte. Quando o centro político e cultural se afastou do Mediterrâneo, onde o poder concentrado em torno do mar interior havia definido a Pérsia, Creta, Atenas, Cartago, o Egito e Roma, o despótico controle europeu entrou em colapso. A competição entre a Igreja e o Império, nenhum deles conseguindo impor autoridade absoluta, criou brechas para poderes menores e para indivíduos. Na verdade, os indivíduos tomaram consciência de si mesmos como indivíduos. Os servos exigiram emancipação. As pessoas urbanas se tornaram seu próprio *locus* de poder, e suas cidades – com o tempo cidades-estados – se transformaram em centros de mais inovação técnica e social, criando de tudo, desde mercados e corporações até relógios mecânicos e, por fim, os tipos móveis e a prensa tipográfica.

Apenas setenta anos depois que Johannes Gutenberg publicou a Bíblia em latim, em Mainz, Martinho Lutero publicou um Novo Testamento em alemão, em 1522, que vendeu milhares de exemplares – o primeiro *best-seller* da história.[3] O profeta equivalente da tradução inglesa foi um sacerdote chamado William Tyndale, cuja versão do Novo Testamento apareceu em 1526. A palavra latina para "tradutor" tem a mesma raiz de "traidor", e Tyndale foi queimado como herege simplesmente por causa desse texto.[4] Em poucas décadas, grande parte da população até então analfabeta da Europa aprendeu a ler. A intensa emoção da linguagem, e a satisfação mental que a língua escrita proporcionava, refletem-se no fato de que durante a segunda metade do século XVI centenas de edições independentes da Bíblia em vários idiomas foram publicadas em toda a Europa, vendendo milhões de exemplares.[5]

A ortodoxia católica – e a escritura latina – mantinham-se firmes na Península Ibérica, mas esse território havia sido um primeiro motor de mudanças profundas. Seus já históricos centros de ensino, tradução e mescla intercultural haviam lançado as bases sobre as quais erigiu-se o novo pensamento. Esse florescimento tornou-se possível devido à *convivência* de judeus, muçulmanos e cristãos e à mistura de idiomas. Quando o árabe, o hebraico, o latim, o grego e línguas nascentes influenciaram uns aos outros ("influência", do latim, "fluir juntos"), a cultura passou por uma transformação, mesmo que as novas correntes fluíssem principalmente para o norte. A abundância linguística provocou um crescimento explosivo de conhecimento. Com a Ibéria como limiar, a Europa foi a beneficiária do saber islâmico (matemática, numerais arábicos, arquitetura) e, por meio da preservação árabe, do saber clássico (Aristóteles, Hipócrates, Ptolomeu). Ironicamente, a própria cultura islâmica, que havia inspirado a grandiosidade literária de Avicena e Averróis, de Maimônides e Cervantes, encaminhou-se para uma estagnação literária quando o respeito muçulmano pela caligrafia divina do Alcorão – lembre que, para os muçulmanos, Deus estava presente nesse texto e não podia ser representado de outra forma – levou à rejeição da prensa tipográfica de tipo móvel. Essa atitude acarretou a rejeição de tudo o que a tipografia basicamente possibilitava, especialmente a alfabetização em massa, um caminho para a libertação tanto para mulheres como para homens.[6]

Vimos como Portugal e Espanha haviam dominado as novas ciências da navegação marítima (conhecimento de corpos celestes, correntes oceânicas, meteorologia, técnicas de mapeamento), as quais os colocaram na vanguarda da exploração dos mares. O príncipe Henrique, o Navegador, foi o principal representante dessa realidade. Por isso, Espanha e Portugal foram os primeiros a explorar a importação de ouro e prata de minas das Américas e da África, a exemplo de Elmina do príncipe Henrique em Gana. Mas o trabalho nessas minas era de tal modo ingente que exigia a escravização de povos aborígines nos dois continentes. Quaisquer que fossem os motivos religiosos que impulsionavam aqueles primeiros monges-guerreiros navegantes – propagar o Evangelho? Descobrir uma rota marítima para Jerusalém? – o motivo econômico determinava o resultado mais importante. Quer dizer, o sistema escravocrata foi uma decorrência inevitável da busca europeia de tesouros, e a longa história de escravidão do posto avançado de Gana enfatiza isso.[7] Como era proibido escravizar pessoas batizadas, os nativos não eram nem forçados nem convidados a se converter ao cristianismo. Eles eram necessários para extrair o lucro da mina do cristianismo, e eles fizeram isso às dezenas de milhares. Tudo isso pelo "Ide e batizai todos os povos". Uma vez mais, a religião voltava-se contra si mesma.

Entretanto, numa guinada imprevista, a rápida importação de prata e ouro enriqueceu de tal modo os espanhóis e os portugueses que sua motivação econômica para a manufatura e a agricultura de base doméstica diminuiu. A maré alta da riqueza mineral possibilitava-lhes simplesmente adquirir tudo de que precisavam nos mercados além dos Pirineus. Assim, o sucesso financeiro da exploração marítima e dos descobrimentos ibéricos levava em si as sementes de um futuro empobrecimento econômico ibérico. O empobrecimento *cultural* se seguiria à extinção da *convivência,* a substituição derradeira de uma cultura tripartite mutuamente enriquecedora por uma cultura unívoca estagnante de uma religião intolerante. Não tanto unidade quanto uniformidade. Associado a Colombo e ao banimento de judeus e muçulmanos, o ano de 1492 acabaria revelando-se um desastre histórico da Ibéria duplamente pernicioso.

Mais imediatamente, o encontro europeu com o Novo Mundo gerou a chamada troca colombiana,[8] com a Europa recebendo benefícios estupendos como milho e batata, culturas excepcionalmente férteis que proporcionavam novas fontes cruciais de nutrição para uma população europeia em rápido crescimento. De fato, a batata, logo presente em toda parte, acelerou esse desenvolvimento. Em troca, os povos nativos da América recebiam, para dar um exemplo triste, cavalos, que serviam principalmente como máquinas militares em competições que eles perdiam. A América também recebia bovinos e ovinos que – outra tristeza – exigiam a construção de cercas em grandes extensões de terreno para pastoreio, a introdução europeia da propriedade da terra. O que, porém, acima de tudo, as populações indígenas do hemisfério ocidental receberam na troca colombiana foram vírus contra os quais seus sistemas imunológicos eram indefesos, o que resultou na morte de dezenas de milhares deles nas primeiras gerações após a chegada dos europeus. A população do México caiu de 25 milhões em 1517, quando os europeus lá chegaram, para 1,5 milhão um século depois.[9] Apesar dos vírus, o que possibilitou aos europeus domínio esmagador sobre os nativos aonde quer que fossem foi a tecnologia da arma de fogo, que lhes permitia matar a distância. (Em contraste com o sucesso dos exércitos islâmicos que haviam expandido seu domínio do século VII ao XV não pela superioridade tecnológica, mas por uma motivação orientada, seu senso oniabrangente da unicidade com Deus.)

Diferentemente dos espanhóis e dos portugueses, o motivo dominante dos aventureiros ingleses e holandeses competidores não era a obtenção de ouro, mas o estabelecimento do comércio. Suas empresas coloniais, ainda sustentadas pela arma de fogo, enriqueciam continuamente – estimulando a economia doméstica em vez de reprimi-la.[10] Mas essa diferença leva à grande mudança cultural que ocorreu quando tudo isso chegou ao apogeu no século XVI: o cisma europeu entre o norte e o sul, também conhecido como Reforma. A procura de comércio, em oposição à mera aquisição de ouro, foi reforçada por ideias expressamente religiosas, de modo especial as associadas a João Calvino, cujo pensamento teve grande importância tanto para a economia quanto para a teologia. Onde Lutero havia visto o mundo pecador como abandonado por Deus – *Deus absconditus* – Calvino o viu como a oficina de Deus. Nessa oficina, o povo de Deus eram operários cuja tarefa consistia em redimir o mundo, com todo empenho possível. Assim, a questão toda girava em torno do trabalho, e não apenas da riqueza que ele gerava. Trabalho e riqueza juntos eram a manifestação das bênçãos divinas. A importação de ouro pela Espanha católica envolvia pouco ou nenhum esforço para os que enriqueciam com ele (ao contrário daqueles cuja labuta o extraía da terra), razão por si só suficiente para que os calvinistas do norte a desaprovassem.[11]

A revolução religiosa – o rompimento "protestante" com Roma que começou com Martinho Lutero em 1517 – foi apenas o aspecto mais espetaculoso da profunda remodelação da mente humana que ocorria nesse exato momento na Europa. Novamente a história poderia ser contada como uma das tentativas da religião para resistir à violência, em nenhum lugar sugerida de modo mais eloquente do que na crítica veemente de Lutero à opressão católica dos judeus, a qual, com a Inquisição, tornava-se cada vez mais intensa. Já num passado distante o antijudaísmo definira a traição do cristianismo ao seu fundador, e agora, com uma nova ênfase à "pureza do sangue", o preconceito religioso estava se transformando em racismo. O antijudaísmo estava se tornando algo ainda mais venal – algo que mais tarde se chamaria antissemitismo. Lutero percebeu que as atitudes cristãs com relação aos judeus eram errôneas e perigosas. Em 1523, ele publicou "Jesus Nasceu Judeu", refutando a ideia comum de que Jesus não era judeu. Lutero denunciou pregadores que culpavam os judeus pela morte de Jesus e repudiou a ideia de que os judeus eram inferiores aos cristãos. De modo a chamar atenção, ele dizia que os judeus estavam certos em ter resistido aos esforços cristãos para convertê-los. Dentre todos os pecados católicos que ele censurava com toda energia, nenhum rivalizava com o apoio da Igreja à violência antijudaica.

Mas num exemplo clássico de uma dinâmica agora conhecida, tudo isso se inverteu quando os judeus, insensíveis ao favor, não abraçaram a versão de Lutero para o Evangelho. O resultado foi pura ira. Em 1543, ele publicou "Sobre os Judeus e Suas Mentiras", um dos textos mais antissemitas jamais escritos. Lutero defendeu a queima das sinagogas e declarou que os judeus deviam ser "proibidos sob pena de morte de louvar a Deus, dar graças, rezar, e ensinar publicamente entre nós e em nosso país".[12] O "nosso país" de Lutero, naturalmente, era a Alemanha nascente, e em nenhum outro lugar essa demonização antijudaica se abateu com ímpeto maior – e de modo mais permanente – do que lá. Na verdade, Lutero estava repetindo o padrão do passado remoto. Sua diatribe se fez ouvir pouco antes do Concílio de Trento, convocado em 1545, que consolidou a rejeição católica das suas reformas, uma derrota final de seu propósito inicial, que fora o de mudar toda a Igreja, não dividi-la. Na derrota, ele procurou um bode expiatório e o encontrou nos judeus. Uma vez mais o impulso religioso passara da não violência para a violência.

Lutero deu expressão intensamente pessoal a um fermento cultural mais amplo que, como no caso dele, começou como uma manifestação extraordinariamente positiva de criatividade humana. Entre os gênios cujas vidas e pensamento se sobrepuseram naquele período crítico estavam Nicolau Copérnico (1473-1543), que teorizou que a Terra girava ao redor do Sol, não o contrário, sugerindo que o ser humano não era o centro do universo; Michelangelo (1475-1564) que, todavia, situou a centelha da grandeza divina (o dedo estendido de Deus) na imaginação humana; João Calvino (1509-1564), cujas ideias atiçadoras do comércio promoveriam o individualismo, o capitalismo e a democracia representativa; Giordano Bruno (1548-1600), um monge cuja crença na infinitude do cosmos significava que a onipresença de Deus transcende a Igreja, e até mesmo a Terra; Johannes Kepler (1571-1630), cujas formulações matemáticas em apoio a Copérnico desenvolveram uma linguagem universal da física; Galileu Galilei (1564-1642), cujas observações ao telescópio provaram a teoria de Copérnico; William Shakespeare (1564-1616), para quem a ordem moral foi criada não pelo julgamento de Deus, mas pelos elos dramáticos da escolha pessoal, de suas consequências, e pela escolha seguinte, ainda mais grave; Thomas Hobbes (1588-1679), que via o interesse egoísta como primordial e propôs a cooperação baseada nesse interesse como novo fundamento para a política; Baruch de Espinosa (1632-1677), cuja rejeição da violência sancionada por Deus, em seu revolucionário *Tratado Teológico-Político*, remodelou tanto a política como a religião; John Locke (1632-1704), cuja fé na razão humana era infinita, e infinitamente cativante; Isaac Newton (1642-1727), que reuniu observação, experimentação e dedução num método científico sistemático; René Descartes (1596-1650), para quem a pessoa consciente de si é a razão e o fim último da verdade.

Desse rol, talvez Espinosa, rejeitando a violência sagrada *como sagrada*, seja o mais importante. Ele introduziu a ideia de que o poder do magistrado e a consciência do cidadão pertenciam a esferas distintas, razão por que os separou com aquele hífen importante no título do seu tratado. A solução de Espinosa para a tensão foi dar primazia ao poder do estado, não à autoridade religiosa,[13] mas a ideia embutida naquele hífen acabaria por se desenvolver na democracia liberal e em seu componente fundamental, a separação entre Igreja e Estado. A ideia não chegou a Espinosa do nada, porém, e sim resultou da experiência de um abuso magistral onidirecional em nome da religião.

Baruch de Espinosa nasceu em Amsterdã, filho de refugiados judeus da Inquisição de Portugal. Sua avó paterna fora queimada na fogueira. Ele mesmo foi investigado (portanto, ameaçado) pelos espiões da Inquisição. Mas os católicos estavam longe de ser seu único problema. Ele era considerado ateu pelos governantes calvinistas da república holandesa, que, não satisfeitos em interditar suas obras, exilaram-no. Um sínodo da Igreja

Reformada denunciou-o como "judeu renegado e Demônio". Em seguida, suas afirmações sobre a imanência de Deus na natureza e o seu repúdio ao Deus antropomórfico predominante entre os judeus e entre os cristãos, tornaram-no *persona non grata* entre seus coirmãos judeus, alguns dos quais o denunciaram como panteísta, enquanto outros acompanharam os calvinistas, que o consideravam ateu. A sinagoga de Amsterdã, censurando suas "opiniões e atos malignos", excomungou-o (o que o levou a mudar o nome de Baruch para Benedito).[14]

Para onde quer que Espinosa se voltasse, algum poder religioso sancionado pelo estado se impunha sobre sua consciência. Sua rejeição dessa imposição era um ensaio geral de um único homem para o que no futuro receberia o nome de direitos humanos. Espinosa era uma palheta de todas as cores da intolerância, e sua resposta para absolutos conflitantes, cada um dos quais invocava apoio divino, era ver através deles. Em uma época que aprendia a ficar obcecada com o fato, a preocupação de Espinosa começou e terminou com o que restou depois que todos os fatos haviam sido catalogados e definidos. Ele se recusou a tratar Deus como um fato, e se recusou igualmente a tratar o mistério da sua própria vida interior como um fato. *Mero* fato. Essas recusas fizeram dele um herege – o que a pesquisadora Karen Armstrong chama "a primeira pessoa na Europa a viver além do alcance da religião estabelecida"[15] – mas também o transformaram no homem mais verdadeiramente religioso da sua época.

De certo modo, a crítica da modernidade à religião começou com Espinosa. O que a modernidade esqueceria, porém, é que sua crítica à religião, como a crítica de Espinosa, inspirava-se nos valores fundamentais da tradição bíblica em que ambas amadureceram. A modernidade inventou uma ideia de religião a respeito da qual a Bíblia nada sabia: uma realidade humana distinta que existe isolada da organização social, do poder do governante, da moldura cultural da vida diária. A Bíblia admite que Deus subsiste em todas as coisas, mas ao mesmo tempo insiste tanto na alteridade de Deus a ponto de definir a feitura de imagens como tentação à idolatria. A ideia que a modernidade tem da religião, como veremos, cai nessa tentação.

É força da condição humana, não sua fraqueza, ter suas raízes no mistério. Por isso, toda imagem que os humanos têm de Deus, inclusive as da Bíblia e dos Evangelhos, não corresponde a Deus. Essa era a boa-nova que, na época de Espinosa, as facções religiosas em conflito, cada uma com sua representação de Deus, não queriam ouvir. De modo semelhante, a Bíblia insiste tanto na interioridade infinita da consciência a ponto de torná-la o lugar onde Deus encontra cada indivíduo. Por isso, a identidade individual é sagrada. A Bíblia admite que a história se encaminha para algum lugar, o que gerou a ideia de progresso peculiarmente ocidental – e fortalecedora. Essa ideia, por sua vez, produziu inovações na organização social e na tecnologia que tornaram o progresso real. E a predisposição bíblica para a razão em si – visto que a Bíblia não é nada mais do que raciocínio sobre Deus – levou ao triunfo da razão tanto na política (basicamente democracia autocrítica) como na ordem econômica (capitalismo). Os denunciantes da religião mais ardorosos da modernidade, desfraldando bandeiras de "direitos" e "razão", operavam dentro de uma estrutura intelectual e ética que era em si mesma produto da religião bíblica. Mas os críticos modernos esqueceram isso. Ter-se a profecia tornado secular não a fez menos profecia, até porque os abusos da religião tornaram a crítica profética mais urgente do que nunca.

A Europa pós-Reforma, em seus absolutos conflitantes, foi o ataque a Espinosa em escala maior e de forma sangrenta. A sufocar toda a invenção criativa da época estava a realidade brutal das mais violentas guerras religiosas da história – ou, melhor, das que são lembradas como guerras religiosas. Os cristãos, como vimos, lembram a história de Jesus e da Igreja primitiva sem a hiperviolência da guerra romana contra os judeus – uma guerra que na primeira fase matou Jesus e na segunda forçou a igreja e a sinagoga a se separarem. Vimos como essa amnésia cristã distorceu o sentido dos Evangelhos, especialmente moldando o próprio povo de Jesus como seu inimigo mortal, e os romanos, por comparação, como seus amigos. Ou seja, a civilização ocidental desvia o olhar da sua origem primordial na violência e na confusão com relação ao que aquela violência envolvia. Como os Evangelhos contam uma história dos seguidores de Jesus contra "os judeus", como se os romanos não fizessem parte da violência, a memória moderna faz algo parecido no modo como lembra os conflitos da Reforma.

Na era pós-religiosa em que os estados liberais "iluminados" se autodistinguiam das teocracias primitivas que haviam sido superadas, a ênfase foi sempre dada ao elemento religioso que definiu muitos dos conflitos europeus violentos dos séculos XVI e XVII. Assim, a polêmica baseada na Bíblia, com a excomunhão mútua e o martírio ocasional introduzidos – ou o massacre sancionado pelo pregador – significava que as guerras eram em torno da doutrina irracional, e não debates racionais sobre valores importantes. Os envolvidos consideravam que as guerras criminosas da Reforma eram alimentadas por disputas teológicas abstratas, embora rudes: abuso de indulgências, graça *versus* obras, predestinação, número correto de sacramentos, celibato do clero, primazia das escrituras frente à tradição, e assim por diante. Jesuítas matreiros debruçados sobre atris argumentando com teólogos de Genebra em púlpitos elevados. Acima de tudo, as guerras religiosas eram travadas entre protestantes e católicos.

Então é isso? Na verdade, aquelas guerras eram tanto em torno de centros de enriquecimento econômico em vias de mudança e em torno de poderes de estado emergentes – poderes seculares – quanto em torno de doutrina. Reinos católicos, como a França do cardeal Richelieu, lutavam lado a lado com reinos protestantes, como a Suécia luterana. A Guerra dos Trinta Anos (1618-1648), chegou ao auge como uma guerra entre o Império Habsburgo e a dinastia dos Bourbons, as duas forças católicas mais poderosas da Europa.[16] Se as guerras "religiosas" eram assim lembradas erroneamente, o fato servia aos interesses dos que lembravam erroneamente – principalmente governantes para os quais o descrédito de *todas* as igrejas era útil para chegarem ao poder, no que um período subsequente reconheceria como berço do nacionalismo. No século XIX, essa dinâmica produziria declarações segundo as quais o estado moderno, livre do primitivismo religioso, deixara a guerra irracional para trás. Se um estado moderno fosse à guerra, mesmo que se tratasse da União contra a Confederação, de democracias contra impérios na Primeira Guerra Mundial, ou, nesse aspecto, da União Soviética contra seu próprio povo, seria inevitavelmente uma guerra racional, dado seu caráter secular, não religioso.

Mas a memória moderna não faz justiça ao início das "guerras religiosas" dos séculos XVI e XVII por outras razões. Em primeiro lugar, a angústia e o desespero daqueles anos excediam a capacidade de qualquer língua para traduzi-los. As guerras não foram lembradas como aconteceram realmente porque não existia vocabulário compatível com a escala de sofrimento. Um instinto de negação dominou a cultura de miséria multifacetada, mas o fato permanece: a escala de violência foi sem precedentes.

Começando quase imediatamente após a divulgação das teses de Lutero por meio de cartazes, com a chamada Guerra dos Camponeses na Alemanha (1524-1525), que resultou na morte de aproximadamente 100 mil pessoas destituídas de seus direitos, a Reforma envolveu uma série interminável de confrontos brutais.[17] Não apenas camponeses, mas príncipes, reis, rainhas, imperadores, abades, bispos, papas e a classe burguesa em ascensão, todos encontravam justificativa para a selvageria em apelos devotos à vontade de Deus, mesmo se implicitamente o conflito tivesse mais a ver com a incubação dos novos centros de poder do que com a defesa de um cristianismo em esmorecimento.

Na memória popular, sim, por um lado, Thomas More teve a cabeça decepada por não apoiar o divórcio de Henrique VIII, e sim, por outro, um número considerável de huguenotes franceses foi massacrado no Dia de São Bartolomeu,[18] mas esses fatos famosos não eram exceções nem casos particularmente notórios. (Quem, hoje, ouviu falar do Saque de Magdeburgo, em 1631? Todavia, mais de 30 mil homens, mulheres e crianças foram massacrados nessa ocasião.) Na verdade, a devastação foi geral. Uma nova ordem social estava surgindo, trazendo com ela o estado-nação, a economia de mercado, empresas manufatureiras, o método científico e instituições financeiras além-fronteiras. As revoluções política, social e econômica subscreveram de tal modo a violência que é leviano e enganoso pensar nesses conflitos simplesmente como "guerras de religião".[19] Mas, sem dúvida, fazer isso, destacar as vilanias da religião, significa que os fatores político, social e econômico podem passar ilesos, sem críticas.

Mas veja. Se a supremacia do papa era questionada, também era questionado o direito divino dos reis. Se o clero podia desafiar os bispos, agricultores arrendatários queriam desafiar os senhores de terras. Se a Bíblia podia ser impressa no vernáculo, por que seus modelos evidentes de justiça social não podiam ser aplicados entre os crentes alfabetizados que agora podiam eles mesmos lê-la? Nesse aspecto, se o Deus Onipotente podia sujeitar-se a fazer aliança com o seu povo, por que um pacto mutuamente acordado não podia definir a relação entre governantes terrenos e governados? Se sacerdotes e reis estavam sujeitos à lei, quem iria supervisionar os advogados recentemente imbuídos de poder (como More e Calvino)? E o que acontecia quando os que reivindicavam o direito de discordar da ortodoxia se defrontavam com dissidentes dentro de suas próprias fileiras?

Quando o estado se definiu em termos de denominação religiosa (como depois da Paz de Augsburgo em 1555 e da Paz de Vestfália em 1648), o que costumava ser simples heresia se tornou traição. Uma ordem hegemônica antiga (centrada nos vestígios dos Habsburgos do Sacro Império Romano) estava cedendo nessa época a uma nova ordem, dispersa e multifacetada – que foi inevitavelmente percebida como uma espécie de desordem. Saindo da Idade Média, quando todo autoentendimento era de alguma forma religioso, era certo que as fissuras fumegantes causadas por essas mudanças tectônicas no solo cultural da Europa alimentariam mais conflito. Talvez o último vestígio do modo como a visão religiosa medieval transpôs tudo isso esteja na forma como aquele conflito é lembrado apenas como "as guerras religiosas" quando de fato muitos outros fatores estavam envolvidos.

A questão mais ampla é que o conflito que moldou a modernidade era inexoravelmente extremo. Onde antes as guerras consistiam em exércitos de príncipes lutando no alto das colinas, enquanto as populações civis continuavam suas tarefas nos vales, agora sociedades inteiras envolviam-se na luta, e o campo de batalha estava em toda parte. Nas Guerras Religiosas da França (1562-1598), protestantes lutaram contra católicos e morreram entre dois e quatro milhões de pessoas. Na Guerra dos Trinta Anos, em geral definida como tendo sido travada entre a União Protestante e a Liga Católica, e que provocou destruição do Báltico até a Espanha e da Holanda até a Áustria, morreram entre quatro e sete milhões de pessoas. Na guerra civil britânica (1641-1652), quase 200 mil pessoas morreram na Inglaterra, mais de 50 mil na Escócia e entre 400 mil e 600 mil na Irlanda. Em pogroms associados na Polônia e na Ucrânia (1648-1654) mais de 100 mil judeus foram mortos em nome de Cristo. As guerras de caça às bruxas contra mulheres agitaram a Europa entre 1560 e 1670, com execuções sancionadas totalizando entre 40 mil e 100 mil.[20] Esses números de mortes violentas nos séculos XVI e XVII, executadas principalmente com facas, machados, lanças e enforcamentos, fazem os totais ainda maiores de assassinatos em massa do século XX parecer quase sem importância.

Quando o elemento religioso se destacou, as guerras eram bem pessoais. Católicos enfiaram páginas da Bíblia de Genebra nas entranhas de protestantes estripados.[21] Onde puderam, como na Irlanda, exércitos protestantes envolveram-se no que mais tarde se chamaria genocídio, massacrando centenas de milhares de camponeses católicos, de povoado em povoado, um a um – apresentando como justificativa a lealdade dos campônios ao Anticristo em Roma. Não só os combatentes denominacionais diziam que o Deus guerreiro estava de volta; diziam isso especialmente os contestadores que sustentavam não se preocupar com Deus, o que também lhes permitia afirmar que, por comparação, seu próprio exercício de poder secular era benigno.

2. Separatistas

E por que crentes piedosos não desejariam se livrar de tudo isso? Em março de 1630, quase na metade da Guerra dos Trinta Anos, uma pequena frota transportando aproximadamente setecentas pessoas zarpou de Yarmouth, Inglaterra, com destino ao Novo Mundo. A nau capitânia se chamava Arbella, nome da esposa de um dos líderes do grupo. Eram os chamados Puritanos, e conquanto fossem dissidentes das práticas predominantes e das crenças da Igreja da Inglaterra, o motivo que os movia não era abandoná-la de todo. Antes, estabelecendo uma comunidade modelar numa terra incontaminada distante, pretendiam oferecer uma imagem do que devia ser uma igreja pura. Nisso eles diferiam dos seus predecessores, os Peregrinos, que haviam desembarcado na Baía de Massachusetts uma década antes a bordo do Mayflower, um contingente não apenas de separatistas, mas também de rejeicionistas, fanáticos cujo objetivo era livrar-se de todos os desvios e desmandos da Igreja da Inglaterra. O que indignava conscientemente ambos os grupos não era a cumplicidade da Inglaterra com a violência europeia orgiástica de cristão contra cristão. De fato, a escala de guerras travadas no continente dependia da convicção quase universal de que, por mais complexas que fossem as causas ocultas da desordem política e econômica, o caos social era simplesmente o caos do próprio Deus, o modo de redenção divina. Mas havia um impulso inconsciente por trás do separatismo?

A objeção clara dos dissidentes à Igreja da Inglaterra, de fato, era a de que ela não fora reformada suficientemente – numa palavra, continuava papista demais. Embora tivesse rompido com Roma – sabidamente em torno de um século antes com os divórcios de Henrique VIII – o anglicanismo não rompera com Canterbury. Durante o reinado de Elizabeth I

(1558-1603), Canterbury havia encontrado uma espécie de território neutro entre os extremos dos radicais de Genebra e os elementos influentes da aristocracia britânica que permaneciam mais ou menos leais a Roma. A Igreja da Inglaterra era considerada "protestante", mas na sua organização política (estatuto dos bispos), na sua liturgia (sacramentos, inclusive a crença na presença real de Cristo na Eucaristia), no seu livro de orações (conjunto de orações, em vez de expressão oral espontânea), e mesmo na sua Bíblia (sujeita à interpretação episcopal, em vez de liberdade de cada fiel para interpretá-la), Canterbury era excessivamente romana: impura.

Não se tratava, como normalmente se lembra, de uma simples questão de preconceito contra os católicos, como se os puritanos fossem uma seita esquisita cuja religiosidade produzira uma demonização perversa do papa e de tudo o que revelasse ressaibos da sua influência. Como demonstraria a guerra civil de meados do século entre os Cabeças Redondas (*Roundheads*, por causa dos cabelos curtos usados pelos puritanos) e os monarquistas, o puritanismo era um movimento britânico predominante. Entre 1620 e 1640, antes do desfecho da guerra civil, cerca de 20 mil puritanos realizaram a difícil viagem até Massachusetts Bay Colony, uma peregrinação inspirada por profunda objeção consciente. Nessa motivação religiosa, os colonos da Nova Inglaterra, viajando em unidades familiares e separando-se de sua terra natal, eram diferentes dos aventureiros ingleses – a maioria homens sem família – que na mesma época estavam criando postos avançados na Virgínia como comerciantes e empreendedores. Os ingleses da Virgínia, desejando não uma ruptura, mas a continuidade, procuravam reproduzir o estilo de vida e a cultura que haviam deixado para trás. A Igreja da Inglaterra, por exemplo, se estabeleceria firmemente ali. Com a prosperidade rápida e com a chegada de suas famílias na Virgínia, vieram perucas empoadas, calções de cetim e louças de porcelana, um arremedo necessariamente primitivo da opulência elisabetana que não encontraria equivalente na singela Nova Inglaterra.

A objeção puritana a todas as coisas romanas tinha suas raízes na única corrente mais forte, e menos compreendida, da Reforma Protestante: em direção à realização milenária dos propósitos de Deus. E aqui chegamos ao ponto importante. A reforma da Igreja cristã não era nada menos do que a precondição para o retorno do Messias e o prelúdio para o Fim dos Tempos e o reino de Deus na Terra. O desafio protestante a uma antiga ordem que, durante aproximadamente mil anos – desde Constantino, mesmo que os protestantes estivessem vagamente conscientes dessa história – fora entendida como desejada por Deus, era tão perigosamente extraordinário a ponto de exigir uma sanção compensatória, algum testemunho de que essa revolta sacrílega era ela própria vontade de Deus. Essa sanção foi encontrada no primeiro ato da rebelião protestante, que era *ler a Bíblia*. O livro que não apenas justificava, mas ordenava o sacrilégio, primeiro de Martinho Lutero, e depois da massa dos seus seguidores, continha a indicação decisiva para a nova vontade de Deus – e não era a indicação exatamente aquele período de mil anos?

O Apocalipse era o compêndio protestante e o manual militar. "Vi então um Anjo descer do céu, trazendo na mão a chave do Abismo e uma grande corrente. Ele agarrou o Dragão, a antiga Serpente – que é o Diabo, Satanás – acorrentou-o por mil anos e o atirou dentro do Abismo, fechando-o e lacrando-o com um selo, para que não seduzisse mais as nações até que os mil anos estivessem completos. Depois disto, ele deverá ser solto por pouco tempo."[22] Com sua narrativa bifurcada da guerra cósmica entre as forças de Deus e as de Satã, com o próprio Cristo no comando de um exército exterminador, o Apocalipse revelou-se a justificativa de que os rebeldes agitados precisavam. As cronologias do texto são misteriosas e confusas – mil anos aqui, mil anos ali – mas o cronômetro podia ser ajustado para se adaptar à experiência tumultuada.

O que necessitava de maior precisão era a identificação da "antiga serpente", do "Anticristo", da "Prostituta da Babilônia", da "Besta do Apocalipse" – e os protestantes sabiam exatamente quem era. Lutero havia entrado rapidamente nessa polêmica, especialmente na sua brilhante diatribe "Do Cativeiro Babilônico da Igreja".[23] Tanto a Bíblia de Genebra como a Confissão de Westminster identificavam explicitamente o papado como a Prostituta da Babilônia. Mas quando foram lançados contra Roma, esses epítetos não eram, como o ouvido moderno os ouve, meros insultos, atacando perversões variadas. Eles eram designações de uma presença satânica no mundo predita na Bíblia, cujo objetivo era enganar os cristãos e levá-los à perdição eterna. O catolicismo romano era a estratégia do demônio para "enganar as nações" e derrotar Deus. Assim, a derrota do catolicismo justificava toda medida de sangue, toda escala de destruição, todo ato de extermínio. Os protestantes estavam libertando a Igreja do seu cativeiro e cada cristão de sua condenação. A Reforma, então, era a redenção na história e da história, realizada por um novo povo eleito que, como antigamente, era convocado para travar a guerra de Deus.

João Calvino encontrou a mesma justificativa no Livro de Daniel, que ele chamava de espelho da época. Daniel, como vimos, precedeu o Apocalipse prevendo uma guerra apocalíptica, com o "Filho de Homem" no comando de exércitos de anjos. Calvino começou como um homem esperando uma solução pacífica para as controvérsias da Reforma – seu livro, *Institutas da Religião Cristã* não contém referências violentas – mas também seus impulsos eram basicamente definidos pela guerra. Ele conclamava seus seguidores a estarem prontos a morrer "para defender a glória de Deus". E para matar. A ideia de Calvino de abrandar a violência sagrada acabou sendo sintetizada na sua preferência por degolar os hereges em vez de queimá-los na fogueira.[24] E a massa cada vez maior de hereges o merecia. O fato de que "uma multidão tão grande deve perecer propositalmente... não precisa nos preocupar", ele escreveu por fim com serenidade confiante.[25] O impulso apocalíptico chegara uma vez mais para dominar a imaginação religiosa.

Para os protestantes, com sua devoção aos textos apocalípticos recentemente disponíveis (por serem impressos e lidos), "como antigamente" significava o tempo de Jesus, o tempo do seu retorno iminente, mas na verdade eles estavam dando expressão à febre milenária da violência redentora, como os cruzados haviam feito apenas meio milênio antes. Como nas Cruzadas, esses rios de sangue que as guerras da Reforma criaram só podiam continuar correndo se fossem sancionados por Deus. Mil anos de violência seriam seguidos por mil anos de paz, e esse momento decisivo havia chegado. A destruição em si era tanto a precondição necessária quanto o sinal da purificação há muito protelada da Igreja e do estabelecimento final da justiça e da paz divinas – o verdadeiro milênio. Destruição, portanto – sem restrições!

Essa era uma visão decididamente protestante, mas os católicos, defendendo não a Prostituta da Babilônia, mas a Noiva de Cristo, estavam mais do que prontos a igualar as apostas da violência e a aumentá-las. E assim as coisas se passaram durante quase um século. Mas essa situação levou a um problema claramente protestante: se essa era a batalha cósmica finalmente iniciada – anjos contra demônios – por que, depois de todo esse tempo, os demônios não haviam sido derrotados? A iniquidade papal vivia e continuava a infectar todo o Corpo de Cristo: essa era precisamente a acusação que os puritanos do século XVII levantaram contra a Igreja da Inglaterra. Os livros de oração de Canterbury, os sacramentos e os bispos mitrados não eram apenas lapsos teológicos; eram ciladas do demônio, e *essa era a razão* por que deviam ser rejeitados. Os puritanos podiam também perceber as guerras religiosas brutais, e ainda indefinidas, espalhando destruição por toda a Europa, como mais um ato no drama apocalíptico. Se os quatro cavaleiros do apocalipse – conquista, guerra, fome e praga – já haviam sido soltos, essa liberação se dera naquele momento, e a violência desses cavaleiros era ela mesma prelúdio e sinal da chegada definitiva da paz milenária.

Na visão puritana, o clímax da história seria alcançado com a designação de Deus de um novo povo escolhido, uma categoria bíblica que podia animar e santificar a noção do Eleito, de João Calvino. Essa teologia era uma versão distante da rejeição de Lutero das "obras" pela "fé", uma convicção de que determinadas pessoas se sobrelevam a outras em virtude da misericórdia de Deus – para ser "santas e imaculadas e irrepreensíveis diante Dele".[26]

Essa ideia calvinista de eleição, quando definida politicamente no Novo Mundo, influenciaria para sempre, para o bem e para o mal, a compreensão que os Estados Unidos teriam de si mesmos. Mas a primeira consequência da eleição foi a vocação para uma revivência literal do êxodo, uma peregrinação de saída do cativeiro, travessia do mar e entrada no deserto, de onde finalmente sairiam para entrar na nova Terra Prometida, que a providência de Deus acabara de lhes tornar acessível *naquele preciso momento*. Novamente, a terra era o selo da aliança, a prova da eleição. O gancho de terra na extremidade de Cape Cod, as florestas luxuriantes na Baía de Plymouth, as colinas declinando até transformar-se numa enseada perfeita em Boston, a vastidão territorial sem pretendentes em direção ao oeste infinito: "a terra que lhes darei". Os puritanos sabiam ler os sinais dos tempos, não como tipologia ou analogia, do modo como cristãos anteriores haviam lido, mas como realidade vivida. Eles conheciam suas escrituras suficientemente bem para admitir que esse povo eleito, com sua missão redentora de salvar a Igreja impura por meio do resgate de sua Reforma titubeante para finalmente estabelecer o reino de Deus na terra – que esse povo eleito eram eles mesmos.

O Novo Mundo estava ali para eles. E o milênio deixou de ser um mero fenômeno do tempo para ser o lugar em que o tempo se cumpriria. *Este lugar.* Os puritanos do Novo Mundo eram o remanescente que Deus decidira arrancar da "destruição exterminadora" dos conflitos religiosos do Velho Mundo ou, como disse um dos seus líderes, o remanescente que Deus decidira "salvar da calamidade geral" das guerras cruéis da Europa – do mesmo modo que nos tempos bíblicos o Senhor resgatara Noé e seu clã levando-os a flutuar na Arca.[27] "*Este* é o lugar", anunciou o líder, "onde o Senhor criará um Novo Céu e uma Nova Terra."[28] Esse líder era John Winthrop – outro advogado – e ele estava no comando da pequena frota de navios em comboio com o *Arbella*.

Para entrar na imaginação desse povo, depois de meses atravessando um mar revolto, rumo a um continente indomado e ameaçador, o que lhes poderia dar a têmpera para perseverar? Somente um propósito transcendental, uma vocação divina – e era isso que eles tinham. Em junho de 1630, pouco antes de aportarem em Salem, Massachusetts (de onde logo se dirigiriam para o sul, para fundar Boston), Winthrop provavelmente proferiu seu famoso sermão: "Devemos pensar que seremos como uma cidade no alto de uma colina. Os olhos de todos os povos estão postos em nós."[29] Para Winthrop e seus ouvintes, os "olhos" que eles esperavam edificar incluíam os dos seus coirmãos cristãos que haviam ficado na Inglaterra. Eles queriam que sua colônia fosse um modelo de reforma purificada, esperando que fosse imitado em sua terra natal. Mas as apostas de sua missão haviam subido mais do que isso, e "todos os povos" eram agora seu objeto.

Para os puritanos, a "cidade no alto da colina" não era uma simples metáfora. Citação de Jesus,[30] a imagem se refere a Jerusalém – a paradigmática cidade no alto da colina. Dois mil e trezentos anos antes, a ideia de Jerusalém, lembrada pelos hebreus no seu exílio na Babilônia, havia redefinido o significado de Israel, para quem, daí em diante, Jerusalém seria a casa do Deus Único. Quando, 1.600 anos antes da viagem dos puritanos, os romanos destruíram Jerusalém, os judeus reconstruíram sua fé em torno de uma Jerusalém lembrada do passado, e os cristãos definiram sua esperança como a Jerusalém celeste do futuro. Na formulação de Santo Agostinho, no século IV, Jerusalém se tornou a "Cidade de Deus" mística, oculta; na Idade Média, porém, como vimos, a alegoria de Agostinho cedeu ao literal, com a Jerusalém terrestre novamente revelada como o local real da morte, ressurreição e retorno do Senhor. Uma Europa coesa, inflamada pela febre do milênio, passou a existir em torno da esperada retomada da Jerusalém ocupada pelos infiéis. A imaginação protestante foi estimulada exatamente dessa maneira literal.

Se o islã não desenvolveu um culto espiritualizado da cidade para comparar com o que judeus e cristãos fizeram, isso aconteceu porque, depois de Saladino, os muçulmanos nunca perderam o controle do lugar físico. Dominação terrena, de fato, significava que a cidade, mesmo continuando santa, podia também permanecer mundana. A consciência islâmica consolidou-se muito mais em torno de Córdoba, Badgá, Damasco, Cairo e Istambul do que em torno de Jerusalém. Meca, com sua Caaba, ao redor da qual os devotos circulavam e em cuja direção o Profeta se posicionava para rezar – distante de Jerusalém – formou o centro permanente da imaginação religiosa islâmica.[31] Mas para o cristianismo, Jerusalém, depois de definitivamente perdida para o islã no século XII, e repetidamente não recuperada por uma sucessão de Cruzadas fracassadas, emergiu como objetivo e incentivo do anseio europeu, modelando o propósito inclusive, quando ele despontou, da Era dos Descobrimentos. Como é evidente pelos já citados diários de Cristóvão Colombo, ninguém sabia mais onde terminava a cidade física e onde começava a fantasiada. Tudo o que as pessoas sabiam era que Jerusalém definia cada uma das suas esperanças.[32]

Século após século, Jerusalém se apresentava como o objeto de desejo dourado, até que finalmente a visão católica se transformou num programa de ação protestante. O esquema místico de Agostinho para a *Cidade de Deus* e sua leitura alegórica do Apocalipse foram abandonados em favor da intervenção literal de Deus na cidade do homem. A plenitude dos tempos chegara.[33] Ao pisar nas areias de Massachusetts Bay, os puritanos se percebiam abrindo nada menos do que o último capítulo da história da salvação. Sua chegada significava que a Nova Jerusalém seria fundada no Novo Mundo, um entendimento que serviria como coluna de sustentação permanente da imaginação americana.[34]

3. O Deus da Paz

A autocompreensão americana reserva lugar de honra ao mito do Peregrino, desde Plymouth Rock até a Cidade no Alto da Colina, como uma imagem reluzente de tolerância, pluralismo, liberdade religiosa e liberalismo. Perseguidos por suas crenças na Inglaterra, eles vieram para a América com o objetivo de asseverar a primazia do livre exercício da consciência – fundamento da democracia. Em parte, o mito inflama a imaginação americana pela simples e comum razão de que os intelectuais da Nova Inglaterra, que diziam ter vínculos biológicos e emocionais com antecedentes do *Mayflower* e do *Arbella*, dominaram a historiografia da nação durante seus dois primeiros séculos, traçando uma linha direta desde os colonizadores puritanos até o liberalismo democrático americano.[35] Mas o mito se consolidou, celebrado com rituais dos Peregrinos todo Dia de Ação de Graças e representando a expressão mais importante do consenso cultural da nação. E por que não? Refletindo uma amizade generosa entre europeus e povos nativos, o mito é irresistivelmente humano, mas contém igualmente algo de divino.

    A autoimagem dos colonizadores como o novo povo eleito repetindo a jornada do êxodo da opressão à libertação ocupou a imaginação deísta do próprio Thomas Jefferson que, quando solicitado a esboçar um selo nacional (ou brasão de armas) em 1776, propôs a figura do Mar Vermelho abrindo-se diante do povo de Deus.[36] "Nós, americanos, somos o povo peculiar, eleito", diria Herman Melville com rara concisão mais de um século depois, mostrando a profundidade que esse conceito alcança na psique americana, "o Israel do nosso tempo".[37] Refletindo esse destino traçado por Deus, John Adams escreveu em 1765, "Sempre considero a colonização da América com respeito e admiração, como a abertura de um grandioso cenário e projeto da Providência para a iluminação dos ignorantes e a emancipação da parte escravizada da humanidade em toda a terra".[38]

    O sinal de contradição aqui, sem dúvida, é a palavra "escravizada". Os primeiros escravos africanos chegaram na América do Norte em 1619, trazidos por comerciantes holandeses para a Virgínia um ano antes da chegada do *Mayflower*, e nada daquilo em que esses primeiros dissidentes ingleses acreditavam inibiria o aviltamento seja dos africanos seja dos nativos que os acolhiam. De fato, o padrão antigo, muito comentado, repetiu-

-se quando os Peregrinos resolveram o inevitável problema da discórdia entre eles mesmos por meio da projeção externa – o mecanismo do bode expiatório. Essa primeira geração de colonos da Nova Inglaterra, dadas as ameaças a que estava exposta naquela vastidão desolada, devia constituir uma comunidade assustada e insegura. Colonizações anteriores no Novo Mundo haviam fracassado e desaparecido precisamente porque aquilo que Thomas Hobbes chamava de "guerra de todos contra todos" arrebatara o melhor delas. Mas os puritanos acharam possível lidar com seu medo e com os próprios impulsos violentos, o que sociedades humanas sobreviventes vinham fazendo desde os tempos pré-históricos. Eles canalizaram esses medos e impulsos para o "outro".

John Winthrop foi um verdadeiro mestre na arte de promover a coesão da sua empresa sitiada ao qualificar os índios como inimigos de Deus. "Deus nos outorgou o direito de propriedade a este lugar", ele escreveu, justificando a violência contra os índios.[39] Quando uma epidemia devastadora de varíola, causada por vírus europeus, dizimou a tribo pequot, Winthrop, cheio de satisfação, a definiu como intervenção divina. Em 1636, quando quatrocentos pequots foram massacrados por uma incursão puritana, seu comandante, William Bradford, disse, "Foi terrível vê-los assando no fogo... mas a vitória pareceu um odoroso sacrifício".[40] A violência sacrifical, como antigamente, estava sendo redescoberta como forma de renovação. Enfrentando o índio infiel como "inimigo externo", Winthrop rapidamente identificou inimigos internos hereges, alvos na comunidade de peregrinos sobre os quais lançar – e descarregar – um espírito de tensa hostilidade generalizada. Tratava-se menos de *E pluribus unum* do que *Contra pluribus unum*. Mais uma vez, a uniformidade impondo-se à unidade. A contrariar qualquer ideia de que Winthrop estivesse conduzindo um experimento sobre tolerância religiosa estão as evidências da sua imposição brutal da ortodoxia puritana entre os colonizadores que repetidamente o elegeram governador. De fato, a dissidência religiosa em Boston logo foi definida como crime capital, com o centro do parque Boston Common transformado em patíbulo – de fato, o lugar do sacrifício paradigmático.

Na avaliação do consagrado historiador da Nova Inglaterra puritana, Perry Miller, John Winthrop "está no início da nossa consciência".[41] Mas aí também estão os que lhe resistiram. A forte contracorrente ao messianismo apocalíptico de Winthrop começou bastante cedo. De suma importância para a presente narrativa é o fato de que foram as mulheres que iniciaram essa resistência. A primeira delas, Anne Hutchinson, chegou em Boston com o marido e onze filhos em 1634, apenas quatro anos depois do *Arbella*.

Todo movimento sectário, nascido na exigência absoluta da dissensão justa, deve encarar o problema a ele inerente dos seus próprios dissidentes. Naquela época, talvez não fosse casual que os primeiros desafios à autoridade da Massachusetts Bay Company procedessem de membros que não participavam dela – as mulheres. Como devotos da Bíblia, os puritanos atribuíam os infortúnios da humanidade à mulher de Adão. As mulheres eram a causa do pecado. Alguns teólogos chegavam a se perguntar se elas tinham alma. Anne Hutchinson respondeu que sim. Ela discordava do modo como os pregadores puritanos interpretavam as escrituras e começou a levar sua Bíblia para as reuniões, mesmo de caráter profano, das mulheres. Então, enquanto estas, em seus grupos de tarefas, batiam a manteiga, cuidavam das crianças, fiavam, teciam e costuravam, Hutchinson as convidava a pensar em voz alta sobre suas crenças religiosas. Informais e ocasionais, essas trocas de ideias logo tomaram a forma de grupos de estudo da Bíblia, imediatamente condenados pelo corporativismo masculino. O confronto entre os líderes puritanos, especialmente John Winthrop, e Anne Hutchinson assumiu caráter religioso. Duas questões igualmente determinantes, porém, se apresentavam: o lugar das mulheres e a função do poder. Em 1637, Winthrop condenou Hutchinson por conduta "não condizente com seu sexo" e, em 1638, ela foi formalmente julgada pelo crime de "difamação dos ministros".[42] Considerada culpada, ela foi banida de Massachusetts.

O destino de Hutchinson em Boston poderia ter sido diferente – ainda mais infausto – se a rigidez da Bay Colony já não tivesse sido contestada por um dos seus membros mais ilustres. Roger Williams fora um puritano proeminente na Inglaterra. Depois de estudar para o ministério eclesiástico em Cambridge, ele exercera a função de tutor de John Milton e se opusera ao pai, eminente na Igreja da Inglaterra, em torno de questões religiosas. Em 1631, ele viajou para a América, fixando-se como ministro em Plymouth Plantation. Mas sua pregação, sempre em reação ao que ele encontrava no dia a dia, tornou-se imediatamente motivo de controvérsia. Se a Bíblia começava com a rara narrativa contada do ponto de vista dos que não tinham poder, dos bodes expiatórios e dos sacrificados, Williams resgatou instintivamente esse legado, rejeitando a violência religiosa em bases religiosas. Nisso, ele encarnava o caráter crucial da religião como modo de resistência à violência que ecoa através da história neste livro. Ele condenava o uso da violência contra os povos nativos, e também sustentava que eles deviam ser compensados pela terra que lhes fora extorquida. Quando os magistrados da colônia o questionaram sobre suas posições, ele se recusou a reconhecer-lhes qualquer autoridade sobre suas convicções religiosas pessoais ou de qualquer outro membro. "Liberdade da alma" era seu lema. Ele afirmava que a Igreja existia para proteger essa liberdade em nome de cada indivíduo. Ele queria "uma cerca ou muro de separação entre o Jardim da Igreja e a selvageria do mundo".[43] Em pouco tempo, Williams estaria sustentando que também os índios tinham alma – e, pagãos ou não, tinham direito à própria liberdade.

Em 1633, obrigado a deixar Plymouth, Williams foi para Salem. Mas suas declarações a favor dos índios e dos direitos de consciência não eram mais aceitas ao norte de Boston do que haviam sido ao sul. Além disso, a defesa da sua própria liberdade da alma se expandira, e ele via com clareza cada vez maior que os direitos que reivindicava para si mesmo pertenciam a cada pessoa. Ele assumiu o que tinha de ser recebido como uma posição verdadeiramente injuriosa: "Exalto o homem que, seja ele judeu, turco, papista ou o que quer que seja, não segue outro guia senão o que ousa sua consciência."[44]

Em 1635, o conselho administrativo de Salem condenou-o por ter "levantado e divulgado opiniões diferentes, novas e perigosas".[45] Realmente. Williams não foi tanto um profeta do que poderia chamar-se, anacronicamente, liberdades civis, quanto foi um opositor a interferências na consciência por parte de *toda* autoridade pública, sem oferecer prescrições de como essa autoridade poderia defender a consciência. Suas objeções unidirecionais ao comando do magistério tomaram sabor de anarquismo, por isso seu banimento não surpreende. Porém, ele plantou sementes de mais coisas do que sabia. Com uma dezena de amigos, Williams deixou Massachusetts e foi para o sul. Uma vez livre da autoridade de Bay Colony, seguindo o princípio que já havia pregado, ele comprou terras dos povos nativos que encontrou e fundou o que seria a Providence Plantation e a colônia de Rhode Island.

Em 1644, ano em que Rhode Island foi formalmente fundada, Williams publicou a obra que o imortalizaria na América, um tratado intitulado "The Bloody Tenent of Persecution" [O Princípio Sangrento da Perseguição]. O nosso tema encontra sua síntese e significado na proposição introdutória: "Primeiro, o sangue de tantos milhares de almas de protestantes e de papistas, derramado nas guerras do presente e do passado, por causa das suas respectivas consciências, não é exigido nem aceito por Jesus Cristo, o Príncipe da Paz." Ao longo de uma dezena de proposições semelhantes, Williams afirma que a perseguição "por causa da consciência" não se justifica; que os "oficiais da justiça" não são "os juízes, governadores ou defensores do espiritual"; que a "permissão da consciência" é concedida a todos; que a "espada" não deve ser usada contra eles. Williams parecia compreender tanto as implicações quanto os perigos da autoidentificação americana nascente como o novo povo escolhido, o que o levou a declarar que "o estado da Terra de Israel" é meramente "figurativo e cerimonial, e não é modelo" para nenhum "estado civil do mundo seguir". Ele tampouco evitou as grandes implicações teológicas de seu argumento, reconhecendo primeiro que "Deus não exige uma uniformidade de religião", uma vez que, como a história mesmo então mostrava, essa uniformidade exigiria a "destruição de milhões de almas" e, segundo, que nós, cristãos, devemos, portanto, "renunciar aos nossos desejos e esperanças de conversão dos judeus a Cristo". Essa renúncia, por razões já esclarecidas no Capítulo 4 deste livro, corta pela raiz qualquer espécie de intolerância e violência cristãs.

Em suma, a religião imposta desrespeita a vontade de Deus. A violência em nome de Deus é ímpia. Magistrados ou poderes civis que agem de outro modo "pecam gravemente contra a obra de Deus". As implicações de tudo isso não poderiam ser mais claras: a esfera civil e a esfera religiosa devem manter-se separadas. "Magistrados enquanto magistrados não têm poder para instituir a forma de governo da igreja... e igrejas enquanto igrejas não têm poder de erigir ou alterar formas de governo civil." O magistrado assegura "permissão e proteção", se não aprovação, até mesmo a uma falsa religião, pois o que ele protege não é a falsidade, mas a pessoa que, em consciência, acredita nela. A autoridade civil existe para proteger a consciência dos cidadãos, ponto final. Tudo isso Williams afirma em nome do "Deus da Paz".[46]

Roger Williams compreendia perfeitamente o que escreveu em 1644, fato implícito num detalhe do alvará de criação da colônia de Rhode Island, lavrada naquele mesmo ano. Ao requerer esse alvará, ele havia incluído como sócia a fugitiva de Boston, Anne Hutchinson, a quem acolhera em Rhode Island em 1639. Infelizmente, antes ainda da entrega do documento, ela se mudara para territórios mais ao sul, onde colonizadores holandeses viviam conflitos graves com os povos nativos. Hutchinson e todos os seus filhos, com exceção de um, foram mortos pelos índios em 1643, na região do atual Bronx.[47] Por causa da sua parceria com Roger Williams ela é a única mulher considerada fundadora de uma das colônias americanas.[48]

Os índios não eram os únicos que matavam mulheres inglesas. Em 1641, a Inglaterra aprovou uma lei que tornava a bruxaria crime passível de morte, declarando guerra às mulheres que chegariam em Salem uma geração mais tarde. Antes disso, porém, a violência manifestamente antifeminina chegou a Boston na história do que aconteceu a uma das colegas de estudos bíblicos de Hutchinson, Mary Dyer. Ela também fora banida de Boston e encontrara refúgio na colônia de Williams em Rhode Island. Mas em 1652, ela retornou à Inglaterra, onde sua vida ficou transtornada devido a uma prédica ouvida. O nome do pregador era George Fox: "Quando a Raposa [Fox] prega, cuide dos seus gansos!"[49] Para Mary Dyer, o instigante Fox exprimia tudo aquilo pelo que ela já havia passado. De Fox, Dyer não ouviu nada menos do que uma nova linguagem.

A guerra civil inglesa havia chegado ao auge com o regicídio do Rei Carlos I em 1649, e agora se aproximava do seu desfecho sangrento. Centenas de milhares haviam sido mortos na década anterior, e Fox rejeitava visceralmente e expunha tudo o que levara àquela situação. Os massacres tinham conotação política, monarquistas contra republicanos, mas o rio de sangue era alimentado por questões de cultos religiosos e sacramentos, livros de orações, autoridade do clero e a propriedade das igrejas. A pura escala da carnificina levou Fox a rejeitar tudo, qualquer que fosse a justificativa ou a explicação. Em vez de falar sobre a validade dos sacramentos, ele rejeitava o próprio batismo. Em vez de um ministério, ele propunha que cada membro fosse ministro, inclusive as mulheres. Contra o uso de textos polêmicos no culto, Fox dizia que o único culto que Deus queria era o silêncio. No silêncio cada membro podia entrar em sintonia com a sua "luz interior", o que um Walt Whitman maravilhado chamaria de "pensamento mais profundo, mais eterno latente na alma humana".[50]

As questões religiosas desembocaram inevitavelmente nas questões políticas. Fox e seus seguidores tornaram manifesto seu repúdio à violência religiosa rejeitando todas as formas de guerra e recusando-se a prestar qualquer serviço requerido pela guerra. Onde outros cristãos faziam apelos ao Cristo guerreiro do Apocalipse, Fox pregava o Jesus dos Evangelhos – não um frouxo, mas um homem forte o suficiente para oferecer a outra face. "Renegamos absolutamente todos os princípios e práticas sangrentos...", diz o Testemunho de Paz formal do movimento de Fox, que começou em 1660, "com todas as guerras externas, e conflitos, e lutas com armas externas, por qualquer finalidade ou sob qualquer pretexto que seja. Esse é nosso testemunho para o mundo inteiro... O espírito de Cristo, que nos conduz a toda Verdade, jamais nos levará à luta e à guerra... nem pelo reino de Cristo, nem pelos reinos deste mundo."[51]

A crítica de Fox ao poder materializou-se na recusa de seus seguidores a inclinar-se, saudar, tirar o chapéu, prestar juramento de fidelidade ou fazer qualquer outro gesto de subserviência. Os que aderiam à pregação de George Fox autodenominavam-se "Amigos da Verdade", designação que logo – pois a regra operativa era "Simplifique! Simplifique!" – foi abreviada para "Amigos". Fox iniciava regularmente os sermões conclamando seus ouvintes a "tremer diante da palavra do Senhor", o que levou à sua designação de "quakers".* Não surpreende que fossem frequentemente presos, condenados e açoitados. Como eram observados reagindo a essas agressões com a não violência decidida da outra face oferecida, o movimento só podia expandir-se.

Ao retornar para Massachusetts em 1658, Mary Dyer levou consigo a mensagem dos Amigos. Quando Bay Colony considerou o movimento dos Amigos ilegal, ela protestou. Banida, recusou-se a permanecer exilada. Voltou a Boston e pregava a mensagem de paz e de luz interior dos Amigos no Common [parque de Boston]. Em 1660, por desafiar a lei, foi presa, julgada e condenada. As autoridades a escoltaram de volta ao Common de onde a haviam expulsado, mas agora para ser enforcada. John Winthrop, que presidira pessoalmente o julgamento de Anne Hutchinson, ridicula-

---

* Do verbo inglês *to quake* = tremer; forma aportuguesada: quacre. (N. do T.)

rizando-a como "uma Jezebel americana",[52] já não vivia na época da execução de Dyer, mas ele a teria aprovado e prestado sua homenagem aos "olhos de todos" que a ela assistiram. Essa era a Cidade no Alto da Colina.

Mas o movimento dos Amigos não terminou, nem na Inglaterra nem na América. Na Inglaterra, um dos atraídos pelos quacres era um homem de grande riqueza e influência, William Penn. Ele apoiava e protegia George Fox, chamando-o de "cortês além de todas as formas da boa educação". Penn fora testemunha próxima, e até praticante, da violência religiosa na guerra civil, em que servira como jovem soldado na Irlanda, onde os católicos, mesmo depois de massacrados aos milhares, ainda precisavam ser dominados. Sua função num exército brutal de ocupação preparou-o, sem que ele percebesse, para sentir-se atraído às reuniões ilegais dos Amigos que se realizavam a pouca distância do seu quartel em Cork. Foi lá, com 22 anos de idade, em 1666, que Penn se declarou quacre.

Como outros, ele foi preso e repudiado pela família. Com o tempo, ele e o pai se reconciliaram. Penn pai, tendo feito a escolha certa do lado a apoiar durante a guerra civil, passou a ter influência com a retomada do poder pelo rei. Quando, com o apoio do pai, William Penn propôs uma emigração em massa dos turbulentos quacres, o rei Carlos II concordou imediatamente e lhe deu um título de propriedade na América para concretizar a ideia. Penn foi nomeado "proprietário absoluto" de uma extensa e despovoada área de terra no interior do território, West New Jersey, que ficaria conhecida como Sylvania, depois Pennsylvania, não em homenagem a William, mas ao pai dele.

O que Penn chamou de "experimento sagrado" da colonização quacre, datada de 1682, diferia marcadamente da colonização puritana da Nova Inglaterra.[53] Em Massachusetts, a chamada Guerra do Rei Filipe – que um estudioso chamou de "conflito esquecido da América" – havia sido concluída apenas recentemente, com o massacre de milhares de filhos, netos e primos dos nativos que haviam recebido os primeiros puritanos em Plymouth.[54] Como Roger Williams, William Penn não aceitava o princípio calvinista segundo o qual só os que "cultivavam" a terra e a "melhoravam" podiam ser considerados proprietários, e assim os índios da Pensilvânia foram compensados pelas terras que os europeus começaram a cultivar. Não houve violência significativa entre europeus e índios enquanto os quacres controlaram o território.[55] Esse território era tão vasto

(72.000 km²) que, diante da ameaça de violência entre os colonizadores ("sendo a natureza humana o que é"), a solução podia estar no simples ato de deslocar-se para o oeste – um exemplo de não violência geográfica entre americanos que constituiria um resistente pilar da imaginação nacional, oferecendo garantia aos fundadores da América que poderiam evitar a maldição das guerras de fronteira do estilo europeu.[56]

Infelizmente, o compromisso quacre de tratar bem os índios não acompanharia a viagem para o oeste, e tampouco o faria o senso americano de expansão. No entanto, por algum tempo algo importante aconteceu. Na Pensilvânia, minorias perseguidas, contestadores da guerra e dissidentes de todos os naipes eram bem acolhidos. Aí se abrigaram refugiados huguenotes da França católica, menonitas da Suíça, amish da Alemanha, judeus do Brasil católico e mesmo católicos de vários estados protestantes. A cidade poderia chamar-se "amor fraternal" – não seria fortificada, deliberadamente – e ninguém iria caçoar por isso.[57] Os Amigos continuariam a gerar uma contracorrente americana, marcada pela não violência e pela tolerância. Essa maré fluiria e refluiria ao longo dos anos, mas nunca deixaria de produzir-se. Foi numa assembleia quacre na Filadélfia, para dar um exemplo mais persuasivo, que teve início o movimento para abolição da escravatura nos Estados Unidos, um século inteiro antes de se espalhar e fortalecer na Nova Inglaterra.[58]

O legado mais duradouro da reação à teocracia da Cidade no Alto da Colina dos puritanos, entretanto, foi, de longe, a noção de Williams da distinção rígida entre o poder dos magistrados e a consciência dos cidadãos. Somente aos poucos as ideias de Williams definiriam um consenso americano: cem anos depois da morte de Williams, o presidente da Faculdade Yale recusaria a doação de uma biblioteca oferecida por um comerciante de Rhode Island porque a colônia fundada por Williams era "cismática".[59] Entretanto, a separação do poder do estado da crença religiosa antevista por Roger Williams, finalmente concretizando-se na disposição da Declaração de Direitos de que o governo federal "não legislará sobre questões de caráter religioso",[60] é a única grande virada na história da violência sagrada no Ocidente desde que a parceria entre o estado e a igreja, sempre implícita nas culturas unitárias da pré-modernidade, foi estabelecida pelo imperador Constantino em 319 e institucionalizada nas Cruzadas.[61]

De fato, o primeiro dever do magistrado é proteger a liberdade de consciência do cidadão, o que significa que o magistrado deve necessariamente ser neutro em termos religiosos. Nenhuma coerção de consciência por parte do estado, ponto. Basicamente, esse avanço na forma de governo remontava à distinção de Agostinho entre as duas Cidades; à *convivência* de judeus, cristãos e muçulmanos na Península Ibérica; à insistência de Galileu de que a fé deve estar sujeita à experiência; à fuga de Espinosa de Amsterdã, consequência da opressão religiosa exercida igualmente por católicos, protestantes e judeus; à ideia revolucionária de John Locke da "tolerância" como "a principal característica da verdadeira Igreja"[62] e à afirmação de Descartes da identidade individual. Apesar de todos esses antecedentes europeus, e inúmeros outros, porém, foi na América que algo novo alçou voo: uma crítica à religião *em nome da religião* que levou a estruturas políticas sem precedentes. Depois de mais de mil anos de guerras religiosas, o credo americano começou com a promessa há muito protelada de ser uma religião de paz. Tudo o que é adequadamente apreciado como concepção americana começou aqui. Uma vez mais, a humanidade chegara a uma virada esperançosa e inesperada em sua história, à medida que uma nação começava a oferecer a coerência e mesmo a transcendência – o modo de Deus agir na história – que no passado havia pertencido à Igreja agora desqualificada.

Mas de novo a história mostrou o seu aspecto trágico quando, irônica e inesperadamente, a ideia excepcional da América engrandeceu a si mesma com uma excepcionalidade que a tornaria mais milenária, mais utópica e mais perigosa do que nunca. Ou seja, a América juntou-se ao próprio cristianismo numa condição de autocontradição quando o povo eleito se tornou a nação eleita.

4. Retorno a Jerusalém

O que eles queriam? Aqueles colonizadores ingleses, e sua progênie cada vez mais "americana", juraram, de fato, que não desistiriam até que, dessa vez, se erguesse na terra a cidade celeste. Jerusalém fora por muito tempo o ponto de referência definidor para cristãos apocalípticos – mas em nenhum outro lugar essa realidade seria mais evidente do que no Novo

Mundo, onde inicialmente a Nova Jerusalém parecera tão próxima. A repetição da jornada do êxodo, com a entrada numa nova Terra Prometida; a purificação do impulso da Reforma e o ato de separação das guerras religiosas da Europa; a fundação de uma comunidade-modelo de fé, que, por seu exemplo, instalaria o reino de Deus na terra. O nome para tudo isso era – Jerusalém!

Mesmo antes do sermão de John Winthrop "Cidade no Alto da Colina", de 1630, essa ideia se refletia no nome que seus predecessores haviam dado à colônia portuária para onde o *Arbella* se dirigia enquanto Winthrop revelava sua visão. Ao chegar, quatro anos antes, eles haviam adotado um nome indígena para a colônia, Naumkeag. Mas a haviam rebatizado em 1629, dando-lhe o nome Salem, o primeiro nome de Jerusalém constante na Bíblia.[63] Essa não era uma mera rememoração de uma cidade do Velho Mundo, como fora o nome dado a Plymouth em 1620, mas um gesto indicativo da realização literal da vocação puritana. *A aliança de Deus passara dos hebreus para os colonizadores ingleses.* Enquanto os colonizadores discutiam entre si o sentido da sua vocação, a aliança continuava passando, e igualmente o nome. Em poucos anos, outra cidade chamada Salem, mais pura, foi fundada não muito longe dali, na atual New Hampshire. Alguns que acompanharam Roger Williams a Rhode Island assinalaram sua partida de Massachusetts dando à sua comunidade o nome Jerusalém, indicação de que pretendiam construí-la de modo correto.

Mas o que havia para acompanhar quando, apesar de todas as tentativas de purificação, ela não acontecia? Uma vez mais surgiu o antigo problema apocalíptico. Lembre que o cristianismo começou com a decepção pelo fato de Jesus – identificado com o "Filho de Homem" em Daniel – não ter voltado para estabelecer o reino de Deus. Periodicamente através dos séculos, esperanças milenares eram frustradas, e se a América foi concebida nessa esperança, faz toda a diferença que tenha nascido em reação ao malogro de esperanças milenares. Décadas se passaram depois que a cidade puritana foi construída sobre a sua colina, e como divergências iniciais com dissidentes surgiram, e como uma redução posterior do fervor apocalíptico – que os puritanos chamaram "declínio" – continuou ocorrendo, Jerusalém não foi construída. Nada representou melhor esse drama do que o modo como os cristãos que voltaram para a Inglaterra, longe de se mostrarem virtuosos, ignoraram ou denegriram os colonizadores da Nova Inglaterra.

Mas mesmo em Boston, já uma geração após sua fundação, mais da metade dos seus cidadãos estava desligada da igreja.[64] Ao término daquele primeiro século, cerca de cem anos depois do sermão de Winthrop, pregadores tratavam a questão do que só podia parecer um fracasso religioso. Decididamente, o novo êxodo não levara à Nova Jerusalém.

Mas em vez de adaptar a ideia original, os pregadores a retomaram. Não fora Deus que fracassara em manter a nova aliança. Como os antigos profetas, os pregadores puniam as pessoas denunciando o fato abominável de que *elas* é que haviam fracassado em preservar a aliança. Modelo desses pregadores, e o maior entre eles, foi Jonathan Edwards (1703-1758), lembrado principalmente como o maestro do inferno de fogo e enxofre.[65] Sua obra, incluindo a significativamente intitulada "Comentários sobre o Apocalipse", foi fundamental para um renascimento extraordinário do fervor nas colônias, o chamado Grande Despertar, que Perry Miller caracterizou como "uma revolução social que modificou profundamente a sociedade colonial".[66] Se houve um retorno religioso aqui, porém, houve também uma reversão política, pois a teocracia bíblica dos colonizadores puritanos era agora reimaginada, em parte porque os ministros de boa formação conheciam muito bem os clássicos, em categorias republicanas que deviam mais à Grécia e a Roma do que ao antigo Israel.

Depois de um século de restrição devocional e estética do Congregacionalismo Puritano, assembleias religiosas convocadas por grupos de pregadores itinerantes assumiram o ardor do extremismo emocional arrebatado – o pavor do inferno, a proximidade íntima do Cristo redentor, o poder absoluto da conversão individual, tudo isso suportado na presença de outros que também estavam sendo transformados. Essa foi a erupção de uma versão americana da febre antiga. *Deus está chegando! O fim está próximo! Nossa resposta comum a esse chamado fará com que ele aconteça! Não se trata apenas da Igreja, mas da nação que estamos fundando!*

Essa experiência de grupo superava em muito a piedade individual. Surgiu então uma nova forma de ritualismo americano intencional, uma forma que se refletiria tanto em concentrações políticas e festividades nacionais como na "trilha da serragem" do revivalismo cristão. Uma experiência sentida de algo superior – Deus, a comunidade, a nação – permitia que os indivíduos se entregassem a uma lealdade de grupo, uma lealdade tanto política quanto sagrada. Como observou Robert Bellah a respeito do fenômeno, "A tradição da teologia protestante da aliança e a tradição da liberdade republicana se juntaram".[67]

Quando o Grande Despertar se propagou para o oeste, da Nova Inglaterra para Nova York, Pensilvânia e para a Reserva Ocidental de Connecticut (mais tarde conhecida como Ohio), e para o sul ao longo da costa do Atlântico até as colônias da região preamar da Virgínia e das Carolinas, essa manifestação renovada do antigo fenômeno da "efervescência coletiva" se revelaria um elemento crucial na unificação de diversas colônias americanas. Uma renovação da expectativa apocalíptica entrelaçada com o desencanto crescente que os colonizadores sentiam com o país-mãe, e logo o impulso a romper os laços com a Bretanha foi visto como uma ordem divina. A derrota do rei tirânico começou a ser percebida como a derrota do Anticristo. Londres se juntou a Roma como a Prostituta da Babilônia.

Foi nessa expressão religiosa promulgada pelo pregador que começou a Revolução Americana. Sua ideologia era mais complexa do que aquilo que o clero invocava, mas esse fervor era essencial. Mais uma vez, um senso de violência afiançada por Deus a favor de um reino de paz definitivo e duradouro – "escatologia republicana"[68] – tomou conta do que agora se tornava a imaginação *nacional*. Colonizadores americanos acataram, como se fosse pela primeira vez, a ordem providencial de mudar a história do mundo, mas o fizeram de modo a libertar-se da identidade denominacional restrita dos seus antepassados puritanos. Ainda cristã, e ainda apocalíptica, essa corrente político-religiosa, que o historiador Nathan Hatch chamou de "milenarismo civil",[69] preparou as até então divididas colônias para se reunirem numa devoção pública ampla que as aprestou não apenas para romper com a Inglaterra, mas para encaminhar-se ao que, *a priori*, devia ser considerada uma guerra suicida contra o rei.

Mesmo ajustado desse modo, o entendimento puritano original de uma vocação messiânica no Novo Mundo continuou. O povo eleito, a nação eleita, os salvadores milenares da humanidade – isso seria a América, e o que precisamente simbolizava esse destino era a maneira como a ideia de Jerusalém continuava sendo o critério da imaginação americana "grandemente despertada". Se no século XVII diversos povoados puritanos receberam o mesmo nome da cidade santa, no século XVIII e continuando no início do século XIX, quando a nação redentora se expandiu, mais de vinte pequenas e grandes cidades foram chamadas Jerusalém, desde Vermont até a Geórgia (cada um desses estados tem até hoje duas Jerusaléns); de Ohio (três Jerusaléns) a Maryland (quatro). Nova York tem uma cidade chamada Jerusalem Corners, enquanto Ohio e Pensilvânia têm, cada um, um lugar chamado Nova Jerusalém. Atualmente, em todos os Estados Unidos, 61 cidades são chamadas Sião (desde Zion City no Alabama até Zion Crossroads na Virgínia), com dezenas de simples "Sião" em toda parte. Ao mesmo tempo, 127 cidades de pequeno e grande porte, em mais da metade dos estados, são chamadas Salém, quase certamente o topônimo mais comum no país.[70] Se os moradores atuais das várias Sião e Salém americanas desconhecem a ligação com seu homônimo em Israel, isso decididamente não aconteceu com os fundadores imbuídos do espírito de renovação, a maioria dos quais, de 1628 aos inícios de 1800, escolheu aqueles mais de duzentos nomes de lugares americanos subsistentes para se declarar, numa nova manifestação da febre de Jerusalém, servos da intervenção decisiva de Deus na história.[71]

5. Raízes do Templo

No período pré-revolucionário, além do grande despertar religioso, as colônias americanas estavam também atentas ao pensamento de Locke, Hume, Hobbes, Rousseau e Voltaire, mesmo que fosse mediado por uma elite intelectual relativamente pequena. As escrituras de fundação da nova nação, da Declaração da Independência até a Constituição, a Declaração de Direitos e o Federalista, estavam repletas de ideias iluministas que incluíam uma sonora crítica à "influência perniciosa", na expressão de James Madison, da intolerância de base religiosa. Quando esses pensadores romperam o antigo vínculo entre religião e a comunidade mais ampla da qual ela fazia parte indissociável, estavam de fato criando a divisão entre profano e sagrado. Na verdade, estavam inventando um fenômeno autônomo chamado religião. O propósito dessa invenção, naturalmente, era confinar a religião, ou mesmo rejeitá-la. Mas o objetivo *disso* era impregnar o estado assim libertado com o significado transcendente que anteriormente pertencia à Igreja.

"Milagres ou Profecias poderiam apavorar-nos até a loucura; poderiam assustar-nos até a morte", escreveria John Adams, "poderiam induzir-nos à mentira, a dizer que acreditamos que 2 mais 2 são 5. Mas não devemos acreditar nisso. Devemos conhecer o contrário."[72] O compromisso intelectual e religioso entre o novo racionalismo e a velha religião era o deísmo, afirmando um ser supremo, mas sem teologia, afirmando a virtude da crença, mas sem um credo para definir sua ortodoxia. Thomas Jefferson eliminaria a superstição e a irracionalidade dos Evangelhos, e acabaria ficando, em sua *Vida e Moral de Jesus de Nazaré*, com um manual banal de edificação moral.[73] O "Criador" com quem Jefferson condescende em sua Declaração de Independência era o Deus indefinido da natureza, não Adonai, Yahweh ou a Santíssima Trindade. O congregacionismo da Nova Inglaterra, o que restava da crença puritana impetuosa, estava gerando seu rebento, o Unitarismo que, em termos caricaturais, seria a denominação que acreditava "no máximo" em um só Deus. O influxo contínuo de colonizadores de várias e diferentes culturas europeias significava, igualmente, que na América, como em nenhum outro lugar naquele momento, a fé estava se tornando *fés*. Num mercado de religiões, a escolha individual – "conversão", "renascimento" – emergiu como decisiva, o que exaltou ainda mais o eu inventado com relação à comunidade recebida. Em estrita oposição ao Velho Mundo, a religião do Novo Mundo era menos dada do que escolhida. E as religiões americanas responderam a essa nova condição intensificando suas ações proselitistas e missionárias. Nasceu o pregador itinerante, do mesmo modo que surgiram "as espantosas variedades de religião criadas na América e não duplicadas em nenhum outro lugar".[74]

O racionalista cético Thomas Paine pôde vender meio milhão de exemplares do seu *Senso Comum* nos anos imediatamente anteriores à Revolução.[75] No entanto, nem mesmo deístas céticos estavam prontos para livrar-se de Deus, nem estavam preparados para deixar de filiar-se a uma tradição institucional que oferecia linguagem e ritual para o mistério da vida. Eles gostavam de enfatizar que a religião antiga da qual estavam libertando a sociedade era causa de violência irracional e perversa, ao mesmo tempo em que davam por certo que a violência do estado não definido em termos religiosos, devido à sua distância da justificação religiosa, era virtuosa.

Uma forma curiosa do duplo impulso a rejeitar formas doutrinárias antigas e a continuar o envolvimento autoenaltecedor com os mistérios da vida emergiu em um obscuro grupo novo que se constituiu nos inícios do século XVIII na Escócia, na Inglaterra, na França e por fim em todo o continente europeu. Conhecidos como maçons, eles se diziam ligados aos antigos construtores do Templo de Salomão. Deus era o "Grande Arquiteto do Universo", e as dimensões prescritas do Templo de Jerusalém, dadas no Êxodo, no Levítico e no Deuteronômio, revelam a habilidade de Deus na ciência da engenharia. O fato de que o Templo enraizava a imaginação do que equivalia a uma tentativa anticlerical para livrar-se da religião cristã tradicional demonstra a força das correntes subliminais que viemos seguindo neste livro. A febre de Jerusalém, com efeito, se tornou profana.

Os maçons estavam ligados aos Cavaleiros Templários medievais cuja ordem, como vimos, fora extinta no século XV. A ressurreição profana dos maçons foi uma faceta da guerra cultural geral contra a Igreja Católica Romana, e a extinção dos templários era de grande importância para os maçons. O último grão-mestre dos cavaleiros, lembre, foi Jacques de Molay, que havia sido queimado na fogueira em Paris, e agora de Molay surgia como herói maçônico. O rei francês baniu os maçons em 1737, e um ano mais tarde o papa anunciou que qualquer católico que se ligasse à ordem seria excomungado.[76]

A sociedade secreta, a que aderiam homens que se identificavam com a razão, nem por isso deixava de acolher toda sorte de tolices oriundas dos *Illuminati*, a começar pelo próprio nome. Os maçons se diziam descendentes da livre ou superior corporação dos pedreiros artesãos, aqueles a quem nos tempos antigos foram confiados os segredos cósmicos da arquitetura primordial da criação. A esmerada simbologia[77] do movimento maçônico – compasso e esquadro, olho e pirâmide, formas geométricas – implicava pretensão ao conhecimento místico da estrutura interna do cosmos, do qual os zeladores eram os "pedreiros livres", uma elite medieval. (Seja como for, como vimos anteriormente, o nome é uma corruptela de *frères masons*, os irmãos pedreiros, um posto entre os monges-guerreiros responsável pela supervisão das obras de construção das fortalezas templárias.)[78]

Boston e Filadélfia se tornaram centros maçônicos, e a sociedade secreta atraiu aristocratas americanos e líderes revolucionários, inclusive Benjamin Franklin e George Washington. Sob a direção deste, o Distrito de Colúmbia, uma área de exatos 16 mil metros quadrados, foi originalmente projetado de acordo com fórmulas maçônicas. É possível que a Festa do Chá de Boston tenha sido uma aventura maçônica. Talvez um terço dos signatários da Declaração de Independência e da Constituição fossem maçons. Racionalistas radicais e contestadores da religião revelada, desdenhosos dos movimentos de despertar revivalista que promoviam tal entusiasmo entre os colonizadores menos instruídos, apesar disso os maçons tinham seus rituais ocultos, apertos de mão secretos, vestes estranhas, chapéus e "templos". O ritual de iniciação exigia que os novos membros, numa paródia da ressurreição de Jesus, passassem pela morte e pelo renascimento, com olhos vendados e tudo o mais. Um homem (e só homens podiam ser maçons) podia se sentir ao mesmo tempo livre da superstição e autorizado a se envolver com ela – uma autocontradição irresistível. Nas décadas seguinte à Revolução, o movimento se expandiu, com algo em torno de 100 mil homens se associando a lojas maçônicas em todos os Estados Unidos.[79] Sem saber, esses companheiros e irmãos estavam pagando tributo ao poder da própria corrente da cultura – religiosa, violenta, primitiva – que se orgulhavam de ter deixado para trás.

Ironicamente, o engrandecimento iluminista do indivíduo, e sua alienação essencial do cerne da história intelectual da Europa ocidental, centrado na teologia, na filosofia e na iconografia cristãs, teria sua contrapartida na religião revivalista que invadiu a América durante e depois do período revolucionário.[80] O revivalismo, naturalmente, foi uma reação contra as formas modernizadoras que denegriam abertamente, ou até mesmo demonizavam a religião, embora pudesse ser vista como uma confirmação da crítica racionalista. Vimos que o Grande Despertar começou antes da Revolução de 1776, mas sua segunda fase iniciou por volta de 1800, quando fronteiriços solitários passaram a participar de reuniões revivalistas em espaços ao ar livre. Nesses lugares isolados, rituais de espiritualidade orgiástica serviam de alívio aos homens e mulheres rudes cuja vida nas selvas os deixara abandonados e solitários. As pessoas haviam começado a transpor os Apalaches às dezenas de milhares, e depois às centenas de milhares – uma erradicação em massa. Uma religião transbordante de entusiasmo, caracterizada por um ultrassupernaturalismo,[81] mostrou que poderia resolver o problema americano. O revivalismo, muitas vezes conduzido por pregadores colonos, se tornou uma forma nacional. Normalmente chamados "exortadores", esses pregadores eram ordenados não por igrejas, mas por seu próprio entusiasmo extático – não para o Evangelho, exatamente, mas para a ideia sem credo do Evangelho. Até 1840, mais de 40 mil desses pregadores estariam em ação, um para cada 500 pessoas.[82] Eles inventariam uma forma peculiarmente americana do sagrado e, devido ao contexto agreste em que essa forma surgiu, a violência lhe seria essencial.

Quanto mais os pregadores transformavam a Bíblia no que Harold Bloom chama de "ícone infalível, a Bíblia de couro flexível como objeto, raramente como Escritura",[83] mais os crentes devotos ficavam à deriva, por si mesmos, em seitas mais do que em igrejas, relacionando-se principalmente com o Jesus amigável, ressuscitado, com quem podiam sair a passeios. Por meio dos hinos entoados ao ar livre, podiam conversar com seu Senhor. O Jesus amigo era a solução para a falta de convívio naquelas regiões desoladas. "Uma religião do eu desabrocha, sob muitos nomes, e procura conhecer sua própria interioridade, em isolamento. O que o eu americano encontrou, desde aproximadamente 1800, foi sua própria liberdade."[84]

Aqui está a verdadeira origem daquela liberdade peculiar que define o ideal nacional – uma libertação com relação à obrigação social, à história, à ortodoxia, à exigência de submeter a experiência nova ao teste do que os humanos aprenderam antes. Essa era uma religião que podia sustentar uma nação que estava constantemente se redescobrindo na solidão dolorosa da fronteira seguinte. Como a fronteira era tão fisicamente perigosa (envolvendo, entre outros riscos, as populações indígenas retaliadoras que estavam sendo empurradas para o oeste aos milhares) quanto emocionalmente fatigante, ajudava o fato de o espírito religioso avivado incluir um culto à autodefesa autorizado por Deus. Deus e o revólver se encontrariam, um sacramentalismo singularmente americano que produziu o que Bloom denominou "a quase-identidade inquietante entre a religião da violência e a violência da religião".[85] Foi essa combinação que moldou a alma americana, na descrição de D. H. Lawrence, "dura, isolada, estoica e assassina".[86] Em praticamente todo o território americano, Deus e as armas continuam juntos.

6. Marcha para Jerusalém

A demonstração pública de devoção, combinada com uma compreensão sempre mais pessoal do que ela significava, tornou-se a marca da religião americana, nada por ela tão ressaltado quanto a doutrina política da separação entre igreja e estado. As virtudes dessa separação, já mencionadas em nossa avaliação das ações inovadoras de Roger Williams, são evidentes. O poder do estado e o zelo exagerado da religião, unidos na coerção, formam uma combinação fatal. Não obstante todos os méritos da separação entre igreja e estado, porém, essa tradição acarretaria duas consequências profundamente negativas.

Como as questões religiosas seriam mantidas numa esfera à parte, o foro designado como privado, os aspectos do desenvolvimento humano ligados à esfera pública não encontrariam um nicho favorável na religião. Nos Estados Unidos, por exemplo, a tarefa da educação passaria a pertencer cada vez mais à esfera conscientemente não religiosa – uma coisa boa em si, mas seguida de consequências indesejáveis. As escolas públicas e as instituições de ensino superior sustentadas com recursos públicos definiram o tom e os padrões para a educação em geral. De fato, a educação pública nos Estados Unidos teria uma marca protestante inconfundível até meados do século XX, mas passaria também por um processo de depuração dada a importante razão de que a consciência do aluno não deve ser nem mesmo implicitamente coagida por iniciativas apadrinhadas pelo governo. Toda instrução religiosa e toda prática religiosa, como a oração, por exemplo, seriam abolidas das salas de aula públicas.[87]

Enquanto isso, a instrução religiosa promovida pela Igreja – escola dominical – voltar-se-ia quase que exclusivamente para as crianças, resultando numa infantilização da crença. Histórias bíblicas, sim; crítica bíblica, não. Isso levaria a uma ignorância religiosa generalizada;[88] nem mesmo os educados em escolas particulares (paroquiais) vinculadas a uma religião teriam melhor sorte, pois também sofreriam da dicotomia sagrado-profano deturpadora. Os americanos leigos, em sua maioria, seriam demasiado ignorantes para saber como essa lacuna em sua educação os prejudicaria, enquanto um número relativamente pequeno de americanos praticantes receberia instrução religiosa significativa de suas instituições de fé. Assim, as pessoas ligadas a uma igreja, para tomar apenas um exemplo, aceitariam com facilidade a balela de que ciência e religião estão necessariamente em conflito, ao passo que os cientistas condescenderiam com tradições religiosas que produziram ciência (Copérnico era sacerdote).

O resultado de tudo isso seria uma população que aceita naturalmente os métodos do pensamento histórico e crítico em todas as outras áreas da vida, ao mesmo tempo em que permanece intelectualmente imatura no que diz respeito à religião. Os pressupostos inconscientes da crença jamais seriam examinados. Enquanto isso, a ciência consideraria a ética uma subespecialidade em vez de um modo de pensar oniabrangente. Os pressupostos *a priori* da ciência, e apenas eles, ficariam isentos da obrigação de submeter todo o conhecimento a teste. É devido a esse modo bifurcado de pensar que o tema central deste livro – como a religião e a violência promovem uma à outra – esteve até agora além da competência ou do interesse da grande maioria da crítica pública. Até hoje as pessoas não compreendem nem especulam sobre o fato de que as ideias bíblicas de apocalipse, para restringir-me a um tema fundamental, subscreveram a maioria das ações bélicas americanas. A religião enquanto esfera inventada à parte é entendida como fonte de intolerância e violência, ao passo que a nação – e todas as coisas profanas – são vistas como intrinsecamente tolerantes e, a menos que sejam injustamente provocadas, pacíficas.

Mas a separação de igreja e estado teve uma consequência mais imediata e mais imediatamente negativa – e ela seria apocalíptica. Como a esfera privada da igreja foi considerada livre do desafio público, representado pela autoridade do estado, a grande questão moral da nova nação americana deixou de ser levantada – a da pretensão de algumas pessoas a ter a propriedade sobre outras pessoas. O crescimento explosivo da religiosidade intensamente pessoal, levando a formas religiosas tipicamente americanas, combinou com o crescimento da escravidão nos Estados Unidos. O individualismo inconteste de denominações pietistas – especialmente batistas, presbiterianas e metodistas – fortaleceu a nação fronteiriça em sua recusa a imiscuir-se nas questões ou na consciência do indivíduo. Aquela interioridade sagrada, protegida, foi sendo descrita cada vez mais em termos não de categorias teológicas ou filosóficas da tradição, mas em termos do relacionamento pessoal de cada crente com Jesus. A esfera mais sagrada dessa recusa, visto que a identidade americana era definida, literalmente, pelo ato de demarcar com estacas porções de terras pretendidas, cada vez mais disponíveis na fronteira, teve a ver com o que veio a ser conhecido como direitos de propriedade.

Em 1780, havia 2.500 congregações cristãs no país; por volta de 1860 esse número havia subido para 52 mil, ultrapassando enormemente o crescimento populacional.[89] Enquanto isso, o número de escravos nos Estados Unidos passou de aproximadamente 600 mil em 1780 para cerca de quatro milhões em 1860. Os cristãos estavam divididos na questão da moralidade da escravatura, mas os escravagistas encontraram rapidamente em seus credos uma justificativa para esse sistema.[90] Para Thomas Jefferson e outros senhores de escravos, o "muro de separação" entre igreja e estado implicava que o governo não tinha poder nenhum para regular, ou julgar, as questões particulares dos donos de propriedades, razão pela qual ele pôde defender a continuação da escravidão durante a Convenção Constitucional de 1789.

Jefferson considerava a escravidão um erro ("Tremo por meu país quando penso que Deus é justo, que sua justiça não pode dormir para sempre"), mas não podia apoiar seu fim por um decreto governamental quando, em comparação com o que se seguiu, teria sido relativamente fácil fazê-lo. A tragédia do momento oportuno, naturalmente, é que a escravidão não estava totalmente inserida na economia do Sul antes da invenção do descaroçador de algodão por Eli Whitney em 1793. Esse salto imprevisto na tecnologia de processamento do algodão exigiu um número muito maior de trabalhadores braçais. Uma vez que toda a economia algodoeira do Sul – e têxtil do Norte – dependia da instituição escravocrata, esta não podia ser alterada pelos meros votos dos legisladores.

Em 1831, um cristão apocalíptico resolveu incumbir-se dessa tarefa. "Exortador" metodista, ou pregador leigo, ele fora cuidadosamente instruído nas escrituras por sua avó.[91] Os ritmos e a imagética do Apocalipse eram uma segunda natureza nele e, coincidentemente, o entusiasmo milenarista do que seria chamado Segundo Grande Despertar chegava ao auge em toda a América evangélica. De Oberlin, Ohio, a Rochester, Nova York, e Nashville, Tennessee, os males do álcool, das contravenções penais e da corrupção do favoritismo político dos governos eram clamorosamente denunciados pelos pregadores, mas a besta até aqui evitada no santuário americano, o sistema escravagista, também estava finalmente chamando atenção.

A América escravocrata havia perdido sua condição de novo povo eleito de Deus? Ela havia seguido o caminho dos israelitas descrentes? O ajuste de contas do Armagedon estava próximo? Os Estados Unidos, onde tantas pessoas estavam passando pelo renascimento de um novo batismo no espírito, também poderiam renascer? Na visão desse exortador e pregador da Bíblia em particular, as perversões da Babilônia mística sintetizavam-se na brutalidade da nação escravocrata e chegara o tempo em que um mensageiro vingador de Deus determinaria o fim da escravidão. Para ele, a questão projetava-se além da moralidade ou da política; tratava-se de uma questão de vida e morte. Ele também pressentia a iminência do Fim dos Tempos e se sentiu compelido a agir.[92]

Ele era um homem espadaúdo, na faixa dos 30 anos, com cicatrizes deixadas pelo coice de uma mula e pelo chicote de um senhor de escravos. A visão que faria dele o flagelo da abominação da escravidão não poderia ter sido mais explícita. "Ouvi uma voz retumbante nos céus", ele dizia, "e o Espírito apareceu-me instantaneamente e disse... Devo levantar-me e preparar-me, e matar meus inimigos com suas próprias armas."[93] A primeira dessas armas foi o machado de lâmina larga com que ele trabalhara nos campos, e os primeiros contra quem o brandiu foi a família Travis, que dormia, em Southampton County, Virgínia. Atacando no meio da noite do dia 22 de agosto de 1831, ele matou a mãe, o pai e as crianças, inclusive o menino de 12 anos que era seu proprietário legal.[94] Depois, acompanhado por talvez uma dezena de outros escravos, armados com enxadas e machados, ele tomou a Barrow Road, dirigindo-se para a sede do condado, onde acreditava haver um arsenal de armas e munição, o que levaria a rebelião ao sucesso. A derrota era impensável.

"Vi espíritos brancos e espíritos negros envolvidos numa batalha", ele profetizara, "e o sol escureceu – o trovão percorreu os céus, e o sangue jorrou em rios – e ouvi uma voz dizendo, 'Esse é o teu destino, isto és chamado a ver e, venha brutal ou brando, seguramente deves suportá-lo'."[95]

E veio brutal. Ao longo da Barrow Road, ele e seus companheiros atacaram outras fazendas, matando famílias enquanto ainda dormiam – inclusive alguns dos Turners, seus donos originais, a família que lhe deu o nome. Pelos planos, outros escravos se juntariam aos rebeldes enquanto avançavam, mas muitos deles se recusaram a participar. O líder sabia que se conseguissem chegar à sede do condado, seriam vitoriosos. Mas milícias brancas se levantaram para detê-los, bloquearam as estradas e obrigaram os rebeldes a se dispersar.

A revolta terminou rapidamente, mas os rumores e histórias de uma insurreição de escravos correram rápido e por toda parte. O pânico se espalhou entre os brancos em todo Southampton County e além. Centenas de escravos que não tinham nada a ver com a rebelião foram açoitados e até mortos por atos imaginados de insolência. Mulheres e crianças brancas abandonaram as fazendas e as plantações em busca de refúgio na sede do condado, aglomerando-se dentro e fora da prefeitura. No final, cerca de sessenta negros haviam aderido à revolta, e quase o mesmo número de brancos foram mortos. É possível que os rebeldes não tivessem nenhum outro plano real além da caminhada mística pela estrada em direção à cidade principal de Southampton County, como se chegar lá fosse suficiente. Na verdade, não existia nenhum arsenal, nenhum depósito de armas. Mesmo que existisse, é provável que poucos rebeldes soubessem carregar e disparar os mosquetes.

No final de agosto, a rebelião estava totalmente dominada, e o líder escondido na floresta. Ele evitou a captura por dois meses. "Ficou claro para mim", ele disse, "que o Salvador estava para livrar-se do jugo que havia carregado pelos pecados do homem e que o grandioso Dia do Juízo era iminente."[96] No final de outubro, ele foi preso. Foi finalmente conduzido ao seu destino predestinado – mas acorrentado. Enquanto esperava a morte na cela, ditou sua "confissão" a um advogado branco. Ele foi enforcado no dia 11 de novembro. Chamava-se Nat Turner. A cidade para a qual se dirigia e onde foi executado, a sede do condado de Southampton, Virgínia, era Jerusalém.[97] Como ele poderia não ter acreditado?

Depois da rebelião de Nat Turner, em todo sul foram aprovadas leis que restringiam ainda mais a condição dos escravos, especialmente proibindo que recebessem instrução. A leitura foi desautorizada, principalmente da Bíblia que, sancionando o ponto de vista da vítima, mostrara-se mais uma vez subversiva. Nat Turner foi o fruto estranho da Reforma e da sua instrução bíblica. Alguns estados exigiram a presença de ministros brancos sempre que escravos se reunissem para cultos religiosos. A combinação de servidão involuntária com o entusiasmo cristão milenarista era explosiva, e em 1831 ela estava longe de ser desfeita. Vincent Harding, historiador afro-americano e ativista dos direitos civis, resume o que a rebelião de Nat Turner, e a subsequente atenção dada à sua "confissão", pôs em movimento: "Assim a luta negra e o radicalismo negro não tiveram outra alternativa senão continuar como um sinal ativo, comovente, inexorável, impondo a questão do futuro da nação, jamais permitindo que nenhum dos nossos pais que foram impelidos por Deus, buscaram a liberdade e marcharam para Jerusalém morresse em vão, apontando o caminho."[98]

CAPÍTULO 7

Nação Messiânica

1. Jerusalém e Exílio

Assim, em 1492, Cristóvão Colombo içou velas com a esperança de chegar a uma Jerusalém imaginada viajando para oeste. E em 1492, praticamente no mesmo dia, judeus eram expulsos da Espanha, uma reiteração da sua antiga deportação de Jerusalém. Mais de um século depois, puritanos ingleses entenderam seu projeto de colonização do Novo Mundo como se fossem hebreus, fundando uma Nova Jerusalém, a Cidade no Alto da Colina, transformando a maldição do judeu errante na virtude da mobilidade americana.[1] Na época desses acontecimentos, a Jerusalém real era um pequeno, estagnado remanso de Damasco que, por sua vez, era uma província do sultanato mameluco do Cairo. Os santuários da cidade santa estavam abandonados. Tribos beduínas turbulentas levavam perigo às rotas de comércio e peregrinação, obstruindo o fluxo econômico da cidade. Os soberanos mamelucos distantes eram indiferentes ao lugar.

Surgindo como uma casta militar a serviço de Saladino, que memoravelmente derrotou os cruzados latinos em 1187, os mamelucos haviam ampliado seu poder por meio das sucessivas Cruzadas, repelindo os latinos sempre que estes tentavam retomar Jerusalém. Depois eles consolidaram seu domínio na Casa do Islã ao defender o reino árabe contra invasores mongóis nos séculos XIV e XV, de modo que, ao alvorecer do século XVI, Jerusalém, tal como era, continuou sendo deles.

Aproximadamente 13 mil pessoas viviam em Jerusalém em 1500 (em comparação com as cerca de 80 mil a 100 mil residentes no início da primeira guerra romana em 70 EC[2]). Desse número, 10 mil eram muçulmanos, e o restante dividia-se equilibradamente entre judeus e cristãos. Como acontecera desde que os latinos haviam sido repelidos por Saladino (e como seria por mais de mil anos), Jerusalém era uma cidade predominantemente árabe-islâmica. Os cristãos de Jerusalém eram principalmente árabes também, seguidores da ortodoxia grego-bizantina. A comunidade cristã estava organizada em torno da zeladoria do decadente santuário do Santo Sepulcro, celebrando tanto o Calvário quanto o túmulo vazio – cerimônias realizadas pelos ortodoxos em competição com pequenos contingentes de cristãos latinos (principalmente frades franciscanos), etíopes e armênios. As práticas judaicas consistiam em reuniões no que restava do templo, enquanto os muçulmanos prestavam suas homenagens na igualmente negligenciada mesquita Al Aqsa e no Domo da Rocha. Os três grupos dependiam do apoio financeiro de patrocinadores religiosos distantes. Um dos místicos medievais mais influentes do islã, Ibn Ali Ibn Arabi, cognominou Jerusalém centro da terra, mas expressou esse louvor estando em Damasco.[3]

Além do pequeno comércio ligado às peregrinações que sobreviviam ao banditismo, Jerusalém não tinha uma economia própria viável, razão pela qual os sultões distantes a deixavam praticamente à própria sorte. Enquanto as comunidades minoritárias de judeus e de cristãos pagassem seus impostos às autoridades muçulmanas, elas tinham liberdade de administrar os próprios negócios, até porque esses impostos asseguravam seu empobrecimento sempre maior. Judeus, cristãos e muçulmanos de Jerusalém se assemelhavam ao temer menos uns aos outros do que aos beduínos irrefreáveis, que atacavam a cidade sem nenhuma consideração por qualquer orientação religiosa.

A população judaica de Jerusalém havia aumentado um pouco quando os refugiados sefarditas expulsos da Península Ibérica em 1492 ("sefardita" deriva da palavra hebraica para Espanha) fizeram o caminho de volta para a Palestina. Mas um número relativamente pequeno de judeus se fixou na cidade santa, onde a hospitalidade muçulmana e mais especialmente a cristã não era nada animadora. Em vez disso, uma renovação espiritual do judaísmo começou a irradiar-se a partir de um centro próximo, nas colinas acima do Mar da Galileia, numa cidade chamada Safed.[4] Lá, um pequeno número de refugiados se transformou em milhares à medida que centenas de judeus sefarditas banidos chegavam e descobriam que era possível permanecer. Durante todo o século XVI, esses judeus promoveram uma transformação intelectual da experiência do exílio, tornando-o uma metáfora para a própria experiência de Deus. O exílio da Espanha e de outros países europeus dos quais os judeus eram expulsos cada vez mais,[5] ou o exílio interno de guetos urbanos a que então eram regularmente confinados por toda a Europa, deu aos judeus um senso renovado da sua condição primordial de exilados de Jerusalém.[6]

Durante séculos, como vimos, onde quer que estivessem, os judeus haviam rezado "No próximo ano em Jerusalém", consolidando sua identidade religiosa em torno de textos que mantinham a cidade do rei Davi enraizada na imaginação judaica. Na verdade, como a Bíblia, esses textos haviam se aglutinado em torno da primeira experiência de exílio. "Às margens dos rios da Babilônia", como a consubstancia o Salmo 137 (136), "nos sentamos e choramos, lembrando-nos de Sião." Todos os anos, durante o Tisha b'Av, os judeus jejuavam, evitavam todo conforto e rasgavam suas vestes, sinais da dor permanente pela perda definitiva do Templo e de Jerusalém, sede da presença de Deus para Israel. Agora, porém, o Templo não era mais o centro de sacrifício e expiação, mas de lamentação.

Durante as Cruzadas, quando milhares de judeus foram mortos na Renânia por hordas portando cruzes, as práticas do Tisha b'Av se expandiram para comemorar também essa catástrofe. Os anjos choraram com a destruição do Templo, e cada destruição era associada àquela. A lamentação substituíra o sacrifício na imaginação religiosa judaica – mas lamentação voltada para o lugar do sacrifício. O anseio pelo retorno a Israel definia a piedade, e a oração diária dos judeus, da Polônia à Inglaterra, à Arábia e ao norte da África, incluía preces pedindo chuva para as colinas da Judeia, para que as oliveiras florescessem enquanto os que deviam cuidar delas estavam distantes. Desde Santo Agostinho, a teologia católica prescrevia permanentemente a ausência dos judeus do território judaico, sendo sua condição de "errantes" prova da verdade de que haviam pedido a condenação de Jesus, e a religião judaica havia espiritualizado essa ausência, transformando a dor no pulsar da devoção.

Mas isso então havia mudado. As comunidades judaicas na Europa, especialmente a oeste do Danúbio, foram novamente forçadas a se dispersar, e numa das grandes – embora não exatamente inéditas – guinadas da história judaica, a condição brutal do exílio foi reimaginada como bem-aventurança e não como tragédia. A dispersão foi vista como uma nova forma da presença de Deus entre seu povo amado. A santidade, em vez de permanecer no seu centro, o Templo, que fora perdido no lar deixado para trás, passou a ser entendida como presente na condição de desalojado. Animada por essa reversão, Safed ressurgiu no século XVI com dezenas de sinagogas e escolas, uma renovação religiosa intelectualmente vibrante impulsionada por um amplo processo de alfabetização, favorecido pela prensa tipográfica recentemente inventada.

Com efeito, os judeus de Safed podem ter sido o primeiro povo fora da Europa a fazer uso sistemático da invenção de tipos móveis de Gutenberg, uma técnica que lhes possibilitou divulgar extensamente textos da Torá, do Talmude e dos novos comentários. A prensa tipográfica era considerada sagrada; os sábios judeus a comparavam a um altar.[7] Por meio da impressão, a atividade de estudo se expandiu, estendendo-se de um grupo da elite para toda a comunidade, bem a tempo para uma inovação teológica geral. A ideia era que o próprio Deus acompanhara seu povo ao exílio – recentemente da Península Ibérica, antes, de Jerusalém, mas ainda na pré-história de uma queda catastrófica primordial, conhecida como *tsimtsum*. Essa teologia transformou o próprio exílio em algo positivo, em fundamento existencial da condição humana. Desse modo a própria criação, na síntese de Harold Bloom, era "A catarse de Deus de Si Mesmo, uma imensa sublimação na qual Seu terrível rigor pode encontrar um pouco de paz".[8]

Essa especulação estava associada principalmente à figura de Isaac Luria (1534-1572), e ela alterou o sentido da esperança judaica vendo a vida no banimento como um modo de aproximar-se da divindade que baniu a si mesma.[9] No esquema de Luria, o exílio de Deus consistia no fato de o Criador ter-se "fragmentado" em mundo material. Tudo o que existe, existe em exílio, e esse "tudo" não é nada menos do que o Santíssimo, cujo novo lar é a diáspora. Agora, como dizia Luria, o povo de Deus tinha a responsabilidade de reintegrar Deus em sua plenitude primordial com que Ele começara. Renunciando à onipotência, Deus colocara-se à mercê do que e de quem ele criara. As criaturas de Deus eram suas parceiras no resgate do próprio Deus.

Esse ajustamento na tradição não definia um Messias único como fonte de esperança. Em vez disso, a renovação messiânica do mundo – simultaneamente ao resgate de Deus – era ação redentora de todo o povo judaico. Era para fazer *isso* que eles haviam sido escolhidos. Em nenhum outro momento a condição de povo como tal foi mais fundamental, o que significava que a própria dispersão dos judeus se tornou condição de coesão, não de separação. Mais do que o tribalismo ou a etnia, esse vínculo espiritual se tornou a base da solidariedade entre os judeus onde quer que estivessem. E agora, o que fazia deles um povo era o estudo da Torá e do Talmude – daí a importância daquela prensa tipográfica.

Os rabinos sempre haviam estudado a Torá, e os primeiros comentários que resultaram desse estudo haviam sido compilados no Talmude e em suas interpretações que se automultiplicavam. Mas, a começar aproximadamente nessa época, "desabrigado no mundo [mas] abrigado na palavra", o próprio povo judeu tinha acesso direto aos textos sagrados e aos grandes comentários. Eles voltaram a sentir plenamente sua vocação. Na expressão de George Steiner, os judeus encontrariam sua terra natal no texto.[10] Finalmente, o antigo Povo do Livro se tornaria exatamente isso pela primeira vez, quando um novo processo de alfabetização e a facilidade do livro impresso levaram os judeus a dar mais prioridade à leitura do que a um projeto de retorno real à Terra Santa. "Todo lugar em que haja uma biblioteca", diz Steiner, é um 'Israel' em busca da verdade."[11] Jerusalém ainda não estava esquecida, mas era reimaginada. Um judeu podia retornar para a cidade santa e reentrar no Templo mediante o estudo.[12]

De importância expressiva é o modo como essa visão positiva subverteu a visão apocalíptica, articulada pela primeira vez, como vimos, nos livros de Daniel e dos Macabeus, os quais previram a destruição como caminho para a redenção cósmica. A cabala luriana, como veio a ser conhecida, previa não a destruição, mas a recuperação, fundamentada no estudo da Torá e do Talmude e em ações de misericórdia amorosa. Cada um desses atos de fidelidade (*tikkun olam*) ajudaria a reconstituir o cosmos fragmentado, uma coleta dos cacos da criação para possibilitar nada menos do que a volta à plenitude de Deus. Essa visão religiosa afirmativa se propagou a partir de Safed e, por meio de livros, se apossou da imaginação judaica em toda a diáspora (especialmente na Polônia e na Ucrânia), e finalmente desabrochou na rica tradição religiosa do hassidismo na Europa central. Ainda assim, a lembrança da terra natal e a promessa do retorno à "Jerusalém terrestre" de algum modo permaneceram como um "componente central do eixo do mundo".[13] Deus continuou o Deus de Israel, e Israel continuou centrado no inesquecível Templo e sua cidade. Mas pela primeira vez em um milênio, a oração "No próximo ano em Jerusalém" podia ser rezada sem aflição.[14]

O culto judaico a Jerusalém fora mistificado e também removido, porque o povo judeu compreendia agora seu retorno épico como dependente não de alguma manifestação externa de um salvador, mas de suas próprias atividades de estudo, bondade e justiça. Assim, o próprio Messias passou a ocupar um segundo lugar em relação à Torá, ao acendimento das velas do Sabbath, à observância do mitzvot e à oração – ações essas todas que definiam o lar judaico aqui e agora como casa de Deus. Essa espiritualidade abrandava o sofrimento da separação da cidade lembrada e acalmava o anseio pelo retorno. E sua afirmação do mundo criado como composto de centelhas do divino estava em flagrante contraste com as visões contemporâneas, cada vez mais apocalípticas, de protestantes e católicos – as quais, ambas – Reforma e Contrarreforma – viam o mundo em termos negativos, como ocasião de pecado a ser evitada, merecedora de condenação.

2. A Prensa Tipográfica e a Jerusalém Otomana

O instrumento da Reforma, e de tudo o que dela resultou no Ocidente, foi invenção de Gutenberg – a inovação tecnológica decisiva que possibilitou ao novo saber do Renascimento difundir-se de modo rápido e geral por toda a Europa.[15] Sem ela, Lutero não teria sido Lutero. Em outubro de 1517 ele afixou suas "95 Teses" provocativas na porta da catedral de Wittenberg, uma forma tradicional de divulgar debates acadêmicos na época. Mas dado o número limitado de pessoas que passavam pela porta da catedral, esses debates eram sempre locais. O que conferiu ao ato de Lutero dimensões continentais, e portanto revolucionárias, foi a reprodução imediata das teses como panfletos em prensas tipográficas, com milhares de cópias postas em circulação rapidamente.

Lutero publicou um Novo Testamento em alemão em 1522, desencadeando uma revolta contra o latim, quebrando o monopólio clerical do conhecimento das escrituras, tornando o texto sagrado amplamente disponível e dando início à era da alfabetização popular e das línguas vernáculas. Nos cinco anos entre Wittenberg e o Novo Testamento alemão, foram vendidos milhares de exemplares das obras de Lutero em alemão, pondo seu movimento em marcha e tornando-o incontrolável daí em diante.[16] A prensa tipográfica foi uma máquina que levou à emancipação, fundamentalmente produzindo democracia tanto quanto cartazes, panfletos e livros. Num derradeiro esforço para manter o controle sobre os textos sagrados e o poder clerical, o papado tentou exigir uma autorização de funcionamento para as prensas tipográficas, mas já era muito tarde. Quase imediatamente apareceu o Novo Testamento de William Tyndale em inglês (1526), que, como vimos, foi reaproveitado mais ou menos em sua totalidade pela Versão King James (1611), ela mesma nada menos do que a linguagem de William Shakespeare.

Para os protestantes, a Bíblia superava a Igreja como autoridade suprema, mas também os católicos – o que significa dizer toda a cristandade – mudaram com a súbita democratização do conhecimento, a qual levaria, entre muitas outras coisas, ao fim da cristandade. Quando o católico Galileu publicou suas observações dos corpos celestes, em 1613, como *Cartas sobre as Manchas Solares,* elas confirmavam a teoria heliocêntrica do católico Copérnico, que escrevera seu *Das Revoluções das Orbes Celestes* em 1543 – mas a questão é que a obra de Galileu, apesar das tentativas do papado de denegri-la, foi realmente publicada – tornou-se pública, foi entregue às pessoas. E em pauta no conflito da Igreja com Galileu estava menos uma questão de astronomia do que o direito das pessoas de ler, e compreender, textos sagrados por elas mesmas.[17] A era científica começou quando muitas pessoas aderiram ao novo modo de pensar que até então constituíra o pensamento de uns poucos. E não apenas ao novo modo de pensar, mas também à leitura. O trem do pensamento deixou assim a estação, em direção à modernidade – de Copérnico a Kepler, a Galileu, a Newton, a Descartes, a Hobbes, a Kant, a Locke, a Jefferson, a Darwin, a Freud, a Einstein. A explosão cultural, artística, política, religiosa, intelectual, econômica, industrial, científica e imperial da Europa foi detonada pelo surgimento do livro impresso.

Se o ano de 1517 foi decisivo para a Europa, foi decisivo também para Jerusalém, porque foi nesse ano que os turcos otomanos conquistaram a cidade, com os mamelucos exercendo o controle do seu centro no Cairo. Coincidindo com o início de Lutero, os otomanos governariam Jerusalém durante exatamente quatrocentos anos, até 1917. Esse início foi muito promissor. Os turcos – depois de conquistar Constantinopla 64 anos antes, de devastar a Síria e a Palestina, daí descer até a Arábia e atravessar o norte da África até a Argélia – representavam o que poderia ter assinalado o início de uma versão muçulmana do Renascimento europeu. Sob os otomanos, depois de um declínio islâmico materializado no militarismo mameluco limitado do Egito, a genialidade árabe-muçulmana que se mostrara no passado, de Bagdá a Córdoba, em descobertas na matemática, na astronomia, na linguagem e na filosofia, podia ser revivificada.

Os turcos haviam irrompido na história por volta de 1300, uma tribo guerreira deslocando-se para oeste a partir das distantes planícies de Anatólia. Durante mais de duzentos anos sua expansão havia ganhado força, sofisticação e, ao absorver o fervor islâmico, a energia espiritual que tornara a propagação contínua do Islã o fato mais importante da história desde a decadência de Roma.[18] Os turcos dominavam as invenções mais recentes nas tecnologias militares – a artilharia possibilitara a vitória em Constantinopla – e na ciência naval. No século XVI, galeras de escravos e corsários otomanos dominavam o Mediterrâneo. Quando esse poder formidável se voltou para a Palestina, pareceu inicialmente que um Islã revigorado patrocinaria uma Nova Jerusalém *real*.

O primeiro governante turco da Síria e da Palestina foi Selim I (sultão 1512-1520), que também assumiu o controle das cidades santas de Meca e Medina. Selim foi um inovador. Depois de séculos durante os quais os vários sultanatos[19] haviam rejeitado uma autoridade espiritual unificada, ele, e depois seu filho, restabeleceram o califado universal sob os otomanos (lembre que "califa" significa "sucessor" de Maomé). O Islã tinha novamente um centro espiritual, simbolizado pela espada sagrada e pelo manto do Profeta, que Selim levou de Meca para Istambul (onde podem ser vistos atualmente no Palácio Topkapi). A consolidação do poder efetivada por Selim foi tão completa que a dinastia por ele inaugurada governaria o Império Otomano, e o califado, durante quatrocentos anos, uma sucessão ininterrupta de 36 dos seus descendentes.[20] Entretanto, o domínio otomano acabou tornando-se o que um historiador identifica como "uma profunda tragédia para todos os povos de língua árabe do Oriente Médio".[21]

De todos os sucessores de Selim, o mais competente foi seu filho, Suleiman I, também conhecido como o Magnífico (1520-1566). Herdeiro do título e do poder de sultão aos 25 anos de idade, ele usava o turbante, uma barba curta e um bigode fino que se tornaram o estereótipo do governante turco, mas estava longe de ser uma pessoa comum. Suleiman era um homem culto, e valendo-se dos triunfos do pai, almejava reproduzir o poderio de Alexandre, o Grande. Suleiman comandou pessoalmente campanhas militares contra os sérvios, os búlgaros e os húngaros, e invadiu a Áustria, onde começou um longo cerco a Viena. Somente em 1529 seus exércitos foram definitivamente derrotados ali, e, como se verificaria, essa derrota assinalou o ponto culminante do Império Otomano sob vários aspectos.[22]

Governando de Istambul[23] mediante uma burocracia palaciana, e dependendo de um corpo de elite de janízaros, os sultões manteriam durante séculos um controle ordeiro sobre seu imenso império. O sistema otomano de governo refletia um atendimento humanitário às necessidades básicas dos súditos, mas envolvia também a canalização dos impostos de regiões distantes para a Porta Sublime, como se tornou conhecida a elite governante, nome derivado de um dos luxuosos portões do Palácio Topkapi, incrustado acima da extensão de água mais famosa do planeta. Mais do que o poder, a suntuosidade se tornou predominante, e o governo do sultão era uma questão menos de soberania do que de suserania.[24] Adversários subjugados, como os mamelucos no Egito, tornaram-se súditos vassalos, conservando um poder limitado nas suas regiões. Com o império organizado de acordo com divisões étnicas e regionais do trabalho e do poder, projetado para gerar impostos mais do que inovação econômica, política ou técnica, o que começou como um centro vital se tornaria algo descabido. As minorias sobreviveriam, ou até prosperariam, desde que pagassem seus impostos. Uma consequência notável dessa política foi que o Império Otomano, com o passar dos séculos, seria singularmente hospitaleiro aos judeus.

Mas a liderança otomana ficaria distante do tipo de criatividade intelectual e industrial que estava então mudando a forma europeia de fazer negócio, arte, ciência e cultura. A Porta Sublime estava atenta à tecnologia em armamento mais avançada, mas praticamente se limitava a isso. Os descendentes de Suleiman estariam tão perto do onipotente em sua própria esfera quanto um governante poderia estar, mas essa esfera se tornaria cada vez mais estreita. Uma pequena elite patrícia dominaria uma imensa população de desfavorecidos e impotentes – o oposto do que ocorreria na

Europa, onde uma classe média inventiva começava a surgir. Os sultões se tornaram notoriamente incultos, cada vez mais isolados e, portanto, facilmente manipuláveis por cortesãos e líderes janízaros que se tornaram os verdadeiros governantes do Império Otomano.[25]

Mas as coisas não começaram assim. O objetivo principal de Suleiman, além da conquista militar, era fortalecer a legitimidade espiritual do seu califado em Istambul. Seu motivo religioso era sincero, mas se revestia de um aspecto prático. Ele compreendia muito bem que sua influência política como califa sobre sultões rivais dependia unicamente de sua postura religiosa. A própria Istambul personificava a extensão da sua ambição, seu olhar voltado para o oeste, além dos Bálcãs, e para o norte, além do Mar Negro, mas a cidade apresentava um problema para a Casa do Islã presa à tradição. Transferir o centro sagrado da fé islâmica de Meca para Damasco, Bagdá ou o Cairo – como ocorrera ao longo dos séculos – era uma coisa; outra coisa bem diferente, porém, como fizera seu pai, era remover esse centro do mundo árabe e instalá-lo no ponto de junção da Ásia com a Europa, numa metrópole que havia pululado de excesso infiel e de idolatria por mais de mil anos. Por mais radical que Suleiman pudesse ser política e militarmente, ele precisava ser conservador em questões relacionadas com as formas de religiosidade islâmica.

Isso explica seu interesse por Jerusalém. O fato é que a realização mais duradoura de Suleiman foi também a melhoria mais extraordinária na estruturação física da cidade santa ocorrida desde que Omar construiu o Haram al-Sharif, o Nobre Santuário, no século VIII. Trata-se do muro maciço fortificado com que ele cercou Jerusalém inteira. Com 3.200 metros de comprimento, doze metros de altura, sustentado por 34 torres e entremeado com sete portões, o muro da cidade foi construído com rapidez extraordinária, entre 1537 e 1541. O muro ainda existe atualmente, e depois do Domo da Rocha, é o elemento mais grandioso da cidade dourada. Na verdade, o muro ameado define seu aspecto mais fantástico. Oferecendo proteção aos moradores de Jerusalém contra bandidos beduínos que lhes causavam problemas periodicamente, a monumental fortificação, não obstante, foi uma obra dispendiosa e praticamente inútil, própria de eras passadas. Como muralha de defesa contra impérios rivais (em comparação com bandidos), era obsoleta antes mesmo de ser concluída – reduzida a essa condição, como Suleiman devia saber muito bem, pelo poder de fogo da artilharia que os próprios turcos haviam usado para romper muros semelhantes em Constantinopla. Mas isso não importava para Suleiman, cujo propósito era mais sacramental do que militar. Seu muro era a glorificação de Jerusalém, pura e simplesmente, proclamando sua piedade para que toda a Casa do Islã visse.

A mesma intenção animou a gloriosa restauração do Domo da Rocha. Foi Suleiman que, nos mesmos anos, transformou a fachada octogonal do Domo com a colocação de telhas de faiança azuis e porcelana azulada de Iznik que fazem a estrutura reluzir até os dias de hoje. O esmaltado metálico azul-celeste, circundando o domo dourado, ainda domina a impressão que a estrutura causa a distância, um acabamento sublime e sobrenatural da já célebre arquitetura. (As mesmas telhas e porcelana tornariam a mesquita do Sultão Ahmed em Istambul – a Mesquita Azul – lendária em todo o mundo, superando em beleza o Domo da Rocha, mas ela seria construída mais de cinquenta anos depois, quando a legitimidade do califado na Turquia estava bem estabelecida.) Suleiman também providenciou a restauração dos antigos aquedutos que levavam água a Jerusalém – e especialmente do Nobre Santuário, que foi agraciado com inúmeras fontes. Estas não eram meros adornos decorativos, mas essenciais para as orações diárias, que começavam com abluções rituais. As fontes eram sacramentos.[26] O mundo islâmico inteiro logo soube que Suleiman, o califa de Istambul, elevara a estrutura muçulmana mais importante a uma nova magnificência.

Começando com Suleiman e ao longo da maior parte do período otomano, "Jerusalém continuou sendo um centro de devoção e foi receptora de considerável liberalidade das autoridades centrais" de Istambul.[27] Essa liberalidade foi a concessão da legitimidade religiosa, e a cidade reconsagrada (e protegida dos bandidos) voltou a crescer.[28] Como sempre, acompanhando a cidade real, a cidade-fantasia também prosperou. A imagem dourada de Jerusalém gloriosamente circundada por muros ameados de pedra branca reluzente, com portões e torres majestosos, abundante em fontes (onde sempre se poderia ver Jesus, como se estivesse sentado junto ao poço), era exatamente a imagem que os puritanos na América logo evocaram como o ícone refulgente do seu propósito sagrado. O que os puritanos não sabiam, como também não sabiam aqueles que, como se contaminados por um vírus sagrado, os viram dirigindo-se para oeste através do continente americano, era que essa Jerusalém original não foi criada por Davi, por Herodes, pelos cruzados, mas pelos turcos.

Suleiman tinha outra forma de demonstrar a religiosidade digna do califa, bem menos fortuita para o Islã, como depois se constatou, do que a consagração de Jerusalém. Durante o seu reinado, e quase certamente sob sua influência, o mundo muçulmano cometeu o que pode ser considerado, do ponto de vista ocidental, seu maior erro: a rejeição da prensa tipográfica de tipos móveis, cujo significado revolucionário já consideramos. Outros fatores levaram o Islã a seguir o seu caminho nitidamente diferente para a era moderna, como sua adesão à proibição rígida da usura, que obstruiu o florescimento econômico do capitalismo. Mas a rejeição da prensa mecanizada foi decisiva.[29] Isso aconteceu em parte pelo simples fato de que os alfabetos baseados no latim e no grego – e, nesse aspecto, no hebraico – são constituídos de letras de forma, ao passo que o árabe é uma escrita cursiva, dependendo de minúsculos pontos para distinguir vogais e consoantes, o que torna o árabe bem mais difícil de transformar em tipos. Mas um fator ainda mais importante na rejeição inicial da imprensa pelos muçulmanos foi a determinação de defender o Alcorão do sacrilégio.

Um entendimento tradicional do texto sagrado elevava os versículos da "recitação" de Maomé (lembre que "Alcorão" significa "recitar") acima de qualquer outra expressão. Deus está presente nas palavras quando elas são pronunciadas. Do mesmo modo que o Alcorão, como autorrevelação eterna de Deus, não pode ser traduzido do seu idioma original,[30] também não poderiam as palavras nele contidas ser reproduzidas mecanicamente numa página. A recitação é o ato de trazer o Deus vivo para a congregação, razão pela qual os recitadores alcorânicos ocupam posições de prestígio e poder. Mas o poder espiritual do Alcorão é também comunicado pela caligrafia islâmica altamente desenvolvida, que é "mais do que apenas uma forma de arte; ela é a representação visual do Alcorão eterno, o símbolo da presença viva de Deus na terra".[31] Representações caligráficas do texto sagrado eram (e são) onipresentes no mundo muçulmano, inscritas em toda parte, desde paredes de mesquitas até objetos mundanos como tapetes e lâmpadas. A palavra de Deus está em toda parte. A caligrafia e a página tipográfica pertenciam, de fato, a planetas diferentes, e era a coisa mais natural do mundo para a *ummah*, a começar com Suleiman, o Magnífico, rejeitar a impressão mecânica. Não teria passado despercebido ao califado que um século depois de Gutenberg, o livro mais impresso era de longe a Bíblia. Uma vulgarização assim – um sacrilégio – não seria tolerada com o Alcorão.

Vimos que a revolução democrática que seguiu de perto a Reforma dependeu da prensa tipográfica, com Lutero abrindo o caminho para o mundo novo da alfabetização em expansão. À medida que a leitura da Bíblia foi se tornando território de cada fiel, a autoridade do clero ficou abalada – o que explica a tentativa (fracassada) do papado de controlar a prensa tipográfica pelo licenciamento. Revoluções na ciência, no comércio, na medicina, nos instrumentos de precisão, na política, na filosofia, na arte, na tecnologia e na agricultura foram aceleradas, se não promovidas, pela imprensa tipográfica. A ela se seguiu tudo que entendemos por Iluminismo e Revolução Industrial – e do mesmo modo, também, a preponderância europeia.

O ano de 1517, com Lutero, marcou o início de tudo isso; marcou também, como vimos, o início do reinado otomano em Jerusalém. Mas como, a partir daquele ano, o mundo islâmico iletrado separou-se do novo conhecimento pelo que um historiador denomina "arcaísmo autoimposto",[32] ele aos poucos entraria numa descendente de atraso político, tecnológico e cultural. Jerusalém, mesmo com seu muro esplêndido, voltaria a se tornar uma cidade isolada e atrasada numa província menor, cada vez mais empobrecida.

3. A Cruzada Pacífica

E assim continuou até 1798, ano em que a Europa efetuou seu demorado contramovimento à Casa do Islã, com a invasão do Egito por uma força francesa liderada por Napoleão Bonaparte – o primeiro disparo do que seria uma prolongada guerra colonial. Em meio ao imenso estoque de provisões transportado por Napoleão, ao lado de ícones do iluminismo como um laboratório científico portátil e uma biblioteca com livros recentes sobre política e filosofia, havia uma prensa tipográfica com tipos da escrita árabe.[33] Napoleão não seria o último europeu movido pelo objetivo de melhorar a cultura e a educação do "atrasado" Oriente Médio.

Porém, com a união dos muçulmanos de toda a região em torno do sultão otomano, a expedição de Napoleão fracassaria. Sua infantaria repetiria a derrota decisiva dos cruzados na cidade litorânea de Acre, no extremo norte da Palestina. A chegada dos franceses na região despertou ira e medo em Jerusalém, reavivando subitamente lembranças há muito enterradas. A cidade voltou a se sentir totalmente insegura. Seu declínio correspondia à "decadência da Fé e do Estado"[34] que, com exceção da perícia militar defensiva, caracterizou o regime otomano ao longo dos séculos XVII e XVIII, quando os sucessores de Suleiman notabilizaram-se por sua mediocridade. Se depois de Suleiman a população de Jerusalém havia aumentado, no século recente, até 1800, decaíra para cerca de nove mil habitantes. Desse número, perto da metade era constituída de muçulmanos, com judeus e cristãos perfazendo, cada um, cerca de um quarto da população.[35]

A única violência religiosa considerável a estender-se em Jerusalém por longo tempo ocorrera entre cristãos. Como que produzindo uma versão Oriente Médio das guerras entre protestantes e católicos que dividiram a Europa nos séculos XVI, XVII e XVIII, cristãos católicos, armênios e gregos, no mesmo período, periodicamente, haviam derramado sangue uns dos outros devido a desentendimentos sobre o Santo Sepulcro – choques que chegaram ao auge em 1757 numa guerra total entre cristãos nas ruas de Jerusalém. O sultão otomano, Osmã III, impôs um acordo aos cristãos, incluindo uma divisão territorial e responsabilidade pelos lugares santos mantidas até hoje.[36] Mas os muçulmanos, corretamente, interpretaram a chegada dos franceses como uma vanguarda europeia, e embora Napoleão, desviando-se de Jerusalém, se dirigisse para a cidade portuária mais estratégica ao norte, seus cidadãos muçulmanos irritados atacaram igrejas e mosteiros, e tomaram monges como reféns.[37] Esses atos de violência, porém, duraram pouco, pois as autoridades muçulmanas de Jerusalém ordenaram seu término. De fato, as minorias cristã e judaica eram sistematicamente protegidas em Jerusalém, mesmo enquanto aumentavam as pressões europeias sobre o enfraquecido Império Otomano.

Em 1821, por exemplo, rebeldes nas províncias gregas, concentrados no Peloponeso e em Creta, iniciaram sua guerra de independência contra os otomanos. Quando os gregos obrigaram as forças turcas a recuar na direção do Bósforo, os cristãos ortodoxos gregos em Jerusalém, por mais que simpatizassem com seus correligionários, foram protegidos pelas autoridades muçulmanas. "Não perturbem os súditos, pois eles são fiéis", decretou a corte islâmica de Jerusalém. "O mal feito a eles é um pecado e uma injustiça contra Deus e o nosso Profeta."[38] Ou seja, o padrão da tolerância muçulmana em Jerusalém permaneceu constante apesar da passagem do tempo e a despeito das condições.

A vulnerabilidade do Império Otomano atraía pressões não apenas das potências europeias, mas também de facções da própria Casa do Islã. Na Península Arábica, uma tribo beduína, os sauditas, expulsou os turcos para assumir o controle de Meca e Medina. Os sauditas praticavam uma forma puritana do islamismo chamada vaabismo,[39] e a campanha contra agentes da distante Istambul fundamentava-se no projeto religioso de redirecionar o islamismo a um zelo árabe original imaginado. Os sauditas massacraram milhares de confrades muçulmanos como infiéis, e não estava claro o que Istambul podia fazer a esse respeito.

Nem bem haviam os gregos declarado sua independência quando o vice-rei otomano do Cairo começou a imitar Atenas, pressionando Istambul por autonomia regional no Egito, se não por independência total. Seu nome era Muhammad Ali, mas ele não era um fundamentalista fanático. O vaabismo (como outros fundamentalismos) pode ser entendido como uma reação contra os primeiros sinais de modernidade, mas a reação de Muhammad Ali a esses sinais foi tentar compreendê-los. Ele não era vaabita, e nem mesmo árabe. Nascido no que fora a Grécia, etnicamente ele era albanês, e como jovem oficial no exército otomano, foi enviado ao Egito com a infantaria que recuperou o controle depois da expulsão de Napoleão. O fato de a população egípcia estar sem liderança e abatida ofereceu a ocasião para um homem com o ânimo e a ambição de Muhammad Ali. Ele a aproveitou, e sua ascensão ao poder naquela situação instável foi rápida.

Tipicamente, Muhammad Ali foi criado analfabeto, mas, singularmente, entendeu sua ignorância como desvantagem. Com a idade de 40 anos, aprendeu a ler. Seja na agricultura, na indústria, na medicina, ou nas ciências militares e navais, ele percebeu como o mundo árabe se atrasara com relação ao que os europeus estavam conquistando. Ele se propôs a corrigir isso, e começou pelo Egito.[40]

Ele vira em primeira mão as fraquezas da atitude de Istambul. Sua própria instrução adiada foi uma iluminação, e ele promoveu sistematicamente a instrução entre seus oficiais e soldados no Cairo e em Alexandria. Ele deu continuidade ao que os franceses haviam começado, e enviou oficiais mais antigos, e por fim pessoas mais jovens, a Paris para estudar. Determinou a publicação – por meio da prensa tipográfica – de suas ações de governo, medida que evoluiria para o primeiro jornal árabe. Assumiu o controle da desorganizada agricultura do Egito, preparando o terreno para uma expansão rápida da cultura do algodão (a palavra deriva do árabe *qutn*) no Vale do Nilo, que acabaria concorrendo com a produção do sul dos Estados Unidos.[41] Estabeleceu as bases para uma economia industrial moderna. E planejou a expansão das fronteiras de sua própria suserania.

Muhammad Ali avançou primeiro contra os sauditas vaabitas na Arábia, e os derrotou, restabelecendo a autoridade nominal do sultão otomano sobre a província sagrada. Capturou o líder tribal saudita e o enviou a Istambul, onde foi decapitado.[42] Em seguida, Muhammad Ali investiu contra a Síria, o que significa que apoderou-se primeiro de Gaza e da Palestina. Em 1831, obteve o controle de Jerusalém, o que, por ser ele um promotor da modernização e não um vaabita, levaria às mudanças mais significativas no caráter da cidade desde as Cruzadas. A Palestina se tornaria uma entidade política separada, com centro em Jerusalém e independente de Damasco ou de Beirute, pela primeira vez em um milênio.[43] Concretizando o desejo de Muhammad Ali de manter canais de comunicação com a Europa, os britânicos foram autorizados a abrir um consulado em Jerusalém, exemplo seguido por outros governos europeus. Essas representações diplomáticas se definiam como protetorados, nações europeias que se autodesignavam protetoras das minorias religiosas de Jerusalém – como se elas precisassem de proteção.[44] De importância ainda maior, com a permissão de Muhammad Ali, os primeiros missionários protestantes dos Estados Unidos puderam estabelecer-se em Jerusalém, com o cônsul americano chegando em comitiva como protetor deles – o início do que se chamaria "Cruzada pacífica".[45]

Sem que pudesse prevê-lo, as intenções de modernização e de ocidentalização de Muhammad Ali produziram um efeito adverso de duas formas. Primeiro, para o povo do Egito e do Oriente Médio em geral, a experiência de modernização não se mostraria libertadora, mas profundamente alienante.[46] Segundo, a abertura de Muhammad Ali para o Ocidente cruzou com – na verdade, desencadeou – uma força que ele jamais poderia ter antecipado: a volta para a cidade santa, como num efeito bumerangue, de fanáticos religiosos europeus, e especialmente americanos, cuja ambição era remodelar a cidade de acordo com o mito do Apocalipse. O primeiro passo no objetivo desses religiosos de levar o mundo a Jesus – ou, melhor, de trazer Jesus ao mundo em sua flamejante Segunda Vinda – era devolver Jerusalém e a Palestina à soberania judaica.[47] Pondo em movimento uma transformação no caráter físico e no significado religioso de Jerusalém que definiria sua política e espiritualidade daí em diante, esses cristãos evangélicos "ouviam de Deus" que chegara o momento certo para transformar em realidade a fantasia apocalíptica da cidade celeste, que já se refletia nos nomes de muitas cidades americanas, inclusive as de Nat Turner e de Abraham Lincoln.

4. Restauracionismo

Os chamados restauracionistas derivam esse nome do objetivo de restituir aos judeus seu papel de governantes da Palestina e de Jerusalém, conforme determina a Bíblia. "Ainda existe no peito de cada judeu um desejo insaciável de residir na terra que foi dada aos Pais", declarou um pregador organizador de expedições na Old South Church de Boston em 1819. Com a volta dos judeus a Jerusalém e o restabelecimento da política que vigorava na época do próprio Jesus, cumprir-se-ia a última condição para o retorno do Messias, e todos – judeus, cristãos, muçulmanos – veriam a luz. "O olhar de cada um", disse o pregador, "está fixo em Jerusalém."[48] Uma leitura literal da Bíblia gerou a crença de que o retorno do Messias começaria na cidade e de que dependia da volta prévia dos judeus à sua terra natal – e de sua conversão há muito protelada: *A salvação virá de Sião*.[49]

O pregador era Levi Parsons, um jovem de 27 anos e bem relacionado da Nova Inglaterra, cujo sobrinho e homônimo se tornaria mais tarde vice-presidente dos Estados Unidos. A partir de Boston, Parsons se tornou líder de um movimento de volta a Jerusalém promovido pelo Segundo Grande Despertar. Da Nova Inglaterra às regiões além dos Montes Apalaches e aos estados do sul, onde quer que os pioneiros estivessem dando às suas colônias os nomes de Jerusalém, Sião ou Salém, era irresistível a ideia de missionários cristãos incumbidos de viajar à cidade santa para apressar a

Segunda Vinda. Milhares de pessoas se identificaram como restauracionistas e enviaram Parsons nessa missão. Levando pacotes e caixas de panfletos e de Bíblias em vários idiomas, e munido de cartas de recomendação fornecidas pelo Secretário de Estado John Quincy Adams (que declarou, "Desejo realmente os judeus de novo na Judeia, uma nação independente"), Parsons foi para Jerusalém em 1821. Proibido pelas leis islâmicas de converter muçulmanos, e ignorado pelos judeus da cidade, ficou restrito a evangelizar os católicos, os ortodoxos gregos e os armênios. Ninguém lhe dava ouvidos. Jerusalém deu de ombros. Com sua fantasia exaurida, Parson deixou Jerusalém e foi para Alexandria, onde, em poucos meses, morreu de febre.[50]

Mas Parsons havia desencadeado uma corrente missionária que se deslocaria dos Estados Unidos para Jerusalém durante grande parte do século XIX, influenciando mudanças na cidade, mas também transformando a religião americana, e a política americana. Os Estados Unidos eram uma "estufa espiritual",[51] e já mencionamos o extraordinário desenvolvimento da vida congregacional de várias denominações evangélicas na primeira metade do século. Essa estufa produziu uma colheita de atitudes que ultrapassaram todas as fronteiras da religião.

É apenas parte da história a ideia de que o retorno dos judeus a Jerusalém sensibilizava a grande maioria dos cristãos americanos. Por um lado, essa perspectiva contradizia o entendimento antigo, desde Santo Agostinho pelo menos, de que o banimento dos judeus de Jerusalém era desejado por Deus, sendo o exílio ("errância") judaico comprovação da verdade das acusações dos judeus contra Jesus. Essa tradição era essencial para a teologia católica romana da "substituição" – os judeus incrédulos pagando essas acusações com o castigo, de acordo com as promessas de Deus –, fato que facilitou ainda mais para que protestantes virulentamente anticatólicos a repudiassem.[52] Por outro lado, a ideia de restabelecer os judeus na sua terra natal combinava com a ignorância cristã persistente com relação à real situação dos judeus, poucos dos quais queriam recolonizar fisicamente a Palestina, e com a ignorância, nesse aspecto, com relação à Palestina, que se presumia estar praticamente despovoada.[53]

Mas o aspecto mais importante do pensamento restauracionista era sua premência apocalíptica, a realização do sentido grandioso do propósito místico com que os colonizadores puritanos haviam chegado no Novo

Mundo. Esses crentes acreditavam piamente que o Fim dos Tempos estava próximo e que a reprodução americana do êxodo era um instrumento preparado por Deus para impulsioná-lo. Há uma linha direta do apelo utópico da Cidade no Alto da Colina até a ideia do Destino Manifesto, uma expressão criada nos anos 1840[54] e normalmente só associada à expansão do continente para o oeste. Mas o destino americano, sempre definido pelo Apocalipse, foi também para o leste, para a Cidade no Alto da Colina original. *Ou seja, os americanos compartilharam com antepassados cristãos de mil anos uma premência irresistível, mesmo que agora quase totalmente inconsciente, de ir a Jerusalém.* Em números que aumentariam constantemente no decorrer do século, eles assim fizeram – não como turistas, principalmente, mas como agentes do Fim dos Tempos. Jerusalém estava onde o fim da história desencadeado pelos americanos primeiro se manifestaria. Os missionários restauracionistas que realmente se mudaram dos Estados Unidos para Jerusalém começavam seu dia subindo o Monte das Oliveiras antes do amanhecer, para que aos primeiros raios do sol estivessem preparados para saudar o Messias quando ele chegasse.[55]

Em 1860, o número de americanos que votaram nas eleições presidenciais constituía um quarto dos que frequentavam a igreja todos os domingos. De todos os americanos, entre um terço e metade eram cristãos evangélicos – mais de 10 milhões de pessoas. Nas palavras de Drew Gilpin Faust, eles formaram "a maior e mais formidável subcultura na sociedade americana".[56] O restauracionismo apocalíptico era uma ideia americana predominante, do mesmo modo que a obsessão por Jerusalém. "Tanto se falou durante gerações a respeito dos judeus recuperando Jerusalém", comentou um editorial do *The New York Times* em 1866, "que é agradável pensar que provavelmente farão isso afinal. Eles certamente merecem Jerusalém." Não só pregadores estavam obcecados com a cidade santa. Figuras de projeção na política (William Henry Seward, William Tecumseh Sherman, Ulysses S. Grant) e nas artes (Mark Twain, Herman Melville, Washington Irving, Ralph Waldo Emerson) preparar-se-iam para fazer a peregrinação. "Mania Palestina da América", segundo um historiador.[57]

E o maior político da época também sentiu essa obsessão. Reintegrar os judeus no seu lar nacional na Palestina, disse Abraham Lincoln em 1863, "é um sonho nobre, compartilhado por muitos americanos".[58] Como bem sabemos, Lincoln não era um crente convencional, e seguramente não era um cristão evangélico. Mas o próprio ar que ele respirava estava impregnado de partículas que flutuavam à luz dessa visão religiosa, e esse ar influenciava aquilo em que ele acreditava com relação ao seu país, o que ele fazia e o que dizia, mesmo que inconscientemente. Ele havia começado a sua vida adulta em New Salem, Illinois, um daqueles lugares cujo nome, quer ele soubesse ou não, inspirava-se em Jerusalém. E esse foi apenas o começo.

5. O Altar de Abraão

O fervor religioso dos evangélicos foi essencial para a expansão do movimento pela abolição da escravatura, e quando a crise de 1860 se instalou, uma fonte primordial de compreensão e interpretação foi o texto do Apocalipse – a vida moral definida por uma luta mortal entre o bem e o mal, levando a uma batalha final. Os pregadores eram os grandes articuladores da visão apocalíptica. Particularmente no norte e nas regiões limítrofes com os Apalaches, desenvolveu-se o senso de que os Estados Unidos precisavam de um novo nascimento, com o conflito iminente culminando na realização transcendente da promessa fundadora da nação. A guerra seria o Armagedon – a extirpação do pecado, a aceleração da missão americana.[59]

Mas primeiro a guerra seria por União. Para recapturar a ressonância mística da palavra "União", é necessário imaginar o ímpeto do novo espírito nacional que estava tomando conta do século, ou que logo tomaria, não apenas na América, mas em toda a Europa, desde a República francesa até a Itália de Garibaldi, a Alemanha de Bismarck e os reinos escandinavos subdivididos. O estado-nação em si era a grande causa, a fonte de sentido e o valor último pelo qual viver e morrer, e matar. É surpreendente que esse resoluto propósito nacionalista tenha se apossado dos americanos – no norte, sem dúvida nenhuma, mas também a oeste dos Alleghenies – por causa do regionalismo intenso do país cada vez mais expandido e porque menos de três gerações antes, "secessão" foi considerada um direito "inalienável". Em 1776, quando treze colônias se separaram da Bretanha, o ato foi de elevado patriotismo, e podia-se ver que um princípio se estabelecera. Mas quando onze estados confederados declararam sua independência dos Estados Unidos da América em 1861, a ação foi declarada ilegal, e motivo para guerra.

Sem dúvida, Lincoln abominava a instituição da escravatura ("Se a escravatura não está errada, nada está errado"[60]), mas ir à guerra por causa dela? A Bretanha havia abolido a escravatura em 1807 sem violências. A entrada de escravos nos Estados Unidos fora declarada ilegal em 1808. Nas décadas seguintes, a escravatura seria abolida por atos legisladores de governos coloniais europeus e por nações latino-americanas. (Apenas no Haiti seria necessária uma guerra para libertar os escravos. O Brasil, que traficou mais escravos do que qualquer outro país, aboliria a escravatura pela lei, não pela guerra, em 1888.) Um mês antes de Fort Sumter, o czar Alexandre II havia emitido um manifesto de emancipação libertando os servos russos. É impossível saber precisamente até que ponto Lincoln conhecia as tendências globais com relação ao declínio da escravidão, mas ele provavelmente teria compreendido que a história estava virando uma página sobre a servidão involuntária. Por mais gradualmente e por quaisquer mecanismos de compensação que ocorresse, era razoável esperar que a escravidão no sul americano acabaria. Se ela pudesse ser mantida excluída dos territórios novos à medida que o país se expandia para oeste, havia esperança de que a instituição existente se tornasse economicamente inviável e moralmente insustentável – por isso Lincoln concorrera para presidente em 1860 defendendo uma plataforma política que pretendia limitar a escravidão, não aboli-la.

Lincoln declarou explicitamente que o objetivo da guerra era restabelecer a União, não abolir a escravatura. De fato, sua administração aceitou de bom grado a Resolução Crittenden-Johnson que afirmava exatamente isso e foi aprovada pelo Congresso poucas semanas depois do início da guerra.[61] Mas isso mudou. No prazo de um ano, como o horror moral da escravidão não estava em questão na guerra, a França e a Inglaterra, que normalmente se opunham à escravidão, estavam se preparando para apoiar a Confederação. Jovens do norte deixaram expressa sua relutância em participar de uma luta que deixaria a escravatura intacta. E os generais de Lincoln queriam recrutar negros libertos para o confronto.[62] Todos esses eram fatores em jogo, mas nenhum deles constituiu razão para que o objetivo de Lincoln para a guerra mudasse da causa da União para a causa da abolição. O motivo foi simplesmente que, no verão de 1862, o nível da carnificina se elevara muito além de qualquer estimativa, e Lincoln podia prever que, devido às ordens que estava emitindo, a violência logo se intensificaria. O inimigo era intransigente, os generais de Lincoln (especialmente George McClellan) eram instáveis, e a sua própria frustração estava se tornando insuportável.

    No início da guerra, o total de homens nos dois exércitos em confronto era de 300 mil; um ano depois, esse número havia passado de um milhão. No final de 1862, haveria 1,4 milhão de homens armados, e mais que o dobro desse número no final da guerra.[63] À medida que o número de vivos fardados aumentava, também crescia o número de fardados mortos. Em Shiloh, em abril de 1862, as baixas chegaram a 24 mil. Em julho, na segunda batalha de Bull Run, onde os ianques foram desbaratados, houve 20 mil baixas (em comparação com aproximadamente sete mil na primeira batalha de Bull Run no ano anterior). Então, em Antietam, em meados de setembro, a história americana testemunhou o seu dia mais sangrento: 24 mil baixas em doze horas, uma chacina que mudou o significado da guerra. Uma semana depois de Antietam, Lincoln emitiu a Proclamação de Emancipação.[64]

    A Emancipação foi mais um símbolo moral do que um ato político. Como tal, na mente de Lincoln ela se associava à escala da guerra que ainda viria, pois para ele só um propósito superior justificaria a guerra total que seria necessária caso os Estados Unidos devessem[65] prevalecer sobre a Confederação. Alguns historiadores afirmam que Lincoln simplesmente aproveitou Antietam como momento politicamente favorável para emitir o decreto de emancipação há muito pretendido por ele, mas Antietam mudou o sentido do ato, qualquer que fosse o propósito de Lincoln. Harry Stout, historiador de Yale, vê o contexto ético da escalada como crucial. "Pelos cálculos de Lincoln", escreve Stout, "o morticínio deve continuar em escalas cada vez maiores. Mas para que isso aconteça, o povo deve ser persuadido a derramar sangue sem reservas. Isso, por sua vez, exigia uma certeza moral de que a matança era justa." O mero nacionalismo do século XIX – União – não era suficiente. Para os americanos, a nação estava se tornando sagrada, mas ainda não era tão sagrada. "Somente a emancipação – a 'última carta' de Lincoln – ofereceria essa certeza."[66]

    O fervor abolicionista do qual Lincoln mantivera distância, mas que nesse momento precisava aceitar para fortalecer a União frente ao enorme sofrimento, enraizava-se no fanatismo evangélico que já comentamos. Lembre que o número de congregações religiosas no país crescera de 2.500 em 1780 para 52 mil em 1860, um crescimento de 21 vezes num período em que a população aumentou 8%.[67] E as congregações, em sua grande maioria, estavam entusiasticamente "despertas", apocaliptistas fiéis à Bíblia sempre atentos ao irromper de um confronto milenar entre as forças do bem e do mal. As divisões norte-sul entre as denominações evangélicas em torno da questão da escravatura (presbiterianos em 1837, metodistas em 1844, batistas em 1845) foram um ensaio geral para a secessão política de 1860, com cada lado sendo alimentado por justa indignação.[68] O abolicionismo foi acima de tudo um fenômeno evangélico, com pouco envolvimento de denominações menos entusiasmadas, como a católica romana, a episcopaliana e a unitarista.[69] No norte, senhores escravagistas já encarnavam a Besta da Babilônia, enquanto no sul esse papel era totalmente preenchido pelo odiado ianque. Pregadores de ambos os lados haviam se revezado na liderança para definir o conflito em termos morais cósmicos[70] – e foi nesse espaço que o até então distanciado Lincoln finalmente entrou com a Proclamação.

Os Estados Unidos, norte e sul podem ter sido "inundados por um mar de fé", na expressão do historiador Jon Butler – mas Lincoln não o foi. Ele era uma figura do Iluminismo, um homem cujo Deus se parecia mais com o de Jefferson do que com o de Jonathan Edwards. Mas esse Deus, por mais desvinculado que estivesse de especificidades doutrinárias (nada de Jeová, de Pai trinitário, de Jesus hipostático) e por menos cultuado que fosse na congregação de Lincoln, formada apenas por ele, logo se agigantou na psique de Lincoln. Um Deus de fatalismo, não de aprovação. Um Deus cujos caminhos eram misteriosos. E um Deus que estava fortemente envolvido, nas palavras de um estudioso, na "salvação da nação e da alma da nação, não na salvação individual".[71] Não era com o seu próprio estado de graça que Lincoln se angustiava, mas com o da América.

E como a queda da graça seria redimida? Para isso, Lincoln absorveu da fonte mais profunda da tradição bíblica, aderindo apaixonadamente à ideia de que Deus estava envolvido com o sofrimento humano, que podia inclusive ser apaziguado por ele. Lincoln achou que era o maestro do sofrimento. Substituindo McClellan, a quem sangue repugnava, por Grant e Sherman no comando de um exército letalmente equipado, Lincoln começou a infligir tanto sofrimento aos seres humanos que, devido à sua industrialização, não teve precedentes nos anais de guerra.[72]

Comandar a carnificina da guerra sem dúvida produziu um efeito espiritual profundo em Lincoln, um efeito espiritu*alizador* que se refletiu numa mudança em seu estado de espírito e nos seus pronunciamentos públicos. Quando começou a pensar na guerra em termos morais, e não meramente políticos, Lincoln se tornou um místico, e a guerra assumiu um significado que ele próprio não conseguia mais explicar com facilidade. A partir do momento em que a emancipação passou a integrar a equação, a União se revestiu de um propósito transcendental. De repente a escravidão se tornou uma questão que envolvia não apenas o destino do Negro, mas as próprias profundezas recônditas da condição humana. A guerra, que começou como uma questão estrita de imposição coerciva da legalidade, com limites pragmáticos em seus objetivos, se tornou, em sua escalada além de todo pragmatismo, uma cruzada.

A senha para a moralidade de Lincoln, para seu misticismo e agora para seu propósito político era "liberdade". Ele mesmo definiu essa escala de significado poucos meses depois da declaração de emancipação, feita em setembro, no Discurso sobre o Estado da União de dezembro de 1862 quando, recuando de sua posição anterior, afirmou que a única maneira de salvar a União era libertar os escravos, e que a liberdade *deles* era essencial para a liberdade em si. "Ao conceder liberdade aos escravos, asseguramos liberdade aos que são livres – igualmente honrados no que concedemos e no que preservamos." E subitamente, num surpreendente salto retórico, a missão americana definida por essa concessão de liberdade não era mais uma questão que preocupava apenas os Estados Unidos, mas estendia-se a toda a raça humana. "Nobremente salvaremos ou ignobilmente perderemos a última melhor esperança da Terra."

É difícil imaginar que Lincoln esteja pensando aqui no republicanismo como essa esperança universal, ou na democracia constitucional – ideais políticos que estavam de fato se mostrando demasiado circunstanciais na Europa de meados do século XIX e que precisavam do suporte do sucesso americano. Não, não era isso. Na verdade, como vimos, os Estados Unidos estavam entre os últimos países a libertar seus escravos (sem mencionar sua recente apropriação ilegal de extensos territórios do México ou sua campanha que logo se intensificaria para exterminar povos nativos, dois fatos que perturbavam Lincoln), de modo que dificilmente poderiam ser vistos como modelo de um ideal global. Não, não era a emancipação que estava fazendo diferença na mente de Lincoln naquele momento, mas o grau de sofrimento que ele e sua nação estavam dispostos a suportar para alcançá-la. Esse sofrimento em si definiu a nobreza do que ele estava dizendo.

A árdua decisão de envolver-se no massacre brutal da guerra total que ocorreu em 1862 levou a uma santificação da nação que por si só pôde justificá-lo. Categorias de análise política foram substituídas por antigos tropos de sacrifício, expiação substitutiva, redenção, ressurreição e moralismo apocalíptico, tudo em benefício de uma reinvenção dos Estados Unidos da América. Ou talvez *invenção*, pois o que se entende por América só nesse momento passou a existir plenamente. Segundo Stout, "Lincoln sabia que a guerra total exigiria ainda mais sangue nos campos de batalha e muito mais sofrimento nas herdades civis, e essa consciência infundiu nele uma reverência mística crescente pela União como se ela mesma fosse um ser sagrado e digno de culto sacrifical".[73]

No seu discurso de posse do segundo mandato, em 1865, não muito antes de morrer e quando a guerra ainda estava indecisa, Lincoln declararia humildemente, "Deus não pode estar a favor e contra a mesma coisa ao mesmo tempo. Na presente guerra civil é muito possível que o objetivo de Deus seja algo diferente do objetivo de um e outro dos lados".[74] No fim de 1862, porém, quando deflagrava uma guerra total, sua visão era bem outra. Nessa ocasião, ele concluiu seu Discurso sobre o Estado da União declarando convictamente que a ação que acabara de iniciar em nome da liberdade e da União era "um caminho que, se seguido, o mundo aplaudirá para sempre e Deus para sempre abençoará". Deus *estava* do seu lado.

A consequência imediata desse misticismo foi fortalecer a disposição dos simpatizantes e combatentes da União para sacrificar os próprios filhos e a si mesmos por essa causa transcendente. Não seria a liberdade que salvaria – ou, antes, criaria – a nova União misticamente elevada, mas a morte. Duas semanas depois da proclamação de emancipação, Charles Summer, de Massachusetts, declarou, "Morrer pelo país é prazeroso e honroso. Mas todos os que morrem pelo país neste momento morrem também pela humanidade. Onde quer que caiam em campos sangrentos, serão lembrados como heróis por intermédio de quem a República foi salva e a civilização se estabeleceu para sempre".[75] Haveria campos sangrentos que poderiam ser atravessados sem tocar o chão, pisando somente sobre a carne em putrefação de soldados caídos.

A Confederação teve sua versão dessa devoção brutal. A Guerra Civil teria ocorrido de forma totalmente diferente não fosse a devoção à cidade celeste que tomou conta da imaginação tanto do norte como do sul. A guerra foi um exemplo cabal de violência sagrada, vinculada a uma recompensa sagrada. Inflamados pela certeza evangélica de que Jesus os esperava no jardim noturno, e que seu sacrifício apressaria a realização do plano de Deus, soldados lançavam-se em campos abertos, atacando fortificações, pensando em Deus, mas também na União ou em Dixie [região sul dos Estados Unidos]. "Sacrifício e estado se tornaram inextricavelmente entrelaçados", comenta Drew Gilpin Faust, observando que os aproximadamente 700 mil mortos na Guerra Civil equivaleriam hoje, em termos percentuais da população americana, a quase sete milhões de indivíduos.[76]

"A morte criou a moderna união americana – não exatamente por assegurar a sobrevivência nacional, mas por moldar estruturas nacionais permanentes."[77] Proeminente entre estas é a estrutura da consciência americana, pois então, depois desse sacrifício – Frederick Law Olmsted chama os Estados Unidos de "República do Sofrimento"[78] – a nação se tornou, para si mesma, totalmente diferente de qualquer outra nação. De fato, tendo seu início nesse momento e por causa dos mortos, os Estados Unidos alçaram-se acima da condição humana para se proclamarem imortais. Ou, como expressou Lincoln em novembro de 1863 em Gettysburg – a batalha ali ocorrida em julho registrara o maior número de baixas da guerra, cerca de 50 mil – a única maneira de evitar que "esses mortos não tenham morrido em vão" é fazer com que "esta nação, guiada por Deus, tenha um novo nascimento de liberdade – e que o governo do povo, pelo povo e para o povo não desapareça da Terra".[79]

E assim dá-se aqui a volta peculiarmente americana à antiga relação entre religião e violência, pois com a Guerra Civil elas realmente se identificam. Depois da longa gestação que começou na Cidade no Alto da Colina dos puritanos, o nacionalismo religioso americano e a espiritualidade política americana nasceram em Gettysburg como gêmeos unidos pela cintura. Quando as palavras "guiada por Deus" foram acrescentadas ao Juramento de Lealdade em 1954, como expressão do fervor na luta contra o "comunismo ateu", poucos sabiam que elas haviam sido ditas por Lincoln em

Gettysburg. A legião de soldados mortos, glorificados para sempre pelo breve discurso de Lincoln no cemitério, foram vistos como uma figura de Cristo cósmica e, à semelhança de Cristo em seu sofrimento e morte, eles conquistaram a vida eterna para a nação. No discurso de posse do segundo mandato, Lincoln definiria o sofrimento da guerra como expiação sacrifical pela escravatura, que era o pecado da nação: "Como foi dito três mil anos atrás, ainda se deve dizer, 'os juízos do Senhor são verdadeiros e retos'."[80]

Se 1862 foi o ano em que a guerra produziu sua guinada transcendente, tanto na escala de derramamento de sangue como em seu significado na mente de Lincoln, a transformação foi simbolizada pelo poema lírico que então começou a elevar o coração da União, "O Hino de Batalha da República".[81] As palavras redigidas por Julia Ward Howe, adaptadas à melodia de uma canção já existente, foram publicadas pela primeira vez na capa do *Atlantic Monthly* em fevereiro de 1862. Dois aspectos interessantes a respeito desse hino são, primeiro, que ele define literalmente a batalha da república como o Armagedon cósmico do Livro do Apocalipse e, segundo, que quando o conflito norte-sul se transformou em guerra total, ele se tornou o hino de marcha de todos os regimentos da União. Entregando seus filhos às garras da morte, a nação estava selando sua opção de enfrentar ninguém menos do que o Anticristo. A América estava finalmente se assumindo como instrumento de realização milenar – não apenas para si mesma, mas, como Lincoln afirmava, para todos os povos da Terra.

No poema épico de Howe, a violência anunciava a vinda do Senhor: *ele mesmo* estava esmagando a vindima das vinhas da ira, liberando o raio mortífero da sua espada rápida e terrível, tocando a trombeta que jamais emite o toque de retirada. O próprio hino se descrevia sendo cantado junto às fogueiras de vigia de centenas de acampamentos. E acima de tudo, definia a nova religiosidade americana – a morte sacrifical não por amor à santidade, mas à liberdade, com seus versos adensando-se até o clímax convocatório, "Como Ele morreu para fazer os homens santos, morramos para tornar os homens livres". E observe que, desse momento em diante, o sacrifício americano, especialmente conforme exigido pelos políticos, não envolveria particularmente as atividades da vida (a entrega de dinheiro por meio de impostos, ou de tempo por meio, digamos, de serviços comunitários obrigatórios). O sacrifício americano tinha a ver com a morte. "Uma nova base racional da missão nacional foi construída", observou Ernest Lee Tuveson, "e sintetizada para sempre no 'Hino de Batalha da República'... A luta para abolir a escravidão passou a ser explicada tanto como um julgamento da maldade nacional quanto como um modo pelo qual a nação eleita, *sacrificando os próprios filhos*, desferiu um golpe mortal [contra] o poder das trevas; ela pareceu confirmar as esperanças milenárias. Talvez, inclusive, a própria batalha do Armagedon tivesse sido travada"[82] (grifo meu).

Jon Butler observa que "o hino de Howe foi um instrumento de proselitismo". Proselitismo a favor do Jesus messiânico, mas também a favor da elevada certeza moral que capacitaria os jovens a se sacrificarem voluntariamente e os pais deles a se sentirem edificados quando isso acontecesse. "Poucas pessoas simbolizaram melhor a necessidade contínua desse proselitismo do que Abraham Lincoln."[83] Não é cinismo observar que o presidente até então agnóstico viera quase desesperadamente a depender da credulidade ingênua da maioria americana, e até a explorá-la, com sua fé simples – "Na beleza dos lírios, Cristo nasceu nos mares/Com uma glória em seu peito que transfigura a ti e a mim" –, da qual Lincoln não fazia parte. Talvez até a desdenhasse.

Essa liberdade pela qual a guerra estava finalmente sendo justamente travada era uma abstração, naturalmente, e seria traída ao seu término quando os escravos libertos voltaram a ser rapidamente sujeitados. De fato, a "reescravização de americanos negros", para usar a expressão de Douglas Blackmon para o que aconteceu depois da Guerra Civil, repõe na mesa a questão contestada do objetivo da guerra.[84] Ela começou pela causa da União, mas depois do nível indescritível alcançado pela chacina, esse objetivo precisava de uma justificativa moral. Por isso, foi proclamada a emancipação dos escravos, e o objetivo da guerra passou a ser a liberdade. Quando esse objetivo foi traído pelos *"Black Codes"* [leis que restringiam a liberdade dos negros], pela supremacia branca, por Jim Crow, pelo linchamento generalizado no sul e pela segregação e aprisionamento legalmente sancionados no norte, só resta fazer a pergunta ignominiosa: Tornara-se a violência selvagem não um meio lastimável para um fim virtuoso, mas um fim em si mesma? Exceção feita às partes recalcitrantes do sul americano, a Guerra Civil é lembrada como uma guerra inequivocamente justa, mas será que foi justa realmente? Quando ela se tornou guerra total, não teria um espírito totalitário se soltado no peito americano, com o morticínio não tendo sentido maior senão o próprio morticínio?

Mas a traição aos negros – e, portanto, à aspiração da guerra à ordem moral – aconteceu sem Lincoln, e é impossível saber como a Reconstrução teria se processado se ele estivesse vivo. Talvez sua grandeza plena ainda tivesse de se manifestar num equilíbrio de "maldade para com ninguém" com justiça verdadeira para os libertos. Jamais saberemos. Na noite do próprio dia em que a bandeira dos Estados Unidos foi novamente hasteada em Fort Sumter – cinco dias depois de Grant receber cerimoniosamente a espada de Lee em Appomattox – Lincoln foi ao teatro. Era Sexta-Feira Santa, e seu assassinato naquele dia simplesmente impossibilitou aos milhares de pregadores da nação, durante todo aquele final de semana da Páscoa, não equiparar o martírio do presidente ao sacrifício vicário de Jesus Cristo. "Ele [Lincoln] foi designado... para ser oferecido como o mais valioso sacrifício sobre o altar da República", glorificavam membros do clero, "e para consolidar com seu sangue as instituições livres desta terra." Como acontecera com Jesus, "o homem morre, mas a causa vive".[85] A que se tornara a nação do Messias com Lincoln agora tinha seu Messias, e o culto a Lincoln logo reinventou a religião americana. Cidadãos começaram a escrever o h [de Him, ele] maiúsculo quando se referiam a Ele,[86] e faziam o mesmo ao referir-se ao próprio país.

Mas se Lincoln foi um Cristo americano, foi também um Moisés americano que não teve permissão de entrar na Terra Prometida de uma nação em paz. E acima de tudo foi um Abraão americano que, invertendo o Gênesis, havia comandado o massacre de filhos porque assim o seu Deus solitário lhe determinara fazer. Vimos anteriormente neste livro que o local do sacrifício de Isaac, poupado no último momento, mesmo assim passou à mitologia como a rocha sobre a qual o Templo de Salomão foi construído e onde o Domo da Rocha permanece até os nossos dias. Também os Estados Unidos têm o seu templo, o Memorial de Lincoln em Washington, cujo saguão, como seu santo dos santos, abriga a escultura feita pelo genial Daniel Chester French. Em um símbolo da União que depois da guerra foi preferido à justiça em favor dos negros, a Memorial Bridge adjacente liga diretamente Lincoln a Robert E. Lee em Arlington, no outro lado do Rio Potomac. O que foi no passado propriedade de Lee é hoje, na sombra da sua mansão, o Cemitério Nacional, em cujas colinas onduladas somente soldados mortos podem ser enterrados.[87]

O Memorial de Lincoln é uma réplica de um templo grego da ordem dórica, e o Lincoln esculpido preside como Zeus presidiria. Em estruturas como essas, nos tempos remotos crianças eram sacrificadas. Mas esse estilo arquitetônico grego caracterizou todo o mundo helenizado posterior, inclusive o Templo do rei Herodes em Jerusalém. Esse eco bíblico transforma o templo de Lincoln numa câmara de ressonância, onde as vozes perdidas dessa longa história se repelem mutuamente. A rocha sobre a qual se assenta esse memorial é a morte sacrifical da guerra santa, desde a de Agamenon até a dos Macabeus, dos que resistiram em Massada, de Constantino, de Urbano II, de Cristóvão Colombo, de Oliver Cromwell, de John Winthrop, de Lee e de Lincoln – diretamente, como veremos, à de Woodrow Wilson. De fato, o Memorial de Lincoln foi construído, a partir de 1914, exatamente ao longo do desenrolar da Primeira Guerra Mundial, que para todos os envolvidos, inclusive os Estados Unidos, foi uma guerra santa pelo império.

Ao entardecer, quando o sol se põe atrás da crista de Arlington, a estrutura em colunata de Lincoln assume o aspecto do mausoléu principal do Cemitério Nacional. O presidente majestosamente entronizado está ladeado por painéis de mármore onde estão gravados o Discurso de Gettysburg, que definiu o sacrifício americano como fonte da imortalidade nacional, e o discurso de posse do segundo mandato que, com sua "sem maldade para com ninguém", deu ao espírito bélico americano seu Grande Absolvedor. O Lincoln de pedra, voltado para fora do cemitério, contempla o National Mall, talvez menos como Zeus do que como um Cristo pantocrátor observando as capelas de sua basílica a céu aberto. Mas os altares laterais nesse caso são os memoriais em bronze, granito e mármore de dezenas de campanhas externas – todos os seus filhos oferecidos em sacrifício nas guerras que se seguiram. E por que não deveria seu nome ter sido Abraão?[88]

Tudo isso implica o que se passava pela mente de Lincoln quando ele pronunciou suas últimas palavras no dia 14 de abril de 1865. Ele e a Sra. Lincoln haviam ido ao Teatro de Ford para assistir a uma peça, para um pequeno relaxamento há muito esperado. Mas o presidente estava preocupado. Enquanto a peça se desenrolava, ele sussurrava com a esposa.

Terminada a guerra, marido e mulher vinham falando sobre os sonhos que realizariam, agora que finalmente estavam livres para viajar. Já mencionamos o contexto do qual pode ter surgido o desejo então manifestado por Lincoln, mas o que ele disse parece ter sido removido do inconsciente da história. A boca de Lincoln estava perto do ouvido da esposa. "Não há lugar que eu mais gostaria de ver do que Jerusalém",[89] confidenciou. Então John Wilkes Booth apertou o gatilho.

6. O Braço Direito de Deus

A convergência das concepções sacrificais do propósito americano e a presteza para expressá-las pela violência apocalíptica assinalou o ponto da virada epistemológica que ocorreu na Guerra Civil, uma mudança permanente no modo como a nação via a si mesma e o mundo. A febre de Jerusalém inflamava implicitamente a imaginação nacional, no exato momento em que missionários cristãos restauracionistas, mesmo não figurando como atores principais, fincavam a bandeira americana na cidade real, dando início à *sua* transformação. Pelo sofrimento em massa da guerra, a nação americana renasceu, e apesar da orgia do morticínio que abatera tantos dos seus mais corajosos e promissores jovens, um espírito de esperança e energia insuflava um novo sentido de propósito coletivo. Vimos como uma das consequências valorizadas dos primitivos atos de violência sacrifical era a "efervescência coletiva" que unia a comunidade depois do derramamento de sangue da vítima. Algo semelhante aconteceu depois do fim da guerra e da morte de Lincoln, quando o país assumiu a sua nova condição com entusiasmo exaltado. Depois do seu sacrifício histórico pela União e pela liberdade, os Estados Unidos eram, nas palavras de Ralph Waldo Emerson, "um último esforço da Providência Divina a favor da raça humana... o início de uma nova e mais avançada ordem de civilização".[90]

Mais obviamente, a explosão do espírito pós-Guerra Civil inflamou a etapa seguinte da expansão continental para o oeste, com o concomitante auge da guerra contra os povos nativos – que, por ser comandada e executada por veteranos de ambos os lados, significou a continuação da guerra total. "Enquanto Lincoln saía tragicamente de cena", comenta Harry Stout,

"Grant, Sherman e Sheridan permaneceram para levar adiante a nova lógica moral."[91] Os índios foram todos imediatamente considerados um obstáculo tanto para a homogeneidade que a nação começava a sentir quanto para o mandato territorial que o destino lhe reservava, de modo que a mera transferência dos nativos para regiões distantes não era mais uma questão de ação militar; era uma questão de eliminação. O que estava acontecendo ao redor do planeta, quando potências imperiais europeias arrogavam-se por meio da violência o direito às colônias em territórios ocupados por povos inferiores – "exterminem todos os selvagens!"[92] – acontecia também nas planícies, desertos e montanhas do continente americano. As novas ciências da eugenia e da classificação racial pseudodarwiniana juntaram-se a um antigo impulso religioso para "salvar" pagãos, civilizá-los e, quando necessário, exterminá-los. Em 1891, quando as guerras indígenas chegaram a um fim sangrento em Wounded Knee, a população nativa do que hoje são os Estados Unidos fora reduzida à metade desde 1800, não devido principalmente a doenças, fator que dizimara os índios desde o século XVI, mas em consequência da ação militar. No final, a taxa de sobrevivência da população aborígene era de 5%.[93]

A vasta extensão do continente estava aberta finalmente, o que liberou a vocação americana há muito contida e a trouxe às claras. "Aqui nestas planícies", pregava em 1890 Washington Gladden, fundador do movimento Evangelho Social, "serão resolvidos os problemas da história; se em algum lugar se deve construir a cidade de Deus, a Nova Jerusalém, cujas glórias encherão a terra, este é o lugar."[94]

Esse é um território já familiar, e a questão não é reescrever moralisticamente a história revisionista da América, "a última melhor esperança", como se ela tivesse sido uma potência imperial exatamente igual às nações más do Velho Mundo. (Nem bem a poeira assentara em Wounded Knee – com o fechamento das fronteiras em 1890 – e já as forças militares americanas assumiam o controle sobre o Havaí, a ilha Wake, Guam, Cuba, Porto Rico e as Filipinas, onde 200 mil filipinos foram mortos com rifles e baionetas americanos.) Antes, a questão é ver como os pressupostos pós--Guerra Civil da redenção global e da virtude milenária utópica, suficientes em si mesmos para justificar a violência em massa, subscreveram o novo empreendimento americano. Veja como o senador Albert J. Beveridge explicou a doutrina a seus colegas no Senado dos Estados Unidos em 1900:

Deus não esteve preparando os povos de língua inglesa e teutônica durante mil anos para uma vã e ociosa contemplação e admiração de si mesmos. Não! Ele nos fez organizadores experientes do mundo para estabelecer a ordem onde reinava o caos. Ele nos concedeu o espírito de progresso para subjugar as forças de reação em toda a terra. Ele nos fez competentes em governar para podermos administrar o governo entre povos selvagens e decrépitos. Não fosse essa força, o mundo tornaria a cair na barbárie e nas trevas. E de toda a nossa raça, Ele marcou o povo americano como Sua nação eleita para finalmente liderar na redenção do mundo.[95]

E a "marca" distintiva dessa escolha não era mais a liberalidade intata de uma Terra Prometida, como o fora para os puritanos, mas o sacrifício sangrento monumental que tornara a América o Cristo sofredor e redentor entre as nações.

Um homem em particular nasceu e cresceu no âmago desse etos milenarista. Esse ethos imprimiu nele uma marca, e por meio do homem o ethos cristalizou a mente americana, definindo um rumo que seria seguido até o século XXI. Ele nasceu na Virgínia quatro anos antes da deflagração da guerra civil, filho de um pastor evangélico presbiteriano que se mudara de Ohio para o sul em 1851, para apoiar a causa da escravatura, ele mesmo comprando escravos. O pastor serviu como capelão no exército confederado, e depois como professor no Seminário de Colúmbia, na Carolina do Sul. O filho cresceu imerso na mistura mortal do sacrificialismo da causa perdida e do apocaliptismo ungido pela vitória. Ele era presbiteriano até o fundo da alma e seu senso de predestinação divina alimentava um nacionalismo evangélico; a consequência natural foi que chegou à maturidade com a inabalável convicção de que Deus o escolhera para a grandeza. Estamos falando de Woodrow Wilson.

Em 1902, ele se tornou o primeiro leigo (presbiteriano) a ocupar a presidência da Princeton University, mas ele não poderia ter sido mais ardoroso em seu apoio ao liberalismo cristão progressista que devia reconstruir o mundo. "Acredito que Deus plantou em nós a visão da liberdade", ele disse. "Não posso desfazer-me da esperança de que somos escolhidos, e eminentemente escolhidos, para mostrar às nações do mundo como elas trilharão os caminhos da liberdade."[96]

Tratava-se de uma atividade missionária cristã, a qual, no fim do século XIX e início do século XX, era a expressão americana inicial de uma política externa expansionista. Princeton, antes, durante e depois da presidência de Wilson, seria uma de suas principais locomotivas.[97] Quando se tornou presidente dos Estados Unidos, Wilson substituiu a "diplomacia do dólar" do seu antecessor William Howard Taft pela "diplomacia missionária", enviando catequizadores com a inseparável Bíblia para o exterior, na expressão de um pregador famoso, como "o braço direito de Deus em Sua batalha com a ignorância, a opressão e o pecado do mundo".[98] Nada surpreendente, o braço esquerdo de Deus, balançando rente atrás dos missionários, revelar-se-ia normalmente como os Fuzileiros Navais americanos, que, por exemplo, Wilson enviou ao Haiti e à Nicarágua. Virtude e músculo seriam pilares permanentes da política externa americana.

Antes disso, quando as nações da Europa aderiram ao seu pacto suicida mútuo de 1914, Wilson viu claramente como mostrar-lhes o melhor caminho a seguir. Para ele, o conflito cruel da Grande Guerra era mais do que um último suspiro dos velhos imperialismos de cobiça, território e conquista; carnificina naquela escala não podia ser menos do que Armagedon, e os dois lados partilhavam uma equivalência moral – imoralidade apocalíptica. O papel da América consistia em elevar-se acima dessa maldade, esperando subjugá-la apenas citando-lhe o nome. Em 1916, Wilson se candidatou à reeleição com o *slogan* "Ele nos manteve fora da guerra". Em janeiro de 1917, no início do seu segundo governo, milhões de cadáveres decoravam a cicatriz nodosa das trincheiras que dividiam a metade norte da Europa. Wilson escolheu aquele momento para pregar seu sermão mais notável, "Paz Sem Vitória", uma denúncia retumbante das formas imorais de fazer guerra. "Nunca antes", declarou Georges Clemenceau da França, o mundo "ouvira tão eloquente sermão sobre o que os seres humanos seriam capazes de realizar se simplesmente não fossem humanos."[99]

"Sendo os homens o que são" – o mantra que recebemos de Tucídides. Desde as brumas da pré-história, os seres humanos estiveram em busca da solução para o problema da violência praticando ainda mais violência, sempre sob a ilusão de que esse "ainda mais" seria o último. O caminho para a paz é a guerra. Algo de uma ferocidade jamais vista apossou-se da psique humana na modernidade, quando a violência se tornou tanto impessoal quanto industrial. É isso que sugere o estudo de Sigmund Freud sobre o que ele chamou de desejo de morte, uma explosão social de nihilismo, mascarado como sempre sob palavras virtuosas. A redução ao absurdo desse fenômeno foi "a guerra para acabar com todas as guerras", uma formulação distorcida pela qual Wilson olhara inicialmente. Mas era como se as suas raízes na cultura da guerra total em que ele nascera e crescera – ele e Freud nasceram no mesmo ano – penetrassem mais profundamente na sua psique do que ele se desse conta. Seu glorioso discurso pela paz-sem-vitória foi feito em janeiro, mas em abril (depois de ataques de submarinos alemães a uma frota mercante americana e da denúncia britânica de uma oferta de ajuda militar alemã ao México), o presidente Wilson levava o seu país à sua própria declaração de guerra.

Os Estados Unidos se prepararam movidos por um nihilismo suicida, e o fizeram com entusiasmo, formando rapidamente e quase do nada um exército de quatro milhões de homens. "Esta exigia religião", observaria um personagem de um romance de F. Scott Fitzgerald sobre a batalha em que os Estados Unidos se envolveram, "e garantias enormes... Era preciso ter um equipamento sentimental ardoroso recuando muito além do que se poderia lembrar."[100] Mas a memória de Wilson era extensa. Depois do armistício, ele reivindicaria participação americana na insensatez das trincheiras como uma credencial a mais para lições morais. Os soldados são vistos, disse ele, "como cruzados, e sua vitória transcendental levou todo o mundo a acreditar nos Estados Unidos como não acredita em nenhuma outra nação organizada do mundo moderno". Os Estados Unidos, continuou, invocando a antiga imagem do monte santo, estavam "marchando à frente de uma grande procissão para aquelas alturas onde nada mais existe além da pura luz da justiça divina".[101] Infelizmente, apesar de todas as boas intenções pós-guerra de Wilson, sua procissão doméstica e no exterior se transformou numa procissão de um único participante. Seu único legado permanente, de fato, foi ter conduzido sua nação em perfeita imitação daqueles que se prostraram diante do que Rainer Maria Rilke chamaria de "Deus da Guerra".[102] A adoração continua.

Como acontecera na Guerra Civil, no terceiro ano da Grande Guerra, a morte havia assumido um sentido mítico e um poder místico que era tanto irracional quanto irresistível. A medida desse poder encontra-se na exultante inversão de curso dos Estados Unidos para aderir à efervescência coletiva de um ossuário onde 10 milhões de homens morreram. Todos os temas da Jerusalém sagrada estavam em exposição: Sacrifício. Martírio. Expiação. Substituição. Sanção divina. Altar como ponto de convergência nacional. Redenção pela destruição. O que Wilfred Owen chamou de "velha mentira".[103] A medida do seu nihilismo encontra-se no que veio depois: nenhuma nova ordem mundial, nenhuma Liga de Nações, nenhuma supremacia da justiça, nenhuma cidade no alto da colina, mas uma catástrofe inimaginável que começou com o furor desvairado de um jovem austríaco "combatente do *front*" que na Europa passou a transformar o horror das trincheiras à luz do dia no pesadelo dos crematórios.

7. Sucessão Apostólica

Mas nos Estados Unidos, o etos político-religioso de Wilson gerou uma sucessão apostólica particular que levou o espírito da guerra-total-sancionada-por-Deus-vinculada-ao-sacrifício da Guerra Civil diretamente para a era nuclear. Um dos alunos de Wilson em Princeton, por exemplo, era John Foster Dulles, turma de 1908, um presbiteriano fanático que se tornaria o estadista-guerreiro paradigmático da Guerra Fria. Wilson deixou a presidência de Princeton em 1910, apenas dois anos antes da chegada de Allen Dulles, que décadas mais tarde imprimiria um caráter ardiloso à Agência Central de Inteligência (CIA), e de James Forrestal, que se tornaria o primeiro secretário de defesa. Os irmãos Dulles e Forrestal, junto com seu protegido George Kennan (Princeton, turma de 1925), fizeram mais para moldar a mente americana pós-Segunda Guerra Mundial do que qualquer outro cidadão americano. E embora procedessem de diferentes orientações denominacionais, estavam todos imbuídos de igual fervor evangélico condizente com o misticismo autoconsagrador de uma nova arma, cujo primeiro teste recebeu o codinome "Trindade".

Forrestal era o elemento-chave, a figura mais influente na formulação das políticas da Guerra Fria dos Estados Unidos. Especialista em finanças (ele fora diretor do banco de investimentos Dillon, Read), Forrestal tinha a cara e a ferocidade de um boxeador. Se ele prosseguiu com o moralismo predominante que dividia o mundo entre forças do bem e forças do mal, não fez isso como herdeiro dos puritanos, mas como católico irlandês, filho encrenqueiro de imigrantes que haviam se fixado no interior de Nova

York. A visão de mundo de Forrestal caracterizava-se também por um jansenismo igualmente maniqueísta.[104] Mas essa bipolaridade ideológica, seja puritana ou jansenista, produziu consequências inesperadas quando associada à tomada de decisão sobre a nova arma atômica.

Uma mente propensa ao apocalíptico poderia recepcionar perversamente a capacidade de infligir um nível apocalíptico de destruição. Se a bomba atômica representasse riscos inusitados – bem, paciência! Os valores pelos quais se lutava e morria eram supremos, e se fossem dignos de uma vida individual, talvez fossem dignos da vida como tal – remorsos a ser selecionados, e resolvidos, no mundo-sem-fim futuro. Mas essa complacência presumia uma religiosidade prévia que incluía uma aceitação do horror superado de um Armagedon vindouro. O fim *deste* mundo ("este vale de lágrimas") nunca estava longe da imaginação católica irlandesa – ou puritana – e a volta do Messias que findaria uma era, mesmo que numa batalha destrutiva de anjos bons contra anjos maus, podia ser contemplada como realizando de algum modo um plano divino.

Como primeiro secretário de defesa da nação, no cargo de 1947 a 1949, Forrestal presidiu um Pentágono que era um centro de histeria beligerante. Para uma análise apocalíptica do mal representado pelo marxismo stalinista, ele dependia de Kennan, cujos artigos "Long Telegram" (1946) e "Mister X" publicados em *Foreign Affairs* (1947)[105] interpretavam o totalitarismo soviético em termos claramente religiosos. Kennan alimentava uma certeza da salvação predestinada dos Estados Unidos digna de qualquer calvinista adepto da Cidade no Alto da Colina. Provavelmente a análise política mais influente já publicada nos Estados Unidos, o artigo "Mister X" recebeu de um historiador o qualificativo de "jeremiada puritana".[106] O comunismo soviético, afirma Kennan, é "um movimento místico, messiânico". Ele o comparava a uma Igreja, inclusive à Igreja Católica, com sua doutrina da infalibilidade. Não simples poder imperial concorrente, Moscou era ontologicamente o inimigo do Ocidente. Negociações diplomáticas normais com os soviéticos eram inúteis, escreveu Kennan, "até que a natureza interna do poder soviético mude". As implicações da análise de Kennan sobre a ameaça transnacional, até mesmo trans-histórica, representada pela União Soviética foram logo elevadas à condição de um credo americano quase-religioso – oficialmente designado, nada menos, como a *Doutrina* Truman – a ideia de que o comunismo soviético era um inimigo cósmico que devia ser "contido" diplomática, econômica e militarmente onde quer que se manifestasse.[107] Essa doutrina levaria a intervenções americanas grandes e pequenas em mais de uma dezena de guerras civis em todo o planeta e conduziria a uma excessiva confiança no arsenal nuclear como principal sustentáculo da doutrina.[108]

O conselheiro de confiança de Truman, Bernard Baruch, talvez reconhecendo que esse caráter moralizador bipolar havia muito se voltara contra seu próprio povo judeu, criticou a doutrina como "equivalente a uma declaração de... guerra ideológica ou religiosa".[109] De fato, a guerra de Truman contra um inimigo externo mau, exatamente como a Cruzada do Papa Urbano em 1906, logo deslanchou uma campanha típica do bode expiatório contra um inimigo interno pernicioso – e como anteriormente, esse inimigo interno era o judeu. A demonização anticomunista de Truman desencadeou o Medo Vermelho doméstico dos Estados Unidos, a caça às bruxas de uma década dirigida desproporcionalmente aos judeus como subversivos.

Embora Truman fosse batista, ele e o católico Forrestal cantavam pelo mesmo hinário, de acordo com a música do que o historiador Richard Hofstadter chamou famosamente de "estilo paranoico na política americana".[110] Bipolaridade religiosa, Cruzadas, antissemitismo, islamofobia, imperialismo, calvinismo, jansenismo, puritanismo, excepcionalismo, revivalismo, restauracionismo, wilsonianismo, maniqueísmo, messianismo, apocaliptismo, Armagedon – os diferentes elementos dessa longa história se reuniram numa espécie de massa crítica que unia política, religião e poder militar de modos nunca antes vistos. O absolutismo moral da Doutrina Truman assumiu a forma de um espírito radical de intransigência; de prontidão para a guerra total; de uma preferência, à beira do abismo nuclear, pelo sacrifício da própria terra em vez da capitulação ao poder comunista, ou da adaptação a ele, em qualquer lugar. O patriotismo mórbido ficou consubstanciado em um *slogan* horripilante da época, "Melhor morto do que Vermelho" ("Better dead than Red"), um mote escolhido não por um punhado de extremistas insanos, como em geral é lembrado, mas imposto pelos líderes do mundo livre sobre a civilização humana. O modo de redimir o mundo era destruí-lo.

Foi nessa época que a história da Jerusalém real reemergiu: Truman viu-se diante da decisão de reconhecer ou não o recém-criado estado de Israel. Em 1948, como veremos, sombras entremeadas lançadas por Auschwitz e Hiroshima afetavam todas as decisões de Truman, mesmo que nenhuma delas pudesse ser considerada como política norteadora. Uma amnésia geral estava se instalando: como a responsabilidade de dimensões culturais pelo genocídio nazista estava atenuada, assim também foi esquecida a convicção inicial dos cientistas do Projeto Manhattan de que um limiar moral fora cruzado. O passado perdido pôs o futuro em perigo. Mas, lembrados ou não, o Holocausto e a era nuclear subjaziam à nova condição humana.

Na superfície, as raízes do presidente batista fincadas no sionismo cristão restauracionista inclinavam-no a reconhecer rapidamente o estado judaico, mas num estalar de dedos, o maior adversário de Trumam na questão israelense era o Secretário de Defesa Forrestal, para quem os riscos maiores envolviam a luta de morte com a União Soviética. Israel seria um peão no equilíbrio de forças entre Washington e Moscou durante os quarenta anos de duração da Guerra Fria. Mas com relação a Israel, os motivos instintivos de Forrestal eram tão fortemente negativos quanto os do presidente batista eram intensamente positivos. Como católico romano, o secretário de defesa estava imbuído, embora inconscientemente, da antiga necessidade teológica de manter os judeus distantes de sua terra natal. Ele baseava os seus argumentos na preocupação com o petróleo do Oriente Médio e no perigo de ingerência da Rússia no reino árabe. Mas ao denegrir Israel, ecos de antissemitismo visceral puderam ser ouvidos, e Forrestal foi denunciado na imprensa por isso. Ele já vinha sofrendo desgastes por sua responsabilidade pela bomba atômica, e sua paranoia política se tornou pessoal. Convencido de um ataque soviético próximo e de um complô russo para matá-lo, ele começou a ficar emocionalmente perturbado. "Os Vermelhos" o obcecavam, mas não apenas isso. À maneira clássica, a paranoia psicótica de Forrestal fixou-se no objeto de ódio cristão tradicional, e ele disse aos íntimos que "os judeus" e "agentes sionistas" estavam à sua caça. Em maio de 1949, depois de Truman pedir sua renúncia e de ser encontrado na rua de pijamas gritando "Os russos estão chegando!", Forrestal suicidou-se pulando da janela do seu quarto no décimo quarto andar do Hospital Naval Bethesda, em Washington.

O Messias não viera, mas, de certo modo, vieram os russos. Apenas alguns meses depois do salto de Forrestal para a morte, Moscou detonou com sucesso sua própria bomba atômica. Truman anunciou que os soviéticos possuíam a bomba em setembro de 1949. Em poucos dias, um pregador evangélico até então desconhecido armou sua tenda revivalista em Los Angeles.

Durante alguns anos anteriores, o ministro itinerante havia atiçado o fervor cristão em estilo fundamentalista habitual ao longo da trilha da serragem, atraindo pequenas multidões em áreas rurais e em pequenas cidades americanas. Foi coincidência ele encontrar-se numa cidade grande naquela semana de setembro, e logo ficou evidente, ao receber a informação dos pastores do sul da Califórnia, que sua tenda não seria suficientemente grande. Milhares de pessoas afluíam para ouvi-lo no seu acampamento revivalista ampliado. Nos dias seguintes, centenas de milhares chegaram, talvez a maior demonstração de religiosidade espontânea na história americana. O nome do evangelizador era Billy Graham. A angústia de um povo em pânico com as notícias da Bomba-A comunista projetou-o na sua carreira como o revivalista mais famoso na história dos Estados Unidos. Ele se tornou a personificação da virtude americana, o pastor da Casa Branca, um fiador da escolha divina da nação.

Graham tinha um ouvido absoluto para a mensagem que as multidões queriam ouvir, uma mescla engenhosa de religião e política, de temor apocalíptico e purificação sacrifical. "Deus está nos propondo uma escolha desesperada", disse Graham naquela assembleia de Los Angeles, "uma escolha de renovação ou de julgamento. Não há alternativa... O mundo está dividido em dois campos. De um lado vemos o comunismo... que declarou guerra contra Deus, contra Cristo, contra a Bíblia e contra a religião... A menos que o mundo ocidental passe por uma renovação à moda antiga, não sobreviveremos."[111] A genialidade de Graham consistiu em santificar a proximidade do Armagedon pela guerra nuclear, mesmo enquanto ainda soavam os alarmes, e transformar esse fervor impregnado de destruição em matéria-prima da sua pregação. Mais do que qualquer outro pregador cristão, Graham conferiu relevância religiosa à ameaça da aniquilação nuclear. Segundo a pregação de Graham, somente categorias religiosas, especialmente aquelas extraídas do Livro do Apocalipse, poderiam dar ao povo um modo de conviver com o pavor nuclear.[112]

A campanha de Graham em Los Angeles marcou a chegada do que seria chamado direito religioso, uma forte fermentação de Deus e de política conservadora inflexível, de terror do fim-do-mundo ligado a um holocausto nuclear próximo, de suspeita exaltada de inimigos comunistas domésticos e no exterior (e de judeus, a quem Graham se referia como a "Sinagoga de Satã" em conversa com Richard Nixon[113]) – tudo em confronto com o ato da volta de Jesus, cujo novo reino são os Estados Unidos. Primeiro o Partido Republicano se reconstituiria em torno dessas ideias, e depois o mesmo aconteceria com o "centro vital" da América.[114] Está longe de ser acidental para essa longa história que Billy Graham, então e depois, do princípio ao fim da Guerra Fria, denominasse sua missão de "cruzada". A febre de Jerusalém ao estilo americano alcançara o seu grau máximo.

CAPÍTULO 8

Jerusalém Erguida Aqui

1. O Último Cruzado

No verão de 1917, David Lloyd George, primeiro-ministro britânico, propôs-se a dar um presente de natal ao desanimado povo inglês. Após três anos de guerra encarniçada, a única esperança de vencer a Alemanha continuava na Frente Ocidental, não obstante a linha de trincheiras continuar inalterada havia mais de um ano. Com a entrada dos Estados Unidos na guerra em abril, criou-se certa expectativa de que o impasse pudesse ser resolvido. Mas o problema continuava nos campos enlameados da França e da Bélgica. Por isso, podia-se perguntar por que Lloyd George, em busca de um estímulo que elevasse o moral, indicou um dos comandantes mais enérgicos da Frente Ocidental para liderar uma campanha em terras distantes.

O marechal de campo Edmund Allenby, membro da cavalaria conhecido como "Bull" [Touro], foi nomeado comandante de uma nova Força Expedicionária Egípcia com a incumbência de lançar um ataque contra o setor vulnerável dos Poderes Centrais, através do *front* do Império Otomano no Oriente Médio. Mas os aliados da Entente já haviam tentado uma ofensiva indireta durante a guerra, ao longo do segundo semestre de 1915, com o ataque a Galípoli, resultando em cerca de meio milhão de baixas. Os turcos haviam repelido o ataque com sucesso, infligindo perdas de tal modo catastróficas, especialmente entre neozelandeses e australianos, que a Campanha de Galípoli é rememorada nesses dois países até os dias atuais. Todavia, a batalha foi traumática também para os otomanos – as baixas turcas foram duas vezes mais elevadas do que entre os franceses e britânicos. Esse fato desencadeou a sangrenta revolta de Mustafá

Kemal Atatürk, heroico comandante de Galípoli, a qual acabaria por derrubar o califa de Istambul, anteciparia uma Turquia "moderna" e – em reação aos métodos adotados por Atatürk – incitaria uma aversão muçulmana generalizada à secularização imposta por governantes imbuídos de uma mentalidade mais modernizante.

Árabes de Meca e dos territórios ao norte de Meca também se revoltaram contra a dominação otomana, apoiados pelo mítico Coronel T. E. Lawrence, "Lawrence da Arábia". O ataque de Allenby a partir do Egito objetivava aproveitar essa situação. Na realidade, porém, o teatro do Oriente Médio era um subterfúgio, e a principal meta de Lloyd George não era estratégico. "Comparada com a Frente Ocidental, a Palestina não era importante", escreve um historiador, "mas [Lloyd George] comunicou a Allenby que a questão era tão importante que ele poderia dispor da quantidade de homens e materiais de que precisasse para alcançar a vitória."[1]

Por quê? O primeiro-ministro fora um pregador batista leigo e sua imaginação era estimulada pela versão britânica do restauracionismo evangélico que tanto inflamara a imaginação religiosa americana, acendendo até mesmo a de Abraham Lincoln. As palavras de São Paulo, "A salvação virá de Sião", haviam mobilizado leitores da Bíblia tanto ingleses quanto americanos.[2] Lloyd George estava agindo movido pela fé, não pela coragem marcial, e o sentido do presente de natal que ele queria oferecer era muito mais religioso do que militar, mas nos mecanismos de bumerangue de fortalecimento do moral, esse sentido poderia acarretar consequências militares das mais importantes. Se fosse impossível manter a calma na frente doméstica, a guerra estaria perdida. É por isso que o primeiro-ministro confidenciou a Allenby que queria tomar "Jerusalém antes do Natal, como presente para o povo inglês".[3] Como o menino Jesus foi chamado do Egito, e os hebreus foram resgatados do Egito, assim o esforço de guerra estremecido dos aliados seria agora salvo a partir do Egito. Nada elevaria mais o espírito da nação britânica abatida do que o melhor dos presentes – não um presente oriundo da Terra Santa, mas o presente do lugar santo onde o próprio Natal começou.

Apesar de distante, e irrelevante, para a situação de tudo ou nada da terra de ninguém que dividia o continente europeu, Jerusalém era fundamental para o modo como líderes ingleses e o povo inglês apenas recentemente passaram a pensar sobre sua guerra.

A guerra iniciara um ano antes. No exuberante vale do Rio Somme, no extremo norte da França, a partir de 1º de julho de 1916, os britânicos passavam por sua maior prova desde a Batalha de Hastings. Os franceses já estavam sendo testados em Verdun, onde as baixas chegariam a quase um milhão. E então chegou a vez de Londres. No primeiro dia da Batalha do Somme, 57 mil soldados britânicos caíram, sendo o dia mais sangrento da história da nação. Nas semanas e meses seguintes, uma sucessão aparentemente infinita de soldados ingleses, escoceses e irlandeses, saídos das trincheiras, haviam se lançado contra as posições fortificadas dos defensores alemães. No fim, Somme ultrapassaria Verdun em vidas perdidas e feridos. Um inesgotável "estoque de heróis", nas palavras do líder inglês David Carson.[4]

Essa carnificina foi o passo seguinte na industrialização da morte que começara nos Estados Unidos sessenta anos antes, quando uma nova capacidade tecnológica coincidiu com o espírito da guerra total. Como na Guerra Civil americana, a violência rapidamente se tornou sua própria justificativa. Por que os homens continuavam atacando? Para redimir a perda dos que os haviam precedido. O solo ensanguentado se tornou um altar. Os comandantes britânicos imaginaram que seus soldados finalmente derrotariam os alemães, ou que as armas destes falhariam. Eles não compreendiam que a metralhadora era uma *máquina*. Sua probabilidade de falhar não era maior do que a de um torno de fábrica.

A metralhadora tornara o ataque ofensivo obsoleto, mas o alto-comando britânico não percebeu isso. Ao contrário, ordenou uma investida após outra, expondo a inutilidade e a absurdidade da guerra. Essa ofensiva sem sentido no Somme se prolongou por cinco meses – só as perdas britânicas ultrapassaram 500 mil – sem nenhum ganho considerável de território e com a exaustão total do exército voluntário, representando uma derrota moral tão avassaladora a ponto de afetar até os soldados menos graduados. A catástrofe foi um golpe na psique coletiva do qual os britânicos jamais se recuperaram, e a nação sentiu esse abalo imediatamente. Aqui finalmente estava uma epifania da guerra total, um conflito que deixara de ser intencional e se tornara mítico. E o mito operacional era o mesmo de antigamente, a efervescência coletiva do sacrifício, com a qual este livro começou.

A grande literatura derivada da Primeira Guerra Mundial abordou repetidamente o tema do sacrifício redentor. De fato, ele foi antecipado na véspera da guerra com a representação em Paris de *Le Sacre du Printemps* [A Sagração da Primavera], a dança de morte de Stravinsky que recebera inicialmente o título de *A Vítima*. Sua segunda parte se chamava "O Grande Sacrifício". A obra ficou imediatamente conhecida porque a coreografia caricaturava o balé e a partitura escarnecia da convenção musical, mas o que a tornou obra-prima do modernismo foi sua previsão da principal dinâmica do século XX: o sacrifício orgíaco dos jovens aos princípios sagrados dos velhos. De violência, radicalismo apocalíptico, atonalidade, solavancos e ruído percussivo fez-se arte. Um momento figurativo depois, e por nada – com as massas gritando entusiasmadas "Já começou!" – a Europa partiu para a guerra suicida.[5]

Todas as categorias de sentido seriam abatidas uma a uma, como os homens. Mas antes o continente ficou tomado pelo entusiasmo coletivo que levara os caçadores primitivos ao êxtase da matança. O ato de matar – havíamos esquecido isso – foi o que nos tornara humanos. No dia 19 de setembro de 1914, Lloyd George, então Ministro das Finanças, falou à nação: "Estivemos vivendo num vale protegido durante gerações. Estivemos vivendo de modo demasiado confortável e demasiado indulgente... e a mão severa do Destino nos açoitou até uma elevação onde podemos ver as coisas grandiosas e duradouras que importam para uma nação – as grandiosas culminâncias que havíamos esquecido, da Honra, do Dever, do Patriotismo, e, coberto de branco cintilante, do augusto pináculo do Sacrifício, apontando como um dedo severo para o Céu."[6]

Em pouco tempo o branco cintilante desapareceu, e o cenário se revelava diferente quando visto da baixada daqueles para quem palavras tão eloquentes representavam apenas mais carga nas mochilas que os curvavam como cruzes.[7] Siegfried Sassoon, em seu poema "O Redentor" [The Redeemer], escreveu a respeito do seu colega soldado: "Ele olhou para mim, cambaleando em seu cansaço... Eu digo que Ele era Cristo." Outro escritor da Grande Guerra, menos conhecido, Leonard Green, na história curta "No Hospital", descreveu um soldado agonizante: "Seu sangue derramado em sacrifício possibilitou o sucesso incerto dos mais afortunados. Ele era o paradigma de todo sofrimento. Ele era Cristo... Ele era o meu Deus e eu o adorei."[8] Com efeito, a adoração se estendeu à guerra em si, que assumiu um valor ético absoluto próprio. A guerra torna-se guerra total quando a autonegação patriótica é superada pela autodestruição voluntária, e nesse ponto a morte, e não a paz esperada, se torna fonte de sentido. Quando isso acontece, todos os princípios morais anteriores se invertem.

O poeta laureado do absurdo da guerra foi Wilfred Owen. Na obstinação insana dos comandantes e na disposição muda dos seus subordinados, Owen reconheceu a inversão mais elementar de todas – a de Jerusalém. Eis a "Parábola do Velho e do Jovem":

> Levantou-se pois Abraão, cruzou a floresta, e seguiu,
> Levando consigo o fogo e um cutelo.
> Enquanto caminhavam, juntos,
> Perguntou-lhe Isaac, seu primogênito: Pai,
> Vejo tudo preparado, o fogo e o ferro,
> Mas onde está o cordeiro para o holocausto?
> Então Abraão amarrou o jovem com tiras e cordas,
> E ergueu lá parapeitos, trincheiras,
> E apanhou o cutelo para imolar o filho.
> Mas um anjo o chamou do céu,
> E disse, Não estendas tua mão contra o menino,
> Nem lhe faças mal algum. Vê,
> Um cordeiro, preso no arbusto pelos chifres;
> Oferece o Cordeiro do Orgulho em vez dele.
> Mas o velho não quis ouvir, e matou seu filho,
> E metade dos filhos da Europa, um a um.[9]*

Em 4 de novembro de 1918, uma semana antes do fim da guerra, Owen foi morto na Frente Ocidental, um dos últimos dos cerca de 10 milhões de homens mortos.[10] A amargura do seu poema não reduz a dinâ-

---

* "The Parable of the Old Man and the Young"
So Abram rose, and clave the wood, and went,/And took the fire with him, and a knife./And as they sojourned, both of them together,/Isaac the first-born spake, and said, My Father,/Behold the preparations, fire and iron,/But where the lamb for this burnt-offering?/Then Abram bound the youth with belts and straps,/And builded parapets the trenches there,/And stretched forth the knife to slay his son,/When lo! An angel called him out of heaven,/Saying, Lay not thy hand upon the lad,/Neither do anything to him. Behold,/A ram caught in a thicket by its horns;/Offer the Ram of Pride instead of him./But the old man would not so, but slew his son,/And half the seed of Europe, one by one.

mica exposta, como um relato bíblico (baseado na rocha no Monte do Templo) sobre a rejeição do sacrifício do filho por parte de Deus metamorfoseou-se ao longo do tempo (vimos isso nos livros hebraicos de Daniel e dos Macabeus, na carta de São Paulo aos Romanos, no tratado medieval de Santo Anselmo e na teologia moderna de Søren Kierkegaard) numa parábola que glorifica Abraão por sua disposição, inspirada pela fé, de matar seu filho. Nas palavras de Paulo, Abraão foi "justificado pela fé", e pela disposição de matar. Obviamente, a carnificina da Primeira Guerra Mundial prosseguiu daquele modo, incontida durante anos, porque a imaginação europeia deslocou seu quadro de referência do pragmático e racional para o místico e apocalíptico. O Deus que deplora a matança rendeu-se a um Deus que se compraz nela. Quanto mais mortal a experiência, mas espiritualizada ela se tornou. E por qual outro motivo, durante a Grande Guerra, quase 20 mil sinos de igrejas *não* deveriam ter sido derretidos e transformados em armas e balas?[11]

No caso britânico, essa transformação foi dramatizada pelo hino que o exército e a nação adotaram enquanto rios de sangue transformavam as terras férteis do Somme em lodo avermelhado. Os jovens cujos queridos irmãos mais velhos e admirados colegas de escola veteranos já haviam sido condenados pelos pais traidores estavam consternados, e temerosos do que os aguardava, mas a desilusão pública com os ideais patriarcais do império era geral. Os pais não mereciam confiança. Buscando um hino estimulador que "fortalecesse o espírito da nação [para] aceitar de bom grado todos os sacrifícios necessários",[12] o poeta laureado da Inglaterra, Robert Bridges, incumbiu o compositor Hubert Parry de musicar o texto de um poema de William Blake. Embora datado do início do século XIX, o poema parecia apropriado a Bridges porque inspirado em uma lenda antiga segundo a qual Jesus ressuscitado fora à Inglaterra. Jerusalém e seus arredores, havia declarado o arcebispo de York em 1865, "pertence a vós e a mim; ela é essencialmente nossa. Ela é a terra da qual chegaram notícias da nossa Redenção. Ela é a terra a que nos voltamos como fundamento de todas as nossas esperanças. Ela é a terra que contemplamos com patriotismo tão verdadeiro quanto contemplamos esta amada velha Inglaterra".[13] Realmente, a Inglaterra, no mito em que Blake se inspirou, foi o primeiro lugar a ter um antegozo da "cidade do meu Deus", mencionada no Apocalipse, "que é a nova Jerusalém".[14] Como contraponto à sua visão milenária, Blake parecia ter em mente as brutalidades da Revolução Industrial, mas o contraponto em 1916 era a guerra industrial.

O poema de Blake fora um prefácio esquecido a uma obra-prima bem mais extensa, *Milton*. Com a melodia de Parry, porém, na Inglaterra os versos passaram a ser imediatamente celebrados como "Jerusalém".[15] Ao ouvi-los, o rei George V, sem dúvida, sentiu o reforço inconsciente dos ideais que sustentavam sua própria posição e manifestou o desejo de que o poema fosse cantado como hino nacional. E o foi, do ano do Somme em diante. Atualmente, jogos de futebol e de *rugby* na Inglaterra começam com versões entusiásticas de "Jerusalém" cantadas por torcedores, e na outra ponta da escala social, dezenas de escolas públicas inglesas – e escolas preparatórias americanas anglófilas – o têm como hino da escola. (Da turma de 1908 de Eton, para citar uma escola consagrada, quase metade morreu na guerra. Dos aproximadamente cinco mil egressos de Eton que serviram na guerra, cerca de 1.200 foram mortos.[16] "Jerusalém" é um hino idolatrado em Eton até hoje.)

Mas a importância da canção para a nossa história está no modo como ela incitou pela primeira vez um público britânico cansado de guerra – e seus filhos traumatizados por batalhas – a continuar lutando "até que Jerusalém seja erguida nas terras verdes e aprazíveis da Inglaterra". Participar da guerra era precondição para o resgate de valores consagrados. Jerusalém personificava a cultura da eleição divina, da hierarquia e da classe social ordenada que definia o império vitoriano, mas a guerra emprestara-lhe a ressonância irresistível como a cidade santa de sacrifício, de expiação e de redenção por meio do morticínio. Abraão, progenitor de Jerusalém, era um pai digno de confiança, mesmo com a continuação da chacina. Os jovens continuariam morrendo. A cidade celeste descida à terra era o emblema da inefabilidade hipnótica da guerra.

O que "O Hino de Batalha da República" foi para as forças da União durante a Guerra Civil americana, "Jerusalém" o foi para a Grã-Bretanha e seus exércitos. Como o povo inglês se imbuíra do hino e, ao fazê-lo, restabelecera seu vínculo com a cidade santa imaginada, o que poderia ter sido um presente natalino mais estimulante um ano depois do Somme do que a entrega ao controle britânico da cidade real que inspirara esse anseio? Daí a ordem de Lloyd George a Allenby. Novamente a ideia febril de Jerusalém estava para voltar à sua condição de cidade real, com consequências graves para homens e mulheres – judeus, muçulmanos, cristãos – que, contra as correntes da história, haviam continuado a estabelecer-se lá.

O século XIX fora crucial para Jerusalém, com a liberalização e a prosperidade promovidas pelas reformas dos egípcios modernizadores que já mencionamos. Mesmo quando os turcos reassumiram o controle nos anos 1840, direitos iguais para não muçulmanos permaneceram, como por exemplo a permissão concedida a estrangeiros para adquirir propriedades e estabelecer consulados e colônias (a "Colônia Americana", a "Colônia Alemã"). A abertura do Canal de Suez em 1869 promovera um grande desenvolvimento regional, e Jerusalém estava ligada ao Canal através da cidade portuária de Jaffa (uma ferrovia entre as duas cidades foi inaugurada em 1892). Os sistemas de comunicação e de transporte melhoraram, foi introduzida a iluminação a querosene das ruas e uma vigorosa indústria turística (lembranças, tecelagem, bancos) prosperou. No decorrer do século, a população de Jerusalém se multiplicara oito vezes, com o crescimento maior ocorrendo entre os judeus, cuja população aumentou vinte vezes. (Na eclosão da Primeira Guerra Mundial, formavam a população cerca de 12 mil muçulmanos, 13 mil cristãos e 45 mil judeus.[17]) Enquanto os cristãos europeus construíam igrejas e institutos arqueológicos principalmente dentro dos muros da Cidade Velha, em torno do Santo Sepulcro e da Via Dolorosa, os judeus se espalhavam para o oeste (Mishkenot Sha'ananim com seu moinho de vento) e para o norte (Mea Shearim com suas sinagogas). Residentes judeus afluíam para os blocos de apartamentos recém-construídos na Cidade Nova, erguidos com a pedra branca típica. Embora árabes e muçulmanos continuassem concentrados na Cidade Velha, também eles construíam seus bairros logo fora dos muros, como Sheikh Jarrah, onde famílias ilustres construíram residências elegantes em estilo oriental característico.[18]

Enquanto os muçulmanos eram dominados pelos governantes turcos baseados em Constantinopla, as potências europeias marcaram a vida tanto de cristãos (o imperador alemão Guilherme II consagrou pessoalmente a majestosa Igreja do Redentor em 1898) como de judeus (filantropos como Moses Montefiore e os Rothschilds construíram hospitais, yeshivas e sinagogas). Entretanto, com a explosão da guerra em 1914, os turcos puseram-

-se imediatamente na defensiva. Os laços de Jerusalém com a Europa romperam-se e a população não turca – cristãos, judeus e muçulmanos – passou a sofrer novas restrições.

Foi nessa cidade complexa e agora insegura que os britânicos procuraram resgate místico. Partindo do Egito com uma força combinada de franceses, italianos e britânicos, e com tropas árabes irregulares comandadas pelo Coronel Lawrence,[19] Allenby atravessou a Palestina, dirigindo-se a Jerusalém. Os defensores otomanos da cidade, com um contingente de alemães, acompanharam a aproximação desse exército, mas não querendo ver a cidade destruída, resolveram abandoná-la.[20] No dia 11 de dezembro de 1917, a tempo para o Natal, e no segundo dia da festa de Hanukhah (que celebra a memória do martírio dos Macabeus e da resistência em Jerusalém[21]), Allenby entrou em Jerusalém por uma porta encravada no muro de Suleiman, o Magnífico. O marechal de campo tinha a desenvoltura imponente de um homem da cavalaria, mas não cruzou a Porta de Jaffa a cavalo. Jesus entrara na cidade montado num jumento, e assim Allenby, demonstrando a devida humildade, entrou a pé. Mas, conscientemente ou não, o ato de Allenby evocava menos Jesus do que Umar ibn al-Khattab, o primeiro conquistador muçulmano da cidade. Em 637, como vimos, Umar expressou seu respeito pelo solo sagrado judaico e cristão desmontando do cavalo e entrando em Jerusalém a pé. Na verdade, Allenby não desmontou de um cavalo, mas desceu do seu Rolls-Royce,[22] e se lembrava de um conquistador islâmico, provavelmente seria de Saladino, cuja conquista de 1187 Allenby estava finalmente revertendo.

Para decepção dos aliados franceses, italianos e árabes, Allenby ordenou que apenas uma bandeira fosse hasteada no mastro sobre a Torre de Davi, a Union Jack, a bandeira nacional do Reino Unido. O Império Britânico estava, pura e simplesmente, reivindicando Jerusalém, e a Palestina, unicamente para si. Em Londres, "sinos tocaram e o Te Deum foi cantado nas catedrais; Allenby foi aclamado como 'o último cruzado'."[23] Uma revista inglesa imaginou Ricardo Coração de Leão declarando, "Finalmente o meu sonho se tornou realidade". Segundo fontes árabes, quando chegou no Monte do Templo, Allenby anunciou, "Hoje, as Cruzadas chegaram ao fim".[24] Ele pode não ter pronunciado essas exatas palavras, mas não há dúvida de que em toda a Europa, a retomada de Jerusalém, alimentada pela propaganda britânica do "presente de natal", resultou num frenesi de referências aos cruzados. Essas referências foram usadas para justificar inúmeras pretensões a participação no controle da cidade santa. Os italianos citaram o papa como iniciador das Cruzadas, e os franceses lembraram ao mundo que, ao longo dos séculos, em sua maioria os cruzados verdadeiros foram franceses. Alemães de Jerusalém submissos destacaram sua descendência dos Cavaleiros Templários para manter o vínculo com sua colônia. Os árabes, por sua vez, pressentiram na dominação inglesa de Jerusalém uma traição próxima, porque lhes fora prometido ali "um Estado Muçulmano Soberano independente", um compromisso pelo qual Lawrence empenhara sua honra, em retribuição ao apoio recebido contra os otomanos.[25]

A bandeira de Allenby no centro da Palestina foi uma estaca cravada no coração da identidade árabe, no exato momento em que ela começara a constituir-se numa identidade claramente palestina – e explicitamente em torno de Jerusalém.[26] A traição de Allenby foi o pivô em torno do qual a cultura árabe palestina descambaria para as deturpações e opressões do colonialismo, elas mesmas responsáveis por produzir reações enfurecidas que continuam até os nossos dias, com os palestinos vistos, se tanto, "apenas como refugiados, como extremistas ou como terroristas".[27]

Também os judeus puderam perceber um jogo duplo. Seu retorno regular a Jerusalém no decorrer do século XIX representou uma limitação aos movimentos missionários (restauracionistas) cristãos simultâneos e às incursões das potências europeias por meio de consulados e igrejas nacionais. *Pogroms* de fins do século XIX na Rússia, na Ucrânia e na Polônia aumentaram as pressões sobre a migração judaica para a Palestina.[28] O fato de os judeus, pela primeira vez em quase dois milênios, constituírem uma maioria crescente em Jerusalém assinalou o início do fim do exílio judaico. E isso aconteceu antes que o sionismo se desenvolvesse como movimento formal. (O Primeiro Congresso Sionista realizou-se na Suíça em 1897.) A Declaração de Balfour, prometendo o apoio de Londres para um "lar nacional para o povo judeu" na Palestina, e identificada com o nome do Ministro do Exterior britânico que a redigiu, foi publicada no dia 2 de novembro de 1917, apenas cinco semanas antes que Allenby hasteasse a Union Jack. A terra natal dos judeus seria, se tanto, um mero cantão dentro do império mais vasto.[29]

Allenby foi de Jerusalém ao norte da Palestina com o objetivo de atrair as forças otomanas para uma batalha decisiva em Meguido. Derrotados, os turcos renderam-se imediatamente, a primeira das Potências Centrais a assinar um armistício. Esse resultado não surpreendeu os cristãos milenaristas, pois Meguido é, na verdade, Har Megiddo, ou Armagedon, o local da batalha do século XV AEC entre as forças do faraó e os cananeus, a primeira batalha registrada da história. Sem dúvida, segundo o Apocalipse, Armagedon é o lugar para onde todos os exércitos do mundo serão convocados para a conflagração final que inaugurará a era messiânica.[30] E por que a derrota do império muçulmano, digna de registro na história do mundo, não deveria ter ocorrido exatamente lá?

Se a conquista de Jerusalém em 1917, como disse um historiador, foi realmente "a última Cruzada, com o cristianismo recuperando sua própria cidade dos infiéis ignorantes",[31] então judeus e também árabes tinham razão em se sentir usados; e alarmados com o que estava por vir. A pretensão de Allenby em favor da Inglaterra foi confirmada pela Liga das Nações em 1920, concedendo à Grã-Bretanha o mandato da Palestina. Em retrospecto, isso poderia ser visto como o dobre fúnebre do colonialismo, mas na época as potências europeias controlavam 85% do globo – "imperialismo na teoria, colonialismo na prática"[32] – uma ordem mundial que elas estavam determinadas a preservar. Essa determinação era simbolizada agora pela retomada de Jerusalém. Dentro em pouco, porém, como se por prescrição bíblica, seguir-se-ia a desordem – e em grande escala.

O progresso régio do Império Britânico, que governava pela exploração de divisões étnicas e religiosas onde quer que a Union Jack fosse plantada, deixou em seu rastro um caos interminável de conflitos destrutivos para ambos os lados envolvidos (irlandeses católicos contra protestantes na Irlanda do Norte; hindus contra muçulmanos na Índia, no Paquistão, na Caxemira e, mais tarde, em Bangladesh; muçulmanos no norte do Sudão contra cristãos e animistas no sul; cingaleses contra tâmeis no Ceilão, atual Sri Lanka; e assim por diante), e poderia parecer que o conflito árabe-israelense na Palestina extraísse sua ardência dessa fornalha imperial.[33] Mas Allenby encarnava algo mais – um radicalismo visionário europeu (e norte-americano), centrado na Jerusalém disputada e enraizado na imaginação religiosa bifurcada que condenava tanto judeus como muçulmanos. Primeiro os judeus: A antiga tradição cristã do antijudaísmo já havia levado ao primeiro pogrom antijudaico no mundo árabe, deflagrado em Damasco, não por muçulmanos, mas por frades franciscanos.

O antissemitismo europeu é o solo em que germinou o ódio árabe aos judeus. Se os judeus haviam sido o inimigo interno do cristianismo desde um passado distante, o islamismo se tornara o inimigo externo – uma dupla "outro negativo" em confronto com a qual a Europa continuava a encontrar sua identidade positiva. Uma "geografia imaginativa", focalizada no místico e suspeito "Oriente", tornou-a real.[34] Allenby era esse legado em culotes, e ele o plantou como uma das partes permanentes – mesmo que em geral anônima – nas guerras que assolam Palestina e Israel até hoje.

2. O Fim da Diáspora

O sionismo deriva o seu nome de Jerusalém, assentada no Monte Sião. Embora os primeiros sionistas, sem nenhum interesse especial pela cidade em si,[35] parecessem não ter sido infectados pela febre de Jerusalém, o movimento anteviu desde o seu início um retorno de judeus à sua antiga terra natal. Os judeus mais conservadores em termos religiosos consideravam qualquer ideia de recomposição política uma preempção do Messias e uma afronta ao plano de Deus, mas outros judeus, inclusive aqueles cuja crença incluía um senso de responsabilidade pela história, eram influenciados pelo fervor de milhares de cristãos para quem a "reintegração" dos judeus era o prelúdio urgente da era messiânica. Esses cristãos, com suas missões, consulados, asilos, hospitais, conventos, condomínios, jardins, escolas e escavações arqueológicas, estavam remodelando Jerusalém, mesmo enquanto milhares de europeus orientais e judeus russos chegavam à Palestina em busca de refúgio sob governo turco. A temperatura do sionismo judaico, com centro em Jerusalém, elevar-se-ia rapidamente, até, também ele, tornar-se febril.

Theodor Herzl, fundador da Organização Sionista Mundial em 1897, era secular, alheio ao misticismo que levara muitos cristãos a ver a cidade santa com um senso religioso exacerbado. Para ele, havia duas questões de geografia, e a primeira e mais urgente dizia respeito à emigração, não à imigração. Ao propor um êxodo em massa de judeus da Europa ameaçadora, ele estava reagindo ao antissemitismo exaltado que se manifestava na sua Viena nativa e na Ucrânia, na Polônia e na Rússia, que fervilhavam de pogroms – e, segundo seu próprio relato posterior, na França, onde ele cobriu o Caso Dreyfus para um jornal de Viena.

O reassentamento de judeus na Palestina, conforme observamos anteriormente, já estava em andamento, normalmente datado do pogrom instigado da Primeira Aliyah de 1882 [imigração de judeus para Israel], (como vimos, *aliyah* significa "subir", como em subindo a montanha até Sião, a cidade no alto da colina). Em torno de 30 mil judeus, incluindo judeus do Irã, da Argélia e do Marrocos, haviam chegado à Palestina até a época da iniciativa de Herzl.[36] Eles trabalhavam como empregados em fazendas e cidades, criando núcleos rurais em milhares de acres adquiridos; eles se concentravam em cidades pequenas como Jaffa e em áreas judaicas tradicionais como no antigo centro de misticismo em Safed, na Galileia. Embora os judeus constituíssem a maioria em Jerusalém, a cidade estava longe de ser seu único destino.

Esse influxo judaico na região, associado simultaneamente a atividades missionárias cristãs e consulares europeias em Jerusalém, despertou temores em Istambul, que reagiu reforçando o controle sobre a região norte de Gaza e sul de Beirute. Desvinculando Jerusalém da autoridade de Damasco, o califado turco promoveu a cidade a capital provincial, o que constituiu a primeira designação da área como distrito administrativo distinto do Líbano, da Transjordânia e da Síria – a verdadeira origem de uma identidade Palestina separada. Líderes árabes muçulmanos da circunscrição de Jerusalém já estavam alarmados com as incursões de cristãos e europeus, e o lançamento de um movimento organizado de judeus na Palestina os impeliu a protestar, escrevendo, por exemplo, uma carta ao rabino-chefe da França, aliado de Herzl, com o apelo "a deixar a Palestina em paz".[37] Os "notáveis" de Jerusalém também apresentaram seus protestos a Istambul, mas como árabes eles também se ressentiam da influência turca local crescente à medida que o regime distante intensificava o seu controle.[38] Apesar do vínculo religioso muçulmano com o califa de Istambul como chefe da Casa do Islã, um incipiente nacionalismo árabe estava em movimento.

No início, Herzl dava como certo que a Palestina seria o local do reassentamento judaico, mas protestos enérgicos do sultão de Istambul, pressionado pela organização antissionista de notáveis árabes, fizeram essa perspectiva parecer improvável, pelo menos a curto prazo. Diferentemente de alguns líderes sionistas que o seguiam, Herzl não ignorava as demandas dos que já viviam na Palestina. O Império Otomano vacilava, mas um dos lugares que a Porta Sublime estava determinada a reforçar era Jerusalém. Nada de perturbar seu delicado equilíbrio com mais um influxo de judeus! Assim, quando, na virada do século, o governo britânico respondeu à preocupação de Herzl relacionada ao antissemitismo europeu com indicações de apoio a um assentamento semiautônomo de judeus em Uganda, na África Oriental Britânica, Herzl apresentou a ideia ao Congresso Sionista. Mais do que qualquer pretensão judaica à Palestina ou a Jerusalém, o objetivo daqueles que possibilitaram o que se chamou de Projeto Uganda era a evasão de judeus, e alguns sionistas se interessaram pela proposta britânica.

Mas, o que dizer dos quase dois milênios de rituais da Páscoa, inclusive da afirmação "No próximo ano em Jerusalém"? E de todas aquelas orações oferecidas nos *shtetls* e guetos da Europa pedindo chuva para a Galileia, a Samaria e a Judeia, um vínculo inquebrantável com colinas e vales específicos que havia transformado a lembrança em anseio? O que dizer da cidade incessantemente imaginada e da promessa jamais esquecida de Deus relacionando a aliança a Eretz Yisrael? Como vimos, judeus religiosos estavam convencidos de que a cidade física de Jerusalém fora substituída nos planos de Deus pela cidade espiritual, com a religião do Templo para sempre definida não pelo sacrifício sacerdotal de animais, mas pelos atos cotidianos de cada judeu: observância da Torá e a realização de boas ações e atos de amor e bondade. A Jerusalém real seria restituída aos judeus, mas somente pelo Messias no fim dos tempos. Por enquanto, a terra natal podia ser qualquer lugar onde fosse estudada a Torá, observado o Sabbath e relatada a antiga história das ações salvíficas de Deus. Vale a pena repetir que nessa teologia, a justificativa para lembrar Jerusalém está no estar ausente dela, pois a ausência de Deus era agora o modo da Sua presença entre o povo.

Mas essa leitura apofática da santidade e da Terra Santa estivera cedendo, pelo menos desde 1882, ao número efetivo de judeus que buscavam refúgio na Palestina. Enquanto sionistas cristãos nos Estados Unidos e na Grã-Bretanha descobriam Jerusalém com todas as suas ressonâncias, também judeus europeus, inclusive judeus seculares, faziam isso. Quando, por exemplo, o escritor judeu A. S. Hirschberg, sem vínculos religiosos, chegou a Jerusalém em 1901, ele esperava encontrar uma cidade de bazares e de becos infestados de ratos. O que o surpreendeu foi o Muro Ocidental, o remanescente do Templo que Suleiman, o Magnífico, tornara sacrossanto para os judeus e os incontáveis judeus que haviam preenchido as fendas desse muro com suas orações e pedidos. Sim, ele era um símbolo de ruína e derrota, mas era também uma relíquia de sobrevivência. "Todas as minhas dificuldades pessoais se misturaram com os infortúnios da nossa nação", escreveu Hirschberg a respeito do inesperado jorro de lágrimas junto ao muro, "para formar uma torrente". Essa reação não era incomum entre judeus europeus que ali chegavam. O muro ressurgia como um símbolo da identidade judaica.[39] Em 1905, o Congresso Sionista rejeitou a oferta britânica de reassentamento em Uganda e decidiu criar formalmente a terra natal judaica em Eretz Yisrael. A questão continuava sem solução quando Herzl morreu em 1904, mas sua expectativa ficou explícita nas instruções que deixou: "Desejo ser enterrado na câmara mortuária ao lado do meu pai e ali permanecer até que o povo judeu leve meus restos para a Palestina."[40]

3. Prontos para Batizá-los

A oposição árabe e islâmica ao sionismo era uma coisa, mas havia um obstáculo ainda maior ao projeto do retorno dos judeus encravado na consciência – ou talvez, a essa altura, no inconsciente – da civilização ocidental. Herzl fizera um esforço corajoso para superá-lo. Os judeus do século I que seguiram Jesus haviam interpretado a destruição do Templo, e em seguida de Jerusalém, de um modo tipicamente judaico – como atos de Deus, ensinando lições às pessoas, purificando-as. Vimos um pouco disso anteriormente – como "cristãos" entenderam a crueldade romana perpetrada entre 70 e 135 como punição de Deus pela rejeição de Jesus. Se essa interpretação tivesse ocorrido apenas de modo profético, a percepção teria sido autocrítica, uma vez que de acordo com os textos da própria Igreja, no fim Jesus foi rejeitado tanto por seus discípulos mais próximos – todos o abandonaram, e Pedro o negou três vezes – quanto pelas autoridades judaicas.

Mas a interpretação da destruição de Jerusalém pelos romanos como ato poderoso de Deus foi oferecida não de modo profético, e sim apocalíptico (lembre que o Livro do Apocalipse, ou da Revelação, foi escrito em meio à destruição romana e em reação a ela), com o julgamento lançado exclusivamente sobre outros – as forças de Satã, basicamente "os judeus". Sim, os discípulos abandonaram Jesus quando ele mais precisava, mas isso foi totalmente perdoado pelo Jesus ressuscitado, que inclusive abraçou Pedro. O que não foi perdoado, e que foi usado para vingar os cristãos, foi a rejeição dos judeus. Essa rejeição foi punida com o que aconteceu com Jerusalém, lembrada pelo movimento de Jesus crescentemente gentio como uma cidade em que um Jesus cada vez mais não judeu era estranho. O destino trágico de Jerusalém começou a assumir um significado teológico – uma teologia da vingança. Assim, Lucas cita Jesus dizendo, "Quando virdes Jerusalém cercada de exércitos, sabei que está próxima a sua devastação... Porque serão dias de punição, nos quais deverá cumprir-se tudo o que foi escrito. Ai daquelas que estiverem grávidas e estiverem amamentando naqueles dias!"[41]

No tempo de Constantino, início do século IV, depois de duzentos anos sendo uma cidade pagã conhecida como Aelia Capitolina,[42] Jerusalém foi reconstituída como lugar santo cristão – um símbolo da substituição de Israel pela Igreja. No local onde a mãe de Constantino "descobriu" a Cruz Verdadeira foi construída a Igreja do Santo Sepulcro, dando à cidade seu novo Templo. A teologia da substituição inseria-se num contexto geográfico: como o sinal da aliança de Deus era "a terra que Eu te darei", com a quebra da aliança, a terra foi tomada. Pelo final do século IV, entendia-se que Santo Agostinho considerava a quase inexistência de judeus em Jerusalém – ele citava um Salmo para ordenar "Dispersem-nos!" – como prova de que eram os cristãos que detinham o direito de posse da cidade. Começou nesse ponto "o judeu errante". Desde então, como vimos, quando os cristãos governavam a cidade, os judeus eram proibidos de lá residir.[43] A Igreja Católica Romana e a Ortodoxia Oriental foram as principais guardiãs dessa tradição, que não foi minimamente alterada pelas crenças restauracionistas do século XIX professadas por evangélicos protestantes na Grã-Bretanha e nos Estados Unidos. Para os católicos e outras denominações cristãs preponderantes, "Nada de judeus em Jerusalém"; ponto.

Não admira que Theodor Herzl, por seu próprio relato, se sentisse apreensivo quando chegou ao Vaticano, no dia 25 de janeiro de 1904, para uma audiência particular com o papa Pio X. Herzl fora bem-sucedido em atrair monarcas e autoridades governamentais para sua causa, e agora esperava obter o apoio do Vaticano. Na verdade, ele estava instigando o que um historiador chama de "revolta contra o destino judaico"[44] – contra a febre de Jerusalém que havia muito infectara o mais sagrado nicho da imaginação ocidental. Sua iniciativa com relação ao Vaticano fora arranjada por um conde papal seu conhecido, e o conde o orientara insistentemente a beijar o anel do papa. Mas Herzl não conseguiu fazer isso. Quando Pio X lhe ofereceu a mão adornada, Herzl simplesmente retribuiu com um aperto. "Creio que isso arruinou as minhas possibilidades com ele", escreveu no seu diário no dia seguinte, mas considerando os objetivos de Herzl, as possibilidades haviam sido arruinadas 1.800 anos antes.

"Apresentei-lhe brevemente minha solicitação" anotou Herzl. "Mas aborrecido talvez com a minha recusa a beijar sua mão, ele respondeu de maneira categórica e áspera."

"Papa: 'Estamos impossibilitados de apoiar esse movimento [sionismo]. Não podemos impedir os judeus de irem a Jerusalém, mas jamais poderíamos aprovar isso. O solo de Jerusalém, não fosse sagrado desde sempre, foi santificado pela vida de Jesus Cristo. Como chefe da Igreja, não posso responder-lhe de outra forma. Os judeus não reconheceram nosso Senhor, portanto não podemos reconhecer o povo judeu.'"

Como que tirando a escara da ferida de mil anos da cristandade, Herzl replicou, "E quanto à condição atual da cidade, Santo Padre?"

Pio X respondeu, "Eu sei, é desagradável ver os turcos de posse de nossos Lugares Santos. Nós simplesmente temos de suportar isso. Mas aprovar o desejo dos judeus de ocupar esses lugares, isso não podemos fazer". Apesar de todo o longo conflito, e mesmo ódio, da cristandade com o inimigo islâmico, não havia afronta teológica muçulmana que se comparasse com o insulto eterno que a Igreja recebera dos judeus. Como que explicando o porquê disso, o papa continuou, "A fé judaica era a base de nossa própria fé, mas foi substituída pelos ensinamentos de Cristo, e não podemos admitir que ainda goze de qualquer validade. Os judeus, que deveriam ter sido os primeiros a reconhecer Jesus Cristo, não o aceitaram até hoje".

O encontro do papa com o sionista assumira o caráter de uma disputa medieval. Herzl disparou de volta, "Terror e perseguição não [são] exatamente os melhores meios de converter os judeus".

Pio X aparou o golpe com uma lâmina embainhada numa rara apreciação papal de origens históricas, "Nosso Senhor veio sem poder nenhum. Ele veio em paz. Ele não perseguiu ninguém. Foi abandonado até por seus apóstolos. Só mais tarde foi que adquiriu estatura. Foram necessários três séculos para que a Igreja evoluísse. Portanto, os judeus tiveram bastante tempo para aceitar sua divindade sem coação ou pressão. Mas optaram por não fazer isso, e ainda não o fizeram".

E então cada homem, ao seu próprio modo, chegou ao cerne da questão. Herzl disse, "Mas, Santo Padre, os judeus se encontram numa situação terrível. Não sei se Vossa Santidade está a par da enormidade da tragédia que vivem. Precisamos de uma terra para essas pessoas expropriadas."

Reiterando a tradição fulcral, o papa perguntou, "Precisa ser Jerusalém?"

A resposta de Herzl está impregnada da implicação de que o sionismo ainda não estava infectado pela febre da restauração religiosa: "Não estamos pedindo Jerusalém, mas a Palestina – apenas a terra secular".

"Não podemos ser favoráveis a isso", declarou Pio X. E ameaçou com a sentença católica suprema: "E assim, se forem à Palestina e fixarem seu povo lá, estaremos prontos com igrejas e padres para batizá-los." Depois disso, relata Herzl, o papa "pegou uma pitada de rapé e espirrou num grande lenço de algodão vermelho... A audiência durou em torno de 25 minutos". Ao retirar-se da presença do papa, Herzl passou pela galeria de arte do Vaticano. "Vi o quadro de um imperador ajoelhado diante de um papa sentado, recebendo a coroa de suas mãos. É isso que Roma quer."[45]

Em 1897, a publicação jesuíta oficial *Civiltà Cattolica* assestara a balestra teológica da Igreja contra o Congresso Sionista Mundial de Herzl:

> Mil oitocentos e vinte e sete anos se passaram desde que a predição de Jesus de Nazaré se realizou, isto é, que Jerusalém seria destruída... que os judeus seriam levados como cativos para todas as nações e que permaneceriam na dispersão até o fim do mundo... Segundo as Escrituras Sagradas, o povo judeu deve viver sempre disperso e *vagabondo* (vagabundo, errante) entre as outras nações para dar testemunho de Cristo, não só pelas Escrituras... mas por sua própria existência.
>
> Quanto a uma Jerusalém reconstruída que poderia se tornar o centro de um Estado de Israel reconstituído, precisamos acrescentar que isso é contrário à previsão do próprio Cristo que prediz que "Jerusalém será pisada

pelos gentios até se completarem os tempos das nações pagãs" (Lucas 21,24), isto é... até o fim do mundo.[46]

Essa antiga convicção católica romana e ortodoxa oriental de que Deus proíbe a volta dos judeus a Jerusalém não poderia contrastar mais agudamente com a moderna certeza evangélica protestante de que Deus deseja a reintegração dos judeus em Jerusalém – no entanto, no fundo, essas duas visões cristãs colocam a relação dos judeus com Jerusalém no centro da teologia do Fim dos Tempos. Para os católicos, os judeus só voltarão a Jerusalém no momento do fim do mundo; para os protestantes, a volta acontecerá *antes* do final, como instrumento causal desse clímax. Mas ambos preveem a destruição da Jerusalém terrestre como prelúdio para o estabelecimento da Jerusalém celeste.

Esse é o credo comum, carregado de presságio, exposto até por uma figura católica eminente, ativa no esforço de reconciliação judeu-cristã, durante o histórico Concílio Vaticano II, nos anos 1960, Cardeal Augustin Bea: "O destino de Jerusalém constitui uma espécie de ajuste de contas derradeiro ao término de mil anos de infidelidades e oposição a Deus. Aqui também não é o fato de pertencer ao povo de Israel que determina o julgamento, mas o ato de oposição a Deus e a seus profetas e mensageiros, acima de tudo a Jesus." Deve-se enfatizar que, partindo do prelado católico liberal Bea, em meio ao auge liberal da Igreja, essa afirmação mostra a importância da visão apocalíptica para o pensamento cristão predominante. "O julgamento de Jerusalém e sua destruição fazem parte da revelação de Deus ao homem, por meio da qual ele torna manifesto num episódio particular algo da terrível realidade do julgamento com que a história da humanidade terminará."[47]

Assim, o que aconteceu em 70 EC – a cidade com seu centro no Monte do Templo, circundada por milhares de resistentes pendurados em cruzes – é uma antecipação do que acontecerá no fim dos tempos, com católicos escalando judeus para papéis principais como antagonistas permanentes, e protestantes escalando os mesmos judeus, depois de serem reintegrados em Jerusalém e de receberem uma última oportunidade de conversão, como agentes decisivos do clímax messiânico. Essas duas escatologias, embora diferentes, combinaram-se para subscrever programas perversos de violência apocalíptica. Um deles começou no final do século XIX, sendo seu instrumento o imperialismo racista: o conflito local entre judeus e árabes na Palestina, com a vitimação árabe expressa como ódio incessante devido à expropriação palestina. O outro começou um pouco mais tarde e numa escala muito maior, impulsionado pelos nazistas: o ataque histórico-mundial contra o povo judeu, que acabou sendo redirecionado para Jerusalém. Observe que as cidades católicas míticas de Roma e Constantinopla nunca foram um magneto de fervor apocalíptico. Tampouco o foram as cidades protestantes míticas de Genebra, Canterbury, Leipzig, Estocolmo e Plymouth. Não, somente Jerusalém, a cidade eternamente judaica, desencadeou a fúria da imaginação cristã, e esse, naturalmente, é mais um aspecto do desdém cristão pelos judeus.

4. O Grão-Mufti

O ano da Primeira Aliyah, 1882, foi também o ano em que os britânicos assumiram o controle do Egito. Rico em algodão, um valioso canal, encruzilhada do Oriente Médio e da África. Essa conquista se deu na metade da última grande fase da tomada de terras por impérios europeus, o terço de um século durante o qual um quarto inteiro da superfície do mundo era constituído de colônias.[48] A avidez britânica pelo controle do Oriente Médio redobraria quando a novidade do motor a combustão criou a necessidade de petróleo, que acabara de ser descoberto sob o solo ressequido da região,[49] do mesmo modo que a necessidade de pneus de borracha para automóveis aceleraria o interesse da Bélgica pelos seringais do Congo. Assim, antigos princípios religiosos combinaram-se com novas teorias "científicas" de classificação racial, de prerrogativas do estado-nação, da expansão capitalista e de tecnologias industriais letais para promover uma ideologia de dominação "anglófila e teutônica" para o bem da "civilização".[50] Os árabes estariam tanto à mercê dessa subjugação virtuosa quanto os apaches ou os povos aborígenes da Austrália.

Para os árabes da Palestina, uma combinação inevitável de impulso imperialista britânico e intrusão judaica poderia parecer concretizar-se no fato de que, uma vez estabelecido o Mandato depois da Primeira Guerra Mundial, seu primeiro alto-comissário, Sir Herbert Samuel, nomeado em 1920, era um judeu britânico.[51] Dadas as consequências, seu ato administrativo mais notável talvez tenha sido a indicação como mufti (intérprete da lei islâmica[52]) de Jerusalém o herdeiro de uma família influente, Muhammad al-Hajj Amin al-Husayni. Os Husaynis se consideravam descendentes do Profeta e serviam como funcionários otomanos na província havia muito tempo.[53] O irmão, o pai e o avô de Amin haviam servido como muftis de Jerusalém, com escritórios no Haram al-Sharif, e embora a função não fosse hereditária, é possível que Amin esperasse sucedê-los. Mas os britânicos se arrogaram a autoridade para fazer a indicação e valorizaram a posição do mufti, atribuindo-lhe maior autoridade sobre outros funcionários islâmicos, embora somente nas esferas religiosa e comunitária. (Políticos árabes em outros centros coloniais, como Bagdá, Amã e Beirute, se desenvolveriam com maior vigor do que na Palestina porque as autoridades locais designadas não eram restringidas desse modo em suas identidades.)

Sir Herbert era abertamente sionista, e Husayni se opusera francamente à imigração judaica. Ele também havia participado da revolta nacionalista árabe contra os turcos, e depois liderara demonstrações em Jerusalém contra os sionistas e a Declaração de Balfour. Havia aprimorado suas habilidades de liderança como oficial da artilharia no exército turco, mas seu nível de instrução era baixo e faltavam-lhe as qualidades de um pensador estrategista, condições que o colocariam em desvantagem num jogo de xadrez geopolítico prolongado em que enfrentava não apenas um, mas dois adversários sagazes. Entretanto, com sensibilidade para captar o estado de espírito do seu povo e capacidade para manipulá-lo, ele era um agitador excepcional. O fato de algumas demonstrações por ele lideradas na mesquita Al Aqsa terem descambado para a violência (lembradas pelos árabes como revoltas) poderia ter impedido a indicação de Husayni como mufti. Mas parece que Sir Herbert, ao melhor estilo britânico, imaginou que poderia cooptar o jovem árabe e por meio dele canalizar a inquietação "nativa".[54]

Assim que se consolidou como líder da população árabe, al-Husayni iniciou um movimento de renovação islâmica, com escolas, clínicas, mesquitas e a restauração dos santuários no Haram. Ele também adotou uma posição rejeicionista extrema, criticando os governantes britânicos e seu plano Balfour (o qual, afinal, nunca mencionou "palestinos" ou "árabes", mas apenas "comunidades não judaicas") e demonizando os judeus, a quem considerava como a verdadeira ameaça. Descaracterizando totalmente a atitude da maioria dos sionistas, cujo principal interesse na Palestina continuava voltado para os novos assentamentos rurais e para as cidades litorâneas (Tel Aviv foi fundada como cidade judaica em 1909), Husayni soou o alarme sobre as intenções dos judeus de destruir os lugares santos muçulmanos no Haram al-Sharif com o objetivo de reconstruir o Templo. No fim, quando os judeus messiânicos adotaram uma visão apocalíptica para Israel, esses alarmes não pareceriam de todo irracionais. Uma vez mais, medo da destruição e anseio por ela entrariam no caso como motores do desejo religioso e político. Até hoje, o ódio multigeracional de milhares de muçulmanos árabes de Jerusalém, centrado na hiperdefensividade em torno da Mesquita Al Aqsa e do Domo da Rocha, orienta e impele o lado palestino do conflito palestino-israelense.

O problema maior é que quando Husayni deu seu integral apoio a uma identidade palestina (em contraposição a uma identidade pan-árabe) positiva, ele o fez apresentando um judaísmo ameaçador como contraste negativo. Fazendo isso, ele estava reproduzindo a dinâmica que determinara a autocompreensão do cristianismo nascente em oposição ao judaísmo e a autocompreensão do cristianismo medieval em oposição ao islamismo. Essa autoafirmação depende do rebaixamento do "outro". Concentrados no Nobre Santuário de Jerusalém como espaço islâmico sagrado, os palestinos de fato criaram um movimento patriótico que era a imagem reflexa de um sionismo percebido, o que o estudioso palestino Edward Said chama de "uma espécie de arabismo dogmático, quase teológico".[55] Um refletia o outro, que por sua vez refletia o primeiro, multiplicando o efeito até cada um tornar-se algo como um reflexo infinito do outro. Daí em diante, como irmãos antagonistas numa tragédia épica, os dois movimentos estavam fadados a entrar em choque.

Perdida nessa bipolaridade havia uma fenda na comunidade árabe que separava os árabes locais cristãos dos árabes muçulmanos – uma distinção que assumiria um significado ainda maior quando as aspirações árabes foram definidas em termos quase exclusivamente muçulmanos. Por fim, a alienação palestina cristã com relação aos árabes muçulmanos se expressaria em altos índices de expatriação cristã – e numa hostilidade muçulmana o mais das vezes reprimida.[56] Essa divisão apenas reforça o enigma maior. Continuar o conflito palestino-israelense sem solução quase um século depois de ter sido desencadeado é demonstração cabal de que, concebido na explosiva combinação europeia de imperialismo e apocaliptismo cristão, ele começou como uma agulha impossível de desenfiar. Sob qualquer aspecto político contemporâneo, o conflito é um tema inevitável, mas é igualmente inevitável enquanto desfecho desta longa história da Jerusalém inflamada, ardendo desde o início sob a superfície desta narrativa.

Como abrandar esse conflito? Talvez o único modo de fazer isso seja removendo os elementos que antes de mais nada o tornaram absoluto, citando a mente ocidental como a normalmente ignorada e apenas aparentemente inocente terceira parte. Sim, os israelenses estão certos em exigir o reconhecimento da legitimidade do estado judaico, e, sim, os palestinos devem insistir num cálculo judaico com o custo *para eles* da criação desse estado, mas questões ainda mais amplas devem ser tratadas. Vimos essa imagem anteriormente, mas agora sua pungência plena é evidente: os palestinos e os israelenses podem ter-se colocado numa situação muito difícil, como num beco sem saída mortal do qual apenas um pode sair vivo, mas não foram eles que criaram o beco. Um dos seus muros é o colonialismo; o outro é o antissemitismo.[57] Enquanto isso, a mente ocidental observadora espanta-se ao extremo diante do comportamento brutal de antagonistas presos dentro de limites que ela não lembra ter criado.

Husayni também estabeleceu o modelo duradouro do sistema político interno palestino, pois ao adotar uma posição rejeicionista extrema, ele fortaleceu árabes mais moderados (incluindo algumas famílias rivais notáveis) que, ao mesmo tempo em que resistiam tanto ao sionismo quanto ao governo britânico, procuravam formas de melhorar as condições cooperando onde possível tanto com judeus quanto com líderes britânicos. Os funcionários públicos municipais – prefeitos e membros do conselho – em contraste com a autoridade religiosa do mufti, buscariam alternativas para fazer os poderes judaico e britânico trabalharem para os palestinos. Essa bipolaridade política pode ser vista atualmente nas tensões entre a Autoridade Palestina, enraizada no movimento profano Fatah, e o Hamas, que se define como movimento religioso.

Com a passar do tempo, Husayni se tornou mais extremista. Em 1928, ele declarou que o Muro Ocidental era sagrado exclusivamente para o islamismo. Como os judeus, com "suas aspirações ambiciosas ilimitadas", estavam usando o Muro como trampolim para assumir o controle de todo o Nobre Santuário, eles deviam ser proibidos de realizar atos religiosos nesse local.[58] Não há dúvida de que alguns judeus alimentavam certas intenções com relação ao Monte do Templo – para repetir a questão importante – mas naquela fase inicial do sionismo, com seu etos principalmente socialista, eles constituíam uma minoria fácil de identificar. Os que alimentavam a perspectiva de alguma espécie de restauração do Templo o faziam, em sua grande maioria, misticamente, aguardando uma era messiânica indefinida. Mas essas distinções se perderam para a maioria dos palestinos, que se uniam instintivamente em defesa de um Haram al-Sharif ameaçado.

Ao atacar os judeus no Muro Ocidental, o mufti rompia uma tradição muçulmana de profundo respeito que remontava ainda mais além da decisão de Suleiman de reservar o remanescente do Templo como espaço de culto judaico e chegava a Umar ibn al-Khattab que, no século XVII, antes da construção de Al Aqsa e do Domo da Rocha, convidara os judeus a realizarem seus rituais nesse local. Uma nova insegurança existencial insinuava-se na posição do mufti nesse caso, pois o que estava em questão era o direito judaico prévio ao espaço sagrado. Era como se o líder muçulmano não pudesse suportar a verdade da precedência histórica dos judeus; vale dizer que ele estava tomado do mesmo temor que motivou os cristãos a denegrir os judeus porque a posição destes como primeiros guardiões da esperança messiânica tornou a rejeição judaica da crença cristã na realização dessa esperança em Jesus merecedora de condenação. Ou seja, o que os árabes muçulmanos sentiam a respeito dos judeus e lhes causavam em 1929 repetia o que os seguidores de Jesus sentiram e fizeram no século I.

As tensões em torno do Muro Ocidental e do Nobre Santuário aumentaram, irrompendo numa violência árabe-judaica total em agosto de 1929. Dezenas de pessoas morreram em ambos os lados. Os britânicos intervieram, reprimindo severamente o que se chamou de revolta palestina. Entre os sionistas, e na imprensa ocidental, o mufti foi considerado como instigador; entre os palestinos, sua liderança foi tão ratificada quanto foi definida por seu ódio aos judeus. *Sabemos quem somos por quem odiamos.*

Enquanto isso, a imigração de judeus para a Palestina continuou. No início dos anos 1930, como a pressão antissemita aumentava na Alemanha, o número de judeus que chegavam cresceu consideravelmente, de cerca de quatro mil em 1931 para mais de 40 mil em 1934 e mais de 60 mil em 1935.[59] No final dos anos 1930, 350 mil judeus haviam fugido de territórios controlados por nazistas, provocando uma enorme crise de refugiados, e até países como a Grã-Bretanha e os Estados Unidos se recusaram a ampliar as cotas de imigração para recebê-los.

A Palestina era um refúgio seguro. Em 1939, 500 mil judeus viviam lá, dois terços dos quais haviam chegado naquela década. Nesse meio-tempo, os árabes em Jerusalém e em outras regiões da Palestina desconheciam ou eram indiferentes ao que estava produzindo esse fenômeno extraordinário, quando ondas e ondas de judeus europeus chegavam, carregando malas e trouxas amarradas que continham o que restara de suas posses. "Sionistas de Hitler", esse era o rótulo que lhes davam os judeus ambivalentes que os haviam precedido[60] e que não gostavam da ideia da *aliyah* por desespero, não por desejo. Todavia, a maioria desses judeus refugiados, apesar da sua própria experiência, chegava com o arraigado viés europeu e considerava normal a inferioridade "racial" dos árabes.[61] O que só podia parecer aos árabes rematada condescendência colonial exacerbou ainda mais o conflito, e cegou ainda mais os palestinos com relação à identidade primordial com a terra de Israel que cada judeu podia recuperar. Mas no contexto, empatia não era uma opção palestina, pois a posição do rival judeu se fortalecia com cada novo imigrante. Uma hostilidade palestina quase automática reforçava a disposição dos judeus a ter uma opinião muito desfavorável a respeito dos árabes.

O mufti, enquanto isso, praticava um jogo delicado, tentando acalmar uma população árabe cada vez mais ameaçada e indignada, ao mesmo tempo em que instigava a evidente inquietação britânica com um sionismo mais fortalecido. O que o mufti não percebeu inicialmente foi a inquietação simultânea da elite britânica com as ambições árabes e a rapidez britânica em usar o sionismo para frustrar essas ambições. Sobrepondo-se a esses dois fatores estava a brecha que se abriu entre as experiências judaica e árabe na Palestina "numa variedade de esferas econômicas, sociais e organizacionais". A sociedade palestina não podia competir com "os níveis efetivamente excepcionais de investimentos de capital per capita e de influxo de capital humano que estavam entre os mais altos do mundo na época"[62] da comunidade sionista. O pavio estava pronto para uma explosão.

Ela aconteceu em abril de 1936, quando resistentes árabes autodesignados atacaram um ônibus, matando dois judeus. Até então os judeus haviam formado sua própria milícia, a Haganá, que retaliou, matando um casal de colonos árabes. O alto-comissário britânico declarou estado de emergência, porém mais represálias, ataques e tumultos se seguiram, com árabes atacando indiscriminadamente judeus e britânicos. A mão do mufti foi forçada, e ele assumiu a liderança de um movimento que exigia, num manifesto à "Nação Árabe", um fim de toda imigração judaica, a proibição de compra de terras árabes por judeus e a criação de um governo nacional palestino. Uma greve geral árabe foi convocada e as demonstrações se tornaram violentas. Judeus foram mortos, incluindo nove crianças num bombardeio a uma escola.[63]

Os líderes sionistas condenaram o que chamaram de "as forças do deserto" contra "as forças da civilização". E declararam em desafio, "Não seremos detidos".[64] Os judeus reconheceram a determinação árabe de lutar até a morte, e daí em diante tiveram razão em ver a criação de um estado árabe na Palestina como uma perspectiva fatal. Grupos de resistência armada judaica, principalmente o Irgun e o Stern Gang, foram reconhecidos, e com eles um etos de força militar que se tornou essencial para a identidade israelense. Rebelando-se contra o antigo papel do judeu suplicante forçado a curvar-se, o "novo homem" sionista estaria sempre armado.

Os britânicos, com reforços do Egito e de Malta superando na Palestina o número de tropas que a Grã-Bretanha mantinha em todo o subcontinente da Índia, reprimiram implacavelmente os rebeldes árabes.[65] Uma comissão britânica vislumbrou uma solução para a tensão árabe-judaica na ideia da divisão, uma partilha do território da Palestina, totalmente rejeitada pelos árabes.[66] Os distúrbios cresceram até se transformar num levante árabe anticolonialista total que se prolongaria até 1939 adentro, deixando mais de cinco mil palestinos mortos (além de centenas de combatentes judeus e britânicos).[67] Bairros e povoados árabes inteiros foram arrasados, o tecido social palestino ficou reduzido a farrapos, sem condições de ser recosturado completamente, com instituições políticas e econômicas igualmente desestruturadas.

A Palestina árabe, com efeito, foi mutilada no seu berço. Seus defensores, embora sempre responsáveis por ações e omissões, jamais teriam a unidade de propósito necessária para consolidar uma vontade nacional coerente, e depois disso talvez fosse inevitável que os sionistas não encontrassem no outro lado da mesa habitantes locais com quem negociar. Daí o fenômeno da "invisibilidade" palestina. Uma Jerusalém fraturada emergiria como símbolo permanente do culto ao martírio da causa perdida que definiu a forma peculiar da febre de Jerusalém que infectou os palestinos daí em diante.

A exata função do mufti nesses acontecimentos é objeto de discussão, com alguns vendo-o como o principal rebelde antibritânico e outros como um homem encurralado por forças que não conseguia controlar. Mas sua atitude com relação ao sionismo e aos judeus nunca foi posta em dúvida, e se tornou cada vez mais extrema. Crucialmente, ele rejeitou um "Relatório Branco" britânico em 1939 que poderia bem ter atendido a grande parte das exigências palestinas, inclusive restrições à imigração judaica e à aquisição de terras pelos judeus, e a promessa de uma Palestina independente com maioria árabe. Nas palavras de Rashid Khalidi, essa recusa foi "a última decisão importante que os palestinos tomaram por si mesmos durante várias décadas".[68]

A posição de não negociação de Husayni repercutiu bem com seus pares notáveis e com um povo enraivecido e impotente. Em todo o Oriente Médio ele foi visto como um líder da causa pan-árabe, o que só aumentou a necessidade britânica de conter sua influência. Quando os britânicos o declararam destituído de sua autoridade e passível de prisão, ele fugiu, descendo pelos muros do Haram acobertado pela escuridão, seguindo até a costa e navegando até o Líbano. Daí em diante, ele foi inimigo autodeclarado tanto da Grã-Bretanha como dos sionistas. Winston Churchil, no exercício de sua autoridade como membro do Conselho de Guerra, determinou sua morte, e enviou um grupo de comandos Irgun para realizar essa tarefa no Iraque. Mas a missão não alcançou seus objetivos.[69]

Numa resolução que assombraria permanentemente a causa palestina, o mufti, baseado no princípio segundo o qual o "inimigo do meu inimigo é meu amigo", aliou-se a Hitler – fato que talvez tenha contribuído mais do que qualquer outro para deslegitimar as pretensões palestinas, e por isso foi fator essencial na expropriação continuada do seu povo. Especialmente depois que os crimes do regime nazista contra o povo judeu se tornaram conhecidos, os israelenses achariam quase impossível, lembrando o pacto pró-Eixo de Husayni, não considerar o ressentimento anticolonialista dos palestinos uma variedade virulenta de antissemitismo nazista. O fato de os árabes que estavam à mercê das ingerências colonialistas francesa e britânica serem amplamente favoráveis à Alemanha também seria um combustível permanente para um intenso ódio israelense, o que Edward Said chamou de "implacabilidade da recusa israelense em reconhecer, tratar ou chegar a qualquer espécie de entendimento com o nacionalismo palestino".[70] A simpatia árabe por Hitler também favoreceria atitudes pró-Israel por parte tanto de americanos como de soviéticos, após a criação do Estado de Israel.[71] Em decorrência da infecção do nazismo, a geopolítica normal assumiu um aspecto diabólico, girando em torno do imperdoável.

Hitler, por sua vez, considerava Husayni uma alavanca com a qual mover as simpatias árabes para a órbita germânica. Passando pelo Iraque, pelo Irã, pela Turquia e por Roma, o mufti chegou a Berlim em 1941 e ali permaneceria durante a maior parte da guerra. Ele se tornou um agente da propaganda antissemita nazista. Ele se encontrou com Hitler, que, baseado nos olhos azuis e cabelo louro de Husayni, promoveu os árabes da posição quase mais baixa da classificação racial e os aproximou, nas palavras do próprio Hitler, "da melhor cepa romana".[72] O mufti se ofereceu para promover e organizar uma revolta pan-árabe contra os britânicos no Oriente Médio e para conseguir apoio muçulmano para as forças do Eixo que lutavam nos Bálcãs, em troca da garantia alemã da independência árabe, inclusive palestina. Hitler concordou, e o texto do acordo firmado incluía o compromisso alemão "de abolir o Lar Nacional Judeu na Palestina".[73] Esse acordo foi assinado em 28 de abril de 1942, três meses depois da Conferência de Wannsee em que líderes do Reich de Mil Anos, ensejando afinal o apocalipse milenarista, adotaram um plano para a "Solução Final da Questão Judaica".

Ainda se discute até que ponto o mufti tinha conhecimento da Solução Final e colaborou com ela. Acusações foram levantadas (inclusive a de que ele planejava o extermínio de judeus no Oriente Médio[74]), mas o mufti nunca foi denunciado por nenhum tribunal. Em 1961, porém, um daqueles com quem ele se associara na Alemanha e com quem trabalhara para impedir a emigração judaica para a Palestina,[75] um homem que exercera a função de secretário na Conferência de Wannsee, foi levado a julgamento em Jerusalém.

5. Eichmann em Jerusalém

Haverá presunção em escrever, não sobre conflito político, mas sobre os estados mentais que os sustentam? O julgamento de Adolf Eichmann em

1961 não representou outra coisa senão uma revolução de mentalidade, um momento em que os povos da Europa e das Américas – "o Ocidente" – começaram a encarar pela primeira vez os fatos e o sentido do Holocausto. Esse julgamento, combinado com acontecimentos correlatos e quase simultâneos, como a versão cinematográfica do *Diário de Anne Frank*, de Anne Frank, a publicação de *A Noite*, de Elie Wiesel, e produções teatrais de *O Vigário*, de Rolf Hochhuth, marcaram o início do fim da atitude generalizada de evitar, quando não simplesmente negar, o significado do que os nazistas haviam perpetrado ao exterminar sistematicamente seis milhões de judeus.[76]

Para mencionar um caso óbvio, o estado de espírito do cristianismo institucional, especialmente da Igreja Católica Romana, mudou profundamente quando teve de enfrentar as revelações que vieram à tona no julgamento de Eichmann – e na peça de Hochhuth, que criticava o comportamento do papa do período da guerra, Pio XII. A mudança histórica na autocompreensão da Igreja, exposta em inúmeras declarações do Concílio Vaticano II, resultou desse frente a frente.

Adolf Eichmann estava no comando da burocracia que controlava a transferência para o "leste" de milhões de judeus, onde morriam de fome e eram assassinados em campos de concentração. Sua função de supervisor das deportações incluía absolutamente tudo: horário dos trens, construção de trilhos, designação de guardas e supervisores de campo, registro do processo de eliminação (inclusive inventários detalhados das propriedades confiscadas), seleção dos internos que seriam encaminhados para o trabalho regular e dos que seriam mandados para as câmaras de gás, remoção das cinzas e, no final, tentativas de destruir as provas dos crimes que ele e seus subordinados haviam cometido. Depois da guerra, com a ajuda de católicos que facilitaram a fuga de inúmeros nazistas, ele conseguiu forjar uma nova identidade e um visto para a Argentina, onde viveu até ser capturado por agentes do serviço secreto israelense, o Mossad, em 1960.

O julgamento de Eichmann em Jerusalém durou mais de três meses. Ele foi acusado de crimes contra o povo judeu e de crimes contra a humanidade, definidos em quinze imputações. Ele não contestou as acusações, embora insistisse durante todo o processo que suas mãos estavam limpas de sangue. Todas as etapas foram cobertas por centenas de jornalistas do mundo inteiro, inclusive por Hannah Arendt, cujos despachos apareceram na *The New Yorker* e mais tarde em um polêmico livro, *Eichmann em Jerusalém: Um Relato sobre a Banalidade do Mal*. Esse foi o primeiro julgamento a ser televisionado, com videoteipes remetidos durante a noite para cidades de toda a Europa e das Américas. Em Nova York, um resumo de trinta minutos sobre os destaques do dia era transmitido pela televisão todas as noites. Em Israel, onde poucas famílias possuíam televisores, as sessões eram transmitidas ao vivo pelo rádio.[77] Ao percorrer qualquer bairro judeu, podia-se acompanhar o que acontecia no tribunal pelas janelas abertas.

O julgamento foi o primeiro evento internacional da era televisiva. O burocrata típico, calvo, de óculos, sentado passivamente em seu gabinete de vidro à prova de bala, remexendo distraidamente pilhas de documentos, era a face "banal"[78] de um horror que finalmente podia ser percebido. A promotoria arrolou mais de uma centena de sobreviventes do Holocausto para testemunhar, e seus depoimentos consumiram horas, dias e semanas. Um extravasamento de raiva, dor e perplexidade acompanhou esses relatos e lhes deu continuidade com milhares de cartas, por exemplo, que chegavam aos escritórios dos promotores israelenses – quase todas elas de sobreviventes que finalmente podiam expressar o que tinham visto, perdido e sofrido. O julgamento correspondeu à quebra de um silêncio mundial sobre o destino dos judeus na Europa, um silêncio que, estranhamente, fora observado quase tanto em Israel como em qualquer outro lugar.[79]

O Holocausto é o acontecimento público mais mencionado nos tempos modernos e um ponto de referência universal, até mesmo para os que negam sua ocorrência. No entanto, essa familiaridade torna praticamente impossível saber o que de fato aconteceu recorrendo a alguma coisa mais objetiva do que um sentimento ou entendimento recebido ou elaborado. Sabe-se o que se deve responder, e se responde. Mas o que foi o Holocausto, realmente?

Tudo começou com Hitler. Seu projeto de eliminar da cultura alemã todos os judeus foi insanidade absoluta, um mal classificado numa categoria à parte. Mas não foi apenas isso. Já vimos como o destino dos judeus havia muito se fixara num determinado tipo de imaginação cristã como a chave para a era milenarista. Também aqui o pressuposto era que o povo judeu precisava ser eliminado, nem que fosse por meio da conversão. E se, ao raiar do Fim dos Tempos, os judeus ainda recusassem a conversão, o próprio Jesus os conduziria, se não a câmaras de gás e crematórios, a um lago de fogo eterno. Hitler não era cristão, mas era milenarista, influenciado por ideias presentes no Livro do Apocalipse, onde essa visão é descrita com detalhes gráficos. O "reino de mil anos" de Cristo[80] forneceu a Hitler seu motivo temporal, razão pela qual ele concebia a si mesmo como fundador do Reich de Mil Anos. O desaparecimento dos judeus, em cada caso, era a precondição milenarista.

A insistência no caráter excepcionalmente maléfico de Hitler e no genocídio como obra de um bando relativamente pequeno de perpetradores nazistas, pode ajudar a cultura mais ampla – com *suas* tendências apocalípticas e antissemitismo, e dentro da qual o mal nazista se desenvolveu e quase teve êxito – a sair de uma situação difícil. Realmente, pode-se reconhecer no programa da Alemanha Nazista um exemplo clássico, embora altamente industrializado, do mecanismo do bode expiatório identificado por René Girard como básico para a condição humana. Assim, todas as pessoas, incluindo seguramente todos os membros da civilização ocidental e todos os cristãos, têm algo de seu em jogo num frente a frente moral com o Holocausto. Sim, os nazistas o perpetraram, mas não poderiam tê-lo feito sozinhos. Sim, cristãos contrários aos judeus produziram um antissemitismo letal, mas intragrupos estiveram lançando acusações a extragrupos muito antes mesmo de qualquer registro histórico. O crime foi particular, mas os impulsos que o incitavam eram universais. Foi isso que conferiu importância crucial e decisiva ao julgamento de Eichmann.

Mas os judeus e os israelenses também tinham contas a acertar. À medida que o assassínio sistemático de judeus acontecia na Europa, os sionistas tinham tão poucas condições de ajudar quanto qualquer outra entidade ou pessoa. Um terror imediato dos ataques nazistas apoderou-se dos judeus na Palestina no início da guerra, quando parecia que as invencíveis Afrika Korps do marechal de campo Erwin Rommel levariam suas vitórias do norte da África até o Levante. Adiante de Rommel, judeus do Egito e de outros territórios conquistados fugiam para a Palestina. A "Raposa do Deserto" estava chegando! Judeus de toda a Palestina, ouvindo que a Cidade Velha seria uma zona desmilitarizada sob proteção da Cruz Vermelha e do Vaticano, acorreram a Jerusalém. Os sionistas, até então indiferentes à cidade, encontraram uma nova razão para valorizá-la. Os pioneiros "novo homem" redescobriram a dinâmica mais antiga da história judaica – que a guerra e a ameaça de guerra podiam dar um sentido precioso à cidade de Davi. Durante algum tempo em 1941, o enclave amurado parecia o refúgio de antigamente, e os judeus se voltavam para ele com mais ardor do que conseguiam compreender conscientemente, inflamando sua versão do fogo de Jerusalém que estivera queimando nos corações cristãos durante um século. A derrota infligida aos alemães pelo marechal de campo Bernard Montgomery em El Alamein em 1942 abrandou o medo dos judeus dos nazistas devastadores, mas a ideia de Jerusalém como refúgio e santuário se consolidou, o início de uma mudança decisiva no significado da cidade.[81]

O "novo homem" do sionismo não impedira uma erupção do pânico hitlerista entre os judeus na Palestina, e os líderes sionistas começaram a entender em detalhe o que estava acontecendo com seus compatriotas judeus na Europa. Houve inicialmente uma "resposta menos do que compassiva da comunidade judaica na Palestina à destruição dos judeus europeus". Os que haviam conseguido fugir dos territórios controlados pela Alemanha nos anos 1930 podiam sentir desdém pela ingenuidade – ou assimilação – que levara outros a ficar para trás. Quando os judeus da Palestina começaram a tomar conhecimento dos horrores dos campos de concentração, não raro as "vítimas eram criticadas por deixar que os nazistas as matassem sem lutar por suas vidas". Aí começou o que se poderia chamar de síndrome do "cordeiro conduzido ao matadouro", um desdém pela população sacrificada manifestado por judeus que nunca haviam sido testados pela máquina de morte nazista. Como podiam não ter resistido? Por que entravam passivamente nos trens de carga e nas câmaras de gás? Por que obedeciam? Onde estava sua rebeldia? Uma imensa vergonha acompanhava as notícias que chegavam da Europa, um colapso do orgulho judeu. "Essa atitude", observa o estudioso israelense Tom Segev, "tornou-se com o tempo uma espécie de fantasma psicológico e político que assombrava o Estado de Israel."[82]

A angústia judaica na Palestina com relação ao Holocausto era real, mas foi necessariamente experienciada no nível abstrato, com um foco mais intenso voltado para Jerusalém, cada vez mais carregada de implicações. A lembrança do exílio e da destruição da cidade emergiu com força nova. Esse infortúnio não era nada mais do que uma volta à experiência passada que reiteradamente fizera do povo judeu um *povo*. Para os cristãos, Jerusalém pode ter passado a representar o céu, mas para os judeus a única "restauração" de Jerusalém era lamentar – e não era o lamento mais uma vez o ato fundamental da sua condição de povo? "Chora, Jerusalém, pelos caídos do teu exílio", informa Segev, era como um jornal israelense apresentava as notícias dos campos de concentração. "Grita, Sião: salva teus filhos e filhas, sê refúgio para meus filhos e pequeninos." Era um impulso forte, mesmo que movido subliminarmente, a compreender as notícias das mortes em massa revestindo-as com referências ao centro de culto do antigo sacrifício judaico. O sacrifício surgia mais uma vez como tema, junto com o mistério primordial do Senhor de Israel, de cuja vontade ele era produto. A palavra "Holocausto" fora aplicada ao que acontecia já na Noite dos Cristais em 1938, um termo que em grego significa "oferenda queimada" e se refere à dádiva oferecida a Deus, por exigência do próprio Deus.[83]

E então a guerra acabou. Duas coisas aconteceram na Palestina, impossíveis de contradizer. Uma foi que o olhar do sionismo se desviou do que acabara de acontecer na Europa. Como o crime dos nazistas contra os judeus fora execrável, não se falaria mais nele. Esse silêncio teve seu equivalente global no hábito de falar em "refugiados", "exilados" e "prisioneiros em campos de concentração", sem referência à sua condição judaica. Na reportagem do *The New York Times* sobre a libertação de Auschwitz em 1945, as vítimas e os sobreviventes foram definidos unicamente por nacionalidade: húngaro, holandês, italiano, francês, polonês. Numa longa história noticiosa que inclui detalhes até do nome do fabricante de fornos em que foram incinerados restos humanos, a palavra "judeu" não aparece. O autor da história era C. L. Sulzberger, sobrinho do editor do jornal e que em pouco tempo seria o seu mais destacado colunista.[84]

Na verdade, essa atitude era geral. Os julgamentos por crimes de guerra em Nuremberg denunciariam inúmeras atrocidades nazistas sem aludir à "Solução Final da Questão Judaica" em si. É claro que os israelenses sabiam muito bem o que havia acontecido, e a quem. O trauma os impeliu até o último grande esforço por independência, fortalecendo suas lutas contra os resquícios do Mandato Britânico, contra os palestinos e contra quatro países árabes. Mas o que recebeu destaque foi o impulso para a histórica vitória judaica, não a catastrófica derrota judaica que a tornou irresistível.

O outro acontecimento pós-guerra foi o início de um influxo enorme de refugiados judeus, ondas de sobreviventes que chegavam ininterruptamente ao litoral da Palestina – apesar dos esforços derradeiros dos britânicos protetores dos árabes que obrigaram milhares de judeus fugitivos da Europa a seguir para os campos de prisioneiros de guerra em Chipre. Até o final de 1945, quase 100 mil sobreviventes macilentos e descarnados aportaram, provenientes desses campos. "Assim como os pogroms na Rússia nos anos 1880 iniciaram o sionismo moderno", observa Benny Morris, "do mesmo modo o maior dos pogroms impulsionou o movimento, quase instantaneamente, para a constituição de um Estado."[85] Quando Israel se tornou nação independente em 1948, e nenhuma outra potência pôde impedir a imigração, em pouco tempo chegaram outros 200 mil sobreviventes do Holocausto. No final da década, o número de "tições retirados do fogo da Europa"[86] chegava perto de 350 mil, "quase um em cada três israelenses".[87]

Imagine o que isso significou para os indivíduos e para a nova nação. De cada três pessoas, uma era sobrevivente dos campos de concentração! Os sionistas pioneiros bronzeados; os bulevardeiros pré-guerra de Viena e Berlim; os sefarditas transferidos do Cairo, de Túnis e de Bagdá; os judeus ortodoxos antissionistas do período otomano; os sabras guerreiros – cada um dos segmentos autossatisfeitos da multifacetada sociedade de Israel foi subitamente inundado por uma avalanche de judeus expropriados. Qualquer que seja o critério de mensuração adotado, os sobreviventes constituíam o maior subgrupo de israelenses. Mas mesmo aqueles que, por terem antecipado a fuga, não haviam sido atingidos fisicamente pelos acontecimentos da guerra na Europa, mal foram poupados, pois a maioria dos judeus que chegara à Palestina na década anterior à guerra – e vimos que seu número representava dois em cada três judeus que viviam na Palestina em 1939 – havia perdido membros da família nos fornos crematórios. "Eles também estavam de luto; muitos se torturavam com os mesmos sentimentos de culpa que atormentavam os sobreviventes."[88]

A espoliação da maioria dos refugiados, porém, foi total: supressão de sentido, esbulho da dignidade, extinção de qualquer motivo para acreditar em seus semelhantes. E essa espoliação era literal. O número dos que precisavam de abrigo e de cuidados apropriados era enorme – algo em torno de 100 mil pessoas que, depois de meses ou anos de câmaras de tortura e campos de concentração, seguidos de filas de abrigo e comida emergenciais, ainda tinham um mínimo de familiaridade com o que se poderia chamar de alimentação saudável ou segurança mínima. Novamente, mesmo na pátria judaica, os que chegavam se viam em abrigos provisórios, em acampamentos de passagem e em asilos. Suas tendas e barracos nos arredores das vilas, em terraços urbanos e em ruelas tornavam sua presença chocante, mas aos olhos sempre desviados da jovem nação, eles eram também invisíveis pelo que representavam. Se os sobreviventes individuais eram vítimas evidentes do que uma geração posterior diagnosticaria como transtorno de estresse pós-traumático, também o era a nação que os recebeu.

Israel era um refúgio para as vítimas, mas não apenas isso. Como se não fosse suficiente o trauma de suas guerras por independência, incluindo o impacto não considerado que essas guerras exerceram sobre os palestinos, Israel pode ver-se como a última vítima de Hitler, pois a ferida ainda aberta que ele infligiu ao povo judeu foi a ferida de Israel. Hitler exterminara quase seis entre nove judeus que viviam na civilização mais avançada da história.[89] Só isso já era suficiente para anestesiar a imaginação judaica, seguramente em Israel, com um "medo de aniquilação sempre presente, quase apocalíptico", nas palavras de um estudioso e estadista israelense.[90] Esse medo, naturalmente, não começou com Hitler, mas com o "apocalipse" original, dois mil anos antes. No decorrer desses milênios, algo como um entre três judeus – a proporção total de Hitler[91] – foi assassinado, quase sempre em nome de Cristo. A sobrevivência judaica dentro de uma cultura antijudaica é uma das sagas extraordinárias da história, a contradição de qualquer impulso a contar a história como uma história da mera condição de vítima. Mas essa sobrevivência teve um custo.

Como mostrariam os acontecimentos nas décadas seguintes a 1948, nem mesmo a supremacia militar sem paralelos desataria o nó da ansiedade existencial que prende a alma de Israel. Assim como os americanos são incapazes de imaginar o mundo sem a supremacia de sua nação, do mesmo modo os israelenses, por eles mesmos, consideram a supressão de sua nação da história não apenas possível, mas, com grande frequência, iminente. E por que razão não deveria cada conflito – houve nove guerras envolvendo Israel desde 1948 – ser considerado como um matar ou ser morto? Diz-se desde 1948 que a criação do Estado de Israel foi bem-sucedida por causa do sentimento de culpa da Europa, como se a perda de seis milhões fosse vantagem de Israel, mas como medida do impacto do Holocausto sobre Israel, essa é uma distorção perversa – e também nem metade dela.

6. *Nakba*

Para os palestinos, a guerra de 1948 foi a *Nakba*, simplesmente "a catástrofe".[92] Mas os contornos normais da cruel história de opressão colonial, por mais que satisfaçam a necessidade palestina de compreender sua condição de vítima, jamais chegariam à verdade plena do que realmente aconteceu. Foi como se um barril de ácido tivesse sido despejado sobre um povo e se esparramasse sobre outro. Nas palavras de Edward Said, os palestinos se tornaram "vítimas das vítimas".[93]

Uma narrativa que apresente esses dois povos em competição um com o outro ignora como esse barril se encheu e como despejou seu conteúdo. A resposta palestina à sua própria inundação letal, quase acidental, recebeu expressão eloquente, ironicamente, de David Ben-Gurion: "Por que os árabes buscariam a paz? Se eu fosse um líder árabe, jamais faria qualquer acordo com Israel. Isso é natural. Nós tomamos o país deles. Certo, Deus o prometeu a nós, mas o que isso importa para eles? O nosso Deus não é o Deus deles. Viemos de Israel, é verdade, mas dois mil anos atrás, e o que é isso para eles? Houve antissemitismo, os nazistas, Hitler, Auschwitz, mas tudo isso foi culpa deles? Eles só enxergam uma coisa: nós chegamos aqui e roubamos o território deles. Por que deveriam aceitar isso?"[94]

Em fevereiro de 1947 os britânicos lavaram as mãos com relação à responsabilidade do Mandato, um aspecto do colapso imperial que se refletiu exatamente nessa época na declaração de independência da Índia (e do Paquistão, de Burma e do Ceilão) e na rejeição da República da Irlanda como membro da *Commonwealth*. No mês de novembro seguinte, as Nações Unidas propuseram a divisão da Palestina com a criação de um estado palestino e um estado judeu; Jerusalém seria um *corpus separatum* sob controle internacional. Os palestinos, ainda influenciados pelo rejeicionismo do Mufti Husayni – nessa época asilado no Cairo, reconhecido como líder palestino pela Liga Árabe[95] – não aceitaram a proposta e realizaram uma série de protestos violentos. Turbas árabes precipitaram-se da parte velha de Jerusalém, por exemplo, para atacar o comércio, ônibus e pedestres judeus casuais no setor ocidental da cidade. Mas eles já haviam perdido a guerra uma década antes quando a "revolta árabe" – e a ordem da coesão palestina – foi totalmente esmagada pelos britânicos. Os palestinos não eram páreo para os soldados israelenses e, em poucas semanas, centenas de árabes – os primeiros dos que viriam a ser milhares – foram arrancados ou expulsos de suas casas. Eles fugiram, empurrados para as linhas controladas pelo reino hashimita da Transjordânia. Unidades de exércitos árabes invadiram a Palestina, a primeira das forças que finalmente viriam de quatro países árabes. A Legião Árabe da Transjordânia consolidou com sucesso o controle na Cidade Velha. A guerra de Israel pela Independência estava em andamento – e a *Nakba* da Palestina.

A ferocidade israelense é destacada na narrativa palestina desses acontecimentos: um evidente massacre Irgun de dezenas, talvez centenas, de civis na vila de Deir Yassin, perto de Jerusalém;[96] casos grotescos do que mais tarde se denominaria "limpeza étnica", que, até a obra recente dos chamados novos historiadores de Israel,[97] era negada pelos judeus. "Israel como sociedade", escreve Shlomo Ben-Ami, ministro de relações exteriores no governo de Ehud Barak, "apagou a lembrança da sua guerra contra os palestinos locais porque não conseguia realmente absorver o fato de que os seus melhores sabras, os heróis da sua guerra pela independência e modelos da jovem nação expulsaram árabes, cometeram atrocidades contra eles e os espoliaram. Isso equivalia a admitir que o nobre sonho da criação do estado judaico ficasse manchado para sempre por uma injustiça da maior gravidade cometida contra os palestinos, e que o estado judaico tivesse nascido no pecado."[98] O escritor americano-israelense Bernard Avishai comenta que "nascer na tragédia não é o mesmo que nascer no pecado", uma complexidade reconhecida também pelo escritor americano-palestino Edward Said, que observou que "a libertação nacional judaica se deu sobre as ruínas de *outra* existência nacional, não no abstrato".[99]

O fato lamentável é que Israel passou a existir depois de um conflito que incluiu o que hoje se classificaria inevitavelmente como crimes de guerra. "Registrem! Eu sou árabe", exige o poeta palestino Mahmoud Darwish, querendo os detalhes do sofrimento palestino registrados.[100] Mas os registros praticamente não foram feitos. Subjacente à negação pós-1948 do brutal ataque judaico contra um inimigo local estava a negação do que o precedeu: um confronto quase inacreditável com o inimigo transcendente. Mais do que no pecado, ou na tragédia, o estado judaico nasceu numa determinação instintiva de não ser destruído. Por mais fortes que fossem os combatentes israelenses – e eles eram fortes – a aniquilação dos judeus fazia-se sentir naquela luta, o apocalipse afinal. E por que não o teria sido?

Os judeus enfrentavam um ressentimento local feroz – três dias depois do massacre de Deir Yassin, os árabes atacaram um comboio, matando quarenta profissionais da área médica.[101] Mas eles também enfrentavam a história e o destino, como mostram três fatores distintos, instâncias da fixação generalizada em Jerusalém que é o nosso assunto, e que moldaram os acontecimentos de 1948. A determinação britânica pós-Segunda Guerra Mundial de conservar a Palestina (100 mil soldados britânicos foram mobilizados para lá depois da guerra, um para cada vinte pessoas, contando árabes e judeus[102]) e de impedir os sionistas de criar seu estado é normalmente entendida em termos de mudança nas prioridades estratégicas de Londres: a necessidade de consolidar relações com os estados árabes que controlavam o petróleo, o canal de Suez e as linhas de comunicação com o Extremo Oriente. Bem verdade. Acrescente um elemento de antissemitismo britânico ressurgente, estimulado por décadas de tensões com as autoridades sionistas nada colaboradoras na Palestina. Mas sob a superfície tanto da lógica estratégica como da condescendência anglo-saxônica estava o apego anterior e mais profundo ao antigo ideal do cruzado, Jerusalém como verdadeira reserva da Inglaterra, presente de natal de Allenby ao povo britânico, a espinha dorsal da eleição patriarcal, a identidade mais profunda da ilha-nação. Desconhecida de todas as formas, no final dos anos 1940, exceto pela melodia de Parry e pela letra de Blake, mais populares do que nunca, a intensidade desse apego superava até mesmo os impulsos coloniais que então passavam por momentos de frustração em todo o império. Índia, Irlanda, África. Jerusalém também, não!, era o sentimento. A Palestina não – ela é nossa![103]

Numa outra frente, a declaração das Nações Unidas sobre o direito de judeus e palestinos a seus estados independentes, inclusive a ideia de um *corpus separatum* para Jerusalém, produziu um impacto particular. Os árabes rejeitaram a "internacionalização" de Jerusalém, mas ela se dirigia mais aos judeus, que de fato estavam preparados para aceitá-la. Lembre que os primeiros sionistas, David Ben-Gurion entre eles, não residiam em Jerusalém, cidade que talvez considerassem muito distante quando se tratava de estabelecer a terra natal. Os sionistas pragmáticos tomariam o que pudessem conseguir, quando pudessem, e essa visão definiu a atitude em 1947. Mas a dinâmica oculta identificada por René Girard como desejo mimético estava poderosamente em jogo. Árabes, tanto cristãos como muçulmanos, queriam o controle dos centros sagrados, mas não estavam sozinhos na incapacidade de suportar o pensamento do controle judeu. Sim, a cidade era a propriedade mais disputada na Palestina, mas a questão realmente não era o mero território político. A pista para o sentido da proposta do *corpus separatum* para a cidade estava em ser oferecida numa frase latina – a língua de Roma, que dera início à condição de Jerusalém como centro nervoso apocalíptico (ver o Arco de Tito, perto do Coliseu, com sua celebração em baixo-relevo da destruição do século I), e do catolicismo, que mantivera essa condição em curso. Os gregos também faziam parte disso, enquanto Bizâncio levara adiante pressupostos da expulsão dos judeus da terra que Constantino e sua mãe, Helena, haviam tornado sagrada. Mas agora o Vaticano era o principal guardião da teologia do exílio, e era expectativa universal que ele fosse uma das partes em qualquer arranjo de internacionalização. O desejo insatisfeito de Roma por Jerusalém era a própria gênese da mimese – da rivalidade mimética.

Novamente, a justificação expressa para a política proposta apelava à razão e à equidade: a internacionalização respeitaria as necessidades religiosas dos três monoteísmos que possuíam santuários no coração da Cidade Velha. Mas também em vigência estava o dogma teológico que Pio X havia exposto tão francamente a Theodor Herzl, o qual exigia a ausência judaica de Jerusalém como prova de que os cristãos eram os verdadeiros herdeiros de Jesus, que a havia predito. Como revelaria a falta de objeções do Vaticano ao controle jordaniano da Cidade Velha, que durou de 1948 até 1967, era especialmente a soberania *judaica* que constituía problema. Não houvera nenhuma exigência de um *corpus separatum* quando os árabes estavam no controle. A rejeição ao poder judaico sobre Jerusalém estava instalada no DNA do cristianismo e, portanto, em 1948, da civilização ocidental. Para a Igreja Católica, essa rejeição equivalia a um dogma. De fato, por causa de sua obrigação divinamente ordenada de se opor à volta dos judeus para a terra natal judaica, o Vaticano se recusaria a reconhecer diplomaticamente Israel por quase meio século.[104]

Mas mesmo um impulso contrário poderia queimar com o ardor da história e do destino. Quando o Presidente Harry Truman reconheceu o estado judaico imediatamente após sua declaração de independência no dia 14 de maio de 1948 – o primeiro líder mundial a fazer isso – havia algo mais em ação do que as razões normalmente apresentadas. Truman precisava consolidar o apoio entre os eleitores judeus americanos antes de uma eleição duvidosa, e ele era solidário com a situação dos judeus depois do Holocausto. Mas teriam sido suficientes esses motivos para não levar em consideração a vigorosa e unânime oposição dos seus departamentos de Estado e de Defesa, os quais previam um boicote pernicioso do petróleo árabe e uma vantagem geopolítica para a União Soviética? Truman não era filossemita,[105] mas crucial para sua decisão a favor de Israel foi sua associação permanente, como batista (e membro do Comitê Palestino-Cristão Americano), com o programa sionista cristão, como vimos, de apoiar a reintegração dos judeus à terra de Israel como precondição da Segunda Vinda de Jesus. Não há dúvida de que, ao reconhecer o estado judaico, Truman desejava o melhor às vítimas de Hitler, mas, talvez inconscientemente, ele também considerasse natural que, ao apoiar o retorno dos judeus a Sião, eles seriam instrumentos de sua própria derrota final.

Todas essas correntes geraram energia na inundação de 1948, ondas de significado avançando por terrenos áridos, como também ondas de pessoas em fuga – e, finalmente, rios de sangue e de lágrimas, mais de um lado do que do outro. O problema da expropriação de milhares de refugiados judeus do horror de Hitler (e dos dois mil ou mais judeus que a Legião Árabe expulsou do Bairro Judeu da Cidade Velha) foi rapidamente resolvido quando milhares de residências palestinas foram subitamente desocupadas.[106] Os erradicados judeus sobreviventes dos campos de concentração viram-se abrigados em habitações inteiramente equipadas, com utensílios de cozinha, camas, eletricidade e jardins floridos. Com a mesma rapidez com que ocuparam esses lugares, eles esqueceram, ou antes, sublimaram e negaram, o que os colocara num lugar de tamanha necessidade desesperadora, e cuja perda servira para que ele fosse ocupado. Os palestinos "não existiam", declarou Golda Meir, como todos sabem. A avaliação de Ben-Gurion foi igualmente direta: "Não existem refugiados – existem combatentes que queriam destruir-nos totalmente."[107]

A migração de refugiados é comum em tempos de guerra. O que tornou a condição dos refugiados palestinos totalmente diferente – uma questão conflituosa em pleno século XXI[108] – foi que Israel nunca pensou em autorizar a volta dos palestinos. As residências que até então pertenciam aos árabes foram ocupadas. Ponto. Isso se aplicou particularmente à Jerusalém Ocidental, onde 30 mil árabes perderam suas casas. Feito o cômputo, a guerra criou cerca de 750 mil palestinos desalojados.[109] Uma repressão semelhante contra os judeus em regimes árabes em todo o Oriente Médio e África do Norte, enquanto isso, resultou quase ao mesmo tempo na expulsão ou na emigração resolutamente encorajada de aproximadamente 600 mil judeus, os quais, em sua maioria, fugiram para Israel, um "intercâmbio populacional" considerado como fator favorável a uma espécie de equilíbrio moral.

Na imaginação judaica, os palestinos expropriados não só deixaram de existir; antes de mais nada, eles nunca existiram. Se fossem recolhidos em acampamentos de passagem repugnantes no outro lado do arame farpado, onde permaneceriam por décadas, seriam permanentemente invisíveis. Para os israelenses, a oferta repentina de moradias urgentemente necessárias era "o milagre árabe", completando os milagres do colapso britânico, da ratificação americana e da súbita irrelevância da antiga oposição católica. "Consequentemente", numa área com as dimensões aproximadas de Massachusetts, eles "pela presente declaram criado um estado judaico em Eretz-Israel, a ser chamado Estado de Israel."[110]

7. Sabão

Se os palestinos expropriados eram invisíveis aos olhos israelenses, os sobreviventes do Holocausto viviam uma situação um pouco diferente; a estes os israelenses olhavam de soslaio. Os sobreviventes eram lembretes vivos do que os sionistas pioneiros e seus descendentes sabras sentiram como a grande vergonha do fracasso judeu em resistir – como já observamos, algo a ser evitado. "O jovem estado de Israel", disse o escritor israelense David Grossman, "acreditava que sua força dependia em parte da sua capacidade de esquecer e assim poder compor uma nova identidade para si mesmo."[111]

Uma cultura memorial surgiu logo após o Holocausto, mas de caráter heroico. Sua principal ênfase era a verdade crua de que enquanto os nazistas tentavam o genocídio, o resto do mundo não fizera quase nada para se opor a ele. Os judeus ficaram sozinhos. Histórias da Revolta do Gueto de Varsóvia e dos pequenos contingentes de paraquedistas do Irgun que haviam se infiltrado em zonas de batalha para combater os nazistas ganharam notoriedade. Um símbolo desse espírito nos primeiros dias do estado israelense foi o enaltecimento do mito de Massada. O altiplano no topo da montanha que se eleva a mais de trezentos metros acima do Vale do Jordão foi o local onde os soldados judeus lutaram até o último homem contra as legiões romanas que haviam acabado de destruir Jerusalém em 70 EC. Vimos anteriormente como esse ato de violência assinalou uma interrupção na história – o fim da religião do Templo dos judeus e o início do cristianismo, do judaísmo rabínico e do exílio judaico. Por causa do espírito de resistência encarnado em Massada, os judeus haviam encontrado formas de escapar da aniquilação, mas sempre haviam permanecido sozinhos; sua bravura era sempre épica. A partir dos anos 1950, jovens recrutas israelenses escalavam a face mais difícil da montanha de Massada para receber suas armas e prestar juramento militar.

Contra esse heroísmo marcial, o motivo do "cordeiro conduzido ao matadouro" do Holocausto ficou envolto num silêncio ensurdecedor. De fato, até onde a presença de tantos sobreviventes já não podia ser ignorada, os israelenses nativos geralmente os consideravam com condescendência, com desdém, até. Esse é um assunto delicado, e somente o testemunho dos próprios israelenses volta a nossa atenção para ele. No relato de Tom Segev, os sobreviventes eram descritos como "entulho humano", *avak adam* em hebraico.[112] Mas de fato, para muitos, eles se tornaram entulho somente após a chegada na sua Terra Prometida. O reassentamento já por si era penoso, mas havia desprezo no ar que eles eram obrigados a respirar. *Quem morreu para que você pudesse viver?* A culpa inevitável enquanto sobreviventes era intensificada pela acusação implícita de que haviam de algum modo se conduzido mal, traindo os que morreram. "Onde quer que me encontrasse", lembrava um sobrevivente dos seus primeiros tempos em Israel, "a pergunta era inevitável: por que os judeus não se revoltaram?" E em seguida acrescentava algo pior. "De repente percebi que tínhamos vergonha daqueles que foram torturados, mortos, queimados. Há uma espécie de concordância generalizada de que os mortos do Holocausto eram pessoas inúteis. Inconscientemente, aceitamos a visão nazista de que os judeus eram sub-humanos." Um apelido israelense comum para os sobreviventes entrou em voga nos anos 1950: *sabon*, que significa "sabão". É uma referência grosseira aos boatos sobre o destino repugnante que os nazistas davam às vítimas dos crematórios.[113]

Tudo isso mudou por ocasião do julgamento de Eichmann, com a quebra do silêncio de Israel, e do mundo, sobre o que acontecera. Importante para os nossos propósitos é que o julgamento aconteceu em Jerusalém, caracterizada em suas origens antigas pelo sacrifício sangrento, tanto antes do rei Davi no pré-histórico Monte Moriá, quanto depois dele, com a construção do Templo de Salomão. "Multiplicarei os homens como rebanho, como rebanho de ovelhas para sacrifícios", havia profetizado o profeta Ezequiel, "como ovelhas em Jerusalém durante as festas."[114]

Eichmann não era de modo algum vítima de sacrifício, no entanto o seu julgamento também chegou a se assemelhar a uma daquelas celebrações festivas. Na verdade, o criminoso de guerra poderia não ter sido levado à justiça em Jerusalém. Depois da surpresa internacional diante da sua captura por agentes de Israel, judeus influentes, como Martin Buber, e líderes de entidades, como a Organização Sionista Mundial e o Comitê Judaico-Americano, pressionaram Israel a extraditar Eichmann para ser julgado por um tribunal internacional ou pela Alemanha Ocidental. Esses apelos baseavam-se em parte no respeito a normas do direito internacional (Buber sustentava que a vítima não pode ser o juiz) e em parte na opinião de judeus dos Estados Unidos e de outros países de que Israel não falava por todos os judeus. Ben-Gurion, primeiro-ministro de Israel, não quis dar ouvidos a essas vozes. Levar o líder nazista a julgamento em Israel equivalia a um direito de Israel, e exclusivamente de Israel, por ter qualificação para representar os seis milhões de mortos que, quando vivos, não haviam encontrado abrigo em nenhum outro país, inclusive nos Estados Unidos. A Alemanha Ocidental já estava respeitando o direito de Israel de representar os seis milhões, pagando indenizações não aos "judeus do mundo", mas ao Estado de Israel. Nas palavras de Shlomo Ben-Ami, o julgamento nacionalizaria o Holocausto, transformando-o na base da identidade judaico-israelense.[115] Em suas alegações iniciais, o promotor israelense afirmou explicitamente: "Ao apresentar-me diante de vós, juízes de Israel, para proceder à acusação de Adolf Eichmann, não estou sozinho. Comigo estão seis milhões de acusadores... Seu sangue brada, mas suas vozes não podem ser ouvidas. Por isso, serei seu representante."[116]

Mais do que isso, levar Eichmann a julgamento em Jerusalém Ocidental, a parte da cidade sob controle israelense (lembre que a linha de armistício de 1948 mantivera a Cidade Velha murada a leste, controlada pela soberania jordaniana), equivalia a uma declaração judaica para o mundo de que o retorno judeu acontecera. Só isso já servia como antídoto ao exílio, considerado a espinha dorsal do antissemitismo. Ben-Gurion, o sionista pioneiro cujo interesse inicial eram as cidades litorâneas da Palestina e os kibutzes da Galileia, e que, como a maioria dos líderes israelenses, havia considerado Jerusalém "uma pequena vila remota", tornara-se um sionista de Jerusalém, vendo-a como a "própria alma do nosso povo... o coração dos corações do Estado de Israel".[117]

E por quê? Evidentemente porque a lógica da história judaica e a determinação de reverter o destino judaico exigiam o retorno a Jerusalém. Como já observamos diversas vezes – e nunca se enfatizará o suficiente – foi a destruição de Jerusalém pelos romanos em 70 EC e a concomitante expulsão dos judeus da cidade para sempre que criaram a rivalidade entre dois grupos que pretendiam o reconhecimento oficial de Israel. Quando um desses grupos, o cristianismo, apegou-se ao ato romano para provar suas pretensões teologizando o exílio judeu de Jerusalém, o mandato central da identidade judaica, remontando ao exílio babilônio no século VI AEC e à sua intuição inovadora da Unicidade de Deus, foi projetado para o futuro indefinido, e esse mandato consistia em retornar para a cidade de Davi. Depois do Holocausto, nada poderia tanto simbolizar quanto concretizar esse retorno de modo mais incontestável do que levar seu principal perpetrador para ser julgado em Jerusalém. Esse julgamento precisava ser realizado em Jerusalém; ponto final.

Mas essa Jerusalém não era a cidade dourada da fantasia cristã. Não sendo celeste, absolutamente, a Jerusalém de 1961 ainda era a arena da violência, mesmo que uma trégua imposta por uma cerca de arame farpado tivesse silenciado as armas por um momento. Para os judeus, então e depois, o retorno foi para a cidade confusamente disputada. Mas, exceto por aqueles períodos em que a uniformidade dos cruzados lhe fora imposta pela espada, era isso que Jerusalém sempre fora na realidade. Afinal, Jerusalém havia começado como cidade de sacrifício, construída em torno de um monte sagrado onde oferendas primitivas eram feitas a divindades. Violência em nome de Deus. Nessa ação encontra-se o início da cidade como epicentro pulsante de força física esmagadora. Essa corrente foi atuante também no "retorno" representado, mesmo que inconscientemente, pela determinação de levar Eichmann para ser julgado lá.

O fato de Eichmann ser submetido a julgamento em Jerusalém reavivou a disputa; em outras palavras, não houve nada de novo. E mesmo a objeção, apresentada por Hannah Arendt e outros,[118] de que Eichmann, como mero funcionário, burocrata banal, não podia ser responsabilizado por todas as atrocidades do Holocausto, teve sua resposta exatamente naquele caráter antigo de Jerusalém como local de sacrifício – a projeção sobre o acusado de todos os pecados do mundo. Eichmann foi indiciado por suas próprias ações, que foram criminosas ao extremo, mas, no banco dos réus, ele também representava Hitler, Göring, Himmler e todos os demais. Eichmann, o perpetrador absoluto, ocupava seu lugar na cidade absoluta.

Assim, o princípio da necessidade do retorno judaico a Jerusalém foi estabelecido por acontecimentos do passado distante e por acontecimentos presentes na memória viva. Esse princípio penetrou muito mais profundamente na identidade de grupo do que qualquer outra pretensão comparável de grupos étnicos ou nacionais que desejavam recuperar o solo pátrio de onde haviam sido expulsos por conquistadores ou colonizadores, inclusive pretensões palestinas. Escrevo isso como cristão, consciente da responsabilidade cristã pela tragédia implícita nessa conclusão para os povos nativos da Palestina moderna, mas não deve restar dúvida sobre a legitimidade moral urgente de uma reversão do banimento primordial de judeus *enquanto judeus* de seu lar ancestral. Isso não significa asseverar uma sanção divina para as pretensões israelenses à área pretendida, como quer uma minoria israelita ultraortodoxa, porque os conflitos ali são tão antigos quanto a humanidade. Se há uma vontade de Deus a se reconhecer, ela tem a ver com o reconhecimento da natureza trágica de asserções igualmente válidas e contraditórias. Se há uma vontade de Deus a se discernir, ela está na invenção humana de uma solução justa para essas pretensões irreconciliáveis.

O significado religioso, porém, continua a fazer parte da história. Os primeiros sionistas podem ou não ter sido tementes a Deus, mas o retorno dos judeus a Jerusalém envolveu necessariamente um elemento espiritual, pois foi nela que se descobriu que a ausência de Deus era a forma mais importante da presença de Deus – a percepção religiosa essencial do judaísmo, na visão deste cristão. Essa percepção, simbolizada primeiro pela proibição estrita da idolatria, depois pelo vazio do Santo dos Santos no

Templo, e em seguida pela experiência do exílio do Templo e de sua cidade como modo da proximidade de Deus, acabou por se estender a formas de identidade que pareciam não ser religiosas, absolutamente.

De fato, essa profundidade da história nas complicações das noções judaicas do sagrado assumiu relevo maior quando a modernidade separou a religião da cultura, como se a fé de Israel pudesse ser dividida desse modo. O ateísmo de hoje pode ser uma purificação do antropomorfismo religioso de ontem, enquanto uma devoção inteiramente secular ao estado judaico pode, para todos os intentos e propósitos, servir a objetivos transcendentes exatamente como o fazem dogmas, cultos ou credos religiosos. Quer dizer, as distinções antigas são distinções modernas. Para o bem ou para o mal, Jerusalém continua a conter em si todas essas correntes subliminais, desde aquelas que situavam seus mananciais na pré-história de manifestações do Crescente Fértil até aquelas que, após o Holocausto, transformaram a crença, no máximo, em descrença. Jerusalém, não obstante todas as suas divisões, nada sabe a respeito da fácil divisão entre profano e sagrado. Nunca soube.

Com o julgamento de Eichmann em Jerusalém, o mito do sacrifício enquanto aplicado ao povo judeu (de "cordeiros conduzidos ao matadouro" a "vítimas eternas") poderia ser enfrentado e desfeito. De fato, desde aproximadamente a época do julgamento de Eichmann, a palavra litúrgica "Holocausto", que em grego, como vimos, significa "oferenda queimada" e que leva uma clara implicação de que o Senhor de algum modo quer ou aceita o sacrifício, começou a dar espaço à palavra hebraica *Shoah*, que podemos simplesmente traduzir como "catástrofe", termo preferido para o que acontecera. Nenhuma implicação de sacrifício sancionado ou ato de sofrimento redentor. Nenhuma ideia de que o sacrifício seja de alguma forma fundador do judaísmo – ou, nesse aspecto, das religiões que dele procedem. As categorias do Iluminismo foram totalmente reveladas e expostas como tal.

As mais de cem testemunhas contaram suas histórias ao tribunal. Autorizadas por um procedimento especial a "desviar-se das regras da evidência", foi-lhes garantido "o direito de ser irrelevantes" ao descrever horrores que excediam em muito o insignificante Eichmann.[119] O comércio fechou as portas e as aulas nas escolas israelenses foram suspensas para que toda a nação judaica, velhos e jovens, pudesse ouvir. Pela primeira vez, centenas de judeus sefarditas, refugiados de perseguições menos catastróficas, identificaram-se com o sofrimento de judeus asquenazes; tudo aquilo pelo qual os judeus da Europa haviam passado repercutia e pesava agora sobre os judeus que haviam sido expulsos dos territórios árabes.

À medida que o julgamento prosseguia, milhares de outros sobreviventes se apresentavam para falar publicamente sobre suas experiências – um extravasamento que marcaria muitos deles pelo resto de suas vidas. "O anseio de falar", escreveu o promotor israelense mais tarde, "começou a impor-se sobre a necessidade de silenciar." E os depoimentos mudaram a história, pois a quebra do silêncio de Israel e o fim da negação de Israel prepararam os fundamentos para o amplo ajuste de contas cultural com o Holocausto que se seguiu em toda parte. O assassinato de seis milhões de judeus apenas por serem judeus foi tanto uma interrupção na história como uma consumação da história, e só agora essa escala de significado despontou no Ocidente. O promotor que enunciou esse testemunho histórico, e o justificou, referiu-se ao estado judaico dizendo que ele estendia "sua proteção, por meio do seu braço jurídico, a todo o povo judeu".[120] Como as asas de um anjo, o anjo que poupara Isaac do seu destino no altar do Monte Moriá, o Monte do Templo. *Chega de sacrifício dos eleitos*. Subitamente, Israel compreendeu o que havia negado, e efetivamente se arrependeu do insulto que estivera inconscientemente lançando contra os sobreviventes. Eles deixaram de ser vítimas e se tornaram heróis.

Mas havia um novo perigo. Ao firmar um *ethos* nacional em torno da *Shoah*, Israel tornou a lógica interna do crime de Hitler conteúdo permanente da memória judaica – e da política de estado. O apocalíptico constituía um dos pilares da imaginação israelense, e a tendência a esperar o pior (pois ele já acontecera antes) definia o outro. "Veja, essa sensação de inquietude tem uma história", explica o escritor israelense e sobrevivente dos campos de concentração Aharon Appelfeld. "Eu não abro uma janela sem pensar que alguém talvez possa pular para dentro. Certa vez uma pessoa observou que eu sempre caminho junto à parede, não no meio da sala... Isso agora passou para o coletivo."[121]

Mais do que isso, situando seu significado nacional na singularidade do crime nazista e na ameaça existencial que ele sempre representaria, Israel entendeu-se implicitamente como único entre as nações. Essa atitude parecia anular o objetivo essencial do sionismo, que era criar um estado judaico que se distinguia apenas por sua normalidade, uma nação como qualquer outra. Depois de Eichmann em Jerusalém e do entendimento proporcionado pelo julgamento, esse sonho de normalidade desapareceria. Assim como os judeus estavam sós, Israel está só. Depois de ouvir o julgamento de Eichmann quando menino de 7 anos de idade, por exemplo, David Grossman escreve que "minha geração perdeu seu apetite, mas houve também outra perda... Perdemos nossa fé na possibilidade de algum dia nós, judeus, vivermos uma vida plena, segura, como todas as demais nações. E talvez, acima de tudo, sentimos a perda da fé natural, inocente – fé no homem, na sua bondade, na sua compaixão".[122]

Em nada essa excepcionalidade israelense se evidencia melhor do que no modo como o poder militar se sobrepõe continuamente a outras formas de governo. Para não dizer que Israel seja o único a construir sua economia e sua estrutura de poder apoiado nas forças armadas: os Estados Unidos têm feito exatamente isso desde a Segunda Guerra Mundial, e continuam a fazê-lo, com consequências negativas internas e externas.[123] Mas essa semelhança com os Estados Unidos leva ao reconhecimento irônico de que Israel, ao se considerar excepcional, por fim acabou sendo normal, pois cada estado tem sua própria versão de excepcionalidade, talvez em especial aqueles estados que participam da herança da eleição bíblica. Não era esse o fundamento da autossantificação da Cidade no Alto da Colina?

Mas a versão de Israel é a de um senso de eleição de estado recuperada, e as circunstâncias dessa recuperação importam. Ao moldar-se como um estado de base militar, a tentação permanente de Israel é considerar todo adversário como um Hitler ressurgido, tanto ameaçando com a aniquilação quanto merecendo ser morto sem restrições políticas ou, às vezes, sem restrições éticas.[124] Depois de haver-se com o Holocausto, Israel aprendeu a não depender de nenhuma outra nação ou aliança para sua segurança e, portanto, para sua existência. Nem mesmo dos Estados Unidos. Israel teria de manter a capacidade não só de se defender de ataques, mas acima de tudo de impedir a ocorrência de ataques. Israel acumularia uma força extraordinária, e a usaria, nem que fosse apenas para se certificar de que seu poder transcendente era percebido como tal.

O fato de que essa atitude mental foi quase certamente consequência inevitável da *Shoah* não atenua seu caráter trágico – trágico tanto para palestinos como para israelenses. "Não há e jamais haverá cura para essa ferida aberta em nossas almas", disse o escritor israelense Amós Oz durante a Guerra do Líbano de 1982. "Milhares de árabes mortos não curarão essa ferida... Esse anseio de reviver e destruir Hitler incessantemente resulta de uma melancolia que os poetas devem expressar, mas entre estadistas, é um risco que pode levá-los a trilhar um caminho de perigo mortal."[125]

O principal sintoma da ferida sobre a qual Oz escreveu é a febre do nosso diagnóstico e, para o Estado de Israel, a força militar se tornou um bálsamo e um meio de salvação. A força militar assumiu uma espécie de significado religioso, mesmo para o setor da sociedade israelense que permaneceu resolutamente secular, e mais uma vez Jerusalém foi o emblema eloquente. Depois que Israel retomou a Cidade Velha na Guerra dos Seis Dias de 1967, estendendo o controle judaico para toda a cidade e seus subúrbios pela primeira vez desde a guerra romana no início do primeiro milênio, os judeus, há muito ausentes, sentiram a Jerusalém real arder pelo que, ao longo de dois mil anos de história, eles haviam sido mais ou menos protegidos. "Jerusalém é toda nossa", proclamou uma manchete no diário israelense liberal *Haaretz*. "Alegre-se e celebre, morador de Sião." Um fanatismo piedoso sem precedentes se apoderou de amplos segmentos da população israelense, levando, entre outras coisas, a um movimento colonizador impetuosamente messiânico que reivindicaria territórios ocupados como o Eretz Yisrael dado por Deus, gerando um impasse inteiramente novo entre israelenses e palestinos, e *entre* israelenses, muitos dos quais se opunham à criação de assentamentos, apesar de sucessivos governos israelenses a terem facilitado.[126] O impasse dos assentamentos continua até hoje. Mas o fetiche principal dessa obsessão por nova terra seria Jerusalém, e alguns extremistas judeus hoje planejam destruir os santuários islâmicos do Nobre Santuário, para dar lugar a um Templo recuperado. Recuperado para quê? Nem mesmo os fanáticos parecem vislumbrar a volta a um culto de sacrifício animal com a reconstituição de uma casta sacerdotal – a essência da religião baseada no Templo. Mas esse ajuste com o sentido real do impulso extremista presume um conteúdo racional que ele simplesmente não possui.

O extremismo e o fanatismo religioso, porém, são categorias relativas e, como vimos, quando bem distinguidos de impulsos seculares supostamente mais racionais, são categorias que refletem preocupações modernas mais do que antigas. Com frequência o descrédito do fanatismo serve para reforçar a moderação, que pode ter seus próprios fetiches. Depois de 1967, com a reconquista de toda a cidade de Jerusalém, houve mudanças na sociedade israelense. Novos recrutas para as Forças de Defesa de Israel (FDI) deixaram Massada para trás com sua ressonância épica e começaram a fazer seus juramentos e receber suas armas em cerimônias oficiais no Muro Ocidental. Soldados em trajes civis são onipresentes no *Kotel*. Atualmente Jerusalém, como *locus* da memória judaica que deu à nação sua ética e seu *ethos*, definiu o significado de Israel e do que todo soldado israelense jurou proteger. Ou como Yitzhak Rabin, então chefe do estado-maior das FDI, afirmou em 1967, "As incontáveis gerações de judeus assassinados, martirizados e massacrados por amor a Jerusalém rogam-lhes, 'Confortem o nosso povo'".

8. Gêmeos no Trauma

Não houve conforto para os palestinos. Se os israelenses e outros judeus usam a palavra que se traduz por "catástrofe" para definir seu trauma, o mesmo o fazem as pessoas que foram desalojadas pelo retorno judaico há muito ansiado. *Shoah* e *Nakba*: a sincronia da linguagem expressa o reflexo da perda e do sofrimento. A recusa palestina em reconhecer a legitimidade do estado judaico equivale à recusa israelense em aceitar seu papel no sofrimento palestino, seja por meio da limpeza étnica premeditada ou das expulsões *ad hoc* causadas pela guerra, nunca revertidas. Até que esses agravos gêmeos sejam resolvidos, não haverá paz entre esses povos ou no lugar onde se confrontam.[128]

Não há equivalência, moral ou física, entre as duas calamidades fundamentais. A *Shoah* permanece historicamente única. Mas isso não significa que *Nakba* não seja grave enquanto trauma peculiarmente palestino ou que os palestinos não sentiram a expropriação, o empobrecimento e a humilhação constante da ocupação israelense que se seguiram à guerra de 1967 como uma espécie de aniquilação. Estranhamente, uma preocupação pós-1967 com os "territórios ocupados" de Israel levou a um reconhecimento palestino de fato da legitimidade de Israel de 1948. Mas com o mesmo grau de ironia, como a guerra de 1967 liberou um impulso messiânico no peito israelense, ela também pôs "os palestinos exilados e dispersos em contato com seu *lugar*".[129] Mesmo sem uma promessa lembrada de Deus, a terra se tornou tão sagrada para palestinos de Ramallah, Amã, Cairo e Nova York como o era para os mais ardorosos colonizadores judeus ultraortodoxos. Direitos dos refugiados, igualdade para cidadãos árabes de Israel, os terríveis abusos da desforra generalizada, assassinatos extrajudiciais, os movimentos de repressão, a falta de água, a demolição de casas e restrição econômica – esses seriam os obstáculos permanentes para uma reciprocidade que poderia baixar a febre palestina, mas a terra em si era agora o que mais importava. E a terra representava uma realidade muito mais profunda do que um mero território ou fronteira, ou do que lutas pelos mananciais de água e alvarás de construção. O conflito "é e sempre foi sobre religião, história e identidade, e a principal dificuldade para resolvê-lo deriva de sua natureza irracional".[130]

Religião, história e identidade. Essa é a razão por que Jerusalém continuou sendo o epicentro do sofrimento e da infelicidade palestina. Quando a cidade passou à soberania israelense em 1967, sua população consistia em aproximadamente 200 mil judeus e 70 mil árabes.[131] Suas fronteiras foram expandidas para quase oitenta quilômetros quadrados, numa "anexação de fato"[132] não reconhecida por nenhuma outra nação, para acomodar uma reivindicação maciça de controle israelense. Até 1987, as autoridades israelenses haviam construído 26 mil novas unidades residenciais em Jerusalém para judeus, comparadas a 450 para os árabes – um dos casos de injustiça que, somado a outros, desencadeou a Primeira Intifada, ou rebelião (1987-1993). Ainda assim disparidades imobiliárias dessa proporção continuaram durante toda a primeira década do século XXI. Os árabes em Israel e nos territórios ocupados, no entanto, são continuamente atraídos pela cidade porque ela é um dos poucos lugares onde conseguem encontrar trabalho. A população de Jerusalém gira atualmente em torno de 800 mil pessoas, sendo um terço delas composta de árabes, a maioria dos quais encontra uma boa razão para esperar uma reedição de *Nakba*.

Depois do julgamento de Eichmann, a coesão israelense, combinada com um desdém renovado pela simpatia que os árabes haviam demonstrado para com o genocídio de Hitler, afetou efetivamente qualquer possibilidade que poderia ter havido de empatia sionista ou de autocrítica israelense com relação à população nativa de árabes. De sua parte, os palestinos reagiram com uma recusa total, nas palavras do estudioso palestino Rashid Khalidi, "de chegar a um acordo com a ideia de que o que viam como seu país, a Palestina, poderia também ser considerado um lar nacional para o que viam como outro povo".[133] Os acontecimentos de 1947-1949 eram lembrados por palestinos como o trauma definidor, e assim como a Shoah fora transformada pela memória judaica no terreno da identidade nacional israelense, o mesmo fez *a Nakba* para os palestinos. Judeus *enquanto judeus* eram normalmente considerados os vilões, embora a opressão britânica anterior sobre os palestinos tivesse acarretado consequências mais devastadoras – tanto que um nacionalista palestino comprometido como Khalidi pode chamar *a Nakba* de "não mais do que um poslúdio, um epílogo trágico da derrota avassaladora de 1936-1939".[134] Mas a visão de Khalidi é incomum. Principalmente, as manipulações brutais dos britânicos imperiais são incalculáveis, e novamente um ódio eterno volta-se letalmente contra os judeus.

Em 1964, a Organização para a Libertação da Palestina realizou sua primeira reunião, e ela aconteceu em Jerusalém. O Islã não foi mencionado na carta constitucional da OLP, mas a religião foi a base inevitável sobre a qual repousavam as reivindicações.[135] Num ato estarrecedor de obtusidade moral e cegueira histórica, esses palestinos negaram que houvesse qualquer vínculo judaico anterior com Jerusalém ou com a Palestina, uma posição notoriamente absurda que definiria o movimento por décadas. Por outro lado, motivados por um amor admirável pela Mesquita Al Aqsa e pelo Domo da Rocha, palestinos defensivos afirmariam simploriamente que nunca houvera um Templo judeu no platô do Nobre Santuário. Infelizmente, essa adesão à irracionalidade anti-histórica solaparia permanentemente reivindicações autênticas à legitimidade nacional e também tornaria as percepções palestinas demasiado vulneráveis a um fanatismo estereotipado com relação aos judeus, o que fora em grande parte estranho à cultura árabe e islâmica. Os palestinos são responsáveis por essa redução de sua esperança nacional à reiteração de antissemitismo mais recente, mas havia mais em ação aqui do que a obstinação árabe. O terceiro componente do conflito, o predominante – a civilização ocidental com seu ódio aos judeus e racismo imperialista – permaneceu como coconspirador não indiciado, uma mão invisível atuando atrás da cortina da história.

Assim, quando os palestinos adotaram a estratégia da resistência violenta, eles não foram vistos como rebeldes anticolonialistas heroicos, mas como terroristas. Quando prometeram em seus estatutos substituir o estado judeu intrusivo por um estado palestino, eles eram os antissemitas eliminacionistas pós-Hitler. Eles ficaram presos em seu próprio trauma, mas não era um trauma causado por eles. O que encarnava essa complexidade era a saga de Jerusalém, tanto a ideia como o lugar. A arena da violência correspondendo à sua história, porque o erro fundamental da OLP foi investir numa espécie de poder místico na luta armada, como se a violência despida de manobras políticas pudesse alcançar a libertação há muito desejada.[136]

Em 1968, a OLP explodiu seus primeiros carros-bomba em centros populacionais civis, em Tel Aviv e no centro da Jerusalém judaica.[137] Nesse ano, um avião da El Al foi sequestrado na rota Roma-Tel Aviv, o início de um longo cerco a aviões de passageiros civis. E em 1972, a organização protagonizou sua hedionda incursão contra atletas israelenses nas Olimpíadas de Munique, causando a morte de nove israelenses e cinco sequestradores. O padrão estava definido, e seria tão destrutivo aos propósitos palestinos quanto reforçava inevitavelmente a intransigência israelense.[138]

Para os líderes da resistência palestina, a violência estratégica evoluiria para a violência pela violência, envolvida por uma aura sagrada. A Segunda Intifada, ou Intifada de Al Aqsa, a rebelião bem mais violenta que irrompeu em 2000, recebeu o nome da mesquita. Homens-bomba intoxicados de Deus reduziram o conceito de sacrifício ao demoníaco, matando mais de 830 israelenses, ferindo e mutilando mais de 4.600.[139] Logo tanto palestinos quanto israelenses, no momento mesmo em que seus líderes chegavam a um entendimento mútuo de que não havia solução militar concebível para seu cerco duplo, seriam feitos reféns por figuras anacrônicas, personagens marginais presos no fascínio antigo do sacrifício sangrento, para quem violência e religião, como se a revelação feita a Abraão de salvar o filho nunca tivesse acontecido, haviam se tornado novamente a mesma coisa.

CAPÍTULO 9

Milênio

1. As Armas do Templo

Jerusalém é um antigo *locus* de apocalipse, mas não é mais a sua origem. Uma nova condição da imaginação humana transforma os significados primordiais. Um dos motores geradores dessa nova condição é o Holocausto. O outro é Hiroshima. Ambos estão ligados à questão da violência sacrificial, que introduziu a nossa reflexão no início deste livro. A questão é bem humana e vem se desenvolvendo desde a pré-história. Cada etapa declara o seu próprio término, no entanto os tempos *mudaram*, e um lugar de desfecho se anuncia.

O clímax da velha questão está em curso atualmente, quando essas antigas correntes se encontram e se reforçam uma à outra no culto transformado do sacrifício que em nenhum outro lugar se estabeleceu subliminarmente mais do que na Nova Jerusalém, Estados Unidos. É por isso que, anteriormente, abordamos a questão da visão puritana, quando Jerusalém foi primeiro invocada como imagem fundadora da Cidade no Alto da Colina e apelos a Deus eram feitos para justificar a violência contra os pagãos e os heterodoxos. Vimos o que essa visão puritana da eleição divina gerou, não apenas na religião, mas no *ethos* nacional, mesmo numa nação por fim definida pela separação entre igreja e estado. A violência desconhece toda possível divisão entre sagrado e profano. A guerra total, por mais justificada que seja, embruteceu a alma americana. Por fim, como vimos, a figura trágica de James Forrestal materializou a transformação final quando servos autoconfiantes de Deus se depararam com uma capacidade infinita de destruição, que até então pertencera unicamente a Deus. Mas a análise multifacetada deste livro sustenta que o apocalipse que ultimamente vem se tornando previsível – um verdadeiro milênio – não pode de forma alguma ser considerado ato de Deus. Ou seja, o apocalipse assoma como uma possibilidade real e criada pelo homem. Essa é a diferença na era nuclear.

Este é o lugar onde a ideia de Jerusalém, na forma que assumiu na imaginação ocidental, e depois na mente americana, fecha o círculo com a cidade real de Jerusalém, onde a ameaça existencial não é local (judeus contra árabes), mas transcendental, uma concepção teológica da violência como forma de redenção. O poder de destruição ilimitado das armas nucleares alterou o sentido da guerra total, que passou de devastação em massa infligida a um inimigo para extinção definitiva da cultura humana – como modo de afirmação! O Livro do Apocalipse transforma-se em realidade com a era nuclear e com a doutrina da destruição mútua garantida.

A regra de ferro desta era é conhecida como teoria da dissuasão: é impossível possuir a arma absoluta sem ao mesmo tempo estar absolutamente pronto para usá-la. Preparar-se para destruir o mundo, motivado pelo propósito de salvá-lo, é o princípio que definiu o objetivo nacional americano desde 1945, mas como é possível estabelecer distinção ética entre preparar-se para uma ação de tal magnitude e executá-la? "Melhor morto do que Vermelho", para repetir, era mais do que um *slogan* excêntrico. Era um credo que se aplicava a uma raça de indivíduos e imposto a toda a espécie humana. A União Soviética envolveu-se em sua metade dessa dança de morte, mas os Estados Unidos predominaram durante a Guerra Fria com o seu arsenal intacto e com a ideologia nuclear necrofílica do período incontestada. Não se trata de envolver-se em julgamentos e críticas à ortodoxia militar norte-americana – como se se pudesse ter conduzido os acontecimentos de modo diferente depois do Holocausto, de Hiroshima ou mesmo depois da queda do Muro de Berlim – mas apenas de perguntar como esse fato subliminar e persistente da nossa condição moral nos mudou.

Ironicamente, um dos dois casos-teste mais perigosos dessa nova condição aconteceu em Jerusalém (o outro em Cuba), quando a antiga cidade caiu sob uma sombra – uma nuvem – que mudaria seu significado mais drasticamente do que qualquer um dos graves acontecimentos que acompanhamos neste livro. Ser a mudança raramente discutida não reduz seu significado. Eis a história da febre de Jerusalém atual, como ela ameaça consumir o próprio planeta. A história começa com a Guerra do Yom Kippur de 1973.

A guerra começou com um ataque-surpresa de duplo efeito efetuado pelos árabes, com o objetivo de aproveitar-se dos escrúpulos religiosos judaicos associados ao dia mais solene do ano judaico. O árabe efetua um ataque de emboscada, os amigos de Israel denunciam. Mas o que foi a guerra senão um ataque de emboscada atrás do outro? Então, no dia 6 de outubro, o Egito invadiu Israel através do Sinai, enquanto a Síria atacava pelas Colinas de Golan. Os soldados israelenses, surpreendidos em oração, imobilizados, não puderam avançar – "uma derrota esmagadora".[1] Quinhentos tanques israelenses foram destruídos nos primeiros combates. Aproximadamente cinquenta aviões de guerra israelenses foram abatidos, incluindo quatorze valiosos jatos Phantom F-4, um desastre surpreendente para a orgulhosa força aérea. Dois grandes exércitos egípcios atravessaram rapidamente o Canal de Suez, matando soldados israelenses onde quer que os encontrassem. Em poucos dias, os sírios, avançando com 1.400 tanques, estavam na Galileia, a caminho de Haifa, a terceira maior cidade do país e o principal porto marítimo de Israel. Nem mesmo em 1948 o estado judeu fora tão vulnerável. O ministro da Defesa de Israel, Moshe Dayan, no terceiro dia da guerra, disse, "Este é o fim do Terceiro Templo". O primeiro Templo foi destruído pelos Babilônios no século VII AEC, o segundo pelos romanos no século I EC. Agora os árabes – quase vitoriosos.

Foi então que a primeira-ministra Golda Meir ordenou a preparação do que, secretamente, os israelenses chamavam de "armas do Templo", as ogivas nucleares de Israel. Esse fato só seria divulgado mais tarde. Na época, judeus e não judeus entenderam que a própria existência de Israel estava ameaçada. Mas o que muitos não entenderam era que, com essa guerra, o futuro da civilização humana corria risco – um presságio de extinção anunciado no lugar onde a civilização começou. Até hoje, Israel nega a posse de um arsenal nuclear, no entanto os historiadores concordam que na época da Guerra do Yom Kippur ele possuía pelo menos treze bombas atômicas de 20 quilotons (a bomba de Hiroshima era de 15 quilotons). Israel entrou em alerta nuclear, mobilizando mísseis Jericó e bombardeiros F-4, com alvos pré-programados no Egito e na Síria, principalmente os centros urbanos de Damasco e Cairo.[2]

Considerando a enorme devastação causada por uma dessas bombas e a natureza instantânea de um contexto nuclear mais amplo, os israelenses estavam simplesmente se preparando para o que o escritor Norman

Podhoretz depois chamou de "Opção Sansão", uma referência à figura bíblica "cujo suicídio causou a destruição dos seus inimigos".[3] Um oficial israelense lembrou mais tarde que "durante alguns dias teve-se a impressão de que o fim do mundo estava próximo. Para aqueles de nós que passáramos pelo Holocausto, uma coisa era certa – ele jamais se repetiria novamente". Se a Síria tivesse conquistado Haifa, havia a possibilidade, talvez a probabilidade, de que as ogivas nucleares de Israel tivessem destruído Damasco, uma cidade de um milhão e meio de habitantes.[4]

Durante os dias aterradores da Guerra do Yom Kippur, muitos americanos estavam menos preocupados com Jerusalém do que com Washington, onde Richard Nixon vivia os espasmos da crise Watergate. Enquanto o conflito árabe-israelense se desenrolava, ocorreu o infame "Massacre de Sábado à Noite": o Procurador-Geral dos Estados Unidos e seu adjunto renunciaram para não cumprir as ordens de Nixon de demitir o promotor especial que o estava pressionando. Soube-se mais tarde que o presidente dos Estados Unidos se embebedava quase todas as noites e que, na verdade, não estava mais governando. Rumores sobre o *impeachment* espalhavam-se pela capital. Antes da renúncia definitiva de Nixon, James Schlesinger, secretário de defesa, determinou secretamente ao Pentágono que ninguém devia cumprir instruções da Casa Branca sem antes consultá-lo – sinal claro de que o setor militar não acreditava mais que o seu comandante em chefe tivesse condições de exercer sua autoridade sobre o arsenal nuclear da nação.[5] Os Estados Unidos estavam à beira de uma crise constitucional, fato que emprestava aos despachos da guerra árabe-israelense um caráter surreal, especialmente quando a perspectiva de uma nação judaica derrotada se aprofundava. Finalmente a Solução Final da Questão Judaica, a vitória póstuma de Hitler.

Era inevitável que o "calor incandescente" do confronto substituto árabe-israelense inflamaria o conflito Moscou-Washington, mas ninguém imaginava que ele ocorreria tão cedo, e tão perigosamente. A guerra de outubro impeliu para o seu bojo brutal as duas superpotências abonadoras, aproximando o mundo do desastre como em nenhum outro momento desde a Crise dos Mísseis Cubanos, exatamente onze anos antes. Henry Kissinger, na função tanto de Secretário de Estado americano como de conselheiro do Departamento de Segurança Nacional, recebeu do embaixador israelense em Washington a informação de que Jerusalém pretendia usar armas nucleares. Estarrecido diante da perspectiva do Armagedon, Kissinger exigiu de Israel a imediata suspensão do estado de alerta nuclear. Mas ele só conseguiu isso depois de fazer concessões – um caso de chantagem nuclear.[6] Meir só contraordenou o uso das armas do Templo depois que Kissinger concordou com um reabastecimento emergencial do equipamento israelense, contando a inclusão de armas de alta tecnologia anteriormente embargadas, como os mísseis antitanque de última geração. Em poucas horas, grande parte do arsenal americano estocado na Europa foi enviado para Israel. Entre outras coisas, a nova capacidade antitanque de Israel deteve a ofensiva Síria, poupando Haifa. Secretamente, Kissinger informou o líder Egípcio Anwar Sadat de que se ele, Kissinger, não atendesse às exigências de Israel, Jerusalém faria uso do seu arsenal nuclear.[7]

Ironicamente, fora Kissinger quem, num artigo definidor do período (e delineador da carreira) publicado numa edição da *Foreign Affairs* de 1955, "Armas Nucleares e Política Externa", havia mostrado que a verdadeira força das armas nucleares não está no seu uso, mas na *ameaça* do seu uso. A simples posse dessas armas se traduz em poder de dominação. A teorização de Kissinger, talvez mais do que qualquer outro fator isolado, subscreveu a expansão maciça do arsenal nuclear americano que ocorreu a partir de 1955. O acúmulo de armas nucleares muito além de qualquer necessidade estratégica concebível (o arsenal americano aumentou de cerca de 300 bombas em 1950 para quase 19 mil bombas e ogivas em 1960[8]) simplesmente atendia ao propósito da vanglória como superpotência. Moscou e Washington aderiram à ideia: quanto maior o número de armas nucleares que se possuísse, maior a pressão que se poderia exercer na arena global. A corrida armamentista não tinha nada a ver com a estratégia bélica, mas tudo a ver com a psicologia da ameaça. Somadas, as duas superpotências acabariam produzindo mais de 100 mil bombas e ogivas nucleares – Hiroshima elevada ao infinito.[9]

Como teórico, Kissinger demonstrou uma complacência tão espantosa a respeito da guerra nuclear, considerando-a uma mera ferramenta na caixa do poder nacional, que, apesar da sua reconhecida influência, foi ridicularizado como uma figura do absurdo, Dr. Strangelove.[10] Não obstante, ele tornou o impensável pensável, e a estrutura da segurança nacional americana se organizou em torno do dogma por ele definido. A exercer forte influência sobre outros, porém, estava a principal lição de Kissinger:

toda nação que dispusesse até do menor arsenal nuclear teria assegurado poder transcendental.

Essa foi uma lição que os israelenses levaram a sério, e começando mais ou menos na época do artigo de Kissinger, eles se mobilizaram para adquirir capacidade nuclear.[11] A aritmética era absurdamente simples: a posse da arma absoluta, somada à prontidão para utilizá-la, totalizava um poder irresistível. Depois do Holocausto, era quase inevitável que Israel seguisse nessa direção. No entanto, ao defrontar-se com um caso da sua própria lógica em 1973, Kissinger não era mais um mero teórico, mas um estadista responsável pelas consequências concretas da sua teoria – e ele se assustou. Israel não só estava preparado para destruir as duas maiores cidades do mundo árabe, matando milhões de inocentes, como colocara em movimento os meios para fazê-lo. Kissinger se adiantou, ordenando o reabastecimento imediato das forças israelenses exigido por Meir.

Moscou não ficaria apenas observando enquanto os Estados Unidos se postavam ao lado de Israel. O embaixador soviético Anatoly Dobrynin deu um telefonema urgente para a Casa Branca na noite do dia 24 de outubro. Kissinger atendeu a ligação. Dobrynin comunicou que os soviéticos pretendiam mobilizar seus paraquedistas, um ato de "manutenção da paz" que separaria os combatentes – e protegeria as conquistas egípcias. Sabemos hoje que os soviéticos deslocaram rapidamente submarinos nucleares para a região e que Moscou abasteceu as brigadas de mísseis Scud soviéticos baseadas no Egito com ogivas nucleares. Em uma de suas autobiografias, Kissinger diz que teve de interromper o telefonema de Dobrynin para atender uma ligação do seu "amigo embriagado" presidente Nixon, que estava, escreve Kissinger, "tão agitado e emotivo como nunca o vi". Agitado não pela crise no Oriente Médio, mas por seu possível *impeachment*. Nixon escolheu aquele momento para se queixar dos inimigos políticos, "Eles estão fazendo isso porque querem matar o presidente. E eles podem conseguir. Eu posso morrer fisicamente".[12]

Kissinger interrompeu Nixon para falar-lhe da chamada de Dobrynin, e em sua biografia ele revela que não envolveu o presidente na formulação de uma resposta à "crise da política externa mais grave do governo Nixon". Ele simplesmente informou o presidente sobre a ação soviética, e então "eu lhe disse secamente que a vetaríamos". Nixon continuou bebendo enquanto Kissinger reuniu o Conselho de Segurança Nacional no Gabinete de Crise da Casa Branca e começou a dar ordens. Kissinger, "fazendo o jogo do medroso", como ele disse,[13] e agindo por sua própria autoridade, ordenou às forças militares dos Estados Unidos em todo o mundo que entrassem em alerta total, o chamado estado de prontidão DEFCON 3 [Defense (Readiness) Condition 3 = Condição de Defesa 3].

Nessa ação extraordinária (e provavelmente inconstitucional), foi como se Kissinger tivesse aprendido a lição com Golda Meir – era apenas a terceira vez, incluindo a crise dos mísseis cubanos, que a força estratégica americana entrava nesse nível de prontidão. A mensagem? Se os soviéticos executassem o seu plano de intervenção no Egito, estariam se arriscando a deflagrar uma guerra nuclear total com os Estados Unidos. Quando o primeiro-ministro britânico, Edward Heath, tomou conhecimento da atitude temerária assumida pelos americanos, telefonou imediatamente para a Casa Branca para protestar. Kissinger se recusou a colocar Nixon ao telefone porque este já estava completamente alcoolizado.[14] Quando os israelenses souberam do alerta dos Estados Unidos, as armas do Templo foram rearmadas e preparadas para disparar. Em todo o mundo, dispositivos de segurança foram removidos de milhares de mísseis nucleares e de bombardeiros B-52. Foram os soviéticos que, ao suspender a intervenção dos paraquedistas, e assim "pestanejar" (como haviam feito em Cuba), afastaram o mundo desse abismo.

Quando os israelenses, com os reforços recebidos, estabilizaram as linhas pré-invasão, Golda Meir aceitou um cessar-fogo. "Podemos perdoar os árabes por matarem os nossos filhos", ela disse. "Não podemos perdoá-los por nos forçarem a matar os filhos deles."[15] A líder israelense nunca comentou publicamente o que significava para ela o fato de que, em nome da sobrevivência judaica pós-Holocausto, ela estava preparada para derrubar os pilares da terra – na terra. Mesmo sem saber que os soviéticos haviam de fato mobilizado armas nucleares com suas unidades "consultoras" no Egito, ou que Nixon estava transtornado, com Kissinger "fazendo o jogo do medroso", Meir foi perspicaz o bastante para compreender que, num mundo de destruição mútua garantida, não havia como introduzir o uso de armas nucleares no conflito do Oriente Médio sem inflamar um intercâmbio nuclear total entre Moscou e Washington. Que Jerusalém por pouco não tenha desencadeado a catástrofe final é um fato de tamanha magnitude que deve finalmente ser levado em conta. Esse paradoxo –

absoluto no sacrifício de crianças – define o enigma moral que está no âmago da tragédia de Israel, mas apenas porque também Israel se aliou à barganha nuclear do demônio. O objetivo do sionismo era fazer de Israel um estado normal como outros estados, e foi isso exatamente que fez, no que passa por normalidade na era nuclear.

Nos anos seguintes à Guerra do Yom Kippur, um Israel pós-traumático conduziu seus assuntos com uma beligerância implacável que muitos não judeus criticam e poucos compreendem. A palavra "sobrevivência" se tornou sinônimo de "segurança", em nome da qual quase nada era excessivo. Talvez somente os israelenses possam compreender a visão dupla que um estado constante de angústia pública havia imposto. "Para nossa grande infelicidade", escreveu David Grossman em 2008, "nós em Israel estivemos vivendo por quase um século num estado de conflito violento, com uma influência enorme sobre todas as esferas da vida, inclusive, é claro, sobre a linguagem. Quando um país ou uma sociedade se descobre – por quaisquer razões que sejam – num estado prolongado de incongruência entre seus valores fundamentais e suas circunstâncias políticas, uma rachadura pode surgir entre a sociedade e sua identidade, entre a sociedade e sua 'voz interior'. Quanto mais complexa e contraditória a situação se torna e quanto mais a sociedade precisa transigir para abranger todas as suas disparidades, mais ela cria um sistema diferente para si mesma, um sistema de normas *ad hoc*, de 'valores emergenciais', mantendo livros duplos da sua identidade."[16]

Essa visão dupla tem emergido como um sintoma da versão israelense da febre que estivemos diagnosticando, mostrando-se mais evidente em Jerusalém do que em qualquer outro lugar. Em décadas recentes, a Jerusalém judaica aprisionou-se a si mesma com os "fatos" de assentamentos que cercam a cidade santa de modo tão cruel quanto a barreira de concreto erguida contra os homens-bomba islâmicos no início do século XXI. De todos os vaivéns do conflito palestino-israelense, nenhum foi tão brutal quanto as explosões suicidas dos jihadistas, mas também nenhum tornou uma resolução definitiva mais difícil de imaginar do que a expansão indefinida dos assentamentos judaicos nos territórios palestinos. Assim como essa expansão destruiu as esperanças palestinas, do mesmo modo ela enfraqueceu a segurança israelense, o suposto valor absoluto. Os assentamentos exigem a ocupação, ela própria causa da desarticulação moral e existencial de Israel.

Jerusalém nasceu na insegurança, e apesar das formas como sua história verdadeira é regularmente apagada da memória, a guerra, como Grossman refere corretamente, tem definido constantemente a cidade e seus arredores. Nas suas palavras, "A vida é em grande parte conduzida dentro do medo do medo".[17] Mas a guerra não é mais o que era: as armas nucleares transformaram o sentido da guerra. Apenas ontem, Saddam Hussein era a grande ameaça, e há boas razões para acreditar, como acreditam os militares israelenses, que somente o arsenal nuclear de Israel impediu o ditador iraquiano de carregar com armas químicas e biológicas os mísseis Scud que caíram no meio e nas cercanias das cidades israelenses durante a primeira Guerra do Golfo (embora a suspeita da existência de armas nucleares em Israel não tenha impedido os ataques do Egito e da Síria em 1973). Hoje, um Paquistão ameaçado pelo Talibã está preparado para um ataque de Israel (talvez em conjunto com a Índia) às suas instalações nucleares.[18] Amanhã, um Irã com ódio implacável dos judeus pode muito bem ter suas armas nucleares, "a bomba islâmica" emitindo seu tique-taque. E a Al Qaeda, desembaraçada das restrições desses estados-nações e, portanto, desimpedida, trabalha com determinação para conseguir sua bomba. Israel se equilibra sobre o fio da navalha de toda essa situação. Mas também ele aplicou o seu cinzel a esse fio, tornando-o mais afiado.

Enquanto isso, a supersecreta Dimona, a Los Álamos israelense, permanece em atividade a apenas alguns quilômetros de Jerusalém, no Deserto de Negev – o cinzel em ação.[19] O arsenal nuclear de Israel é tabu entre os amigos do estado judaico, mas para as nações da região o assunto inflama a impaciência e o ódio pelo duplo padrão da "não proliferação". Quando o Egito e outros países pedem uma zona livre de arsenais nucleares no Oriente Médio,[20] muitos que apoiam Israel rejeitam a ideia por considerá-la anti-Israel. A longo prazo, porém, manter armas nucleares além do alcance de Israel é o único sentido possível da segurança do estado. De centro da estrutura antissemita da imaginação ocidental, Jerusalém se tornou o pivô do modo de pensar bifurcado, uma demonização nuclearmente armada do "outro" que agora ameaça o futuro da humanidade. Na verdade, o temor nuclear é a doença contemporânea não tratada, uma doença que encontrou um hospedeiro muito acolhedor no Terceiro Templo. Com efeito, Dimona e Los Álamos são o Santo dos Santos. Quanto mais uma nação nuclear realiza em nome da segurança, mais insegura ela se torna. Israel é o caso-teste desse paradoxo, nada mais. O destino de Jerusalém é o destino da Terra.[21] O que o assustador impasse nuclear de 1973 sugere é que os judeus, uma vez mais, estão na vanguarda da catástrofe.

2. Operadores de Sacrifício

Billy Graham, como vimos, foi o avatar do novo modo de pensar americano. Quando ele estava publicando seus textos mais apocalípticos – *Till Armageddon*, em 1981, e *Approaching Hoofbeats: The Four Horsemen of the Apocalypse*, em 1983 – a Guerra Fria se aproximava de um dos seus pontos culminantes mais perigosos. Ronald Reagan tomara posse como o presidente mais notoriamente beligerante da era moderna, rotulando a União Soviética de "foco do mal", ameaçando Moscou com um estoque maciço de armas e fazendo piada com sua autoridade para deflagrar uma guerra nuclear.[22] Um dos primeiros atos de Reagan foi providenciar um relatório confidencial do Conselho de Segurança Nacional sobre o Oriente Médio e a União Soviética para o Reverendo Jerry Falwell, o fundador fundamentalista da Maioria Moral. Falwell, com quem Reagan se reuniu mais do que com qualquer outro líder religioso, revitalizou a visão sionista cristã de uma nação judaica reintegrada como prelúdio para o retorno do Messias, e estabeleceu as bases para a sólida aliança entre cristãos da direita e o governo de Israel. Mas Israel só interessa a esses cristãos na medida em que serve de plataforma de lançamento do triunfo cristão final. Os líderes israelenses, aceitando de bom grado o apoio de cristãos milenaristas, ignoram complacentemente a maior expectativa desses cristãos, a conversão dos judeus a Jesus.

    Reagan cortejou simultaneamente o que se poderia chamar de neocatólicos, figuras católico-romanas da direita, como o seu chefe da CIA William J. Casey, o seu Secretário de Estado Alexander Haig, e assessores mais importantes, como Patrick Buchanan e a redatora de discursos Peggy Noonan, que tornaram a visão puritana da Cidade no Alto da Colina o tema mais altissonante de Reagan. Reagan foi o primeiro presidente a estabelecer relações diplomáticas com o Vaticano, e sua aliança com os católicos conservadores completaria a reformulação do Partido Republicano como a vanguarda do nacionalismo americano cristão. Esses católicos[23] eram menos abertamente apocalípticos do que os evangélicos, mas sua dedicação à luta maniqueísta contra o comunismo era tão ardorosa quanto a destes e mostravam a mesma prontidão para a guerra total contra a maligna União Soviética. Tudo isso indicava o amadurecimento de uma escatologia nuclearizada, com o caráter dos Estados Unidos enquanto nação cristã elevado a um nível de valor tão absoluto que sua proteção valia a destruição global. As referências de Reagan a um "fim do mundo" próximo por meio da guerra eram tão comuns que o *Washington Post* publicou em 1984 um artigo intitulado, "Ronald Reagan Espera o Armagedon?"[24] Analistas soviéticos, por sua vez, consideravam Reagan instável. Quando Leonid Brezhnev, chefe do Kremlin, morreu, ele foi substituído por um homem que era mais do que páreo para Reagan: Yuri Andropov, que, como chefe mais longevo da brutal KGB, havia esmagado a Revolução Húngara, a Primavera de Praga e o movimento soviético dissidente. Nenhum "neo" com relação aos "contras" soviéticos, mas eles também tinham seu núcleo duro.

Nos Estados Unidos, na Europa, e mesmo nas nações do Pacto de Varsóvia, as pessoas estavam de tal modo preocupadas com a instabilidade do equilíbrio do terror sob essas lideranças, que lançaram o único movimento de massa realmente eficaz da Guerra Fria contra as armas nucleares – nos dois lados da Cortina de Ferro.[25] Quando um reator nuclear derreteu em Chernobyl, Ucrânia, em 1986, as autoridades soviéticas mentiram sobre o perigo da radioatividade, foram apanhadas na sua mentira e o castelo de cartas tirânico começou a ruir. O sempre crédulo Reagan, enquanto isso, viu um presságio apocalíptico quando foi informado de que a palavra "Chernobyl" em ucraniano significa "absinto", que o Apocalipse identifica como um dos sinais do Fim dos Tempos.[26] A autoconfiança suprema de Reagan, enquanto ele dançava à beira do abismo nuclear, fincava suas raízes numa religiosidade rasa que levava a garantia de que a guerra nuclear, como parte do plano de Deus previsto na escritura, não seria uma catástrofe, mas a origem de uma redenção "arrebatadora".[27]

No auge daquele período delicado entre os soviéticos e os americanos, uma trama perigosa desenvolvia-se em Jerusalém. Logo depois da Guerra do Yom Kippur, surgiu em Israel um movimento político-religioso de extrema direita chamado Gush Emunim (Bloco dos Fiéis). Seus integrantes haviam se mobilizado para consolidar as pretensões de Israel aos territórios ocupados na Margem Ocidental e em Gaza, ampliando os assentamentos, na convicção de que o restabelecimento pleno de Eretz Yisrael, a terra bíblica, apressaria a volta do Messias. Essa volta não seria mais uma simples tomada da terra, mas um término da história. Os residentes ultraortodoxos eram judeus seguidores de Jerry Falwell, imbuídos do espírito apocalíptico da época.

Dois membros do Gush, Yehuda Etzion e Menachem Livni, fundaram um movimento secreto cujo objetivo era executar a única ação que seguramente transtornaria o odiado *status quo* entre israelenses e palestinos, judeus e árabes: a demolição do Domo da Rocha. Esse ato, acreditavam, provocaria a volta do Messias e a redenção final de Israel. Mais provavelmente, ele teria desencadeado o confronto decisivo entre as duas superpotências fiadoras, que já estavam tão próximas de uma guerra aberta como nunca haviam estado em décadas. Enquanto Ronald Reagan discutia sobre o Armagedon com Jerry Falwell, Etzion e Livni armazenavam explosivos e observavam o Monte do Templo, um marco zero religioso.

Um cristão australiano mentalmente desequilibrado causou um incêndio quase fatal no interior de uma mesquita em 1969, na esperança de acelerar o retorno de Cristo, mas a maquinação judaica foi muito mais grave. Esses conspiradores se prepararam minuciosamente, durante quase dois anos, aprofundando sua perícia no uso de explosivos e fortalecendo-se por meio da disciplina militar. Como, porém, em sua maioria, eram ultraordodoxos, eles sentiam a necessidade da aprovação de um rabino. Quando estavam finalmente prontos para realizar seu ataque ao santuário muçulmano em 1982, no entanto, todos os rabinos a quem recorreram se recusaram a aprovar tal ato. Por isso, recuaram do seu intento. Os segredos do plano Etzion-Livni se tornaram conhecidos em 1984, revelando sua gravidade e quase realização. Após essas revelações, os muçulmanos ficaram bem menos propensos a acreditar nas garantias israelenses de que os judeus não tinham interesse em substituir o lugar santo islâmico por um Terceiro Templo, e as lideranças judaicas deixaram de considerar adeptos religiosos mais marginais como uma piada.

Purim é uma festa para brincadeiras, a preferida das crianças judias. Mas suas origens são trágicas. No século IV AEC, todos os súditos, exceto um, se prostravam diante do príncipe amalecita Amã, o soberano persa que impusera seu domínio sobre Jerusalém. O único judeu fiel que se recusava a reverenciar o profanador com um ato de deferência era Mardoqueu. Por causa dele, o vingativo Amã decretou o extermínio de todos os judeus do reino, e tirou a sorte para ver em que dia o massacre se realizaria. (*Purim*, em hebraico, significa "sortes".) O plano de Amã fracassou devido à interferência de uma das integrantes do harém do rei, uma judia disfarçada chamada Ester, prima de Mardoqueu. O povo judeu foi poupado.[28] Purim é a festa de alegria que comemora esse acontecimento.

Em 1994, Purim caiu no dia 25 de fevereiro. Nesse dia, um médico de 38 anos, natural dos Estados Unidos, chamado Baruch Goldstein, entrou na Gruta dos Patriarcas, em Hebron, sul de Jerusalém, último ponto de sua jornada. Por ser considerada túmulo de Abraão, para o Bloco dos Fiéis ela se torna a última baliza demarcadora da terra prometida por Deus a Israel. Por isso, nos últimos tempos, colonos judeus radicalmente messiânicos haviam reclamado seus direitos sobre Hebron e arredores. Mas, como vimos, tanto muçulmanos como judeus reverenciam Abraão, e a Gruta dos Patriarcas estava servindo como mesquita, o que Goldstein considerava uma expropriação blasfema, uma violação da vontade de Deus. Com uma arma automática, no dia que celebra a libertação dos judeus de um opressor persa, ele massacrou 29 muçulmanos e feriu outros 150. Goldstein foi linchado até a morte na própria gruta.

Um livro foi logo publicado em sua homenagem, *Baruch the Man*. Um estudante ortodoxo de 25 anos, chamado Yigal Amir, leu o livro e ficou inspirado pela descrição do martírio de Goldstein, um defensor da responsabilidade de Israel em manter seu direito de posse sobre toda a terra entregue por Deus como sinal da aliança. Goldstein era descrito não só como mantenedor desse direito, mas ainda como vingador das violações a esse direito. Amir leu que a vingança "é como uma lei da natureza. Quem se vinga alia-se às 'correntes ecológicas da realidade'... A vingança é a volta do indivíduo e da nação à crença".[29]

Foi então que, no dia 4 de novembro de 1995, Amir se dirigiu à Praça dos Reis de Israel em Tel Aviv e praticou seu ato de vingança contra Yitzhak Rabin, primeiro-ministro do país. Em 1993, Rabin havia assinado os Acordos de Oslo, que ofereciam "terra pela paz", prometendo uma retirada definitiva das forças israelenses dos territórios palestinos ocupados. Assim

Rabin violara a designação solene de Deus de Eretz Yisrael. Pior, essa retirada impediria a volta do Messias e a realização da redenção de Israel por parte de Deus no Fim dos Tempos. Amir atirou em Rabin duas vezes à queima-roupa, matando-o instantaneamente. Preso no ato, Amir afirmou estar satisfeito. Ele está cumprindo uma sentença de prisão perpétua em Israel. Nunca manifestou qualquer remorso.[30]

Aproximadamente sete anos mais tarde, na primavera de 2002, uma jovem percorreu a pé os sete quilômetros entre sua cidade natal, Belém, e Jerusalém. Ayat al-Akhras tinha 18 anos. Ela cresceu e ainda vivia no Campo de Refugiados de Dheisheh, em Belém, na Cisjordânia, criado em 1949 para abrigar temporariamente mais de três mil palestinos que haviam fugido ou sido expulsos de suas casas em Jerusalém Ocidental durante a guerra árabe-israelense de 1948. Não apenas Ayat, mas também seu pai havia nascido no campo. Os avós dela eram os fugitivos apavorados que haviam se estabelecido em Dheisheh, imaginando uma permanência de semanas, não de décadas. Até a época de Ayat, cabanas de concreto haviam substituído barracos de lata, que haviam substituído tendas da UNRRA [United Nations Relief and Rehabilitation Administration = Administração das Nações Unidas para Assistência e Reabilitação], mas a água ainda era escassa, e o campo abrigava mais de 10 mil palestinos, espremidos numa área de menos de dois quilômetros quadrados. No entanto, como muitos dos seus iguais, Ayat crescera feliz, sendo conhecida por sua personalidade efusiva. Fora uma boa aluna na escola e noivara recentemente. Mas Ayat mudou. Antes de partir para Jerusalém, ela parou diante de um pôster que mostrava o World Trade Center de Nova York, cujo desaparecimento apenas alguns meses antes havia impressionado sobremodo a imaginação humana. Postou-se diante das torres, posando para uma fotografia, seu legado. Ela havia se tornado o que os jihadistas chamavam de "operador de sacrifício".[31]

Chegando ao mercado de Jerusalém, Ayat cruzou caminho com Rachel Levy, uma jovem de 17 anos, outra garota alegre. Rachel crescera na Califórnia, mas estava contente por ter emigrado recentemente com sua família. Depois dos acontecimentos do mês de setembro anterior, sua volta para a terra natal judaica lhe infundira um senso de propósito. Nesse dia, sua mãe a mandara ao mercado para comprar o necessário para a refeição do Sabbath. Rachel e Ayat entraram no mercado juntas. Junto ao corpo

Ayat levava um cinturão de explosivos, que ela detonou, matando a si mesma, Rachel e um guarda de segurança que estava próximo.[32]

Vimos que a *Sagração da Primavera* de Igor Stravinsky, executada em meio a tanta controvérsia em 1912, iniciou a era moderna, prenunciando a hecatombe e o caos do século XX. Sua segunda parte, "O Grande Sacrifício", narra como "anciãos sábios" procedem à escolha de uma virgem para o sacrifício e em seguida a homenageiam com uma dança matrimonial. Os "anciãos sábios" que puseram Ayat al-Akhras diante do pôster do World Trade Center, depois de recrutá-la para a causa e prepará-la para ser um dos seus ícones, eram líderes da Brigada dos Mártires de Al Aqsa, uma coalizão de milícias palestinas em guerra com Israel. Como vimos, a Mesquita Al Aqsa, no passado, abrigara o rei latino de Jerusalém e depois os Cavaleiros Templários. No passado ainda mais distante, no mesmo solo, Jesus de Nazaré cometera a ofensa pela qual os romanos o levaram à morte. Poucos minutos depois da explosão provocada por Ayat, um porta-voz da Brigada dos Mártires telefonou para a Associated Press para identificá-la e para assumir a responsabilidade pelo ato, que ele definiu como vontade de Deus. No dia seguinte, no campo de Dheisheh, os anciãos realizaram uma dança matrimonial em honra a Ayat, agora noiva de Alá.[33]

A epidemia de suicídios a bomba no século XXI – ou, melhor, de assassinatos suicidas, cometidos por palestinos ressentidos e, de modo mais geral, por jihadistas islâmicos que combatem os infiéis e a corrupção na Casa do Islã – pode ser a mutação ainda mais maligna do vírus da violência em nome de Deus. Em 2007, houve perto de setecentos atos praticados por homens e mulheres-bomba em todo o mundo, em sua grande maioria no Iraque e no Afeganistão.[34] Militarmente, homens e mulheres-bomba são tão destruidores quanto qualquer míssil guiado, quanto qualquer peça de artilharia. Em menos de uma década, milhares de pessoas se transformaram em material bélico.

Entre as seitas islâmicas, os xiitas foram especialmente revigorados por uma mitologia revitalizada do autossacrifício de Husayn ibn Ali, neto de Maomé. Como líder de uma das facções em disputa violenta pela sucessão do Profeta, Husayn se expôs mortalmente à violência da oposição em um campo em Karbala no final do século VII. Sua morte foi o auge do conflito que dividiu o islamismo nos ramos sunita e xiita. Até hoje, na comemoração anual de Karbala, chamada Ashura, penitentes realizam rituais de lamentação e expiação. Para os xiitas, o martírio de Husayn representa a consolidação definitiva da religião islâmica – autossacrifício sangrento como marca essencial da fé.

Karbala é como o Gólgota e Massada, e como o Gólgota e Massada inflama a imaginação contemporânea, e não apenas na periferia. A guerra sangrenta do Irã xiita contra o regime sunita de Saddam Hussein no Iraque foi explicitamente definida como vingança pelo martírio de Husayn em Karbala.[35] A guerra prolongou-se com violência de 1980 a 1988, com o custo de mais de um milhão de vidas. A maioria das mortes ocorreu numa repetição irracional da guerra de trincheira da Primeira Guerra Mundial, com ondas de homens se lançando contra redutos inexpugnáveis em terras de ninguém. Com isso, no próprio terreno entre o Tigre e o Eufrates onde esta longa história começou, reacendera-se uma paixão feroz pelo autossacrifício contra todos os inimigos. Do mesmo modo como a Primeira Guerra Mundial condenou a imaginação europeia a um fetichismo de morte, assim a guerra Irã-Iraque, proporcionalmente ainda mais brutal, provocou algo semelhante no arco que se estende desde o Crescente Fértil até a Península Arábica.

Os adversários mais extremados do xiismo eram os fanáticos vaabitas, descendentes daquele fanático árabe do deserto do século XVIII, Abd al--Wahhab, cujo propósito, lembre, era recuperar a pureza árabe primitiva do Islã. No decorrer dos séculos, numa repetição consciente de Karbala, os vaabitas atacaram periodicamente os xiitas – e também essa hostilidade sangrenta chegou renovada à era moderna.[36] No século XX, o totalitarismo da Arábia Saudita cristalizou-se como estado vaabita, a forma mais fundamentalista do Islã. Mas os laços da Arábia Saudita com o Ocidente, estreitados pelo petróleo, trouxeram o que os vaabitas rígidos só podiam perceber como corrupção blasfema, promovendo um puritanismo reacionário que acabou por resultar em um culto ao martírio chamado Al Qaeda.[37] A luta mais acirrada do Islã é com ele mesmo, mas essas distinções – e ameaças – não têm influência sobre o aterrorizado Ocidente, que esquece que ele também tem versões desses impulsos embutidos em suas próprias tradições.

Extremismo, terrorismo, islamofascismo, a linguagem não consegue expressar a profundidade do niilismo representado pela prontidão crescente de muitos muçulmanos em transformar seu ser físico em armas homicidas indiscriminadas – o corpo como um "dispositivo explosivo improvisado". Nem todos esses atores são motivados conscientemente pela religião, embora a maioria o seja.[38] Mas todos estão à mercê de conceitos desumanos de sacrifício e martírio que passaram através de toda essa história – judeus, cristãos e muçulmanos, mesmo que os muçulmanos sejam os que estão mais à mercê do impulso niilista atual. *Deus deseja a morte.* "Infiéis" em Nova York, Londres, Mumbai e Madri são alvos. "Cruzados e judeus" são alvos em Israel, Afeganistão e Iraque. Mas também o são os muçulmanos no Oriente Médio, no Sul da Ásia e na Arábia. Na verdade, a maioria das vítimas do terror suicida é muçulmana, pois a batalha exacerba-se dentro do Islã entre a minoria de fanáticos fascinados pela morte e a vasta maioria de moderados para quem o Islã é uma religião de paz, não de guerra; de vida, não de morte.

3. Cruzada

O pensamento milenarista é um aspecto característico da desordem religiosa que viemos investigando neste livro – uma mistificação do número 1.000, com raízes no Livro do Apocalipse. Na recente virada do milênio, o mundo foi prevenido para coisas terríveis – uma repetição dos temores irracionais que dominaram a Europa no ano 1000. No final dos anos 1990, o fenômeno do computador conhecido como Y_2K foi uma preocupação que torturou a mente racional, mas a mudança no calendário chegou e passou, e o medo desapareceu. Então, um ano depois, ocorreu o 11 de Setembro. O trauma correspondeu a uma emersão drástica da angústia reprimida da Guerra Fria, quando o terror se fixara em nada mais extremo do que a guerra nuclear. Com a Baixa Manhattan subitamente transformada em um marco zero americano – uma designação que a rigor pertence somente a Hiroshima e Nagasaki – os medos associados ao que começou como Projeto Manhattan pareciam ter-se concretizado. O terror milenário se tornara real.

E sem dúvida, o ataque que levou ao pesadelo bem real da queda incessantemente televisionada das Torres Gêmeas logo foi entendido como imbuído de um significado essencialmente religioso – *Allahu akbar!* Se o 11 de Setembro não foi nem de longe o apocalipse – ele não se prolongou, e suas vítimas, por mais pranteadas que fossem individualmente, não constituíram uma multidão – foi seguramente o primeiro tiro numa guerra apocalíptica. Na verdade, os americanos vieram sendo subliminarmente alertados para algum tipo de 11 de Setembro desde que John Winthrop definiu a nação em termos de cidade do Fim dos Tempos, como os cristãos vinham sendo prevenidos para ele desde que João de Patmos anteviu uma Nova Jerusalém. Cidades sobre colinas são alvos fáceis.

Poucos dias depois do ataque de setembro de 2001 pela Al Qaeda, George W. Bush, como se espera que presidentes façam pela nação, definiu o que a experiência significava e que ação ela exigia. Falando de improviso, ele explicou com elegante simplicidade o urgente projeto americano: "Esta cruzada, esta guerra contra o terrorismo..."[39] Não há necessidade de repetir aqui uma análise política dos anos Bush ou das políticas fracassadas que ele pôs em movimento. É suficiente observar que para o presidente Bush, "cruzada" era um ponto de referência natural. Ter sido a palavra usada inadvertidamente – para Bush, apenas um sinônimo trivial para "luta" – mostra o quanto profundamente estão enraizados na imaginação ocidental os conflitos entre culturas irreconciliáveis. O cristianismo só chegou a um entendimento maior de si mesmo pela guerra com o Islã prolongada no decorrer dos séculos. Daquele primeiro trauma milenário, as culturas legadas pelo cristianismo, incluindo a dos Estados Unidos, não haviam se recuperado.

As cruzadas são o pivô deste livro porque foram o eixo em torno do qual girou toda a nossa civilização, ao redor do qual a cultura ainda se move. Era praticamente inevitável que um presidente dos Estados Unidos pensasse como Bush. Guerra santa e jihad chamam uma à outra, e à convocação os combatentes se alistam sem uma primeira reflexão, muito menos uma segunda. Por isso, no início "dessa cruzada" contra o terrorismo, os americanos podiam receber ordens apocalípticas, milenárias, do presidente com tanta satisfação, mesmo quando ele adotou um conjunto de reações nacionais ao 11 de Setembro que se desdobraram durante os sete anos restantes de sua administração.

Bush foi muito criticado pelos liberais americanos[40] e por muitos líderes europeus devido à natureza claramente religiosa de suas respostas, da sua demonização do Islã, da sua divisão do mundo em esferas de bem e mal e da promessa de erradicar o mal.[41] Bush revelou uma ambição transcendente que demonstrou sua prontidão para medir-se com Osama bin Laden golpe a golpe. Durante o seu mandato, é verdade, o exército dos Estados Unidos esteve sob a influência de um cristianismo evangélico conservador sem precedentes, com comandantes ordenando a seus subordinados que participassem de estudos bíblicos; com capelães catequizadores procurando conduzir as tropas a Jesus; e com muitos soldados sendo estimulados a se ver como cruzados dos dias atuais. Os manuais contendo instruções dos setores de inteligência do Pentágono, inclusive aqueles entregues diariamente ao Secretário de Defesa Donald Rumsfeld, levavam na capa citações das escrituras. As miras dos rifles usados pelos soldados americanos no Iraque e no Afeganistão já saíam de fábrica com referências codificadas a passagens do Novo Testamento sobre Jesus.[42] Havia muitos desses exemplos de incursões cristãs em áreas anteriormente restritas do governo e da prática militar.

Mas apesar da religiosidade excêntrica que fez o presidente Bush parecer inusitado, suas reações procederam diretamente das tradições fundamentais da ideologia americana, e sua arremetida para a guerra depois do 11 de Setembro – em contraposição, digamos, a estratégias baseadas na imposição da lei com supervisão judicial – foi consequência inevitável da militarização da sociedade americana e da economia com relação ao século e meio anterior. Quer dizer, as respostas de Bush deveram-se tanto a Abraham Lincoln, Woodrow Wilson e Harry Truman quanto aos perigosos Dick Cheney, Donald Rumsfeld e Colin Powell. E terem sido as ações de Bush, a despeito dos seus conselheiros seculares, justificadas numa linguagem explicitamente religiosa – "E nós sabemos que Deus não é neutro", ele afirmou numa sessão conjunta do congresso[43] – inseriu-o firmemente no contexto cultural americano predominante.

Infelizmente, as respostas de Bush estavam tão profundamente enraizadas no *ethos* nacional a ponto de ser totalmente previsíveis, e ele adotou internamente e no exterior exatamente as políticas que Osama bin Laden esperava dele. De igual modo, essas respostas eram tão singularmente americanas que durante os anos estressantes após 11 de Setembro a maioria dos políticos e dos cidadãos não encontrou razões maiores para discordar. De fato, sabendo muito bem como a imaginação de Bush operava na esfera dos assuntos militares e religiosos, os eleitores o reelegeram presidente em 2004.

Quando Bush foi substituído em 2009 por Barack Obama, totalmente diferente dele, todas as referências às cruzadas foram abandonadas. Febres de todo tipo cederam sob o extremamente frio Obama. O muro de separação entre igreja e estado foi rapidamente reerguido. Todavia, as políticas de guerra seguidas pela administração Obama deram continuidade às que já vinham sendo praticadas. O zelo evangélico ainda animava os militares dos Estados Unidos e especialmente os fornecedores privados que constituíam uma parte ainda maior da força bélica dos Estados Unidos. Com efeito, sob o presidente Obama, houve uma escalada da cruzada de Bush.[44] Bin Laden não sobreviveu à sua nêmesis, mas até então ficara claro que o conflito cósmico transcendia personalidades e políticas. A guerra religiosa que os Estados Unidos insistiam em afirmar não ser religiosa continuava a pulsar. O batimento invisível, mas sempre sentido, dessa pulsação continuou sendo Jerusalém.

CAPÍTULO 10

Conclusão: Boa Religião

1. Nem Profano Nem Sagrado

Da cidade santa como ponto de referência, estivemos acompanhando a história, não da violência religiosa, mas de uma bipolaridade humana endêmica que apelos a Deus quase sempre produziram mais rivalidade, sendo a guerra sua forma mais extrema. O padrão antecede os registros históricos. Um grupo define sua identidade positiva em contraposição à identidade negativa igual e contrária do outro; essa definição assume poder transcendente quando reforçada pela sanção de uma divindade. A religião se associa ao poder. Religião *é* poder.

Talvez pareça um anticlímax terminar esta longa reflexão sobre a história – um estudo de política e guerra – concentrando o foco novamente na religião. Religião mais uma vez? E como a última nota percutida? Se, porém, a história recente de Jerusalém, da sua política e das suas guerras ensina alguma lição, não será a de que excluir a religião da esfera política, mediante esforços profanos de diplomacia e *realpolitik*, em nada contribui para a causa da paz? A relutância contemporânea em examinar abertamente questões religiosas deixa o Oriente Médio, intoxicado de Deus, à mercê de suas febres tóxicas, permitindo ao mesmo tempo que correntes religiosas mais tácitas, como a cruzada americana, se movimentem em outras partes, isentas de verificações e de críticas.

De fato, Israel-Palestina é a instância atual suprema do problema que decorre da imposição de uma dicotomia sagrado-profano, sendo o principal símbolo desse problema. Sim, a mudança islâmica devastadora para o terrorismo suicida ocorreu nos anos 1990 liderada por fanáticos devotos de Alá que repudiavam a ideia de um estado democrático secular defendido pela OLP,¹ mas essa insanidade religiosa estava relacionada ao desespero inteiramente político de palestinos cujo meio século de exílio, profano ou não, parecia apenas qualificado como "Sem Saída". Também é verdade que o desejo de expandir Eretz Yisrael, implícito na promessa de Deus e expresso por um núcleo duro de colonos judeus armados à espera do Messias, esteve sendo alimentado, deliberadamente ou não, por sucessivas políticas de ocupação de governos israelenses. Mas essas políticas, por mais merecedoras de críticas que sejam, provocaram por sua vez novas explosões de antissemitismo desde o sul asiático até a Europa, com Israel considerado como a causa da guerra de culturas que aterroriza o planeta. "Israel é o único estado no mundo cuja legitimidade é amplamente negada", observa o historiador britânico Anthony Julius, "e cuja destruição é publicamente defendida e ameaçada."² A resistência de palestinos mobilizados é uma coisa, mas a aplicação demonizadora que uma população bem maior de "inimigos voluntários" de Israel, nas palavras de Julius, deu à causa palestina é outra. Num Israel condenado mais com loquacidade do que com sinceridade, o velho pensamento antissemita encontrou um novo eixo em torno do qual girar. Enquanto isso, nos casos tanto judaico-israelense como muçulmano-palestino, correntes apocalípticas profundamente submersas vieram à tona, cada um dos lados condicionando o Fim dos Tempos à destruição do outro.³ Assim, Israel-Palestina tem sua zona de guerra local e também global. Uma luta por território se transformou numa batalha auto-hipnotizadora pelo cosmos que talvez nunca se resolva. Assim, os antigos temas de Jerusalém persistem.

Por isso, o assunto que abordamos envolve mais do que religião, e também menos. Política é o exercício do poder nas comunidades e pelas comunidades, e o que o secularismo moderno chama de religião, imaginando-a como um universo à parte, é um aspecto da vida da comunidade. Mais do que um fio na grande tapeçaria, a religião é a peça inteira vista de um determinado ângulo. A ideia de que política e religião são peças distintas, penduradas em paredes diferentes, ou mesmo em cômodos diferentes, é uma ilusão contemporânea. Ela praticamente se identifica com a fantasia correlata de que a solução para a violência irracional está na separação entre política e religião, na separação entre Igreja e Estado, como se o Estado, por si só, fosse imune à tentação da violência irracional. Vimos como essa fantasia se firmou nos Estados Unidos e na Europa e teve seu papel nos séculos XIX e XX, com uma Jerusalém imaginada como ponto fixo no panorama giratório, mas por outro lado profano, dos campos de batalha desde Gettysburg até o Somme.

Ironicamente, o construto moderno de Igreja e Estado, ou de religioso e profano, vistos como opostos, simplesmente reitera essa antiga tendência humana a dicotomizar – a qual no passado transformou em inimigos povos civilizados e povos selvagens, brancos e negros, cristãos e judeus, Europa e Islã, Oriente e Ocidente e, no contexto dos Estados Unidos, norte e sul. Deus contra Satã, Cristo contra o Anticristo, o espírito contra a matéria, o bem contra o mal, e por fim o sagrado contra o profano. Matar por Deus, martírio, redenção pela violência, apocalipse, teologia da expiação, sacrifício – ideias essas todas entendidas como sustentáculo do elemento religioso que tantas vezes levou à guerra. Para o Iluminismo, se fosse possível extirpar da guerra os elementos religiosos, ela também deixaria de existir. O profano seria resgatado, renomeado secular, e viveria em paz. O fim da história. Mas como o mar não consegue se separar das correntes termais que o mantêm vivo, assim também a cultura não pode se separar da religião. Às vezes essas correntes borbulham até a superfície a temperaturas que fervem a água – podemos imaginar as fontes quentes como guerras – mas elas sempre permeiam toda a massa marítima. Em outras palavras, a violência não procede da religião, mas da vida.

É por isso que, na era secular iluminista, a guerra pode ter sido purificada, mas não foi eliminada. Em vez disso, de certo modo, intensificou-se e, com a tecnologia industrial, se tornou total. A Guerra Civil dos Estados Unidos e a Primeira e Segunda Guerras Mundiais não foram irracionais, mas racionais, segundo essa lógica, principalmente porque não eram religiosas. Na verdade, como vimos, essas guerras estavam imbuídas de religião, embora o negassem. Por isso, não foram tão denegridas como o foram as guerras religiosas. As guerras do iluminismo eram guerras "boas". Como se as ideias de sacrifício, expiação, martírio e apocalipse não tivessem nenhum papel nos campos da Virgínia, nos pântanos de Flanders ou nas cidades de papel do Japão. Vimos, porém, como os algozes e as vítimas mesmo daqueles acontecimentos seculares voltaram-se finalmente, para fugir do absurdo, a um Deus justificador como criador, santificador e redentor da guerra.

Jerusalém hoje é definida pela guerra sem esperança, mutuamente autodestrutiva, entre palestinos e israelenses. O conflito é fácil, e incorretamente, reduzido a uma guerra entre árabes (leia-se muçulmanos) e judeus, um deslize em direção a uma definição denominacional. Se a cidade santa continua presa dessa febre – esse é o diagnóstico – não é porque Jerusalém, diferentemente de tantas outras cidades, continua refém de irracionalidades ferozes da religião? Uma religião muçulmana especialmente brutal, claramente acusada por sua recusa flagrante em separar política e religião, depara-se com a ultraortodoxia irredentista de colonos judeus fanáticos que recaíram num fundamentalismo cujo propósito não é outro senão rejeitar o Iluminismo. Jihad contra guerra santa.

Sim, a febre de Jerusalém é uma doença, mas o que dizer se o seu nicho viral não é a nova explosão de fanatismo na margem – Hamas, Gush Emunim ou, nesse aspecto, o sionismo cristão da direita religiosa americana – mas a longa história predominante da civilização ocidental? A história, afinal, que criou tanto o antissemitismo como o colonialismo racista. Nesse caso, a nossa obrigação é reavaliar os pressupostos consagrados dessa civilização e, onde necessário, transcendê-los. Tal tarefa equivale a uma reinterpretação do que já foi interpretado. Essa é a proposta deste último capítulo – reinterpretar os temas, os acontecimentos, as revelações e os mistérios que este livro já examinou.

A Bíblia é o registro da autotranscendência humana alcançada por meio de incessantes reinterpretações, e por isso é muito estranho que, em nome da Bíblia, o fundamentalismo rejeite a interpretação.[4] Conquanto condene um propósito secular de separar a religião dos demais aspectos da vida, o fundamentalismo realiza essa separação ao isolar "elementos fundamentais" do âmbito do estudo crítico. O fundamentalismo declara que a religião permeia a vida toda, mas ao mesmo tempo confina a religião ao seu próprio enclave a-histórico, onde suas origens, mitos, dogmas e rituais não são escrutinados. As consequências desse absolutismo – desconfiança do intelecto; rejeição da cultura material mesmo enquanto a explora; condenação da modernidade ao mesmo tempo em que usa habilmente seus métodos e ferramentas modernos; investimento de toda a esperança numa era messiânica por vir ou numa vida após a morte pós-apocalíptica; e, sempre, a supremacia masculina, uma vez que deus-pai define o patriarcado – são notavelmente iguais, quer a asserção seja feita por cristãos, judeus ou muçulmanos.

Mas o que dizer se o fundamentalismo não for o crime, e sim a prova do crime? O fundamentalismo, refletindo a dicotomia entre o religioso e o profano, ainda que para opor-se mais do que para favorecer, mostra o que está errado não com uma parte da nossa cultura (ou da deles), mas com a vida interior constrita de um mundo moralmente paralisado, o mundo bifurcado em que todos vivemos. Se essa duplicidade é um sintoma do que chamamos febre de Jerusalém, alimentada pelo ardor dos antigos conflitos da cidade, também é verdade que a ideia dessa cidade, embebida na Unicidade, tem sido o antídoto constante da febre. Jerusalém é diferente de cidades igualmente estratificadas do mundo contemporâneo (sabemos que Atenas e Roma têm histórias como centros cultuais, mas estão em paz) porque em Jerusalém, mais do que em qualquer outro lugar, a linha entre o profano e o sagrado, bem como entre a política e a religião, normalmente se revela traçada na areia, sempre pronta para ser apagada.

Até onde é possível falar univocamente de uma religião universal, o islamismo nem sequer imagina uma distinção tão marcante entre sagrado e profano. Mas, paradoxalmente, algo semelhante também se aplica ao judaísmo contemporâneo, que, embora profundamente influenciado pelo Iluminismo que pensadores judeus ajudaram a inspirar, pouco sabe sobre a divisão profano-sagrado do Iluminismo. Na visão do cristão que escreve este livro, o judaísmo continua sendo uma confluência de expressão religiosa, normas para cultura política e, acima de tudo, um receptáculo de memória. Nem a doutrina, nem o credo, mas a própria história proporciona a coesão do judaísmo. A natureza dessa história, que começa na tensão com o divino – o Deus de Abraão, de Isaac e de Jacó (para não mencionar Sara, Rebeca e Raquel) – necessariamente torna o judaísmo religioso. Mas como o ser-povo subsistiu às mudanças no significado do divino – também o ateísmo pode ser uma forma de *insight* espiritual – o judaísmo *não é somente* religioso. Da mesma forma, ele é parcialmente profano, mas *não somente* profano. Em nenhum lugar essa mistura peculiar é mais evidente do que em Jerusalém que, embora santa, é também profana.

"Os meus pensamentos não são os vossos pensamentos, e os vossos caminhos não são os meus caminhos", disse o Senhor a Isaías.[5] E o mesmo acontece com a própria cidade do Senhor, com "a sua insistência na incompreensibilidade, na transcendência, na absoluta alteridade de Deus", na expressão do estudioso jesuíta John O'Malley. Jerusalém foi definida no início pela dicotomia primordial entre a criatura e o absolutamente outro que é o Criador, o qual, apesar da insistência hebraica sobre a unidade de espírito e carne, para não mencionar a Unicidade do Criador, torna de fato Jerusalém a sede do pensamento bipolar. Por isso Jerusalém foi sempre a estrela polar do Mártir e do Inquisidor, do Cruzado e do Reformador, do Colonizador e do Puritano, do Fundamentalista e do Fanático – e agora do Jihadista. "Esta é a cultura", diz O'Malley sobre Jerusalém, "que faz as maiores exigências de pureza e que desmascara como abominações o que outros aceitam como o dá-e-toma normal da vida. Ela não pode transigir. Passeatas e protestos, sim. A mesa de negociações, nunca!"[6] Assim, atualmente, os israelenses declaram que não têm parceiro com quem negociar a paz, enquanto os palestinos denunciam o Estado judeu como puro e simples produto de racismo.[7] Jerusalém é a sede desse conflito – uma visão inquietante de Jerusalém e do seu significado, mas que a nossa investigação corrobora com solidez. Algo irredutivelmente verdadeiro sobre a condição humana se revela incessantemente nesse lugar.

2. Não o Modo de Deus, Mas do Homem

Por isso, em vez de falar sobre a esfera profana virtuosa e a esfera religiosa perversa, ou vice-versa, falemos sobre boa religião e má religião. Em outras palavras, consideremos a religião como parte da condição humana, não como algo acima dela. Um objeto sujeito ao escrutínio crítico, não dispensado dele. Um reflexo dúplice do que Erich Fromm chama de "gênio para o bem e gênio para o mal" que residem, como um par inseparável de ventrículos, no coração humano.[8] Uma visão tão complexa poderia dar à nossa história um viés diferente, pois Jerusalém é um lugar onde, desde o alvorecer da história, a boa religião procura expulsar a má religião. Quer dizer, Jerusalém tem sido um centro de autoescrutínio da religião, cujo método é interpretação e nova interpretação, *ad infinitum*. Autoescrutínio é o modo da autotranscendência. Jerusalém aceita ambos, e por isso nos interessamos por ela.

Daí a história no Gênesis – fundadora da cidade – da subida de Abraão ao Monte Moriá, onde o sacrifício humano foi cancelado pelo Deus, que não o desejava. Essa mitologia, como vimos, situa a própria origem de Jerusalém – a rocha sacrifical do Monte do Templo, o Domo da Rocha – no repúdio benevolente do mecanismo do bode expiatório, ou, melhor, visto que o mecanismo parece eterno, na substituição benevolente do filho pelo cordeiro. Humanos *junto ao* altar, sim. *Sobre* o altar, não. A religião de Deus repelindo a má religião. Mas os seres humanos são constitucionalmente atraídos pela má religião, que está sempre em dores de parto para retornar, com uma provisão inesgotável de bodes expiatórios humanos prontos para ser sacrificados. Esta longa história mostra isso.

O Gênesis é o registro do modo como os hebreus concebiam Deus, isto é, um ser externo à natureza e, portanto, seu criador – a bipolaridade que já conhecemos. Mas essa visão teve uma consequência profundamente humana, humanitária. Sendo o Deus do Gênesis o criador do próprio cosmos, precondição da universalidade, o Gênesis demarcou o início de uma religião verdadeiramente ética, o princípio do fim do tribalismo e das guerras tribais entendidas como santas. A Bíblia é o registro do esforço humano para abandonar a violência dos deuses tribais. A linguagem para essa intuição de uma comunidade ampla constituída por todas as pessoas, mostrando-se no amor compassivo e abrangendo tudo o que existe, é Unicidade.

O que protege essa revelação de uma universalidade sensabor é ela ter suas raízes na particularidade da escolha – o Deus Único escolhendo o povo único – à semelhança do compromisso íntimo de parceiros amorosos que, conquanto exclusivo, também é abertura para amar a si mesmo e, portanto, o próximo e os estranhos. Da exclusividade para a inclusividade. Um povo abrindo-se para todos os povos – "como luz das nações".[9] Aqui tocamos no gênio particular da religião da escolha, envolvendo não a unicidade da união total em que a individualidade se perde – uniformidade – mas a unicidade da *comunhão*, de uma relação em que seres separados, mesmo mantendo-se separados, se unem. A inevitabilidade do medo é substituída pela possibilidade da amizade. Esse *E pluribus unum* é um princípio fundamental, realidade que se expressa na afirmação religiosa inovadora "Deus é Uno".

Quando os pensadores do Iluminismo, muito mais tarde, encontram matéria para criticar na religião que começa com o Gênesis, eles não percebem que sua crítica à particularidade estrita em nome da esperança universal (tipificada, digamos, na Declaração Universal dos Direitos Humanos da ONU, de 1948) *começa* com o Gênesis.[10] Outro exemplo de má religião contra-atacando está no fato de que, processo de desvalorização da religião pela modernidade, a ideia da Unicidade de Deus foi reduzida a um monoteísmo excludente (e, como vimos, esse sufixo "ismo" peculiarmente moderno é a indicação), como se a Unicidade de Deus significasse que o Deus Único está em guerra com outros deuses, como se a união supusesse a destruição da diferença. O total se torna totalitário.

Jerusalém é o lugar onde os hebreus chegaram à percepção dessas coisas – ou, melhor, o lugar *em relação ao qual* eles perceberam, pois só quando foram levados para a Babilônia, lembre, foi que compreenderam que seu Deus era diferente de todos os deuses cujos altares pontuavam o local do exílio. Foi na Babilônia que os editores, redatores e autores de Israel iniciaram a sua monumental tarefa de reinterpretação. Eles reordenaram os diversos mitos da criação, conjuntos de leis, coleções de máximas, tradições orais, canções e fábulas etiológicas que haviam definido sua memória comunitária. Eles reorganizaram esse multifacetado conjunto de fontes, retrocedendo a Moisés, Davi e Abraão, à pré-história de Adão e Eva, em torno da nova ideia do Deus cujo principal atributo era a Unicidade – a unicidade que une em vez de destruir. Inconsistência, repetição e autocontradição marcaram inevitavelmente os textos que eles reuniram do passado itinerante, mas um princípio irredutível de reconciliação entre humanos estava no íntimo deles e foi posto em primeiro lugar – a proclamação "No princípio, Deus!" E "No princípio, Deus criou os céus e a terra".

Assim, o gênio do Gênesis, e das religiões que dele procedem, é a intuição de que tudo o que existe foi e é criado pelo mesmo Deus. Mais: tudo o que existe foi e é criado à imagem de Deus. Unicidade, não guerra cósmica, é o fundamento da existência. Deus é Uno, e cada uma das criaturas de Deus participa dessa Unicidade; os seres humanos são criaturas que sabem disso, mesmo que, com índole tanto para o bem como para o mal, tendam a imaginar de outro modo. Em Jerusalém essa presença de Deus se concentrava de tal modo, a ponto de se tornar palpável. E foi assim, em retrospecto, que esse povo chegou a essas percepções – a presença de Deus descoberta na ausência de Deus. Esse paradoxo – presença na ausência, como o paradoxo da universalidade por intermédio da particularidade – definiria a religião dos hebreus, uma religião de distância, não de posse, do divino. É essa distância que torna a amizade humana com

Deus, e o amor *de* Deus, categorias adequadas nas quais compreender o relacionamento da criatura com o Criador.

Quando, terminado o exílio da Babilônia, o povo de Deus voltou para sua cidade-Templo, o Templo daí em diante permaneceu vazio. Depois da destruição pelos babilônios, a sagrada Arca da Aliança foi perdida, e desde então o Santo dos Santos representava o Santíssimo, mas vazio. Daí em diante, sempre que um santuário era destruído, os judeus encontrariam sua manifestação mais eloquente da presença de Deus na imensidão da ausência.[11] Jerusalém encarnou essa inovação espiritual imaginativa. "Aqui, possivelmente pela primeira vez", escreve Amos Elon, "Deus foi concebido como justo e transcendente, totalmente externo à natureza, desvinculado de toda forma de existência física, criador único do universo. A religião, que até então melhor se definia como uma forma de medo extremo, transformou-se em moral."[12]

Oxalá fosse tão simples. Ou, pelo menos, permanente. Na Jerusalém recuperada, uma ferida continuou aberta. "Às margens dos rios da Babilônia nos sentamos e choramos, com saudades de Sião", cantava o povo que retornara. Em hebraico, o sentido etimológico de "Sião", é "deserto ressequido"; aridez moral também define a história do lugar.[13] Eles cantavam, "Se eu me esquecer de ti, Jerusalém, que me seque a mão direita". Mas ao se lembrarem de Jerusalém, onde a Unicidade de Deus se revelou, eles também lembravam como seus conquistadores a tinham destruído: "como eles diziam, 'Arrasai-a! Arrasai-a até os alicerces!'" Essa lembrança da destruição de Jerusalém liberou a má religião para repelir a boa religião que eles haviam acabado de descobrir, como se também os babilônios não fossem filhos do Deus Uno. E assim, ao lembrar seu exílio, os hebreus, advertindo-nos permanentemente de como a imaginação religiosa funciona, lamentavam, "Devastadora filha de Babel, feliz quem devolver a ti o mal que nos fizeste! Feliz quem agarrar e esmagar teus nenês contra a rocha!"[14]

Nenês contra a rocha. Se alguma coisa define a violência de Jerusalém, esse versículo sagrado dos Salmos cumpre essa tarefa à perfeição. O autor desse versículo pertence à comunidade que acabou de reconhecer a elegante e esperançosa visão da Unicidade de Deus, e no entanto perceba: retornamos ao morticínio de crianças. Tal é a curva da história, que os humanos não podem jamais querer a morte dos filhos de outrem sem encontrar seus próprios bebês mortos a seus pés. O texto que alguns chamam de Antigo Testamento, e outros de Torá, começa com o Gênesis e culmina, na cronologia da composição, com 1-2 Macabeus e com o Livro de Daniel,[15] registros da luta religiosa que abrange mil anos. A Unicidade de Deus que se expõe a todos torna-se monoteísmo, segundo o qual o meu Deus é melhor do que o teu Deus, e essa superioridade me dá permissão para matar. Uma só é a verdade, e ela é minha. A má religião expulsando a boa religião, a face inferior permanente do monoteísmo.

Novamente Jerusalém como arena da violência. Por mais divina que seja, a religião de Jerusalém é também humana. Essa não é uma acusação *contra* a Bíblia, mas uma constatação que ocorre repetidamente *dentro* da Bíblia. Assim, os judeus Macabeus estão em guerra com os selêucidas helenistas, que têm por objetivo neutralizar a resistência judaica reprimindo a realização pública do culto judaico.[16] Os selêucidas obrigam os judeus jovens a comer carne de porco, mas os pais desses jovens preferem vê-los mortos. E foi assim, como mostram esses textos, que a história de Abraão foi reinterpretada. O que começou no Gênesis como celebração do fim do sacrifício de crianças foi revertido, com o pai fundador glorificado não por obedecer à ordem divina de poupar o filho, mas por sua prontidão em desferir o golpe no coração do jovem. No Livro de Daniel, a mãe exalta seus filhos por preferirem a fornalha ardente à transgressão alimentar. Por que a história foi contada dessa forma? Porque, ao empreender a guerra e recrutar heróis, os Macabeus julgaram proveitoso voltar à celebração do sacrifício de filhos. "Ouve, ó Israel, naqueles dias nessa época, Macabeu é o salvador e redentor", cantam os judeus na festa de Hanukhah. "Em cada geração ele se manifestará, o herói libertador do povo."[17]

E nessa sucessão – a má religião expulsando a boa – chegariam Wilfred Owen e todos os que morreram na Frente Ocidental ao som da música de Jerusalém, os pais abraâmicos "matando todos os filhos da Europa, um a um". Mas bem antes disso, como um filho amado sacrificado, veio Jesus de Nazaré, em cuja história esses mesmos temas são reiterados, e mais uma vez reinterpretados. De fato, foi em termos desses temas preexistentes no meio judaico do qual ele fazia parte que sua história foi contada e compreendida. As contingências da história moldam o significado. A reinterpretação, fica claro, trabalha tanto para o bem como para o mal. Na época de Jesus, os cruéis romanos haviam substituído os selêucidas como governantes de Jerusalém, mas o espírito da resistência apocalíptica ainda era parte determinante da resposta judaica a uma ocupação estrangeira opressora, e a própria cidade santa se definia pelo culto renovado do sacrifício humano, agora concebido como autossacrifício.

Esse é o contexto que empresta toda a estrutura narrativa, por exemplo, ao Evangelho de Lucas, pois essa narração da história de Jesus é como uma jornada fatídica, e mortal, que começa em Belém e termina em Jerusalém, agora vista como a cidade da morte. Em Lucas, quando avisaram a Jesus que o procurador romano Pôncio Pilatos estava condenando galileus agitadores à morte – "cujo sangue Pilatos havia misturado com o das suas vítimas" – e que o fantoche romano Herodes pretendia matar Jesus, como fizera com João Batista, Jesus se recusa a fazer o que esperam dele, que fuja do perigo. Em vez disso, ele segue em frente, vai para a sede do poder opressor, para as mãos de Pilatos e de Herodes, o lugar que era também casa de Deus. "Devo prosseguir o meu caminho", afirma, "pois não convém que um profeta pereça fora de Jerusalém."[18]

Os outros Evangelhos constroem o drama de modo menos drástico do que Lucas, mas a história essencial, baseada no que realmente aconteceu, permanece a mesma. No Evangelho de Mateus, Pedro sabe o que espera Jesus em Jerusalém, e tenta impedi-lo de ir. "Deus não o permita, Senhor!" diz Pedro. "Isso jamais te acontecerá!" Ao que Jesus responde, "Afasta-te de mim, Satanás! Tu me serves de pedra de tropeço".[19]

Há muitas indicações nos Evangelhos de que o Jesus histórico não era apocalíptico – de que para ele o Reino de Deus não estava no futuro, mas aqui e agora; de que as dimensões transespacial e transtemporal da realidade não resultavam, pelos seus cálculos, num desmerecimento da terra em favor do céu. A intuição de Jesus relacionada à continuidade da existência ("vida eterna") se baseava na vivência de situações de uma intensidade presente tão elevada, a ponto de estarem "fora do tempo" ou inclusive de serem atemporais, mas isso era mais um fluxo de consciência do que um indicador de outro mundo. Para Jesus, a eternidade presumia não a imortalidade da alma, mas um conhecimento profundo da face de Deus. E essa face estava totalmente afastada da destruição. ("Nunca mais", prometeu Deus a Noé depois do dilúvio). Para Jesus, era impensável considerar a destruição como meio de salvação. Um dos aspectos mais historicamente corretos a respeito de Jesus é a sua rejeição da violência, principal razão para separar Jesus da ideia que chegou a animar tantos dos seus seguidores – de que Deus redime o mundo destruindo-o; de que a terra pode ser sacrificada em favor do céu; de que Deus demonstra amor pelas crianças vendo suas cabeças esmagadas contra a rocha em nome de Deus. De que Deus deseja a morte do Filho amado de Deus.

Mas os acontecimentos políticos e religiosos na arena da violência durante mais de cem anos levaram precisamente a essas interpretações, desvalorizando o presente em favor de uma era futura, dando primazia santificada ao sofrimento, comprazendo-se com um clímax sangrento entre forças do bem em confronto com as forças do mal, seja no Calvário ou no Armagedon. O Livro do Apocalipse, com seu mar de sangue e lago de fogo, supera o Livro de Daniel. O fato historicamente inconteste de que Jesus morreu em Jerusalém havia produzido, até a época em que os textos foram escritos, uma teologia baseada no meio apocalíptico em que Jesus nasceu, e que se tornou ainda mais apocalíptica ao longo do século que recebeu seu número da data do seu nascimento. A mensagem assim se resumia: *Deus quer Jesus em Jerusalém. Deus quer Jesus morto.* É assim que Deus se mostra benevolente para com seu Filho amado. Em vez de chegar a *revelar* que o amor de Deus pelas criaturas de Deus (como o amor do pai pelo filho pródigo) é ilimitado e incondicional, entendia-se que Jesus viera para *salvar* as criaturas de Deus do julgamento punitivo do próprio Deus.

"O teu modo de pensar não é o modo de Deus, mas do homem", diz o Jesus de Mateus a Pedro.[20] O modo de pensar de Deus, ou assim parecia aos sobreviventes da cruel guerra romana contra os judeus que, no auge dessa guerra, contaram a história desse modo, é a febre de Jerusalém. A má religião expulsando a boa religião. A corrente termal fervente sob a superfície marítima de toda a nossa civilização. E por que não deveriam árabes e judeus de Jerusalém ter sido escaldados, e assim permanecer até hoje?

3. Aprendendo com a História

A Bíblia está repleta de violência porque surgiu para resistir à violência. Jerusalém é a arena da violência, e dentro dos seus limites, durante três mil anos os seres humanos digladiaram-se até sangrar para dominar sua tendência inata a digladiar-se: a solução para a violência foi mais violência. Entretanto, os humanos se diferenciam pela capacidade de aprender com a história. Vimos como a invenção da escrita, cerca de cinco mil anos atrás, em lugarejos agrícolas não distantes da colina onde a Jerusalém dourada brilharia, resultou na capacidade de transportar a experiência através do tempo. Textos escritos e suas interpretações foram a precondição de avanços extraordinários do intelecto individual e da imaginação coletiva, aprendizado que produziu mutações formidáveis na organização cultural e social. Os textos e suas interpretações nos legaram as religiões do Livro – as religiões *deste* livro. Mais importante, os textos e suas interpretações transformaram a experiência passada em lições para o futuro. Se agora um dos olhos se volta para trás e vê a longa peregrinação por meio da violência sagrada, o outro se fixa na nova capacidade da raça humana de causar a própria extinção. A peregrinação que é história conduz a um beco sem saída? Se, em vez disso, a peregrinação através da história encaminha a uma nova possibilidade, esta consiste em que a chamada violência sagrada deve, e pode, ser domesticada. A santidade deve, e pode, ser totalmente removida do domínio da guerra. Nesse caso, a peregrinação terá seguido na direção da sobrevivência humana. Se existe um Deus, que outro significado pode haver para a vontade de Deus?

Atualmente, o conflito político e social é em grande parte reflexo do conflito entre tradição e modernidade, onde cada uma das três religiões monoteístas enfrenta a tensão de maneira peculiar. A religião é racional? A razão gratifica-se ao admitir abertamente o salto de fé que ela também deve dar num mundo que ainda se caracteriza mais pela ignorância do que pelo conhecimento? O Islã apressa a sua Reforma e o seu Iluminismo ao mesmo tempo, enquanto milhares de muçulmanos consideram a adaptação aos ideais universais dos direitos humanos concebidos no Ocidente uma execração (igualdade para as mulheres, digamos) simplesmente *porque* foram concebidos no Ocidente. Os cristãos, por sua vez, dividem-se entre aqueles cujo envolvimento com a modernidade abalou todas as certezas – com as crenças predominantes, moderadas, em forte declínio entre as denominações – e aqueles cuja rejeição da modernidade levou ao *cul-de-sac* do fundamentalismo – um beco sem saída, todavia, que se enche com um número cada vez maior de adeptos. Os judeus, de sua parte, têm enfrentado os desafios do secularismo mais diretamente do que outros povos, com muitos deles não admitindo nenhum Deus, mas ao mesmo tempo afirmando uma nacionalidade derivada da aliança com Deus. Aos judeus seculares contrapõem-se os haredins e outros, proferindo anátemas sem cessar. Uma retirada judaica parcial para um fundamentalismo da terra, defendida pela artilharia da violência dos assentados, é causa contínua de discórdia. E a estender uma capa protetora sobre todo esse ardor estão os sempre excepcionais Estados Unidos, centro do nacionalismo cristão armado que é ainda mais perigoso por ser negado.

No entanto, a tradição oceânica por onde fluem todas essas correntes leva uma torrente mais profunda e extensa: o princípio da autocrítica da própria tradição. Aí está a chave da esperança bíblica. Começar a história com o Abraão mítico que, em Jerusalém, recebeu de Deus a ordem de depor o cutelo continua sendo o fato determinante. Mas Abraão é superado por Davi, o fundador histórico de Jerusalém, precisamente porque, apesar de todas as suas vitórias, sua grandeza não estava vinculada a uma virtude especial. Esse aspecto se tornou dramático quando o profeta Natã – "Esse homem és tu!" – o repreendeu por seu ato de luxúria criminosa. Sim, Davi ordenou a construção do Templo de Deus, mas por recorrer avidamente à violência, Deus o desqualificou como construtor do Templo.

O rei, por definição, abusa da realeza, mas o profeta Samuel admoestara a esse respeito, inclusive no momento de instituir esse sistema como medida necessária para o bem comum. A religião do Templo era uma religião de sacrifício sangrento, mas o profeta Oseias (6,6) declarou em nome de Deus, "Misericórdia é que eu quero, não sacrifício, conhecimento de Deus, mais do que holocaustos." E Jesus, falando sobre a tradição judaica, descreveu o amor do Pai, na parábola do filho pródigo, dizendo que esse amor não depende de absolutamente nada, apenas de si mesmo. Nenhum sacrifício é necessário; e também nenhuma religião; e nem mesmo bom comportamento. Deus ama porque Deus ama, ponto. Quando os seguidores de Jesus não entenderam isso e cercaram o amor de Deus com condições de ortodoxia, obediência e um novo culto de sacrifício, estavam apenas mostrando a resistência do seu elo com a tradição bíblica densamente humana. Essa tradição definiu a si mesma no início por sua necessidade de autocorreção e, obviamente, continua a definir-se como tal.

O que isso significa atualmente, à luz de epifanias ligadas à diagnose da febre de Jerusalém? Hoje, falar da esperança de paz para Jerusalém significa aceitar as enormes variedades da experiência religiosa, para usar o expressivo título de William James, as quais, no século XXI, se veem frente a frente na intimidade da aldeia global. Jerusalém é essa aldeia em escala menor, uma imagem viva de como todos os crentes e não crentes inevitavelmente se encontram – ou confrontam – como vizinhos, incapazes de evitar as diferenças mútuas e, portanto, incapazes de *não* ser influenciados por elas. Jerusalém tem sido de longa data a mais absoluta das cidades, no entanto é hoje a capital de encontros em que absolutismos se revelam mutuamente interdependente e, portanto, não absolutos. Valores e revelações não existem fora da história, e se Jerusalém não mostra esse fato, nada mostra. Não obstante, Jerusalém também revela como toda religião que nela encontra abrigo, inclusive "a religião da não religião",[21] entende a si mesma como oferecendo uma visão abrangente da realidade toda, mesmo que da perspectiva necessariamente parcial da sua eventual tradição. Ao mesmo tempo em que enfatizam o todo ao qual suas revelações apontam, as religiões tendem a esquecer a parcialidade inevitável que emerge do fato básico da condição humana, qual seja, de que a verdade é sempre percebida de um ponto de vista ou de outro – nunca em si mesma.

Era isso que o rabino Abraham Joshua Heschel queria dizer quando afirmou que "Deus é maior do que a religião".[22] Do que toda religião. Essa percepção poderia parecer moderna, no entanto ela envolve a visão inovadora que os judeus cativos tiveram na Babilônia aproximadamente três milênios atrás, a visão que fez do judaísmo o primeiro dos três monoteísmos. Essas religiões, como qualquer religião, surgiram com a tendência congênita a se confundir com o objeto de sua devoção, como se a divindade venerada fosse a religião. Ortodoxias religiosas de todas as estirpes tendem a esquecer que no seu centro está um mistério desconhecido – desconhecido porque incognoscível. "Então, o que diremos a respeito de Deus?" pergunta Agostinho. "Se apreendeste perfeitamente o que queres dizer, não é Deus. Se conseguiste compreendê-lo, compreendeste outra coisa diferente de Deus."[23] Os seres humanos se angustiam diante do que não conseguem conhecer, motivo por que a incognoscibilidade de Deus induz os homens a criar deuses a partir do que podem conhecer e do que conhecem. Nossos eus, tribos, nações – e crenças doutrinárias. Quando as religiões substituem Deus por elas mesmas, como o fizeram desde a época de Jeremias até o tempo dos papas das Cruzadas e até o tempo dos aiatolás que decretam a *fatwa*, elas se tornam dispositivos detonadores da violência sagrada, a qual, com suas pretensões à transcendência, pode ser mais inflamável do que qualquer outro fogo, do que qualquer outra febre.

A relação entre religião e violência vem sendo vigorosamente exposta no século XXI. Como essa exposição moldará a próxima geração de crentes? As adequações do intelecto pós-iluminista à fé desvalorizam a fé, condenando a religião ao fanatismo? Pode-se separar o significado religioso de revelações específicas (para um cristão, por exemplo, o "Cristo da fé") da crítica histórica científica (o Jesus da história)? Há uma continuidade defensável entre os primeiros elementos de uma tradição (para usar outro exemplo cristão, Jesus de Nazaré) e as complexidades posteriores que emergem do texto e da interpretação (as "altas cristologias" do Evangelho de João, dos Pais da Igreja e dos teólogos medievais)? E se as interpretações (digamos, enfatizando a hiperviolência da Paixão de Cristo como modo de redenção de Deus) contradizem o que a crítica histórica ilustra (a não violência radical de Jesus)? E como esses pressupostos religiosos fundadores (a sanção divina da violência) configuraram o núcleo interior da cultura? Uma visão estratégica de política secular, digamos, pode incluir as influências religiosas normalmente invisíveis que geram energia política – e guerras seculares? Qual a importância dessa linha de investigação se a maioria dos fanáticos religiosos institucionalmente comprometidos não se importa absolutamente nada com isso? Se pelo menos conhecessem o conceito, a maioria dos crentes não ridicularizaria a "segunda ingenuidade na crítica e pela crítica"[24] com a qual alguns pensadores pós-modernos, tentando depurar a crença da violência, levam avante as formas da tradição religiosa ao mesmo tempo em que se recusam a compreendê-las em termos tradicionais? Ou, depois de aprender com a história, fazendo enfim a pergunta mais básica dessa longa investigação: Considerando a profundidade da cumplicidade da religião com a violência, como a boa religião se revelaria, afinal?

Primeiro, a boa religião celebraria a vida, não a morte. A armadilha mais capciosa da imaginação apocalíptica consiste em afirmar a destruição da terra como plano intencional de Deus. Muito pelo contrário, os seres humanos não foram postos aqui para morrer, mas para viver. A religião é preciosa porque oferece lenitivo para os sofrimentos inerentes à condição humana, cujos dois fatos principais são a mortalidade e o conhecimento da mortalidade. A religião inventou a linguagem da "pós-vida" com que define sua esperança de que a mortalidade, o fim da história, não seja a história toda. Mas essa linguagem da pós-vida – que consiste principalmente numa expectativa apocalíptica do Fim dos Tempos ou mesmo num forte desejo desse Fim – trouxe consigo problemas sérios. Toda glorificação da pós-vida que desmereça o valor da vida presente é em si mesma desumana. A desvalorização do aqui e agora em nome do depois é uma ofensa mortal à temporalidade que define a consciência, mas também pode levar a uma indiferença radical diante da injustiça, um convite para aceitar a inaceitabilidade que se apresenta, em vez de trabalhar para mudá-la. O presente é elusivo, mas os humanos foram criados como criaturas do tempo em razão apenas do presente. O que a religião chama de "além" é muitas vezes concebido como fora do tempo e do espaço (a supernatureza além da natureza), mas o além que importa está nas profundezas da vida presente.

Por isso, o tempo é uma invenção. O passado e o futuro são realidades presentes porque são construtos imaginados, aspectos da consciência, mas não seus componentes. Como a memória encontra satisfação no presente, não no passado, evitando assim a cilada da nostalgia, do mesmo modo o propósito da esperança é fortalecer o presente, e não fugir para a fantasia do amanhã. *Crer em Deus significa aprofundar a experiência presente, sem qualquer consideração especial por suas consequências daqui em diante.* Em outras palavras, a boa religião não é magia. Ela fala do fim da história, mas também da ilimitabilidade da história. A boa religião lida com uma ordem natural que pode continuar sem um Fim dos Tempos, sem a humanidade como seu pináculo necessário, sendo seu único propósito seguro o que os seres humanos levam a ela. Não existe outra vida, e religião é o modo como a pessoa penetra até o nível mais profundo desse mistério, um nível a que a religião dá um nome. Quer dizer, a única vida que dura para sempre é a vida de Deus. Os seres humanos, em virtude da criação de Deus como criaturas com consciência, foram trazidos a essa vida, a vida eterna que é somente o momento presente. Estar plenamente vivo é ter consciência de permanecer agora no que não morre, e no que não deixa cair o que segura. Para a religião, isso se chama Deus.

Segundo, a boa religião reconhece na Unicidade de Deus um princípio de unidade entre todas as criaturas de Deus, uma unidade que é também conhecida como amor. Em sua essência, a religião gira em torno do amor, e toda grande religião define o amor compassivo pelo próximo como o sinal mais seguro da presença de Deus na terra. Isso se aplica às três religiões monoteístas, apesar das evidências de que o seu próprio monoteísmo é o que as torna tão violentas. Bem compreendido, o monoteísmo não é uma denominação numérica, como se a Unicidade de Deus exigisse uma primazia de que os seguidores de Deus pudessem participar: "Somos o número um. Cuidado!" Infelizmente, isso parece definir os modos como muitos monoteístas, se não a maioria, entendem a autoexplicação de Deus a Moisés.[25]

Guerras santas empreendidas por exércitos hebreus entoando salmos, por cruzados cristãos e por jihadistas islâmicos, foram feitas em nome do Deus único através dos milênios, e seus equivalentes continuam persistindo nelas. Mas tem o Uno implícito no monoteísmo o significado numérico – "um, e não dois, nem três..." – que explicaria, se não justificaria, tal violência de soma zero? Ou tem o Uno um componente moral, apontando para um princípio de unidade que inclui a diversidade já em sua essência em vez de tomar a diversidade como contradição e ameaça? A Unicidade de Deus não é a singularidade solitária de um dígito, mas a solidariedade de um Criador em comunhão com todas as criaturas. A Unicidade religiosa, portanto, é inclusiva, não exclusiva, mesmo quando afirma os muitos apenas pela sua adesão ao Uno. Paradoxo, não contradição, é seu método.

A Unicidade religiosa supõe diferenças, e supõe respeito pelas diferenças, o que também se conhece como pluralismo. Crucialmente, isso significa que as proposições religiosas, por mais absolutas que sejam, são feitas com o conhecimento pleno de que há mais de um modo de compreender seus significados. E o plural aí é operativo, uma vez que o sentido de Deus-que-é-Uno junta-se a sentidos que são múltiplos. Deus é maior do que a religião, e também maior do que o sentido.

Terceiro, a boa religião diz respeito à revelação, não à salvação. Milhões de crentes encontraram consolo e libertação na ideia da salvação, especialmente os que foram oprimidos ou depauperados, com pouca esperança de alívio nesta vida. Essa crença pode dar sentido a uma existência que de outro modo nada significaria. Nesse entendimento, a ideia da salvação se reveste de humanidade e deve ser enaltecida, mas surge a questão: salvação do quê, ou de quem? Ser salvo de um inimigo é uma coisa, mas quando o inimigo se identifica com Deus – cuidado! Então a salvação ocupa o polo oposto da condenação, e os dois dependem um do outro para a força de gravidade, seja de temor reverente ou de terror, com que caem sobre a imaginação humana. A ameaça do inferno, com seu pressuposto de um Deus monstruoso, combina à perfeição com a religião apocalíptica – o Deus monstruoso que destruiria a terra para salvá-la é o mesmo Deus que condenaria o indivíduo a uma eternidade de tormentos por ter causado um sofrimento bem menor aos seus semelhantes. Com efeito, a violência do inferno é reflexo da violência que essa má religião enfim justifica, a violência da guerra santa, o inferno na terra. Nesse esquema, a resposta de Deus à violência é violência também. Portanto, não é apenas das angústias da existência no vale de lágrimas, da tristeza do filho órfão, que as religiões prometem salvação. Não, como compensação de atos de virtude, de arrependimento ou de oferendas sacrificais de um tipo ou outro, as religiões prometem salvação de um Deus que condena. A tristeza é merecida, e apenas uma antecipação do que há de vir, a menos... a menos...

Apaziguamento, expiação, satisfação, esses são os mecanismos que podem repelir o ódio do inimigo divino, transformando a sentença na mente de uma divindade julgadora, pelo resgate pago do sacrifício, no amor de um amigo que tudo perdoa. Um Deus do Antigo Testamento se torna um Deus do Novo Testamento (e essa transformação, propiciada por Cristo, mostra como essa teologia é veladamente antissemita). Mas a boa religião não pretende salvar, e sim revelar que a mente de Deus não precisa mudar, uma vez que a atitude de Deus é de amor constante e transbordante. A própria criação é esse transbordamento. Não existe algo como "necessidade de ser salvo" de Deus, ainda que a insegurança existencial em que todos nascemos nos incline a pensar de outro modo. É a mente humana que precisa mudar, não a de Deus.[26] A boa religião oferece revelação, não salvação, proclamando que a criação é autoexpressão de Deus e que, como criaturas, os seres humanos, pelo simples fato de existir, já são parte dela: *salvos simplesmente por existirem*. A religião e seus acessórios, como o sacrifício, portanto, são do interesse de Deus apenas na medida em que abrem a mente humana para essa revelação. Na melhor das hipóteses, a religião é apenas um modo de saber que a religião é desnecessária.

Quarto, a boa religião desconhece a coerção. Isso porque a atenção à presença de Deus é uma atividade interior que ocorre na esfera da consciência. A consciência não pode ser forçada. Nem mesmo Deus coage a consciência humana. Embora Deus seja tanto a profundidade como o horizonte do ser de cada pessoa, Deus e humanos estão sempre separados. Isso significa que o objetivo da religião não é identidade, com a criatura engolfada no Criador superabundante, mas relacionamento, com a criatura posta diante de Deus como alguém merecedor do encontro. Deus convida, acolhe e pede à criatura que se aproxime cada vez mais. Os seres humanos são livres para dizer não a Deus, o que significa que são livres para dizer sim, tornando a religião uma relação possível de amor. Se Deus não coage, é sacrilégio coagir qualquer pessoa ou grupo em nome de Deus. Por isso, a boa religião nunca está associada à força.

O cristianismo precisou se recuperar do erro de Constantino, quando a Igreja e o Império se tornaram uma coisa só e a cruz de Jesus se tornou uma espada. Uma forma que essa recuperação assume é a separação entre Igreja e Estado ao estilo americano, um afastamento teórico total do magistrado com relação à esfera da consciência. Contudo, aspectos explicitamente cristãos do nacionalismo americano (e o uso atual da religião pelos militares dos Estados Unidos para promover a disciplina e elevar o moral) ameaça rachar o muro de separação. Enquanto isso, o Islã é julgado em contraste com o seu próprio texto fundador, o Alcorão, que abjura a coerção na religião. As nações muçulmanas trabalham para adaptar a política dos direitos individuais, inclusive da liberdade religiosa, mas os resultados são desiguais. Muitos regimes islâmicos coagem corriqueiramente a consciência de não muçulmanos, mesmo que apenas restringindo a prática declarada de outras religiões. O encontro do islamismo com os que professam crenças diferentes será para benefício também dos muçulmanos, pois nem as consciências muçulmanas devem ser coagidas. Os judeus, por sua vez, enfrentam sua própria versão da tentação constantiniana, pois com Israel obtiveram um poder de estado. O estado judaico está firmemente comprometido com o liberalismo democrático, incluindo o princípio teórico dos direitos das minorias. Não obstante, somente a paz dará sustentação a esse princípio – para muçulmanos e cristãos, mas também para os judeus que acreditam diversamente. Não implica contradição o fato de Israel ser judaico e democrático ao mesmo tempo, o que significa que o estado existe para proteger a consciência de cada cidadão. Enquanto isso, nem todos os judeus se definem em termos de Israel, e essa também é uma exigência da liberdade de consciência. A diáspora, finalmente, pode ser uma escolha.

Quinto. Na nova era, a boa religião, paradoxalmente, pode ter um caráter profano. Isso acontece à medida que um número cada vez maior de pessoas considera a religião organizada excessivamente ligada à tradição e historicamente envolvida com a intolerância que é cúmplice da violência. A rejeição da má religião pode exigir a rejeição de formas, categorias e símbolos religiosos que se mostrem incapazes de autocrítica ou de renovação. Uma *concepção* da pessoa em relação a uma *concepção* do divino – é isso que a experiência contemporânea desqualifica cada vez mais.

Mas pode-se perguntar, Concepção de quem? O ateísmo pode consistir na rejeição não de Deus, mas de concepções claramente irracionais (até violentas) de Deus (Zeus, Yahweh, a Trindade, Alá) expressas por outros, sejam filósofos, papas, rabinos ou imãs. Pode haver um fundamentalismo do ateísmo a que escapam totalmente as sutilezas, digamos, de uma fé apofática que sabe que desconhece Deus. Mas isso não anula a pergunta feita pelos ateístas. A boa religião pode de fato pressupor uma religião da não religião, o que implica a capacidade de reconhecer o impulso para a transcendência fora dos campos do sagrado concebidos tradicionalmente. Outros campos que se abrem ao transcendente podem incluir a ciência, a arte e a psicanálise. A musa é sagrada, e talvez também o seja o terapeuta. A boa religião reconhece que cada um desses caminhos de compreensão não é necessariamente mais limitado do que o seu. Compreender (*understand*) é estar embaixo (*stand under*), onde o profundo se comunica com o profundo.

A passagem da fé como certeza para a fé como atitude que inclui tanto a ignorância quanto a dúvida pode significar que a adoração a Deus é a adoração a Deus além de "Deus". E quem pode afirmar que as chamadas abordagens profanas conduzem àquela realidade menos facilmente do que as religiosas? Dietrich Bonhoeffer escreveu indagativamente sobre essa questão em uma prisão nazista um pouco antes de ser enforcado por opor-se a Hitler. "Podemos falar de Deus sem professar uma religião? Como podemos falar de Deus de modo profano?" Bonhoeffer parece ter antecipado a revolução da consciência que deixou os finais do século XX à deriva, reconhecendo aquilo que outros chegariam a entender bem mais lentamente do que ele, isto é, que "a peça-chave é removida da estrutura toda do nosso cristianismo até agora". E o que era essa peça-chave senão o mecanismo do bode expiatório que então estava sendo tão brutalmente exposto pelo Holocausto?

Bonhoeffer não podia imaginar até que ponto a sua crítica instintiva atingia a religião – a religião do sacrifício sangrento que era cúmplice da violência horrenda contra a qual ele se posicionara. Ele perguntou, "Se tivéssemos finalmente de considerar o modelo do cristianismo ocidental como mero estágio preliminar à inexistência de qualquer religião, quais seriam as consequências para nós, para a Igreja? Como Cristo pode ser o Senhor mesmo daqueles que não têm religião? Se a religião não é mais do que a roupagem do cristianismo – e mesmo essa roupagem apresentou aspectos muito diferentes em diferentes períodos – o que, então, é um cristianismo sem religião?"[27]

E pode-se perguntar, O que é uma crença sem religião? A pergunta se dirige a todas as tradições. Não se trata apenas das imperfeições bem documentadas e inegáveis da religião, nem de um salto intelectual a uma idade da razão em que estruturas "primitivas" da religião são deixadas para trás. Não, essa é uma questão de aprendizado, de um frente a frente honesto com os limites da religião, algo novo sobre o Uno a quem a religião pretende se submeter. "O Deus que está conosco", escreveu Bonhoeffer, "é o Deus que nos abandona. O Deus que nos faz viver no mundo sem usá-Lo como hipótese de trabalho é o Deus diante do qual sempre estamos. Diante de Deus e com Deus, vivemos sem Deus."[28] Como essa incompreensibilidade está inserida na essência da fé, os que creem podem ser gratos aos descrentes que a enfatizaram com suas críticas, especialmente suas críticas à violência religiosa. Mas os que creem podem responder ao ceticismo da modernidade com um ceticismo próprio, incluindo certamente o ceticismo relacionado às pretensões à verdade absoluta (como à suposta não violência) de uma cultura totalmente secular.

Mas o ceticismo é a revelação, e é mais valioso quando cada um o aplica à própria fé, comparando-o com o padrão de amor que a religião pretende sustentar. Para tomar um exemplo gritante do que instiga a rejeição da religião, considere a violência contra a mulher, num *continuum* que se estende desde pressupostos intelectuais da supremacia masculina até o aviltamento pornográfico, o abuso físico, a escravidão e o assassinato. O sexismo misógino é um sintoma especial de desordem religiosa, e entre as instituições predominantes, incluindo o judaísmo, o cristianismo e o islamismo, ele é, em maior ou menor grau, endêmico. O oposto da supremacia masculina não é a supremacia feminina, mas a igualdade. Para muitas pessoas não pode haver um Deus para quem essa igualdade não seja essencial, o que pode levar muitos a concluir, a partir das evidências oferecidas pelas religiões, que Deus não existe.[29]

Todavia, a rejeição da religião que se torna íntima da injustiça pode equivaler, em termos bíblicos, a um repúdio da idolatria, pois com relação às mulheres, como com relação a muitos outros seres humanos, as religiões traíram a si mesmas aceitando formas culturais passageiras, o patriarcado, por exemplo, como mandato divino. Na avaliação dos "neoateísmos" do século XXI, pode ser útil lembrar que tanto o judaísmo como o cristianismo, ao rejeitarem as categorias, formas e símbolos religiosos predominantes no Império Romano, foram denunciados como ateístas. Mulheres que deixam a igreja, a sinagoga ou a mesquita para proteger suas vidas e sua dignidade são peregrinos autênticos de valor transcendental, seja como for que descrevam a si mesmas ou a esse valor. Do mesmo valor transcendental são todos os peregrinos da justiça cuja busca os afasta de "Deus". Assim, o teste mais revelador que se apresenta às três religiões monoteístas hoje é o do modo como definem o lugar da mulher. Considerando as interpretações inovadoras que iluminaram a cultura global nos séculos XX e XXI – se as mulheres progridem, a cultura avança – as religiões se desqualificarão como agentes da presença ou da obra de Deus se a mulher não puder reivindicar nelas posições de igualdade total.

Em suma, a boa religião compreende que a má religião é inevitável e que a religião pura é impossível. Também as religiões pecam. Isso porque começaram com a intuição trágica de que a solução para a violência é a violência – o culto sacrifical. A religião difunde essa ideia (assim como a política), mas se a religião (e a política) não mudar, a civilização humana chegará ao seu fim. Por isso o critério ao qual toda reflexão deve voltar-se é o da função essencial da autocrítica religiosa, agora assumindo caráter urgente devido à atual vulnerabilidade humana. A boa religião não é uma religião perfeita, e ela sabe disso. A renovação da prática religiosa, da doutrina, do culto, do credo, da tradição e da devoção deve ser contínua. Esse compromisso radical com a purificação está inserido na tensão entre o texto sagrado e sua interpretação em constante desdobramento, um processo pelo qual a crença é medida em contraste com suas consequências no mundo real. Em outras palavras, a experiência precede a doutrina.[30] Crenças que levam a transgressões da lei primordial do amor devem mudar. A religião que leva à violência deve ser reformada. O que significa dizer que toda religião está em permanente necessidade de reforma.

Foi em Jerusalém que os seres humanos aprenderam essa lição pela primeira vez, e é lá que ela continua a ser aprendida. Jerusalém, Jerusalém.

NOTAS

Capítulo 1. Introdução: Duas Jerusaléns

1. Êxodo 3,1-15. Salvo observação em contrário, as citações bíblicas baseiam-se na Bíblia de Jerusalém (BJ).
2. Atos 2,2-13.
3. Salmo 14,7. *A Bíblia de Jerusalém* usa "Salvação". A RSV [Revised Standard Version, a Bíblia adotada pelo autor] usa "libertação".
4. Zacarias 12,2. "De vertigem" (= "intoxicante", na tradução inglesa da BJ. A RSV usa "inebriante". Quando Peggy Lee cantava "Você me deixa com febre", não se tratava de queixa. "Febre de manhã, febre a noite toda."
5. Ezrahi, "'To What Shall I Compare Thee?': Jerusalem as Ground Zero of the Hebrew Imagination", *Publications of the Modern Language Association* 122, nº 1, janeiro de 2007, 220-34.
6. Amos Elon, *Jerusalem*, 113.
7. Har Meggido significa "Monte de Meguido". Refere-se a um lugar relativamente próximo do Mar da Galileia e palco de inúmeras campanhas militares antigas, e de pelo menos uma durante a Primeira Guerra Mundial.
8. "Jerusalem of Gold", poema de Naomi Shemer. http://www.jerusalemofgold.co.il/translations.html.
9. Elon, *Jerusalem*, 227.
10. Ver, por exemplo, o *Christian Science Monitor Report* "Why 88 Arab Homes Received Eviction Notices", http://www.csmonitor.com/World/Middle-East/2009/0226/po4s01-wome.html.
11. A expressão é de Bernard Avishai. Leitura essencial para o Israel atual é o seu *The Hebrew Republic: How Secular Democracy and Global Enterprise Will Bring Israel Peace at Last*. Nova York: Harcourt, 2008.
12. Isaías 2,2. O termo *aliyah* subsiste em Israel atualmente como palavra oficial para imigração. O seu antônimo, *yerida* (descida), define, de modo zombeteiro, emigração.

13. Elon, *Jerusalem*, 214.
14. Do Sykes-Picot Agreement de 1916 ao "Clinton Parameters" de 2001 e ao Annapolis Agreement de 2007. Berger and Idinopulos, *Jerusalem's Holy Places and the Peace Process*, XV.
15. Elon, *Jerusalem*, 173, 116.
16. Amos Oz, *In the Land of Israel*, 8.
17. Avishai, *Hebrew Republic*, 157.
18. Tzipi Livni, ex-ministro do exterior de Israel, na Sétima Conferência de Jerusalém em 2010, disse que "o estado judaico foi feito refém dos partidos ultraortodoxos". *Israel News Today,* 19 de fevereiro de 2010. Entre os prefeitos de Jerusalém contam-se ortodoxos haredim [ultraortodoxos] como Uri Lupolianski e empresários leigos como Nir Bakat. Embora minoria na cidade, os haredins eram maioria no conselho da cidade em 2009.
19. Bernard Avishai, "Keep de Heat On", Bernard Avishai Dot Com, 15 de março de 2010. Observe o eco da nossa metáfora.
20. As polêmicas de Jerusalém são competentemente definidas por Avishai, que vê a cidade como centro das "cinco tribos" de Israel – asquenazes, judeus norte-africanos, russos, colonizadores da margem ocidental e árabes com passaporte israelense. A "Tribo Três odeia a Quatro, condescende com a Dois, duvida da Um; a Dois odeia a Um, se ressente da Três e (por razões diferentes) da Quatro; a Um tem medo da Dois, protege a Três e odeia a Quatro; a Quatro odeia a Um, faz prosélitos na Dois e teme a Três. Todas as quatro têm medo da Cinco". Avishai, *Hebrew Republic*, 118.
21. A presidente do conselho do YMCA em Jerusalém é Dorothy Harman, que foi de Nova York para Israel em 1971. O CEO é Forsam Hussein, um israelense palestino, indicado em 2010.
22. "A grande, unificada Jerusalém está sendo despedaçada. A capital israelense – judaica e árabe – está se tornando a capital de fanáticos alucinados e perigosos", escreveu Avraham Burg em 2010. "Esta não é a cidade de todos os seus residentes, nem a capital de todos os seus cidadãos. Ela é uma cidade triste que pertence aos seus colonizadores, seus ultraortodoxos, seus habitantes violentos e seus messias... Jerusalém está se esvaziando mais rapidamente do que qualquer outra cidade no mundo. Primeiro partiram seus residentes abastados, depois os moderados abandonaram o navio, seguidos pelos adultos seculares jovens. Muito em breve não haverá mais ninguém para sair e a cidade ficará completamente sozinha. As fontes de luz estão se extinguindo, obstruídas pelos raios da escuridão." Avraham Burg, *Haaretz*, 7 de março de 2010. Burg não é uma figura marginal. Em 1995, ele foi indicado presidente da Jewish Agency e da World Zionist Agency. Foi presidente do Knesset de 1999 a 2003.

23. Sari Nusseibeh, *Once Upon a Country*, 24.
24. Em 2010, escrevi sobre os despejos em Sheikh Jarrah, descrevendo a situação dramática dos cinquenta familiares de Fouad Ghawi, que morava na casa desde 1954, quando ele tinha 8 anos de idade. Ele e sua família foram refugiados palestinos de Jafa durante a guerra de 1948, e seu pai negociou seu cartão de refugiado da ONU, que lhe garantia assistência básica, pelo direito de se mudar para a casa que a Agência de Refugiados da ONU e a Jordânia estavam construindo em terra desocupada. Como compensação pela conclusão da casa, a família Ghawi receberia as escrituras. Três gerações da família Ghawi moraram ali desde então – até agosto passado, quando um tribunal de Israel determinou seu despejo. Eles não tinham as escrituras porque, disse-me ele, "o governo jordaniano não a colocaria em nosso nome até que tivéssemos um encanamento adequado, e então explodiu a guerra de 1967". A autoridade da Jordânia chegou ao fim. A família foi desalojada pela polícia municipal de Jerusalém, e a casa foi tomada pelos colonizadores judeus extremistas. Por fim, milhares de pessoas se uniram para protestar e apoiar a família Ghawi, inclusive membros do Knesset. James Carrol, "Stop the Palestinian Evictions", *International Herald Tribune*, 24 de fevereiro de 2010. Ver também Nir Hassom, "Thousands of Protesters Rally Against Jewish Presence in East Jerusalem", http://www.haaretz.com/hasen/spages/1154448.html.
25. "Hoje, um quarto dos israelenses que estão no ensino fundamental é árabe e um quarto é judeu ultraortodoxo... Não é preciso ser profeta para ver aonde as crianças de Israel estão indo." Avishai, *Hebrew Republic*, 21.
26. Elon, *Jerusalem*, 177.
27. Salmo 150,3. A BJ diz "cítara". RSV diz "alaúde". Calatrava é o arquiteto responsável pelo sistema integrado de transportes no marco zero em Nova York. Neste, em vez das cordas da cítara, o motivo são asas.
28. Avishai, *Hebrew Republic*, 153.
29. Alguns sustentam que Israel, que se afirma uma democracia liberal, está acima dos palestinos, que não se dizem democratas liberais. Outros atribuem a Israel um grau maior de responsabilidade simplesmente porque, no conflito com a Palestina, é a parte mais forte. No entanto, uma atitude já muito antiga de ver os judeus em níveis mais elevados evidencia-se, por exemplo, nos boicotes acadêmicos ocidentais a Israel, quando nada acontece com relação à China pelo tratamento que dispensa ao Tibete, ou à Rússia pela forma como oprime a Geórgia – ou, nesse quesito, à Síria por seu envolvimento no assassinato do primeiro-ministro libanês.
30. Talvez a discussão mais forte em torno do *hic* tenha relação com a insistência palestina sobre o direito de retornar – um retorno real, físico, para luga-

res específicos dos quais seus avós foram expulsos – para *esta* casa *aqui*, não importando o que aconteceu com ela no decorrer de sessenta anos.

31. Gênesis 22.
32. Salmo 137,1.
33. Não por nada, o filme de Ridley Scott sobre as Cruzadas, de 2005, recebeu o título *Reino dos Céus*.
34. "A morte ocorria em todas as formas e modalidades... pais matavam seus filhos... homens eram arrancados dos templos, trucidados nos próprios altares... todo o mundo helênico convulsionado... em muitas calamidades – como acontece e sempre acontecerá enquanto a natureza humana for o que é... Mas a guerra é um professor severo." *História da Guerra do Peloponeso* III, 82,2.
35. Esta passagem extraída de Thomas Merton, por exemplo, repercutiu intensamente em mim: "Para que viver para coisas que você não pode segurar, para valores que se desfazem em suas mãos assim que os pega, para prazeres que azedam antes mesmo que comece a saboreá-los e para uma paz que se transforma constantemente em guerra?" *The Waters of Siloe*. Garden City, NY: Image Books, 1962, 72.
36. Frei Pierre Benoit, da École Biblique et Archéologique Française, em Jerusalém.
37. Escrevi pela primeira vez sobre esse encontro em *An American Requiem: God, My Father, and the War that Came Between Us*. Abordo-o novamente aqui com uma compreensão muito diferente da experiência.
38. Desde 1997, participo anualmente da Conferência Teológica no Instituto Shalom Hartmann, inicialmente patrocinado pelo falecido estudioso luterano Krister Stendahl. O rabino David Hartman é o idealizador da conferência, sucedido na direção pelo rabino Donniel Hartman.
39. A minha compreensão da natureza judaica de Jesus e de sua oposição a Roma é influenciada especialmente pela obra de Paula Fredriksen e John Dominic Crossan. Reconheço meu débito para com eles.

Capítulo 2. Violência Entranhada

1. Reconheço que continuo aqui a tradição de expor mitos que explicam tendências humanas básicas e que justificam a criação de instituições para controlá-las. Mitos antigos (Prometeu) e modernos da criação (Hobbes, Rousseau, Freud) abordam a questão da agressão, alguns afirmando que os seres humanos são violentos "por natureza" (Freud, Hobbes) e outros sustentando o contrário (Rousseau). Serem os mitos das origens tão variados sugere que cabe a cada pessoa preocupada com a grave questão da violência chegar a conclusões próprias. Apresento a questão aqui, como também pos-

síveis respostas. O fato de basear-me em explicações científicas, necessariamente carregadas de especulações, não elimina essa atividade de criação de mitos, mesmo que os mitos científicos pertençam a um campo distinto.

2. O cálculo presume um segundo por número. Seriam necessários trinta anos para contar até um bilhão. http://www.si.edu/exhibition/gal111/universe.

3. "A Expectativa da Fé", discurso de Kierkegaard, citado em Bellinger, *Genealogy of Violence*, 65. "A capacidade de ocupar-se com o futuro é, então, um sinal da nobreza dos seres humanos; a luta com o futuro é a mais enobrecedora... Aquele que luta com o futuro tem um inimigo [mais] perigoso: ele não pode permanecer ignorante de si mesmo, pois está lutando consigo mesmo... Há um inimigo que ele não pode conquistar sozinho, ele mesmo."

4. Karl Barth exprime assim essa ideia: "Por não estar o homem em harmonia consigo mesmo, não estamos em harmonia uns com os outros. Por inexistir congruência interior e continuidade na vida do indivíduo, não há solidariedade entre os homens." *Church Dogmatics*. Edimburgo: T. and T. Clark, 1957, 726-27.

5. Bronowski, *Ascent of Man*, 54.

6. Thurman, "First Impressions: What Does the World's Oldest Art Say About Us?" *The New Yorker*, 23 de junho de 2008, 62.

7. Os antropólogos "observam que nas sociedades coletoras-caçadoras contemporâneas, cabe tipicamente às mulheres a tarefa de preparar o alimento, não aos homens. Assim, é mais provável que teriam sido mulheres as primeiras a deixar cair sementes nos seus acampamentos". Eisler, *The Chalice and the Blade*, 69.

8. Kugel, *How to Read the Bible*, 55. "Dificilmente o conhecimento da fisiologia da paternidade é um traço congênito, e tampouco é necessário para a reprodução sexual; assim, é quase impossível que em certo momento da pré-história de todas as sociedades a ignorância da paternidade não tenha existido de fato" (702).

9. "Subitamente" é uma designação adequada na escala de tempo que estamos marcando, embora avanços como esses possam ter se processado ao longo de muitas gerações. Os estudiosos não definem com precisão os períodos de tempo dentro dos quais essas revoluções biológicas e morais ocorreram.

10. Leaky, *Origins*, 122.

11. A agricultura foi "inventada" independentemente em outros lugares. Por exemplo, o cultivo do arroz na Tailândia data de cerca de seis mil anos AEC. O milho começou a ser cultivado no México por volta de cinco mil anos AEC. O bicho da seda foi domesticado na China aproximadamente quatro mil anos AEC. Eisler, *The Chalice and the Blade*, 252.

12. Os humanos "passaram a depender de um número drasticamente reduzido de espécies de plantas e de animais, os quais só podiam ser cultivados num ambiente biologicamente empobrecido pelo trabalho repetitivo". Agora os humanos "se especializaram em comer as sementes de quatro variedades de ervas – trigo, arroz, milho e painço. Se estes desaparecerem, por doença ou mudança climática, nós também desapareceremos". Wilson, *The Creation*, 139, 11.

13. Na Anatólia, no extremo da Mesopotâmia, por volta de 800 AEC., os mercadores usavam pepitas de prata e de ouro como valores suplementares nas transações comerciais. Uma marca que identificava a pureza do metal era impressa na pepita. Esse selo comprimia a pepita, achatando-a. Esse foi o início da moeda. Jack Weatherford, "Prometheus Unbound", *Lapham's Quarterly* 1, nº 2, primavera de 2008, 188.

14. A escrita se chama cuneiforme por causa das ranhuras em forma de cunha feitas com estilete na argila.

15. Na época da invenção da agricultura, a população humana somava em torno de dez milhões de indivíduos. Hoje ela está em sete bilhões. http://www.pbs.org/wgbh/nova/world balance/numbers.html.

16. Os arqueólogos encontram evidências desse "padrão de ruptura" em todas as regiões "onde as primeiras grandes civilizações agrícolas se espalharam ao longo de lagos e rios nas áreas centrais férteis". Os nômades invadiram todas elas. Eisler, *The Chalice and the Blade*, 43.

17. Devo a Bronowski a percepção do nexo entre a domesticação do cavalo e a guerra. Ele acrescenta, "Mas a guerra, a guerra organizada, não é um instinto humano. Ela é uma forma muito bem planejada e cooperativa de roubo. E essa forma de roubo começou há dez mil anos, quando os produtores de trigo acumulavam o excedente e os nômades saíam do deserto para roubar-lhes o que não podiam prover por si mesmos. A prova disso é a cidade amuralhada de Jericó e sua torre pré-histórica. Esse é o começo da guerra". *Ascent of Man*, 88. Como a escrita mais antiga subsistente é a suméria, assim também a representação mais antiga de um cavalo em guerra está no "Estandarte de Batalha de Ur", um quadro retratando o exército sumério, descoberto pelos arqueólogos nos inícios do século XX, ao sul da Bagdá atual e datado de cerca de 2.500 AEC. Mais ou menos nesse mesmo período, o elefante foi domesticado na civilização que havia se desenvolvido no Vale do Indo, e esta também estava atrelada à guerra. Eisler, *The Chalice and the Blade*, 253.

18. A mãe-dragão babilônia primordial, por exemplo, foi assassinada por seu filho, Marduk, o deus da guerra. Das duas metades do seu cadáver se formaram a abóbada do céu e o plano da terra. Brock and Parker, *Saving Paradise*, 11.

19. Devo essa formulação a Drew Gilpin Faust, *The Republic of Suffering*, 83.

20. "Ideias não produzem rituais; antes, o próprio ritual produz e molda ideias." Walter Burkert, "*Homo Necans*: The Antropology of Ancient Greek Sacrificial Ritual and Myth", in Carter, *Understanding Religious Sacrifice*, 227.
21. "O homem se tornou homem por meio da caça, pelo ato de matar". Burkert, "*Homo Necans*", 224.
22. Durkheim, *Elementary Forms of Religious Life*, 268.
23. As várias teorias cristãs de expiação são um exemplo disso.
24. Burkert, "*Homo Necans*", 224.
25. J. Z. Smith, por exemplo, afirma que "o sacrifício animal parece ser, universalmente, a morte ritualística de um animal domesticado". Isto é, ele não ocorreu antes da chegada da agricultura. Carter, *Understanding Religious Sacrifice*, 327. Adolf E. Jenson argumenta que os caçadores não precisavam ritualizar a matança, uma vez que ela "fazia parte da ordem natural das coisas e não precisava de explicação". Carter, *Understanding Religious Sacrifice*, 177.
26. Carter, *Understanding Religious Sacrifice*, 211.
27. As grandes tragédias da Grécia, mãe da cultura ocidental, consideram o sacrifício como fato consumado. Por exemplo, em *Agamenon*, de Ésquilo, a filha do rei é sacrificada quando vítimas animais se mostram insuficientes. Baixos-relevos no Partenon, datados do século V AEC, mostram três donzelas a caminho do altar do sacrifício. Dois mil anos mais tarde, quando os espanhóis chegaram no México asteca no século XV EC, encontraram um culto vigoroso de sacrifício humano. O Templo Maior, escavado na Cidade do México nos finais do século XX, era "um teatro para grande número de sacrifícios humanos de guerreiros, crianças, mulheres e escravos". Corrasco, *City of Sacrifice*, 56.
28. Girard, *Violence and the Sacred*, 47.
29. As reflexões de Girard começam com os humanos primitivos, mas elas se aplicam ao século XXI, quando exatamente essa violência irracional e espiritualizada materializa-se na teoria da restrição nuclear e dos arsenais nucleares. Girard diz, "Hoje a violência absoluta – a verdade da história humana – circula sobre nossas cabeças mais ou menos como satélites e poderia, se quiséssemos, extinguir toda a história humana num instante. Os especialistas nos dizem sem pestanejar que só essa violência nos protege. Não tardaremos muito a compreender por que os seres humanos jogavam os próprios filhos nas fornalhas do ídolo Moloc acreditando que assim fazendo os protegeriam de uma violência pior". Citado em Schwager, *Must There Be Scapegoats?*, 31.
30. Jeffrey Carter comenta: "Com uma teoria tão devastadora, não admira que [Girard] atraia tanto seguidores devotos quanto críticos eloquentes." *Understanding Religious Sacrifice*, 241.

31. Devo a imagem de pessoas desejando o que outras adquirem no balcão da loja a Gil Bailie. Bailie, *Violence Unveiled*, 116.
32. Isso lembra a noção de Thomas Hobbes do estado da natureza, anterior ao contrato social, como a "guerra de todos contra todos". *Leviatã*, Capítulo 13.
33. Hamurábi (c. 1810-1750 AEC.) foi rei da Babilônia. Seu código de leis era um conjunto detalhado de restrições destinadas a refrear a inveja e a vingança. "Se alguém roubar e for apanhado, será condenado à morte."
34. O bode expiatório aparece em Levítico 16.
35. Bailie, *Violence Unveiled*, 127.
36. "Sabemos que os animais possuem mecanismos individuais de controle da violência; animais da mesma espécie nunca lutam até a morte, e o vitorioso poupa a vida do derrotado. À humanidade falta essa proteção. O substituto que temos para o mecanismo biológico dos animais é o mecanismo coletivo, cultural da vítima sub-rogada. Não há sociedade sem religião porque sem religião a sociedade não pode existir." Girard, *Violence and the Sacred*, 221.
37. A frase é de René Girard, que a explica como "transferência coletiva da violência a uma vítima casual". Schwager, *Must Be Scapegoats?*, vii.

Capítulo 3. A Bíblia Resiste

1. As teorias de René Girard, em particular, são objeto de críticas. Ver, por exemplo, Klawans, *Purity, Sacrifice, and the Temple*, e Chilton, *The Temple of Jesus*.
2. Três passagens que detalham a aliança de Iahweh com Abraão:

Gênesis 15,7–10,17-9:

Ele lhe disse: "Eu sou Iahweh que te fez sair de Ur dos caldeus, para te dar esta terra como herança. Abraão respondeu: "Meu Senhor Iahweh, como saberei que hei de possuí-la?" Ele lhe disse: "Procura-me uma novilha de 3 anos, uma cabra de 3 anos, um cordeiro de 3 anos, uma rola e um pombinho." Ele lhe trouxe todos esses animais, partiu-os pelo meio e colocou cada metade em face da outra; entretanto, não partiu as aves...

Quando o sol se pôs e estenderam-se as trevas, eis que uma fogueira fumegante e uma tocha de fogo passaram entre os animais divididos. Naquele dia Iahweh estabeleceu uma aliança com Abraão nestes termos: "À tua posteridade darei esta terra, do Rio do Egito até o Grande Rio, o Rio Eufrates."

Deuteronômio 11,24-31:

Iahweh desalojará para vós todas essas nações para que tomeis posse de nações maiores e mais poderosas do que vós. Todo lugar em que a sola dos vossos pés pisar será vosso: o vosso território irá desde o deserto até ao Líbano, desde o rio, o Eufrates, até ao mar ocidental. Ninguém resistirá a vós: Iahweh vosso Deus espalhará o medo e o terror de vós por toda a terra que pisardes, conforme vos falou.

Vede: hoje estou colocando a bênção e a maldição diante de vós... Quando Iahweh teu Deus te houver introduzido na terra em que estás entrando a fim de tomares posse dela, colocarás a bênção sobre o Monte Garizim e a maldição sobre o Monte Ebal. (Esses montes estão no outro lado do Jordão, a caminho do poente, na terra dos cananeus.)

Josué 1,3

Todo lugar que a planta dos vossos pés pisar eu vo-lo dou, como disse a Moisés. Desde o deserto e o Líbano até o Grande Rio, o Eufrates (toda a terra dos heteus) e até o Grande Mar, no poente do sol, será o vosso território.

3. Schwager, *Must There Be Scapegoats?*, 55.
4. "O Hino de Batalha da República", hino de uma das guerras mais violentas da história, deriva sua imagem encolerizada de Deus, um Deus esmagando uvas com toda raiva, do versículo do Apocalipse que prediz que Cristo "pisará o lagar do vinho do furor da ira de Deus, o Todo-poderoso". Apocalipse 19,15. Voltaremos a esse hino, e à sua guerra, mais adiante.
5. Josué 10,40.
6. Crossan, *God and Empire*, 73.
7. Eisler, *The Chalice and the Blade*, 44.
8. Kugel, *How to Read the Bible*, 288.
9. James Kugel compara o pequeno grupo de hebreus fugitivos aos Peregrinos. Kugel, *How to Read the Bible*, 232.
10. A ideia de que o agressor humano sente arrependimento inato parece ser desmentida pela, digamos, chamada tradição realista nas relações internacionais. O realista não se deixa abalar moralmente pela violência, mas a aceita como necessária (ver o Diálogo Meliano em *História da Guerra do Peloponeso*, de Tucídides). Mas as escolhas da política realista (por exemplo, guerra por causa do petróleo) revestem-se quase sempre com a linguagem não realista da moralidade (guerra justa) porque os públicos raramente lutarão ou apoiarão a luta por outras causas que não as nobres. Agradeço essa visão a Nir Eisikovits.
11. "Fé é o estado de ser supremamente preocupado." Tillich, *Dynamics of Faith*, 1.
12. *Homo sapiens sapiens* é uma construção *ad hoc*, não latim correto. A elaboração seguinte, com um terceiro *sapiens*, é igualmente *ad hoc* e usada para explicar o "ser conhecido", pois o verbo *sapere* não tem uma forma passiva.

13. Falando a repórteres na véspera da primeira Guerra do Golfo, o Chefe do Estado-Maior Conjunto Colin Powell definiu seu objetivo com essas palavras. Mas não apenas líderes militares se interessam pela guerra. Em *O Príncipe*, Maquiavel afirma que o príncipe deve estar sempre atento em preparar-se para a guerra e em empreendê-la. Essa é a verdadeira ocupação dos líderes políticos. Líderes contemporâneos, mesmo civis como o presidente americano, são acima de tudo comandantes militares ("comandante em chefe"). Assim, projeções bíblicas com essa característica em Deus não são tão primitivas como se imagina.
14. Kugel, *How to Read the Bible*, 475.
15. Kugel diz que o massacre de um inimigo, seguido da destruição de todas as suas propriedades, não era uma mera crueldade divina. Eliminando o despojo, Deus estava aqui pondo um fim à guerra como empreendimento gerador de lucro. Isto é, a guerra total podia ser uma forma indireta de mitigar a violência. Kugel, *How to Read the Bible*, 448.
16. A referência mais antiga a Jerusalém está gravada em cacos de cerâmica encontrados em Luxor, no Egito, com data de 1878-1841 AEC. O entalhe relaciona dezenove cidades da terra de Canaã, uma das quais é "Rushalimum", que, traduzida, significa "Shalem fundou", uma referência ao deus sírio Shalem, que era adorado como a estrela vespertina ou o sol poente. Armstrong, *Jerusalem*, 6. Essa é a primeira de inúmeras citações de Karen Armstrong, cujos livros me foram especialmente úteis. Reconheço agradecido meu débito para com ela.
17. 1 Reis 8.
18. Por exemplo, durante o Iluminismo, o mito da Atlântida, uma primitiva civilização perdida, foi bem aceito como alternativa à ideia disparatada de que a civilização ocidental derivou substancialmente do Israel bíblico.
19. Também Shakespeare observa o amor humano à guerra em *Coriolano*: "Deixa-me fazer guerra, digo eu. Ela excede a paz tanto quanto o dia supera a noite; ela é vívida, estimulante, sonora, cheia de odores. A paz é apoplética, letárgica, deprimida, surda, sonolenta, insensível, mais geradora de filhos bastardos do que a guerra é destruidora de homens" (ato 4, cena 5).
20. Bailie, *Violence Unveiled*, 134.
21. "Deus se arrependeu do mal que Ele dissera que lhes faria." Jonas 3,10.
22. Os estudiosos identificam as quatro principais fontes do Pentateuco, os primeiros cinco livros da Bíblia, com as seguintes siglas: "J" (de Javista, da grafia do nome de Deus Jaweh, Iahweh ou YHWH); "E" (de Eloísta, derivado do nome de Deus Elohim); "D", de Deuteronomista; e "P", a fonte Sacerdotal (via alemão *Priester*, sacerdote). Acredita-se que os dois primeiros docu-

mentos foram escritos por volta de 900-700 AEC e os dois últimos em torno de 600 AEC, durante e após o exílio na Babilônia.

23. Kugel, *How to Read the Bible*, 129.
24. Gênesis 11,1-9.
25. A Babilônia foi provavelmente a primeira cidade na história a ultrapassar o número de 200 mil habitantes. No século XVII AEC, ela alcançou a posição de maior cidade do mundo, e depois a perdeu – até a época de Nabucodonosor.
26. Daniel 3,12.
27. Jeremias 4,7.
28. Jeremias 52,12-4.
29. Lamentações 1,1-2.
30. A remoção dos judeus de Jerusalém como forma de destruir sua identidade grupal teve uma ressonância moderna nos anos 1990, quando os cristãos ortodoxos sérvios forçaram a remoção dos muçulmanos bósnios do seu lar ancestral, Sarajevo. O objetivo não era apenas ter uma cidade "etnicamente limpa", mas destruir a memória comunitária dos bósnios.
31. Kugel, *How to Read the Bible*, 288. "Os remanescentes de templos mesopotâmicos de sobrevivência mais antiga remontam aos inícios do 5º milênio AEC – muito antes que houvesse registros escritos de qualquer espécie – mas é bastante provável que esses templos existissem ainda antes disso" (285).
32. Kugel, *How to Read the Bible*, 421. É impossível dizer precisamente quando a religião judaica se tornou monoteísta. Os textos sugerem que a Unicidade de Deus era uma característica da fé de Moisés (e, portanto, por volta de 1200), mas esses textos foram provavelmente compostos nas formas como os lemos no período exílico ou logo depois, refletindo um monoteísmo desenvolvido daquela época.
33. Gênesis 4,10. Entre os autores que refletem sobre a história de Caim e Abel à luz da história de Rômulo e Remo estão Heim, *Saved from Sacrifice*, 72; Kugel, *How to Read the Bible*, 208; Girard, *The Girard Reader*, 249.
34. Gênesis 8,21.
35. Isaías 44,6; 45,18; 46,9. Esse texto, o chamado Segundo Isaías, foi composto durante os últimos anos do exílio.
36. Christopher Hitchens, por exemplo: "Por sua própria natureza, o monoteísmo é totalitário e ditatorial, e por isso é anátema para mim." http://www.deeshaa.org/2007/03/25/hitchens-on-free-speech-and-monotheism.
37. The *Oxford English Dictionary* situa o primeiro uso da palavra em 1660.
38. *Credo* é o termo latino para "Eu creio", as primeiras duas palavras do Credo de Niceia: "Eu creio em um só Deus." As primeiras palavras da *Shemá* são

Shema Yisrael, Adonai Eloheinu, Adonai Echad, que significam, "Ouve, Israel, o Senhor é o nosso Deus, o Senhor somente." (Deuteronômio 6,4). A palavra *Shahada* é árabe e significa "testemunhar"; refere-se à afirmação fundamental do islamismo, "Não há outro deus além de Deus. Maomé é o mensageiro de Deus".

39. Moisés Maimônides, *Guide for the Perplexed,* capítulo LVII. http://www.sacredtexts.com/jud/gfp/gfp003.htm.
40. Isaías é o poeta laureado do universalismo de Deus, do qual Jerusalém é a raiz: "Dias virão em que o monte da casa de Iahweh será estabelecido no mais alto das montanhas e se alçará acima de todos os outeiros. A ele acorrerão todas as nações, muitos povos virão, dizendo: 'Vinde, subamos ao monte de Iahweh, à casa do Deus de Jacó, para que ele nos instrua a respeito dos seus caminhos e assim andemos nas suas veredas.' Com efeito, de Sião sairá a Lei, e de Jerusalém, a palavra de Iahweh. Ele julgará as nações, ele corrigirá a muitos povos. Estes quebrarão as suas espadas, transformando-as em relhas, e as suas lanças, a fim de fazerem podadeiras. Uma nação não levantará a espada contra a outra, e nem se aprenderá mais a fazer guerra." Isaías 2,1-4. O profeta Miqueias tem a mesma visão, 4,1-5.
41. Êxodo 3,14. YHWH é às vezes traduzido como "Eu sou o que sou" ou "Eu sou quem sou", como se o Senhor estivesse se recusando a responder com um nome, o que confere poder ao nomeado. Por influência da filosofia grega, às vezes entende-se que o nome expressa a essência de Deus, o ser em si, *ipsum esse*. Mas os estudiosos também interpretam a resposta, expressa com uma forma arcaica do verbo "ser", como indicativa da existência ilimitada, procriadora de Deus. O verbo "ser", na terceira pessoa do singular "ele é", traduz-se como Iahweh.
42. João 10,30. Enquanto os seguidores de Jesus reconheciam sua unicidade com Deus como sinal de sua divindade, o Evangelho de João mostra os antagonistas de Jesus, "os judeus", entendendo essa pretensão como blasfêmia: "Os judeus apanharam pedras para apedrejá-lo."
43. Êxodo 20,3: "Não terás outros deuses diante de mim... porque eu, o Senhor teu Deus, sou um Deus ciumento." Deuteronômio 5,6: "Eu sou o Senhor teu Deus, aquele que te fez sair da terra do Egito, da casa da escravidão. Não terás outros deuses diante de mim... porque eu, o Senhor teu Deus, sou um Deus ciumento."
44. Gênesis 17,6.
45. Whitehead, *Science and the Modern World,* 192. Uma advertência se faz necessária aqui. A "forma mais nobre e com expressão mais clara" da religião que emergiu com o passar do tempo não deve ser tomada como uma espécie de supersessionismo, como se formas mais recentes de crença reli-

giosa sejam inevitavelmente superiores às mais antigas. A visão evolucionista da religião – a "tendência para o alto" de Whitehead – foi usada muitas vezes dessa forma depreciativa, cristãos depreciando judeus, protestantes depreciando católicos, secularistas pós-iluministas depreciando a crença tradicional. Não obstante, a expansão da consciência ao longo do tempo define a história humana.

46. Ver Armstrong, *The Great Transformation*, 3-48.
47. Heráclito, fragmento 50, citado em Hipólito, *Refutations*, trad. Richard Hooker. http://wsu.edu/~dee/GREECE/HERAC.HTM.
48. O Evangelho de João inicia com as palavras, "No princípio era o Verbo e o Verbo estava com Deus e o Verbo era Deus". Verbo = Palavra.
49. "Hebreus" e "israelitas" passam a ser conhecidos como "judeus" porque, aproximadamente na época do retorno do exílio na Babilônia, o remanescente da tribo de Judá começou a destacar-se. Eles começaram a se referir a si mesmos como "Yehudin", em aramaico – "morador da colônia a que os persas chamavam Yuhud (Judá, em persa)". Shulevitz, *The Sabbath World*, 49.
50. "Segundo Isaías" é o nome dado aos capítulos 40-55 do Livro de Isaías, parte que foi acrescentada ao rolo de Isaías, já existente.
51. Isaías 42,1-4; 49,1-6; 50,4-11; 52,13-53,12.
52. "Eu não disse nem prescrevi nada a vossos pais ... em relação ao holocausto e ao sacrifício. Mas eu lhes ordenei isto: 'Escutai a minha voz...'" Jeremias 7,22. (Ver também Jeremias 6,20.) "Porque é amor que eu quero e não sacrifício; conhecimento de Deus mais do que holocaustos". Oseias 6,6. (Ver ainda Oseias 5,6; 9,11-3.) Para outras denúncias proféticas do sacrifício, ver Isaías 1,10-7; Amós 5,21-5; Miqueias 6,6-8.
53. Deuteronômio 12,1-32.
54. 2 Reis 17,10; 16,4.
55. Kugel, *How to Read the Bible*, 313.
56. Levenson, *Death and Ressurrection*, 37.
57. Restos de crianças queimadas ritualmente foram encontrados em Cnossos, sugerindo que a imolação de crianças era um fenômeno comum na metade do segundo milênio AEC. Mas aparece também na idade de ouro de Péricles, mil anos mais tarde. A própria dramaturgia grega surgiu de rituais de sacrifício humano, e as maiores tragédias, do *Agamenon* de Ésquilo à *Electra* de Eurípedes e ao *Édipo* de Sófocles, são construídas em torno da morte ritual de filhos amados.
58. O deus Baal, também chamado Moloc, sempre condenado pelos profetas hebreus, exigia oferendas de crianças. Referências a Moloc encontram-se em todo o antigo Oriente Médio e norte da África. Em Cartago, por exemplo, o

nome "MLK" está gravado em pedras encontradas numa necrópole existente entre 400 e 200 AEC e contendo restos carbonizados de milhares de crianças queimadas deliberadamente, provavelmente em rituais religiosos.

59. Há referências ao sacrifício humano em 2 Reis 16,3; 17,17; 21,6; 23,10; 2 Crônicas 28,3; 33,6; Salmo 106,37; Isaías 57,7; Jeremias 7,31; 19,4-5; 32,35; em Êxodo 16,20; 20,26; 23,37.
60. Miqueias 6,7-8.
61. Gênesis 22.
62. Crossan, *God and Empire*, 64.
63. Crossan, *God and Empire*, 73.
64. Kugel, *How to Read the Bible*, 130. O sacrifício de crianças é mencionado em Deuteronômio 12,30-1; 18,10. Em Juízes 11,29-40, Jefté, que viveu por volta de 1200 AEC, reza para retornar incólume para casa e promete sacrificar o primeiro que sair pela porta de sua casa para saudá-lo. E quem saiu foi sua filha, sua "filha única", e ele a imolou.
65. No Alcorão, Ibrahim [Abraão] diz ao seu filho sem nome, "Meu filho, sonhei que te oferecia em sacrifício; o que pensas?" O filho responde, "Meu pai, faze conforme te foi ordenado". Ibrahim inclinou a cabeça do filho, preparando-o para o sacrifício. Ouviu então o chamado de Alá, "Ibrahim! Já realizaste a visão". O Alcorão comenta, "Essa foi a verdadeira prova". Al Saffat 37, 84-111. Tradução para o inglês de Bruce Chilton, *Abraham's Curse*, 148-49.
66. Mais adiante neste livro, examinaremos temas relacionados com o sacrifício e a guerra no século XX.
67. Pelo autor "eloísta", a quem nos referimos na nota 22, assim chamado porque se referia a Deus como Elohim, em contraste com o autor "javista", que se referia a Deus como YHWH. Lembre que essas duas fontes, "E" e "J", dos primeiros cinco livros da Bíblia (Pentateuco) escreveram em torno do século IX AEC. As outras duas fontes, "D" para deuteronomista e "P" para sacerdotal (*priester*), escreveram no século VI, durante e depois do exílio. Acredita-se que "D" tenha escrito Josué, Juízes, 1 e 2 Samuel e 1 e 2 Reis. Os dois livros de Crônicas foram escritos mais tarde, provavelmente no século IV.
68. Êxodo 22,28-30. "O primogênito de teus filhos, tu mo darás; farás o mesmo com os teus bois e com as tuas ovelhas; durante sete dias ficará com a mãe, e no oitavo dia mo darás."
69. Gênesis 22,2.
70. Levenson, *Death and Ressurrection*, x.
71. Armstrong, *Jerusalem*, 90. Essa afirmação relacionada ao judaísmo não é absoluta. A questão não é se os judeus foram os primeiros humanos na história a chegar a uma interioridade religiosa sofisticada (gregos, hindus,

budistas, confucianos e egípcios estavam todos desenvolvendo sistemas de pensamento e crença aproximadamente na mesma época), mas observar a singularidade originadora da fé bíblica.

72. 2 Crônicas, escrito em torno do século IV, registra, "Salomão começou, então, a construção da Casa de Iahweh em Jerusalém, sobre o Monte Moriá" (3,1).

73. Armstrong, *Jerusalem,* 71.

74. Voltaremos a Kierkegaard ao refletir sobre a modernidade. É suficiente observar aqui que *Temor e Tremor,* publicado em 1843, usa a história da Amarração de Isaac como ponto de partida para refletir sobre questões relacionadas a absolutos morais (Como pode ser "boa" a disposição de matar o filho? A obediência a Deus pode contradizer normas éticas?) e ao absurdo (A fé está além da racionalidade?). A reflexão de Kierkegaard sobre a história de Abraão e Isaac levou à introdução do absurdo como categoria filosófica, uma categoria que se tornou um dos pilares do pensamento do século XX.

75. Chilton, *Abraham's Curse,* 44.

76. As igrejas Católica Romana e Ortodoxa Oriental consideram 1 e 2 Macabeus livros canônicos da Bíblia. Judeus e protestantes os consideram historicamente confiáveis, mas não biblicamente canônicos.

77. Amós 3,9. "Proclamai nos palácios da Assíria... e dizei, 'reuni-vos nas montanhas da Samaria.'"

78. Amós 4,11-2.

79. Jeremias 25,8.

80. "Daniel 7 nos oferece um dos primeiros casos de um 'apocalipse' judaico. O termo apocalipse se refere a um tipo de literatura – um gênero literário – que começou a se popularizar durante o período macabeu e continuou popular durante séculos depois, entre os judeus e depois entre os cristãos." Ehrman, *Gods Problem,* 197. O Livro de Enoc, escrito na mesma época, é outro exemplo de apocalipse judaico.

81. "Eu continuava contemplando, nas minhas visões noturnas, quando notei... um como Filho de Homem... A ele foi outorgado o império, a honra e o reino... um império eterno que jamais passará, e seu reino jamais será destruído." Daniel 7,13-4. Devo a ideia de uma religião de espaço tornando-se uma religião de tempo a Shulevitz, *The Sabbath World,* 4.

82. Ehrman, *God's Problem,* 201.

83. Devo essa ideia do novo significado do martírio, com a promessa de ressurreição, a Bruce Chilton. Ver, por exemplo, Daniel 12,1-3; 2 Macabeus 7,11.

84. Shulevitz, *The Sabbath World,* 80.

85. 2 Macabeus 7,41 (BJ).

86. Gênesis 15,6.
87. 1 Macabeus 2,52 (BJ).

Capítulo 4. A Cruz Contra Si Mesma

1. Para citar apenas duas, houve a descoberta de textos, entre eles o Evangelho de Tomé, em Nag Hammadi, Egito, em 1945, e a dos manuscritos de Qumrã, nas proximidades do Mar Morto em 1947. Esses textos demonstraram que o judaísmo e o movimento de Jesus dentro dele eram muito mais variados e sectários do que os estudiosos acreditavam até então. Pela primeira vez, foi possível compreender Jesus (e também João Batista) no contexto de suas vidas – muito coerentes com a compreensão que possivelmente tiveram de si mesmos.
2. O Mar Morto está mais de 400 metros abaixo do nível do mar. Como comparação, o Vale da Morte, o ponto mais baixo no Hemisfério Ocidental está a menos de 90 metros abaixo do nível do mar.
3. Lucas 7,24-8.
4. Mateus 14,13. Adam Gopnik, numa revisão da literatura sobre Jesus no *The New Yorker*, capta o dilema com que Jesus se defrontou naquele momento. "Jesus parece ter um vislumbre da circunstância em que se viu envolvido – liderando uma rebelião contra Roma que não é realmente uma rebelião, e no entanto não deixa realmente nenhuma possibilidade de retirada – e algum canto da sua alma não quer fazer parte dela." Adam Gopnik, "What Did Jesus Do?", *The New Yorker*, 24 de maio de 2010.
5. "Ide dizer a essa raposa: Eis que eu expulso demônios e realizo curas hoje, amanhã e no terceiro dia terei consumado! Mas hoje, amanhã e depois de amanhã, devo prosseguir o meu caminho, pois não convém que um profeta pereça fora de Jerusalém." Lucas 13,32-3.
6. Para "Não temais", ver, por exemplo, João 6,17; Mateus 14,26; 17,7; 28,10. Em sua pregação Jesus era firmemente judeu. "Não temais" aparece dezenas de vezes nas escrituras hebraicas. Ver, por exemplo, Deuteronômio 1,21 e 31,8; Josué 1,9 e Isaías 7,4.
7. Expressão de Crossan, como vimos.
8. Tácito, *Anais* 15,44.
9. Tácito calcula o número de judeus defensores de Jerusalém, de ambos os sexos e de todas as idades, em mais de 600 mil. É impossível tirar conclusões definitivas sobre essas estimativas. Atualmente, os estudiosos aceitam que a população judaica da Palestina no século I pode ter chegado a 2,5 milhões. Nesse caso, é plausível admitir-se um número até superior a meio

milhão de defensores em Jerusalém. Fredriksen, *Jesus of Nazareth*, 64. E. P. Sanders observa que a Mesquita Sagrada em Meca, apenas um pouco maior do que era o Templo de Herodes, recebe 500 mil peregrinos. Sanders conclui que o Templo de Herodes podia comportar facilmente 400 mil peregrinos. *Judaism*, 127.

10. Marcos 13,1-2.
11. Lucas 13,34.
12. Uma das peculiaridades da memória cristã é o modo como a crucificação de Jesus é lembrada, como se fosse a única e excepcionalmente violenta (mesmo os dois ladrões são lembrados como tendo sido amarrados, não pregados, nas cruzes próximas), como se a ação redentora exigisse que Jesus padecesse o sofrimento mais extremo imaginável. Na verdade, o sofrimento e a humilhação infligidos a Jesus eram uma realidade comum, banal até, fato que lhe conferia sentido. Mais de mil rebeldes foram crucificados nos arredores de Jerusalém pouco depois do nascimento de Jesus, e milhares enquanto a história da sua Paixão estava se configurando. A crucificação estava em toda parte, onde quer que um povo subjugado resistisse a Roma.
13. Nero governou até 69 EC; cometeu suicídio depois de ser destituído do poder.
14. Flávio Josefo calcula em 1,1 milhão o número de mortos apenas durante a primeira Guerra Judaica (66-70). *A Guerra Judaica* 6,9,3.
15. A comunidade cristã judaica de Jerusalém, cujo chefe era Tiago, irmão de Jesus, dissipou-se da memória gentio-cristã, o que se reflete no fato de que o Novo Testamento menciona Pedro 190 vezes, Paulo 170 vezes e Tiago apenas 11 vezes. Küng, *Islam*, 38.
16. Mateus 5,45.
17. Atos 2,46; 3,1.
18. 1 Coríntios 16,1-3; 2 Coríntios 8,1-9,15; Romanos 15,25. Ver Fredriksen, *Jesus of Nazareth*, 36-8.
19. Marcos 15,6-15. A oposição entre Jesus e Barrabás está embutida no nome Barrabás, pois Jesus é *bar abbas* também – literalmente, filho do Pai. *Abba*, "Pai", é o nome usado por Jesus ao se dirigir ao Senhor Deus. Devo essa ideia a Bailie, *Violence Unveiled*, 223.
20. Fredriksen, *Jesus of Nazareth*, 86.
21. João 15,25, que repete o "sem motivo" do Salmo 69,5.
22. Essa sublevação contra Roma teve um desfecho literalmente suicida. Um grupo remanescente de resistentes judeus concentrou-se no reduto de Massada, uma fortaleza construída na rocha bruta nas montanhas da Judeia. Em 73, depois de um longo cerco romano, os defensores se mataram uns aos outros, até que um grupo cada vez menor ficou reduzido a um único sobre-

vivente encharcado de sangue. Por fim, lançou-se sobre a própria espada – não permitindo assim que os romanos fizessem prisioneiros e imprimindo na mente judaica uma imagem de recusa radical.

23. Filostrato, *The Life of Apollonius of Tyana*, 6.29, http://www.gnosis.org/library/grs-mead/apollonius/ apollonius_mead_05.htm.
24. Em Gálatas 4,25-6, Paulo contrasta "a Jerusalém do alto" e a "Jerusalém de agora". A imagem remete a Isaías 65,17-25, onde se lê, em parte, "Com efeito, vou criar novos céus e nova terra; as coisas de outrora não serão lembradas... Alegrai-vos, pois, e regozijai-vos para sempre com aquilo que estou para criar: eis que farei de Jerusalém um júbilo e do seu povo uma alegria. Sim, regozijar-me-ei em Jerusalém, sentirei alegria em meu povo. Nela não se tornará a ouvir choro nem lamentação". A esperança apocalíptica judaica, em contraste com a cristã, tendia a se apegar a uma restauração literal da cidade terrestre de Jerusalém. Característico é o rabino palestino Yohanan, do século III EC, que escreveu, "O Santo disse, 'Não entrarei na Jerusalém que está no alto até que entre na Jerusalém que está embaixo'". Citado por Wilken, "Early Christian Chiliasm", 304.
25. "O sétimo dia é como um palácio no tempo com um reino para todos. Não é uma data, mas uma atmosfera." Heschel, *The Sabbath*, 21.
26. Jon D. Levenson, "The Temple and the World", 298.
27. Shulevitz, *The Sabbath World*, xxiii.
28. Shulevitz, *The Sabbath World*, xxiii.
29. Oseias 6,6-7.
30. Shulevitz, *The Sabbath World*, 27.
31. "Respondeu-lhes Jesus: 'Destruí este templo, e em três dias eu o levantarei.' Disseram-lhe, então, os judeus: 'Quarenta e seis anos foram precisos para se construir este Templo, e tu o levantarás em três dias?' Ele, porém, falava do templo do seu corpo. Assim, quando ele ressuscitou dos mortos seus discípulos lembraram-se de que dissera isso, e creram na Escritura e na palavra dita por Jesus." João 2,19. Observe que esse texto, o Evangelho de João, foi escrito por volta do ano 100 EC, trinta anos depois da destruição do Templo.
32. O Evangelho de Mateus, por exemplo, põe esse julgamento na boca de Jesus, que está profundamente aflito com a ideia de uma Jerusalém destruída: "Jerusalém, Jerusalém, que matas os profetas e apedrejas os que te são enviados, quantas vezes quis eu ajuntar os teus filhos, como a galinha recolhe os seus pintinhos debaixo das suas asas, e não o quiseste!" Mateus 23,37.
33. O Evangelho de Lucas, por exemplo, afirma explicitamente: "Eis que vossa casa ficará abandonada. Sim, eu vos digo, não me vereis até o dia em que direis: "Bendito aquele que vem em nome do Senhor!" Lucas 13,35.

34. Marcos 12,32-3. Podemos ver a oposição de Jesus às autoridades do Templo em Marcos 11,11; 11,15; 11,12-21. Jesus recorre aos profetas de Israel para justificar essa oposição. Isaías 56,7; Jeremias 7,11.
35. Nos Evangelhos Sinóticos, a manifestação no Templo ocorre no início da semana da Paixão e é a causa imediata da morte de Jesus. Em João, a manifestação ocorre no início do seu ministério público, bem antes da Paixão.
36. Chilton, *The Temple of Jesus*, 121-27. Esse rebaixamento do Templo aparece também nos Atos dos Apóstolos, quando o conflito com "os judeus" passa de Jesus para os seus discípulos sobreviventes. Quando o primeiro mártir cristão, Estêvão, é apedrejado até a morte pelos "judeus", o motivo também é o seu ataque ao Templo, que ele justifica atribuindo a Deus as palavras que se encontram no profeta Amós: "Eu desprezo os vossos sacrifícios." *Deus despreza o que os judeus fazem em seu culto.*
37. "Estudiosos modernos, tanto judeus como cristãos, tendem a ver o sistema do templo como corrupto ou como danoso ao bem-estar do povo porque, penso, ambos representam movimentos que o substituíram. Todos apreciamos reformas morais, e é bom ver nossos ancestrais espirituais como reformadores morais. Os predecessores do século I dos modernos judeus e cristãos (fariseus, rabinos, Jesus e seus seguidores) devem ter pensado que havia algo errado com o judaísmo comum, o judaísmo do templo." Sanders, *Judaism*, 91.
38. Josefo, *A Guerra Judaica* 1,148. Citado em Sanders, *Judaism*, 92. Sobre os sacerdotes, Sanders acrescenta, "Eles não se apossaram nem fugiram com as receitas do dia".
39. As leis kosher têm o objetivo de assegurar a pureza e, portanto, a higiene, do abate de animais. Philip Roth descreve o que o filho de um açougueiro kosher testemunhou: "Eu os vi matar centenas de galinhas de acordo com as leis kosher... Ele (o abatedor) dobrava o pescoço para trás – não o quebrava, apenas o virava... Para que a galinha fosse kosher, ele precisava cortar a garganta num só golpe suave, mortal... Para tornar um animal kosher, é preciso retirar o sangue. Num matadouro não kosher, eles podem dar um tiro no animal, podem deixá-lo inconsciente, podem matá-lo da maneira que quiserem. Mas para que ele seja kosher, eles precisam sangrá-lo até a morte." *Indignation*, 158-59. Em contraste, considere o fenômeno dos abatedouros em massa, que, nas palavras do historiador William Cronon, "afastaram seus fregueses principalmente do ato de matar... No mundo dos enlatados, era fácil esquecer que comer era um ato moral inextricavelmente ligado ao ato de matar. Essa era a segunda natureza que uma ordem corporativa impusera à paisagem americana. O esquecimento estava entre os

menos percebidos e os mais importantes dos seus subprodutos". *Nature's Metropolis*, 256.
40. Por exemplo, por ocasião do seu batismo, realizado por João Batista (Lucas 3,21), e na transfiguração (Mateus 17,5).
41. "A pessoa, não o livro, e a vida, não o texto, são decisivos e constitutivos para nós." Crossan, *God and Empire*, 95.
42. Lucas 22,42; Mateus 26,39; Marcos 14,39.
43. Hebreus 10,1-18.
44. João 1,29.
45. Dependo de Robert J. Daly para esta síntese da interiorização do sacrifício. "The Origins of the Christian Doctrine of Sacrifice", *in* Carter, *Understanding Religious Sacrifice*, 349.
46. Salmo 51,19.
47. Daly, "Origins of the Christian Doctrine of Sacrifice", 346.
48. Assim, contra a compreensão sacrifical de Jesus, indicada pela expressão de João Batista que o designa como "Cordeiro de Deus", a ser em breve oferecido "pelo pecado do mundo", Girard afirma que "não há nada nos Evangelhos que sugira que a morte de Jesus é um sacrifício... A interpretação sacrifical da Paixão deve ser criticada e exposta como um enorme e paradoxal mal-entendido". Girard, *The Girard Reader*, 178.
49. Hebreus 9,22.
50. Palavras que teriam sido ditas por pagãos do século III ao observarem os cristãos. Tertuliano, *Apologia*, 39,6.
51. Bailie, *Violence Unveiled*, 19.
52. Citado em Schwager, *Must There Be Scapegoats?*, 41.
53. Bailie, *Violence Unveiled*, 7.
54. Para Girard, a Bíblia – tanto o Antigo como o Novo Testamento – "é a única literatura no mundo que expõe a violência cometida por humanos, que toma o partido da vítima, e assim conclama os humanos a renunciar à violência em nome d'Aquele que planejou para nós outro modo de viver e de morrer". *In* Swartley, *Violence Renounced*, 36.
55. Com relação ao ensinamento de que Cristo morreu em consequência dos pecados de toda a humanidade, uma vertente do cristianismo sustenta a ideia de que todos os humanos, e não apenas "os judeus", foram responsáveis pela morte de Jesus. No entanto, essa é uma contracorrente menor em meio a uma torrente caudalosa que vê nesse acontecimento um ato bem específico derivado do mecanismo do bode expiatório, inserido nos próprios textos sagrados. Já o Concílio de Trento, no século XVI, por exemplo, declarou que

todos os pecadores são responsáveis pela crucificação; mas, com consequências ainda maiores, esse mesmo Concílio continuou punindo judeus por considerá-los algozes de Cristo.

56. Mateus 27,25.

57. João 1,11.

58. Marcos 1,23-6.

59. Lucas 22,52.

60. João 8,44. O tendencioso termo "os judeus" (em grego, *hoi Ioudaioi*) totaliza 16 ocorrências nos Evangelhos de Marcos, Mateus e Lucas; no Evangelho de João, aparece 71 vezes. Pagels, *The Origin of Satan*, 104-05. Ver também Carroll, *Constantine's Sword*, 92.

61. Eis uma síntese do argumento de Girard feita por um dos seus mais sagazes intérpretes, Mark Heim: "Sacrifício é a doença que temos. A morte de Cristo é o resultado do exame que não podemos ignorar, e ao mesmo tempo uma inoculação que libera uma resistência curadora. A cura não é mais do mesmo." *Saved from Sacrifice*, xii.

62. João 11,50. "Voluntária e conscientemente Jesus aceita submeter-se ao destino do bode expiatório para alcançar a revelação plena do mecanismo do bode expiatório como gênese de todos os falsos deuses". René Girard, "Violence Renounced", *in* Swartley, *Violence Renounced*, 318.

63. Heim, *Saved from Sacrifice*, 210.

64. Quando, por exemplo, os Pais do Concílio Vaticano II, na declaração *Nostra Aetate*, de 1965, rejeitaram a acusação de "verdugos de Cristo" contra "os judeus", eles não explicaram como os cristãos devem ler os textos do Evangelho que contêm exatamente essa incriminação. Toda Sexta-Feira Santa, quando a história da Paixão é lida em voz alta nas igrejas cristãs em todo o mundo, os judeus são novamente acusados da morte de Jesus.

65. "Blair Warns Taliban of Military Strikes", *Independent*, 2 de outubro de 2001.

66. Atos 21,27-32. "Os sete dias estavam chegando ao fim, quando os judeus da Ásia, tendo-o percebido no templo, amotinaram toda a multidão e o agarraram, gritando: 'Homens de Israel, socorro! Este é o indivíduo que ensina a todos e por toda parte contra o nosso povo, a Lei e este lugar! Além disso, trouxe gregos para dentro do templo, assim profanando este santo lugar.' De fato, haviam visto antes a Trófimo, o efésio, com ele na cidade, e julgavam que Paulo o houvesse introduzido no Templo. A cidade toda agitou-se e houve aglomeração do povo. Apoderaram-se de Paulo e arrastaram-no para fora do templo, fechando-se imediatamente as portas. Já procuravam matá-lo, quando chegou ao tribuno da coorte a notícia: 'Toda Jerusalém está amotinada!' Ele imediatamente destacou soldados e centuriões e arremeteu

contra os manifestantes. Estes, à vista do tribuno e dos soldados, cessaram de bater em Paulo."
67. Mateus 23,27.
68. Armstrong, *Jerusalem*, 180.
69. Bailie, *Violence Unveiled*, 231.
70. Eusébio, biógrafo de Constantino, chamou-o de novo Abraão, uma afirmação ligada ao esforço de Eusébio para reduzir o significado de Jerusalém, pois que era bispo da rival Cesareia. Constantino era igual a Abraão, sustentava Eusébio, porque o patriarca adorara a Deus sem um templo, sem Jerusalém. *História Eclesiástica* 1,4; citado por Armstrong, *Jerusalem*, 175.
71. Carroll, *Constantine's Sword*, 178-207.
72. Armstrong, *Jerusalem*, 183.
73. Stark, *One True God*, 61.
74. Stark, *One True God*, 117.
75. A *Didaqué*, um conjunto de orientações litúrgicas composto na Síria no século I, por exemplo, não se refere à crucificação. A ênfase eucarística recai sobre a vida, não sobre a morte.
76. Daly, "Origins of the Christian Doctrine of Sacrifice", 350.
77. Chilton, *Abraham's Curse*, 135. Chilton observa que daí em diante a iconografia cristã representava Abraão com uma espada, não uma faca, acima da cabeça de Isaac. Um dos exemplos mais famosos é o *Sacrifício de Abraão*, de Ticiano, que ilustra a capa do livro de Chilton.
78. Conforme expressa Moses Mendelssohn, filósofo judeu do século XVIII, "não fosse pela inspiração admirável de Agostinho, teríamos sido exterminados há muito tempo". Saperstein, *Moments of Crisis*, 11. A explicação mais importante sobre a intervenção de Agostinho é dada pela erudita judia Paula Fredriksen em seu *Augustine and the Jews*.
79. Said, *Orientalism*, 391.
80. Segundo uma testemunha, o monge Antíoco Stratego, os persas teriam matado 65.555 cristãos. Armstrong, *Jerusalem*, 214.
81. Papa Leão Magno. Armstrong, *Jerusalem*, 208.
82. O mapa cartográfico mais antigo e minucioso, de 565, é uma representação do mundo conhecido no mosaico do piso da igreja bizantina de Madaba, Jordânia. Jerusalém está no centro do mundo. O primeiro mapa impresso – o mapa de Brandis, de 1475, mencionado anteriormente – é um mapa-múndi com Jerusalém no centro. O mapa do mundo em uma folha de trevo de Bunting, de 1581, mostra os "três" continentes – Europa, África e Ásia – unidos por Jerusalém.

83. Crossan, *God and Empire*, 218.
84. As sete estrelas na mão de Cristo no Apocalipse referem-se às sete igrejas da Ásia Menor – Éfeso, Laodiceia, Esmirna, Sardes, Tiatira, Pérgamo e Filadélfia. Ehrman, *God's Problem*, 234.
85. Apocalipse 1,1; 4,9; 22,8. No início do século II, normalmente identificava-se "João" com o apóstolo João, também identificado com o autor do Evangelho de João.
86. Gilbert, *Atlas of Jewish History*, 15.
87. Digo "principalmente". Alguns estudiosos, como John Dominic Crossan, negam que Jesus fosse apocaliptista.
88. Mateus 11,5; Lucas 7,22.
89. Mateus 13,16; Lucas 10,23.
90. Dunn, *Unity and Diversity*, 321.
91. Apocalipse 6,15-7.
92. Apocalipse 14,1; 17,14.
93. Apocalipse 6,9-10.
94. Apocalipse 13,18. O nome de Nero em hebraico equivale ao número 666.
95. Jesus diz, "Vós sois do diabo, vosso pai, e quereis realizar os desejos de vosso pai. Ele foi homicida desde o princípio". João 8,44.
96. Apocalipse 5,1.
97. Apocalipse 6,2-8.
98. Apocalipse 18,2.
99. Apocalipse 19,15. A imagem das uvas aparece em Jeremias, mas não como uma figura da destruição sangrenta do mundo. Jeremias cita o Senhor dizendo, "Não haverá mais uvas na videira", uma ameaça feita não à destruição ou redenção pela violência, mas à punição do Israel infiel. Jeremias 8,13.
100. John Dominic Crossan considera o Apocalipse uma calúnia contra Jesus, uma blasfêmia contra Cristo. *God and Empire*, 224. Outros comentadores cristãos procuram absolver o Apocalipse insistindo em que ele não quer dizer realmente o que diz. Um exemplo: "Em nenhum lugar (no Apocalipse) o povo de Deus 'trava uma guerra'. O que ele faz é 'conquistar' ou 'se tornar vitorioso' (a mesma palavra em grego) – e faz isso pelo próprio sangue do Cordeiro e por testemunho corajoso do povo, não pelo Armagedon ou guerra." Rossing, *The Rapture Exposed*, 121-22. Outro: Não é um ato de violência "o Guerreiro do céu exterminar todos os seus inimigos, pois sua conquista não se deve a uma espada que sai de sua boca nem à força do seu braço". Barr, "Toward an Ethical Reading of the Apocalypse", 361.

101. "Guarda a tua espada no seu lugar, pois todos os que pegam a espada, pela espada perecerão." Mateus 26,52.
102. Hebreus 4,12.
103. Apocalipse 19,11.
104. Isaías 25,6-8.
105. Apocalipse 19,21. Crossan chamou a minha atenção para o contraste entre a imagem do banquete de Isaías e a refeição apocalíptica em que abutres se alimentam de cadáveres. Crossan, *God and Empire*, 227.
106. Apocalipse 21,2; 22.

Capítulo 5. A Rocha do Islã

1. Aslan, "Islam's Long War Within", 40.
2. Rauf, *What's Right with Islam*, xviii.
3. Aslan, *No god but God*, 81.
4. "Mostrem-me o que Maomé trouxe de novo e aí encontrarão somente coisas más e desumanas, como sua ordem para difundir pela espada a fé que ele pregava." Do "Diálogo com um Certo Persa, o Ilustre Monterizes em Ancara da Galácia", de 1391, que representava o pensamento do imperador bizantino Manuel II Paleólogo. Causando muita polêmica, essa imputação foi repetida pelo Papa Bento XVI na Universidade de Regensburg em 2006, por ocasião do quinto aniversário dos ataques terroristas de 11 de Setembro. A ignorância ocidental do Alcorão no século VII está demonstrada no fato de que não houve tradução latina do livro até a metade do século XII. Não houve "nenhum relato mais objetivo a respeito do Islã e do Profeta" até o século XVIII – um livro que foi imediatamente incluído no Índice Romano de Livros Proibidos. Küng, *Islam*, 9,11.
5. O Alcorão, surata 2, inclui o versículo "Em religião, não deve haver coação."
6. Mahatma Gandhi, *Young Índia*, 1924. http://www.cyberistan.org/islamic/quote1.html#gandhi.
7. Ortopráxis, não ortodoxia – no jargão.
8. Makiya, *The Rock*, 291.
9. Seu suposto analfabetismo é crucial para a natureza milagrosa da revelação sumamente sapiente por ele recebida, consubstanciada no Alcorão. Mas há quem diga que seu sucesso como comerciante teria pressuposto habilidades básicas de leitura e escrita.
10. Os monofisistas sustentavam que Cristo tinha apenas uma natureza, uma natureza humana que evoluiu para uma natureza divina. Os nestorianos

afirmavam a posição oposta extrema de que ele tinha duas naturezas radicalmente diferentes, uma humana e a outra divina. Pela doutrina ortodoxa, definida no Concílio da Calcedônia em 451, as duas naturezas distintas de Cristo juntam-se na "união hipostática" de sua única pessoa.

11. Para citar um exemplo do uso cristão sutil e cuidadoso de categorias filosóficas para esboçar uma compreensão de Deus, ver *Da Trindade*, de Santo Agostinho, uma análise da natureza trina da experiência humana (tempo dividido em passado, presente e futuro; o saber dividido em memória, sensação e antecipação) como um grande análogo do, por outro lado, Transcendente incognoscível. No esquema de Agostinho, esses são os "rastros" de Deus.

12. Armstrong, *Islam*, 10.

13. A chamada para rezar é "Deus é maior! Eu dou testemunho de que não há outro deus senão Deus. Eu dou testemunho de que Maomé é o mensageiro de Deus. À oração! À salvação! Deus é maior! Não há outro deus senão Deus". Como réplica a essa afirmação, Christopher Hitchens deu ao seu livro de 2007 o título *God Is Not Great* [*Deus Não é Grande*]. Mas o título é um equívoco baseado numa tradução incorreta.

14. Aslan, *No god but God*, 150.

15. Gênesis 25,18.

16. A sucessão de Maomé foi disputada, com alguns dos seus seguidores preferindo o genro do Profeta, marido de Fátima, Ali ibn Abi Talib. Ele se tornaria o quarto califa, em 656, mas não antes que seus partidários se tornassem conhecidos como Shiah-i Ali, "partido de Ali", que é a origem do islamismo xiita. Os xiitas se tornariam um movimento minoritário, centrado no Iraque, enquanto o islamismo sunita (de *sunnah*, "palavras", como nas palavras do Profeta) predominaria em outros países.

17. "Califa" deriva de *khalifah*, palavra árabe para "sucessor" (de Maomé).

18. Embora os relatos sobre a entrada pacífica de Umar em Jerusalém sejam numerosos e antigos, eles também podem ser apócrifos. O aspecto mais importante é que fontes muçulmanas e também cristãs acreditavam neles e os repetiam. Peters, *Jerusalem and Mecca*, 90.

19. Não há dúvida de que cristãos haviam maculado o local do Templo de Herodes, mas também é verdade que o entulho que Umar viu teria se acumulado com os ataques dos persas a Jerusalém em 628.

20. A "rocha" pode ter sido um afloramento natural surgido ao longo dos séculos após a destruição romana. Pelas descrições detalhadas feitas por Flávio Josefo no século I, por exemplo, parece que não havia nenhuma rocha assim que fizesse parte do Templo de Herodes. Uma consequência evidente da

ordem de Umar para construir uma mesquita a certa distância dessa rocha foi uma expansão significativa da área do Monte do Templo. Peters, *Jerusalem and Mecca*, 82,84.

21. Juízes, 1,21; Josué 15,63.
22. Küng, *Islam*, 100.
23. A surata 17,1 do Alcorão diz: "Glorificado seja Alá que, numa Viagem noturna, transportou Seu Servo da Mesquita Sagrada [em Meca] até a Mesquita mais distante [em Jerusalém], cujo recinto bendizemos – para mostrar-lhe alguns dos Nossos sinais: sabei que Ele é Aquele que ouve e vê todas as coisas."
24. Uma versão aperfeiçoada da viagem noturna de Maomé, incluindo sua ascensão ao trono divino desde o Nobre Santuário em Jerusalém, é apresentada na *sirah* (ou vida) de Maomé escrita por Muhammad ibn Ishaq uma geração depois da construção do Domo da Rocha. Em cada um dos sete céus o Profeta encontrou um dos outros profetas da tradição bíblica, desde Moisés até Jesus – uma espécie de iniciação à religião do Livro.
25. Makiya, *The Rock*, 15. Sente-se a tentação de acrescentar "Hard Rock Café".
26. Elon, *Jerusalem*, 214.
27. "Ó, vós, povo do Livro! Não exagereis em vossa religião, nem digais nada concernente a Deus a não ser a verdade. O messias, Jesus, filho de Maria, foi apenas um mensageiro de Deus, da sua Palavra que ele transmitiu a Maria e de um espírito que procedia dele. Assim, crede em Deus e em Seus mensageiros, e não digais 'Três'. Deixai! Será melhor para vós. Deus é um só. Longe de sua majestade transcendental ele ter um filho. Ele é tudo o que há nos céus e tudo o que há na terra. E Deus é suficiente... o Onipotente, o Sábio. Vede! Religião com Deus é Islã. Os que receberam o Livro no passado só divergiram depois que obtiveram conhecimento, através da transgressão entre eles mesmos. Os que não acreditam nas revelações de Deus descobrirão que Deus é rápido em ajustar as contas!" A inscrição está na arcada octogonal interna do Domo da Rocha, com data de 692 EC.
28. Alcorão 3,64.
29. Alcorão 9,29-31 mostra a severidade da ação militar islâmica contra os "incrédulos": "Combatei aqueles que – apesar de terem recebido a revelação – não acreditam em Deus nem no Dia do Juízo Final... Os judeus dizem que Ezra é Filho de Deus, enquanto os cristãos dizem, 'Cristo é Filho de Deus'... Que Deus os destrua! Suas mentes são corrompidas! Tomaram os seus rabinos e os seus monges – bem como o Cristo, filho de Maria – por seus senhores, em vez de Deus, embora lhes tenha sido ordenado que não adorassem outro deus senão o Deus Único, além do qual não há outros."

30. Armstrong, "The Holiness of Jerusalem", 17.
31. Küng, *Islam*, 241.
32. Segundo os historiadores ingleses, essa batalha teria ocorrido em Tours, mas apenas para dar primazia topônima à vitória britânica sobre os franceses na Guerra dos Cem Anos, na "Batalha de Poitiers", em 1356.
33. "Talvez a interpretação do Alcorão seria agora ensinada nas escolas de Oxford, e seus púlpitos poderiam demonstrar a um povo circuncidado a santidade e a verdade da revelação de Maomé." Edward Gibbon, *History of the Decline and Fall of the Roman Empire*, http://www.ccel.org/g/gibbon/decline/ volume2/chap52.htm. Contra Gibbon, alguns estudiosos sugerem que se as forças muçulmanas tivessem dominado o norte da Europa no século VIII, o resultado teria sido um fim bem mais rápido da Idade das Trevas e a chegada antecipada da ciência, da aritmética, dos clássicos gregos e da libertação da mão asfixiante da religião clerical. Ver Lewis, *God's Crucible*, 173-75.
34. A Universidade Al Azhar começou em 970 como uma madraçal. No dia 4 de junho de 2009, o presidente Barack Obama fez menção à procedência da universidade do Cairo: "Por mais de mil anos, Al Azhar vem sendo um farol do saber islâmico."
35. Küng, *Islam*, 8. São João Damasceno (675-749), um eminente cristão sírio "primeiro municiou o cristianismo europeu com os materiais teológicos e doutrinários (normalmente torpes) com que atacar o Islã e Maomé... A maior parte dos estereótipos comuns sobre Maomé – homem devasso, falso profeta, libertino hipócrita – procede dos cristãos sírios que, por conhecerem árabe e um ou outro termo eclesiástico, tiveram condições de difundir muitos mitos ignóbeis... É desse contexto há muito esquecido que brotam inúmeros ressentimentos que cristãos e muçulmanos sentem hoje no Líbano. É a esse legado aviltante que muitos sionistas apuseram seu endosso". Said, *The Question of Palestine*, 147.
36. Stark, *One True God*, 149.
37. Küng, *Islam*, 219.
38. Como a evangelização da maior parte da Europa foi pela espada, imposta por governantes vitoriosos a súditos conquistados, em contraste com a difusão popular da fé antes de Constantino, a religião cristã nunca foi inteiramente autêntica em grande parte do norte europeu – nem foi depurada da superstição ou da magia. Alguns veem nisso a origem de males posteriores, desde a dissensão da Reforma até o neopaganismo dos nazistas e o colapso final da crença europeia no século XXI.

39. O Concílio de Niceia, em 787, por exemplo, decretou que todas as igrejas novas fossem consagradas com relíquias de santos falecidos, transformando cada altar numa espécie de túmulo – uma norma que persiste até hoje. Assim o cristianismo, cujo símbolo primordial era o "sepulcro vazio", se tornou outro culto do túmulo, como tantos outros no mundo antigo, do Egito das pirâmides à Grécia do Olimpo.

40. Harpur, *Revelations*, 76.

41. Voltaire disse, sarcasticamente, que se os pedaços da Cruz Verdadeira fossem recolhidos das igrejas da Europa, haveria madeira suficiente para construir um navio de cem canhões.

42. "Através de Abel, José, Jó, Jonas, do Servo Sofredor, e naturalmente de Jesus, e com muitas outras histórias que expõem a violência opressora, o texto bíblico passa por um trabalho de parto progressivo que anuncia a cultura do assassinato e reabilita suas vítimas. Essa revelação hebraica e cristã está no cerne da história ocidental de preocupação com a vítima." Bartlett, *Cross Purposes*, 37.

43. "Vi então um Anjo descer do céu, trazendo na mão a chave do Abismo e uma grande corrente. Ele agarrou o Dragão, a antiga Serpente – que é o Diabo, Satanás – acorrentou-o por mil anos e o atirou dentro do Abismo, fechando-o e lacrando-o com um selo para que não seduzisse mais as nações até que os mil anos estivessem terminados. Depois disso, ele deverá ser solto por pouco tempo... Quando se completarem os mil anos, Satanás será solto de sua prisão e sairá para seduzir as nações dos quatro cantos da terra, *Gog* e *Magog*, reunindo-as para o combate; seu número é como a areia do mar... Subiram sobre a superfície da terra e cercaram o acampamento dos santos e a Cidade amada; mas um fogo desceu do céu e os devorou. O Diabo que os seduzira foi então lançado no lago de fogo e enxofre, onde já se achavam a Besta e o falso profeta. E serão atormentados dia e noite, pelos séculos dos séculos." Apocalipse 20,1-10.

44. O califado de Córdoba recebeu o nome dos seus fundadores, os umaiadas. Os fundadores de Bagdá eram abássidas; os de Damasco e do Cairo, fatímidas. Essas identidades caracterizavam os califados.

45. As universidades islâmicas começaram em geral como madraçais, centros de estudo religioso, e evoluíram de modo distinto das universidades europeias, que ofereciam o doutorado, como Oxford, mas também estas começaram como centros de estudos religiosos.

46. Quando uma seita muçulmana puritana, os almoadas, refletindo sua própria militância, mas a exemplo do fervor cruzado que varria o norte da Europa, chegou à Península Ibérica proveniente do norte da África em meados do

século XII, a *convivência* começaria a se fragmentar. Maimônides, por sua vez, fugiria para o Egito em 1159, onde o califado continuava tolerante.

47. Stark, *One True God*, 151. A *reconquista* só iniciaria realmente na metade do século XII. O poema épico espanhol *El Cid*, por exemplo, data de cerca de 1140. A derrota decisiva dos muçulmanos almoadas pelos exércitos cristãos só ocorreria em 1212, quando as forças islâmicas retiraram-se para o enclave em torno de Granada, de onde não seriam expulsas até 1492.

48. Armstrong, *Islam*, 95.

49. "Os turcos degenerados... subjugam os nossos irmãos. Os vossos próprios irmãos de sangue, os vossos companheiros... são açoitados e exilados como escravos ou mortos em sua própria terra. O sangue cristão, redimido pelo sangue de Cristo, está sendo derramado, e a carne cristã, semelhante à carne de Cristo, está sendo submetida a uma degradação e servidão indizíveis... Os turcos derramaram um rio de sangue que corre em torno de Jerusalém. A quem cabe a tarefa de vingar esse sangue, de resolver essa situação, senão a vós?... Quem empreender essa jornada para libertar a Igreja de Deus em Jerusalém estará percorrendo esse caminho como penitência e remissão dos seus pecados." Papa Urbano II em Clermont, França, em 1095. Mastnak, *Crusading Peace*, 52-3.

50. "The Chronicle of Solomon bar Simson", *in* Eidelberg, *The Jews and the Crusaders*, 21. Cronistas medievais estimam o número da primeira onda de cruzados em 600 mil. John France, "Patronage and the Appeal of the First Crusade", *in* Phillips, *The First Crusade*, 6.

51. Blake, E. O. e C. Morris, "A Hermit Goes to War: Peter and the Origins of the First Crusade", *in* W. J. Sheils, org., *Monks, Hermits and the Ascetic Tradition: Papers Read at the 1984 Summer Meetings and the 1985 Winter Meetings of the Ecclesiastical History Society*. Londres: Basil Blackwell, 1985, 85.

52. Blake e Morris, "A Hermit Goes to War", 87. Era coisa da fantasia que os lugares cristãos de Jerusalém ou os próprios cristãos estivessem sob ataque muçulmano em 1095, embora um "califa louco", Al Hakim, os tivesse atacado oitenta anos antes. Mas al Hakim, que substituía o nome de Alá pelo seu próprio nas orações das sextas-feiras, foi deposto por seu próprio povo. Decretos contra os cristãos foram revogados de imediato, e os santuários cristãos, inclusive o Santo Sepulcro, foram restaurados. Quando o "resgate" foi lançado em 1096, a tolerância aos cristãos já era habitual em Jerusalém havia cinquenta anos. Armstrong, *Jerusalem*, 273.

53. Bartlett, *Cross Purposes*, 105. Também, Mastnak, *Crusading Peace*, 53. Como sugere a referência de Urbano à "estrada para o Santo Sepulcro", o movimento das Cruzadas se baseou na ideia de peregrinação. As Cruzadas foram identificadas primeiro como *peregrinatio* (peregrinação), depois como *opus*

Domini (obra do Senhor), em seguida como *praelium Dei* (batalha de Deus) e por fim *bellum Domini* (guerra do Senhor). Mastnak, 57. Como refere Mastnak, a "ideia de cruzada surgiu depois da cruzada propriamente dita".

54. Citado *in* Flannery, *Anguish of the Jews*, 92.
55. Eu conto essa história em *Constantine's Sword*, 236-300.
56. Bartlett, *Cross Purposes*, 107.
57. Mastnak, *Crusading Peace*, 46.
58. Mastnak, *Crusading Peace*, 57.
59. Hidd, Rosalind, org., *Gesta Francorum: The Deeds of the Franks and Other Pilgrims to Jerusalem*. Londres: Thomas Nelson, 1962, 91.
60. Citado em Hillenbrand, *Crusades: Islamic Perspectives*, 64-5.
61. "Cronistas latinos que não foram testemunhas oculares, escrevendo vários anos depois, calcularam em 10 mil o número de muçulmanos mortos na mesquita, enquanto cronistas muçulmanos bem posteriores estimaram esse número entre 70 mil e 100 mil." Benjamin Z. Kedar e Denis Kringle, "1099-1187: The Lord's Temple (Templum Domini) and Solomon's Palace (Palladium Salomonis)", *in* Grabar e Kedar, orgs.; *Where Heaven and Earth Meet*, 133.
62. Mastnak, *Crusading Peace*, 93.
63. Girard, *Things Hidden*, 225.
64. Bartlett, *Cross Purposes*, 136-38. O cristianismo "está historicamente sob julgamento por seu próprio motivo e mensagem central" (138).
65. Na realidade, Balduíno sucedeu a seu irmão Godofredo de Bouillon como governante latino de Jerusalém. Godofredo, reinando por pouco tempo, declinara do título de rei. Ao aceitar esse título, Balduíno antecipava-se à autoridade do patriarca, o líder religioso que pretendia governar a cidade, como seus antecessores haviam pretendido antes da conquista muçulmana.
66. Idinopulos, *Jerusalem*, 170.
67. Nicholson, *Love, War, and the Grail*, 50.
68. Leia *The Templars*, 131. Um personagem de *O Pêndulo de Foucault*, de Umberto Eco, retrata os Templários de modo preciso, embora irreverente: os cavaleiros originais "eram provavelmente idealistas devotados à mística da Cruzada. Mas recrutas posteriores muito provavelmente eram filhos mais jovens em busca de aventura. Lembre, o novo reino de Jerusalém era uma espécie de Califórnia da sua época, destino de muitos que queriam fazer fortuna"(80).
69. A cruz fora usada como símbolo marcial já no tempo de Constantino, e se tornara um símbolo cruzado ubíquo, mas a cruz dos Cavaleiros Templários adotou a forma estilizada de uma bissecção com braços iguais e arqueados,

atualmente visível naquela que é seu vestígio, a Cruz de Malta. Santos guerreiros eram comumente representados com versões da cruz templária, como o mítico São Jorge.

70. Leia *The Templars*, 106.
71. A Catedral de Chartres, erguida no local de uma estrutura anterior, começou a ser construída em 1145 e foi formalmente consagrada em 1260. Diz a lenda que os Cavaleiros Templários ajudaram a pagar a igreja para nela guardar secretamente a Arca da Aliança que haviam achado no templo de Jerusalém. No portal norte há um entalhe da Arca sendo transportada numa carroça, como se estivesse de mudança para a França.
72. Em 1131, por exemplo, apenas alguns poucos anos depois da instituição dos Templários, o rei Alfonso de Aragão, não tendo herdeiros, deixou "todo seu reino" para a ordem. Os rivais de Alfonso não permitiram que os Templários se apossassem do legado. Leia *The Templars*, 110.
73. O templo de Londres é um caso ilustrativo. Construído nos finais do século XII no que hoje é a Cidade de Londres, em torno da ainda existente Temple Church circular, o templo foi a primeira tesouraria da cidade.
74. Kedar and Kringle, "1099-1187: The Lord's Temple", 141.
75. "Em Louvor da Nova Milícia", citado *in* Nicholson, *Love, War, and the Grail*, 5.
76. A feminilização de Jerusalém é uma história antiga. "Como se transformou em uma prostituta a cidade fiel?" lamentava o profeta Isaías. "Alegrai-vos com Jerusalém, exultai nela, todos os que a amais", ele diz em outro lugar, "... pois sereis amamentados e saciados pelo seu seio consolador, pois sugareis e vos deleitareis no seu peito fecundo" (1,21; 66,10-1). O equivalente cristão dessa feminilização ocorre no Apocalipse, onde Jerusalém é vista como "uma noiva descendo do céu... pronta como uma esposa que se enfeitou para seu marido" (21,2). Uma Jerusalém feminilizada, como amante, esposa e filha, todas precisando ser resgatadas, tem sido o grande *casus belli* da história. À feminilização de Jerusalém segue-se sua erotização como objeto de amor do varão. Para místicos e também guerreiros, entre judeus, cristãos e muçulmanos, era irresistível o encanto da longamente almejada Jerusalém feminina. Ser essa Jerusalém durante tanto tempo inatingível para judeus exilados e para cristãos impedidos de agir apenas intensificou o desejo erótico. Quando esses amantes – fossem eles cruzados, sionistas ou jihadistas em busca da *re*conquista – conseguiram finalmente tomar posse dela, como diz o estudioso Sidra DeKoven Ezrahi, os lugares santos, os túmulos ancestrais e os santuários destruídos foram como que acariciados, tornando-se "as zonas erógenas da cidade-mulher". Ezrahi, "To What Shall I Compare Thee?", 220.

77. Representantes da espiritualidade feminina foram figuras como Hildegard de Bingen no século XII, Julian de Norwich no século XIV e Teresa de Ávila no século XVI. Seriam mulheres do século XIX como Jane Austen e George Eliot que desdenhariam e reverteriam essa imagem cortesã e espiritualizada da feminilidade. Para que não se pense que a vida religiosa como única esfera de ação feminina é uma restrição medieval há muito abandonada, ela subsiste até hoje quando mulheres profissionais superam o estereótipo de que a iniciativa feminina se limita ao lar ou, no máximo, à filantropia. Ver Conway, *When Memory Speaks*, 40-59.

78. A mente ocidental pós-iluminismo prefere imaginar os Cavaleiros da Távola Redonda como uma fraternidade secular, mas isso acontece porque a modernidade – incluindo a Igreja moderna – tropeça na noção de uma ordem militar realmente religiosa. As narrativas arturianas foram coligidas e publicadas pela primeira vez por Thomas Mallory em 1485, in *Le Morte d'Arthur*. Mallory foi a principal fonte para *The Once and Future King*, de T. H. White, publicado em 1958. O livro de White foi a base do musical *Camelot*, da Broadway, de 1960. O fato de John F. Kennedy ser associado ao mito de Camelot sugere como sua promiscuidade encoberta foi alimentada por essa tradição. Os Cavaleiros Templários tiveram sua reencarnação mais notória no culto americano ao oeste na metade do século XX, com *cowboys* como o Cavaleiro Solitário e atores como Gary Cooper encarnando o tipo. Aí também Kennedy retomou o fio com sua "Nova Fronteira". A referência aos Templários se tornou explícita no sucesso televisivo dos anos 1950 e 1960 *Have Gun, Will Travel* [*O Paladino do Oeste*], em que o herói se chamava, simplesmente, Paladino – uma palavra originária da *Canção de Rolando* medieval, em referência a um cavaleiro, por fim aplicada aos cavaleiros da Távola Redonda do Rei Artur. Mitos e lendas templários continuam a inspirar a cultura popular, de modo especial nos anos recentes por meio dos livros de Dan Brown, autor de extraordinário sucesso com *O Código Da Vinci*, *Anjos e Demônios* e *O Símbolo Perdido*.

79. Beha ed-Din ibn Shaddad, *Saladin, or What Befell Sultan Yusuf*. Whitefish, MT: Kessinger Publishing, 2004, 115.

80. Suprema, mas confusa. Quando os cristãos começaram a imitar a prática de escravizar os prisioneiros (especialmente depois que as guerras começaram a ser travadas também no mar, onde as galés precisavam de um suprimento interminável de remadores), o impulso a fazer proselitismo foi amenizado pelo fato de que se os muçulmanos fossem batizados, não poderiam ser escravizados, uma vez que nenhum cristão podia manter outro cristão como escravo. Ler *The Templars*, 210.

81. Ler *The Templars*, 159.

82. Armstrong, *Jerusalem*, 294.
83. Para os muçulmanos, o "significado político da Jerusalém reconquistada era insignificante. Por outro lado, sua importância religiosa era inestimável. Peregrinos e sábios religiosos de todo o mundo muçulmano chegavam para prestar culto e estudar ali, particularmente nas proximidades do redor do Nobre Santuário". Kedar e Kringle, "1099-1187: The Lord's Temple", 194.
84. Além de institucionalizar o que se tornaria um fator divisivo permanente entre cristãos com relação a Jerusalém – não apenas entre gregos e latinos, mas entre os próprios latinos – essa recusa a ceder por parte dos Cavaleiros Templários concretizou a divisão entre as ordens militares, com os Cavaleiros Teutônicos e os Hospitalários de São João distanciando-se dos Templários, cada grupo sobrevivendo com seu próprio legado.
85. É uma ironia a Inquisição contribuir para a dissolução dos Templários, uma vez que o seu fundamento teológico – a "teoria das duas espadas, ou dos dois poderes, da Igreja e do Estado" – fora dado por São Bernardo de Claraval. Ao apresentar uma justificativa teológica para a existência dos Cavaleiros Templários no seu "Em Louvor da Nova Milícia", ele dera início à ordem. Küng, *Christianity*, 394.
86. Luiz XIV e Maria Antonieta também seriam encarcerados ali.
87. Mastnak, *Crusading Peace*, 340, 344.
88. Nos anos 1950, quando eu quis me juntar aos meus amigos da vizinhança no grupo de jovens da fraternidade a que seus pais pertenciam, um grupo chamado Demolay, os meus pais proibiram. Lembro de ter perguntado aos meus amigos por que o clube se chamava Demolay, e eles não faziam a menor ideia.
89. "Basta apenas pensar na legitimação cristã do heroísmo guerreiro no Ocidente para perceber o que está em jogo aqui... A Victoria Cross, a George Cross [A Cruz de Vitória/de Jorge], a Croix de Guerre são uma inversão continuada da figura do Crucificado na cultura da violência." Bartlett, *Cross Purposes*, 139. Certamente, Bartlett poderia ter incluído nessa lista a Cruz de Ferro.
90. A Ordem Militar de Cristo perdeu seu caráter religioso no século XVI. (Em 1492, o papa Alexandre VI reduziu o voto do celibato a um voto de "castidade conjugal", e em 1501, o papa Júlio II transformou o voto de pobreza em puro e simples imposto, pagável ao papa.) Mas o rei de Portugal continuou mantendo o título de grão-mestre da Ordem de Nosso Senhor Jesus Cristo até o fim da monarquia e a fundação da república em 1910.
91. Küng, *Islam*, 312. A investida vitoriosa dos turcos otomanos continuaria agressiva: em 1522, os Cavaleiros Hospitalários perderam Rodes; em 1571,

caiu Chipre; em 1669, caiu Creta; em 1683, os turcos impuseram cerco a Viena – a incursão mais profunda de todos os tempos na Europa.

92. Morison, *Admiral of the Ocean Sea*, 5. Morison não é o único a dar pouca importância à religiosidade de Colombo. Por exemplo, em 1991, uma história espanhola o ridiculariza como "aventureiro socialmente ambicioso... escapista amargurado" em busca de riqueza e fama. Delaney, "Columbus's Ultimate Goal", 10. Sou grato a Carol Delaney por me mostrar o lugar que Jerusalém ocupava na ambição de Colombo.

93. "The Edict of Expulsion of the Jews" [Edito de Expulsão dos Judeus] http://www.sephardicstudies.org/decree.html. Certamente, a expulsão de judeus e muçulmanos pela coroa espanhola levou ao oposto da regeneração. A cultura espanhola havia alcançado o seu apogeu como resultado da mescla das três tradições, e embora as riquezas do Novo Mundo financiassem o império e sua força militar, a cultura espanhola entrou em declínio intelectual, espiritual e artístico do qual nunca mais se recuperou. O unívoco Império Habsburgo, radicado na Espanha, conduziria um dos lados das guerras religiosas civilizacionalmente suicidas do século XVI. Por ironia, quando os turcos otomanos expulsaram de Constantinopla intelectuais, gregos, italianos e outros residentes ocidentais depois de sua conquista no século XV, algo parecido aconteceu com a cultura islâmica – uma profunda desvantagem com relação à chegada do humanismo renascentista, apesar da forte influência militar e imperial dos otomanos. Na expressão de Hans Küng, "Na casa do Islã, desde a Anatólia até a Índia, as pessoas estavam acima de tudo interessadas nas novas armas europeias mais do que na nova imagem europeia dos seres humanos e do mundo". Assim, a expulsão e a adoção do pensamento unívoco levou a um declínio longo e lento. Nem a Espanha e suas colônias, nem o Império Otomano e seus emirados subsidiários, se beneficiaram do tríplice revigoramento da Renascença, da Reforma e do Iluminismo. Por fim, o vaabismo antimoderno apoderar-se-ia da imaginação árabe muçulmana e o fascismo apossar-se-ia da imaginação espanhola. Küng, *Islam*, 383.

94. Hamdani, "Columbus and the Recovery of Jerusalem", 39.

95. Hamdani, "Columbus and the Recovery of Jerusalem", 43-4.

96. Numa carta de março de 1493, no retorno à Espanha depois de sua primeira viagem, ele mencionou "a guerra e a conquista de Jerusalém para cujo propósito essa aventura foi empreendida". Nove anos mais tarde, numa carta endereçada ao papa, ele escreveu, "Essa jornada foi empreendida com o objetivo de usar o que foi investido em ajuda ao Templo sagrado e à santa Igreja". Delaney, "Columbus's Ultimate Goal", 5.

97. Delaney, "Columbus's Ultimate Goal", 4.

98. LeBeau, "Christopher Columbus and the Matter of Religion".
99. Delaney, "Columbus's Ultimate Goal", 5.
100. Estas são as palavras de Alexis de Tocqueville sobre Plymouth Rock, em 1835: "Esta Rocha se tornou objeto de veneração nos Estados Unidos. Tenho visto pedaços dela cuidadosamente preservados em várias cidades da União... Aqui está uma pedra que os pés de alguns proscritos pisaram por um instante, e a pedra se tornou famosa; ela é apreciada por uma grande nação; mesmo seu pó é preservado como relíquia." O passo para a rocha em Plymouth Colony não foi "fundador", naturalmente. Os peregrinos do *Mayflower* haviam desembarcado semanas antes, em 1620, no lugar que denominaram Provincetown. A tradição de venerar Plymouth Rock só começou mais de um século depois. O detalhe é que a veneração da rocha, que continua até hoje, atende a uma necessidade subliminar.

Capítulo 6. Cidade no Alto da Colina

1. Este resumo da transformação europeia baseia-se principalmente em Landes, *The Wealth and Poverty of Nations*, 29-45.
2. O que quer que tenha acontecido na história da religião em outros lugares, e certamente houve variações sobre esses temas, o fato é que Jerusalém realmente assumiu significado transcendente.
3. Daniell, *The Bible in English*, 11.
4. O povo inglês consumiu avidamente os versículos proibidos de Tyndale, como leitores e como ouvintes, transformando não só a fé, mas também o idioma nascente. A grandiosidade da obra de Tyndale em inglês continua sendo um marco cultural. Quando foi publicada a versão King James da Bíblia, mais de um século depois, em 1611, 85% do Novo Testamento foi extraído diretamente de Tyndale. O inglês de William Shakespeare era o inglês de Tyndale. Daniell, *The Bible in English*, 152.
5. Daniell, *The Bible in English*, 129.
6. Landes, *The Wealth and Poverty of Nations*, 52. Landes esclarece que na Istambul otomana, judeus e cristãos possuíam prensas tipográficas, o que não acontecia com os muçulmanos.
7. No dia 13 de julho de 2009, o presidente Barack Obama, acompanhado de sua esposa e filhas, visitou Elmina Castle, hoje museu e memorial aos milhões de africanos que eram mantidos ali antes de ser embarcados. Ao entrar nas masmorras onde os africanos eram confinados, o presidente teria chorado. http://article.wn.com/view/2009/07/14/How_ Obama_Wept_ in_Ghana.

8. A expressão tem origem no livro *The Columbian Exchange*, de Alfred W. Crosby Jr., de 1972.

9. Nos três séculos depois de Colombo, a população da Europa aumentou entre 400 e 500%, enquanto "a população original da América... diminuiu de 90 a 95%". Lindqvist, *"Exterminate All the Brutes"*, 111, 112. Landes salienta que não está claro por que os europeus nos Estados Unidos encontraram tão poucos patógenos aos quais eram vulneráveis. A África revelou-se uma história diferente, com doenças transmitidas por mosquitos, como a malária, tornando impossível a ocupação europeia de todas as cidades, com exceção das litorâneas.

10. Os ingleses e os holandeses promoveriam a escravidão, mas como comerciantes, não como proprietários. Os holandeses tomaram o controle de Elmina dos portugueses em 1637; daí em diante sua função como entreposto de escravos prosperou efetivamente.

11. A análise fundamental das consequências econômicas do calvinismo é *The Protestant Ethic and the Spirit of Capitalism*, de Max Weber, publicada em 1904.

12. Citado em Marius, *Martin Luther*, 378.

13. "Quando eu disse que os detentores do poder do estado têm direitos sobre tudo, e que todos os direitos dependem das suas leis, eu não me referia apenas aos direitos temporais, mas também aos direitos espirituais." Spinoza citado *in* Cavanaugh, *The Myth of Religious Violence*, 250.

14. Scruton, *Spinoza*, 112, 12. Para a minha própria abordagem de Espinosa, ver *Constantine's Sword*, 406-14.

15. Armstrong, *The Battle for God*, 22.

16. Para saber mais sobre o modo como grupos protestantes e católicos lutaram intramuros e uns contra os outros, ver Cavanaugh, *The Myth of Religious Violence*, 142-50. Devo especialmente a Cavanaugh sua crítica ao modo como a violência religiosa é lembrada.

17. Martinho Lutero entrou em pânico com a violência que se seguiu ao seu protesto, e reagiu contra os camponeses que imaginaram estar se unindo a ele. Denominou seu tratado sobre o assunto "Contra as Hordas Salteadoras e Assassinas dos Camponeses". Ele escreveu, "Quem puder, que bata, mate e apunhale, furtiva ou abertamente, lembrando que nada pode ser mais venenoso, nocivo ou diabólico do que um rebelde. É exatamente como quando se precisa matar um cachorro louco". Bellinger, *The Genealogy of Violence*, 102.

18. O massacre do Dia de São Bartolomeu ocorreu durante vários dias em 1572, a pior violência católica durante a guerra entre católicos e protestantes na

França. Muitos dos que foram mortos eram líderes aristocráticos do movimento huguenote, o que efetivamente enfraqueceu o protestantismo francês como força. Rodney Stark calcula em cinco mil o número de mortos. *For the Glory of God*, 248.

19. Cavanaugh, *The Myth of Religious Violence*, 11.
20. Esse número de baixas consta do Twentieth Century Atlas: Historical Body Count. http://users.erols.com/mwhite28/warstato.htm#european. Para as bruxas, outros estudiosos encontram um número muito maior. Alguns falam em milhares de mulheres mortas como bruxas – uma estimativa demasiado exagerada. Rodney Stark aceita 60 mil. Stark, *For the Glory of God*, 203.
21. Butler, *Awash in a Sea of Faith*, 15.
22. Apocalipse 20,1.
23. http://www.lutherdansk.dk/Web-Babylonian%20Captivitate/ Martin%20Luther.htm.
24. Bellinger, *Genealogy of Violence*, 102.
25. Em 1516, Calvino proferiu uma série de palestras sobre o Livro de Daniel, logo muito reproduzidas. Gordon, *Calvin*, 318-19. Harold Bloom diz o seguinte sobre o assunto: "Os protestantes do século XVI, em toda a Europa, acreditavam que toda a história humana fora profetizada de modo obscuro, mas definitivo, no Livro de Daniel e no Apocalipse. Nos inícios do século XVII, estudiosos protestantes voltaram-se para a fé professada pelos primeiros cristãos, segundo a qual Cristo voltaria não apenas para o fim dos tempos, mas inicialmente para inaugurar o milênio, uma era de ouro aqui, neste mundo, que precederia o apocalipse, ou o juízo final. Com a propagação do iluminismo europeu, essa expectativa protestante começou a ser identificada com a ideia de progresso." *The American Religion*, 267.
26. Efésios 1,4.
27. Schlesinger, *Cycles of American History*, 14. "Destruição exterminadora" é uma expressão de Thomas Jefferson (21).
28. Perry Miller, *The American Puritans*, 29-30.
29. "O Senhor será nosso Deus e se regozijará em habitar entre nós como seu povo. Ele derramará suas bênçãos sobre nós em todas as nossas ações, de modo a vermos muito mais de sua sabedoria, poder, bondade e verdade do que antes estávamos familiarizados. Descobriremos que o Deus de Israel está entre nós, quando dez de nós resistirem a mil de nossos inimigos; quando Ele der louvor e glória e os homens falarem de plantações abundantes, 'Que o Senhor proceda do mesmo modo com a Nova Inglaterra'. Devemos pensar que seremos como uma cidade no alto de uma colina. Os olhos de todos os povos estão postos em nós... Por isso, escolhamos a vida, para que nós e

nossa descendência possamos viver, obedecendo à sua voz e mantendo-nos fiéis a Ele, porque Ele é nossa vida e nossa prosperidade." John Winthrop, excerto de "A Model of Christian Charity", sermão pregado a bordo do *Arbella* em 1630. Pode ser que Winthrop tenha feito o sermão em momento anterior da viagem, mas preserva-se a memória de ter sido pregado no litoral da Nova Inglaterra. O sermão foi citado por John F. Kennedy antes de sua posse em 1960, por Ronald Reagan na sua despedida em 1989, e por Sarah Palin ao aceitar a indicação como vice-presidente pelo Partido Republicano nas eleições de 2008. O texto inteiro foi lido pela juíza Sandra Day O'Connor no funeral de Reagan.

30. Mateus 5,14. "Vós sois a luz do mundo. Não se pode esconder uma cidade situada sobre um monte."

31. Também é verdade que as nações árabes não estabeleceram capitais políticas em cidades santas: há muito tempo a capital do Iraque é Bagdá, mas suas cidades santas xiitas são Karbala e Najaf. Mais significativo, o reino saudita tem sua capital em Riad, não em Meca. No entanto, Jerusalém sempre foi uma cidade "santificada". Segundo Sari Nusseibeh, presidente da Universidade Al-Quds, "Jerusalém sempre ocupou uma posição 'semidivina' no Islã, o que explica a sua assim-chamada não centralidade no contexto político... Do ponto de vista muçulmano, portanto, Jerusalém nunca foi considerada capital ou centro político, não porque os árabes a tivessem em pouca conta, mas, muito pelo contrário – porque acreditavam que sua condição era santificada". Emmett, "The Capital Cities", 236.

32. Assim a *perda* de Jerusalém é fator decisivo para sua condição cultual, e algo semelhante começou a acontecer a árabes e muçulmanos depois que *eles* perderam a cidade para os britânicos em 1917. No início do século XX, os palestinos residiam principalmente nos arredores de Jafa e Haifa, ao passo que a maioria dos sionistas judeus se concentrava em Tel Aviv – mas num caso clássico do "desejo mimético" de Girard, todos os grupos começaram a cobiçar Jerusalém na medida em que outros cobiçavam. Foi a tomada britânica da cidade que pôs em movimento essa nova dinâmica. "Só quando pretensões nacionalistas concorrentes se tornaram mais voláteis nos anos 1930 foi que Jerusalém passou a ter mais importância para ambos os grupos." Emmett, "The Capital Cities", 237.

33. Tuveson, *Redeemer Nation*, x. Robert Bellah resume a questão desse modo: "A Igreja Romana foi identificada com a Prostituta da Babilônia e a Igreja Protestante com a Nova Jerusalém, conforme descritas no Apocalipse. Dessa perspectiva, a Reforma poderia ser interpretada como um evento prenunciador do fim dos tempos e do nascimento de um Novo Céu e de uma Nova Terra." Esses seriam os Estados Unidos. Bellah, *The Broken Covenant*, 10.

34. Na expressão do escritor do século XIX, John O'Sullivan, a democracia americana seria "O cristianismo em seu aspecto terreno – o cristianismo inserido nas relações políticas dos homens". Ele escreveu isso no jornal *Morning Star*, de 27 de dezembro de 1845. Schlesinger, *Cycles of American History*, 40, 42.

35. Stephanson, *Manifest Destiny*, 4. Vimos que algo assim aconteceu no antigo Israel, quando se formou um mito nacional em torno da experiência de um grupo de hebreus, provavelmente pequeno, e sua fuga do Egito. Mais tarde, todo um povo se identificou com esse grupo, uma forma de distinguir-se dos cananeus adoradores de Baal, entre os quais, com toda probabilidade, o próprio Israel encontra sua origem. O grupo do êxodo foi para Israel o que os Peregrinos são para os Estados Unidos.

36. Stephanson, *Manifest Destiny*, 5. Na versão adotada, o selo está inspirado em temas clássicos, não bíblicos – o olho sobre a pirâmide, e esta sobreposta a um verso latino de Virgílio: *Annuit coeptis, novus ordo seclorum* ([Deus] favoreceu este empreendimento, uma nova ordem dos tempos). Mas mesmo essa referência ressoa uma nota messiânica, frequentemente retomada por líderes americanos arautos de uma "nova ordem mundial".

37. Herman Melville, *White Jacket*, capítulo 36, citado em Schlesinger, *Cycles of American History*, 15.

38. Citado em Tuveson, *Redeemer Nation*, 25.

39. "A terra inteira é o jardim do Senhor e ele a entregou aos filhos dos homens com uma condição geral, Gênesis 1,28: Sede fecundos, multiplicai-vos, enchei a terra e submetei-a... Por que então devemos ficar aqui lutando por um lugar onde morar... permitindo ao mesmo tempo que um continente inteiro, produtivo e útil para uso do homem, continue despovoado e sem quaisquer benfeitorias?" John Winthrop, "Conclusions for the Plantation in New England", 1629, explicando que o continente americano, desabitado e improdutivo, estava livre para ser ocupado.

40. Howard Zinn, *A People's History of the United States*. Nova York: Harper and Row, 1980, 15.

41. Miller, *Nature's Nation*, 6.

42. Gordis, *Opening Scripture*, 179. Ao expor essas demonstrações de intolerância puritana, é importante observar que a história é mais complexa do que o mero dogmatismo ou do que um período mais recente chamaria de fundamentalismo. Além de rígidos com relação às suas ortodoxias, os puritanos eram humanistas clássicos, dedicados ao aprendizado crítico. Os clássicos constituíam o cerne da sua instrução. Afinal, eles e seus descendentes diretos foram os fundadores da Harvard University – e de Yale, Princeton, Brown e Dartmouth. Do mesmo modo, é um anacronismo considerar dissidentes como Hutchinson precursores do liberalismo secular, como se ela e, como

citamos abaixo, Roger Williams, não estivessem firmemente apegados às próprias ideias de crença correta.

43. Feldman, *Divided by God*, 24. Ver também Jon Meacham, *American Gospel*, 53. Observe que a expressão de Williams "muro de separação", aplicada de um modo um tanto diferente, seria usada por Jefferson em sua carta de apoio de 1802 aos batistas de Danbury que reclamavam da Igreja Congregacional de Connecticut.
44. Meacham, *American Gospel*, 54.
45. Gaustad, *Roger Williams*, 13.
46. "The Bloody Tenent of Persecution", http://www.reformedreader.org/rbb/williams/btp.htm.
47. O Rio Hutchinson e a Avenida Rio Hutchinson têm esse nome em homenagem a ela.
48. http://www.rootsweb.ancestry.com/~rigenweb/history.htm.
49. Uma caracterização comum do carisma de Fox como pregador. Ingle, *First Among Friends*, 54.
50. Walt Whitman escreveu, "George Fox representa algo também – um pensamento – o pensamento que desperta nas horas silenciosas – talvez o pensamento mais profundo, mais eterno latente na alma humana. Esse é o pensamento de Deus, mergulhado nos pensamentos do direito moral e na imortalidade da identidade. Grandioso, grandioso é esse pensamento – sim, maior do que tudo o mais", *November Boughs*, http://www.bartleby.com/229/5022.html.
51. "A Declaration from the Harmless and Innocent People of God, called Quakers", http://hrs.harvard.edu/urn-3hul.ebookbatchEEBON_batch:ocm15353517e.
52. LaPlante, *American Jezebel*, 2004.
53. Soderland, *William Penn*, 5. Penn registrou no seu projeto um objetivo tríplice: "O serviço de Deus, a honra e o proveito do Rei, e o nosso próprio lucro, espero que sejam [o resultado de] todos os nossos esforços" (5). O tratamento clássico da diferença entre a Nova Inglaterra e a Pensilvânia está em *Puritan Boston and Quaker Pennsylvania*, de E. Digby Baltzell. Baltzell observa que enquanto a Filadélfia produziu mais riqueza e uma classe social alta, Boston produziu um número bem maior de líderes políticos, de artistas e de intelectuais. Ao dizer isso, ele destaca a consequência da hierarquia puritana e do igualitarismo quacre: "Toda a gente de Boston quer ser chefe, ao passo que na Filadélfia todos ficam satisfeitos em ser índios"(6).
54. Schultz e Tougias, *King Philip's War*. Três mil pessoas de uma população de cerca de 20 mil wampanoags, narragansets, algonquinos e outros povos nativos, foram mortas pelos colonizadores ingleses, que perderam cerca de

800 de um total de 52 mil. Rei Filipe era o nome pelo qual os ingleses conheciam o líder índio Metacom, cujo pai, Massasoit, foi o primeiro a receber os colonizadores do *Mayflower*.

55. Em 1682, Penn concluiu o "Grande Tratado" com os chefes delawares, estabelecendo o que os índios chamaram "uma corrente de amizade". O legado benigno de Penn sobreviveu a ele, mesmo quando líderes sucessivos da colônia abandonaram seus métodos e passaram a roubar dos índios e a mentir-lhes. Quando a violência entre índios e colonizadores explodiu mais de cem anos depois do Grande Tratado, durante a Guerra dos Sete Anos (1755-1762), os índios não atacaram os quacres.

56. Schlesinger, *Cycles of American History*, 22.

57. Não está claro por que Penn escolheu esse nome. Talvez ele estivesse pensando nos filadelfos, uma seita dissidente na Inglaterra, semelhante à dos quacres, ou poderia ter em mente a antiga cidade da Ásia Menor, mencionada como uma das sete igrejas (e das fiéis, diga-se) no Apocalipse.

58. A abolição começou no Encontro Anual da Filadélfia em 1754, e somente mais tarde se espalhou para as igrejas da Nova Inglaterra. Stark, *For the Glory of God*, 340.

59. Jacoby, *Freethinkers*, 16.

60. Isso está na Primeira Emenda. A única referência à religião como tal na própria Constituição está no Artigo 6, estabelecendo que "nenhum exame de religião será exigido para qualificação a qualquer função ou cargo público nos Estados Unidos".

61. O significado da separação entre igreja e estado nos Estados Unidos, no contexto da guerra de mil anos da Europa contra o Islã, fica claro pelo Tratado de Trípoli, ratificado pelo Senado dos Estados Unidos em 1797. "Considerando que o governo dos Estados Unidos da América não tem por base, em nenhum sentido, a religião cristã; considerando que ele não tem em si nenhuma animosidade contra as leis, a religião ou a tranquilidade dos muçulmanos; e considerando que os ditos Estados nunca entraram em qualquer guerra ou ato de hostilidade contra nenhuma nação maometana, as partes declaram que sob nenhum pretexto decorrente de opiniões religiosas se produzirá uma interrupção da harmonia existente entre os dois países." http://www.stephenjaygould.org/ctrl/treaty_ tripoli.html.

62. John Locke, "A Letter Concerning Toleration" (1689), http://www.constitution.org/jl/tolerati.htm.

63. Gênesis 14,18. "Melquisedec, rei de Salém, trouxe pão e vinho; ele era sacerdote do Deus Altíssimo."

64. Butler, *Awash in a Sea of Faith*, 61. Essa falta de adesão é um lembrete de que, mesmo na Nova Inglaterra, os americanos nunca foram *somente* puritanos.

65. Seu sermão mais famoso se intitulava "Pecadores nas Mãos de um Deus Colérico", e continha ameaças como estas: "Homens ímpios estão nas mãos de Deus, que os seguram sobre o abismo do inferno... O demônio espera por eles, o inferno escancara sua boca para eles e as chamas aumentam e ardem em torno deles... O fogo contido em seus corações se atiça para explodir... Vocês não têm nada em que possam se apoiar ou a que possam se agarrar; entre vocês e o inferno só existe ar." Citado in Schlesinger, *Cycles of American History*, 4.

66. Aaron, *America in Crisis*, 3.

67. Bellah, *The Broken Covenant*, 52.

68. "Entre 1740 e 1800, só o clero de Massachusetts e de Connecticut publicou mais de 1.800 sermões, além de outras espécies de livros e tratados." Hatch, *The Sacred Cause of Liberty*, 176, 172.

69. "Escolhi esse amálgama de retórica apocalíptica puritana tradicional e discurso político do século XVIII para chamar de 'milenarismo civil.'" Hatch, *The Sacred Cause of Liberty*, 22.

70. Enciclopédia Geográfica: http://www.placesnamed.com/s/a/salem.asp e http://www.placesnamed.com/j/e/jerusalem.asp. Segundo a Wikipédia, Clinton, ocorrendo 27 vezes (talvez porque DeWitt Clinton, como pai do Canal de Erie, foi identificado com a abertura para o oeste no início do século XIX), é o topônimo mais comum, e que Salém é o quinto mais comum, aparecendo 22 vezes. Mas a Enciclopédia Geográfica fornece a latitude e a longitude para cada uma das 127 Saléns que registra.

71. Michael B. Oren diz que "mais de mil pequenas e grandes cidades na América do Norte" são denominadas Salém, Shiloh e Sião. *Power, Faith, and Fantasy*, 84.

72. Jacoby, *Freethinkers*, 13.

73. "Ao extrair os princípios puros que ele [Jesus] ensinava, devemos retirar a roupagem artificial com que os sacerdotes os encobriram." Jefferson para John Adams, 13 de outubro de 1813.

74. Butler, *Awash in a Sea of Faith*, 256.

75. Jacoby, *Freethinkers*, 35. "O arrogantemente intitulado *Senso Comum*, de Thomas Paine, pedia a independência baseado na crença em uma inevitabilidade *não* sobrenatural." Como tal, foi a refutação definitiva de John Winthrop. Butler, *Awash in a Sea of Faith*, 215.

76. O papa Bento XVI, em 1983, quando presidia a Congregação para a Doutrina da Fé, reiterou a condenação da Igreja aos maçons, considerando a organização "irreconciliável" com a crença católica. As razões disso não são claras.

77. Em *O Código Da Vinci*, de Dan Brown, Robert Langdon é um "simbologista de Harvard", uma disciplina acadêmica que não existe. O romance mais recente de Brown, *O Símbolo Perdido*, gira em torno da maçonaria.

78. Uma explicação alternativa para o nome define "pedreiros livres" como artesãos com habilidades especiais que trabalhavam com "pedra de cantaria", o material mole utilizado na decoração de catedrais e castelos, em contraste com os "pedreiros brutos" (braçais), que trabalhavam com a pedra mais dura dos blocos de construção.

79. Butler, *Awash in a Sea of Faith*, 235.

80. O fato de eu dizer que "o cerne da história intelectual" está centrado na teologia, na filosofia e na iconografia cristãs não deprecia a herança clássica não cristã, as grandes culturas da Grécia e de Roma. Quer se tratasse de Tomás de Aquino refletindo sobre Aristóteles ou de Dante seguindo Virgílio, sem dúvida os clássicos influenciaram a cultura cristã e, portanto, definiram a Europa pela mediação cristã.

81. O termo é de Ronald Knox. Para esses crentes, "a graça destruiu a natureza, e a substituiu. *Enthusiasm: A Chapter in the History of Religion, with Special Reference to XVII and XVIII Centuries*. Nova York: Oxford University Press, 1950, 2.

82. Schlesinger, *Cycles of American History*, 30.

83. Bloom, *American Religion*, 195.

84. Bloom, *American Religion*, 37. Bloom comenta, "Quando falam, cantam, rezam, caminhando com Jesus, eles não se identificam com o homem a caminho da crucificação, nem com o Deus que subiu ao céu, mas com o Jesus que caminhou e viveu com seus discípulos novamente durante quarenta dias e quarenta noites... O americano caminha sozinho com Jesus num intervalo perpetuamente expandido baseado na jornada de quarenta dias do Filho do Homem ressuscitado" (40).

85. Bloom, *American Religion*, 64. Em 1783, havia mais de 100 mil índios entre o Atlântico e o Mississippi. Nos cinquenta anos seguintes, eles foram empurrados para além do Mississippi ou então mortos. Isso foi feito de acordo não apenas com determinações bíblicas a derrotar pagãos, mas com a lei de Deus segundo a qual aos agricultores brancos foi concedido dominar as raças inferiores de coletores-caçadores. Schlesinger, *Cycles of American History*, 25.

86. "Mas você tem aí o mito da América branca essencial. Todo o resto, o amor, a democracia... é uma espécie de enredo secundário. A alma americana essencial é dura, isolada, estoica e assassina. Ela ainda não se dissolveu." D. H. Lawrence, *Studies in Classic American Literature*. Cambridge: Cambridge University Press, 2003, 65.

87. De fato, o processo de separação entre Igreja e Estado é longo e está sempre em andamento. Embora a Primeira Emenda proíba a institucionalização da religião pelo governo federal, governos estaduais a "desinstitucionalizaram" mediante leis próprias – alguns já na Revolução de 1776, outros de modo mais gradual. Connecticut tomou essa decisão com relação à Igreja Congregacional em 1818. Alguns estados continuaram exigindo vinculação a igrejas cristãs como pré-requisito para o exercício de funções públicas. Por exemplo, até 1877, membros do legislativo de New Hampshire só podiam ser protestantes. Quanto ao ensino da religião em escolas públicas, a questão só se tornou mais evidente em meados do século XX, em 1948, quando a Suprema Corte o suspendeu; as orações e a leitura da Bíblia deixaram de ser feitas em sala de aula em 1963. Em 1987, a corte aprovou o Ato de Criação, determinando o ensino do criacionismo bíblico para contrabalançar o ensino da teoria da evolução.

88. Essa ignorância se evidenciaria na controvérsia do século XX em torno da evolução, sintetizada quando, no "Julgamento do Macaco" [ou Julgamento de John Thomas Scopes; Scopes Monkey Trial] em 1925, Clarence Darrow forçou William Jennings Bryan a admitir, "Eu não penso sobre o que eu não penso". Bloom, *American Religion*, 56.

89. O crescimento congregacional representa um aumento de vinte vezes, enquanto a população nacional passou de quatro milhões para 31 milhões no mesmo período – um aumento de sete vezes. As congregações batistas aumentaram de 400 para 12.500; as metodistas, de 50 para 20 mil. Congregações menos "entusiasmadas" não cresceram com a mesma rapidez: as luteranas passaram de 225 para 2.100; as católicas, de 50 para 2.500. Butler, *Awash in a Sea of Faith*, 270.

90. O conflito moral entre denominações protestantes, como entre os metodistas e os batistas, levaria a uma divisão denominacional (com batistas do sul e metodistas do sul apoiando a moralidade do sul). Essa separação podia também ser vista entre católicos: papas condenaram a escravidão como um mal já em 1435 (bula papal *Sicut Dudum*, de Eugênio IV) e mais recentemente, em 1839 (com a *In Supremo*, de Gregório XVI), mas a ordem religiosa dos jesuítas e outras foram proprietárias de escravos nos Estados Unidos até a Guerra Civil. Os católicos do sul não eram diferentes de seus vizinhos protestantes na defesa da escravidão, enquanto no norte os católicos praticamente não participaram do movimento abolicionista.

91. Vincent Harding, "Symptoms of Liberty and Blackhead Signposts: David Walker and Nat Turner", *in* Greenberg, *Nat Turner*, 82. Kenneth Greenberg, meu colega na Suffolk University, editor do mais importante estudo sobre a história de Turner, produtor e roteirista de um filme-documentário sobre o assunto, foi o primeiro a chamar minha atenção para a importância do episó-

dio Nat Turner para este livro. Fontes confiáveis identificam Turner com um exortador metodista. Vários relatos também mencionam sua formação batista.

92. "Nat Turner inseria-se obviamente na tradição religiosa milenarista euro-americana, popular no século XIX, caracterizada pela crença no retorno iminente de Cristo para reinar sobre a Terra." Harding, "Symptoms of Liberty", 79.
93. Harding, "Symptoms of Liberty", 79.
94. Thomas C. Parramore, "Covenant in Jerusalem", in Greenberg, *Nat Turner*, 59.
95. Harding, "Symptoms of Liberty", 83.
96. Harding, "Symptoms of Liberty", 83.
97. Jerusalém fora fundada em 1791. Em 1888, o nome da cidade foi mudado para Courtland. O advogado, Thomas Ruffin Gray, compilou as *Confissões de Nat Turner* com suas próprias interpolações, levando os historiadores a debates sobre a validade do documento como reflexo da experiência e das atitudes de Turner. Mas *The Confessions of Nat Turner* e a história de sua rebelião produziram um grande impacto. Em 1967, esse impacto foi revivido com a publicação do romance de William Styron com o mesmo nome. Foi um *best-seller* extraordinário, mas também fonte de muita controvérsia, criticado por muitos por sua reiteração involuntária de atitudes racistas. Veja Clarke, *William Styron's Nat Turner.*
98. Harding, "Symptoms of Liberty", 102.

Capítulo 7. Nação Messiânica

1. Ezrahi, *Booking Passage*, 9.
2. Lembre que a população de Jerusalém aumentava enormemente nos dias santos. Na Páscoa de 70, início do cerco romano, em torno de 600 mil pessoas estavam em Jerusalém, segundo Tácito; Flávio Josefo menciona o dobro, 1.200 mil pessoas. Jeremias, *Jerusalem in the Time of Jesus*, 75.
3. Ibn Ali Ibn Arabi viveu de 1165 até 1240. Makiya, *The Rock*, 291.
4. O estudioso Neil Asher Silberman escreve, "Emergindo da bruma das mais profundas ravinas e vales da Alta Galileia, Safed não tem cepa bíblica nem raízes profundas nas escrituras ou na história profética de Israel... No entanto, depois de 1492, com o horror e a incerteza da Expulsão Espanhola e com o aumento do fluxo de imigrantes judeus para o Império Otomano, Safed foi uma das inúmeras cidades da Terra Santa que receberam um número significativo de refugiados... um influxo enorme de sábios de volta à Terra de Israel". *Heavenly Powers*, 169.
5. Esses são os reinos de onde os judeus foram expulsos, com as respectivas datas: Provença, 1490; Sardenha, 1492; Sicília, 1492; Lituânia, 1495; Portugal,

1497. Nos séculos XIV e início do XV, judeus haviam sido expulsos da Inglaterra, de Paris, da Áustria e da Hungria. Gilbert, *Atlas of Jewish History*, 46-7.

6. Kenneth R. Stow, "Sanctity and the Construction of Space: The Roman Ghetto as Sacred Space", in Menachem Mor, org., *Jewish Assimilation, Acculturation, and Accommodation: Past Traditions, Current Issues, and Future Prospects*. Lanham, MD: University Press of America, 1992, 54. Essas são as cidades onde guetos judeus foram impostos, com o ano em que tiveram início: Fez, 1450; Frankfurt, 1460; Praga, 1473; Turim, 1490; Cracóvia, 1494; Veneza, 1517; Roma, 1556; Viena, 1570; Florença, 1571; Mainz, 1662. Gilbert, *Atlas of Jewish History*, 44.

7. O livro mais antigo impresso em hebraico foi um comentário sobre o Pentateuco, nos anos 1470, não muito depois da Bíblia de Gutenberg. Os primeiros livros impressos em hebraico estavam entre os melhores da Europa. A ambivalência papal com relação ao processo de impressão se tornou mais um motivo de tensão entre a Igreja e os judeus. Com a prensa tipográfica, o período dos primeiros comentadores foi dado como encerrado, iniciando-se uma nova era da relação dos judeus com os textos. http://www.jewishvirtuallibrary.org/jsource/Adret.html.

8. Harold Bloom, *Kabbalah and Criticism*. Nova York: Continuum, 1983, 41.

9. Para uma introdução à figura de Isaac Luria, ver Armstrong, *A History of God*, 266-71.

10. George Steiner, "Our Homeland, the Text", *Salmagundi*, nº 66, inverno-primavera de 1985, 5, 24-5.

11. George Steiner, "Our Homeland, The Text", 19. Sou grato a Sidra DeKoven Ezrahi por chamar minha atenção para a obra de Steiner sobre este ponto.

12. Atualmente, judeus ultraortodoxos em Israel justificam sua dispensa do serviço militar argumentando que é o estudo que fazem da Torá que mantém Israel a salvo e na benevolência de Deus. Mas não apenas isso; essa dedicação envolve também o ato essencial do sacrifício patriótico. As palavras convincentes do Talmude com que sustentam seu argumento são, "morrer na tenda da Torá".

13. Ezrahi, *Booking Passage*, 13.

14. Reconheço, novamente, que faço este resumo da visão judaica estando fora dela, como cristão. Por isso, ressalto que esse é o meu *entendimento* dessa visão, por mais limitado que seja.

15. Johannes Gutenberg (1398-1468) aperfeiçoou sua prensa tipográfica mecânica, com tipos móveis, por volta de 1440. Sua edição da Bíblia (180 exemplares) saiu de seu prelo em 1455.

16. Daniell, *The Bible in English*, 11.

17. Depois dos traumas da Reforma, especialmente porque haviam envolvido críticas protestantes ao desrespeito católico pelas escrituras, a Inquisição apegou-se, em 1615, à declaração de Galileu de que a Terra girava ao redor do Sol. A questão não era apenas, nem talvez principalmente, que o sistema geocêntrico do universo proposto por Ptolomeu fora o paradigma científico desde o ano 150, mas que Ptolomeu se sustentava sobre textos bíblicos, que as autoridades da Igreja da Contrarreforma se sentiam obrigadas a tomar literalmente. "O mundo está firme, jamais tremerá", diz o Salmo 93,1. "Assentaste a terra sobre suas bases, inabalável para sempre e eternamente", reza o Salmo 104,5. O Livro de Josué supõe um sol em movimento quando descreve a interrupção desse movimento: "E o sol se deteve e a lua ficou imóvel até que o povo se vingou dos seus inimigos... O sol ficou imóvel no meio do céu e atrasou o seu ocaso de quase um dia inteiro" (10,13). A Inquisição acusou Galileu afirmando "que a linguagem da Sagrada Escritura não quer dizer o que parece dizer". Galileu replicou, "A Escritura contém palavras que, tomadas em seu sentido estritamente literal, parecem divergir da verdade". A questão era não tomá-las literalmente. Algumas autoridades da Igreja, talvez conscientes dos precedentes de Agostinho e Aquino, concordaram com Galileu que se aquilo que mais tarde receberia o nome de "dados substanciados" contradissesse a Escritura, então os textos sagrados deviam ser reinterpretados. Mas mesmo esses prelados esclarecidos foram obrigados pela pressão da época a acompanhar os inquisidores que exigiam a retratação de Galileu. "Afirmar que o Sol, verdadeiramente, está no centro do universo... é uma atitude muito perigosa", declarou o cardeal Roberto Belarmino, um dos principais investigadores, "e uma atitude que pretende não só provocar os filósofos e teólogos escolásticos, mas também ofender nossa fé contrariando as Escrituras". No seu julgamento definitivo como herege em 1633, Galileu renunciou à sua convicção intelectual de que a Terra gira ao redor do Sol, mas então, segundo uma lenda bem conhecida, ele continuou sua retratação com um murmúrio "*E pur si muove*". (E no entanto se move). Santillana, *The Crime of Galileo*, 45, 99.

18. Landes, *The Wealth and Poverty of Nations*, 393.

19. Os abássidas em Bagdá; os fatímidas e os mamelucos no Cairo; os umaiadas em Córdoba; os gaznávidas no Irã, no Afeganistão e no norte da Índia; e os seljúcidas, que controlavam o restante da Índia. Aslan, *No god but God*, 137.

20. Com a queda do Império Otomano, caiu também o califado. Não há nenhuma autoridade espiritual islâmica desde 1924. O objetivo de Osama bin Laden era restabelecer o califado, e com ele a unidade política, espiritual e militar da *ummah*, a Casa do Islã.

21. Idinopulos, *Jerusalem*, 264. O termo "Oriente Médio" foi cunhado em 1902 por um oficial naval americano, Alfred Mahan. Oren, *Power, Faith, and Fantasy*, 42.

22. As forças navais otomanas, detidas pela Santa Aliança das potências europeias, seriam definitivamente derrotadas na batalha naval de Lepanto em 1571. Tropas turcas assediariam Viena em 1683, mas foram novamente repelidas. Asali, *Jerusalem in History*, 208. Ver também Barber, *Lords of the Golden Horn*.
23. O nome Istambul substituiria o nome Constantinopla, mas derivou do grego e fora usado pelos bizantinos, significando simplesmente "a Cidade".
24. Landes, *The Wealth and Poverty of Nations*, 398. Essa suserania significava que as elites locais se apresentavam para administrar os sistemas de impostos. Em Jerusalém, algumas famílias se tornaram relativamente ricas e poderosas pela participação nos impostos que coletavam para o sultão. Seus descendentes dominam a sociedade jerosolimitana até hoje. Asali, *Jerusalem in History*, 214, 239. "Famílias notáveis de Jerusalém – os Khalides, Nusseibis, Alamis, Husseinis e Dajanis – enriqueceram e se tornaram poderosas dominando as áreas da sociedade que rendiam dinheiro: arrecadação de impostos, agricultura, comércio e varejo, e monopolizando nomeações para as posições religiosas lucrativas de cádi, imã e leitor do Alcorão." Idinopulos, *Jerusalem*, 265.
25. A crueldade dessa norma é indicada pelo modo como o problema da sucessão real era resolvido. Quando o sultão tinha mais de um filho – e considerando o concubinato do harém, quase sempre tinha – os rivais do herdeiro eleito eram simplesmente mortos na infância. Landes, *The Wealth and Poverty of Nations*, 399.
26. Amnon Cohen, "1516-1917: Haram-I-Serif – The Temple Mount Under Ottoman Rule", *in* Grabar and Kedar, *Where Heaven and Earth Meet*, 212.
27. Rashid Khalidi, Introduction to Asali, *Jerusalem in History*, xx.
28. Registros de um censo otomano minucioso mostram o crescimento constante de Jerusalém após Suleiman. A cifra populacional da cidade, que no seu pico superou os 13 mil habitantes no século XVI, decaiu quando o Império Otomano começou a ruir. Até 1896, a população de Jerusalém caíra para menos de oito mil. http://www.jerusalemites.org/jerusalem/ottoman/24.htm. O destino precoce de Jerusalém foi diferente daquele da grande Palestina porque não havia motivo religioso para promover tais melhorias a não ser na cidade santa. Cohen, "The Temple Mount Under Ottoman Rule", 216.
29. Rauf, *What's Right with Islam*, 4.
30. Mesmo hoje, convertidos ao Islã devem aprender árabe suficiente para recitar o texto sagrado, mesmo sem compreendê-lo. Obviamente, existem traduções, mas elas são consideradas interpretações, não o Alcorão propriamente dito. Aslan, *No god but God*, 159.
31. Aslan, *No god but God*, 159. O sultão otomano só autorizou a impressão de obras seculares nas primeiras décadas do século XVIII, o que resultou no

desenvolvimento da tecnologia da composição tipográfica árabe. A impressão do Alcorão ficou proibida até o século XIX. No século XXI, o analfabetismo continuava sendo uma marca mais do mundo árabe do que do mundo não árabe, com, por exemplo, o México (91% de alfabetizados) superando a nação árabe mais alfabetizada, o Bahrein (86%). A Turquia, que só no século XX adotou um alfabeto modificado baseado no latim, tem uma taxa de alfabetização de 85%. O mundo muçulmano demorou mais para valorizar a alfabetização em parte porque o próprio Maomé era lembrado como analfabeto, o que enfatizava o aspecto milagroso de sua revelação. Reza Aslan sustenta que o analfabetismo de Maomé é mítico, uma vez que, na qualidade de comerciante de sucesso, ele precisaria pelo menos de habilidades rudimentares de leitura. *No god but God*, 35.

32. Landes, *The Wealth and Poverty of Nations*, 402. Veja um exemplo: Vimos que os judeus tinham um prensa tipográfica em Safed, Palestina, no início do século XVI. Uma prensa tipográfica muçulmana só entraria na Palestina no fim do século XIX. Idinopulos, *Jerusalem*, 272.

33. Armstrong. *The Batlle for God*, 60.

34. http://www.turizm.net/turkey/history/ottoman3.html.

35. O número de habitantes existentes em 1800 é discutível, pois fontes judaicas e muçulmanas propõem estimativas que têm implicações políticas contemporâneas. Referências muçulmanas falam em 12 mil. Uma fonte judaica proeminente estima uma população de 8.750. Asali, *Jerusalem in History*, 220, 231.

36. Clérigos ortodoxos gregos, armênios e católicos romanos dividem a guarda da Anastasis [Basílica da Ressurreição], do Santo Sepulcro e do Calvário, alternando estritamente os períodos de oração na rotunda que circunda o túmulo e na capela que identifica o Gólgota. Com o auxílio de cristãos coptas, etíopes e sírios, cada igreja é responsável direta por outros santuários menores na basílica antiga.

37. Asali, *Jerusalem in History*, 221.

38. Asali, *Jerusalem in History*, 223.

39. Muhammad ibn Abd al-Wahhab (1703-1766) foi um pregador radical cujos ataques aos xiitas e sufis nas cidades desérticas da Arábia, e ao sharif (governador) de Meca, credenciado por Istambul, encobriam um distanciamento mais profundo com relação ao califa turco. O vaabismo prosperou entre as tribos nômades independentes para quem a lealdade às autoridades distantes era impensável. Sob uma forma ou outra, o vaabismo influenciaria a imaginação religiosa saudita século XXI adentro. Aslan, *No god but God*, 241.

40. Armstrong, *Battle for God*, 114, 115.

41. As exportações do algodão egípcio renderam U$ 7 milhões em 1861; em 1865, quando a Confederação de exportação faliu, as cifras egípcias haviam chegado a U$ 77 milhões. Oren, *Power, Faith, and Fantasy*, 190.
42. Dodwell, *Founder of Modern Egypt*, 44.
43. Asali, *Jerusalem in History*, 238. Essa foi em parte função do novo telégrafo, que ligaria Jerusalém diretamente ao Cairo e a Istambul, desviando de Damasco (237).
44. O consulado britânico foi estabelecido em Jerusalém em 1838, como protetor dos judeus; o francês em 1843, como protetor dos católicos; o russo em 1857, como protetor dos ortodoxos gregos. Os americanos instalaram seu consulado em 1856, para proteger os protestantes, os missionários que estavam chegando. Asali, *Jerusalem in History*, 229.
45. Asali, *Jerusalem in History*, 230. A primeira missionária americana de renome na Palestina, a evangelizadora Harriet Livermore, iniciou suas atividades em 1837. Ela foi seguida pelo restauracionista Warder Cresson em 1844. Oren, *Power, Faith, and Fantasy*, 1.
46. Armstrong, *Battle for God*, 123.
47. Oren, *Power, Faith, and Fantasy*, 13. Voltaremos ao assunto mais adiante neste livro. É suficiente enfatizar aqui que esses dois efeitos – a modernidade como fator intrusivo da alienação árabe-muçulmana e do retorno dos judeus afiançado por Deus para a soberania em Jerusalém para o triunfo final de Cristo – fazem dos cristãos colonizadores e missionários os principais inspiradores do atual conflito entre israelenses e palestinos.
48. Oren, *Power, Faith, and Fantasy*, 80.
49. A ideia de que os judeus tinham que ser reintegrados à Palestina como precondição da era messiânica tem como base uma passagem da Carta de São Paulo aos Romanos: "O endurecimento atingiu uma parte de Israel até que chegue a plenitude dos gentios, e assim todo Israel será salvo, conforme está escrito: 'De Sião virá o libertador'" (11,25-6).
50. Oren, *Power, Faith, and Fantasy*, 90-2. Michael Oren, um israelense com raízes americanas, é embaixador de Israel nos Estados Unidos. Ele é uma das principais fontes da minha compreensão do movimento restauracionista protestante americano e de sua influência sobre Jerusalém. Dada sua posição diplomática, algumas pessoas suspeitam da sua obra historiográfica, mas eu o considero confiável no que diz respeito às tendências americanas do século XIX.
51. Butler, *Awash in a Sea of Faith*, 234.
52. As denominações influenciadas pelo fervor evangélico eram principalmente restauracionistas: metodista, batista, congregacionalista e presbiteriana. Os

cerebrais unitaristas eram indiferentes à ideia, assim como os episcopalianos mais "católicos". Curiosamente, um restauracionista eminente era professor de hebraico na Universidade de Nova York, chamado George Bush, cujo livro de 1844, *The Valley of Vision, or The Dry Bones of Israel Revived*, teve grande repercussão e influência. Ele foi o antepassado de dois presidentes. Oren, *Power, Faith, and Fantasy*, 141, 142.

53. Essa ignorância se refletia no *slogan* "Uma terra sem um povo para um povo sem uma terra", que muitos críticos, como Edward Said e Yasir Arafat, associaram ao sionismo do século XX. De fato, o *slogan* foi criado em 1843 pelo restauracionista cristão britânico Lord Shaftesburg. Oren, *Power, Faith, and Fantasy*, 141. Os sionistas se apropriaram da ideia, porém. Em 1917, David Ben-Gurion declarou que "num sentido histórico e moral", a Palestina era um lugar "sem habitantes". Armstrong, *Jerusalem*, 369. A ideia de que a Palestina estava despovoada tinha seu paralelo, sem dúvida, na ideia católica, presente em diversas bulas papais durante o Período dos Descobrimentos, de que territórios "descobertos" eram *terra nullius* – áreas que podiam ser reivindicadas por reis cristãos porque estavam desocupadas.

54. Em 1845, o jornalista John O'Sullivan, com referência à apropriação do Texas e do Oregon pelos Estados Unidos, declarou "o direito do nosso destino manifesto de expandir e tomar posse de todo o continente a nós concedido pela Providência para desenvolver o grande experimento de liberdade e de autogoverno federativo". Para Sullivan, essa era uma questão religiosa. Vimos anteriormente sua afirmação de que a democracia americana é "cristianismo no seu aspecto terreno – cristianismo concretizado entre as relações políticas dos homens". Ele escreveu isso no jornal *Morning Star*, no dia 27 de dezembro de 1845. Schlesinger, *Cycles of American History*, 40, 42. Ver também Stephanson, *Manifest Destiny*, 42, 40.

55. Essa era a prática da família Spofford, natural de Chicago, e da sua coletividade, a "Colônia Americana", em Jerusalém Oriental. Seu complexo residencial é atualmente o American Colony Hotel, onde jornalistas ocidentais se hospedam sem ter a mínima ideia das origens do lugar. Oren, *Power, Faith, and Fantasy*, 281.

56. Faust, *Republic of Suffering*, 172.

57. Oren, *Power, Faith, and Fantasy*, 223. Mark Twain descreveu sua experiência de Jerusalém in *The Innocents Abroad, or The New Pilgrim's Progress* (Nova York: New American Library, 1980). Apesar de todo seu alardeado ceticismo, também Twain sucumbiu ao antigo feitiço: "Estou sentado onde um deus esteve, vendo o riacho e as montanhas que aquele deus contemplou, rodeado por homens e mulheres amorenados cujos ancestrais o viram, e até falaram com ele face a face. Não consigo compreender isso. Os deuses do meu enten-

dimento sempre estiveram escondidos nas nuvens. A Palestina não pertence mais a este mundo comum. Ela é uma terra de sonhos" (332).

58. Peter Grose, *Israel in the Mind of America*. Nova York: Knopf, 1983, 26. Grose rejeita a observação de Lincoln como "não comprometimento genial", mas a questão é que a ideia do retorno dos judeus à Palestina chegou inclusive à Casa Branca.

59. Stephanson, *Manifest Destiny*, 65.

60. A afirmação está numa carta que Lincoln escreveu em 1864. Ele acrescenta, "Não consigo lembrar quando não pensei e não senti isso". http://showcase.netins.net/web/creative/ lincoln/speeches/hodges.htm.

61. A guerra começou com o ataque ao Fort Sumter no dia 12 de abril de 1861. A resolução foi aprovada no dia 25 de julho de 1861, declarando que o objetivo da guerra não era "suprimir ou interferir nos direitos ou nas instituições estabelecidas desses Estados [secessionistas]". Pelo contrário, era "defender e manter a supremacia da Constituição e preservar a União". O motivo de Lincoln ao decidir deixar a abolição da escravatura fora da equação é claro: era sumamente importante manter na União os quatro estados escravocratas fronteiriços (especialmente Maryland, que teria sufocado Washington, e Kentucky, que teria bloqueado a navegação no Rio Ohio, considerada vital).

62. Donald, *Lincoln Reconsidered*, 137.

63. Para efeito de comparação, o número de soldados do Exército Continental na Revolução Americana nunca foi superior a 30 mil. Faust, *Republic of Suffering*, 3.

64. "Antietam reescreveu implicitamente as regras para perdas aceitáveis na guerra, e ninguém protestou." Stout, *Upon the Altar*, 153. As forças da União em Antietam forçaram Lee a retirar-se para o sul, mantendo a violência longe de Maryland – e de Washington. A batalha assinalou o fim de qualquer possibilidade de reconhecimento da Confederação pelas potências europeias. Antietam também foi a primeira batalha em que fotografias de mortos foram tiradas (156). A Proclamação de Emancipação mostra, de fato, que Lincoln, mesmo então, não era um absolutista moral na questão da escravatura. A proclamação mal poderia ser considerada "abolição", pois declarava a libertação de escravos apenas naqueles estados que haviam deixado a União – criminalizando imediatamente a escravidão na Confederação, mas não nos Estados Unidos. A proclamação propõe apenas uma implementação gradual da "liberdade" nos estados leais à União – permitindo que a posse de escravos continuasse até 1900. Desmente que Lincoln era pró-negro a recomendação constante na proclamação de iniciar uma "colonização voluntária de libertos" na África.

65. Destaca-se aqui a implicação do plural (inglês), uma vez que o termo Estados Unidos não foi considerado singular (em inglês) até que a União fosse reificada – deificada? – pelos sacrifícios dos que morreram.
66. Stout, *Upon the Altar*, 167. O termo "guerra total" surgiu nos inícios do século XIX, quando o moderno estado-nação se estabeleceu, com a capacidade de mobilizar todos os recursos e a população de uma sociedade para a guerra. Essa capacidade foi associada à ideia iluminista de que certas abstrações (paz universal) valem tal escala de sofrimento. Guerras totais exigem níveis mais dignificados, santificados de sacrifício justificador do que guerras limitadas. Ver Bell, *The First Total War*.
67. A denominação mais imbuída de espírito evangélico, a metodista, passou de 67 "conferência" em 1783 para 32 conferências em 1843. Butler, *Awash in a Sea of Faith*, 268, 270.
68. Goen, *Broken Churches*.
69. Donald, *Lincoln Reconsidered*, 29. Donald identifica como abolicionistas as seguintes denominações: congregacional, presbiteriana, quacre, metodista e batista.
70. Aamodt, *Righteous Armies*, 81.
71. Butler, *Awash in a Sea of Faith*, 294.
72. "A nova equipe de Lincoln, Grant e Sherman, estava desenvolvendo uma nova forma de guerra." Donald, *Lincoln Reconsidered*, 94. Este é o comentário de Stout: "Quando obrigado a escolher entre uma guerra de princípios e a vitória, Lincoln escolhia a vitória. Ele destituiu McClellan do comando." *Upon the Altar*, 138.
73. Stout, *Upon the Altar*, 183. Estas são as palavras de Lincoln em seu Discurso sobre o Estado da União em 1862: "Concidadãos, não podemos fugir da história. Nós deste Congresso e desta administração seremos lembrados a despeito de nós mesmos. Nenhum atributo pessoal, seja de natureza meritória ou indigna, poupará qualquer um de nós. A prova de fogo pela qual passamos nos levará à honra ou à desonra até a última geração. Dizemos que somos a favor da União. O mundo não esquecerá que dizemos isso. Sabemos como salvar a União. O mundo sabe que sabemos como salvá-la. Mesmo aqui, temos o poder e a responsabilidade. Ao conceder liberdade aos escravos, asseguramos liberdade aos que são livres – igualmente dignos no que concedemos e no que preservamos. Salvaremos nobremente ou torpemente perderemos a última grande esperança da terra. Outras ações podem ter sucesso: esta não pode falhar. O caminho é plano, pacífico, generoso, justo – um caminho que, se seguido, o mundo aplaudirá para sempre e Deus para sempre abençoará." http:// www.infoplease.com/t/hist/state-of-the-union/74.html.

74. www.nationalcenter.org/lincolnsecondinaugural.html.
75. Charles Sumner, *The Works of Charles Sumner*, vol.7, 235-36.
76. Faust, *Republic of Suffering*, xi.
77. Faust, *Republic of Suffering*, xiv.
78. Faust, *Republic of Suffering*, xiii.
79. http://showcase.netins.net/web/creative/lincoln/speeches/gettysburg.htm.
80. Salmo 19,9. http://www.infoplease.com/t/hist/state-of-the-union/74.html.
81. "O Hino de Batalha da República" é "o hino mais popular das guerras e das cruzadas morais dos povos de língua inglesa". Tuveson, *Redeemer Nation*, 198. A ironia é que Júlia Ward Howe era racionalista, não milenarista evangélica. Como observa Tuveson, porém, "Quando surgiram questões urgentes e complicadas sobre o rumo correto para a nação, a visão apocalíptica de sua história assumiu a liderança" (199).
82. Tuveson, *Redeemer Nation*, 191.
83. Butler, *Awash in a Sea of Faith*, 292.
84. Ver *Slavery by Another Name: The Re-enslavement of Black Americans from the Civil War to World War II*, de Douglas A. Blackmon. Nova York: Doubleday, 2008.
85. Stout, *Upon the Altar*, 448.
86. Stout, *Upon the Altar*, 455. "O culto a Lincoln é quase uma religião americana." Donald, *Lincoln Reconsidered*, 144. Se o sacrifício de Lincoln centrou essa religião no norte, foi igualmente a religião sacrifical da Causa Perdida que sustentou o sul, com o próprio martírio da região assumindo um caráter profundamente irônico como fonte de significado e devoção na religião evangélica sulista. Deus estava com o Sul, pura e simplesmente, e a prova de sua condição como povo escolhido foi sua crucificação. Ver Charles Reagan Wilson, *Baptized in Blood*, 37-57.
87. Normalmente, exige-se a prestação do serviço militar para ser sepultado no Cemitério Nacional de Arlington. As esposas e filhos dependentes de veteranos são exceções de praxe. Outra exceção são funcionários públicos federais de alto escalão.
88. Estes são os números dos mortos em guerras americanas: Guerra Revolucionária, 25.324; Guerra de 1812, 19.465; Guerra Mexicana, 13.283; Guerra Civil, 622.000; Guerra Hispano-Americana, 2.446; Primeira Guerra Mundial, 116.516; Segunda Guerra Mundial, 403.339; Guerra da Coreia, 54.246; Guerra do Vietnã, 58.220; Guerra do Golfo Pérsico, 383; Guerra do Afeganistão, 1.076 e Guerra do Iraque, 4.401 (ambas até 31 de maio de 2010). *The New York Times*, 31 de maio de 2010.

89. A Sra. Lincoln comunicou as palavras do seu marido ao pastor de Springfield que presidiu ao sepultamento. Não há motivo para pensar que suas palavras, mesmo proferidas nesse momento dramático, tenham algum sentido místico. A Jerusalém terrestre estava na mente de Lincoln, talvez seu último pensamento. Mas as implicações inconscientes permanecem. Hill, *Abraham Lincoln, Man of God*, 373.
90. Stephanson, *Manifest Destiny*, 53.
91. Stout, *Upon the Altar*, 460.
92. Ocorreu ao Sr. Kurtz "como um relâmpago num céu sereno – exterminem todos os selvagens!" – a solução para os problemas do homem branco na África. Conrad, *Heart of Darkness*, 65.
93. "Aproximadamente cinco milhões de indígenas americanos viviam no que são hoje os Estados Unidos. No início do século XIX, essa população era de meio milhão. Em 1891... [restava] um quarto de milhão, ou 5% do número original de índios." Lindqvist, *"Exterminate All the Brutes"*, 114.
94. Tuveson, *Redeemer Nation*, 129.
95. Tuveson, *Redeemer Nation*, vii.
96. McDougall, *Promised Land, Crusader State*, 136.
97. Oberlin College, em Ohio, pode ser considerado o berço do movimento missionário americano, começando com expedições enviadas à China nos anos 1880. Mas Princeton pegou a febre. A Princeton Foreign Mission Society criou o Movimento de Estudantes Voluntários para Missões Estrangeiras, o qual, entre 1900 e 1930, enviou mais de 20 mil voluntários para o exterior sob a bandeira "A evangelização do mundo nesta geração".
98. A frase é do Reverendo Josiah Strong. Stephanson, *Manifest Destiny*, 80.
99. McDougall, *Promised Land, Crusader State*, 135.
100. Dick Diver percorrendo o campo de batalha do Somme no romance *Suave é a Noite*, de Fitzgerald, escrito em 1934: "Essa ação no Front Ocidental não podia ser repetida, não por muito tempo. Os jovens pensam que podiam, mas não podiam. Eles podiam lutar a primeira batalha do Marne novamente, mas não esta. Esta exigia religião... e garantias enormes... Era preciso ter um equipamento sentimental ardoroso recuando muito além do que se poderia lembrar."
101. Tuveson, *Redeemer Nation*, 212, 210.
102. Eksteins, *Rites of Spring*, 193.
103. "A velha Mentira: *Dulce et Decorum est / Pro patri mori.*" Wilfred Owen, "Dulce et Decorum Est." ("É doce e belo morrer pela pátria" é de uma ode de Horácio, um verso que ornamenta a entrada do anfiteatro do Cemitério de Arlington.) A expressão mais eloquente da velha mentira está no discurso

de Oliver Wendell Holmes Jr. no Memorial Day de 1895, relembrando a sua experiência em Antietam: "Não sei qual é o sentido do universo. Mas em meio à dúvida, no colapso dos credos... é verdadeira e admirável aquela fé que leva um soldado a dar a sua vida em obediência a um dever aceito às cegas, em uma causa que ele pouco compreende, em um plano de campanha do qual não faz ideia, sob táticas cuja utilidade não vê... A guerra, quando se está nela, é horrível e estúpida. Só depois de passado o tempo é que se percebe que sua mensagem era divina." Faust, *Republic of Suffering*, 270.

104. Forrestal levava a ferida do catolicismo irlandês empobrecido que marcava seus pais imigrantes. Fugindo daquele passado, ele não praticou sua fé com regularidade, mas era íntimo de figuras católicas, e no fim da vida atormentava-se com o sentimento de que fora "mau católico". Townsend Hoopes e Douglas Brinkley, *Driven Patriot: The Life and Times of James Forrestal*. Nova York: Knopf, 1992, 454.

105. Kennan, "Sources of Soviet Conduct", 25.

106. Widmer, *Ark of the Liberties*, 234.

107. A palavra russa correspondente a "contenção" é "estrangulação". Vendo para onde sua teorização levava, especialmente depois que o seu conceito de uma "contenção" ampla foi minuciosamente militarizado, Kennan se distanciou das políticas que ele mesmo havia inspirado. Pelo resto da vida, tornou-se um crítico da política externa antissoviética da Guerra Fria praticada pelos líderes americanos.

108. Daniel Yergin comenta, "Líderes americanos podem ter se deparado com um despotismo cruel, canhestro, dominado pelo temor burocratizado, preocupados com a reconstrução de um imenso território destruído pela guerra. Ao contrário, o povo americano estava convencido de que enfrentava um inimigo astuto, confiante, envolvido numa campanha interminável pela hegemonia mundial. *Shattered Peace*, 245.

109. Freeland, *The Truman Doctrine*, 101.

110. Hofstadter, *The Paranoid Style*, 1965.

111. Whitfield, *The Culture of the Cold War*, 77.

112. Ver, por exemplo, *Till Armageddon*, escrito por Graham em 1981, ou o seu *Approaching Hoofbeats: The Four Horsemen of the Apocalypse*, de 1983. Voltaremos a abordá-los novamente.

113. 20 de junho de 2009. newsweek.washingtonpost.com/ nixons_tapes_billy_ graham_and.html. Quando as fitas de Nixon revelaram Graham usando um linguajar antissemita, este foi duramente criticado e se desculpou. O filho e sucessor de Graham, Franklin, mais descomedido, é um detrator influente e impenitente dos muçulmanos, tendo declarado na NBC News, em 16 de

novembro de 2001, por exemplo, que o islã é "uma religião perversa e muito má". www.bpnews.net/bpnews.asp?ID=12201.

114. A expressão "centro vital" foi cunhada por Arthur Schlesinger Jr. e serviu como título do seu livro de 1949.

Capítulo 8. Jerusalém Erguida Aqui

1. Grainger, *Battle for Palestine*, 84.
2. Romanos 11,26. Enquanto grupos americanos como a família Spofford criavam postos avançados missionários em Jerusalém, a Sociedade Londrina para Promoção do Cristianismo entre os Judeus ("The London Jews Society") enviava seus catequizadores para Jerusalém. Armstrong, *Jerusalem*, 351.
3. Grainger, *Battle for Palestine*, 83.
4. Carson, que representava o Ulster no Parlamento, aprovou a lei inédita do alistamento obrigatório dizendo, "O necessário estoque de heróis deve ser mantido a qualquer custo". A frase serviu-me de título para um romance. James Carroll, *Supply of Heroes*, Nova York: E.P. Dutton, 1985.
5. Eksteins, *Rites of Spring*, 56.
6. Eksteins, *Rites of Spring*, 132.
7. "Assim a mochila se tornou um símbolo da bagagem social e cultural que cada soldado carregava para a batalha." Eksteins, *Rites of Spring*, 188.
8. Fussel, *The Great War*, 119-20.
9. http://www.rjgeib.com/heroes/owen/owen-poetry.html.
10. Nove milhões de mortos, 21 milhões de feridos. Distribuição dos mortos: 3,5 milhões de alemães/austríacos; 1,7 milhão de russos; 1,7 milhão de franceses; 1 milhão de britânicos; 700 mil turcos; 500 mil italianos. Um terço dos homens europeus com idade entre 19 e 22 anos em 1914 foi morto – "a geração perdida". Keegan, *The First World War*, 422-23.
11. Eksteins, *Rites of Spring*, 202.
12. Uma definição do objetivo da campanha "*Fight for Right*" de 1916. *Guardian*, 8 de dezembro de 2000.
13. Armstrong, *Jerusalem*, 361.
14. Apocalipse 3,12.
15. http://www.progressiveliving.org/William_blake_poetry_jerusalem.htm.

And did those feet in ancient time
Walk upon England's mountain green?

And was the holy Lamb of God
On England's pleasant pastures seen?

And did the Countenance Divine
Shine forth upon our clouded hills?
And was Jerusalem builded here
Among these dark Satanic mills?

Bring me my Bow of burning gold;
Bring me my Arrows of desire;
Bring me my Spear: O clouds unfold!
Bring me my Chariot of fire.

I will not cease from Mental Fight
Nor shall my Sword seep in my hand
Till we have built Jerusalem
In England's green and pleasant land.

(Caminharam aqueles pés antigamente/Sobre as verdes montanhas da Inglaterra?/Foi o Cordeiro santo de Deus/

Visto nos campos aprazíveis da Inglaterra?

Brilhou o Semblante Divino/Sobre nossas colinas enevoadas?/E foi Jerusalém erguida aqui/Entre esses negros moinhos satânicos?

Trazei meu Arco de ouro reluzente;/Trazei minhas Flechas do desejo;/Trazei minha Lança: Ó nuvens, abri-vos!/Trazei minha Carruagem de fogo.

Não cessarei minha Luta Mental/Nem dormirá minha Espada em minha mão/Até que Jerusalém seja erguida/Nas terras verdes e aprazíveis da Inglaterra.)

16. Martin Green, *Children of the Sun: A Narrative of "Decadence" after 1918*. Nova York: Basic Books, 1976, 42.
17. Em 1800, como vimos, a população de Jerusalém era de aproximadamente nove mil habitantes, com os judeus decididamente em minoria. http://www.shalomjerusalem.com/jerusalem/jerusalem3.htm. Em 1900, os judeus constituíam mais de 60% dos 55 mil residentes de Jerusalém (com muçulmanos e cristãos totalizando 20% cada um). Armstrong, *Jerusalem*, 352.

18. Dan Bahat, *The Illustrated Atlas of Jerusalem*. Jerusalém: Carta, 1996, 118-21.
19. O colaborador e protetor de Lawrence foi o nacionalista árabe Emir Feisal, a quem os britânicos apoiariam como rei do Iraque.
20. Grainger, *Battle for Palestine*, 210. Sobre a conquista britânica de Jerusalém, Lawrence comentou, "Nunca antes ela caiu tão docilmente". Elon, *Jerusalem*, 168.
21. Hanukhah era uma festa menor na época. Como celebração de uma antiga "reivindicação de terras, expansão de fronteiras e expulsão de invasores estrangeiros", ela se tornaria "o símbolo do renascimento sionista. Durante a Segunda Guerra Mundial, Hanukhah também se tornou o festival dos judeus americanos". Burg, *The Holocaust Is Over*, 38.
22. Grainger, *Battle for Palestine*, 213.
23. Purcell, *Lloyd George*, 68.
24. Wessels, *Biography of Muhammad*, 160.
25. Todos os lugares santos muçulmanos, entre os quais o Domo da Rocha e a Mesquita Al Aqsa, deviam ficar sob controle árabe, de acordo com a garantia McMahon de 1915. Mas enquanto oferecia essa garantia, a Grã-Bretanha também negociava secretamente o Acordo Sykes-Picot de 1916, um acordo franco-britânico-russo que tratava da divisão pós-otomana do Oriente Médio, com os territórios árabes ao norte da Península Arábica divididos entre França e Grã-Bretanha. Armstrong, *Jerusalem*, 373.
26. No final do século XIX, Jerusalém havia substituído Acre como principal cidade palestina, e seu governador se reportava diretamente a Istambul, sem passar por Damasco. Assim cristãos e judeus, como também os muçulmanos, deram nova ênfase à centralidade de Jerusalém. Não está claro como isso define uma história essencialmente palestina, porém, porque o registro não é autoevidente. "Uma das características de um pequeno povo não europeu", como observou Edward Said, "é que ele não é rico em documentos, nem em histórias, autobiografias, crônicas e coisas semelhantes. Isso vale também para os palestinos, e explica a falta de um texto autorizado relevante sobre a história palestina." Said, *The Question of Palestine*, xxxviii.
27. Said, *The Question of Palestine*, xi.
28. Nos Estados Unidos, os judeus do século XIX não sentiam uma necessidade de fugir comparável à sentida na Rússia, de sorte que, por exemplo, quando a poetisa Emma Lazarus tentou iniciar um movimento sionista americano em 1881, ela não encontrou apoio. O movimento americano para devolução da Terra Santa aos judeus continuou sendo principalmente protestante, com forte apoio de personalidades como John D. Rockefeller. Oren, *Power, Faith, and Fantasy*, 279.

29. A Declaração de Balfour, de novembro de 1917, diz em parte, "O governo de Sua Majestade encara favoravelmente o estabelecimento na Palestina de um lar nacional para o povo judeu". Mas o jogo duplo entra em cena na sequência: "... entendendo-se claramente que nada será feito que possa prejudicar os direitos civis e religiosos de comunidades não judaicas existentes na Palestina." A declaração serviu aos propósitos britânicos por atrair a simpatia dos judeus dos Estados Unidos, que haviam acabado de entrar na guerra, e dos judeus da Rússia, que estava em chamas com a revolução bolchevique e em vias de abandonar a guerra. Purcell, *Lloyd George*, 69-70. Mas o apoio britânico para o retorno dos judeus à sua pátria tradicional também foi influenciado por uma versão britânica da crença cristã restauracionista, segundo a qual esse retorno era um prelúdio necessário à vinda do Messias e à consumação da história. De qualquer modo, pode-se presumir que o que quer que outros extraíssem da Declaração de Balfour, ou mesmo do Acordo Sykes-Picot, na mente britânica estaria sempre o pressuposto de que as entidades palestinas locais, fossem árabes ou judaicas, estariam subordinadas à soberania maior do Império Britânico. Os árabes e os judeus, por sua vez, moldaram suas respostas, conscientemente ou não, em termos da corrente maior do nacionalismo do século XIX que já seguia na direção oposta a tais manipulações imperiais.
30. Apocalipse, 16,16. Keegan, *The First World War*, 415.
31. Grainger, *Battle for Palestine*, 217.
32. Said, *The Question of Palestine*, 3, 78.
33. "Naturalmente, a Grã-Bretanha oficial... estava sempre satisfeita em manter-se invisível nessas questões sórdidas, ou tão próxima do invisível quanto possível. A postura preferida da maior potência da época era posar como um ator externo imparcial, agindo da forma mais sensata, racional e civilizada possível para refrear as paixões selvagens dos residentes locais rudes e embrutecidos." Khalidi, *The Iron Cage*, 51.
34. Essa identidade positivo-negativa, originada, como vimos, na Idade Média, passa à era moderna como a essência do que Edward Said define como orientalismo: "o antiquíssimo conflito entre Ocidente e Oriente, cujo principal sub-rogado foi o Islã. Essa não era apenas uma questão colonial, mas também civilizacional." Said, *The Question of Palestine*, 29. Ver também Said, *Orientalism*, 49-72.
35. Khalidi, *The Iron Cage*, 97.
36. Gilbert, *The Atlas of Jewish History*, 85.
37. Asali, *Jerusalem in History*, 241.
38. Asali, *Jerusalem in History*, 244-45. Gilbert, *The Atlas of Jewish History*, 86.

39. Armstrong, *Jerusalem*, 367. Todavia, dos aproximadamente 55 mil judeus que viviam na Palestina em 1905, (de uma população total de 700 mil), somente cerca de 550 "podiam ser identificados como pioneiros sionistas". Ben-Ami, *Scars of War*, 2.
40. Em 1949, depois da fundação do Estado de Israel, os restos mortais de Herzl foram transladados de Viena para Jerusalém. O lugar do sepultamento recebeu seu nome, Monte Herzl, um cemitério para heróis do Estado judaico.
41. Lucas 21,20-3.
42. Depois da destruição de Jerusalém em 135, o imperador Adriano reconstruiu a cidade ao redor de um santuário dedicado a Júpiter no Monte do Templo.
43. Ver Carroll, *Constantine's Sword*, 208-20.
44. Ben-Ami, *Scars of War*, 4.
45. Entrada no diário de Herzl, "Roma. 26 de janeiro de 1904". Marvin Rosenthal, org., *The Diaries of Theodor Herzl*. Nova York: Grosset and Dunlap, 1962, 427-30.
46. Kenny, *Catholics, Jews, and the State of Israel*, 24. *Civiltà Cattolica* atribui às "sagradas escrituras" a teologia do "*vagabondo*", que na realidade começa depois de Santo Agostinho. A revista também associa a "predição" de Jesus da destruição de Jerusalém ao "fim do mundo", quando, como vimos, essa descrição do destino da cidade se refere à sua destruição pelos romanos, ocorrida em 70 EC, antes que o Evangelho fosse escrito, e incorporada ao texto após o fato como profecia de Jesus.
47. Bea, *The Church and the Jewish People*, 67.
48. Stephanson, *Manifest Destiny*, 72.
49. O interesse britânico pela Arábia começou com a simples ambição de controlar as rotas de navegação no Golfo Pérsico, depois superada pela ambição do petróleo. Daí a aliança britânica com o líder tribal árabe Ibn Saud que, com dinheiro e armas britânicos, conquistou a península depois da Primeira Guerra Mundial, inclusive Meca e Medina. Ele executou publicamente 40 mil homens e impôs a forma de islamismo mais rígida, o vaabismo, no que então seria conhecido como Reino da Arábia Saudita. Aslan, *No god but God*, 245.
50. Tuveson, *Redeemer Nation*, vii.
51. Armstrong, *Jerusalem*, 375. Que o sionismo inevitavelmente sorveu energia do colonialismo europeu reflete-se nesta avaliação de Shlomo Ben-Ami, ex--Ministro de Relações Exteriores de Israel: "O sionismo foi também um movimento de conquista, colonização e povoamento a serviço de uma causa nacional justa e correta, mas também autoindulgente. Empreendimento de libertação nacional e emancipação humana obrigado a usar as ferramentas

de penetração colonial, foi um movimento esquizofrênico que sofria de uma incongruência irreconciliável entre sua mensagem libertadora e as práticas ofensivas que usava para promovê-la. O cultivo de uma autoimagem íntegra e do etos dos poucos contra os muitos, do corajoso Davi enfrentando o Golias árabe brutal e bestial, foi uma forma encontrada pelo sionismo para conciliar suas contradições." *Scars of War*, 3.

52. A tradição de Samuel foi uma "tradição inventada", pois nunca houvera um "grão-mufti" de Jerusalém. Esse refinamento religioso visava desviar a aspiração nacional. Khalidi, *The Iron Cage*, 57. A palavra inglesa "mufti" denota um militar em trajes civis. Ela deriva da tradição otomana seguida pelos comandantes militares de servir-se de líderes civis locais – "muftis" – como assessores administrativos. Para os vice-reis otomanos fardados, a utilidade do mufti dependia do seu *status* civil.

53. "Os al-Husaynis eram uma das famílias mais ricas e poderosas em Jerusalém, e seus membros haviam ocupado a posição de Hanafi mufti de Jerusalém durante a maior parte dos dois séculos precedentes." Khalidi, *The Iron Cage*, 56. Mattar, *The Mufti of Jerusalem*, 6. Pode-se também observar que os al--Husaynis enriqueceram no início do século XX vendendo grandes extensões de terra aos sionistas, mesmo enquanto protestavam clamorosamente contra a expansão das propriedades judaicas. Pappe, *The Ethnic Cleansing of Palestine*, 12. (Denúncias equivalentes foram feitas recentemente contra líderes da Autoridade Palestina que venderam cimento para Israel, para a construção da detestada "barreira de segurança".)

54. Armstrong, *Jerusalem*, 377.

55. Said, *The Question of Palestine*, 88. Edward Said, professor da Columbia University, falecido em 2003, foi uma voz influente entre os exilados palestinos. Suas ideias eram controversas. "Os pelos se eriçam à simples menção da Palestina", expressou o poeta Peter Cole, baseado em Jerusalém, "quanto mais A Questão da –" Em nota ao seu poema "Palestine: A Sestina", Cole explica que a última frase refere-se ao título do livro de Said. Cole, *Things on Which I've Stumbled*, 48.

56. Um *slogan* muçulmano que aflorava periodicamente ao longo dos anos era "Depois de sábado, domingo". Isto é, depois de acabar com os judeus, eles acabariam com os cristãos. Morris, *1948*, 13.

57. Edward Said descreveu o orientalismo, o desprezo colonialista de europeus pelo Oriente, especialmente pelo Oriente árabe, como um "partícipe secreto do antissemitismo ocidental. É uma verdade histórica, cultural e política que o antissemitismo e... o orientalismo se parecem muito um ao outro, bastando apenas mencioná-la a um palestino árabe para se compreender perfeitamente a ironia que ela representa". *Orientalism*, 27-8.

58. Mattar, *The Mufti of Jerusalem*, 39.
59. Os números referentes à população judaica da Palestina estão geralmente em discussão, mas mesmo o biógrafo do mufti reconhece o salto constatado, passando de algo como 50 mil em 1917 para quase 385 mil em 1936. Mattar, *The Mufti of Jerusalem*, 149.
60. Segev, *The Seventh Million*, 77, 34. Em 1933, havia 700 mil judeus na Alemanha e na Áustria. Um terço deles foi morto. Dos dois terços que escaparam, uma minoria decidida foi para a Palestina, um total de 50 mil a 60 mil pessoas. Em 1938 e 1939, eles respondiam pela metade dos imigrantes para Israel (35). Edward Said oferece essas cifras: Em 1931, a população judaica da Palestina era de 174.606, de um total de 1.033.314. Em 1936, havia 384.078 judeus de um total de 1.366.692. Em 1946, havia 608.225 judeus de 1.912.112. *The Question of Palestine*, 11.
61. A "inferioridade" árabe podia parecer confirmada pela experiência educacional. "De acordo com o censo de 1931... somente cerca de 22% de árabes palestinos eram alfabetizados, contra 86% da população judaica do país." A disparidade só aumentou. Khalidi, *The Iron Cage*, 14.
62. Khalidi, *The Iron Cage*, 29.
63. Armstrong, *Jerusalem*, 383.
64. Chaim Weizmann, falando em 1936. Ben-Ami, *Scars of War*, 1.
65. Pappe, *The Ethnic Cleansing of Palestine*, 14. Mattar, *The Mufti of Jerusalem*, 70-3. Os árabes reclamavam que as rígidas sanções britânicas era desiguais, com grupos judeus podendo armar-se sem ser punidos. O Irgun e o Stern Gang evoluíram para o que atualmente constituem os grupos terroristas, mas o apoio que receberam não passou dos 10 a 15% dos sionistas. Asali, *Jerusalem in History*, 256, 257. Outra força de combate judaica, a Haganá, era relativamente moderada nos seus métodos e evoluiu para as Forças de Defesa de Israel (FDI).
66. A Comissão Peel de 1937. Embora descontentes com as fronteiras propostas, os sionistas aceitaram o plano de divisão, estabelecendo um padrão segundo o qual os judeus aceitariam pragmaticamente o que conseguissem, ao passo que os palestinos ficariam insistindo no impossível. Não casualmente, a comissão introduziu na disputa o termo "transferir". Cerca de 300 mil árabes que ocupavam o território a ser entregue aos judeus seriam removidos para o território árabe. O "equilíbrio" para isso foi a remoção de cerca de 1.250 judeus das terras árabes. Só essa perspectiva já era suficiente para garantir a recusa árabe. Morris, *1948*, 18.
67. O número é impreciso. Morris estima "entre três mil e seis mil". *1948*, 21.
68. Em defesa desse rejeicionismo, Rashid Khalidi revela que anotações das discussões do gabinete britânico sobre essas concessões a palestinos deixam

claro que Londres nunca pretendeu executá-las. "Essas ofertas eram muito menos tentadoras aos árabes do que poderiam parecer... cercadas por condições... [e] muitas armadilhas ocultas." *The Iron Cage*, 118, 36, 114.

69. Mattar, *The Mufti of Jerusalem*, 80-5, 148. Churchill foi designado Primeiro Lorde da Marinha em setembro de 1939 e primeiro-ministro em maio de 1940.

70. Said, *The Question of Palestine*, xii.

71. Uma sondagem de opinião feita em 1941 situou o apoio dos árabes palestinos à Alemanha em 88%, com 9% apoiando a Grã-Bretanha. Morris, *1948*, 21.

72. Mattar, *The Mufti of Jerusalem*, 100.

73. Mattar, *The Mufti of Jerusalem*, 103.

74. O mufti morreu no Líbano em 1974, sem nunca ter sido levado a julgamento. Seu grande desejo era ser enterrado em Jerusalém, perto do Haram al-Sharif. As autoridades do Estado de Israel não permitiram. Em 1991, o Centro Simon Wiesenthal citou provas de material arquivado descoberto para comprovar essa recusa, mas outros investigadores as consideram "inconclusivas". Mattar, *The Mufti of Jerusalem*, 139, 176.

75. Quando os judeus ainda podiam ter fugido em grande número do território controlado pelos alemães, até e depois da Kristallnacht [Noite dos Cristais] em 1938 – quando a política nazista era "Judeus fora!" – o governo britânico foi cúmplice tanto ao se recusar a aumentar as cotas de imigração no Reino Unido quanto ao impedir a emigração de judeus para a Palestina. O fato deplorável dessa história é que até a eclosão da guerra Hitler teria permitido prontamente a partida dos judeus – uma limpeza étnica grotesca que só pareceria benigna em comparação com o que se seguiu. A mesma denúncia de cumplicidade pode ser feita contra os Estados Unidos, que inibiram a imigração de judeus durante a guerra. Wylie, *The Abandonment of the Jews*, 157-59.

76. *O Diário de Anne Frank* foi publicado em 1952, produzido como peça teatral na Broadway em 1955, e transformado em filme em 1959. *A Noite*, depois de aparecer na França em 1958, foi publicado em inglês em 1960. *O Vigário* foi produzido em Berlim e na Inglaterra em 1963, e na Broadway em 1964.

77. "Sessenta por cento dos israelenses acima dos 14 anos ouviram em tempo real a transmissão radiofônica da sessão de abertura do julgamento... Muitas daquelas crianças hoje são líderes." Burg, *The Holocaust Is Over*, 122.

78. Palavra de Hannah Arendt. Sua formulação resumida, "um relato sobre a banalidade do mal", baseou-se na sua percepção da mediocridade de Eichmann. "O problema com Eichmann era exatamente que muitos eram como ele, e muitos desses não eram pervertidos nem sádicos, mas eram, e ainda

são, terrível e assustadoramente normais... Essa normalidade era muito mais aterradora do que todas as atrocidades juntas." O verdadeiro horror era a possibilidade de atos monstruosos ser cometidos por alguém que não era um monstro. Arendt, *Eichmann in Jerusalem*, 276. A tese foi muito contestada. Ver, por exemplo, Cesarini, *Becoming Eichmann*.

79. Embora alguns vejam o julgamento de Eichmann como um avir-se israelense atrasado com o *Shoah,* outros o veem como o início de um destaque excessivo conferido ao Holocausto, "do capítulo do Shoah na identidade israelense", como disse Avraham Burg. *The Holocaust is Over*, 142.

80. Apocalipse 20,4.

81. Segev, *The Seventh Million*, 69-72. Devo particularmente a Tom Segev a minha compreensão do significado do Holocausto para os israelenses.

82. Segev, *The Seventh Million*, 109, 110. "Cordeiro conduzido ao matadouro" refere-se à passagem de Isaías 53,7.

83. Segev, *The Seventh Million*, 104, 105.

84. Carroll, "Shoah in the News".

85. Morris, *1948*, 22.

86. As palavras são de Abraham Joshua Heschel ao descrever sua própria fuga antes da guerra. Heschel, *Moral Grandeur*, viii.

87. Segev, *The Seventh Million*, 154.

88. Segev, *The Seventh Million*, 160.

89. Entre nove e dez milhões de judeus viviam nos países europeus dos quais saíram os aproximadamente seis milhões de vítimas de Hitler. http://history1900s.about.com/ library/holocaust/bldied.htm.

90. Ben-Ami, *Scars of War*, 47.

91. Enquanto a proporção de judeus mortos foi de dois em cada três dos que viviam na Europa, a proporção para todos os judeus no mundo foi de um em três.

92. Para um inventário da destruição, vilas e povoados perdidos, ver Walid Khalidi, *All That Remains: The Palestinian Villages Occupied and Depopulated by Israel in 1948*. Washington e Beirute: Instituto para Estudos Palestinos, 2006. O fato essencial é que entre 600 mil e 750 mil árabes palestinos fugiram ou foram obrigados a abandonar suas casas.

93. Said, *The Question of Palestine*, xxi.

94. Morris, *1948*, 393. Pode parecer estranho dar aqui uma voz judaica à Palestina, mas o fato de um judeu partidário como Ben-Gurion ver o ponto de vista palestino torna isso possível. Sua compreensão empática da resistência árabe foi expressa de forma das mais influentes no ensaio "The Iron Wall

(We and the Arabs)" de Zeev Jabotinsky, em 1923. http://www.marxists. de/ middleast/ironwall/ironwall.htm.

95. Morris, *1948*, 27.
96. As autoridades de Israel na época não negaram a ocorrência de atrocidades em Deir Yassin. Pelo contrário, a Agência Judaica, os principais rabinos de Jerusalém e o alto comando militar as condenaram. Morris, *1948*, 127. O número de civis mortos em Deir Yassin é contestado. Fontes árabes mencionam até 250 (por exemplo, Asali, *Jerusalem in History*, 258), enquanto inclusive "novos historiadores" polêmicos falam em 93 (por exemplo, Pappe, *The Ethnic Cleansing of Palestine*, 91.) Karen Armstrong aceita o total de 250 (*Jerusalem*, 386).
97. Revisões do registro histórico da origem de Israel se tornaram possíveis com a liberação nos anos 1980 de documentos até então secretos. Entre os "novos historiadores" estão escritores respeitados como Benny Morris e Tom Segev. Avi Shlaim é autor de *The Iron Wall: Israel and the Arab World*, um livro que Tom Segev qualifica como "a melhor história abrangente do conflito árabe-israelense". Mas Segev e outros consideram "desproporcional" o livro mais recente de Shlaim, *Israel and Palestine: Reappraisals, Revision, Refutations*. Um autor mais controverso é Ilan Pappe, cuja obra, descrevendo o expropriação de palestinos mais como resultado de uma deliberação criminosa planejada durante muito tempo do que como consequência do deslocamento *ad hoc* típico da guerra, mesmo os "novos historiadores" consideram discutível.
98. Ben-Ami, *Scars of War*, 48. "Na verdade", escreve Benny Morris, "os judeus cometeram muito mais atrocidades do que os árabes e mataram muito mais civis e prisioneiros de guerra em atos deliberados de brutalidade no decorrer de 1948." *1948*, 405. Quando "novos historiadores" usam a expressão "nascido em pecado", muitos israelenses se arrepiam porque a imputação parece querer deslegitimar o Estado de Israel. O conceito "nascido em pecado" é estranho ao pensamento judaico tradicional, e está mais associado à noção cristã, especialmente católica, do pecado original. Uma leitura judaica comum da história de Adão e Eva enfatiza a decisão de comer o fruto proibido como uma espécie de entendimento e tomada de consciência da responsabilidade moral, um ato de livre-arbítrio inicial, mais do que um ato condenável de desobediência. Ver, por exemplo, Erich Fromm, http://www. philosophyprofessor.com/philosophers/erichfromm.php. Para os católicos, a expressão "nascido em pecado" não deslegitima nem estigmatiza, uma vez que a doutrina do pecado original sustenta que, com exceção de Jesus e Maria, todo ser humano (e por extensão toda instituição humana) nasce em estado de degradação. Israel nasceu em pecado, mas Roma também, com o fratricídio cometido por Rômulo contra Remo; a Grã-Bretanha com a guerra de agressão

conhecida como a Conquista Normanda; as colônias dos Estados Unidos com seus crimes contra as populações indígenas. Nesse contexto, dizer que Israel nasceu em pecado é normal e não implica nenhuma deslegitimação.

99. Avishai, *The Hebrew Republic*, 80. Said, *The Question of Palestine*, 52.
100. http://www.ipoet.com/archive/original/darwish/IdentityCard.html. O verso é do poema de Darwish "Identity Card", que Said chama de poema nacional palestino. *The Question of Palestine*, 155.
101. Armstrong, *Jerusalem*, 386.
102. Pappe, *The Ethnic Cleansing of Palestine*, 25.
103. Jonathan Schneer encontra evidências de que, em 1917, os britânicos estavam preparados para permitir que os otomanos mantivessem o controle sobre a Palestina, inclusive sobre Jerusalém, mas esse fato mostra como a política britânica para o Oriente Médio sempre envolveu tensão entre realistas e visionários de Jerusalém. Schneer, *The Balfour Declaration*, 263-70.
104. Com o papa João Paulo II, para quem a reconciliação com o povo judeu era uma prioridade, e depois que o Concílio Vaticano II dos anos 1960 extinguiu a "teologia do exílio", o Vaticano estendeu o reconhecimento diplomático a Israel em 1994. Mesmo então, o círculo interno do Vaticano era contrário a essa medida.
105. Truman disse ao seu gabinete em 1946 que ele "não tinha utilidade para eles [os judeus] e que não se importava com o que acontecia com eles". Ele se ressentia abertamente das pressões judaicas. Morris, *1948*, 25.
106. "Na área da Grande Jerusalém, a limpeza étnica atingiu oito bairros palestinos e 39 vilas." Pappe, *The Ethnic Cleansing of Palestine*, 99.
107. Armstrong, *Jerusalem*, 395. Segev, *1949*, 35. Meir gostava de pensar sobre os palestinos como "sírios do sul". Said, *The Question of Palestine*, 138. Em 1969, Meir disse numa entrevista a um repórter, "Não existe isso de povo palestino... Não é como se nós tivéssemos chegado, os expulsado e tomado seu país. Eles não existiam". *The New York Times*, 15 de junho de 1969. http://www.monabaker.com/quotes.htm.
108. Cerca de "cinco milhões de sobreviventes ou descendentes dos 750 mil árabes que fugiram (ou foram perseguidos) de Israel durante a guerra de 1948, bem como dos 500 mil que foram desalojados em 1967, continuam refugiados". Daqueles fora da Palestina, dois terços estão na Jordânia, e um terço na Síria e no Líbano. Cerca de 40% dos refugiados ainda vivem em acampamentos. Avishai, *The Hebrew Republic*, 247.
109. A ideia de "transferir", como vimos na nota 66, fora apresentada pela Comissão Peel em 1939. Mas era também uma ideia que os palestinos tinham implícita em seu objetivo de remover a população judaica. Alguns líderes

sionistas, inclusive Ben-Gurion, haviam falado em transferência, mas os sionistas esperavam igualmente partilhar o estado judeu com os árabes. A extensão da limpeza étnica que ocorreu durante 1948 foi resultado menos de uma política planejada do que de ações *ad hoc* praticadas durante a guerra. Ver Morris, *1948*, 406-07.

110. Morris, *1948*, 412, 415. A expressão "milagre árabe" é de Shaul Avigur. Segev, *The Seventh Million*, 161. A comparação com Massachusetts é de Bernard Avishai, *The Hebrew Republic*, 24.
111. Grossman, *Writing in the Dark*, 6.
112. Segev, *1949*, 116.
113. Segev, *The Seventh Million*, 183. Segev sugere que os boatos sobre a transformação de judeus em sabão começaram com uma confusão sobre as letras estampadas nas barras de sabão fabricadas na Alemanha. "RIF", abreviatura de "Reines Industrielles Fett", "gordura industrial pura", foi lida como "RJF", "Reines Judishes Fett", "gordura judaica pura".
114. Ezequiel 36,38.
115. Ben-Ami, *Scars of War*, 90.
116. Segev, *The Seventh Million*, 347.
117. Segev, *1949*, 42. Ben-Gurion declarou, "A Jerusalém judaica é parte orgânica e inseparável da história de Israel, da fé de Israel e da própria alma do nosso povo. Jerusalém é o coração dos corações do Estado de Israel". Armstrong, *Jerusalem*, 391.
118. Arendt observa que "a grande maioria das testemunhas" era proveniente dos campos de concentração sobre os quais a autoridade de Eichmann "fora quase nula". *Eichmann in Jerusalém*, 225.
119. Essa foi outra reclamação que Arendt apresentou contra os procedimentos. *Eichmann in Jerusalem*, 225.
120. Segev, *The Seventh Million*, 339, 356.
121. Avishai, *The Hebrew Republic*, 161.
122. Grossman, *Writing in the Dark*, 71-2.
123. Ver Carroll, *House of War*, 491-512.
124. As Forças de Defesa de Israel se orgulham de manter os padrões éticos mais elevados na sua conduta de guerra, mas sua capacidade de aplicar esses padrões na prática foi às vezes contestada. Durante a Guerra de Gaza em 2009, por exemplo, uma comissão das Nações Unidas presidida pelo jurista sul-africano Richard Goldstone, considerou a política claramente expressa de "força desproporcional" das FDI como fonte de crimes de guerra. Para uma avaliação positiva do relatório Goldstone, ver David Schulman, "Israel

Without Illusions: What Goldstone Got Right", *New York Review of Books*, 17 de novembro de 2009.http://www.nybooks.com/blogs/nyrblog/2009/nov/17/israel-without-illusions-what-goldstone-got-right/. Para uma avaliação crítica, ver Moshe Halbertal, "The Goldstone Illusion", *New Republic*, 6 de novembro de 2009. http://www.tnr.com/article/world/the-goldstone-illusion. Em julho de 2010, Israel acusou oito soldados por crimes de guerra durante a guerra de Gaza. http://www.worldtribune.com/worldtribune/WTARC/2010/me_israelo624_07_07.asp.

125. Segev, *The Seventh Million*, 400. Amós Oz discorre sobre "o incurável" in *How to Cure a Fanatic*. Princeton, NJ: Princeton University Press, 2006.

126. Além do impulso Eretz Israel a apoiá-lo, o movimento de colonização recebeu um grande estímulo quando, com a dissolução da União Soviética no final dos anos 1980, cerca de um milhão de judeus soviéticos chegaram em Israel, precisando ser abrigados. Muitos deles foram "assentados" nos territórios ocupados.

127. Ben-Ami, *Scars of War*, 120, 121.

128. O que sugere que agravos irracionais sejam um obstáculo para a paz é o fato de que, pelo menos desde que os chamados Parâmetros Clinton definiram as grandes linhas de acordos aceitáveis para a maioria de ambos os lados, o "processo de paz" não levou a lugar nenhum. Durante anos, todos sabiam que forma assumiria o acordo final da solução dos dois estados, mas o avanço nessa direção (Oslo, Madri, Camp David, Genebra, "mapa da estrada", Anápolis, conversações de Mitchell sobre "proximidade" e conversações diretas com apoio de Obama iniciadas em 2010) se mostrou esquivo. O futuro palestino pode estar numa "Jordânia ampliada" ou num novo estado independente na Margem Ocidental e Gaza, onde os assentamentos israelenses tornaram praticamente impossível uma soberania viável para uma entidade palestina. Mas todas essas "soluções" pressupõem alguma espécie de ajuste entre os entendimentos opostos de história e identidade.

129. Said, *The Question of Palestine*, 124.

130. Segev, "Israel and Palestine", 48.

131. Asali, *Jerusalem in History*, 269, 270. A proporção árabe da população de Jerusalém era esta: 73% em 1873, 46% em 1922, 40% em 1944, 28% em 1987 (249).

132. Khalidi, *The Iron Cage*, 200.

133. Khalidi, *The Iron Cage*, 119.

134. Khalidi, *The Iron Cage*, 123.

135. Susser, *The Rise of Hamas*, 42.

136. É importante observar, como faz Edward Said, que a OLP surgiu como um movimento popular revolucionário na mesma época de outros movimentos

de libertação, como o Congresso Nacional Africano, a Organização dos Povos do Sudoeste da África, os Sandinistas na Nicarágua e o movimento contra o Xá no Irã – que Said descreve como "a luta do século XX contra várias formas de tirania e injustiça". *The Question of Palestine*, x. Said não menciona, mas poderia tê-lo feito, o IRA na Irlanda do Norte e os Panteras Negras nos Estados Unidos.

137. Ben-Ami, *Scars of War*, 137.
138. A OLP competia com outros grupos terroristas palestinos, como o liderado por Abul Abbas que, em 1985, sequestrou o navio de cruzeiro *Achille Lauro* e matou um passageiro, Leon Klinghoffer. Depois, esses atos de terror foram repudiados por palestinos influentes – "uma indicação de quanto além deles uma comunidade justificadamente apreensiva avançou em maturidade e moralidade políticas", nas palavras de Edward Said. The *Question of Palestine*, xx.
139. Avishai, *The Hebrew Republic*, 157. Nem todos os homens-bomba estavam "intoxicados de Deus", como observamos abaixo.

Capítulo 9. Milênio

1. Hersh, *The Samson Option*, 222.
2. Farr, *The Third Temple's Holy of Holies*, 12. O primeiro-ministro Levi Eshkol (1963-1969) havia prometido que Israel não seria o primeiro a usar armas nucleares no Oriente Médio, mas ninguém duvidava em 1973 ou, mais tarde, em 1991, que Israel teria usado seu arsenal nuclear antes de sofrer uma derrota total infringida por seus vizinhos árabes. A nebulosidade em torno da existência do arsenal nuclear de Israel e a ambiguidade em suas intenções de usá-lo definem a estratégia israelense. Ver Cohen, *The Worst-Kept Secret*.
3. Em *Commentary*, de 1976, Podhoretz escreveu, "Dizia-se que os israelenses sofriam do complexo de Massada... mas se os israelenses devem ser entendidos em termos de um 'complexo' envolvendo suicídio em vez de rendição e baseados num precedente relevante da história judaica, o exemplo de Sansão... seria mais apropriado do que Massada, onde ao cometer suicídio os zelotes mataram apenas a si mesmos, sem levar nenhum romano com eles". Citado em Hersh, *The Samson Option*, 137.
4. Hersh, *The Samson Option*, 225-26, 239.
5. Perry, *Four Stars*, 258. Nolan, *Guardians of the Arsenal*, 123.
6. "Israel anunciou seu primeiro alerta nuclear e começou a armar seu arsenal. Usou esse alerta para chantagear Washington em troca de uma mudança política importante." Hersh, *The Samson Option*, 223. Quando, alguns meses depois da guerra, Golda Meir questionou Kissinger a respeito de sua lealdade

aos judeus, ele respondeu, "Primeiro, sou americano. Segundo, sou Secretário de Estado dos Estados Unidos da América. Terceiro, sou judeu". Ao que a primeira ministra replicou, "Tudo bem, filho, nós lemos da direita para a esquerda". Hersh, *The Samson Option*, 230.

7. Em grande parte, o que motivou a histórica viagem de Sadat a Jerusalém, em novembro de 1977, para a celebração de um acordo de paz, foi seu temor do arsenal nuclear israelense. Farr, *The Third Temple's Holy of Holies*, 13, 14. Seymour Hersh relata que numa reunião secreta com o primeiro-ministro de Israel Menachem Begin "logo depois de chegar" a Jerusalém, Sadat procurou obter dele a "promessa de não usar armas nucleares contra o Egito", como parte do tratado de paz que ele estava propondo. Begin não admitiu que tivesse armas nucleares. Hersh, *The Samson Option*, 269.

8. McGeorge Bundy, *Danger and Survival: Choices about the Bomb in the First Fifty Years*. Nova York: Random House, 1988, 230.

9. Somente no lado americano, mais de 90 mil armas nucleares foram produzidas em cinquenta anos. Sherwin e Bird, *American Prometheus*, 423.

10. Kissinger, ao lado do teórico nuclear Herman Kahn e o físico Edward Teller, é amplamente considerado a figura por trás do personagem-título do filme de Stanley Kubrick, de 1964, *Dr. Strangelove, or How I Learned to Stop Worrying and Love the Bomb* [Dr. Fantástico, ou Como Aprendi a Parar de me Preocupar e Amar a Bomba].

11. Israel desenvolveu a bomba em cooperação com a França, uma parceria em oposição ao Egito de Nasser, que apoiava a rebelião contra a França na Argélia. Quando a França testou com sucesso seu primeiro artefato nuclear em 1960, o acontecimento "criou duas potências nucleares, não uma – tal era a profundidade da colaboração" entre França e Israel. Farr, *The Third Temple's Holy of Holies*, 6.

12. Kissinger, *Years of Upheavel*, 581.

13. Kissinger, *Years of Upheavel*, 581, 582, 589. Em sua própria autobiografia, Nixon se esquiva da questão em torno da sua ausência na crise Dobrynin. "Quando Haig [então chefe de gabinete de Nixon] me informou sobre essa mensagem, eu disse que ele e Kissinger deviam reunir-se na Casa Branca para planejar uma reação firme ao que equivalia a uma ameaça pouco velada de intervenção soviética unilateral. Palavras não estavam deixando clara a nossa posição – precisávamos de ação, até mesmo o choque de um alerta militar." *RN*, 938.

14. Nolan, *Guardians of the Arsenal*, 122.

15. www.onejerusalem.com/2009/01/06/golda–meir–on–children–and–war. Essa história do êxito de Meir em chantagear Kissinger, ironicamente, dá credibilidade à afirmação de que Israel *precisava* adquirir um arsenal nuclear.

Sem um modo de forçar o reabastecimento americano, Israel poderia ter perdido a guerra.

16. Grossman, *Writing in the Dark*, 23.
17. Grossman, *Writing in the Dark*, 44.
18. Farr, *The Third Temple's Holy of Holies*, 18, 19.
19. Durante a guerra de Gaza em 2009, foguetes Qassam disparados pelo Hamas, caíram num perímetro de 30 quilômetros de Dimona, onde um reator para produção de plutônio estava em operação desde os anos 1960. Acredita-se que tenha produzido material suficiente para até duzentas armas nucleares, fabricadas em uma instalação subterrânea adjacente. Dimona é protegida por sofisticadas defesas aéreas e mísseis, e é em grande parte um alvo duro. No entanto, a própria presença da instalação nuclear na zona de guerra define o perigo. Embora seja concebível que mesmo armas primitivas como as usadas pelo Hamas possam danificar a cúpula acima da superfície do reator de Dimona e causar um vazamento de radiação bastante fatal, o aspecto mais amplo é que quando Israel se envolve em operações militares de alto risco contra seus inimigos, é uma grande ilusão achar que a própria reserva nuclear de Israel não será por fim atingida, com uma escalada maciça de tensões psicológicas e políticas. Israel certamente justificaria sua prontidão nuclear atual como prevenção contra o Irã, cujos líderes juraram exterminar o estado judeu, e talvez contra a Síria, que aparentemente se dedica a um programa nuclear secreto próprio. Entretanto, a posse da bomba por Israel se soma às pressões que atiçam a ambição nuclear de Teerã. Continuará a segurança de Israel a ser intensificada por um arsenal nuclear que, mais do que coibir, fornece aos inimigos o motivo e o pretexto para compor o seu próprio arsenal? Convencer Teerã a limitar seu apetite nuclear requer que cada potência nuclear, a começar com os Estados Unidos, se comprometa com o desarmamento nuclear. O que vale para uma nação, vale para todas. Isto é, também para Israel. Além de suprir Israel com seu sistema defensivo, Dimona cria pressão radioativa com relação à proliferação de armas nucleares em toda a região. Especialistas advertem que uma "cascata" dessa natureza, depois de liberada, inundaria do Irã à Arábia Saudita ao Egito e à Turquia, e talvez outros países mais. Como essa inundação tornaria Israel mais seguro?
20. Ver, por exemplo, esta declaração do embaixador do Egito nas Nações Unidas, feita em 2010:http://www.globalsecuritynewswire.org/gsn/nw20100 3114924.php.
21. *The Fate of the Earth* é o título do livro fundamental de Jonathan Schell, de 1982, sobre o perigo nuclear.
22. Para um teste de som num rádio, ele fez contagem regressiva a partir de 10, concluindo "... 3, 2, 1 – buuummm! Lá se vai Moscou".

23. Entre os católicos neoconservadores estavam Michael Novak, George Weigel e Richard John Neuhaus. Quando o pândita da ala direita Robert Novak e o político também da ala direita Newt Gingrich se converteram ao catolicismo no início dos anos 2000, a impressão foi de um ajuste perfeito. Ver Clermont, *The Neo-Catholics*, 2010.

24. Dugger, "Does Ronald Reagan Expect Armageddon?"

25. Na União Soviética, a voz predominante era Andrei Sakharov que, como pai da bomba H soviética, era uma espécie de Oppenheimer soviético. A dissidência de Sakharov somou-se a movimentos populares como o Solidariedade na Polônia e o Fórum da Democracia na Tchecoslováquia. Na Europa ocidental, um movimento de massa contra a mobilização de mísseis nucleares americanos de médio alcance (principalmente o Pershing) definiu os anos 1980. Nos Estados Unidos, um movimento de âmbito nacional para congelamento nuclear recebeu o reforço de filmes de Hollywood, como *O Dia Seguinte* e *Síndrome da China*. Uma das vozes mais atuantes era a do célebre cientista Carl Sagan.

26. "Caiu do céu uma grande estrela, ardendo como uma tocha. E caiu sobre a terça parte dos rios e sobre as fontes. O nome da estrela é 'Absinto'. A terça parte da água se converteu em absinto, e muitos homens morreram por causa da água, que se tornou amarga." Apocalipse 8,10-1. O biógrafo de Reagan, Lou Cannon, comenta, "Quando Reagan soube que 'Chernobyl' é a palavra ucraniana para 'absinto', ele teve certeza de que o desastre no Reator Número 4 era realmente um presságio do Armagedon". Cannon observa que ao relatar posteriormente esse fato agourento, Reagan disse que "'Chernobyl' era a palavra ucraniana para 'Wedgwood'". Cannon, *President Reagan*, 757.

27. Foi essa mesma autoconfiança rasa que possibilitou a Reagan dar uma reviravolta abrupta quando um líder soviético bem diferente, Mikhail Gorbachev, chegou ao poder. Respondendo ao convite de Gorbachev, e à pressão do eleitorado americano, Reagan substituiu sua visão apocalíptica nuclear pelo compromisso de trabalhar pelo desarmamento nuclear. Durante sua visita amistosa à Praça Vermelha em 1988, quando lhe perguntaram sobre sua anterior condenação da União Soviética como o "mal", ele deu de ombros amigavelmente, apontou para Gorbachev, e disse, "Era o mal, até que ele – até que este homem fez toda a diferença". Morris, *Dutch*, 647.

28. Ester 3,1-6.

29. Stern, *Terror in the Name of God*, 92. O livro de Stern me mostrou o nexo entre Goldstein e Amir.

30. Em 2006, em consulta por amostragem, um terço dos israelenses respondeu que apoiariam uma proposta de perdão para Yigal Amir. Entre os judeus que se identificavam como "religiosos", a porcentagem dos que apoiariam a

proposta era de 64%. http://www.ynetnews.com/articles/0,7340,L-33202 66,00.html.

31. Omar Bakri Muhammad, ativista islâmico libanês militante, em entrevista ao *Sunday Express* de Londres, referindo-se à viagem planejada de Paul McCartney a Israel, disse, "Se valoriza sua vida, o Sr. McCartney não deve ir a Israel. Ele não estará seguro lá. Os operadores de sacrifício estarão esperando por ele". *The New York Times*, 17 de setembro de 2008. McCartney foi assim mesmo e se apresentou em Tel Aviv.

32. Cerca de duas dezenas de diferentes grupos terroristas, da Chechênia ao Oriente Médio e ao Sri Lanka, usam o suicídio como arma. Entre 1985 e 2006, mais de duzentos terroristas suicidas eram mulheres, praticamente um em cada seis. No início, os grupos que usavam mulheres nessas ações eram seculares, embora assumissem atitudes religiosas clássicas com relação ao sacrifício e ao martírio. A primeira mulher palestina a cometer um ato de suicídio a bomba o fez em 2002, depois do que a Brigada dos Mártires de Al Aqsa criou uma unidade de mulheres-bomba, à qual pertencia Ayat al--Akhras. Mulheres-bomba podem achar que estão rejeitando o papel tradicional de subserviência de gênero, mas "na verdade estão sob as ordens deles... Isso inclui um conjunto de regras bem definidas pelas quais as mulheres se sacrificam... Num certo sentido, o martírio é a realização final e deformada desses ideais. Assim, o espetáculo de terroristas suicidas mulheres não só não desafia o patriarcado como expõe provas do seu poder. A mensagem que mulheres-bomba enviam é que elas têm mais valor para sua sociedade mortas do que jamais teriam se estivessem vivas". Mia Bloom, "Female Suicide Bombers", *Daedalus*, Inverno de 2007, 102.

33. Para uma descrição do ato de Ayat al-Akhras, ver Jason Keyser, "Female Suicide Bomber Kills Two at Jerusalem Supermarket", *Independent*, 30 de março de 2002. Para uma descrição de homens palestinos realizando uma dança matrimonial um dia depois que uma mulher se explodiu, matando seis israelenses, ver "The Bomber Next Door", *60 Minutes*, 28 de maio de 2003. Depois desses incidentes, o número de mulheres-bomba aumentou, especialmente no Iraque. "Usando roupas largas, de cor preta da cabeça aos pés, as mulheres-bomba conseguem esconder explosivos potentes e se infiltrar em espaços lotados rigidamente policiados para que um homem-bomba neles se movimente sem ser percebido. Enquanto os homens são frequentemente revistados, as leis islâmicas não permitem que oficiais de segurança masculinos apalpem as mulheres." Richard A. Oppel Jr., "8 Die in Iraq Suicide Bombing, Apparently by Woman", *The New York Times*, 25 de julho de 2008. Em geral, mulheres-bomba têm as mesmas motivações que os homens, caracterizadas por um pesquisador do Projeto Chicago sobre Terrorismo Suicida como "uma lealdade profunda à sua comunidade somada a uma variedade

de ressentimentos pessoais contra as forças inimigas". As motivações podem ou não ser explicitamente religiosas, mas o ato em si se baseia em motivos religiosos de sacrifício e martírio. Lindsey O'Rourke, "The Woman Behind the Bomb", *International Herald Tribune*, 4 de agosto de 2008.

34. Robin Wright, "Since 2001, a Dramatic Increase in Suicide Bombings", http://www.washingtonpost.com/wp-dyn/content/ article/2008/04/17/AR2008041 70 3595.html.
35. Aslan, *No god but God*, 190.
36. Aslan, *No god but God*, 244.
37. Aslan, *No god but God*, 246-48.
38. Para uma discussão sobre o modo como a religião motiva muitos terroristas suicidas, mas não todos, ver Pape, *Dying to Win*, 2005. O recente livro de Pape, *Cutting the Fuse*, explica que enquanto a ocupação estrangeira é o "gatilho principal" do terror suicida, "a diferença religiosa entre o ocupante estrangeiro e o ocupado é um dos principais fatores de motivação" (86).
39. O presidente usou a frase durante uma entrevista coletiva no pátio da Casa Branca no dia 16 de setembro de 2001. Ver, por exemplo, *Christian Science Monitor*, 19 de setembro de 2001.
40. Eu era um desses liberais. Ver meu livro *Crusade: Chronicles of an Unjust War.* Nova York: Metropolitan Books, 2004. Em minha crítica a Bush, destaquei sua religiosidade como se ela fosse excepcional. Somente ao escrever este livro percebi como as respostas de Bush estavam em perfeita sintonia com correntes profundas da vida e da política americanas.
41. Na Catedral Nacional, dois dias após o ataque, ele prometeu "livrar o mundo do mal". Em 2004, dois inspiradores da "Doutrina Bush", David Frum e Richard Perle, publicaram um livro intitulado *An End to Evil*.
42. Nas mesmas lentes marcadas com o visor de retículos de fios cruzados que permitia ao soldado fixar o alvo, o número de série da mira era seguido de referências bíblicas em letras diminutas. Por exemplo, "2Cor 4,6", onde se lê "Porquanto Deus, que disse: *Do meio das trevas brilhe a luz!,* foi ele mesmo quem reluziu em nossos corações, para fazer brilhar o conhecimento da glória de Deus, que resplandece na face de Cristo". A empresa Trijicon tinha um contrato de 660 milhões de dólares para fornecer 800 mil miras para o exército. Joseph Rhee, "U.S. Military Weapons Inscribed With Secret 'Jesus' Bible Codes", 18 de janeiro de 2010, http://abcnews.go.com/Blotter/us-military-weapons-inscribed-secret-jesus-bible-code/story.html. Depois que as citações do Novo Testamento nas miras das armas se tornaram públicas em 2010, o fabricante interrompeu a prática.

43. George W. Bush, "Address to a Joint Session of Congress and the American People", 20 de setembro de 2001, www. whitehouse.gov/news/releases /2001 /09/20010920-8.html.

44. Essa escalada se reflete especialmente no orçamento de Obama para a defesa, que alocou 5 trilhões de dólares para o período 2010-2017, um aumento de 5%, em valores de dólar constantes, sobre o orçamento de Bush para a defesa para o período 2002 a 2009. As guerras do Iraque e do Afeganistão, que continuam no governo Obama, são as mais caras na história dos Estados Unidos. Por comparação, a Guerra da Coreia custou 393 mil dólares por pessoa/ano; a do Vietnã, 256 mil dólares por pessoa/ano. Até 2010, Iraque e Afeganistão custaram 792 mil dólares por pessoa/ano. Project on Defense Alternatives, http://www.comw.org/pda/fulltext/1001pdabr20exsum.pdf.

Capítulo 10. Conclusão: Boa Religião

1. "A concha vazia do 'estado democrático secular' da OLP precisava ser infundida com uma 'alma religiosa'. Como consequência, o conflito se tornou islamizado, os ressentimentos palestinos foram reformulados como um choque histórico de religiões." O Hamas, criado em 1988 como agente desse processo, começou sua campanha de terrorismo suicida em 1994. Hamas é um acrônimo para Movimento de Resistência Islâmica. Wistrich, *A Lethal Obsession*, 733, 731.

2. Julius, *Trials of the Diaspora*, 583.

3. Do lado judaico, o perigo é percebido por Gershom Scholem, que "temia que febres políticas do sionismo pudessem despertar febres mais primordiais... agentes do messianismo e do pensamento apocalíptico há muito adormecidos, mas facilmente ativados". Esse resumo é de Sidra DeKoven Ezrahi. Ela acrescenta, "Como podemos permanecer perto do centro sagrado e, no entanto, manter distância?" Avishai, *The Hebrew Republic*, 111. No lado muçulmano, enquanto isso, antagonismos tradicionais e limitados com o cristianismo e com o judaísmo "foram transformados em mito apocalíptico sobre a ameaça judaica e ocidental ao Islã como um todo. Com base no Alcorão, no hadith e na escatologia muçulmana, os judeus são descritos como adeptos do grande impostor, o Dajjal – o equivalente muçulmano do Anticristo... A conclusão é muito clara: O Fim dos Tempos só virá quando todos os judeus tiverem sido exterminados". Wistrich, *A Lethal Obsession*, 744.

4. Ao escrever sobre o fundamentalismo, reconheço que escrevo de fora dele. Do mesmo modo, na sequência, escrevo do lado de fora do islamismo e do judaísmo; por isso as minhas percepções são limitadas, necessariamente.

5. Isaías 55,8.

6. O'Malley, *Four Cultures of the West*, 6, 7.
7. Partidários palestinos tiveram sucesso em denunciar o sionismo como racismo na Conferência das Nações Unidas de 2001 em Durban, África do Sul, mas mesmo um palestino como Edward Said havia previsto o erro nessa "denúncia retórica genérica". Said, *The Question of Palestine*, 111.
8. Fromm, *The Heart of Man: Its Genius for Good and Evil*.
9. Isaías 42,6. David Hartman é meu professor preferido para essa tensão entre particularidade e universalidade. Ver especialmente "Revelation and Creation: The Particular and the Universal in Judaism", *A Heart of Many Rooms*, 153-68.
10. Uma crítica lisonjeira ao "exclusivismo judeu" tem sido uma marca do desmerecimento cristão da religião judaica, baseado numa leitura de São Paulo. Entretanto, a ênfase do cristianismo na necessidade de Jesus Cristo para a salvação, começando com Paulo, é mais exclusiva do que qualquer outra coisa no judaísmo.
11. Devo esse entendimento a Sidra DeKoven Ezrahi.
12. Elon, *Jerusalem*, 17.
13. Elon, *Jerusalem*, 14.
14. Salmo 137,1-9.
15. Lembre que 1 e 2 Macabeus não estão no cânone do judaísmo.
16. Os selêucidas helenistas normalmente respeitavam a diversidade religiosa de seus súditos, mas em 167 AEC, provavelmente por causa das pressões vindas dos rivais no Egito, eles impuseram uma nova uniformidade aos cultos, proibindo as práticas judaicas. "Compreendemos melhor os Macabeus como fanáticos moderados. Eles não eram totalmente contra a cultura grega... eles lutavam heroicamente por suas tradições e pela sobrevivência da sua fé." Eles retomaram Jerusalém em 164 e restauraram o Templo, uma vitória celebrada na Hanukhah. David Brooks, "Hanukkah Story Reflects Tragedy of Violent Political Strife", *The New York Times*, 13 de dezembro de 2009.
17. Burg, *The Holocaust is Over*, 37.
18. Lucas, 13,1; 13,33. Lembre que o Evangelho de Lucas foi escrito anos depois dos acontecimentos que registra, por volta de 80 EC, no auge da guerra romana contra os judeus e depois que os romanos tinham arrasado o Templo e matado dezenas de milhares em Jerusalém. O Evangelho de Lucas parece mais um romance do que uma história, e usa a violência de Jerusalém como pivô da narrativa. Por isso, diferentemente dos outros Evangelhos, ele leva Jesus à cidade apenas uma vez, como um ato de provocação deliberada – como um ato de autoentrega à morte, se não de suicídio.
19. Mateus 16,22-3.

20. Mateus 16,22-3.
21. Kripal, *Esalen: America and the Religion of No Religion*.
22. "Deus é maior do que a religião, a fé é maior do que o dogma." Heschel, *The Insecurity of Freedom*, 119.
23. Santo Agostinho, Sermão 52,16.
24. Paul Ricoeur falou em abandonar "a imediação da crença. Mas se não podemos mais viver o grande simbolismo do sagrado de acordo com a crença original, nós podemos, nós homens modernos, aspirar a uma segunda ingenuidade na crítica e pela crítica". *The Rule of Metaphor*, 318. Ver também Tracy, *On Naming the Present*, 138.
25. Os Dez Mandamentos (Êxodo 20,3; Deuteronômio 5,7) incluem a proibição contra falsos deuses, mas como vimos, houve uma evolução da monolatria, o compromisso de adorar o Senhor e não os outros deuses, ao monoteísmo, a convicção de que "o Senhor é o único Deus, tanto no alto do céu, como cá embaixo, na terra. Não existe outro!" (Deuteronômio 4,39). Ou, "Eu sou o primeiro e o último, fora de mim não há Deus" (Isaías 44,6). Como vimos, crucial para essa evolução foi a intuição dos hebreus exilados na Babilônia, o grande avanço tanto para a ideia de que Deus é Um Só no sentido de ser o único, e Um Só no sentido de ser o princípio criador da unidade cósmica.
26. Pelican, *Jesus Through the Centuries*, 106. A melhor expressão de salvação como essa mudança na mente de Deus é oferecida por João Calvino: "Deus era inimigo dos homens até que eles foram reconduzidos à graça pela morte de Jesus Cristo." *Institutas da Religião Cristã* 2,16,2.
27. Bonhoeffer, *Letters and Papers from Prison*, 163.
28. Bonhoeffer, *Letters and Papers from Prison*, 219.
29. Essa rejeição de Deus em nome da justiça definiu o ateísmo de Marx, Camus e Sartre, mas os conceitos de justiça desses pensadores, mesmo que primeiro definidos por pessoas que reagiam a Deus, não eram extensivos às mulheres.
30. Niebuhr, *The Irony of American History*, 89.

BIBLIOGRAFIA

Aamodt, Terrie D. *Righteous Armies, Holy Cause: Apocalyptic Imagery in the Civil War.* Macon, GA: Mercer University Press, 2002.
Aaron, Daniel. *America in Crisis.* Nova York: Knopf, 1952.
Allison, Graham. "Nuclear Disorder: Surveying Atomic Threats", *Foreign Affairs* 89, nº 1, janeiro-fevereiro de 2010.
Arendt, Hannah. *Eichmann in Jerusalem: A Report on the Banality of Evil.* Nova York: Penguin Classics, 1994.
Armstrong, Karen. *A History of God: The 4,000-Year Quest of Judaism, Christianity, and Islam.* Nova York: Ballantine Books, 1994.
_____. *Jerusalem: One City, Three Faiths.* Nova York: Ballantine Books, 1996.
_____. *Islam: A Short History.* Nova York: Modern Library, 2000.
_____. *The Battle for God: A History of Fundamentalism.* Nova York: Ballantine Books, 2001.
_____. *The Great Transformation: The Beginning of Our Religious Traditions.* Nova York: Knopf, 2006.
_____. "The Holiness of Jerusalem: Asset or Burden?" *Journal of Palestine Studies* 27, nº 3, primavera de 1998.
Asali, K. J., org. *Jerusalem in History.* Nova York: Olive Branch Press, 2000.
Aslan, Reza. *No god but God: The Origins, Evolution, and Future of Islam.* Nova York: Random House, 2005.
_____. *How to Win a Cosmic War: God, Globalization, and the End of the War on Terror.* Nova York: Random House, 2009.
_____. "Islam's Long War Within", *Harvard Divinity Bulletin,* outono de 2005.
Assmann, Jan. *Moses the Egyptian: The Memory of Egypt in Western Monotheism.* Cambridge: Harvard University Press, 1997.
Avishai, Bernard. *The Tragedy of Zionism: Revolution and Democracy in the Land of Israel.* Nova York: Farrar, Straus and Giroux, 1985.
_____. *A New Israel: Democracy in Crisis, 1973-1988.* Nova York: Ticknor & Fields, 1990.
_____. *The Hebrew Republic.* Orlando, FL: Harcourt, 2008.
Bailie, Gil. *Violence Unveiled: Humanity at the Crossroads.* Nova York: Crossroad, 1995.

Baltzell, E. Digby. *Puritan Boston and Quaker Pennsylvania*. Nova York: Free Press, 1979.

Barber, Noel. *Lords of the Golden Horn: From Suleiman the Magnificent to Kemal Ataturk*. Londres: Pan Books, 1976.

Barr, David. "Toward an Ethical Reading of the Apocalypse". Society of Biblical Literature 1997 Seminar Paper. Atlanta: Scholars Press, 1997.

Barth, Karl. *Church Dogmatics*. Edimburgo, Escócia: T. and T. Clark, 1957.

Bartlett, Anthony W. *Cross Purposes: The Violent Grammar of Christian Atonement*. Hamburgo, PA: Trinity Press International, 2001.

Barton, George A. "The Jerusalem of David and Solomon", *Biblical World* 22, nº 1, julho de 1903, pp. 2, 8-21. http://links.jstor.org/sici?sici=0190-3578%28190307%2922%3A1%3C2%3ATJODAS%3E2.O.CO%3B2-W

Bea, Cardinal Augustus. *The Church and the Jewish People*. Trad. Philip Loretz. Nova York: Harper & Row, 1966.

Bell, David. *The First Total War: Napoleon's Europe and the Birth of Warfare as We Know It*. Boston: Houghton Mifflin, 2007.

Bellah, Robert N. *The Broken Covenant: American Civil Religion in Time of Trial*. Chicago: University of Chicago Press, 1992.

Bellinger, Charles K. *The Genealogy of Violence: Reflections on Creation, Freedom, and Evil*. Oxford: Oxford University Press, 2001.

Ben-Ami, Shlomo. *Scars of War, Wounds of Peace: The Israeli-Arab Tragedy*. Nova York: Oxford University Press, 2006.

Benvenisti, Meron. "The Inevitable Bi-national Regime", *Challenge*, nº 99, setembro-outubro de 2006.

Berger, Marshall J. e Thomas A. Idinopulos. *Jerusalem's Holy Places and the Peace Process*. Washington, DC: Washington Institute for Near East Policy, 1998.

Bloom, Harold. *The American Religion*. Nova York: Simon & Schuster, 1992.

Bonhoeffer, Dietrich. *Letters and Papers from Prison*. Trad. Reginald Fuller. Nova York: Macmillan, 1953.

Brock, Rita Nakashima e Rebecca Ann Parker. *Saving Paradise: How Christianity Traded Love of This World for Crucifixion and Empire*. Boston: Beacon Press, 2008.

Brodie, Bernard. *The Absolute Weapon: Atomic Power and World Order*. Nova York: Harcourt, Brace, 1946.

Bronowski, Jacob. *Ascent of Man*. Boston: Little, Brown, 1974.

Brown, Joanne Carlson e Carole R. Bohn, orgs. *Christianity, Patriarchy, and Abuse: A Feminist Critique*. Cleveland: Pilgrim Press, 1989.

Brown, Raymond E. *An Introduction to the New Testament*. Nova York: Doubleday, 1996.

Buber, Martin. *Good and Evil*. Upper Saddle River, NJ: Prentice Hall, 1997.

Bundy, McGeorge. *Danger and Survival: Choices about the Bomb in the First Fifty Years*. Nova York: Random House, 1988.

Burg, Avraham. *The Holocaust Is Over, We Must Rise from Its Ashes*. Nova York: Palgrave Macmillan, 2008.

Butler, Jon. *Awash in a Sea of Faith: Christianizing the American People.* Cambridge: Harvard University Press, 1990.

Cannon, Lou. *President Reagan: The Role of a Lifetime.* Nova York: Simon & Schuster, 1991.

Carroll, James. *Constantine's Sword: The Church and the Jews.* Boston: Houghton Mifflin, 2001.

_____. *House of War: The Pentagon and the Disastrous Rise of American Power.* Boston: Houghton Mifflin, 2006.

_____. "Shoah in the News: Patterns and Meanings of News Coverage of the Holocaust". Joan Shorenstein Center on the Press, Politics, and Public Policy. Boston: Kennedy School of Government, Harvard University, 1997.

Carter, Jeffrey, org. *Understanding Religious Sacrifice.* Nova York: Continuum, 2003.

Cavanaugh, William T. *The Myth of Religious Violence.* Nova York: Oxford University Press, 2009.

Cesarani, David. *Becoming Eichmann: Rethinking the Life, Crimes, and Trial of a "Desk Murderer".* Cambridge: Da Capo Press, 2007.

Chace, James. "After Hiroshima: Sharing the Atom Bomb", *Foreign Affairs,* janeiro/fevereiro de 1996.

Chehab, Zaki. *Inside Hamas: The Untold Story of the Militant Islamic Movement.* Nova York: Nation Books, 2007.

Chilton, Bruce. *The Temple of Jesus: His Sacrificial Program Within a Cultural History of Sacrifice.* University Park, PA: Pennsylvania State University Press, 1992.

_____. *Abraham's Curse: The Roots of Violence in Judaism, Christianity, and Islam.* Nova York: Doubleday, 2008.

Clarke, John Henrik, org. *William Styron's Nat Turner: Ten Black Writers Respond.* Boston: Beacon Press, 1968.

Clermont, Betty. *The Neo-Catholics: Implementing Christian Nationalism in America.* Atlanta: Clarity Press, 2010.

Cohen, Avner. *The Worst-Kept Secret: Israel's Bargain with the Bomb.* Nova York: Columbia University Press, 2010.

Cole, Peter. *Things On Which I've Stumbled.* Nova York: New Directions, 2008.

Conrad, Joseph. *Heart of Darkness.* Minneapolis: Filiquarian Publishing, 2006.

Conway, Jill Ker. *When Memory Speaks: Reflections on Autobiography.* Nova York: Knopf, 1998.

Corrasco, David. *City of Sacrifice: The Aztec Empire and the Role of Violence in Civilization.* Boston: Beacon Press, 1999.

Cragg, Kenneth, org. *Readings in the Qur'an.* Londres: HarperCollins Religious, 1988.

Cronon, William. *Nature's Metropolis: Chicago and the Great West.* Nova York: W. W. Norton, 1991.

Crosly, Alfred W. *The Columbian Exchange: Biological and Cultural Consequences of 1492.* Westport, CT: Praeger (ed. do 30º aniversário), 2003.

Crossan, John Dominic. *The Historical Jesus: The Life of a Mediterranean Jewish Peasant.* San Francisco: HarperSanFrancisco, 1991.

_____. *The Birth of Christianity.* San Francisco: HarperSanFrancisco, 1998.

_____. *God and Empire: Jesus Against Rome, Then and Now.* San Francisco: HarperSanFrancisco, 2007.

_____ e Jonathan L. Reed. *Excavating Jesus: Beneath the Stones, Behind the Texts.* San Francisco: HarperSanFrancisco, 2001.

Culotta, M. C. "The Temple, the Synagogue, and Hebrew Precedent", *Journal of the History of Ideas* 31, nº 2, abril-junho de 1970, pp. 273-76. http://links.jstor.org/*sici?*

Dadosky, John D. *The Structure of Religious Knowing: Encountering the Sacred in Eliade and Lonergan.* Albany, NY: State University of New York Press, 2004.

Daniell, David. *The Bible in English: Its History and Influence.* New Haven: Yale University Press, 2003.

Delaney, Carol. "Columbus's Ultimate Goal: Jerusalem", *Comparative Studies in Society and History* 48, nº 22, 2006.

Dodwell, Henry. *The Founder of Modern Egypt: A Study of Muhammad Ali.* Cambridge, UK: Cambridge University Press, 1967.

Donald, David. *Lincoln Reconsidered.* Nova York: Random House, 1961.

Dunn, James G. D. *Unity and Diversity in the New Testament.* Valley Forge, PA: Trinity Press International, 1993.

Dunne, John S. *A Search for God in Time and Memory.* Nova York: Macmillan, 1967.

Durkheim, Emile. *Elementary Forms of Religious Life.* Trad. Carol Cosman. Nova York: Oxford University Press, 2001.

Eagleton, Terry. *Holy Terror.* Nova York: Oxford University Press, 2005.

Eco, Umberto. *Foucault's Pendulum.* Nova York: Harcourt Brace Jovanovich, 1988.

Ehrman, Bart D. *God's Problem.* Nova York: HarperCollins, 2008.

Eidelberg, Shlomo. *The Jews and the Crusaders: The Hebrew Chronicles of the First and Second Crusades.* Madison: University of Wisconsin Press, 1977.

Eisler, Diane. *The Chalice and the Blade: Our History, Our Future.* San Francisco: Harper & Row, 1987.

Eksteins, Modris. *Rites of Spring: The Great War and the Birth of the Modern Age.* Boston: Houghton Mifflin, 1989.

Eliade, Mircea. *Patterns in Comparative Religion.* Trad. Rosemary Sheed. Cleveland: World Publishing, 1963.

_____. *A History of Religious Ideas.* Vol. 2: *From Guatama Buddha to the Triumph of Christianity.* Chicago: University of Chicago Press, 1982.

_____. *The Sacred and the Profane: The Nature of Religion.* Trad. Willard R. Trask. San Diego: Harcourt Brace Jovanovich, 1987.

_____. "The Quest for the 'Origins' of Religion", *History of Religions* 4, nº 1, verão de 1964, pp. 154-69. http://links.jstor.org/sici? sici=0018-2710%281964 22%294%3Al%3C154%3ATQFT%22O%3E2.0.CO%3B2-J.

Elon, Amos. *Jerusalem: City of Mirrors.* Boston: Little, Brown, 1989.

Emmett, Chad F. "The Capital Cities of Jerusalem", *Geographical Review* 86, abril de 1996.

Esposito, John L. *Islam: The Straight Path.* Nova York: Oxford University Press, 1991.

Ezrahi, Sidra DeKoven. *Booking Passage: Exile and Homecoming in the Modern Jewish Imagination.* Berkeley: University of California Press, 2000.

_____. "'To What Shall I Compare Thee?': Jerusalem as Ground Zero of the Hebrew Imagination", *Publications of the Modern Language Association* 122, nº 1, janeiro de 2007, 220-34.

Farr, Warner D. *The Third Temple's Holy of Holies: Israel's Nuclear Weapons.* Counterproliferation Papers, Future of Warfare Series nº 2, Maxwell Air Force Base, Alabama, 1999.

Faust, Drew Gilpin. *The Republic of Suffering: Death and the American Civil War.* Nova York: Knopf, 2008.

Feldman, Noah. *Divided by God.* Nova York: Farrar, Straus and Giroux, 2005.

Filson, Floyd V. "Temple, Synagogue, and Church", *Biblical Archaeologist* 7, nº 4, dezembro de 1944, pp. 77-88. http://links.jstor.org/sici?sici=0006-0895%2819 4412%297%3A4%3C77%3ATSAC%3E2.0.CO%3B2-T

Fisk, Robert. *The Great War for Civilization: The Conquest of the Middle East.* Nova York: Vintage, 2007.

Flannery, Edward H. *The Anguish of the Jews: Twenty-three Centuries of Antisemitism.* Nova York: Paulist Press, 1985.

Francorum, Gesta. *Deeds of the Franks and Other Pilgrims to Jerusalem.* Londres: Thomas Nelson, 1962.

Fredriksen, Paula. *Jesus of Nazareth, King of the Jews.* Nova York: Knopf, 1999.

_____. *Augustine and the Jews: A Christian Defense of Jews and Judaism.* Nova York: Doubleday, 2008.

Freeland, Richard M. *The Truman Doctrine and the Origins of McCarthyism.* Nova York: New York University Press, 1985.

Fromm, Erich. *The Heart of Man: Its Genius for Good, Its Genius for Evil.* Nova York: Harper & Row, 1964.

Fussell, Paul. *The Great War and Modern Memory.* Nova York: Oxford University Press, 1975.

Gaustad, Edwin S. *Roger Williams: Lives and Legacies.* Nova York: Oxford University Press, 2005.

Gellman, Rabbi Ezra, org. *Essays on the Thought and Philosophy of Rabbi Kook.* Rutherford, NJ: Fairleigh Dickinson University Press, 1991.

Gilbert, Martin. *The Atlas of Jewish History.* Nova York: William Morrow, 1985.

Girard, René. *Violence and the Sacred.* Trad. Patrick Gregory. Baltimore: Johns Hopkins University Press, 1977.

_____. *Things Hidden Since the Foundation of the World.* Trads. Michael Metteer e Stephen Bann. Stanford, CA: Stanford University Press, 1987.

_____. *The Girard Reader.* Org. James G. Williams. Nova York: Crossroad, 1996.

Goen, C. C. *Broken Churches, Broken Nation.* Macon, GA: Mercer University Press, 1985.

Gopin, Marc. *Holy War, Holy Peace: How Religion Can Bring Peace to the Middle East.* Nova York: Oxford University Press, 2002.

Gordis, Lisa M. *Opening Scripture: Bible Reading and Interpretive Authority in Puritan New England.* Chicago: University of Chicago Press, 2003.

Gordon, Bruce. *Calvin.* New Haven: Yale University Press, 2009.

Gowers, Andrew e Tony Walker. *Behind the Myth: Yasser Arafat and the Palestinian Revolution.* Nova York: Olive Branch Press, 1992.

Grabar, Oleg. *The Shape of the Holy.* Princeton, NJ: Princeton University Press, 1996.

_____ e Benjamin Z. Kedar, orgs. *Where Heaven and Earth Meet: Jerusalem's Sacred Esplanade.* Austin: University of Texas Press, 2010.

Grainger, John. *The Battle for Palestine-1917.* Rochester, NY: Boydell Press, 2006.

Greenberg, Kenneth S., org. *Nat Turner: A Slave Rebellion in History and Memory.* Nova York: Oxford University Press, 2003.

Grose, Peter. *Israel in the Mind of America.* Nova York: Knopf, 1983.

Grossman, David. *Writing in the Dark: Essays on Literature and Politics.* Trad. Jessica Cohen. Nova York: Farrar, Straus and Giroux, 2010.

Hamdani, Abbas. "Columbus and the Recovery of Jerusalem", *Journal of the American Oriental Society* 99, nº 1, janeiro-março de 1979.

Harpur, James. *Revelations: The Medieval World.* Nova York: Henry Holt, 1995.

Hartman, David. *A Living Covenant: The Innovative Spirit in Traditional Judaism.* Woodstock, VT: Jewish Lights Publishing, 1997.

_____. *A Heart of Many Rooms: Celebrating the Many Voices Within Judaism.* Woodstock, VT: Jewish Lights Publishing, 1999.

Hatch, Nathan O. *The Sacred Cause of Liberty.* New Haven: Yale University Press, 1977.

Heim, S. Mark. *Saved from Sacrifice: A Theology of the Cross.* Grand Rapids, MI: Eerdmans, 2006.

_____. "Christ's Death to End Sacrifice". Religion Online, http://www.religiononline.org/showarticle.asp?title=2141%20.

_____. "Why Does Jesus' Death Matter?" Religion Online, http://www.religiononline.org/showarticle.asp?title=2138%20.

Hersh, Seymour M. *The Samson Option: Israel, America, and the Bomb.* Nova York: Random House, 1991.

Heschel, Abraham Joshua. *The Sabbath: Its Meaning for Modern Man.* Nova York: Farrar, Straus and Young, 1951.

_____. *The Insecurity of Freedom.* Nova York: Farrar, Straus and Giroux, 1966.

_____. *Moral Grandeur and Spiritual Advocacy.* Org. Susannah Heschel. Nova York: Noonday, 1997.

Hill, John Wesley. *Abraham Lincoln, Man of God.* Nova York: G. P. Putnam's Sons, 1920.

Hillenbrand, Carole. *The Crusades: Islamic Perspectives.* Nova York: Routledge, 2000.

Hitchens, Christopher. *God Is Not Great: How Religion Poisons Everything.* Nova York: Hachette, 2007.

Hofstadter, Richard. *The Paranoid Style in American Politics and Other Essays.* Chicago: University of Chicago Press, 1965.

Holm, Jean e Bowker, John orgs. *Sacred Place.* Londres: Pinter Publishers, 1994.

Hubert, Henri e Mauss, Marcel. *Sacrifice: Its Nature and Function.* Trad. W. D. Halls. Chicago: University of Chicago Press, 1964.

Idinopulos, Thomas A. *Jerusalem.* Chicago: Ivan R. Dee, 1991.

Ingle, H. Larry. *First Among Friends: George Fox and the Creation of Quakerism.* Nova York: Oxford University Press, 1996.

Jacoby, Susan. *Freethinkers: A History of American Secularism.* Nova York: Metropolitan Books, 2004.

Jeremias, Joachim. *Jerusalem in the Time of Jesus.* Filadélfia: Fortress Press, 1978.

Join-Lambert, Michel. *Jerusalem.* Trad. Charlotte Haldane. Nova York: Frederick Ungar, 1966.

Judt, Tony. *Postwar: A History of Europe Since 1945.* Nova York: Penguin, 2005.

Juergensmeyer, Mark. *Terror in the Mind of God: The Global Rise of Religious Violence.* Berkeley: University of California Press, 2000.

Julius, Anthony. *Trials of the Diaspora.* Oxford: Oxford University Press, 2010.

Keegan, John. *The First World War.* Nova York: Vintage, 2000.

Keenan, Dennis King. *The Question of Sacrifice.* Bloomington: Indiana University Press, 2005.

Kennan, George. "The Sources of Soviet Conduct", *Foreign Affairs,* julho de 1947.

Kenny, Anthony J. *Catholics, Jews, and the State of Israel.* Mahwah, NJ: Paulist Press, 1993.

Keyser, Jason. "Female Suicide Bomber Kills Two at Jerusalem Supermarket", *Independent,* 30 de março de 2002.

Khalidi, Rashid. *The Iron Cage: The Story of the Palestinian Struggle for Statehood.* Boston: Beacon Press, 2006.

_____. *Sowing Crisis: The Cold War and American Dominance in the Middle East.* Boston: Beacon Press, 2009.

Kiser, John W. *Commander of the Faithful: The Life and Times of Emir Abd el-Kader.* Rhinebeck, NY: Monkfish Book Publishing, 2008.

Kissinger, Henry. *Years of Upheaval.* Boston: Little, Brown, 1982.

Klawans, Jonathan. *Purity, Sacrifice, and the Temple: Symbolism and Supersessionism in the Study of Ancient Judaism*. Nova York: Oxford University Press, 2006.

Kripal, Jeffrey J. *Esalen: America and the Religion of No Religion*. Chicago: University of Chicago Press, 2007.

Kugel, James. *How to Read the Bible: A Guide to Scripture, Then and Now*. Nova York: Free Press, 2007.

Küng, Hans. *Judaism: Between Yesterday and Tomorrow*. Nova York: Crossroad, 1992.

_____. *Christianity: Essence, History, and Future*. Nova York: Continuum, 1995.

_____. *Islam: Past, Present, and Future*. Oxford: Oneworld, 2007.

Landes, David. *The Wealth and Poverty of Nations: Why Some Are So Rich and Some So Poor*. Nova York: W. W. Norton, 1998.

LaPlante, Eve. *American Jezebel: The Uncommon Life of Anne Hutchinson, the Woman Who Defied the Puritans*. Nova York: HarperCollins, 2004.

Leakey, Richard. *Origins: What New Discoveries Reveal about the Emergence of Our Species and Its Possible Future*. Nova York: Anchor Doubleday, 1993.

LeBeau, Bryan F. "Christopher Columbus and the Matter of Religion", *Center for the Study of Religion and Society Newsletter* 4, nº 1. http://www.sodahead.com/united-states/christopher-columbus-and-the-matter-of-religion/blog-80803.

Lefebure, Leo D. *Revelation, the Religions, and Violence*. Maryknoll, NY: Orbis Books, 2000.

Levenson, Jon D. *The Death and Resurrection of the Beloved Son: The Transformation of Child Sacrifice in Judaism and Christianity*. New Haven: Yale University Press, 1993.

_____. "The Temple and the World", *Journal of Religion*, julho de 1984.

Lewis, David Levering. *God's Crucible: Islam and the Making of Europe, 570-1215*. Nova York: Norton, 2008.

Lindqvist, Sven. *"Exterminate All the Brutes"*. Nova York: New Press, 1996.

Lorenz, Konrad. *On Aggression*. San Diego: Harcourt Brace, 1963.

Macquarrie, John. *Principles of Christian Theology*. Londres: SCM Press, 2003.

Madigan, Kevin J. e Levenson, Jon D. *Resurrection: The Power of God for Christians and Jews*. New Haven: Yale University Press, 2008.

Maier, Pauline. *American Scripture: Making the Declaration of Independence*. Nova York: Vintage, 1998.

Makiya, Kanan. *The Rock: A Tale of Seventh-Century Jerusalem*. Nova York: Vintage, 2001.

Mandel, Paul. "The Loss of Center: Changing Attitudes Towards the Temple in Aggadic Literature", *Harvard Theological Review* 99, nº 1, janeiro de 2006. http://0-find.galegroup.com.library.law.suffolk.edu:80/itx/start.do? prodID=AONE.

Marius, Richard. *Martin Luther: The Christian Between God and Death*. Cambridge: Belknap Press, 1999.

Marty, Martin E. *Pilgrims in Their Own Land: 500 Years of Religion in America*. Boston: Little, Brown, 1984.

Mastnak, Tomaz. *Crusading Peace: Christendom, the Muslim World, and Western Political Order.* Berkeley: University of California Press, 2001.

Mattar, Philip. *The Mufti of Jerusalem: Al-Hajj Amin al-Husayni and the Palestinian National Movement.* Nova York: Columbia University Press, 1988.

McDougall, Walter A. *Promised Land, Crusader State: The American Encounter with the World Since 1776.* Boston: Houghton Mifflin, 1997.

Meacham, Jon. *American Gospel: God, the Founding Fathers, and the Making of a Nation.* Nova York: Random House, 2007.

Mearsheimer, John J. e M. Walt, Stephen. *The Israel Lobby and US. Foreign Policy.* Nova York: Farrar, Straus and Giroux, 2007.

Meir, Golda. *My Life.* Nova York: G. P. Putnam's Sons, 1975.

Menocal, Maria Rosa. *The Ornament of the World: How Muslims, Jews, and Christians Created a Culture of Tolerance in Medieval Spain.* Nova York: Little, Brown, 2002.

Milbank, John. *Theology and Social Theory.* Malden, MA: Blackwell Publishing, 2006.

Miles, Jack. "Judaist Israel, Islamist Palestine", *Harvard Divinity Bulletin,* outono de 2005.

Miller, Perry. *The American Puritans: Their Prose and Poetry.* Garden City, NY: Doubleday, 1956.

_____. *Nature's Nation.* Cambridge: Belknap Press, 1967.

Millis, Walter, org. *The Forrestal Diaries.* Nova York: Viking, 1951.

Mishal, Shaul e Sela, Avraham. *The Palestinian Hamas: Vision, Violence, and Coexistence.* Nova York: Columbia University Press, 2000.

Morison, Samuel Eliot. *Admiral of the Ocean Sea.* Boston: Little, Brown, 1991.

Morris, Benny. *1948: The First Arab-Israeli War.* New Haven: Yale University Press, 2008.

Morris, Edmund. *Dutch: A Memoir of Ronald Reagan.* Nova York: Modern Library, 1999.

Morse, Chuck. *The Nazi Connection to Islamic Terrorism: Adolf Hitler and Haj Amin al-Husseini.* Nova York: iUniverse, 2003.

Nasr, Seyyed Hossein. *The Heart of Islam: Enduring Values for Humanity.* San Francisco: HarperSanFrancisco, 2002.

Nicholson, Helen J. *Love, War, and the Grail: Templars, Hospitallers, and Teutonic Knights in Medieval Epic and Romance, 1150-1500.* Leiden, Países Baixos: Brill, 2001.

Niebuhr, Reinhold. *The Irony of American History.* Chicago: University of Chicago Press, 2008.

Nixon, Richard. *RN: The Memoirs of Richard Nixon.* Nova York: Grosset and Dunlap, 1978.

Nolan, Janne E. *Guardians of the Arsenal: The Politics of Nuclear Strategy.* Nova York: Basic Books, 1989.

Nusseibeh, Sari com David, Anthony. *Once Upon a Country: A Palestinian Life.* Nova York: Farrar, Straus and Giroux, 2007.

Oates, Stephen B. *With Malice Toward None: The Life of Abraham Lincoln*. Nova York: Harper & Row, 1977.

Ochs, Peter, org. *The Return to Scripture in Judaism and Christianity*. Nova York: Paulist Press, 1993.

O'Malley, John. *Four Cultures of the West*. Cambridge: Belknap Press, 2004.

Oren, Michael B. *Power, Faith, and Fantasy: America in the Middle East, 1776 to the Present*. Nova York: W. W. Norton, 2007.

Oz, Amos. *In the Land of Israel*. San Diego: Harcourt Brace Jovanovich, 1983.

Pagels, Elaine. *The Origin of Satan: How Christians Demonized Jews, Pagans, and Heretics*. Nova York: Vintage, 1996.

Pape, Robert A. *Dying to Win: The Strategic Logic of Suicide Terrorism*. Nova York: Random House, 2005.

_____ e James K. Feldman. *Cutting the Fuse: The Explosion of Global Suicide Terrorism and How to Stop It*. Chicago: University of Chicago Press, 2010.

Pappe, Ilan. *The Ethnic Cleansing of Palestine*. Oxford: Oneworld, 2006.

Paton, Lewis Bayles. "Jerusalem in Bible Times: VI. Jerusalem in the Earliest Times", *Biblical World* 29, nº 6, junho de 1907, pp. 402, 409-19. http://www.jstor.org/sici?sici=0190-3578%28190706%2929%3A6%3C402%3AJIBTV J%3E2.0.CO%3B2-S.

Pelican, Jaroslav. *Jesus Through the Centuries: His Place in the History of Culture*. New Haven: Yale University Press, 1985.

Perry, Mark. *Four Stars: The Inside Story of the Forty-Year Battle Between the Joint Chiefs of Staff and America's Civilian Leaders*. Boston: Houghton Mifflin, 1989.

Peters, F. E. *Jerusalem and Mecca: The Typology of the Holy City in the Near East*. Nova York: New York University Press, 1986.

Phillips, Jonathan, org. *The First Crusade: Origins and Impact*. Manchester, UK: Manchester University Press, 1997.

Pinsky, Robert. *The Life of David*. Nova York: Schocken, 2005.

Purcell, Hugh. *Lloyd George*. Londres: Haus Publishing, 2006.

Rad, Gerhard von. *The Message of the Prophets*. Nova York: Harper & Row, 1962.

Rauf, Imam Feisal Abdul. *What's Right with Islam: A New Vision for Muslims and the West*. San Francisco: HarperSanFrancisco, 2004.

Read, Piers Paul. *The Templars*. Nova York: St. Martin's Press, 1999.

Rennie, Bryan S. *Reconstructing Eliade: Making Sense of Religion*. Albany: State University of New York Press, 1996.

Rhodes, Richard. *The Making of the Atomic Bomb*. Nova York: Simon & Schuster, 1993.

Ricoeur, Paul. *The Rule of Metaphor: Multidisciplinary Studies of the Creation of Meaning in Language*. Trad. Robert Czerny, K. McLaughlin e J. Costello. Toronto: University of Toronto Press, 1977.

Robinson, James M. *A New Quest of the Historical Jesus*. Londres: Allenson, 1959.

Rossing, Barbara R. *The Rapture Exposed: The Message of Hope in the Book of Revelation*. Nova York: Basic Books, 2004.

Roth, Philip. *Indignation*. Boston: Houghton Mifflin, 2008.

Said, Edward W. *Orientalism*. Nova York: Pantheon, 1979.

_____. *The Question of Palestine*. Nova York: Vintage, 1992.

Sanders, E. P. *Jesus and Judaism*. Filadélfia: Fortress Press, 1985.

_____. *Judaism: Practice and Belief, 63 BCE-66 CE*. Filadélfia: Trinity Press International, 1992.

Santillana, Giorgio de. *The Crime of Galileo*. Chicago: University of Chicago Press, 1976.

Saperstein, Marc. *Moments of Crisis in Jewish-Christian Relations*. Filadélfia: Trinity Press International, 1989.

Schaffer, Ronald. *Wings of Judgment: American Bombing in World War II*. Nova York: Oxford University Press, 1985.

Schlesinger, Arthur, Jr. *The Cycles of American History*. Boston: Mariner Books, 1999.

Schneer, Jonathan. *The Balfour Declaration: The Origins of the Arab-Israeli Conflict*. Nova York: Random House, 2010.

Schultz, Eric B. e Michael J. Tougias. *King Philip's War: The History and Legacy of America's Forgotten Conflict*. Woodstock, VT: Countryman Press, 1999.

Schwager, Raymond, S.J. *Must There Be Scapegoats?: Violence and Redemption in the Bible*. Trad. Maria L. Assad. Nova York: Crossroad, 2000.

Schwartz, Regina M. *The Curse of Cain: The Violent Legacy of Monotheism*. Chicago: University of Chicago Press, 1997.

Scruton, Roger. *Spinoza*. Oxford: Oxford University Press, 1990.

Scully, Vincent Joseph. *The Earth, the Temple, and the Gods: Greek Sacred Architecture*. New Haven: Yale University Press, 1979.

Segev, Tom. *1949: The First Israelis*. Nova York: Free Press, 1998.

_____. *The Seventh Million: The Israelis and the Holocaust*. Nova York: Henry Holt, 2000.

Sherwin, Martin J. e Kai Bird. *American Prometheus: The Triumph and Trageay of J. Robert Oppenheimer*. Nova York: Knopf, 2005.

Shulevitz, Judith. *The Sabbath World: Glimpses of a Different Order of Time*. Nova York: Random House, 2010.

Silberman, Neil Asher. *Heavenly Powers: Unraveling the Secret History of the Kabbalah*. Nova York: Grosset/Putnam, 1998.

Silberstein, Laurence J. e Robert L. Cohn, orgs. *The Other in Jewish Thought and History: Constructions of Jewish Culture and Identity*. Nova York: New York University Press, 1994.

Smith, Julie Ann. "My Lord's Native Land (1): Mapping the Christian Holy Land", *Church History* 76, nº 1, março de 2007. http://o-find.galegroup.com.library.law.suffolk.edu:8o/itx/start.do?prodID=AONE.

Soderland, Jean R., org. *William Penn and the Founding of Pennsylvania: A Documentary History*. Filadélfia: University of Pennsylvania Press, 1983.

Stark, Rodney. *One True God: Historical Consequences of Monotheism*. Princeton, NJ: Princeton University Press, 2001.

_____. *For the Glory of God: How Monotheism Led to Reformations, Science, Witch-Hunts, and the End of Slavery*. Princeton, NJ: Princeton University Press, 2003.

Steiner, George. "Our Homeland, the Text", *Salmagundi*, nº 66, inverno-primavera de 1985.

Stephanson, Anders. *Manifest Destiny*. Nova York: Hill and Wang, 1995.

Stern, Jessica. *Terror in the Name of God: Why Religious Militants Kill*. Nova York: HarperCollins, 2003.

Stout, Harry S. *Upon the Altar of the Nation: A Moral History of the Civil War*. Nova York: Viking, 2006.

Studstill, Randall. "Eliade, Phenomenology, and the Sacred", *Religious Studies* 36, 2000, pp. 177-94.

Sumner, Charles. *The Works of Charles Sumner*, vol. 7. Boston: Lee & Shepard, 1873.

Susser, Asher. *The Rise of Hamas in Palestine and the Crisis of Secularism in the Arab World*. Waltham, MA: Crown Center for Middle East Studies, Brandeis University, 2010.

Swartley, Willard M., org. *Violence Renounced: René Girard, Biblical Studies, and Peacemaking*. Studies in Peace and Scripture, vol. 4. Filadélfia: Pandora Press U.S., 2000.

Thurman, Judith. "First Impressions: What Does the World's Oldest Art Say About *Us?*" *The New Yorker*, 23 de junho de 2008.

Tillich, Paul. *Dynamics of Faith*. Nova York: HarperCollins, 1957.

Tracy, David. *On Naming the Present: Reflections on God, Hermeneutics, and Church*. Maryknoll, NY: Orbis Books, 1994.

Tuveson, Ernest Lee. *Redeemer Nation: The Idea of America's Millennial Role*. Chicago: University of Chicago Press, 1968.

Wainstock, Dennis. *The Decision to Drop the Bomb*. Westport, CT: Praeger, 1996.

Walker, Peter. "The Land Called Holy: Palestine in Christian History and Thought", *Journal of Theological Studies* 45, nº 1, abril de 1994. http://0-find.galegroup;com.library.law.suffolk.edu:80/itx/start.do? prodID=AONE.

Weisburd, David. *Jewish Settler Violence: Deviance as Social Reaction*. University Park, PA: Pennsylvania State University Press, 1989.

Weschler, Lawrence. "Mayhem and Monotheism: The Good Book's Dark Side", *The New Yorker*, 24 de novembro de 1997, pp. 131-33.

Wessels, Antoine. *A Modern Arabic Biography of Muhammad: A Critical Study of Muhammad Husayn*. Leiden, Países Baixos: Brill, 1972.

Whitehead, Alfred North. *Science and the Modern World*. Nova York: Free Press, 1997.

Whitfield, Stephen J. *The Culture of the Cold War*. Baltimore: Johns Hopkins University Press, 1991.

Whitman, Walt. *Essays in November: Prose Works*. Filadélfia: David McKay, 1892.

Widmer, Ted. *Ark of the Liberties: America and the World.* Nova York: Hill and Wang, 2008.

Wilken, Robert L. "Early Christian Chiliasm, Jewish Messianism, and the Idea of the Holy Land", *Harvard Theological Review* 79, nº 1/3.

Williams, James G. *The Bible, Violence, and the Sacred: Liberation from the Myth of Sanctioned Violence.* Nova York: HarperCollins, 1991.

Wilson, Charles Reagan. *Baptized in Blood: The Religion of the Lost Cause.* Athens: University of Georgia Press, 1980.

Wilson, E. O. *The Creation: An Appeal to Save Life on Earth.* Nova York: W. W. Norton, 2006.

Wistrich, Robert S. *A Lethal Obsession: Anti-Semitism from Antiquity to the Global Jihad.* Nova York: Random House, 2010.

Wood, James. "God in the Quad", *The New Yorker,* 31 de agosto de 2009.

Wylie, David. *The Abandonment of the Jews.* Nova York: Pantheon, 1984.

Wynn, Mark. "God, Pilgrimage, and Acknowledgement of Place", *Religious Studies* 43, 2007, pp. 145-63.

Yergin, Daniel. *Shattered Peace: The Origins of the Cold War and the National Security State.* Boston: Houghton Mifflin, 1978.

Young, Jeremy. *The Violence of God and the War on Terror.* Nova York: Seabury Books, 2008.

Zemer, Rabbi Dr. Moshe. *Evolving Halakhah: A Progressive Approach to Traditional Jewish Law.* Woodstock, VT: Jewish Lights Publishing, 1999.

AGRADECIMENTOS

James Parks Morton, na função de vigário da Catedral de St. John the Divine e depois como fundador do Interfaith Center de Nova York, tem sido um profeta da reconciliação entre as diversas denominações de fé. David Hartman, fundador do Shalom Hartman Intitute em Jerusalém, é um exemplo vivo da magnanimidade religiosa que se torna cada dia mais necessária. O falecido Krister Stendhal, bispo de Estocolmo e decano da Harvard Divinity School, trabalhou mais do que ninguém para predispor a imaginação cristã a uma renovação ecumênica contemporânea. Maravilha-me esses três homens não apenas terem plasmado o meu pensamento, mas também serem amigos queridos. Profundamente agradecido, dedico este livro a eles.

Escrevi este livro enquanto trabalhava como professor-em-residência na Suffolk University, em Boston, e agradeço a generosa ajuda que recebi de colegas e alunos dessa instituição. O decano Kenneth Greenberg foi um suporte inestimável, inclusive na leitura do manuscrito, oferecendo o benefício do seu aguçado olhar de historiador. Os professores Fred Marchant e Nir Eisikovits também leram o manuscrito e contribuíram com sugestões de grande pertinência. Sou-lhes especialmente devedor pela leitura e amizade. Outros colegas da Suffolk com quem debati este trabalho são os professores Gregory Fried e Bryan Trabold e meu colega professor-em-residência Robert Brustein. Entre os alunos da Suffolk que muito me ajudaram nas pesquisas estão Charles Ryan, Bora Hajnaj, Erin Bagan, Sam Nelson, Hillary Creedon e Alysha MacDonald. Agradecimentos cordiais a todos vocês.

A minha primeira apresentação pública deste material aconteceu no Trinity Institute da Trinity Church, Wall Street. James Cole, Susannah Heschel e Tariq Ramadan foram meus debatedores no colóquio, habilmente conduzido pelo Reverendo Mark Richardson e Robert Scott. Reconheço meu débito com esses colegas notáveis e com a comunidade do Trinity Institute.

Trabalhei neste livro também enquanto Professor Visitante da cátedra Richman na Universidade Brandeis, onde recebi o apoio do presidente Yehuda Reinharz, do pró-reitor Marty Krauss, do capelão Walter Cuenin e do meu competente assistente Timothy McCarty. É um grande privilégio para mim fazer parte do conselho consultivo do Centro Internacional Brandeis para Ética, Justiça e Vida Pública, voltado para questões estreitamente relacionadas com o tema aqui desenvolvido. O diretor do Centro, Daniel

Terris, foi uma fonte de inspiração e auxílio muito particular, especialmente pela leitura crítica do rascunho preliminar deste livro. Agradeço a todos os membros da Brandeis.

Minha ligação com o Centro para o Estudo das Relações Judeu-Cristão-Muçulmanas no Merrimack College foi uma bênção para o meu trabalho. Nos inúmeros encontros multifé, aprendi muito e pude colaborar com colegas judeus, cristãos e muçulmanos. Além disso, recebi ajuda muito especial do diretor Padraic O'Hare, cuja leitura preliminar deste livro se revelou de suma importância. Para não mencionar sua amizade. Agradeço também a Joseph Kelley, ao rabino Robert Goldstein e a Joseph V. Montville, fundador da Abrahamic Family Reunion.

No Shalom Hartman Institute em Jerusalém, tenho o enorme privilégio de participar há mais de uma década da reunião anual de líderes religiosos judeus, cristãos e muçulmanos. Agradeço aos organizadores da conferência, Menachem Fisch, David Neuhaus S.J., Muhammad Hourani, Paul Ballanfat, Kimberley Patton, Brenda Yagod, Peter A. Pettit e Karla Suomala. Agradeço de modo especial ao diretor Donniel Hartman. O rabino Ron Kronish e Donald Moore S.J., residentes em Jerusalém, mantiveram-me informado sobre o desenrolar dos acontecimentos mediante comunicados regulares por e-mail. Os padres paulinos Michael McGarry e Thomas Stransky foram meus anfitriões em Jerusalém e mentores ao longo dos anos; reconheço um débito antigo para com eles.

Meus melhores guias em Jerusalém foram os queridos amigos Bernard Avishai, o primeiro leitor deste livro, e Sidra DeKoven Ezrahi, cuja erudição sobre Jerusalém só se iguala ao seu espírito acolhedor. A presidente do Conselho Diretor da YMCA de Jerusalém, Dorothy Harman, facilitou uma rara visita ao Museu da Mesquita Al Aqsa, onde fui recebido calorosamente pelo diretor Khader Salameh. Saúdo reconhecidamente a senhora Harman e o Dr. Salameh. Reza Aslan, notável estudioso muçulmano, procedeu a uma leitura minuciosa e proporcionou-me grande estímulo. Tive o privilégio de refazer os primeiros passos de Abraão com a Abraham Path Initiative, dirigida por Joshua Weiss sob patrocínio da Global Negotiation Initiative da Harvard University.

Entre os locais onde testei minhas ideias para este trabalho estão o Bolton College, com o padre Thomas Kane C.S.P.; o Wellfleet Seminar, sob a liderança de Robert Jay Lifton; a American Academy of Arts e Sciences, competentemente dirigida por Leslie Berlowitz; Wellesley College; University of California em Santa Barbara; Loyola University, em Chicago; Emmanuel College, sob presidência da irmã Janet Eisner S.N.D.; Claremont Graduate University; Engelsberg Seminar na Suécia; Kaufman Interfaith Institute, com Sylvia e Richard Kaufman; All Saints Episcopal Church, em Pasadena, com meu bom amigo reverendo Ed Bacon; o Urban-Suburban Group na National Cathedral em Washington, tutelado pelos reverendos Samuel Candler e Samuel Lloyd; e o Temple Kehillath Israel, dirigido pelo rabino William Hamilton.

Este trabalho se beneficiou enormemente de conversas que mantive com Daniel Gibson, Brita Stendahl, Larry Kessler, Ali Asani, Askold Melnyczuk e Martin Malin. Agradeço aos meus colegas do Dean's Council da Harvard Divinity School, e ao decano

William Graham; aos meus colegas da Boston Public Library, com o presidente do Conselho Jeffrey Rudman e a diretora da biblioteca Amy Ryan; e ao Humanities Center da Harvard University, incluindo, especialmente, o diretor Homi Baba e Mary Halpenny-Killip. Por algum tempo fui membro do Boston Study Group, e agradeço tudo o que aprendi sobre o Oriente Médio com seus integrantes: Herbert C. Kelmann, Lenore G. Martin, Henry Steiner, Harvey Cox, Stephen M. Walt, Alan Berger, Augustus Richard Norton, Stephen Van Evera e Everett Mendelsohn. Sou especialmente devedor aos bibliotecários das Universidades Suffolk e Harvard e da Boston Public Library.

Aproveitei materiais que estava recolhendo para este livro em colunas que publiquei no *Boston Globe*, sendo meus editores Peter Canellos, Dante Ramos, Marjorie Pritchard e Don Macgillis. Agradeço a todos vocês do *Globe* e a seus leitores.

Sou profundamente grato à Houghton Mifflin Harcourt. Deanne Urmy, minha editora, valeu-se de sua profunda sabedoria e conhecimento para me ajudar a aperfeiçoar este estudo. Sua entusiástica aprovação do início ao fim foi meu capital mais precioso, e reconheço agradecido sua chancela a este livro. Larry Cooper é o meu editor de manuscrito há mais de quinze anos – e de quase outros tantos livros, ao que parece. Seu trabalho com este livro foi indispensável. Saúdo a Bruce Nichols, Andrea Schulz, Lori Grazer, Carla Gray, Taryn Roeder, Meagan Stacey, Nicole Angeloro e a todas as generosas pessoas da Houghton Mifflin Harcourt que ajudaram a publicar esta obra.

Meu agente e amigo Donald Cutler é meu parceiro em todos os livros que escrevo. Incapaz de pagar tudo o que lhe devo, torno a repetir estas palavras simples: muito obrigado! E finalmente, àqueles que dão suporte ao meu trabalho e à minha vida, concluo com uma palavra antiga e sempre nova, amor – a Lizzy Carroll e James Jenkins, a Patrick Carroll e ao batimento do meu coração, Alexandra Marshall.